徐州统计年鉴

XUZHOU STATISTICAL YEARBOOK

2009

（总第 22 期）

徐 州 市 统 计 局
国家统计局徐州调查队 编

中国统计出版社
China Statistics Press

(京)新登字 041 号

图书在版编目(CIP)数据
徐州统计年鉴.2009 / 徐州市统计局,国家统计局徐州调查队 编.
-北京:中国统计出版社,2009.8
ISBN 978-7-5037-5731-0

Ⅰ.徐…
Ⅱ.①徐…②国…
Ⅲ.统计资料-徐州市-2009-年鉴
Ⅳ.C832.533-54

中国版本图书馆 CIP 数据核字(2009)第 127782 号

徐州统计年鉴-2009

作　　者 / 徐州市统计局　国家统计局徐州调查队
责任编辑 / 郑淼淼　张　洁　王　楠　唐子午　鹿　燕　李　广
E-mail / yearbook@stats.gov.cn
责任校对 / 王　楠
封面设计 / 历程程　王　楠
出版发行 / 中国统计出版社
通信地址 / 北京市西城区三里河月坛南街 57 号　中国统计出版社
邮　　编 / 100826
电　　话 / (010)63376907
印　　刷 / 徐州市今日彩色印刷有限公司
经　　销 / 新华书店
开　　本 / 880×1230 毫米 1/16
字　　数 / 126 万
印　　张 / 33.25
印　　数 / 1200 册
版　　别 / 2009 年 7 月第 1 版
版　　次 / 2009 年 7 月第 1 次印刷
书　　号 / ISBN 978-7-5037-5731-0/C·2235
书　　价 / 200.00 元

《徐州统计年鉴-2009》编辑委员会

《徐州统计年鉴-2009》编辑部

编 者 说 明

《徐州统计年鉴—2009》是一部全面、系统反映徐州市国民经济和社会发展情况的资料性年刊。书中汇集了徐州市及各县(市)2008年经济和社会各方面的统计数据,以及历史重要年份和改革开放以来的主要统计数据。

全书内容分为23个篇目,即:1.综合;2.人口和就业;3.固定资产投资;4.能源消费与库存;5.物价指数;6.人民生活;7.自然资源、城市建设和环境保护;8.农林牧渔业;9.工业;10.建筑业;11.交通运输和邮电;12.批发零售贸易业和餐饮业;13.对外经济贸易和国际旅游;14.财政、金融和保险;15.科技、教育和文化;16.体育、卫生、民政、司法及其他;17.县(市)社会经济;18.乡镇基本情况;附录1.徐州市六十年主要经济指标;附录2.小康社会进程监测;附录3.江苏省市、县主要经济指标;附录4.淮海经济区二十四市主要经济指标;附录5.企业排序。为方便读者使用,大部分篇末附有《主要统计指标解释》。

与2008版《徐州统计年鉴》相比较,本年鉴在统计内容和编辑上主要做了如下修订:

1. 由于2008年度全国第二次经济普查数据尚未完成使用,故对部分章节进行调整,为方便读者使用,1–18至1–20仍保留2007年数据。

2. 增加了《徐州市六十年主要经济指标》。

本年鉴部分数据合计数或相对数由于单位取舍不同产生的计算误差均未作机械调整;年鉴文稿中所用数字,如有与表中数据不一致的,读者在引用时均以表中数据为准;凡与本年鉴有出入的历史资料数据,均以本年鉴为准。

本年鉴表中的符号使用说明:"…" 表示数据不足本表最小单位数;"空格"表示该项统计指标数据不详或无该项数据;"#"表示其中的主要项。

本年鉴编辑过程中,得到中国统计出版社和江苏省统计局综合处的悉心指导,得到市各有关部门、单位以及广大统计人员的大力支持,在此,我们一并表示衷心的感谢,并恳祈各界人士和读者对年鉴的不足之处批评指正,以便进一步提高年鉴的编辑水平,以期更好地为广大读者服务。

目　　录

四、能源消费与库存

五、物价指数

六、人民生活

七、自然资源、城市建设和环境保护

八、农林牧渔业

九、工　业

十、建筑业

十一、交通运输和邮电

十二、批发零售贸易业和餐饮业

十三、对外经济贸易和国际旅游

十四、财政、金融和保险

十五、科技、教育和文化

十六、体育、卫生、民政、司法及其他

十七、县(市)社会经济(1978-2008年)

十八、乡镇基本情况

CONTENTS

CHART OF THE ACHIEVEMENTS OF XUZHOU'S NATIONAL ECONOMY AND SOCIAL DEVELOPMENT

XUZHOU'S NATIONAL ECONOMY AND SOCIAL DEVELOPMENT IN 2008

Chapter 1 GENERAL SURVEY

Chapter 2 POPULATION AND EMPLOYMENT

Chapter 3 INVESTMENT IN FIXED ASSETS

Chapter 4 ENERGY CONSUMPTION AND STOCK

Chapter 5 PRICE INDICES

Chapter 6 PEOPLE´S LIVELIHOOD

Chapter 7 NATURAL RESOURCES , URBAN CONSTRUCTION AND ENVIRONMENTAL PROTECTION

Chapter 8 FARMING, FORESTRY , ANIMAL HUSBANDRY AND FISHERY

Chapter 9 INDUSTRY

Chapter 10 CONSTRUCTION

Chapter 11 TRANSPORTATION,POSTAL AND TELECOMMUNICATIONS SERVICES

Chapter 12 WHOLESALE,RETAIL AND CATERING TRADE

Chapter 13 FOREIGN ECONOMY & TRADE AND INTERNATIONAL TOURISM

Chapter 14 FINANCE, BANKING AND INSURANCE

Chapter 15 SCIENCE AND TECHNOLOGY, EDUCATION AND CULTURE

Chapter 16 SPORTS, PUBLIC HEALTH, CIVIL ADMINISTRATION, JUDICATURE AND OTHERS

Chapter 17 SOCLAL ECONOMIC OF COUNTIES(CITIES)(1978-2008)

Chapter 18 BASIC CONDITIONS OF COUNTRY AND TOWN

地区生产总值（亿元）

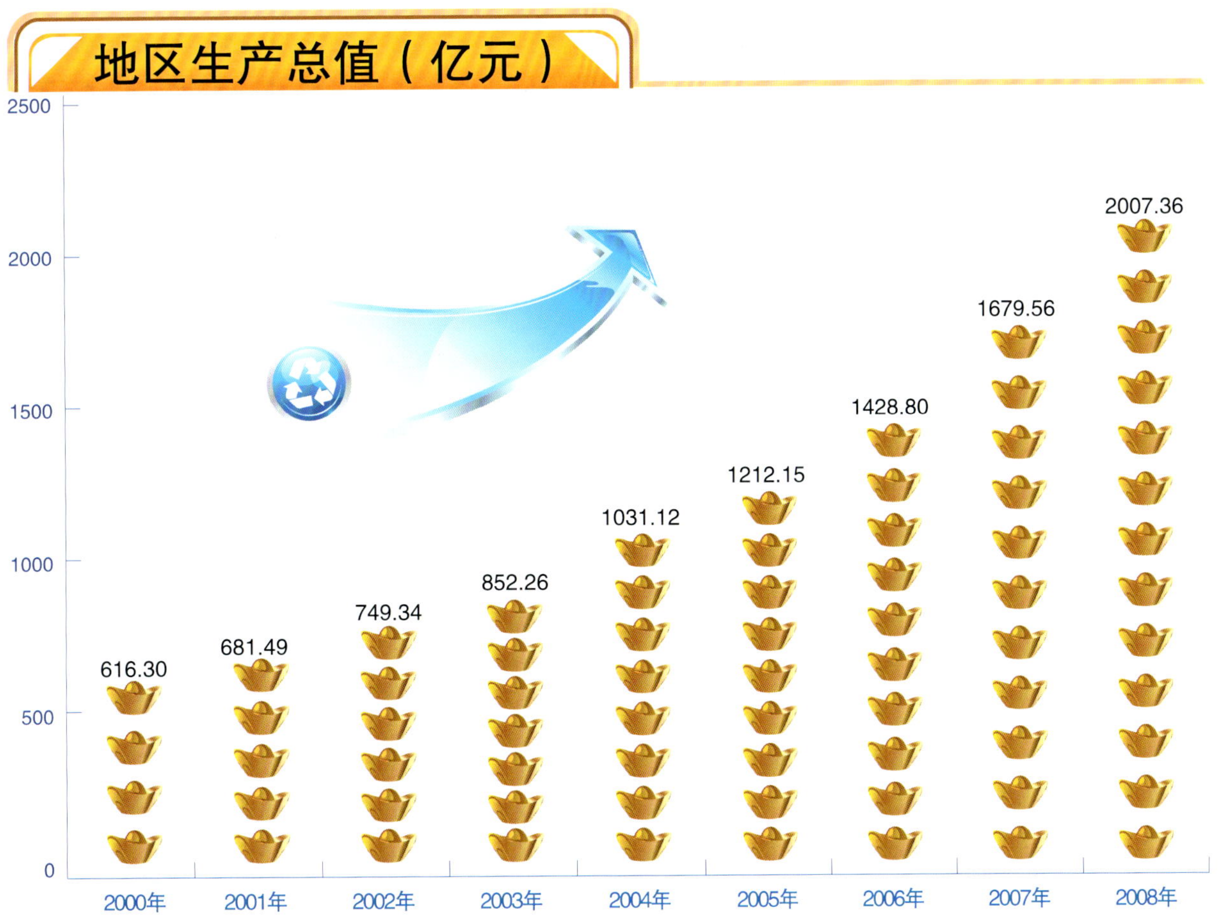

三次产业比重（%）

总人口（万人）

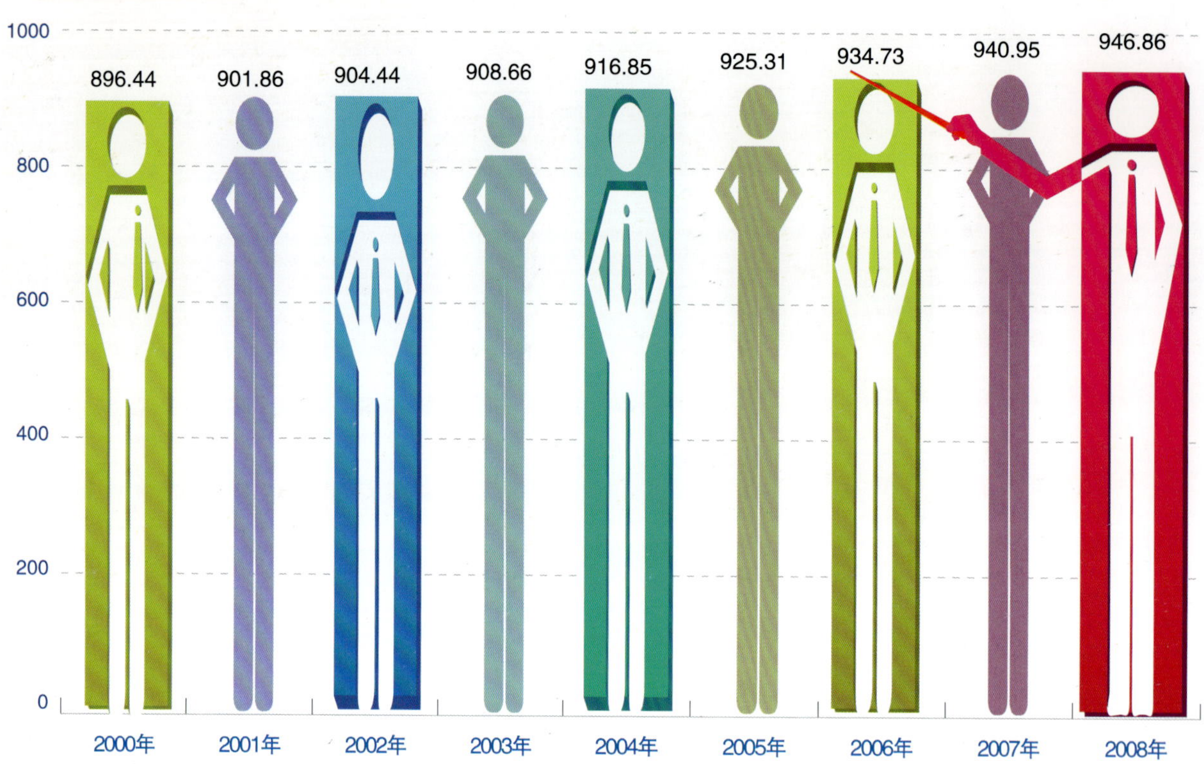

农业人口与非农业人口之比（%）

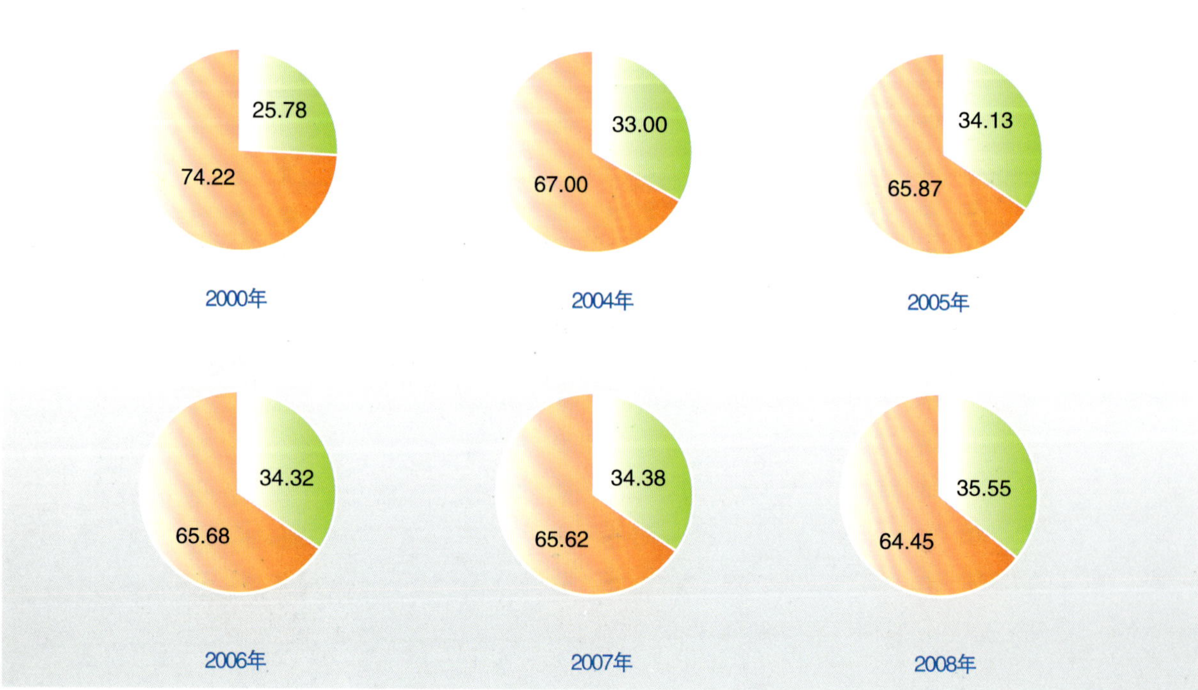

全社会从业人员与职工人数（万人）

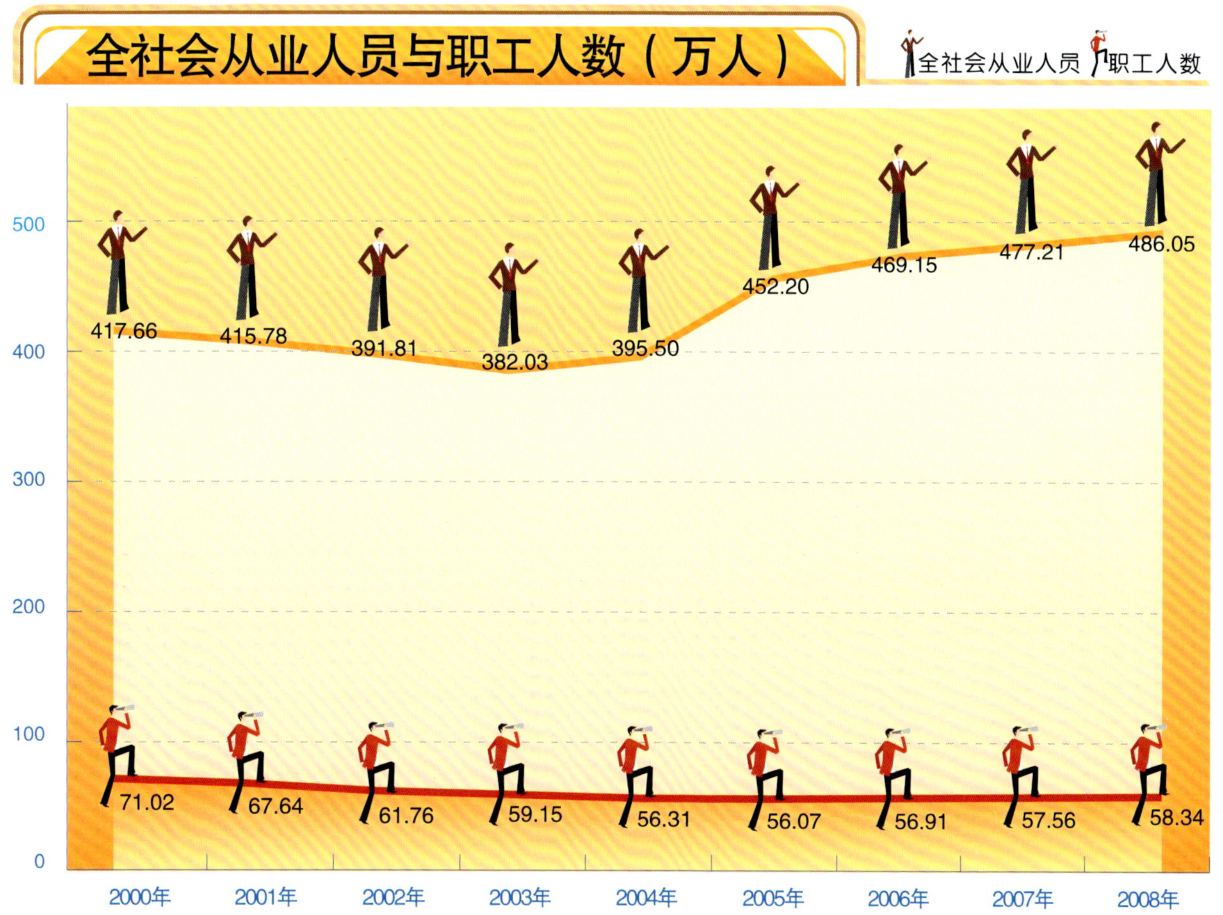

全社会从业人员三次产业构成（%）

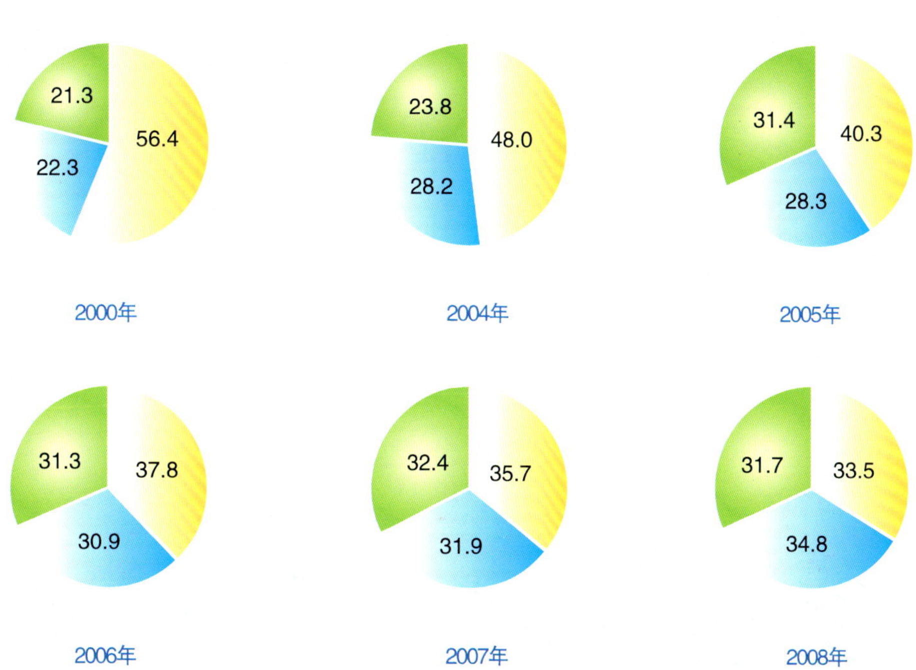

全社会固定资产投资完成额（亿元）

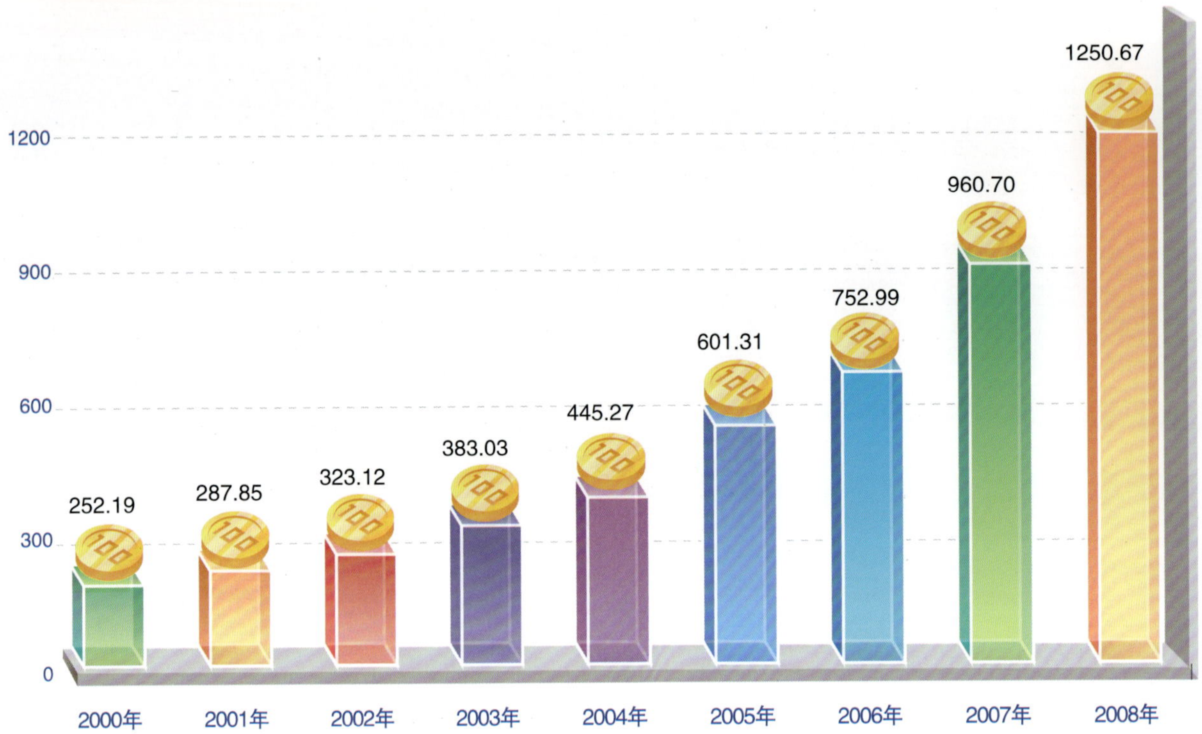

城镇规模以上投资竣工房屋面积（万平方米）

房屋面积 住宅面积

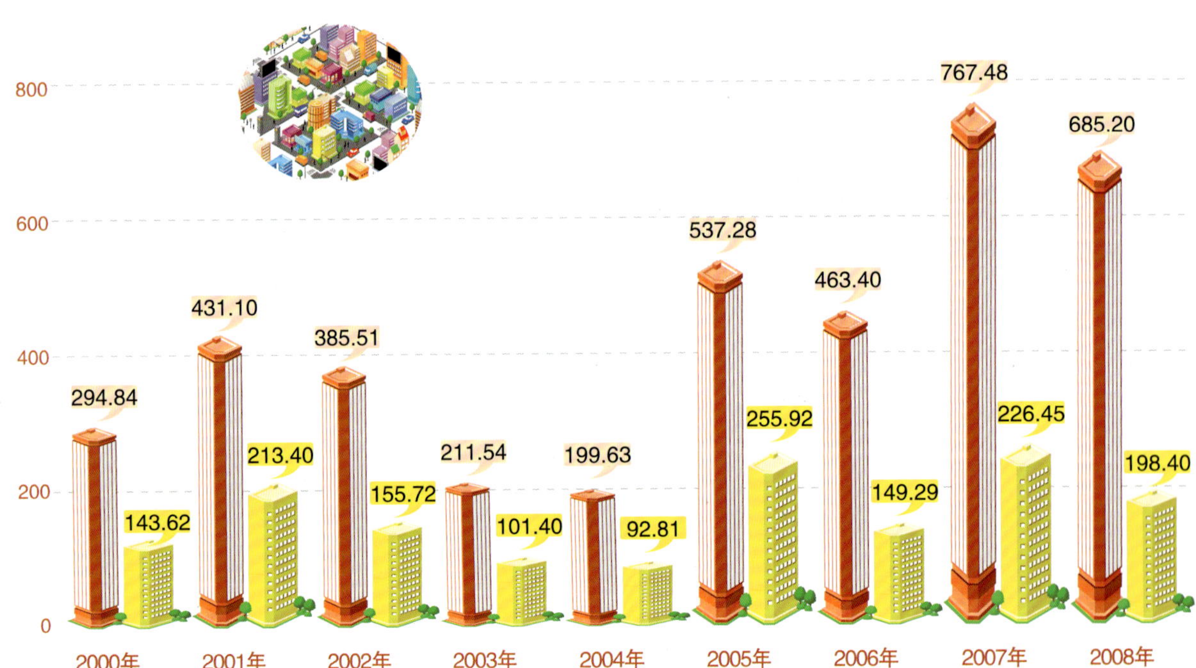

财政收支（亿元）

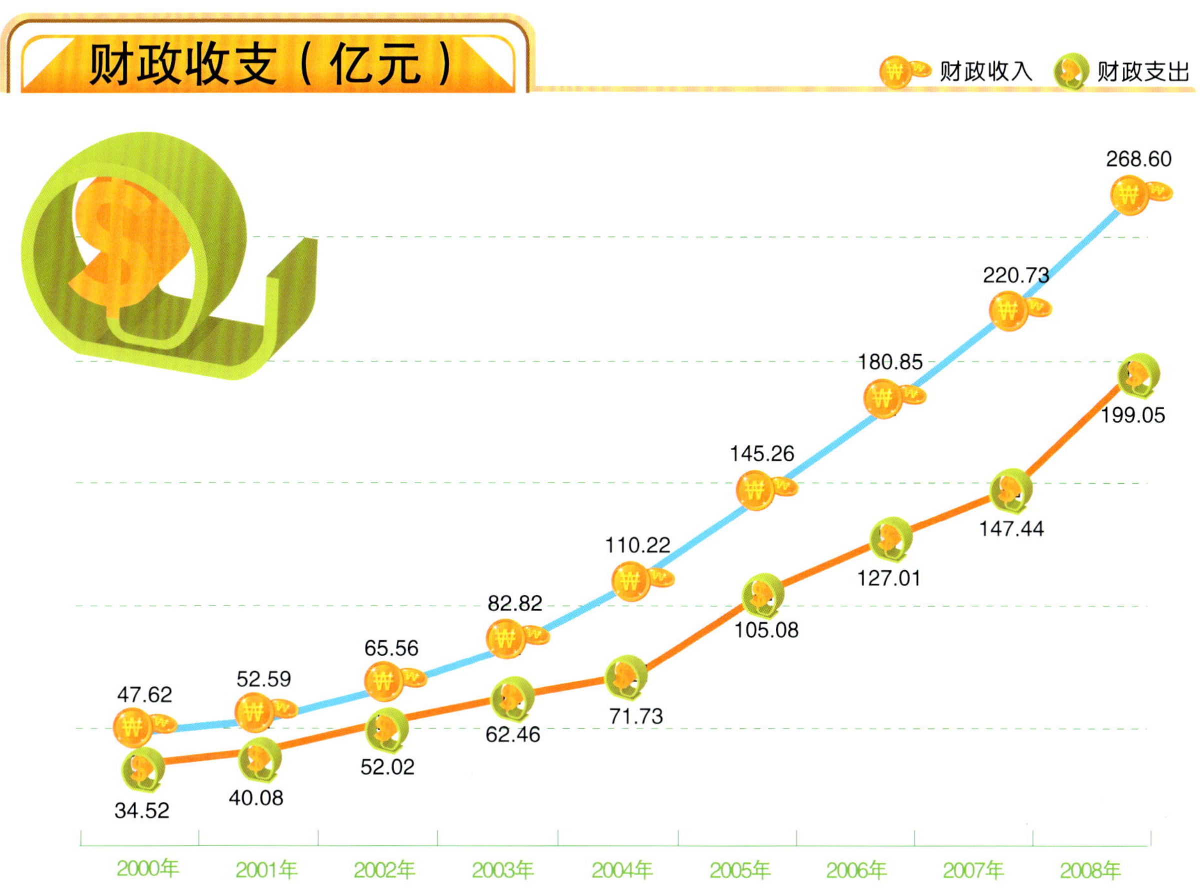

金融机构存贷款（亿元）

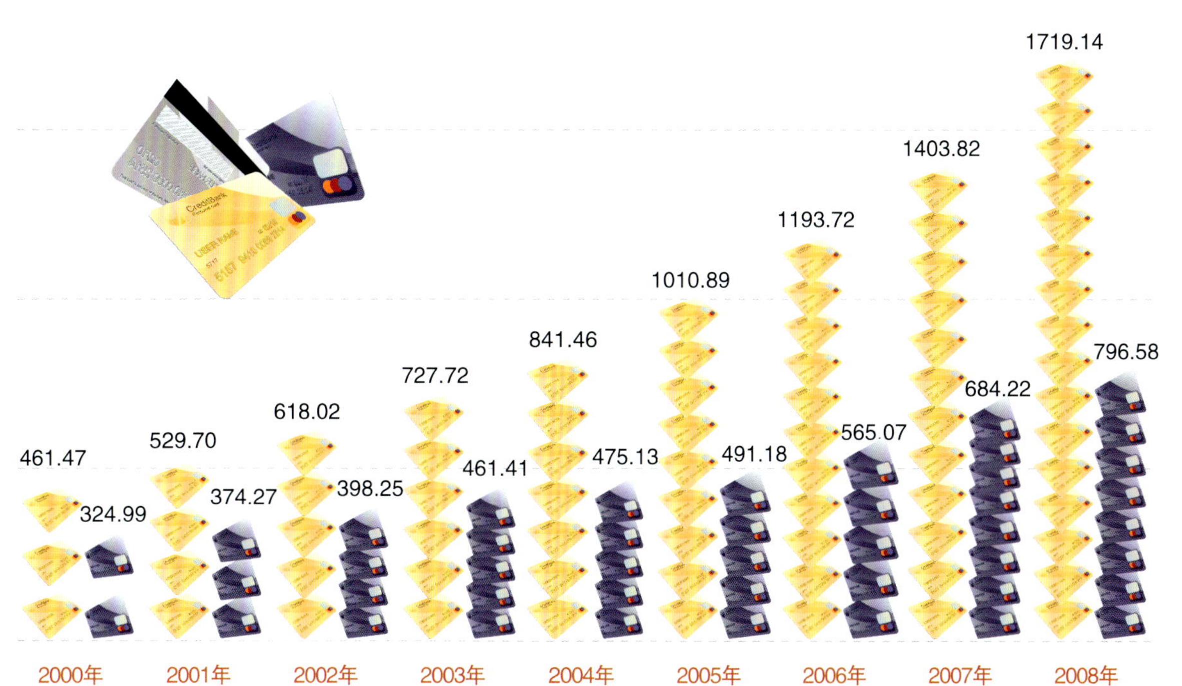

社会消费品零售总额（亿元）

价格总指数（%）

农村居民收入与支出（元）

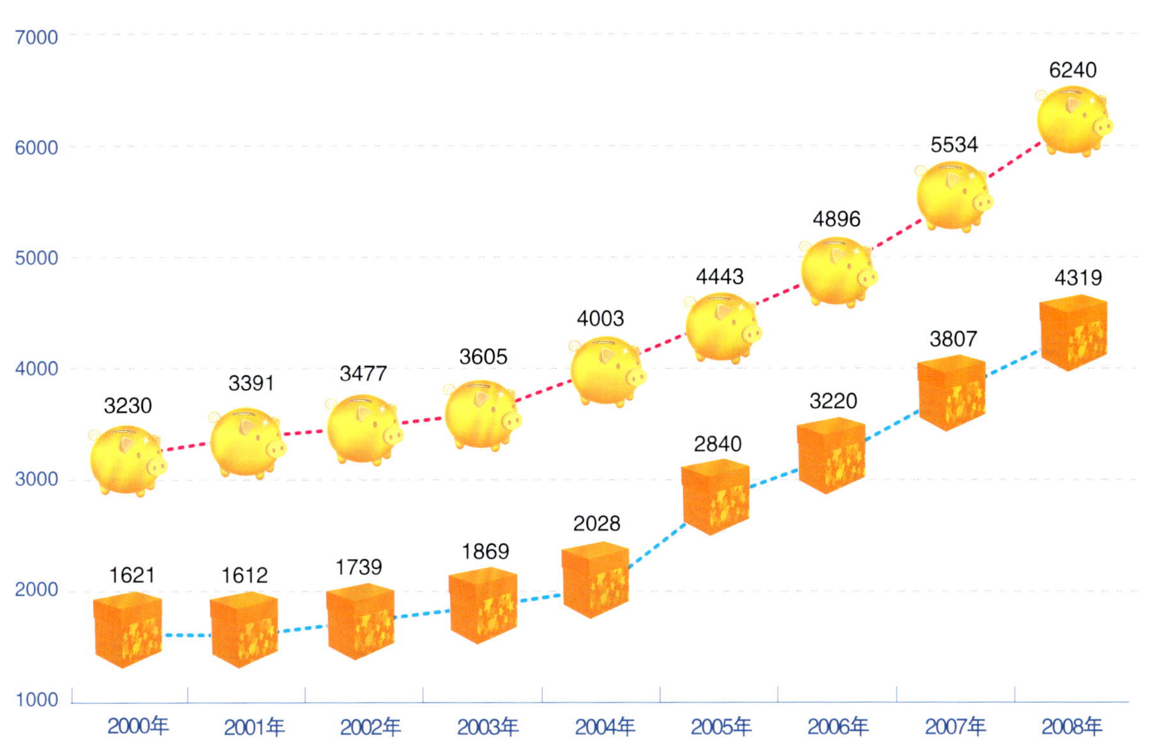

城市居民收入与支出（元）

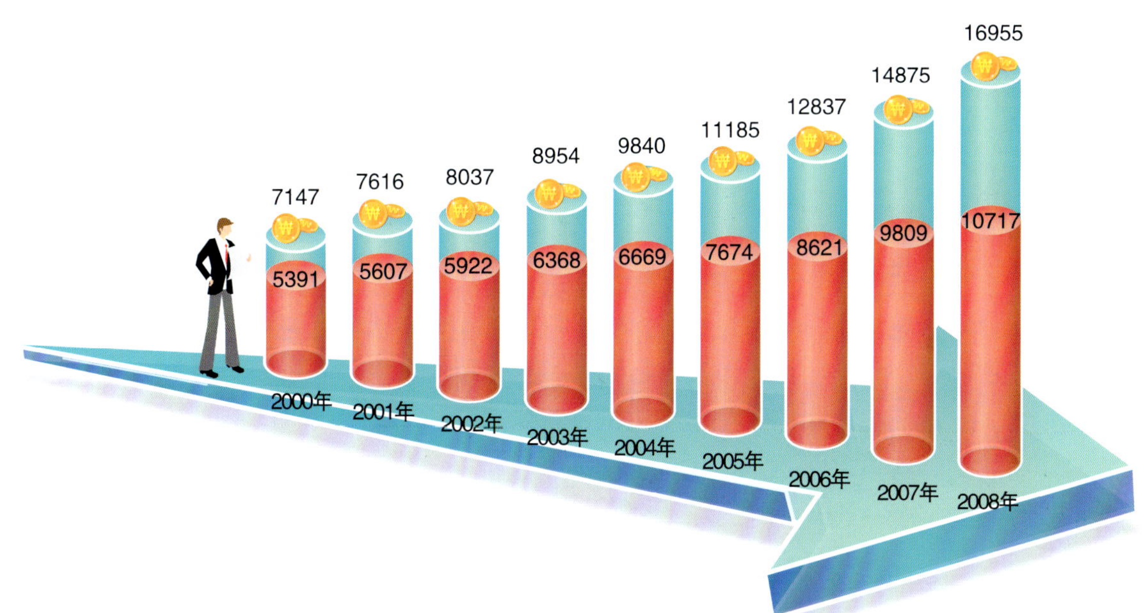

粮食总产量（万吨）

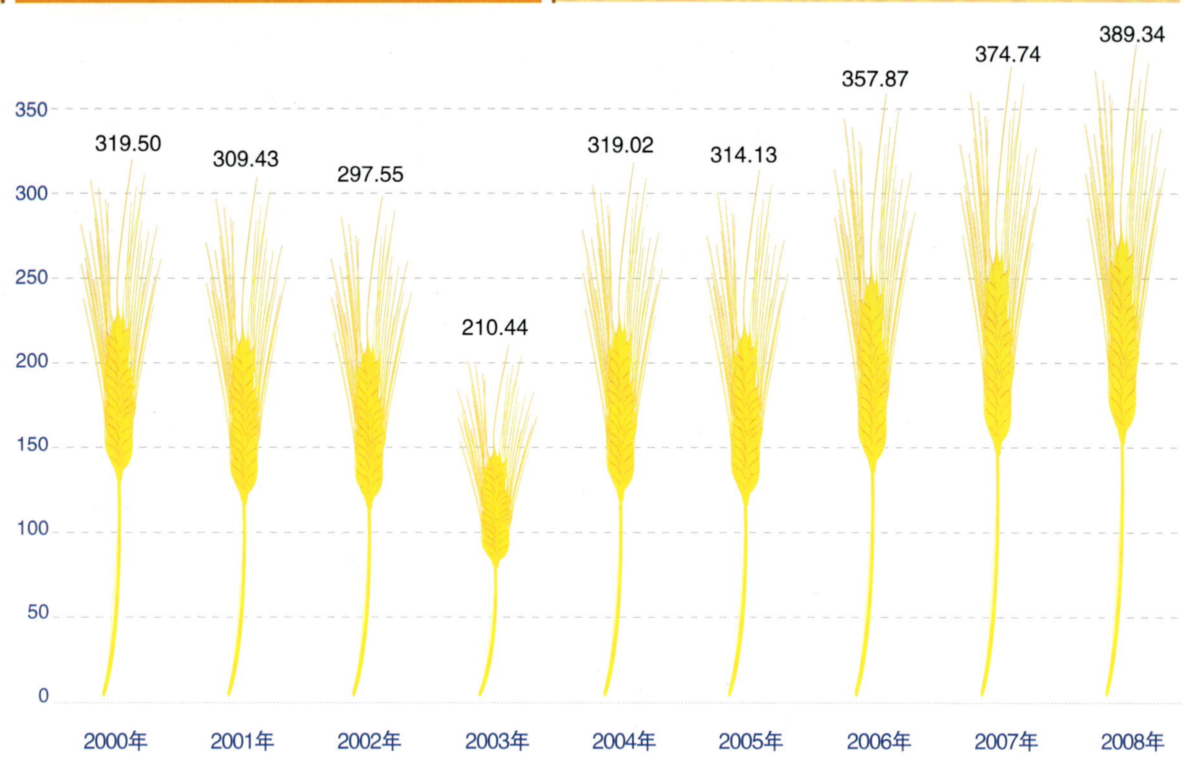

棉花总产量（万吨）

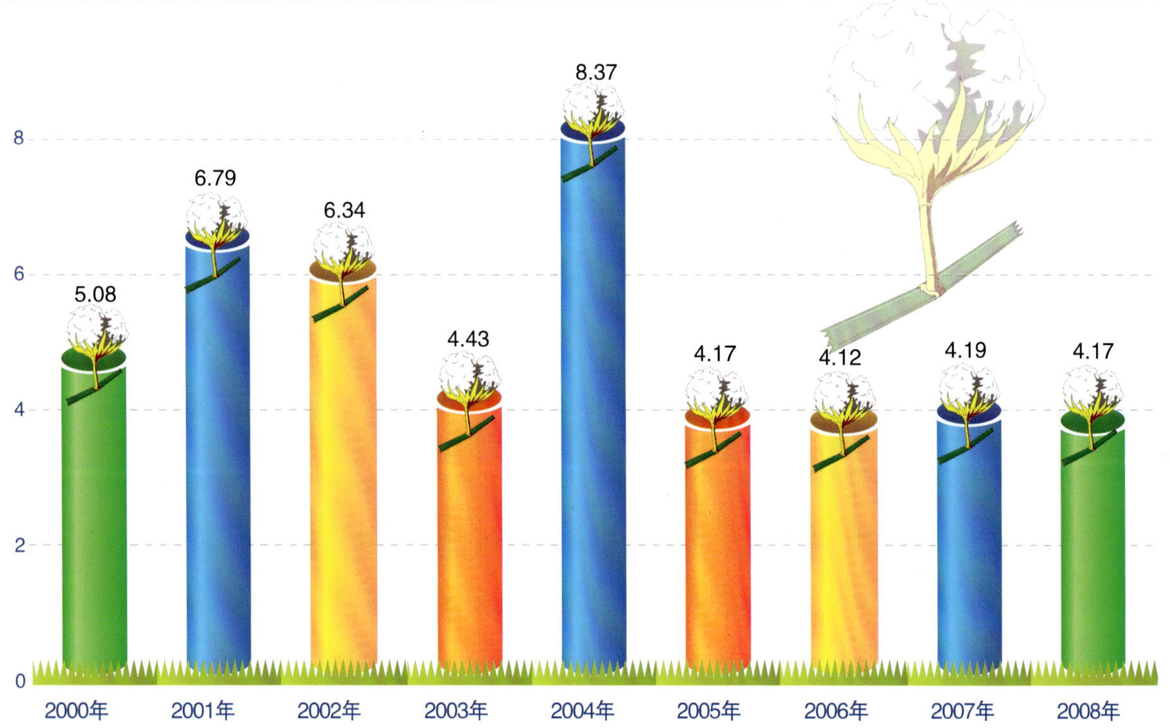

油料总产量（万吨）

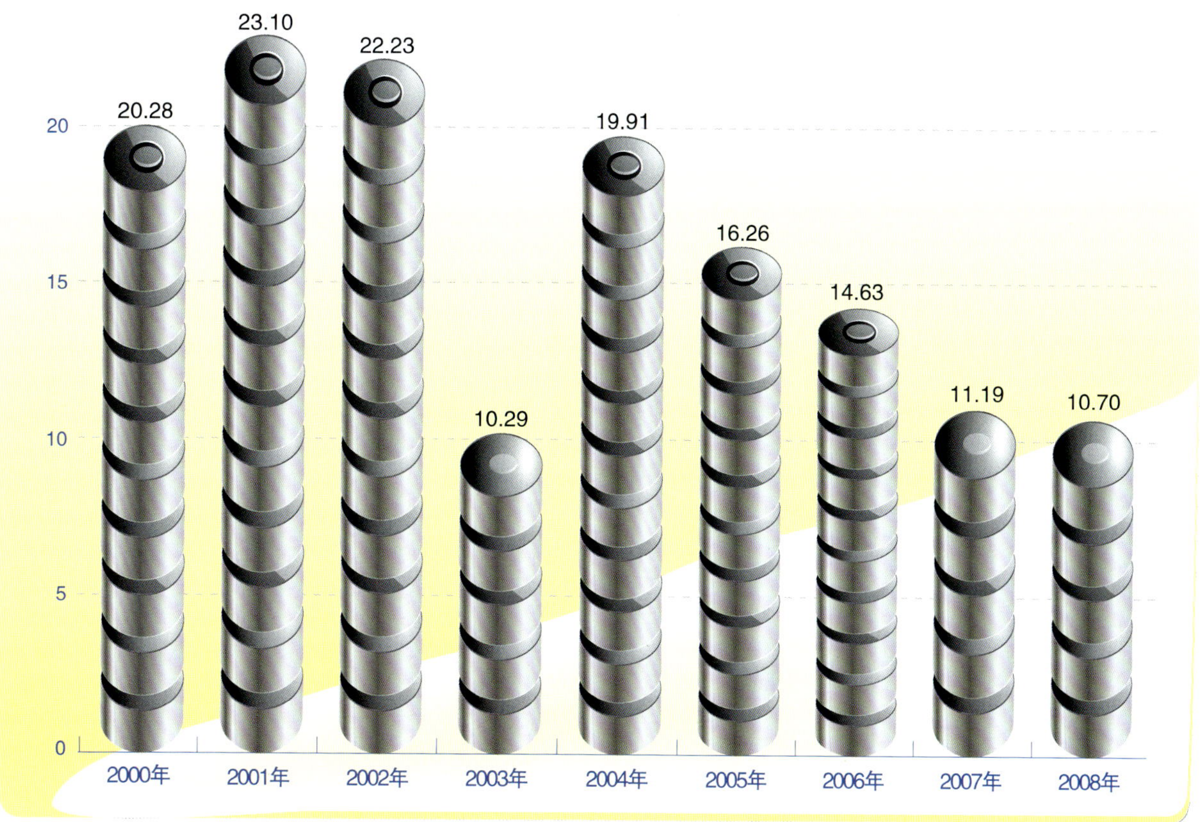

水产品总产量（万吨）

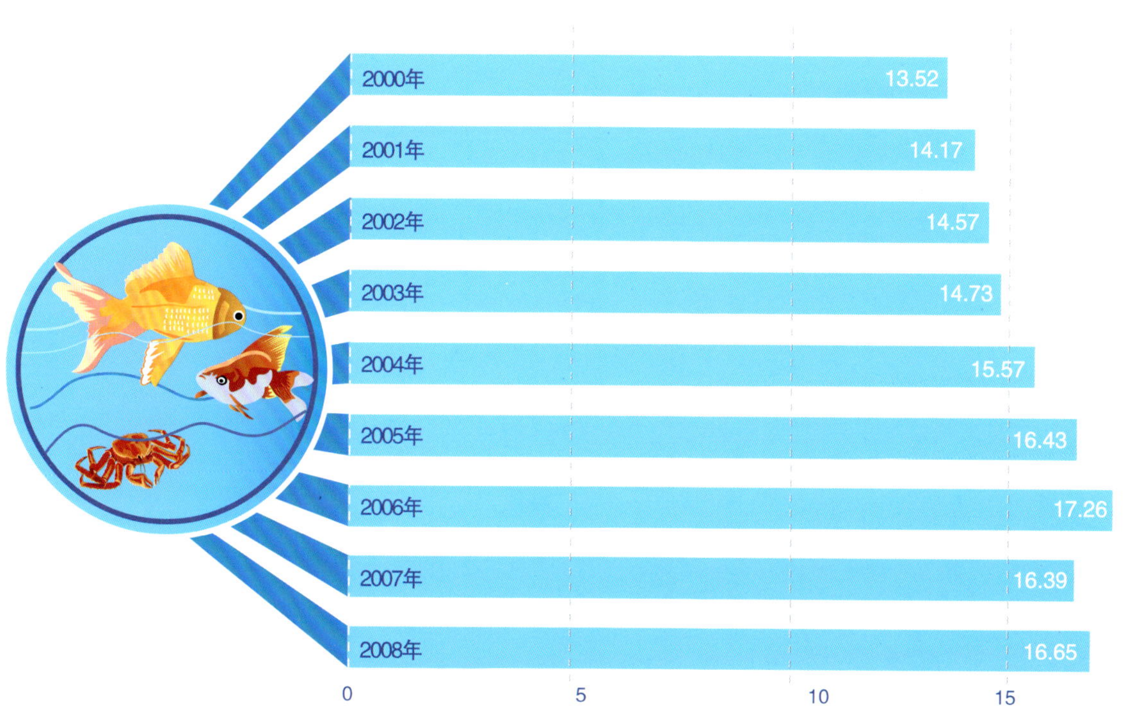

发电量（亿千瓦时）

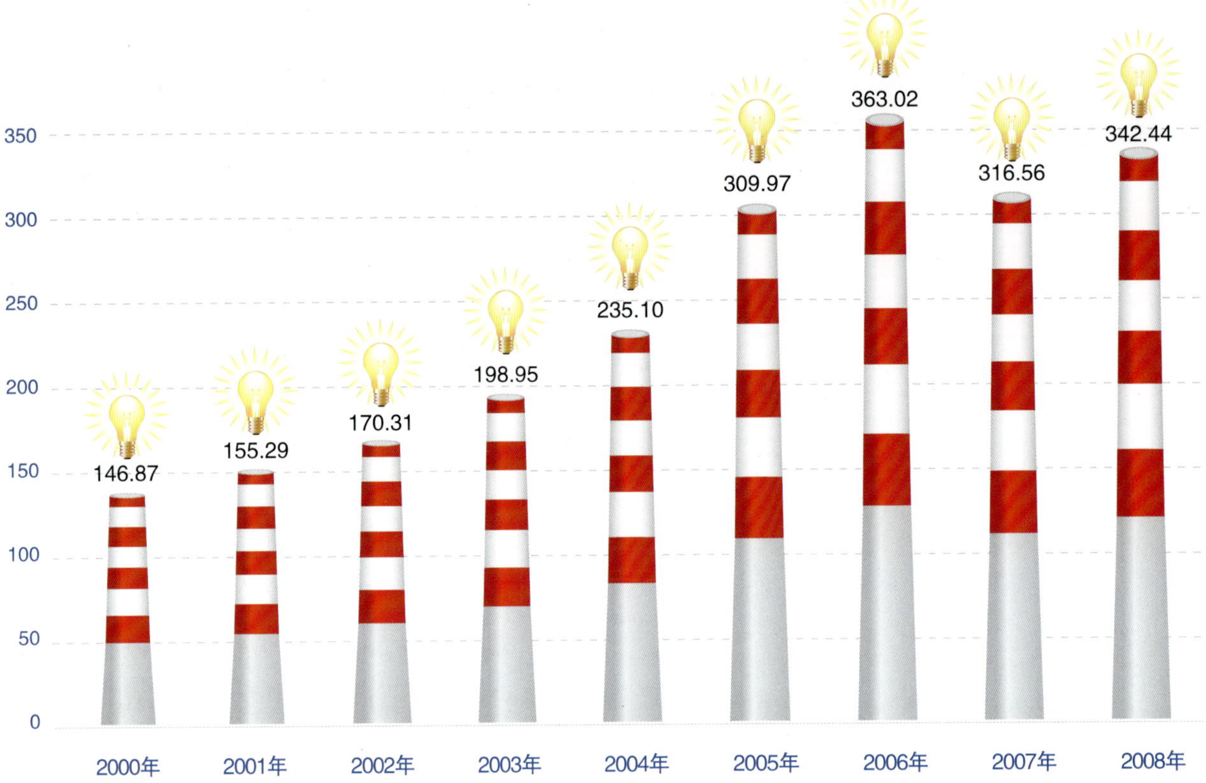

原煤（万吨）

自来水供应量（万立方米）

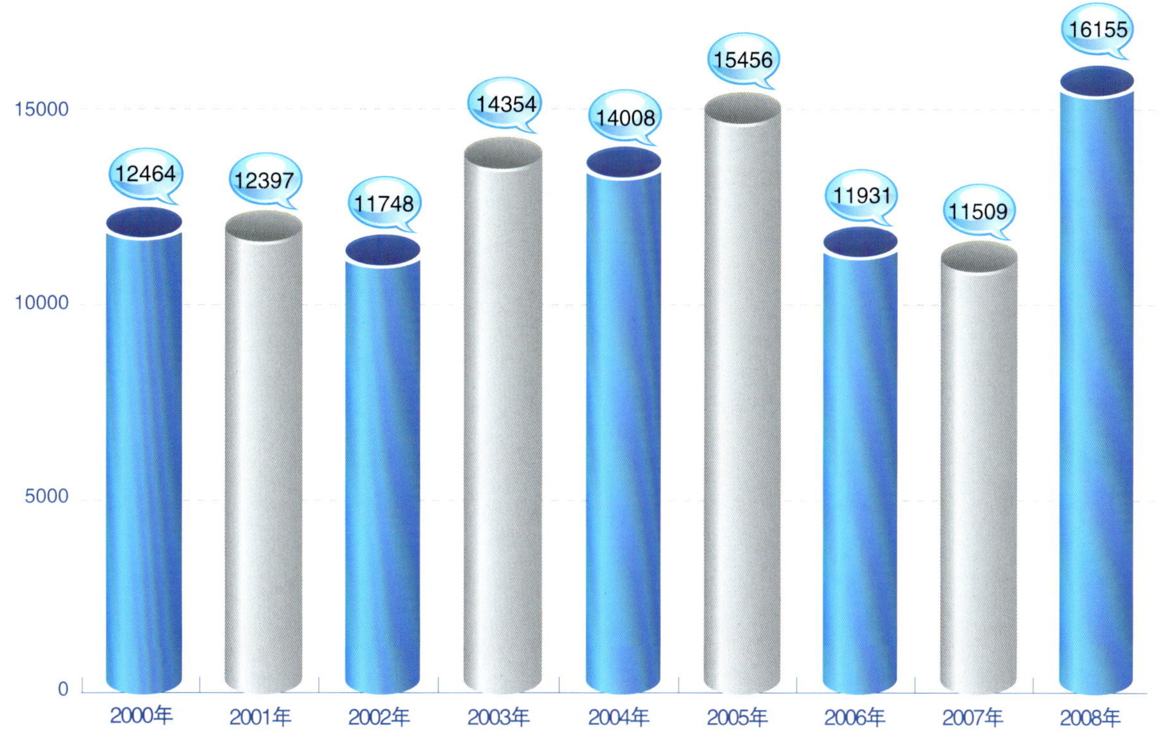

煤气供应量（万立方米）

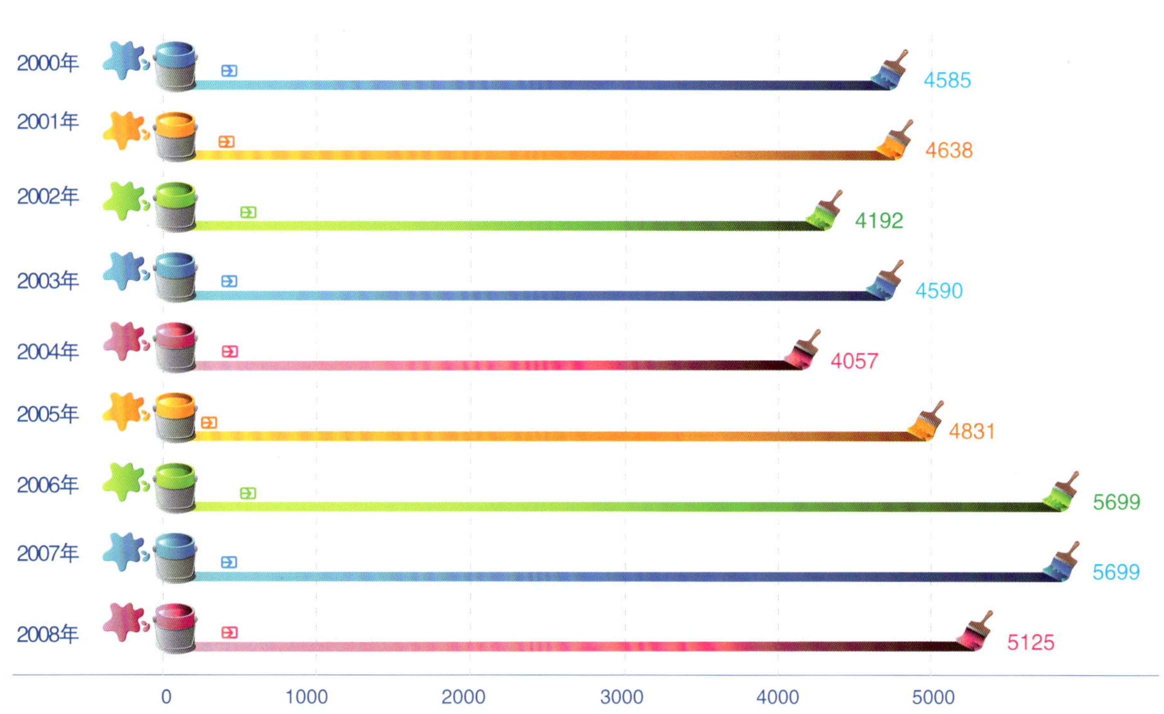

全社会客运量（万人）

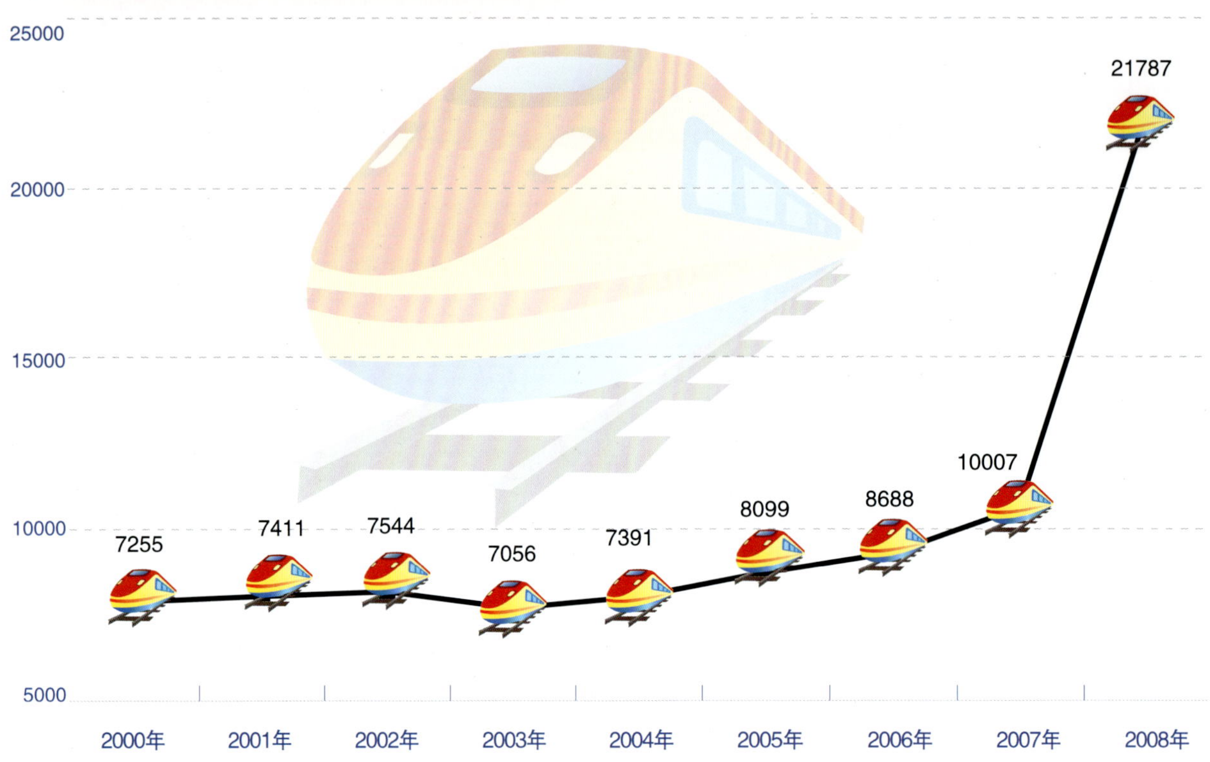

全社会货运量（万吨）

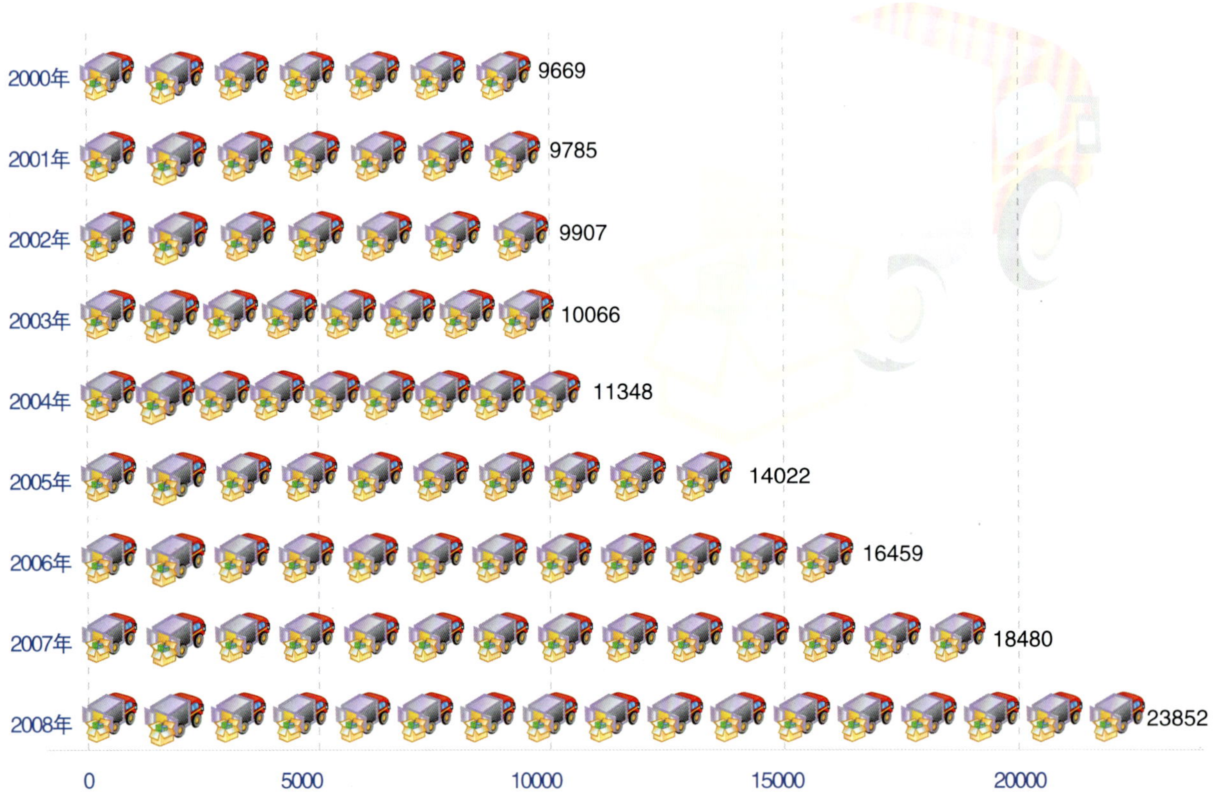

城市铺装道路长度（公里）

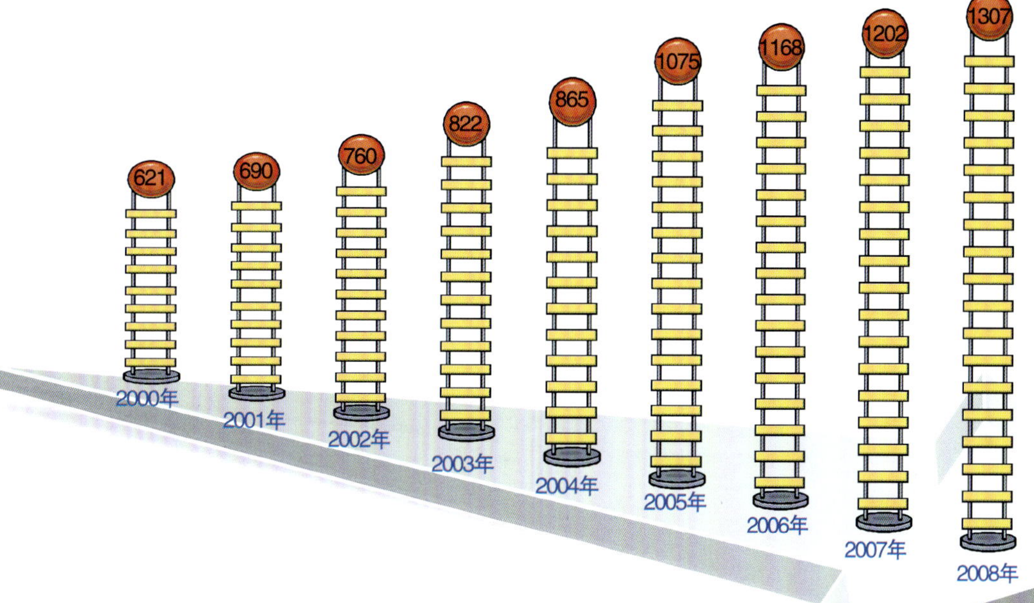

城市人均绿地（平方米）

固定电话用户（万户）

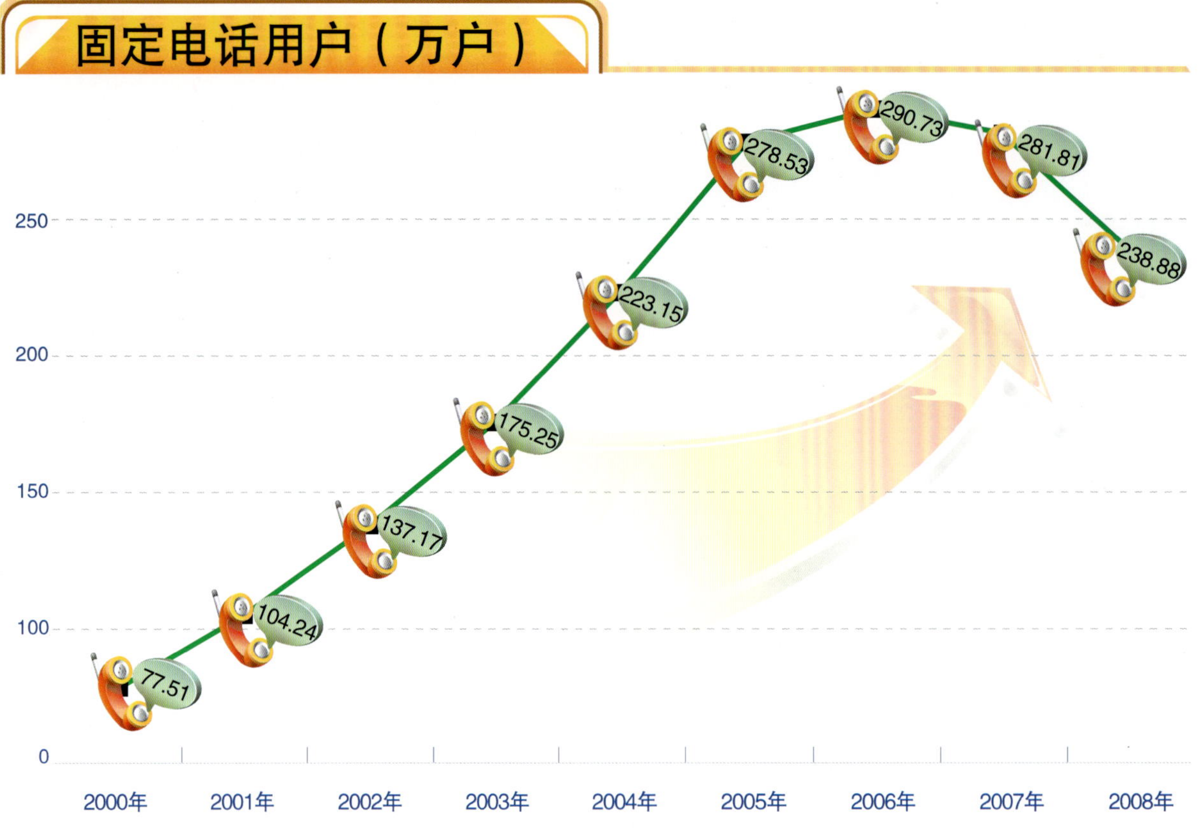

邮电业务总量（亿元）

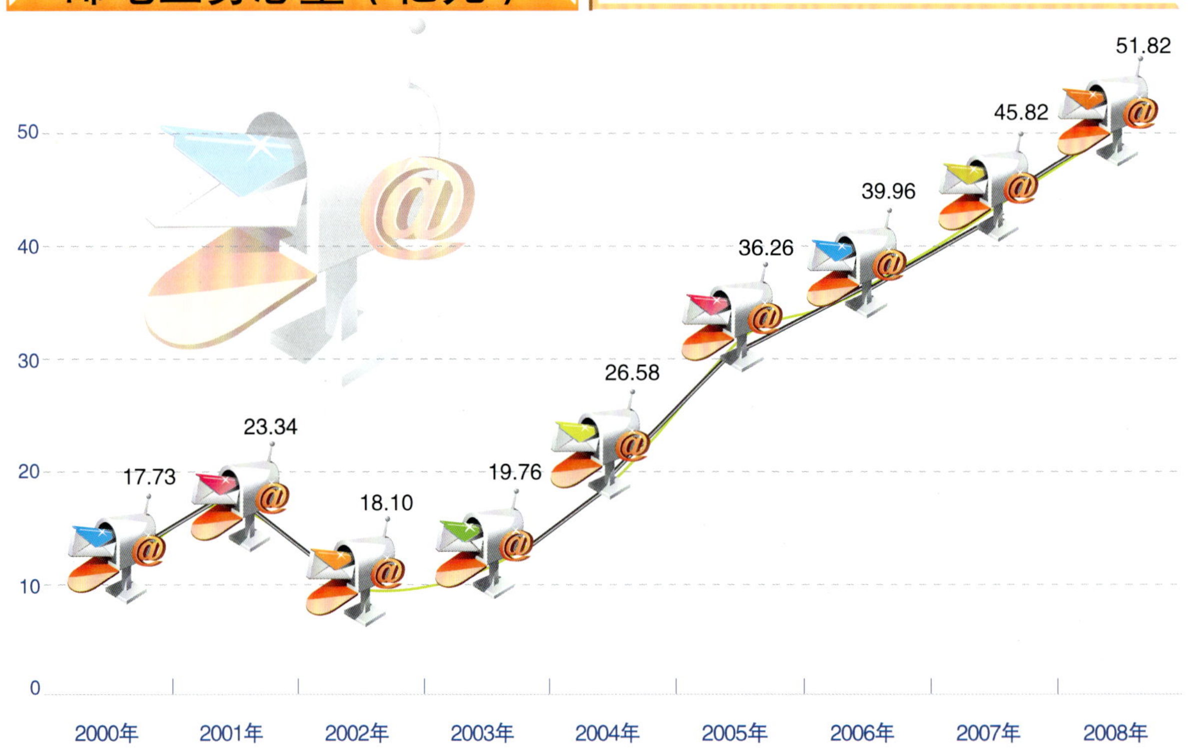

实际到帐注册外资（万美元）

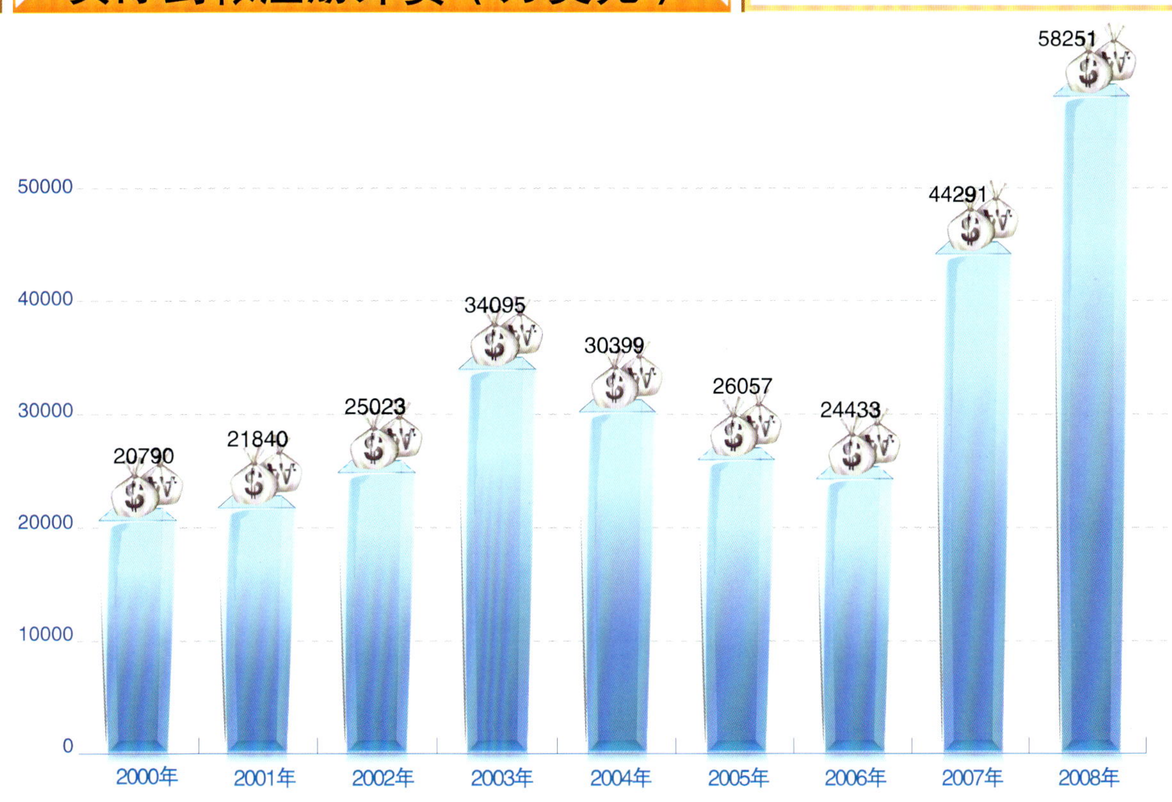

进出口总额（万美元）

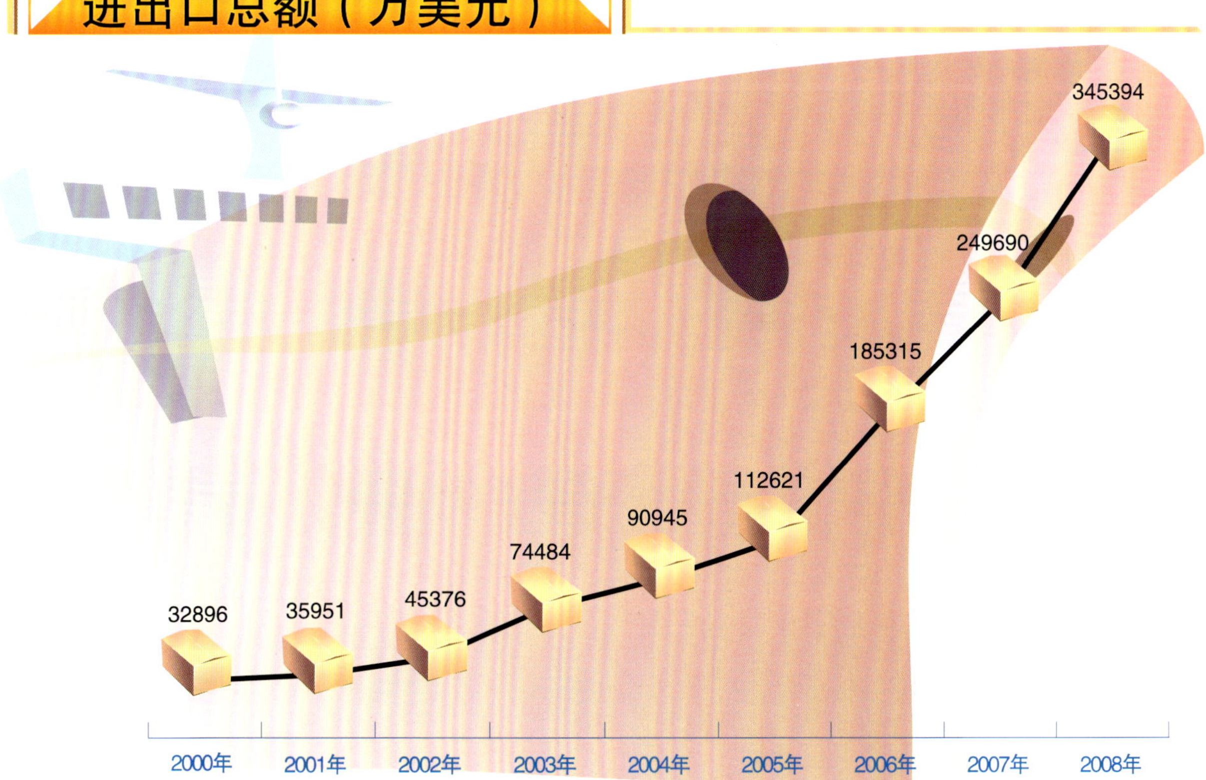

医生与床位数

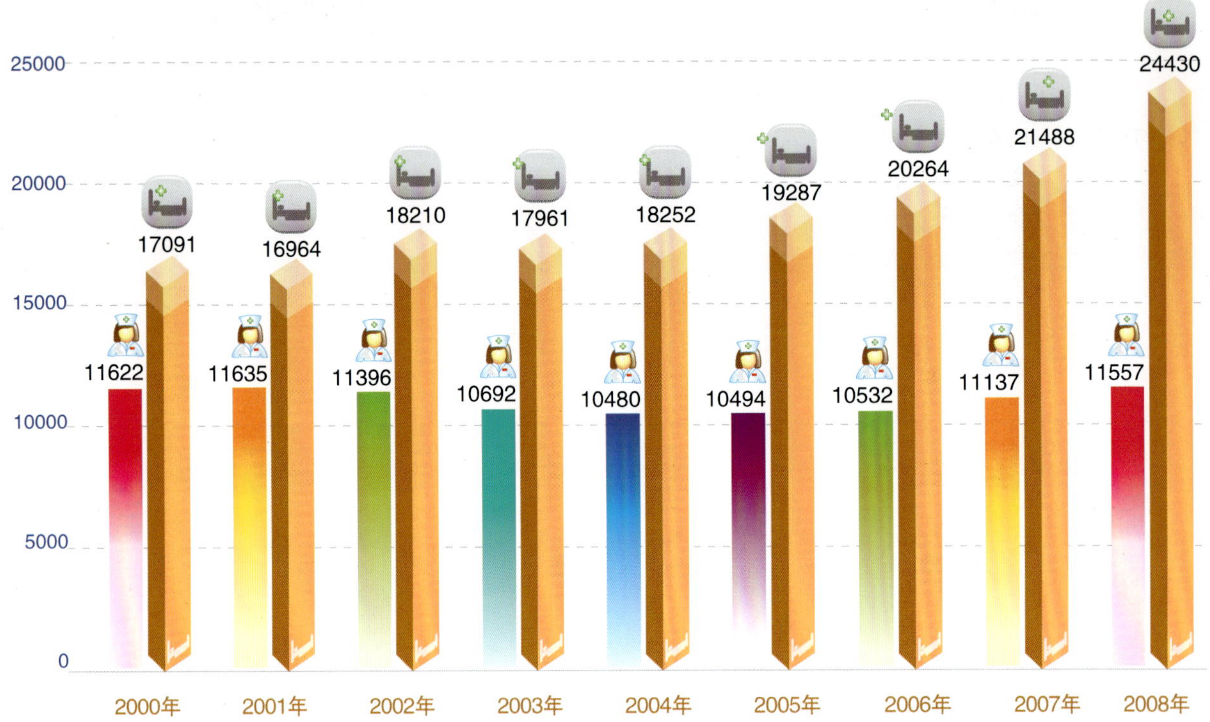

专业技术人员（万人）

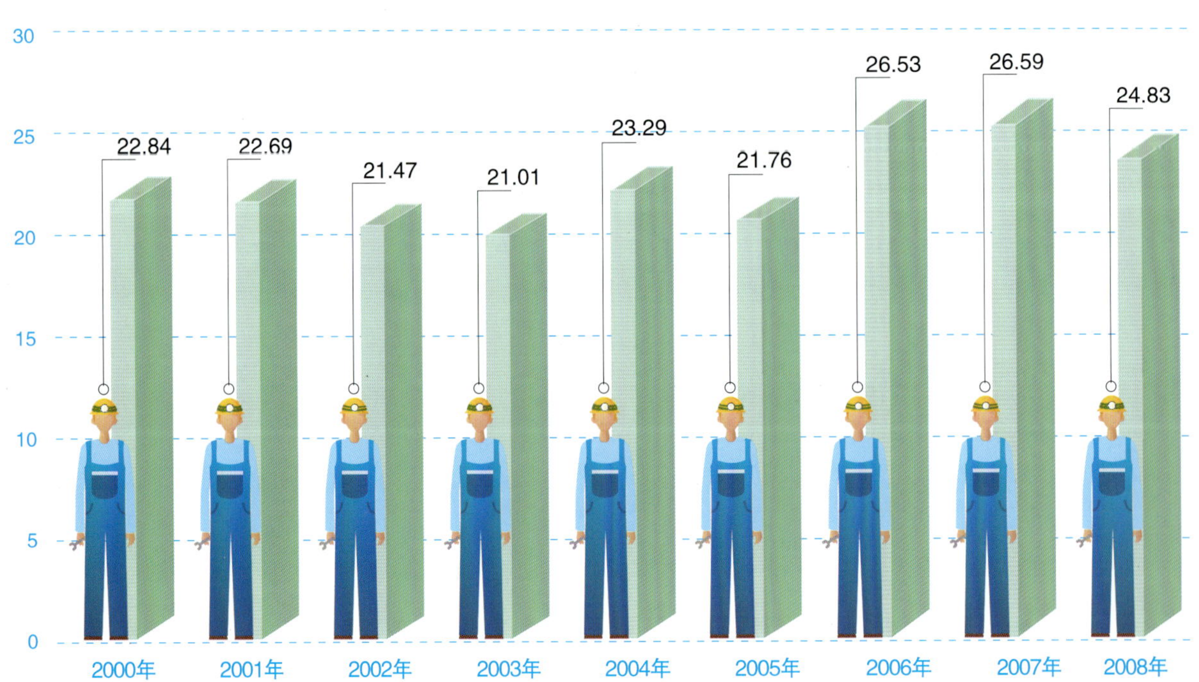

2008年徐州市国民经济和社会发展情况

2008年，全市人民在市委、市政府的正确领导下，全面贯彻党的十七大和十七届三中全会精神，深入落实科学发展观，紧紧抓住省委、省政府振兴徐州老工业基地的战略机遇，突出发展重点，创新发展思路，努力克服和化解不利影响，经济社会实现了平稳较快发展，经济总量再上新台阶，人均GDP突破三千美元，人民生活水平不断提高，人居环境显著提升，社会事业全面进步，较好地完成了年初确定的各项目标任务。

一、综　合

经济保持平稳较快发展。初步核算，全年地区生产总值突破两千亿元，达到2007.36亿元，比上年增长13.5%。其中，第一产业增加值210.02亿元，增长5.2%；第二产业增加值1061.78亿元，增长14%；第三产业增加值735.56亿元，增长15.5%。人均地区生产总值23069元（按常住人口计算），按当年汇率折算人均GDP超过三千美元，达到3378美元。三次产业结构由上年的11.5：52.5：36.0调整为10.5：52.9：36.6。第二、三产业增加值占地区生产总值的比重分别比上年提高0.4和0.6个百分点。城市化水平稳步提高，年末全市城市化率达47.2%，比上年提高1.4个百分点。

民营经济发展加快。全市民营经济实现增加值1221.40亿元，比上年增长14.9%，高于GDP增幅1.4个百分点；总量占全市GDP的60.8%，比上年提高0.6个百分点；其中私营个体经济实现增加值1008.98亿元，增长14.3%。年末工商部门登记私营企业4.88万户，增长31%，注册资本达606.37亿元，增长29.2%；个体户18.24万户，增长15.9%，注册资金42.29亿元，增长21.4%。

全面小康社会建设顺利推进。根据《江苏省全面建设小康社会统计指标体系》中25个指标的初步监测结果，已经达标或超过指标值的指标12个，与上年持平，总体指标达标率为48%。未达指标值的13个指标实现程度均在70%以上，其中实现程度90%以上的指标6个，实现程度80%-90%的指标4个。

二、农林牧渔业

农业生产发展良好。粮食总产创2000年来历史新高，全年粮食产量389.34万吨，增长3.9%。高效农业规模壮大，面积达到289.8千公顷，新增33.3千公顷，占耕地面积比重达到48.4%。

表1　2008年主要农产品产量

产品名称	播种面积（千公顷）	比上年增长（%）	绝对量（万吨）	比上年增长（%）
粮食	666.84	-0.8	389.34	4.0
棉花	36.15	-11.6	4.17	4.3
油料	30.32	-9.5	10.70	5.4
蔬菜	254.58	-5.9	778.73	2.9
水果	-	-	104.58	5.7

林牧渔业协调发展。全年林牧渔业增加值57.02亿元。全年造林面积7.89千公顷，完成荒山造林1.62千公顷，肉类总产量58.85万吨，比上年增长34.9%；禽蛋产量38.23万吨；奶类制品产量13.36万吨;水产品产量16.65万吨。

新农村建设扎实推进。农业生产条件继续改善，年末农业机械总动力525.9万千瓦，增长10.1%，机耕、机播、机收作业面积分别达到65.06万公顷、34.45万公顷、49.28万公顷。农用排灌动力机械61.26万千瓦，有效灌溉面积

48.16万公顷。积极推进现代化新农村示范村争创活动，全市建成市级新农村示范村150个。

三、工业和建筑业

工业生产较快增长。全年全部工业增加值910.04亿元，增长15%。规模以上工业企业实现增加值812.61亿元，增长18.6%，其中，轻、重工业分别完成增加值259.29亿元和553.08亿元，增长14%和21%。全年全社会用电量189.22亿千瓦时，增长18%，其中，工业用电量149.91亿千瓦时，增长18.7%。

表2　2008年规模以上工业企业增加值

指　　标	工业增加值（亿元）	比上年增长（%）
规模以上工业	812.61	18.6
其中：重工业	553.08	21.0
其中：国有企业	120.55	15.0
集体企业	6.61	3.3
股份制企业	486.26	16.6
外商和港澳台商投资企业	102.56	45.5
其中：国有控股企业	297.43	13.1
其中：大中型企业	413.90	6.4
其中：民营企业	413.75	17.0

工业结构继续优化。优势产业快速发展，重点培育的千亿元产业进一步发展壮大，装备制造业、食品和农副产品加工业、能源产业产值分别达到801.74亿元、428.75亿元、395.14亿元，同比增长37.9%、19.3%和40.4%。高新技术产业迅速扩张，年末规模以上高新技术产业单位221家，比上年末增加33家，全年实现高新技术产业产值292.22亿元，占规模以上工业的10.3%，同比提高2.4个百分点。2008年全市列入统计的137种主要工业产品产量中，保持增长的有80种，占58.4%；其中24种产品增幅在30%以上，占17.5%。

工业经济效益稳步提高。全年规模以上工业企业实现产品销售收入2776.46亿元，增长34.2%；实现利税451.54亿元，增长38.6%；实现利润215.66亿元，增长48.3%。亏损企业79家，亏损面为3.5%，亏损总额18.08亿元。全年规模以上工业企业经济效益综合指数为261.83，比上年提高19.9个点。工业产品销售率97.8%。

建筑业平稳发展。全年全社会建筑业完成增加值151.74亿元，比上年增长7.7%；实现建筑业总产值351.24亿元，增长13.2%；施工房屋建筑面积2657.66万平方米。

四、固定资产投资

固定资产投资稳定增长。全年完成全社会固定资产投资1250.67亿元，比上年增长30.2%。规模以上投资1161.75亿元，增长33.2%，其中，城镇投资1015.04亿元，增长31.9%；农村投资146.71亿元，增长42.8%。在城镇投资中，房地产开发投资130.81亿元，增长30.7%。

投资结构逐步优化。规模以上投资中，二、三产比重由上年的60.4%和38.8%调整为59.2%和40.8%。工业投资逐步强化，完成投资660.90亿元，比上年增长30.6%。第三产业投资474.16亿元，增长40.2%。高新技术产业投资快速增长，全年高新技术产业投资项目比上年增长191.8%，高新技术在建项目143个，增加48个，完成投资90.36亿元，增长78.6%，占工业投资的比重为13.7%，提高3.7个百分点。

五、国内贸易和市场物价

消费品市场持续繁荣。全年实现社会消费品零售总额680.23亿元，增长25.3%，增速比上年提高7.3个百分点。分行业看，批发业零售额72.74亿元，增长22%；零售业零售额497.34亿元，增长22.8%；住宿业零售额10.27亿元，增长65.7%；餐饮业零售额94.43亿元，增长38.2%。分城乡看，城市消费品零售额509.3亿元，增长26%；农村消费品零售额170.93亿元，增长23.2%。在限额以上批发和零售业零售额中，金银珠宝类、汽车类、服装类、家具类等消费领域分别增长34.9%、14.8%、13.7%、13.5%。

商品市场较快发展。年成交额在亿元以上的商品交易市场26家，成交额414.72亿元，比上年增长5%；年成交额在10亿元以上的有8家，其中年成交额在100亿元以上的有2家。

物价涨幅逐步回落。全年城市居民消费价格比上年上涨4.9%。分类看，消费价格总体呈现"六升两降"，其中食品上涨12.4%，交通和通讯、娱乐教育文化用品及服务分别下降1.7%和1.6%。商品零售价格上涨5.3%。

六、开放型经济

对外贸易加快发展。全年进出口总额34.54亿美元，增长38.4%，增速比上年提高3.7个百分点。其中，出口22.45亿美元，增长35.5%；进口12.09亿美元，增长44.1%。出口商品结构不断优化，机电产品、高新技术产品出口额分别为13.41亿美元、2.18亿美元，占出口总额的59.7%和9.7%。

表3　2008年出口总额

指　　标	绝对量（亿美元）	比上年增长（%）
出口额	22.45	35.5
其中：机电产品	13.41	54.0
高新技术产品	2.18	466.4
金属制品	1.88	23.1
板材	3.53	-1.4
农产品	1.27	-9.3
其中：国有企业	5.07	17.6
外商独资企业	9.69	58.2
民营企业	7.13	24.9

对外开放水平不断提升。全年新批外商投资项目122个，年末三资企业1208家，新增378家；协议注册外资17.26亿美元，增长27.1%；实际到账注册外资5.83亿美元，增长31.6%。新签对外承包工程劳务合同额5.91亿美元，增长22%，完成营业额5.75亿美元，增长23%。期末在外人员1.82万人。

开发区建设步伐加快。全市8家省级开发区共完成进出口总额25.88亿美元，增长53.1%，占全市的74.9%，其中出口11.56亿美元，增长69.3%，占全市的51.5%。新批外商投资项目54个，占全市的44.3%；实际到账注册外资5.1亿美元，增长80.3%，占全市的87.5%。其中徐州经济开发区进出口总额21.53亿美元，增长67.7%；出口11.42亿美元，增长49.9%；实际到账注册外资3.85亿美元，增长114%；新批外商投资项目20个。

七、交通、邮电和旅游

交通运输业稳定发展。全年各种运输方式(不含铁路运输)完成旅客运输量20569.1万人次，货物运输量2.16亿吨。全市拥有等级公路13602.4公里，其中一级公路878.72公里，增长7.8%。观音机场已开辟国内航线20条，航空线里程达到2万公里。年末全市民用汽车拥有量21.12万辆，增长21.5%，其中私人汽车15.63万辆，增长27.2%。

表4　2008年各种运输方式完成运输量

运输方式	货运量（万吨）	客运量（万人）	货运周转量（亿吨公里）	客运周转量（亿人公里）
总 计	21 588	20 569.1	648.35	135.36
公 路	11 508	20 529.1	131.06	131.35
水 运	1 982	--	59.59	--
管 道	8 098	--	457.67	--
民 航	0.26	40.1	0.03	4.01

邮政、通信业较快增长。全年邮电业务总量51.62亿元，邮电业务收入32.04亿元，其中邮政业务收入3.47亿元。固定电话(含大、小灵通、移动市话)用户238.88万户；移动电话用户368.80万户；国际互联网用户48.80万户，增加12.29万户。

旅游业持续发展。全年接待境外游客13.21万人次，增长9.3%，其中外国游客10.27万人次，港澳台同胞2.94万人次。国际旅游外汇收入1.23亿美元，增长17.7%。全年接待国内游客1538.29万人次，增长14.4%，旅游收入151.99亿元，增长22.6%。

八、财政、金融和保险

财政收支较快增长。全年财政总收入268.6亿元（不含基金），增长21.7%；一般预算收入125.85亿元，增长25.4%。财政总收入占GDP的比重为13.4%，比上年提高0.3个百分点。全年地方财政支出287.05亿元，增长28.8%；一般预算支出199.05亿元，增长35.0%，其中教育、社会保障和就业、医疗卫生支出分别增长22.2%、12.7%、6.3%。

金融运行平稳。年末金融机构各项存款余额1719.14亿元，比年初增加315.32亿元，比年初增长22.5%，其中，城乡居民储蓄存款余额974.51亿元，增长23.6%。金融机构各项贷款余额796.58亿元，增长22.8%，其中，短期贷款余额474.53亿元，增长23.1%，中长期贷款余额265.04亿元，增长26.9%。私营企业及个体年末贷款余额8.8亿元。

保险事业发展较快。年末全市拥有保险机构31家，新增14家，承保额5325.02亿元。全年保费收入51.69亿元，比上年增长41.3%，其中财产险收入9.53亿元，增长13.6%，寿险收入42.16亿元，增长49.5%。赔付额6.94亿元，增长30.5%，其中财产险赔付5.64亿元，增长29.4%，寿险赔付1.29亿元，增长35.8%。

九、教育和科学技术

教育事业健康发展。年末全市普通高校在校学生12.01万人，增长5.6%，其中在校研究生7376人，增长12%；普通中学和小学在校学生67.05万人和53.72万人。小学及初中在校生巩固率均达到99.5%。初中毕业生升学率95.1%，比上年提高2.3个百分点。高中阶段教育毛入学率82.9%，比上年提高12.8个百分点。

表5　2008年各类教育招生和毕业生情况

指　　标	学校数（个）	招生数（万人）	在校学生（万人）	毕业生数（万人）
普通高等教育	7	3.47	12.01	2.63
其中:研究生教育	-	0.25	0.74	0.16
普通中学教育	357	19.96	67.05	25.55
其中:高中教育	97	6.90	22.53	7.50
初中教育	260	13.06	44.52	18.05
职业高中教育	25	1.78	5.67	2.17
中等职业教育	28	2.11	7.58	1.51
技工学校教育	8	1.07	2.73	0.70
小学	899	8.28	53.72	13.00

科技事业取得新进展。全年研究与发展活动经费支出占GDP比重1.22%。受理专利申请6839项，专利申请授权量1742项，分别增长10.8%和20.3%。国有独立研究与开发机构24个。完成科技成果218项，通过鉴定152项，比上年增加24项，其中达到国际水平12项；达到省内先进水平82项。签订技术合同589项，技术合同金额1.8亿元。全年组织实施国家火炬计划项目22项、国家星火计划项目34项。民办科技型企业1196家，新增210家，实现技工贸总收入310亿元，增长8.7%。

十、文化、卫生和体育

文化、广播电视事业繁荣发展。年末全市文化系统拥有艺术表演团体8个；公办文化馆（站）126个；公共图书馆7个，总藏书量1626千册；博物馆14个，文物藏品49552件（套）；全年出版报纸9022万份，期刊18.89万册，图书400万册。市级广播电视台1座，县（区）级广播电视台7座，广播、电视人口综合覆盖率均达到100%。有线电视用户167.17万户，入户率为53.2%。

公共卫生体系日趋完善。各类卫生机构1116个，其中医院108个，乡（镇）卫生院143个，妇幼卫生机构13个；各类卫生机构拥有病床床位2.44万张，增长13.7%，其中医院、卫生院床位2.32万张；共有卫生技术人员3.04万人，增长3.9%。

体育事业成果斐然。在 2008 年北京奥运会和残奥会上，徐州籍运动员荣获奥运金牌 1 枚、残奥金牌 7 枚；在省级各项比赛中，获得金牌 127.5 枚、银牌 97 枚、铜牌 120 枚。年末全市体彩销售网点 834 个，全年销售额 3.34 亿元，增长 30.8%。

十一、人口、人民生活和社会保障

人口总量均衡增长。全市年末户籍总户数277.76万户，户籍人口946.86万人，比上年末增加5.91万人，增长0.6%。全年登记结婚7.88万对，比上年增加1.08万对。年末常住人口869.21万人，比上年末下降0.2%。

表6　2008年户籍人口主要构成情况

指　　标	年末数（万人）	比重（%）	增速（%）
全市总人口	946.86	100.0	0.6
其中：市区人口	184.40	19.5	0.8
其中：农业人口	610.22	64.4	-1.2
非农业人口	336.65	35.6	4.1
其中：18 岁以下	190.22	20.1	-4.8
18–35 岁	278.65	29.4	4.6
35–60 岁	349.35	36.9	1.4
60 岁以上	130.08	13.6	-1.1

就业再就业工作扎实推进。年末全市从业人员 486.05 万人，比上年增加 8.84 万人。其中城镇单位在岗职工 58.34 万人；城镇私营个体从业人员 58.77 万人；乡村劳动者 354.38 万人。城镇下岗失业人员实现再就业 5.46 万人。全年实现农村劳动力转移 198.4 万人，其中劳务输出 128.1 万人；新增农村劳动力转移 10.6 万人，其中劳务输出 6.6 万人。

人民生活水平持续提高。全年城镇单位在岗职工工资总额 154.95 亿元，年平均工资 26824 元，分别比上年增长 13.3%和 13.1%。城市居民人均可支配收入 16955 元，增长 14.0%；人均消费性支出 10717 元，增长 9.3%，其中食品支出占人均消费性支出的比重为 37.7%。农村居民人均纯收入 6240 元，增长 12.8%；人均生活消费支出 4319 元，增长 13.5%，其中食品支出占人均生活消费支出的比重为 39.2%。城乡百户家庭电话拥有量 244.7 部，百户家庭电脑拥有量 36.1 台。

居住条件进一步改善。年末市区实有房屋建筑面积 6584.24 万平方米，其中住宅建筑面积 4615.10 万平方米，增长 5.1%。年末实有住宅使用面积 3317.83 万平方米。年末城市（市区）居民人均住房建筑面积 26.22 平方米；农村人均年末生活住房面积 35.14 平方米。

社会保障体系逐步完善。年末城镇职工基本养老保险参保 107.91 万人，覆盖面为 95.7%；城镇失业保险参保 69.84 万人，覆盖面为 97.3%；城镇职工基本医疗保险参保 109.41 万人，覆盖面为 89.7%；新型农村合作医疗覆盖面达 97.6%，比上年提高 2.6 个百分点。年末全市各类福利机构 267 个，拥有床位 2.97 万张，在院 2.39 万人。城乡居民享受最低生活保障 27.30 万人，其中城镇低保居民 5.21 万人，农村低保居民 22.09 万人。年末全市福利彩票销售网点 624 个，全年筹集社会福利资金 1.93 亿元。

十二、城市建设和环境保护

城市建设取得新进展。年末建成区绿化覆盖面积 7483 公顷，覆盖率 40.1%；省级可游览风景名胜区面积 38 平方公里；人均公园绿地 13.00 平方米。年末城市人均拥有道路面积 13.89 平方米，每万人拥有公交车辆 17.22 标台，全年运送乘客 28456 万人次；出租车营运车辆 3594 辆。水厂综合生产能力 67.91 万立方米 / 日；人工煤气、液化气、天然气等家庭户数为 42.93 万户；集中供热面积 894.7 万平方米。

环境保护工作进一步加强。全市设立国家生态示范区 4 个、自然保护区 13 个，总面积达 102.54 千公顷。年末全市森林面积 31.15 万公顷，森林蓄积量 1171 万平方米，森林覆盖率 27.6%。年末全市各级环境监测站 13 个。全市环境质量综合指数达到 79.7；集中式饮用水水源地水质达标率 100%。市区全年空气优良天数达 320 天，再创历史新高，比上年增加 8 天。

注：上述文中统计数据若与本年鉴表中数据不一致，请以表中数据为准。

一、综合

GENERAL SURVEY

中华人民共和国主席令

第十五号

《中华人民共和国统计法》已由中华人民共和国第十一届全国人民代表大会常务委员会第九次会议于 2009 年 6 月 27 日修订通过，现将修订后的《中华人民共和国统计法》公布，自 2010 年 1 月 1 日起施行。

中华人民共和国主席 **胡锦涛**

2009 年 6 月 27 日

徐州自然概貌

位 置

徐州市位于江苏省的西北部，东经 116°22′ ~ 118°40′、北纬 33°43′ ~ 34°58′ 之间，东西长约 210 公里，南北宽约 140 公里，土地总面积 11258 平方公里。地处苏、鲁、豫、皖四省交界，为东部沿海与中部地带、上海经济区与环渤海经济圈的结合部。“东襟淮海，西接中原，南屏江淮，北扼齐鲁”，素有“五省通衢”之称。京沪、陇海两大铁路在此交汇，京杭大运河傍城而过贯穿徐州南北，公路四通八达，北通京津，南达沪宁，西接兰新，东抵海滨，为全国重要水陆交通枢纽和东西、南北经济联系的重要“十字路口”。

地 貌

徐州市地貌，根据成因和区域特征自西向东大致可分为丰、沛黄泛冲积平原，铜、邳、睢低山剥蚀平原，沂、沭河洪冲积平原三个地貌区。地形由平原和山丘岗地两部分组成，以平原为主，约占全市总面积的 90%，属黄淮平原一部分，地势低平，海拔高度在 20 ~ 50 米之间，大致由西北向东南降低，系黄河、淮河的支流长期合力冲积所成。丘陵岗地约占 10%，为鲁中南低山丘陵向南延续部分，海拔高度大都在 100 ~ 300 米之间，多属顶平坡缓的侵蚀残丘。

水 系

徐州市位于淮河流域，分属三个水系：废黄河水系、沂沭泗水系、濉安河水系。废黄河是历史上的黄河故道，自成独立水系，是沂沭泗水系和濉安河水系的分水岭，徐州境内长 196km，流域面积 885km^2。废黄河以北为沂沭泗水系，境内面积 8479km^2，流域内主要骨干河道有沂河、沭河、中运河及邳苍分洪道，并有南四湖及骆马湖两座湖泊调蓄洪水。废黄河以南为濉安河水系，境内面积 2020km^2，分为安河和濉河，均直接排入洪泽湖。主要支流有龙河、潼河、徐沙河、闸河、奎河、灌沟河、琅河、阎河、看溪河、运料河等。徐州境内有两座湖泊、五座中型水库及六十九座小型水库。各水系河网密布，河、湖、库相互沟通，已初步形成具有防洪、除涝、供水、灌溉、降渍等功能的水利工程体系。

气 候

徐州市位居中纬度地区，属暖温带季风气候区，既受东南季风影响，又受西北季风控制，资源丰富，光、热、水配合较好，有利于农作物的生长，气候资源的地区差异较大，有利于农林牧渔的综合发展。其主要气候特点有：气候温和，四季分明，光照充足，雨量适中；四季之中，冬、夏季长，春、秋季短，春季天气多变，夏季高温多雨，秋季天高气爽，冬季寒潮频袭；以中运河为界，东部属暖温带湿润季风区，西部属暖温带半湿润季风区；主要气象灾害有旱、涝、风、霜冻、冰雹等；全年太阳辐射总量约 119.4 千卡 / 平方厘米，平均日照时数 2100 小时左右，平均降水量 900 毫米左右，无霜期 200–230 天。

土 壤

徐州市土壤，根据成土条件、过程、土体结构和性质的差异，主要分为棕土、褐土、紫色土、潮土、砂姜黑土、水稻土六大类。其中棕土、褐土为暖温带湿润、半湿润气候和落叶植被环境下的地带性土壤，面积分别为 33.9 千公顷和 77.5 千公顷；潮土类为本区冲积平原的主要土类，面积约为 649.9 千公顷，占全市土壤总面积的 79.5%。此外在一些湖荡洼地中还有少量的沼泽土类。

矿 产

徐州市地层发育齐全，地质构造复杂，岩浆活动频繁，地质历史时期环境多变，为不同类型矿产的形成和储存，提供了良好的条件。现已查明和开采的矿产资源有铁、铜、煤、石灰石、大理石、钾、磷、岩盐、石膏、石英岩(砂)、粘土、白云岩等。其中铁矿主要属接触交代型内生铁矿，以磁铁矿、赤铁矿为主，矿石品位高，含量多为大于 50% 的富矿，同时，部分矿体中还伴有铜、金、银等有色和稀贵金属，具有较高的综合开发利用价值，已探明储量 8300 万吨；煤矿具有储量大、层次多、煤层厚、质量好、分布稳定而有规律等特点，已探明储量 39 亿吨以上，预测储量在 69 亿吨以上；岩盐已探明储量 5.53 亿吨，预测储量 21 亿吨；石膏已探明储量 3.2 亿吨，预测储量 44.4 亿吨。此外，金刚石及其伴生矿物亦多处有所发现。

从统计看2008年的徐州

徐 州 在 全 省 的 位 置

年末总人口	占全省	12.8%	进出口总额(海关)	占全省	0.9%
地区生产总值	占全省	6.6%	# 出口	占全省	0.9%
财政收入	占全省	3.8%	实际利用外资	占全省	2.3%
# 一般预算收入	占全省	4.6%	粮食总产量	占全省	12.3%
全社会固定资产投资	占全省	8.3%	煤炭总产量	占全省	95.3%
社会消费品零售总额	占全省	7.0%	发电量	占全省	12.3%

徐 州 的 人 口

年末人口	946.86 万人	人口密度	841 人 / 平方公里
出生人口	170 661 人	平均每天出生	468 人
死亡人口	106 845 人	平均每天死亡	293 人
结婚人口	78 770 对	平均每天结婚	216 对
离婚人口	9 614 对	平均每天离婚	26 对

徐 州 经 济 的 发 展

地区生产总值	2 007.36 亿元	比 1978 年增长	30.1 倍
第一产业	210.02 亿元	比 1978 年增长	5.1 倍
第二产业	1 061.78 亿元	比 1978 年增长	56.4 倍
# 工业	910.04 亿元	比 1978 年增长	57.3 倍
第三产业	735.56 亿元	比 1978 年增长	53.5 倍
全社会货物运输量	23762 万吨	比 1978 年增长	8.1 倍
全社会固定资产投资	1 250.67 亿元	比 1978 年增长	388.5 倍
社会消费品零售总额	680.23 亿元	比 1978 年增长	75.3 倍
财政收入	268.60 亿元	比 1978 年增长	80.6 倍

徐 州 的 一 天

地区生产总值	54 996 万元	旅客运输量	59.69 万人次
第一产业	5 754 万元	房屋建筑竣工面积	18 773 平方米
第二产业	29 090 万元	社会消费品零售总额	18 637 万元
# 工业	24 933 万元	财政收入	7 359 万元
第三产业	20 152 万元	# 一般预算收入	3 448 万元
货物运输量	65.35 万吨	邮寄函件	8.77 万件

1-1　行政区划、土地面积与人口密度

（2008 年底）　　单位：个

地　　区	镇	办事处	村民委员会	居民委员会	土地面积（平方公里）	人口密度（人/平方公里）
全市合计	**113**	**41**	**2 250**	**428**	**11 258.3**	**841**
市　区	8	41	170	280	1 159.9	1 590
鼓楼区	1	8	28	69	196.2	2 171
云龙区		8	18	54	118	2 534
九里区		13	26	26	93	1 957
贾汪区	7	2	98	54	690	704
泉山区		10		77	62.7	7 177
县(市)	105		2 080	148	10 098.4	755
丰　县	14		360	8	1 446	790
沛　县	15		324	58	1 349	917
铜山县	20		314	7	1 877.4	650
睢宁县	16		378	19	1 767	749
新沂市	16		253	18	1 571	638
邳州市	24		451	38	2 088	812

1–2 各行政区划街道办事处(镇)名称

（2008 年底）

地 区	街道办事处或镇数(个)	街道办事处或镇名称
鼓楼区	9	环城办事处、黄楼办事处、牌楼办事处、丰财办事处、金山桥办事处、琵琶办事处、铜沛办事处、东环办事处、庙山镇
云龙区	8	彭城办事处、子房办事处、黄山办事处、骆驼山办事处、翠屏山办事处、大郭庄办事处、潘塘办事处、大龙湖办事处
九里区	13	张双楼办事处、庞庄办事处、桃园办事处，利国办事处、垞城办事处、张集办事处、义安办事处、电厂办事处、三河尖办事处、火花办事处、拾屯办事处、九里办事处、苏山办事处
贾汪区	9	贾汪镇、汴塘镇、青山泉镇、紫庄镇、大吴镇、塔山镇、江庄镇、老矿办事处、夏桥办事处
泉山区	10	和平办事处、七里沟办事处、湖滨新村办事处、王陵办事处、永安办事处、翟山办事处、泰山办事处、段庄办事处、奎山办事处、金山办事处
丰 县	14	赵庄镇、欢口镇、宋楼镇、华山镇、梁寨镇、大沙河镇、范楼镇、师寨镇、顺河镇、王沟镇、首羡镇、孙楼镇、常店镇、凤城镇
沛 县	15	沛城镇、敬安镇、张庄镇、魏庙镇、栖山镇、大屯镇、杨屯镇、鹿楼镇、张寨镇、河口镇、朱寨镇、安国镇、胡寨镇、五段镇、龙固镇
铜山县	20	铜山镇、何桥镇、黄集镇、马坡镇、郑集镇、柳新镇、刘集镇、大彭镇、汉王镇、三堡镇、棠张镇、张集镇、房村镇、伊庄镇、单集镇、徐庄镇、大许镇、茅村镇、柳泉镇、利国镇
睢宁县	16	官山镇、李集镇、邱集镇、凌城镇、沙集镇、高作镇、梁集镇、魏集镇、古邳镇、姚集镇、双沟镇、王集镇、桃园镇、岚山镇、庆安镇、睢城镇
新沂市	16	新安镇、合沟镇、窑湾镇、马岭山镇、棋盘镇、阿湖镇、高流镇、邵店镇、港头镇、草桥镇、瓦窑镇、唐店镇、北沟镇、新店镇、时集镇、双塘镇
邳州市	24	燕子埠镇、车辐山镇、宿羊山镇、赵墩镇、碾庄镇、八义集镇、占城镇、土山镇、邳城镇、官湖镇、陈楼镇、戴圩镇、炮车镇、铁富镇、港上镇、邹庄镇、四户镇、岔河镇、邢楼镇、戴庄镇、议堂镇、八路镇、新河镇、运河镇

1–3　国民经济和社会发展主要指标

指　标		1978	1990	1997	2000	2004	2005	2006	2007	2008
年末人口	**（万人）**	**645.41**	**807.14**	**867.16**	**896.44**	**916.85**	**925.31**	**934.73**	**940.95**	**946.86**
# 非农业人口		74.51	138.26	182.43	231.11	302.54	315.85	320.76	323.46	336.65
从业人数	**（万人）**	**283.64**	**408.50**	**432.88**	**417.66**	**395.50**	**452.20**	**469.15**	**477.21**	**486.05**
# 职工人数		60.12	87.35	93.85	71.02	56.31	56.07	56.91	57.56	58.34
# 国有经济单位		41.16	63.69	74.41	57.74	40.19	40.13	39.87	40.00	39.53
城镇集体经济		18.96	23.53	17.76	8.30	3.90	3.60	3.57	3.35	3.44
乡村劳动者		223.52	317.88	325.31	326.17	307.37	348.00	352.75	354.55	354.38
地区生产总值（当年价格）	**（亿元）**	**21.39**	**112.84**	**504.23**	**616.30**	**1 031.12**	**1 212.15**	**1 428.80**	**1 679.56**	**2 007.36**
第一产业		9.40	38.69	107.93	118.57	161.59	169.96	180.82	192.65	210.02
第二产业		8.95	44.91	233.84	283.56	511.64	613.92	741.36	881.96	1 061.78
# 工业		8.06	40.93	208.20	243.54	435.35	521.91	632.84	760.43	910.04
第三产业		3.04	29.24	162.46	214.16	357.89	428.27	506.62	604.95	735.56
固定资产投资	**（亿元）**									
全社会固定资产投资		3.21	24.41	152.11	252.19	445.27	601.31	752.99	960.70	1 250.67
# 规模以上固定资产投资						390.53	546.08	680.13	872.31	1 161.75
城镇规模以上固定资产投资		3.21	11.75	81.20	154.03	318.75	450.99	598.52	769.59	1 015.04
# 房地产开发投资			1.22	11.54	28.05	30.92	62.57	70.80	100.11	130.81
# 住宅投资					19.18	24.73	46.79	59.17	83.17	113.97
农村规模以上固定资产投资						71.78	95.09	81.61	102.72	146.71
城镇规上投资竣工的住宅建筑面积	（万平方米）	36.40	58.40	134.72	143.62	92.81	255.92	149.29	226.45	198.40
财政	**（亿元）**									
财政总收入		3.27	10.23	35.14	47.62	110.22	145.26	180.85	220.73	268.60
# 一般预算收入				17.70	22.45	42.71	55.22	71.03	100.38	125.85
地方财政支出		1.77	8.56	25.07	34.52	71.73	105.08	127.01	147.44	199.05
物价	**（%）**									
城市居民消费价格总指数		100.0	104.5	101.9	100.0	103.7	102.2	101.5	104.4	104.9
城市商品零售价格总指数		100.1	103.9	99.9	98.2	102.8	101.0	100.7	103.1	105.3
人民生活										
职工工资总额	（亿元）	3.14	18.59	60.98	65.31	89.46	107.26	125.09	136.74	154.95
职工平均工资	（元）	554	2 179	6 521	9 339	15 809	18 849	21 896	23 711	26 824
农民人均纯收入	（元）	112	661	2 747	3 230	4 003	4 443	4 896	5 534	6 240

注：地方财政支出 2007 年及以后为一般预算支出口径。

1-3 续表 1

指 标		1978	1990	1997	2000	2004	2005	2006	2007	2008
城市居民人均可支配收入	（元）		1 687	5 687	7 147	9 840	11 185	12 837	14 875	16 955
城乡居民储蓄存款余额	（亿元）	0.89	44.64	216.34	305.80	556.31	650.61	722.89	788.63	974.51
城市居民人均住房使用面积	（平方米）		11.07	12.77	14.51	15.67	17.12	17.58	19.70	19.67
农民人均生活用房面积	（平方米）		18.73	22.00	22.52	27.82	29.36	32.22	34.04	35.14
国有独立核算工业企业	**（亿元）**									
利税总额		2.14	5.32	21.88	13.11	50.27	56.68	82.27	93.96	91.23
利润总额			–0.71	3.84	0.24	13.39	15.37	29.05	27.76	21.98
固定资产原价		17.20	72.97	218.13	132.63	44.78	47.47	94.39	64.97	58.58
固定资产净值		10.19	50.92	141.83	84.14	26.22	28.22	53.36	34.68	32.20
运输、邮电										
全社会客运量	（万人次）	2 030	3 156	7 552	7 255	7 391	8 099	8 688	10 007	21 787
全社会货运量	（万吨）	2 608	6 073	7 851	9 669	11 348	14 022	16 459	18 480	23 852
内河港口货物吞吐量	（万吨）		837	1 235	1 452	3 546	4 189	3 603	4 379	4 738
邮电业务总量	（亿元）	0.07	0.62	7.18	17.73	26.58	36.26	39.96	45.82	51.62
邮电业务收入	（亿元）				13.06	24.26	27.05	31.12	32.80	32.04
函件	（万件）		2 463	2 073	2 512	2 201	2 041	1 868	1 902	3 202
订销报刊累计份数	（万份）		10 291	18 057	16 451	10 084	9 116	8 594	9 643	16 640
国内外贸易、旅游										
社会消费品零售总额	（亿元）	7.71	42.23	152.64	185.21	342.46	396.04	460.08	543.01	680.23
进出口总额(海关数)	（万美元）		1 015	34 290	32 896	90 945	112 621	185 315	249 690	345 394
# 出口总额	（万美元）		599	24 688	18 715	54 849	75 196	125 262	165 769	224 471
实际到帐注册外资	（万美元）		1 324	19 020	20 790	30 399	26 057	24 433	44 291	58 251
国际旅游人数(含港澳台)	（人次）		4 325	6 184	17 825	50 557	73 010	100 488	120 849	132 128
科技、教育	**（万人）**									
专业技术人员		3.09	12.53	20.77	22.84	23.29	21.76	26.53	26.59	24.83
高等学校在校学生		0.21	1.16	2.12	4.61	8.69	9.27	10.41	11.38	12.01
中等专业学校在校学生		0.29	1.11	4.38	3.41	4.10	5.12	5.96	5.98	6.20
普通中学在校学生		45.98	31.38	48.12	58.43	83.19	81.51	77.79	73.34	67.05
小学在校学生		95.62	84.77	127.42	126.06	83.06	72.24	64.62	58.75	53.72

1-3　续表 2

指　　标		1978	1990	1997	2000	2004	2005	2006	2007	2008
卫生										
卫生机构数	（个）	652	1 058	1 053	993	1 344	1 384	1 327	1 483	1 116
床位数	（张）	11 325	17 303	18 700	17 736	18 792	19 888	20 264	21 488	24 430
卫生技术人员数	（万人）	1.57	2.44	3.11	3.05	2.83	2.83	2.89	2.97	3.04
# 医生		0.49	0.99	1.20	1.16	1.05	1.05	1.05	1.11	1.16
主要工农业产品产量	**（万吨）**									
粮食		206.15	399.00	436.51	319.50	319.02	314.13	357.87	374.74	389.34
棉花		2.47	5.57	4.27	5.08	8.37	4.17	4.92	4.19	4.17
油料		1.59	4.77	7.87	20.28	19.91	16.26	14.63	11.19	10.70
水果		2.62	14.13	58.15	81.91	90.46	87.52	93.99	95.95	104.58
生猪存栏	（万头）	149.21	170.81	176.51	201.07	207.35	214.26	180.57	190.93	220.49
猪、牛、羊肉		5.18	18.73	24.92	27.51	31.79	35.05	32.41	35.78	31.90
蚕茧		0.05	0.60	1.46	1.52	1.48	1.32	1.43	1.32	1.00
水产品		0.72	3.70	10.66	13.52	15.57	16.43	17.26	16.39	16.65
生铁		15.19	29.22	55.78	37.10	136.69	152.53	230.72	245.76	194.85
铝锭		0.31	0.76	1.13	0.50	1.29	1.08	6.97	9.85	10.00
原煤		1 445	2 032	2 243	2 271	2 528	2 597	2 827	2 363	2313
发电量	（亿千瓦时）	27.08	104.40	139.17	146.87	235.10	309.97	363.02	316.56	342.44
合成氨		7.07	13.40	16.98	19.16	17.75	36.96	52.11	55.97	62.36
农用化肥	（折 100%）	4.91	12.52	24.01	15.42	21.89	29.58	38.00	38.15	41.88
水泥		66.68	297.67	975.83	983.36	1 285.58	1 295.66	1 538.60	1 812.31	1 867.36
纱		1.68	3.63	5.48	7.16	47.38	23.01	33.64	44.14	48.84
布	（万米）	5 474	12 112	9 077	8 196	7 231	10 551	7 800	14 832	13 016
机制纸及纸板		2.47	16.44	79.33	32.65	58.74	48.91	69.62	129.81	99.11
卷烟	（万箱）	14.74	33.50	34.00	34.40	55.20	57.57	57.45	60.48	56.68
饮料酒	（万千升）	1.35	4.99	13.31	8.50	42.16	20.28	21.50	27.26	27.99
合成洗涤剂		1.27	7.25	7.88	11.72	6.67	10.25	10.00	11.60	7.75
锻压机械				1.23	1.19	1.27	1.98	2.41	3.02	2.27
汽车起重机	（台）		419	480	1 087	5 264	5 368	7 298	10 349	12 932
装载机	（辆）			1 739	1 777	10 146	9 442	8 799	11 010	11 623
压路机	（台）		802	2 066	2 466	4 724	2 434	2 697	2 025	2 721

注：进出口总额、出口总额 1997 年及以前年度数字为自营进出口总额。城市居民人均住房使用面积为住户调查数据。2003 年及以后的医生数为执业医师和执业助理医师。2005 年及以后从业人员及乡村劳动者中未剔除外出打工人员数。实际利用外资 2005 年及以后实际到帐注册外资，口径与往年不可比。2008 年客货运量与往年不可比。

1-4 国民经济主要指标发展速度

指标	指数(2008年为以下各年的%)							1979-2008年平均增长(%)	1998-2008年平均增长(%)
	1978	1990	1995	1997	2000	2006	2007		
从业人数	**161.2**	**112.0**	**107.0**	**105.6**	**105.8**	**103.6**	**101.9**	**1.6**	**0.5**
#职工人数	115.7	79.7	75.3	74.1	82.1	102.5	101.4	0.5	-2.7
#国有经济单位	111.6	72.1	63.2	61.7	68.5	99.1	98.8	0.4	-4.3
城镇集体经济	25.6	20.6	28.4	27.4	41.5	96.3	102.7	-4.4	-11.1
地区生产总值(可比价格)	**3 005.9**	**1 031.9**	**480.7**	**371.0**	**273.2**	**130.9**	**113.5**	**12.0**	**12.7**
第一产业	513.0	344.3	224.0	181.8	150.2	110.6	105.2	5.6	5.6
第二产业	5 643.9	1 467.1	566.7	427.7	308.9	133.8	114.0	14.4	14.1
#工业	5 728.8	1 470.8	568.7	431.7	317.1	137.7	115.0	14.4	14.2
第三产业	5 356.3	1 172.8	528.9	408.6	292.8	134.0	115.5	14.2	13.7
全社会固定资产投资额	**38 990.2**	**5 119.6**	**1 205.6**	**930.2**	**495.4**	**166.1**	**130.2**	**21.7**	**19.4**
#规模以上固定资产投资						170.9	133.2		
城镇规模以上固定资产投资						169.6	131.9		
#房地产开发投资		10 710.1	2 156.7	1 133.6	466.4	184.8	130.7		23.5
农村规模以上固定资产投资						179.8	142.8		
财政									
财政总收入	8 965.1	2 862.9	1 158.0	833.4	615.3	165.5	121.7	16.2	21.3
#一般预算收入				711.0	560.5	177.2	125.4		19.5
地方财政支出	13 345.4	2 756.7	1 310.0	942.1	683.9	185.9	135.0	17.7	22.6
人民生活									
职工年平均工资	4 843.6	1 231.4	484.7	361.0	287.3	122.5	113.1	13.8	12.4
农民人均纯收入	5 776.9	976.4	358.9	235.0	199.9	127.5	112.8	14.5	8.1
城市居民人均可支配收入		1 077.8	389.9	320.0	254.4	132.1	114.0		11.2
城乡居民年末储蓄存款余额	109 272.4	2 183.6	696.1	450.6	318.8	134.8	123.6	26.3	14.7
运输、邮电									
内河港口货物吞吐量		565.9	338.6	383.3	326.4	131.5	108.2		13.0
邮电业务总量	75 492.6	8 381.4	1 332.3	737.0	291.2	129.2	112.7	24.7	19.9
国内外贸易、旅游									
社会消费品零售总额	7 522.2	1 372.7	503.7	380.0	312.9	147.9	125.3	15.5	12.9
进出口总额		58 369.3	2 176.9	1 727.8	1 049.9	186.4	138.3		29.6
#出口总额		70 360.2	2 802.5	1 707.1	1 198.6	179.2	135.4		29.4
实际到帐注册外资		7 751.3	911.2	499.6	493.6	238.4	131.5		15.7
国际旅游人数		3 053.7	2 647.8	2 135.7	741.1	1 31.5	109.3		32.1

1-4　续表

指　标	指数（2008 年为以下各年的%）							1979–2008 年平均增长（%）	1998–2008 年平均增长（%）
	1978	1990	1995	1997	2000	2006	2007		
科技、教育									
专业技术人员	804.2	198.2	135.1	119.6	108.8	93.6	93.4	7.2	1.6
高等学校在校学生	5 780.2	1 038.1	647.1	568.2	260.8	115.4	105.5	14.5	17.1
中等专业学校在校学生	2 162.7	559.5	253.4	141.5	182.2	104.0	103.7	10.8	3.2
普通中学在校学生	145.8	213.6	157.9	139.2	114.7	86.2	91.4	1.3	3.0
小学在校学生	56.2	63.4	48.7	42.2	42.6	83.1	91.4	−1.9	−7.6
卫生									
卫生机构数	171.2	105.6	106.1	106.2	112.4	84.1	75.3	1.8	0.6
床位数	215.6	141.0	131.3	130.5	137.7	120.6	113.7	2.6	2.4
卫生技术人员数	193.7	124.5	103.5	97.8	99.8	105.2	102.5	2.2	−0.2
# 医生	238.7	117.3	103.5	96.3	99.8	110.5	104.2	2.9	−0.3
主要工农业产品产量									
粮食	188.8	97.6	95.9	89.2	121.8	108.8	103.9	2.1	−1.0
棉花	176.9	78.4	73.9	102.5	86.0	88.8	104.3	1.9	0.2
油料	742.1	247.3	141.3	149.9	58.2	80.6	105.4	6.9	3.7
水果	3 871.4	717.8	283.5	174.3	123.9	107.9	105.7	13.0	5.2
生猪存栏	147.9	129.1	102.2	125.0	109.8	122.1	115.5	1.3	2.0
水产品	2 688.5	523.2	228.0	181.5	143.2	112.2	101.6	11.6	5.6
生铁	1 282.5	666.6	374.8	411.1	525.1	84.5	79.3	8.9	13.7
铝锭	3 178.4	1 316.2	513.8	890.6	1 992.1	143.5	101.5	12.2	22.0
原煤	160.0	113.7	98.7	114.5	101.8	81.8	97.9	1.6	1.2
发电量	1 264.7	328.0	287.0	261.9	233.3	94.3	108.2	8.8	9.1
合成氨	882.4	465.5	419.8	367.4	325.7	119.7	111.4	7.5	12.6
农用化肥（折 100%）	852.9	334.5	212.0	189.7	271.5	110.2	109.8	7.4	6.0
水泥	2 799.8	627.1	181.1	191.6	189.8	121.4	103.0	11.7	6.1
纱	2 907.2	1 345.4	1 052.6	890.4	682.3	145.2	110.6	11.9	22.0
布	237.7	107.3	93.7	143.3	158.6	166.9	87.8	2.9	3.3
机制纸及纸板	4 012.8	602.9	138.5	125.0	303.6	142.4	76.4	13.1	2.0
卷烟	384.3	169.1	166.7	166.7	164.7	98.7	93.7	4.6	4.8
饮料酒	2 074.0	561.1	245.2	210.3	329.5	130.2	102.7	10.6	7.0
合成洗涤剂	609.8	106.8	70.5	98.1	66.0	77.5	66.8	6.2	−0.2
锻压机械				184.1	190.1	94.2	75.1		5.7
汽车起重机		3 086.4	1 893.4	2 694.2	1 189.7	177.2	125.0		34.9
装载机			895.5	668.4	654.1	132.1	105.6		18.9
压路机		339.3	143.4	131.7	110.3	100.9	134.4		2.5

1–5 各时期国民经济主要指标平均增长速度

单位:%

指　　标	"一五"时期	"二五"时期	调整时期	"三五"时期	"四五"时期	"五五"时期
年末总人口	**2.9**	**0.6**	**1.9**	**2.9**	**1.7**	**1.4**
职工人数	**4.4**	**11.0**	**–3.6**	**7.8**	**14.1**	**8.8**
# 国有单位	4.4	11.0	–3.6	7.8	5.7	9.1
地区生产总值	**9.9**	**4.4**	**7.4**	**8.9**	**7.9**	**15.3**
第一产业	–0.2	–1.28	11.1	7.2	5.1	10.7
第二产业	34.3	3.5	12.5	15.7	10.5	20.0
# 工业						
第三产业	16.3	6.0	–0.8	4.2	7.7	16.0
农林牧渔业总产值	**1.3**	**–1.1**	**9.0**	**4.7**	**7.7**	**6.2**
固定资产投资额	**43.3**	**25.2**	**10.2**	**5.3**	**10.6**	**31.7**
# 房地产开发投资						
财政						
财政收入	18.5	3.2	4.5	11.8	5.2	12.9
财政支出	26.0	–4.5	12.0	3.6	11.5	13.4
人民生活						
职工工资总额	9.2	12.5	–2.9	3.5	13.5	16.3
职工年平均工资	2.6	–0.9	3.0	–1.6	–1.6	7.0
城乡居民储蓄存款余额	29.1	4.8	17.3	4.3	14.7	33.6
运输、邮电						
客运量						
货运量						
邮电业务总量	14.9	16.8	–1.8	2.4	7.8	6.8
内外贸易						
社会消费品零售总额	14.3	5.0	1.5	2.9	10.9	13.8
教育						
高等学校在校学生数			–28.4			12.2
中等专业学校在校学生数	7.0	0.8	–7.3			17.1

1-5　续表 1　　单位:%

指　　标	"一五"时期	"二五"时期	调整时期	"三五"时期	"四五"时期	"五五"时期
普通中学在校学生数	23.2	9.6	0.5	23.9	5.1	10.0
小学在校学生数	8.4	1.6	15.5	-1.9	10.8	-1.3
卫生						
卫生机构数	14.3	6.1	3.7	-0.6	7.4	9.2
床位数	17.6	24.1	-0.5	4.4	5.6	5.3
卫生技术人员数	16.3	13.3	6.5	6.0	8.9	8.7
# 医生	20.4	12.0	5.6	-0.3	4.7	10.6
主要工农业产品产量						
粮食	1.2	0.6	1.4	6.4	7.3	6.0
棉花	13.3	-12.2	34.3	25.6	2.8	5.5
油料	-8.4	-13.7	32.9	-10.4	2.8	21.1
水果	-4.1	-13.2	8.5	14.5	9.9	9.5
生猪存栏	12.5	0.4	13.1	3.0	10.0	2.2
水产品	1.7	-0.1	14.0	-19.3	24.9	18.2
生铁		65.4	-0.6	23.1	19.1	8.1
铝锭			6.7	9.3	7.7	5.3
原煤	10.0	20.0	1.8	6.0	7.3	10.9
发电量	35.1	33.1	5.6	10.3	17.2	24.5
合成氨				80.4	27.0	29.4
农用化肥(折 100%)		89.0	22.9	24.6	30.0	3.1
水泥		68.8	9.7	7.6	23.0	16.7
纱	1.4	22.5	60.8	15.0	5.9	13.5
布	17.7	11.1	17.3	17.9	13.9	16.6
机制纸及纸板	150.6	11.7	-1.6	20.0	4.3	22.9
卷烟	-2.0	1.0	38.4	9.7	1.9	10.1
饮料酒	15.7	2.8	-3.6	9.7	12.8	17.5
合成洗涤剂					51.0	23.7

1-5 续表 2

单位:%

指标	"六五"时期	"七五"时期	"八五"时期	"九五"时期	"十五"时期
年末总人口	**1.4**	**2.7**	**1.1**	**1.0**	**0.6**
职工人数	**3.7**	**2.3**	**1.1**	**-1.7**	**-4.6**
# 国有单位	4.1	2.9	2.6	-1.6	-7.0
地区生产总值	**11.3**	**7.0**	**16.5**	**12.0**	**12.6**
第一产业	8.2	0.8	9.0	8.3	4.9
第二产业	12.5	8.3	21.0	12.9	14.6
# 工业	11.7	9.2	21.0	12.4	14.5
第三产业	14.2	12.1	17.3	12.5	13.5
农林牧渔业总产值	**10.5**	**3.9**	**10.7**	**8.9**	**4.6**
固定资产投资额	**7.6**	**9.3**	**36.8**	**25.4**	**19.7**
# 房地产开发投资			32.7	38.8	8.5
财政					
财政收入	10.0	12.2	19.9	13.5	24.5
财政支出	13.4	20.5	16.1	13.9	24.9
人民生活					
职工工资总额	15.8	14.8	22.2	6.2	10.4
职工年平均工资	11.5	12.1	20.5	8.5	15.1
城乡居民储蓄存款余额	36.6	35.5	25.7	16.9	16.3
运输、邮电					
客运量	5.7	-2.5	14.0	3.6	1.8
货运量	14.1	-0.7	12.3	-2.3	7.7
邮电业务总量	11.2	34.5	44.5	35.5	15.4
内外贸易					
社会消费品零售总额	16.4	12.6	22.2	10.0	12.7
进出口总额				15.7	27.9
实际到帐注册外资				13.0	14.1
教育					
高等学校在校学生数	31.0	3.1	8.7	19.9	13.2
中等专业学校在校学生数	6.4	5.0	17.2	6.8	3.6

1-5　续表 3　　　　单位:%

指　　标	“六五”时期	“七五”时期	“八五”时期	“九五”时期	“十五”时期
普通中学在校学生数	-3.0	0.2	6.2	6.6	6.9
小学在校学生数	-1.9	-0.7	5.4	2.7	-10.5
卫生					
卫生机构数	4.2	0.1	-0.1	-1.1	6.9
床位数	4.6	2.3	1.5	-0.9	2.3
卫生技术人员数	3.8	3.5	3.8	0.7	-1.5
# 医生	6.2	4.9	2.5	0.7	-2.0
主要工农业产品产量					
粮食	10.9	1.5	0.4	-4.7	-0.4
棉花	9.6	-4.6	1.2	-3.0	-3.9
油料	27.2	-14.6	11.8	19.4	-4.3
水果	9.1	19.6	20.4	18.0	1.3
生猪存栏	5.7	-2.2	4.8	-1.4	1.3
水产品	8.2	15.8	18.1	9.8	4.0
生铁	0.2	12.1	12.2	-6.5	32.7
铝锭	2.4	19.8	20.6	-23.7	16.6
原煤	3.7	2.4	2.9	-0.6	2.7
发电量	4.1	12.3	2.7	4.2	16.1
合成氨	2.9	-1.3	2.1	5.2	14.1
农用化肥(折 100%)	1.5	9.6	-4.8		13.9
水泥	8.0	28.2	-1.0		5.7
纱	2.9	8.4	5.0	9.1	26.3
布	-0.4	10.5	2.8	-10.0	5.2
机制纸及纸板	15.6	20.5	34.2	-14.5	8.4
卷烟	6.1	5.1	0.3	0.2	10.8
饮料酒	7.0	11.9	18.0	-5.7	19.0
合成洗涤剂	19.2	8.1	8.7	1.3	-2.7
锻压机械					10.7
汽车起重机		5.2	10.3	9.7	37.6
装载机				6.5	39.7
压路机		1.9	18.8	5.4	-0.3

1-6 徐州的一天

指标		1985	1990	1997	2000	2005	2006	2007	2008
全市每天创造的财富									
地区生产总值	（万元）	1 522	3 092	13 815	16 885	33 210	39 145	46 015	54 996
第一产业		607	1 060	2 957	3 248	4 656	4 954	5 278	5 754
第二产业		651	1 230	6 407	7 769	16 820	20 311	24 163	29 090
工业		568	1 121	5 704	6 672	14 299	17 338	20 834	24 933
建筑业		83	109	702	1 096	2 521	2 973	3 330	4 157
第三产业		264	801	4 451	5 868	11 733	13 869	16 574	20 152
# 运输和邮电业			198	1 134	1 567	3 445	4 141	4 916	5 703
批发和零售贸易餐饮业			187	1 227	1 594	3 122	3 740	4 545	5 613
财政总收入	（万元）	158	280	963	1 305	3 980	4 955	6 047	7 359
# 一般预算收入				485	615	1 513	1 946	2 750	3 448
生铁	（吨）	453	800	1 528	1 016	4 179	6 321	6 733	5 338
原煤	（万吨）	4.93	5.57	6.15	6.22	7.12	7.75	6.47	6.34
发电量	（万千瓦时）	1 599	2 860	3 813	4 024	8 492	9 946	8 673	9 382
水泥	（吨）	5 562	8 155	26 735	26 941	35 498	42 153	49 652	51 161
布	（万米）	20.14	33.18	24.87	22.45	28.91	21.37	40.64	35.66
机制纸及纸板	（吨）	178	451	2 173	895	1 340	1 907	3 556	2 715
卷烟	（箱）	715	918	932	942	1 577	1 573	1 657	1 553
合成洗涤剂	（吨）	135	199	216	321	281	274	318	212
全市每天消费量									
社会消费品零售总额	（万元）	640	1 157	4 182	5 074	10 850	12 605	14 877	18 637
城市居民每人生活费支出	（元）	1.85	3.86	12.5	14.77	21.02	23.62	26.87	29.36
# 食品消费		1.00	2.22	5.65	5.44	7.42	8.02	9.37	11.06
农民每人生活费支出	（元）	0.90	1.47	1.47	4.44	7.78	8.82	10.43	11.83
# 食品消费		0.47	0.78	2.21	1.87	3.31	3.62	4.07	4.64
每天其他经济活动									
货物运输量	（万吨）	17.21	16.64	21.51	26.49	38.42	45.09	50.63	65.35
旅客运输量	（万人次）	9.84	8.65	20.69	19.88	22.19	23.80	27.42	59.69
房屋建筑竣工面积	（平方米）	3 539	3 063	7 165	8 078	14 720	13 683	21 027	18 773
# 住宅竣工面积	（平方米）	1 839	1 600	3 691	3 935	7 012	4 118	6 204	5 436
邮寄函件	（万件）	7.05	8.15	6.47	6.88	5.59	5.12	5.21	8.77
每天人口变动和婚姻									
出生人数	（人）	235	432	274	460	192	223	521	468
死亡人数	（人）	93	98	110	122	62	94	367	293
结婚对数	（对）	145	189	151	153	146	172	186	216
离婚对数	（对）	2	1	3	4	17	20	24	26

1-7　徐州市国民经济主要指标占全省比重

（2008 年）

指　　标		全　省	徐州市	徐州市占全省的　比　重（%）
年末人口	**（万人）**	**7 388.64**	**946.86**	**12.8**
城镇人口		4 168.48	410.28	9.8
从业人数	**（万人）**	**4 648.89**	**486.05**	**10.5**
# 职工人数		668.29	58.34	8.7
地区生产总值（GDP）（当年价格）	**（亿元）**	**30 312.61**	**2 007.36**	**6.6**
第一产业		2 100.00	210.02	10.0
第二产业		16 663.81	1 061.78	6.4
# 工业		15 068.98	910.04	6.0
第三产业		11 548.80	735.56	6.4
人均 GDP	（元）	39 622	23 069	58.2
全社会固定资产投资额	**（亿元）**	**15 060.45**	**1 250.67**	**8.3**
# 城镇固定资产投资		11 369.62	1 015.04	8.9
# 房地产开发投资		3 064.46	130.81	4.3
社会消费品零售总额	**（亿元）**	**9 661.40**	**680.23**	**7.0**
进出口总额	（亿美元）	3 922.68	34.54	0.9
# 出口总额		2 380.36	22.4471	0.9
实际到帐注册外资	（亿美元）	251.20	5.831	2.3
财政总收入	**（亿元）**	**7 109.72**	**268.60**	**3.8**
# 一般预算收入		2 731.41	125.85	4.6
财政一般预算支出		3 247.49	199.05	6.1
职工工资总额	**（亿元）**	**2 132.45**	**154.95**	**7.3**
职工平均工资	（元）	31 667	26 824	84.7
农民人均纯收入	（元）	7 537	6 240	82.8
城市居民人均可支配收入	（元）	18 680	16 955	90.8
城乡居民储蓄存款余额	（亿元）	16 721.18	974.51	5.8

1-7　续表　　　　　　　　　　（2008 年）

指　　标		全　省	徐州市	徐州市占全省的　比　重（%）
全社会客运量	**（万人）**	**208 237**	**21 787**	**10.5**
全社会货运量	（万吨）	166 322	23 852	14.3
邮电业务总量	（亿元）	1 584.13	51.62	3.3
专业技术人数	**（万人）**	**392.27**	**24.83**	**6.3**
高等学校在校学生		157.26	12.01	7.6
中等专业学校在校学生		74.15	6.2	8.4
普通中学在校学生		428.15	67.05	15.7
小学在校学生		408.07	53.72	13.2
卫生机构数	（个）	13 451	1116	8.3
# 医院、卫生院		2 541	251	9.9
卫生机构床位数	（万张）	23.51	2.44	10.4
# 医院、卫生院		22.09	2.32	10.5
卫生技术人员数		29.16	3.04	10.4
# 执业医师、执业助理医师		11.97	1.16	9.7
主要工农业产品产量	**（万吨）**			
粮食		3 175.49	389.34	12.3
棉花		32.60	4.17	12.8
油料		150.29	10.70	7.1
水产品产量		425.00	16.65	3.9
原煤		2 428.09	2 313	95.3
发电量	（亿千瓦时）	2 776.85	342.44	12.3
水泥		12 683.21	1 867.36	14.7
农用化肥	（折 100%）	255.83	41.88	16.4
纱		378.87	48.84	12.9
布	（亿米）	74.55	1.30	1.7

1-8　国民经济和社会发展结构指标

单位:%

指　标	1978	1985	1990	2000	2005	2006	2007	2008
人口结构								
农业人口	88.5	85.6	82.9	74.2	65.9	65.7	65.9	64.4
非农业人口	11.5	14.4	17.1	25.8	34.1	34.3	34.1	35.6
就业结构								
产业结构								
第一产业	72.1	63.8	61.0	56.4	40.3	37.8	35.7	33.5
第二产业	15.3	22.5	23.4	22.3	28.3	30.9	31.9	34.8
第三产业	12.6	13.7	15.6	21.3	31.4	31.3	32.4	31.7
经济类型结构								
职工人数	21.2	22.4	21.4	17.0	12.4	12.1	12.5	12.0
# 国有经济	68.5	70.7	72.9	81.3	71.6	70.1	69.4	67.8
城镇集体经济	31.5	29.3	26.9	11.7	6.4	6.3	5.8	8.7
农村劳动者	78.8	77.2	77.8	78.1	77.0	75.2	74.3	72.9
城镇私营及个体劳动者		0.4	0.8	4.6	8.3	9.6	11.2	12.1
其他从业人员				0.3	2.3	3.1	2.4	3.0
地区生产总值产业结构								
第一产业	44.0	39.9	34.3	19.2	14.0	12.6	11.5	10.5
第二产业	41.8	42.8	39.8	46.0	50.7	51.9	52.5	52.9
第三产业	14.2	17.3	25.9	34.8	35.3	35.5	36.0	36.6
地区生产总值支出结构								
总消费				48.9	50.4	48.2	48.2	47.5
居民消费				80.5	79.5	79.4	78.8	78.5
政府消费				19.5	20.5	20.6	21.2	21.5
资本形成总额				49.5	55.6	53.7	56.4	59.7
固定资产形成				85.7	88.0	92.1	94.3	94.4
存货增加				14.3	12.0	7.9	5.7	5.6
城镇投资结构								
城镇规模以上固定资产投资	100.0	100.0	48.1	61.1	75.0	79.5	80.1	81.2
# 房地产开发			10.4	18.2	13.9	13.4	10.4	10.5
财政总收入相当于地区生产总值比例	**15.3**	**10.4**	**9.1**	**7.3**	**12.0**	**12.7**	**13.1**	**13.4**
科教文卫事业费占财政支出的比例		**39.5**	**33.1**	**33.5**	**24.1**	**27.7**	**31.9**	**30.9**
农林牧渔业总产值结构								
农　业	84.1	76.1	65.0	65.7	62.7	63.9	64.2	62.4
林　业	2.7	2.1	2.3	2.6	2.7	2.7	2.6	2.5
牧　业	12.5	20.3	30.0	26.1	27.2	26.1	25.8	27.7
渔　业	0.7	1.5	2.7	5.6	5.4	5.2	5.1	5.1
农林牧渔服务业					2.0	2.1	2.3	2.4
农作物播种面积结构								
粮食作物	74.1	83.1	86.1	59.3	56.3	60.4	64.6	66.0
经济作物	23.7	13.3	8.8	10.7	13.0	10.9	11.3	8.6
其他作物	2.2	3.6	5.1	30.0	30.7	28.7	24.1	25.4

1-8 续表 单位:%

指 标	1978	1985	1990	2000	2005	2006	2007	2008
工业总产值按经济类型分								
国有工业	74.7	68.1	68.2	26.9	9.5	20.4	7.1	6.2
集体工业	25.3	31.9	31.3	12.9	0.1	0.9	1.0	0.8
其他工业			0.5	60.2	90.4	78.7	91.9	93.0
工业总产值按轻重工业分								
轻工业	39.6	38.1	45.6	44.0	32.0	31.4	30.2	27.7
重工业	60.4	61.9	54.4	56.0	68.0	68.6	69.8	72.3
货运量结构								
铁 路	56.7	43.9	43.8	17.6	10.6	9.9	10.4	9.5
公 路	25.0	19.5	45.9	49.5	43.6	45.6	47.0	48.4
水 运	3.6	2.1	7.6	5.8	6.3	6.1	6.6	8.0
管 道	14.7	34.5	2.7	27.1	39.5	38.4	36.0	34.1
在校学生结构								
大学生	0.1	0.8	1.0	2.4	5.0	5.8	7.1	9.0
中学生	32.6	28.0	28.6	33.2	53.2	55.3	56.0	50.5
小学生	67.2	71.2	70.4	64.5	41.8	38.9	36.9	40.5
专任教师结构								
大 学		3.5	3.6	3.6	6.3	6.4	6.9	7.8
中 学		34.5	37.4	39.3	46.4	49.3	50.3	47.6
小 学		62.0	59.0	57.1	47.3	44.3	42.8	44.6
城市居民消费结构								
食品		53.7	57.4	36.8	35.3	34.0	34.8	37.7
衣着		19.4	14.0	10.0	9.5	10.5	9.7	10.4
娱乐文教		6.9	8.7	14.4	16.5	14.2	15.3	10.8
居住		3.8	2.3	6.3	11.3	11.2	10.2	11.7
用品及其他		16.2	17.5	32.5	27.4	30.1	30.0	29.6
农村居民消费结构								
食品		52.2	53.4	42.2	42.6	41.0	39.0	39.2
衣着		10.5	10.3	6.2	6.9	7.2	7.1	7.3
娱乐文教		2.8	6.2	12.0	16.7	14.5	16.0	14.0
居住		24.2	17.8	19.9	10.8	13.4	11.7	17.1
用品及其他		13.1	18.5	31.8	23.0	23.9	26.2	22.5
卫生技术人员结构								
#医生	31.0	38.3	40.5	38.1	37.1	36.4	37.5	38.0
护师、护士		22.3	28.3	28.6	30.3	30.0	31.4	32.8
治理污染资金使用结构								
治理废水			69.7	34.7	15.6	15.8	27.7	35.7
治理废气			26.8	64.4	81.6	82.8	70.8	63.8
治理固体废物			1.3	0.7	0.7	0.2	0.6	0.4
治理噪声			2.0	0.1	1.3	0.5	0.4	0.1
其他			0.2	0.1	0.8	0.7	0.4	…

1-9 主要年份地区生产总值与构成

（当年价格）

年份	绝对数(万元)				构成(%)		
	地区生产总值	第一产业	第二产业	第三产业	第一产业	第二产业	第三产业
1949	17 274	13 388	1 282	2 604	77.5	7.4	15.1
1952	22 978	16 401	2 717	3 860	71.4	11.8	16.8
1957	36 912	17 195	11 501	8 216	46.6	31.2	22.2
1962	45 752	20 558	14 176	11 018	44.9	31.0	24.1
1965	56 658	26 883	19 016	10 759	47.4	33.6	19.0
1970	86 926	39 808	33 926	13 192	45.8	39.0	15.2
1975	126 877	53 488	54 233	19 156	42.2	42.7	15.1
1978	213 899	94 036	89 475	30 388	44.0	41.8	14.2
1979	248 679	107 103	106 042	35 534	43.1	42.6	14.3
1980	286 203	112 976	129 855	43 372	39.5	45.4	15.1
1981	303 742	125 809	131 965	45 968	41.4	43.4	15.2
1982	354 094	144 961	152 552	56 581	40.9	43.1	16.0
1983	422 603	169 141	177 376	76 086	40.0	42.0	18.0
1984	496 828	203 530	205 616	87 682	41.0	41.4	17.6
1985	555 667	221 573	237 589	96 505	39.9	42.8	17.3
1986	630 445	246 074	259 605	124 766	39.0	41.2	19.8
1987	719 853	272 596	296 863	150 394	37.9	41.2	20.9
1988	846 322	302 814	364 213	179 295	35.8	43.0	21.2
1989	992 598	347 872	402 214	242 512	35.0	40.5	24.5
1990	1 128 406	386 894	449 104	292 408	34.3	39.8	25.9
1991	1 300 510	436 804	501 072	362 634	33.6	38.5	27.9
1992	1 621 503	468 032	702 902	450 569	28.9	43.3	27.8
1993	2 205 695	558 606	1 036 980	610 109	25.3	47.0	27.7
1994	3 147 560	797 131	1 482 083	868 346	25.3	47.1	27.6
1995	4 034 596	1 006 725	1 841 433	1 186 438	25.0	45.6	29.4
1996	4 880 421	1 156 698	2 232 087	1 491 636	23.7	45.7	30.6
1997	5 042 259	1 079 337	2 338 385	1 624 537	21.4	46.4	32.2
1998	5 367 632	1 124 458	2 479 489	1 763 685	20.9	46.2	32.9
1999	5 770 945	1 135 814	2 700 239	1 934 892	19.7	46.8	33.5
2000	6 162 952	1 185 711	2 835 638	2 141 603	19.2	46.0	34.8
2001	6 814 908	1 260 273	3 143 812	2 410 823	18.5	46.1	35.4
2002	7 493 386	1 340 458	3 511 425	2 641 503	17.9	46.9	35.2
2003	8 522 604	1 346 800	4 198 275	2 977 529	15.8	49.3	34.9
2004	10 311 200	1 615 900	5 116 400	3 578 900	15.7	49.6	34.7
2005	12 121 500	1 699 600	6 139 200	4 282 700	14.0	50.7	35.3
2006	14 288 000	1 808 200	7 413 600	5 066 200	12.6	51.9	35.5
2007	16 795 600	1 926 500	8 819 600	6 049 500	11.5	52.5	36.0
2008	20 073 600	2 100 200	10 617 800	7 355 600	10.5	52.9	36.6

1-10 市区主要年份生产总值与构成

（当年价格）

年 份	绝对数(万元)				构成(%)		
	地区生产总值	第一产业	第二产业	第三产业	第一产业	第二产业	第三产业
1949	2 999	130	1 180	1 689	4.3	39.4	56.3
1952	4 800	243	2 416	2 141	5.1	50.3	44.6
1957	13 961	311	9 972	3 678	2.2	71.4	26.4
1962	17 942	330	12 136	5 476	1.8	67.7	30.5
1965	20 029	299	14 484	5 246	1.5	72.3	26.2
1970	34 074	642	27 317	6 115	1.9	80.2	17.9
1975	50 598	1 111	42 074	7 413	2.2	83.2	14.6
1978	76 966	1 473	63 559	11 934	1.9	82.6	15.5
1979	92 885	1 453	76 488	14 944	1.6	82.3	16.1
1980	114 121	1 404	92 906	19 811	1.2	81.4	17.4
1981	115 615	1 911	92 268	21 436	1.7	79.8	18.5
1982	132 620	2 651	102 819	27 150	2.0	77.5	20.5
1983	158 974	3 277	120 463	35 234	2.1	75.8	22.1
1984	178 795	2 573	139 174	37 048	1.4	77.9	20.7
1985	201 382	3 944	155 271	42 167	2.0	77.1	20.9
1986	226 245	3 473	167 736	55 036	1.5	74.2	24.3
1987	261 723	3 641	185 152	72 930	1.4	70.7	27.9
1988	290 004	5 416	197 585	87 003	1.9	68.1	30.0
1989	393 946	26 854	243 492	123 600	6.8	61.8	31.4
1990	465 430	28 945	286 638	149 847	6.2	61.6	32.2
1991	527 063	34 667	302 487	189 909	6.6	57.4	36.0
1992	691 488	35 101	423 675	232 712	5.1	61.3	33.6
1993	1 010 701	43 486	636 807	330 408	4.3	63.0	32.7
1994	1 407 532	48 151	872 348	487 033	3.4	62.0	34.6
1995	1 756 497	65 060	1 023 748	667 689	3.7	58.3	38.0
1996	2 099 264	73 753	1 155 934	869 577	3.5	55.1	41.4
1997	2 268 272	66 222	1 263 562	938 488	2.9	55.7	41.4
1998	2 443 284	69 244	1 395 261	978 779	2.8	57.1	40.1
1999	2 578 059	65 613	1 406 279	1 106 167	2.6	54.5	42.9
2000	2 903 331	66 504	1 561 564	1 275 263	2.3	53.8	43.9
2001	3 225 039	69 606	1 702 464	1 452 969	2.2	52.8	45.0
2002	3 593 285	74 009	1 911 036	1 608 240	2.0	53.2	44.8
2003	4 259 982	74 000	2 343 692	1 842 290	1.7	55.0	43.3
2004	5 383 900	80 700	3 052 100	2 251 100	1.5	56.7	41.8
2005	6 368 800	112 200	3 666 900	2 589 600	1.7	57.6	40.7
2006	7 478 790	101 332	4 347 900	3 029 558	1.4	58.1	40.5
2007	8 976 000	140 400	5 219 500	3 616 100	1.6	58.1	40.3
2008	10 391 700	145 400	6 042 400	4 203 900	1.4	58.1	40.5

1-11　主要年份人均地区生产总值

（当年价格）　　单位：元

年　份	全　市	市　区	丰　县	沛　县	铜山县	睢宁县	新沂市	邳州市
1949	46	100	35	39	26	50	49	55
1952	60	215	43	51	36	55	65	60
1957	83	367	55	49	44	73	72	52
1962	100	392	61	67	55	65	84	79
1965	117	391	94	95	83	55	93	92
1970	156	625	110	120	95	92	130	99
1975	207	841	129	153	144	130	151	127
1978	334	1 169	215	254	236	224	310	213
1979	383	1 347	246	274	300	232	313	246
1980	436	1 588	284	307	305	280	330	269
1981	456	1 564	294	332	348	300	359	277
1982	522	1 742	363	292	408	347	381	315
1983	468	2 031	417	429	486	364	474	410
1984	713	2 236	486	546	549	490	562	367
1985	790	2 469	451	660	607	526	653	524
1986	886	2 717	518	700	692	550	746	641
1987	999	3 086	557	777	827	557	872	707
1988	1 152	3 357	608	951	1 001	603	1 058	874
1989	1 319	3 036	785	879	1 304	649	1 248	913
1990	1 438	3 486	805	916	1 345	767	1 289	985
1991	1 598	3 864	960	1 241	1 450	817	1 398	1 025
1992	1 969	5 005	997	1 445	1 878	973	1 612	1 234
1993	2 656	7 217	1 250	1 846	1 938	1 287	2 094	1 415
1994	3 754	9 922	1 451	2 299	2 863	1 845	3 150	2 013
1995	4 762	12 199	1 611	2 880	4 004	2 447	3 577	2 320
1996	5 706	14 356	1 677	3 169	4 387	2 679	3 941	2 598
1997	5 841	15 291	1 718	3 427	4 819	2 471	4 177	2 960
1998	6 159	16 224	1 845	3 834	5 221	2 647	4 515	3 375
1999	6 583	16 945	2 149	4 263	5 529	2 776	4 718	3 691
2000	6 948	18 551	2 403	4 776	6 044	2 917	4 075	4 066
2001	7 579	19 959	2 770	5 465	6 592	3 221	4 511	4 429
2002	8 297	21 970	3 179	6 302	7 292	3 648	4 949	4 888
2003	9 401	25 672	3 698	7 328	8 378	4 108	5 646	5 774
2004	11 596	28 544	4 811	8 991	10 368	4 130	6 723	6 892
2005	13 697	31 755	5 776	10 797	12 364	4 704	8 438	8 416
2006	16 256	39 936	6 626	12 765	15 050	6 106	9 675	10 050
2007	19 221	46 924	7 861	15 217	18 675	7 243	11 460	11 986
2008	23 069	53 171	9 985	18 437	22 933	9 391	14 016	14 922

注：2004年以后为按照常驻人口计算，2004年以前按照户籍人口计算。

1-12 主要年份地区生产总值

（当年价格）

单位:万元

年份	地区生产总值	第一产业	第二产业	工业	建筑业	第三产业	#交通、仓储邮电通信业	#批发、零售贸易餐饮业
1978	213 899	94 036	89 475	80 640	8 835	30 388		
1979	248 679	107 103	106 042	95 109	10 933	35 534		
1980	286 203	112 976	129 855	117 494	12 361	43 372		
1981	303 742	125 809	131 965	120 773	11 192	45 968		
1982	354 094	144 961	152 552	136 971	15 581	56 581		
1983	422 603	169 141	177 376	152 040	25 336	76 086		
1984	496 828	203 530	205 616	182 030	23 586	87 682		
1985	555 667	221 573	237 589	207 209	30 380	96 505		
1986	630 445	246 074	259 605	219 901	39 704	124 766		
1987	719 853	272 596	296 863	254 061	42 802	150 394		
1988	846 322	302 814	364 213	325 963	38 250	179 295		
1989	992 598	347 872	402 214	366 541	35 673	242 512		
1990	1 128 406	386 894	449 104	409 314	39 790	292 408	72 126	68 281
1991	1 300 510	436 804	501 072	457 482	43 590	362 634	82 331	92 901
1992	1 621 503	468 032	702 902	623 641	79 261	450 569	96 581	117 949
1993	2 205 695	558 606	1 036 980	934 658	102 322	610 109	148 636	159 699
1994	3 147 560	797 131	1 482 083	1 346 900	135 183	868 346	208 401	224 935
1995	4 034 596	1 006 725	1 841 433	1 659 430	182 003	1 186 438	295 570	317 301
1996	4 880 421	1 156 698	2 232 087	1 997 969	234 118	1 491 636	374 708	406 308
1997	5 042 259	1 079 337	2 338 385	2 081 981	256 404	1 624 537	413 969	447 971
1998	5 367 632	1 124 458	2 479 489	2 158 727	320 762	1 763 685	469 179	488 742
1999	5 770 945	1 135 814	2 700 239	2 340 678	359 561	1 934 892	518 356	521 626
2000	6 162 952	1 185 711	2 835 638	2 435 429	400 209	2 141 603	571 968	581 651
2001	6 814 908	1 260 273	3 143 812	2 698 419	445 393	2 410 823	633 089	653 360
2002	7 493 386	1 340 458	3 511 425	3 028 844	482 581	2 641 503	685 237	726 092
2003	8 522 604	1 346 800	4 198 275	3 627 200	571 075	2 977 529	724 227	846 509
2004	10 311 200	1 615 900	5 116 400	4 353 500	762 900	3 578 900	1 003 800	985 500
2005	12 121 500	1 699 600	6 139 200	5 219 100	920 100	4 282 700	1 257 600	1 169 400
2006	14 288 000	1 808 200	7 413 600	6 328 400	1 085 200	5 066 200	1 511 400	1 365 110
2007	16 795 600	1 926 500	8 819 600	7 604 300	1 215 300	6 049 500	1 794 300	1 659 000
2008	20 073 600	2 100 200	10 617 800	9 100 400	1 517 400	7 355 600	2 081 700	2 048 800

1-13 主要年份地区生产总值指数

（按可比价格计算、以 1978 年为 100）

年 份	地区生产总值	第一产业	第二产业			第三产业			人均地区生产总值指数
				工 业	建筑业		#交通、仓储邮电通信业	#批发、零售贸易餐饮业	
1978	100.0	100.0	100.0	100.0	100.0	100.0			100.0
1979	106.0	92.1	117.4	117.5	117.2	115.4			105.3
1980	121.3	96.3	143.7	144.5	136.1	133.0			119.2
1981	127.0	104.3	146.7	149.3	122.9	139.2			122.9
1982	145.5	112.8	171.8	172.1	168.9	169.7			138.4
1983	172.7	126.8	202.1	193.8	277.9	228.0			161.6
1984	197.5	144.7	232.9	230.3	256.2	256.5			182.8
1985	207.6	142.9	258.6	251.4	324.4	257.8			190.2
1986	224.3	146.3	276.6	261.5	415.3	311.3			203.2
1987	240.6	146.2	305.0	290.6	436.1	343.2			215.3
1988	251.0	132.2	347.5	346.1	360.5	334.5			220.2
1989	263.4	145.3	345.5	349.6	307.3	387.4			225.6
1990	291.3	149.0	384.7	389.5	340.4	456.7	100.0	100.0	239.4
1991	334.7	165.8	422.8	423.8	417.0	581.4	101.4	139.2	265.3
1992	407.0	176.2	566.1	561.5	611.7	707.6	115.9	162.4	318.6
1993	459.1	184.5	730.3	745.1	592.7	679.3	134.4	188.8	356.7
1994	537.1	200.2	867.6	885.9	695.8	832.8	176.9	218.4	399.3
1995	625.2	229.0	996.0	1 008.2	893.4	1 012.7	229.6	268.2	460.1
1996	722.7	248.0	1 181.3	1 188.7	1 130.2	1 171.7	245.0	320.3	524.2
1997	810.1	282.2	1 319.5	1 326.6	1 265.8	1 311.1	293.5	362.6	582.2
1998	908.9	306.8	1 497.6	1 489.8	1 620.2	1 463.2	331.9	385.8	646.8
1999	1 000.7	325.8	1 653.4	1 637.4	1 874.6	1 632.9	374.1	422.5	707.9
2000	1 100.8	341.4	1 827.0	1 806.1	2 120.2	1 828.8	423.9	475.3	769.6
2001	1 221.9	363.6	2 048.1	2 021.0	2 393.7	2 044.6	469.3	538.0	842.7
2002	1 361.2	386.5	2 320.5	2 310.0	2 599.6	2 277.7	529.4	604.2	934.6
2003	1 531.4	379.5	2 719.6	2 728.1	2 924.6	2 576.1	591.3	705.1	1 047.2
2004	1 745.8	417.5	3 135.7	3 118.2	3 532.9	2 929.0	685.3	798.2	1 185.4
2005	1 995.4	434.1	3 606.1	3 557.9	4 278.4	3 453.3	846.4	956.2	1 360.9
2006	2 296.8	463.7	4 215.5	4 159.2	5 005.7	3 995.5	968.2	1 109.2	1 577.3
2007	2 648.4	487.6	4 948.5	4 981.5	5 200.1	4 635.4	1 125.0	1 272.0	1 829.6
2008	3 006.0	513.0	5 641.8	5 727.3	5 602.3	5 354.1	1 275.8	1 495.4	2 085.3

1-14 主要年份地区生产总值指数

（按可比价格计算、以上年为 100）

年 份	地区生产总值	第一产业	第二产业	工 业	建筑业	第三产业	# 交通、仓储邮电通信业	# 批发、零售贸易餐饮业	人均地区生产总值指数
1978	100.0	100.0	100.0	100.0	100.0	100.0			100.0
1979	106.0	92.1	117.4	117.5	117.2	115.4			105.3
1980	114.4	104.6	122.4	123.0	116.1	115.3			113.2
1981	104.7	108.3	102.1	103.3	90.3	104.7			103.1
1982	114.6	108.1	117.1	115.3	137.4	121.9			112.6
1983	118.7	112.4	117.6	112.6	164.5	134.4			116.8
1984	114.4	114.1	115.2	118.8	92.2	112.5			113.1
1985	105.1	98.8	111.0	109.2	126.6	100.5			104.0
1986	108.0	102.4	107.0	104.0	128.0	120.8			106.8
1987	107.3	99.9	110.3	111.1	105.0	110.2			106.0
1988	104.3	90.4	113.9	119.1	82.7	97.5			102.3
1989	104.9	109.9	99.4	101.0	85.2	115.8			102.5
1990	110.6	102.5	111.3	111.4	110.8	117.9			106.1
1991	114.9	111.3	109.9	108.8	122.5	127.3	101.4	139.2	110.8
1992	121.6	106.3	133.9	132.5	146.7	121.7	114.3	116.7	120.1
1993	112.8	104.7	129.0	132.7	96.9	96.0	116.0	116.3	112.0
1994	117.0	108.5	118.8	118.9	117.4	122.6	131.6	115.7	111.9
1995	116.4	114.4	114.8	113.8	128.4	121.6	129.8	122.8	115.2
1996	115.6	108.3	118.6	117.9	126.5	115.7	106.7	119.4	113.9
1997	112.1	113.8	111.7	111.6	112.0	111.9	119.8	113.2	111.1
1998	112.2	108.7	113.5	112.3	128.0	111.6	113.1	106.4	111.1
1999	110.1	106.2	110.4	109.9	115.7	111.6	112.7	109.5	109.4
2000	110.0	104.8	110.5	110.3	113.1	112.0	113.3	112.5	108.7
2001	111.0	106.5	112.1	111.9	112.9	111.8	110.7	113.2	109.5
2002	111.4	106.3	113.3	114.3	108.6	111.4	112.8	112.3	110.9
2003	112.5	98.2	117.2	118.1	112.5	113.1	111.7	116.7	112.0
2004	114.0	110.0	115.3	114.3	120.8	113.7	115.9	113.2	113.2
2005	114.3	104.0	115.0	114.1	121.1	117.9	123.5	119.8	114.8
2006	115.1	106.8	116.9	116.9	117.0	115.7	114.4	116.0	115.9
2007	115.3	105.2	117.4	119.8	103.9	116.0	116.2	114.7	116.0
2008	113.5	105.2	114.0	115.0	107.7	115.5	113.4	117.6	114.0

1-15　市区主要年份生产总值

（当年价格）

单位：万元

年份	地区生产总值	第一产业	第二产业	工业	建筑业	第三产业	#交通、仓储邮电通信业	#批发、零售贸易餐饮业
1978	76 966	1 473	63 559	59 772	3 787	11 934		
1979	92 885	1 453	76 488	72 392	4 096	14 944		
1980	114 121	1 404	92 906	87 787	5 119	19 811		
1981	115 615	1 911	92 268	86 945	5 323	21 436		
1982	132 620	2 651	102 819	96 100	6 719	27 150		
1983	158 974	3 277	120 463	104 405	16 058	35 234		
1984	178 795	2 573	139 174	127 450	11 724	37 048		
1985	201 382	3 944	155 271	142 093	13 178	42 167		
1986	226 245	3 473	167 736	146 660	21 076	55 036		
1987	261 723	3 641	185 152	162 570	22 582	72 930		
1988	290 004	5 416	197 585	183 348	14 237	87 003		
1989	393 946	26 854	243 492	229 027	14 465	123 600		
1990	465 430	28 945	286 638	267 966	18 672	149 847	47 377	34 909
1991	527 063	34 667	302 487	281 089	21 398	189 909	52 387	52 176
1992	691 488	35 101	423 675	380 596	43 079	232 712	60 256	66 734
1993	1 010 701	43 486	636 807	584 435	52 372	330 408	95 675	101 473
1994	1 407 532	48 151	872 348	809 989	62 359	487 033	128 744	144 742
1995	1 756 497	65 060	1 023 748	938 593	85 155	667 689	174 146	214 297
1996	2 099 264	73 753	1 155 934	1 039 063	116 871	869 577	223 403	283 423
1997	2 268 272	66 222	1 263 562	1 122 431	141 131	938 488	244 896	308 787
1998	2 443 284	69 244	1 395 261	1 186 598	208 663	978 779	253 128	337 690
1999	2 578 059	65 613	1 406 279	1 175 659	230 620	1 106 167	277 688	371 413
2000	2 903 331	66 504	1 561 564	1 289 353	272 211	1 275 263	329 705	429 898
2001	3 225 039	69 606	1 702 464	1 401 992	300 472	1 452 969	376 668	482 627
2002	3 593 285	74 009	1 911 036	1 585 572	325 464	1 608 240	410 094	544 230
2003	4 259 982	74 000	2 343 692	1 998 038	345 654	1 842 290	461 838	628 954
2004	5 383 900	80 700	3 052 100	2 607 600	444 500	2 251 100	575 700	761 400
2005	6 368 800	112 200	3 666 900	3 124 500	542 400	2 589 600	683 500	870 600
2006	7 478 800	101 300	4 347 900	3 739 000	608 900	3 029 600	824 100	1 021 100
2007	8 976 000	140 400	5 219 500	4 466 000	753 500	3 616 100	998 100	1 237 300
2008	10 391 700	145 400	6 042 400	5 236 000	806 400	4 203 900	1 203 100	1 422 100

1-16 市区主要年份生产总值指数

（按可比价格计算、以 1978 年为 100）

年份	地区生产总值	第一产业	第二产业	工业	建筑业	第三产业	#交通、仓储邮电通信业	#批发、零售贸易餐饮业	人均地区生产总值指数
1978	100.0	100.0	100.0	100.0	100.0	100.0			100.0
1979	119.4	79.8	119.5	120.6	102.4	123.6			114.0
1980	145.1	76.4	144.9	145.7	131.5	154.7			132.9
1981	146.9	101.1	144.5	145.0	136.3	165.2			130.8
1982	169.5	131.6	163.3	162.9	169.9	207.4			146.6
1983	204.3	156.8	193.3	179.5	410.9	268.9			171.8
1984	228.6	116.8	222.3	217.6	297.1	276.0			188.2
1985	244.4	162.4	238.3	232.6	328.3	286.8			197.2
1986	264.7	131.8	251.9	235.3	514.4	349.6			209.2
1987	289.4	124.6	267.9	250.9	536.7	423.8			224.5
1988	286.3	150.9	265.6	262.6	313.0	413.3			218.2
1989	334.9	716.1	294.5	294.7	290.7	502.8			249.8
1990	391.6	711.7	345.8	344.1	372.7	595.9	100.0	100.0	286.5
1991	456.6	911.7	358.9	352.0	467.4	833.7	100.4	160.4	329.2
1992	591.3	859.7	479.5	463.2	734.8	1 079.6	115.9	176.0	419.7
1993	667.0	1 097.8	625.3	623.5	648.8	909.0	129.3	223.3	465.0
1994	779.1	999.0	704.7	706.4	675.4	1 163.5	176.4	247.6	341.8
1995	867.9	1 273.7	741.3	733.9	870.6	1 432.3	230.7	306.8	417.1
1996	979.9	1 348.8	813.9	793.3	1 175.3	1 713.0	262.8	357.4	455.0
1997	1 078.9	1 583.5	904.2	873.4	1 446.7	1 846.6	293.5	375.3	493.7
1998	1 173.8	1 721.3	1 010.9	945.0	2 162.8	1 913.1	306.1	409.5	529.2
1999	1 270.1	1 772.9	1 064.5	985.6	2 446.1	2 180.9	337.6	447.6	566.8
2000	1 432.7	1 804.8	1 185.9	1 089.1	2 869.3	2 529.8	419.0	490.6	621.5
2001	1 580.3	1 913.1	1 279.4	1 186.0	3 193.5	2 820.7	490.2	535.2	664.0
2002	1 776.3	2 012.6	1 472.5	1 363.9	3 445.8	3 147.9	537.7	587.1	737.4
2003	2 064.1	1 934.1	1 750.8	1 668.0	3 618.1	3 585.5	625.1	655.2	844.3
2004	2 435.6	2 282.2	1 988.9	2 035.0	4 204.2	4 105.4	715.7	750.2	987.0
2005	2 813.2	2 257.1	2 337.0	2 376.8	5 150.2	4 667.8	959.8	865.7	1 072.9
2006	3 251.5	2 056.2	2 731.7	2 802.3	5 721.3	5 357.7	1 104.7	1 009.4	1 208.0
2007	3 765.6	2 118.8	3 175.0	3 262.3	6 584.2	6 196.4	1 289.4	1 151.3	1 369.0
2008	4 266.4	2 226.9	3 603.6	3 735.3	7 005.6	7 070.1	1 454.4	1 341.3	1 518.1

1-17　市区主要年份生产总值指数

（按可比价格计算、以上年为 100）

年　份	地区生产总　值	第一产业	第二产业			第三产业			人均地区生产总值指　数
				工　业	建筑业		#交通、仓储邮电通信业	#批发、零售贸易餐饮业	
1978	100.0	100.0	100.0	100.0	100.0	100.0			100.0
1979	119.4	79.8	119.5	120.6	102.4	123.6			114.0
1980	121.5	95.7	121.3	120.8	128.4	125.2			116.6
1981	101.2	132.3	99.7	99.5	103.7	106.8			98.4
1982	115.4	130.2	113.0	112.3	124.7	125.5			112.1
1983	120.5	119.1	118.4	110.2	241.8	129.7			117.2
1984	111.9	74.5	115.0	121.2	72.3	102.6			109.5
1985	106.9	139.0	107.2	106.9	110.5	103.9			104.8
1986	108.3	81.2	105.7	101.2	156.7	121.9			106.1
1987	109.3	94.5	106.4	106.6	104.3	121.2			107.3
1988	98.9	121.1	99.1	104.7	58.3	97.5			97.2
1989	117.0	474.6	110.9	112.2	92.9	121.7			114.5
1990	116.9	99.4	117.4	116.8	128.2	118.5			114.7
1991	116.6	128.1	103.8	102.3	125.4	139.9	100.4	160.4	114.9
1992	129.5	94.3	133.6	131.6	157.2	129.5	115.4	109.7	127.5
1993	112.8	127.7	130.4	134.6	88.3	84.2	111.6	126.9	110.8
1994	116.8	91.0	112.7	113.3	104.1	128.0	136.4	110.9	73.5
1995	111.4	127.5	105.2	103.9	128.9	123.1	130.8	123.9	122.0
1996	112.9	105.9	109.8	108.1	135.0	119.6	113.9	116.5	109.1
1997	110.1	117.4	111.1	110.1	123.1	107.8	111.7	105.0	108.5
1998	108.8	108.7	111.8	108.2	149.5	103.6	104.3	109.1	107.2
1999	108.2	103.0	105.3	104.3	113.1	114.0	110.3	109.3	107.1
2000	112.8	101.8	111.4	110.5	117.3	116.0	124.1	109.6	109.7
2001	110.3	106.0	107.9	108.9	111.3	111.5	117.0	109.1	106.8
2002	112.4	105.2	115.1	115.0	107.9	111.6	109.7	109.7	111.1
2003	116.2	96.1	118.9	122.3	105.0	113.9	116.3	111.6	114.5
2004	118.0	118.0	113.6	122.0	116.2	114.5	114.5	114.5	116.9
2005	115.5	98.9	117.5	116.8	122.5	113.7	134.1	115.4	108.7
2006	115.6	91.1	116.9	117.9	111.1	114.8	115.1	116.6	112.6
2007	115.8	103.0	116.2	116.4	115.1	115.7	116.7	114.1	113.4
2008	113.3	105.1	113.5	114.5	106.4	114.1	112.8	116.5	110.9

1-18　分行业地区生产总值

（当年价格）　　　　单位：亿元

行业	全市				市区			
	2004	2005	2006	2007	2004	2005	2006	2007
地区生产总值	**1 031.12**	**1 212.15**	**1 428.80**	**1 679.56**	**538.39**	**636.88**	**747.88**	**897.60**
第一产业	161.59	169.96	180.82	192.65	8.07	11.22	10.13	14.04
农、林、牧、渔业	161.59	169.96	180.82	192.65	8.07	11.22	10.13	14.04
农业	118.54	121.82	131.19	140.21	5.12	6.51	5.32	8.91
林业	4.95	5.35	5.67	5.95	0.15	0.15	0.15	0.19
牧业	26.91	29.61	30.22	31.86	2.01	3.30	3.93	3.93
渔业	8.10	9.12	9.24	9.69	0.31	0.73	0.29	0.68
农、林、牧、渔服务业	3.09	4.06	4.50	4.94	0.48	0.53	0.44	0.33
第二产业	511.64	613.92	741.36	881.96	305.21	366.69	434.79	521.95
工业	435.35	521.91	632.84	760.43	260.76	312.45	373.90	446.60
采矿业	77.10	79.80	90.50	101.72	67.28	78.05	86.69	100.01
制造业	332.39	407.95	502.21	620.95	166.61	203.30	250.89	309.58
电力、燃气及水的生产和供应	25.86	34.16	40.13	37.76	26.87	31.10	36.32	37.01
建筑业	76.29	92.01	108.52	121.53	44.45	54.24	60.89	75.35
第三产业	357.89	428.27	506.62	604.95	225.11	258.96	302.96	361.61
交通运输、仓储和邮政业	86.11	107.91	130.03	152.82	48.69	56.48	68.91	83.75
信息传输、计算机服务和软件业	14.17	17.85	21.11	26.61	8.88	11.87	13.50	16.06
电信和其他信息传输服务业	13.30	16.88	19.92	25.16	8.29	11.19	12.65	15.00
计算机服务和软件业	0.87	0.97	1.19	1.45	0.59	0.68	0.85	1.06
批发和零售业	79.79	96.85	112.37	131.43	59.49	69.01	81.21	95.97
批发业	35.62	43.28	48.12	57.07	24.12	27.95	30.55	36.13
零售业	44.17	53.57	64.25	74.36	35.37	41.06	50.66	59.84
住宿和餐饮业	18.76	21.98	26.34	34.47	16.65	19.51	22.65	27.76
住宿业	1.62	1.90	2.20	2.69	1.24	1.46	1.75	2.10
餐饮业	17.14	20.08	24.14	31.78	15.41	18.05	20.90	25.66
金融业	10.80	13.06	15.95	22.18	4.02	5.02	8.91	12.34
银行业	8.81	9.85	12.17	17.07	2.98	3.61	6.40	8.90
证券业	1.24	1.39	1.71	2.40	0.76	0.92	1.64	2.28
保险业	0.75	1.82	2.07	2.71	0.28	0.49	0.87	1.16
房地产业	23.15	24.73	30.10	37.50	11.72	13.69	15.55	20.03
房地产开发经营业	4.50	4.85	5.94	7.65	2.24	3.59	3.87	4.97
物业管理、中介服务业和其他房地产活动	1.25	0.38	0.55	0.56	0.81	0.13	0.20	0.20
居民自有住房服务业	17.40	19.50	23.62	29.29	8.67	9.97	11.48	14.86
租赁和商务服务业	8.45	8.23	10.12	12.65	6.34	5.58	6.61	8.20
租赁业	0.72	1.10	1.33	1.54	0.63	0.96	1.17	1.31
商务服务业	7.73	7.13	8.79	11.11	5.71	4.62	5.44	6.89
科学研究、技术服务和地质勘查业	5.21	6.31	7.81	7.10	4.10	5.54	5.89	4.99
水利、环境和公共设施管理业	2.68	3.19	3.84	5.21	1.78	2.16	2.76	4.04
居民服务和其他服务业	13.18	8.04	9.01	11.43	10.44	1.33	0.37	0.67
教育	36.88	46.77	53.15	62.41	20.10	26.42	30.94	35.72
卫生、社会保障和社会福利业	14.24	18.06	21.17	27.59	9.01	11.22	11.89	16.95
文化、体育和娱乐业	3.92	7.03	7.93	9.98	2.54	5.63	5.64	6.56
公共管理和社会组织	40.55	48.26	57.69	63.57	21.35	25.50	28.12	28.57

1-19　按行业划分的资本形成总额

（当年价格）　　　　单位：亿元

行　业	全　市		市　区	
	2006	2007	2006	2007
固定资本形成总额	**706.18**	**892.58**	**286.55**	**365.89**
第一产业	**3.09**	**8.95**		**0.89**
第二产业	**494.27**	**613.07**	**141.88**	**157.64**
采掘业	17.30	11.14	1.12	4.83
制造业	392.51	522.31	90.74	113.78
电力、煤气及水的生产和供应业	59.29	54.05	44.58	36.92
建筑业	25.18	25.57	5.44	2.12
第三产业	**208.82**	**270.56**	**144.67**	**207.36**
交通运输、仓储和邮政业	33.48	30.73	26.31	21.50
信息传输、计算机服务和软件业	6.69	1.62	4.28	1.55
批发和零售业	76.65	98.49	41.00	72.06
住宿和餐饮业	25.15	34.32	18.27	27.25
金融业		0.44		0.42
房地产业	4.84	3.44	2.34	2.16
其它行业	62.01	101.52	52.48	82.42
存货增加	**60.76**	**54.06**	**18.24**	**27.40**
第一产业	**0.34**	**2.55**	**0.21**	**1.18**
第二产业	**47.96**	**50.42**	**16.00**	**23.04**
工业	35.05	39.03	13.08	18.59
建筑业	12.91	11.39	2.92	4.45
第三产业	**12.46**	**1.09**	**2.03**	**3.18**
交通运输、仓储和邮政业				
批发和零售业	12.46	1.14	2.03	3.24
住宿和餐饮业		-0.05		-0.06
其它行业				

1-20 最终消费支出

（当年价格） 单位：亿元

行业	全市		市区	
	2006	2007	2006	2007
最终消费支出	**700.15**	**809.95**	**233.70**	**288.57**
居民消费支出	**558.28**	**637.86**	**158.44**	**201.81**
农村居民	**170.78**	**178.98**	**9.20**	**10.47**
食品类支出	64.93	55.88	3.51	3.37
衣着类支出	11.41	12.82	0.71	0.80
居住类支出	21.21	28.22	0.83	1.20
家庭设备、用品及服务类支出	6.73	8.07	0.39	0.38
医疗保健类支出	11.45	12.04	0.82	1.27
公共医疗消费支出				
交通和通信类支出	17.01	19.99	0.81	0.84
文教娱乐用品及服务类支出	22.95	25.65	1.29	1.53
金融中介服务虚拟支出	0.17	0.28	0.01	0.03
金融机构实际服务消费支出	2.17	2.51	0.12	0.15
保险服务消费支出	0.26	0.31	0.01	0.02
自有住房服务虚拟支出	9.80	10.74	0.51	0.71
其它商品和服务类支出	2.69	2.47	0.19	0.17
城镇居民	**387.50**	**458.88**	**149.24**	**191.34**
食品类支出	113.34	136.81	43.63	55.79
衣着类支出	35.19	37.97	11.72	15.48
居住类支出	37.28	39.87	13.92	16.26
家庭设备、用品及服务类支出	17.73	35.38	7.92	14.43
医疗保健类支出	21.30	23.76	8.83	9.69
公共医疗消费支出	8.87	11.54	6.95	8.92
交通和通信类支出	46.69	41.90	11.36	17.08
文教娱乐用品及服务类支出	47.46	60.11	20.46	24.51
金融中介服务虚拟支出	2.63	2.42	1.11	0.99
金融机构实际服务消费支出	8.58	10.06	3.53	4.10
保险服务消费支出	1.08	1.24	0.45	0.51
自有住房服务虚拟支出	21.73	32.06	9.04	13.07
实物消费支出	10.83	8.87	4.51	3.62
其它商品和服务类支出	14.79	16.89	5.81	6.89
政府消费支出	**141.87**	**172.09**	**75.26**	**86.76**

主要统计指标解释

国内生产总值(GDP)　指一个国家(地区)所有常住单位在一定时期内生产活动的最终成果。国内生产总值有三种表现形态,即价值形态、收入形态和产品形态。从价值形态看,它是所有常住单位在一定时期内所生产的全部货物和服务价值超过同期投入的全部非固定资产货物和服务价值的差额,即所有常住单位的增加值之和;从收入形态看,它是所有常住单位在一定时期内所创造并分配给常住单位和非常住单位的初次分配收入之和;从产品形态看,它是所有常住单位在一定时期内最终使用的货物和服务减去进口货物和服务价值。在实际核算中,国内生产总值的三种表现形态表现为三种计算方法,即生产法、收入法和支出法。三种方法分别从不同的方面反映国内生产总值及其构成。对于地区(省、市、县),GDP中文名称为"地区生产总值"。

当年价格　指报告期的实际价格,如工厂的出厂价格,农产品的收购价格,商业的零售价格等。使用当年价格计算的数字,是为了使国民经济各项指标互相衔接,便于考察当年社会经济效益,便于对生产和流通、生产和分配、生产和消费进行经济核算和综合平衡。

按当年价格计算的价值指标,在不同年份之间进行对比时,因为包含有各年间价格变动的因素,不能确切地反映实物量的增添变动。必须消除价格变动因素后,才能真实反映经济发展动态。因此,在计算增长速度时都使用按可比价格计算的数字。

可比价格　指在不同时期的价值指标对比时,扣除了价格变动的因素,以确切反映物量的变化。按可比价格计算有两种方法:一种是直接用产品产量乘某一年的不变价格计算;另一种是用价格指数换算。

不变价格　指用同类产品的年平均价格作为固定价格,来计算各年产品价值。按不变价格计算的产品价值消除了价格变动因素,不同时期对比可以反映生产的发展速度。新中国成立后,随着工农业产品价格水平的变化,国家统计局先后五次制定了全国统一的工业产品不变价格和农业产品不变价格,从1949年到1957年使用1952年工(农)业产品不变价格,从1957年到1971年使用1957年不变价格,从1971年到1981年使用1970年不变价格,从1981年到1990年使用1980年不变价格,从1990年开始使用1990年不变价格。

平均每年增长速度　在我国计算平均增长速度有两种方法,一种是习惯上经常使用的"水平法",又称几何平均法,是以间隔期最后一年的水平同基期水平对比来计算平均每年增长(或下降)速度。另一种是"累计法",又称代数平均法或方程法,是以间隔期内各年水平的总和同基期水平对比来计算平均每年增长(或下降)速度。

在一般正常情况下,两种方法计算的平均每年增长速度比较接近,但在经济发展不平衡,出现大起大落时,两种方法计算的结果差别较大。

本《年鉴》内所列的平均每年增长速度,除固定资产投资是用"累计法"计算以外,其余均用"水平法"计算。从某年到某年平均增长速度的年份,均不包括基期年在内。如改革开放28年的平均增长速度是以1978年为基期计算的,则写为1979-2006年平均增长速度,余类推。

各个计划时期　表内所用各个"时期"代表的年份如下:恢复时期为1950年到1952年;第一个五年计划时期(简称一五时期)为1953年到1957年;第二个五年计划时期(简称二五时期)为1958年到1962年;三年调整时期为1963年到1965年;第三个五年计划时期(简称三五时期)为1966年到1970年;第四个五年计划时期(简称四五时期)为1971年到1975年;第五个五年计划时期(简称五五时期)为1976年到1980年;第六个五年计划时期(简称六五时期)为1981年到1985年;第七个五年计划时期(简称七五时期)为1986年到1990年;第八个五年计划时期(简称八五时期)为1991年到1995年,第九个五年计划时期(简称九五时期)为1996年到2000年。第十个五年计划时期(简称十五时期)为2001年到2005年;第十一个五年计划时期(简称十一五时期)为2006年到2010年。

三次产业　根据社会生产活动历史发展的顺序对产业结构的划分,产品直接取自自然界的部门称为第一产业,对初级产品进行再加工的部门称为第二产业,为生产和消费提供各种服务的部门称为第三产业。它是世界上通用的产业结构分类,但各国的划分不尽一致。我国的三次产业划分是:

第一产业:农、林、牧、渔业。

第二产业:工业(包括采掘工业、制造业、自来水、电力、蒸气、热水、煤气)和建筑业。

第三产业:除第一、第二产业以外的其他各业。由于第三产业包括的行业多、范围广,根据我国的实际情况,第三产业可分为两大部门;一是流通部门,二是服务部门。

"倍数"的用法　倍,就是跟原数相同的数。倍数,只能用于数字的增加,不能用于数字的减少。如"增长多少倍"、"扩大多少倍”、“提高多少倍”都可以,但不能说“降低多少倍”、“缩小多少倍”、“减少多少倍”。因为减少一倍就减完了,再无什么可减了。运用倍数时,还要注意词的准确。如“增加了两倍”即原来是一,现在是三;“增加到两倍”,即原来是一,现在是二。这里的“了”和“到”不能缺少,也不能互换。

“百分数”的用法 百分数,是用一百做分母的分数,在数学中用“%”来表示,在文章中一般都写作“百分之多少”。百分数与倍数不同,它既可以表示数量的增加,也可以表示数量的减少。运用百分数时,也要注意概念的精确。如“比过去增长30%,即过去为100,现在是“130”;比过去降低30%,即过去是100,现在是“70”;“降低到原来的30%”,即原来是100,现在是“30”。

运用百分数时,还要注意有些数最多只能达到100%,如产品合格率,种子发芽率等;有些百分数只能小于100%,如粮食出粉率等;有些百分数却可以超过100%,如产品产量计划完成情况等。

“番”的用法与“倍”的关系 增加一倍,就是增加100%;翻一番,也是增加100%。除了一倍与一番相当外,两倍与两番以上数字含义就不同了,而且数字越大,差距越大。如增加两倍,就指增加200%;翻两番,就是400%(一番二、二番是四、三番就是八),所以说翻两番就是增加了300%,翻三番就是增加了700%。“番”是按几何级数计算的,“倍”是按算术级数计算的。

计算翻番公式为:

n=[lg(报告期数÷基数)]÷lg2

n表示翻番数 lg是常用对数符号

二、人口和就业

POPULATION AND EMPLOYMENT

中华人民共和国统计法

（1983 年 12 月 8 日第六届全国人民代表大会常务委员会第三次会议通过　根据 1996 年 5 月 15 日第八届全国人民代表大会常务委员会第十九次会议《关于修改〈中华人民共和国统计法〉的决定》修正　2009 年 6 月 27 日第十一届全国人民代表大会常务委员会第九次会议修订）

目　　录

2-1 主要年份人口数及构成

（年底数）

单位：万人

年份	总人口	按性别分				按户口性质分			
		男		女		农业人口		非农业人口	
		人口数	比重(%)	人口数	比重(%)	人口数	比重(%)	人口数	比重(%)
1949	372.61	186.90	50.2	185.71	49.8	340.89	91.5	31.72	8.5
1952	390.60	195.09	49.9	195.51	50.1	362.62	92.8	27.98	7.2
1957	450.86	225.50	50.0	225.36	50.0	401.62	89.1	49.24	10.9
1962	463.94	233.10	50.2	230.84	49.8	410.56	88.5	53.38	11.5
1965	490.87	248.12	50.5	242.75	49.5	434.30	88.5	56.57	11.5
1970	565.88	286.11	50.6	279.77	49.4	508.33	89.8	57.55	10.2
1975	616.98	313.92	50.9	303.06	49.1	549.55	89.1	67.43	10.9
1978	645.41	329.21	51.0	316.20	49.0	570.90	88.5	74.51	11.5
1979	652.47	333.30	51.1	319.44	48.9	572.40	87.7	80.34	12.3
1980	659.86	336.37	51.0	323.49	49.0	576.22	87.3	83.64	12.7
1981	672.02	343.13	51.1	328.89	48.9	585.14	87.1	86.88	12.9
1982	684.45	350.08	51.1	334.37	48.9	594.34	86.8	90.11	13.2
1983	692.94	355.10	51.2	337.84	48.8	599.89	86.6	93.05	13.4
1984	700.04	358.91	51.3	341.13	48.7	603.98	86.3	96.06	13.7
1985	707.56	363.42	51.4	344.14	48.6	605.66	85.6	101.90	14.4
1986	715.41	367.27	51.3	348.14	48.7	610.43	85.3	104.98	14.7
1987	725.88	372.76	51.4	352.12	48.6	616.53	84.9	109.35	15.1
1988	743.78	382.42	51.4	361.36	48.6	621.93	83.6	121.85	16.4
1989	761.81	390.65	51.3	371.16	48.7	629.65	82.7	132.16	17.3
1990	807.14	412.92	51.2	394.22	48.8	668.88	82.9	138.26	17.1
1991	820.17	419.73	51.2	400.44	48.8	675.69	82.4	144.48	17.6
1992	826.74	423.34	51.2	403.40	48.8	676.90	81.9	149.84	18.1
1993	833.94	427.03	51.2	406.91	48.8	678.33	81.3	155.61	18.7
1994	843.21	431.56	51.2	411.65	48.8	683.15	81.0	160.06	19.0
1995	851.15	435.79	51.2	415.36	48.8	682.53	80.2	168.62	19.8
1996	859.43	440.95	51.3	418.48	48.7	682.89	79.5	176.54	20.5
1997	867.16	444.54	51.3	422.62	48.7	684.73	79.0	182.43	21.0
1998	875.78	450.53	51.4	425.25	48.6	687.36	78.5	188.42	21.5
1999	877.53	452.68	51.6	424.85	48.4	684.36	78.0	193.17	22.0
2000	896.44	461.12	51.4	435.32	48.6	665.33	74.2	231.11	25.8
2001	901.86	463.64	51.4	438.21	48.6	661.15	73.3	240.71	26.7
2002	904.44	465.45	51.5	438.99	48.5	654.14	72.3	250.30	27.7
2003	908.66	467.80	51.5	440.86	48.5	624.16	68.7	284.50	31.3
2004	916.85	471.36	51.4	445.49	48.6	614.31	67.0	302.54	33.0
2005	925.31	476.08	51.5	449.23	48.5	609.46	65.9	315.85	34.1
2006	934.73	481.46	51.5	453.27	48.5	613.97	65.7	320.76	34.3
2007	940.95	484.56	51.5	456.39	48.5	617.49	65.6	323.46	34.4
2008	946.86	488.31	51.6	458.55	48.4	610.21	64.4	336.65	35.6

2-2 主要年份户数、平均人口及人口密度

年 份	户 数（万户）	平均每户人口（人）	年平均人口（万人）	农业人口	非农业人口	人口密度（人/平方公里）
1949	85.85	4.34				331
1952	91.05	4.29	384.46	357.37	27.07	347
1957	104.97	4.30	445.51	398.88	46.63	400
1962	115.02	4.03	458.18	402.01	56.17	412
1965	116.76	4.20	485.20	429.36	55.84	436
1970	124.88	4.53	557.98	499.57	58.41	503
1975	132.87	4.64	611.72	545.36	66.36	548
1978	143.57	4.50	640.77	567.85	72.92	573
1979	146.72	4.45	649.07	571.65	77.42	580
1980	149.43	4.42	656.30	574.31	81.99	586
1981	155.52	4.32	665.94	580.68	85.26	597
1982	157.29	4.35	678.24	589.74	88.50	608
1983	158.32	4.38	688.69	597.11	91.58	616
1984	161.16	4.34	696.49	601.93	94.56	622
1985	163.80	4.32	703.80	604.82	98.98	628
1986	168.46	4.25	711.48	608.04	103.44	635
1987	173.15	4.19	720.65	613.48	107.17	645
1988	182.07	4.09	734.83	619.23	115.60	661
1989	191.43	3.98	752.80	625.79	127.01	677
1990	204.40	3.95	784.47	649.26	135.21	717
1991	209.15	3.92	813.65	672.28	141.37	729
1992	214.47	3.85	823.46	676.30	147.16	734
1993	216.59	3.85	830.34	677.62	152.72	741
1994	220.58	3.82	838.58	680.74	157.84	749
1995	227.60	3.74	847.18	682.84	164.34	756
1996	232.50	3.70	855.29	682.71	172.58	763
1997	238.73	3.63	863.29	683.81	179.48	770
1998	249.75	3.51	871.47	686.04	185.43	778
1999	257.66	3.41	876.66	685.86	190.80	779
2000	270.80	3.31	886.99	674.85	212.14	796
2001	275.91	3.27	899.15	663.24	235.91	801
2002	279.22	3.24	903.15	657.64	245.51	803
2003	282.84	3.21	906.55	639.15	267.40	807
2004	285.00	3.22	912.75	619.23	293.52	814
2005	286.44	3.23	921.08	611.89	309.19	822
2006	284.25	3.29	930.02	611.71	318.31	830
2007	279.33	3.37	937.84	615.73	322.11	836
2008	277.76	3.41	943.91	613.86	330.05	841

2-3 主要年份人口自然变动

单位：人

年份	出生		死亡		自然增长	
	人数	‰	人数	‰	人数	‰
1949		24.95				
1952	129 371	33.65				
1957	138 958	31.19	40 675	9.13	98 273	22.06
1962	164 440	35.89	34 635	7.56	129 805	28.33
1965	181 877	37.48	44 313	9.13	137 564	28.35
1970	185 564	33.26	37 511	6.72	148 053	26.54
1975	125 373	20.50	36 260	5.93	89 113	14.57
1978	102 744	16.03	35 276	5.51	67 468	10.52
1979	85 371	13.15	34 814	5.36	50 557	7.79
1980	125 947	19.19	44 562	6.79	81 385	12.40
1981	120 099	18.03	36 366	5.46	83 733	12.57
1982	119 391	17.60	32 890	4.85	86 501	12.75
1983	98 387	14.29	32 972	4.79	65 415	9.50
1984	98 214	14.10	35 109	5.04	63 105	9.06
1985	85 653	12.17	33 919	4.82	51 734	7.35
1986	97 011	13.64	33 463	4.70	63 548	8.94
1987	110 981	15.40	33 568	4.66	77 413	10.74
1988	169 348	23.04	35 284	4.80	134 064	18.24
1989	170 011	22.58	34 013	4.52	135 998	18.06
1990	157 605	20.09	35 867	4.57	121 738	15.52
1991	156 429	19.23	40 402	4.97	116 027	14.26
1992	101 899	12.37	42 462	5.16	59 437	7.21
1993	99 582	11.99	42 517	5.12	57 065	6.87
1994	113 310	13.51	41 946	5.00	71 364	8.51
1995	83 162	9.82	39 442	4.66	39 442	5.16
1996	81 414	9.52	41 982	4.91	39 432	4.61
1997	99 902	11.57	40 210	4.66	59 692	6.91
1998	91 325	10.48	41 298	4.74	50 027	5.74
1999	71 921	8.20	34 545	3.94	37 376	4.26
2000	167 764	18.91	44 483	5.02	123 281	13.89
2001	69 383	7.72	29 094	3.24	40 289	4.48
2002	69 905	7.74	33 811	3.74	36 094	4.07
2003	85 756	9.46	34 229	3.78	51 527	5.68
2004	132 605	14.53	42 775	4.69	89 830	9.84
2005	125 308	13.60	22 775	2.47	102 533	11.13
2006	138 879	14.93	34 254	3.68	104 644	11.25
2007	190 322	20.29	133 825	14.27	56 497	6.02
2008	170 661	18.08	106 845	11.32	63 816	6.76

注：2007年公安户籍死亡人口中含有补报往年未销户人口(下同)。

2-4 市区主要年份人口数及构成

（年底数） 单位:万人

年份	总人口	按性别分				按户口性质分			
		男		女		农业人口		非农业人口	
		人口数	比重(%)	人口数	比重(%)	人口数	比重(%)	人口数	比重(%)
1949	29.94	15.91	53.1	14.03	46.9	4.30	14.4	25.64	85.6
1952	22.21	11.53	51.9	10.68	48.1	3.19	14.4	19.02	85.6
1957	38.66	19.93	51.6	18.73	48.4	3.00	7.8	35.66	92.2
1962	45.35	23.63	52.1	21.72	47.9	8.46	18.7	36.89	81.3
1965	51.73	27.76	53.7	23.97	46.3	7.32	14.2	44.41	85.8
1970	53.86	28.68	53.2	25.18	46.8	8.82	16.4	45.04	83.6
1975	61.24	33.21	54.2	28.03	45.8	10.32	16.9	50.92	83.1
1978	67.07	36.57	54.5	30.50	45.5	11.08	16.5	55.99	83.5
1979	70.87	38.74	54.7	32.13	45.3	10.05	14.2	60.82	85.8
1980	72.85	39.71	54.5	33.14	45.5	9.92	13.6	62.93	86.4
1981	74.96	40.78	54.4	34.18	45.6	10.18	13.6	64.78	86.4
1982	77.29	42.16	54.5	35.13	45.5	10.48	13.6	66.81	86.4
1983	79.28	43.34	54.7	35.94	45.3	10.69	13.5	68.59	86.5
1984	80.64	44.04	54.6	36.60	45.4	10.73	13.3	69.91	86.7
1985	82.48	44.99	54.5	37.49	45.5	10.31	12.5	72.17	87.5
1986	84.08	45.83	54.5	38.25	45.5	10.24	12.2	73.84	87.8
1987	85.57	46.45	54.3	39.12	45.7	10.32	12.1	75.25	87.9
1988	87.20	47.27	54.2	39.93	45.8	9.88	11.3	77.32	88.7
1989	89.27	48.34	54.2	40.93	45.8	9.92	11.1	79.35	88.9
1990	90.66	48.98	54.0	41.68	46.0	10.09	11.1	80.57	88.9
1991	91.86	49.52	53.9	42.34	46.1	10.00	10.9	81.86	89.1
1992	93.65	50.48	53.9	43.17	46.1	9.64	10.3	84.01	89.7
1993	95.17	51.14	53.7	44.03	46.3	9.64	10.1	85.53	89.9
1994	142.84	74.73	52.3	68.11	47.7	49.13	34.4	93.71	65.6
1995	145.14	75.74	52.2	69.39	47.8	48.65	33.5	96.48	66.5
1996	147.34	76.91	52.2	70.42	47.8	47.13	32.0	100.21	68.0
1997	149.34	77.90	52.2	71.44	47.8	47.12	31.5	102.22	68.5
1998	151.87	79.09	52.1	72.78	47.9	47.40	31.2	104.47	68.8
1999	152.41	79.12	51.9	73.29	48.1	46.90	30.8	105.51	69.2
2000	160.61	83.28	51.9	77.33	48.1	51.51	32.1	109.10	67.9
2001	162.54	84.27	51.8	78.27	48.2	50.49	31.1	112.05	68.9
2002	164.55	85.30	51.8	79.25	48.2	43.47	26.4	121.08	73.6
2003	167.33	86.87	51.9	80.46	48.1	31.89	19.1	135.44	80.9
2004	167.42	86.76	51.8	80.66	48.2	28.76	17.2	138.66	82.8
2005	179.87	93.21	51.8	86.66	48.2	30.22	16.8	149.65	83.2
2006	181.61	94.11	51.8	87.50	48.2	27.88	15.4	153.73	84.6
2007	182.93	94.70	51.8	88.23	48.2	26.90	14.7	156.03	85.3
2008	184.40	95.38	51.7	89.02	48.3	26.42	14.3	157.98	85.7

注:2005年区划调整,原属于铜山县的大庙镇和大黄山镇划入鼓楼区管辖范围,市区统计范围扩大。

2–5 市区主要年份户数、平均人口及人口密度

年份	户数（万户）	平均每户人口（人）	年平均人口（万人）			人口密度（人/平方公里）
				农业人口	非农业人口	
1949	5.99	5.00				667
1952	5.31	4.18	22.34	3.21	19.13	621
1957	8.73	4.43	38.04	4.50	33.54	721
1962	9.76	4.65	45.74	7.90	37.84	2 153
1965	10.31	5.02	51.27	7.23	44.04	2 970
1970	11.11	4.85	54.52	8.68	45.84	3 092
1975	12.95	4.73	60.16	10.11	50.05	3 515
1978	14.76	4.54	65.82	11.13	54.69	3 636
1979	15.80	4.49	68.97	10.57	58.40	3 842
1980	16.82	4.33	71.86	9.99	61.87	3 950
1981	18.22	4.11	73.90	10.05	63.85	4 063
1982	19.60	3.94	76.13	10.33	65.80	4 189
1983	20.64	3.84	78.29	10.59	67.70	4 297
1984	21.70	3.72	79.96	10.71	69.25	4 371
1985	22.79	3.62	81.56	10.52	71.04	4 470
1986	23.71	3.55	83.28	10.28	73.00	4 557
1987	24.46	3.50	84.83	10.28	74.55	4 638
1988	25.56	3.41	86.39	10.10	76.29	4 726
1989	26.57	3.36	88.24	9.90	78.34	4 838
1990	27.44	3.30	89.97	10.01	79.96	4 914
1991	28.18	3.26	91.26	10.05	81.21	4 979
1992	28.84	3.25	92.76	9.82	82.94	5 076
1993	29.42	3.24	94.41	9.64	84.77	5 158
1994	42.92	3.33	141.86	49.13	93.71	1 483
1995	44.02	3.30	143.99	48.89	95.10	1 507
1996	44.76	3.29	146.24	47.89	98.35	1 530
1997	45.72	3.27	148.34	47.12	101.22	1 551
1998	46.66	3.25	150.60	47.26	103.34	1 577
1999	47.35	3.22	152.14	47.15	104.99	1 583
2000	49.74	3.23	156.51	49.20	107.31	1 547
2001	50.65	3.21	161.58	51.00	110.31	1 566
2002	51.22	3.21	163.55	46.98	116.57	1 576
2003	51.81	3.23	165.94	37.68	128.26	1 612
2004	52.29	3.20	167.38	30.33	137.05	1 613
2005	56.29	3.20	179.03	35.78	143.25	1 543
2006	56.59	3.21	180.74	29.05	151.69	1 566
2007	56.84	3.22	182.27	27.39	154.88	1 577
2008	57.15	3.23	183.67	26.66	157.01	1 590

2-6 市区主要年份人口自然变动

单位:人

年份	出生		死亡		自然增长	
	人数	‰	人数	‰	人数	‰
1949						23.44
1952	8 237	36.87	2 784	12.46	5 453	24.41
1957	14 012	36.84	2 898	7.62	11 114	29.22
1962	18 156	39.70	3 022	6.61	15 134	33.09
1965	12 905	25.10	2 840	5.50	10 065	19.60
1970	14 121	25.90	3 217	5.90	10 904	20.00
1975	10 242	17.02	2 821	4.69	7 421	12.33
1978	7 190	10.92	3 001	4.56	4 189	6.36
1979	9 081	13.17	3 129	4.54	5 952	8.63
1980	11 590	16.13	3 405	4.74	8 185	11.39
1981	13 518	18.29	3 478	4.71	10 040	13.59
1982	13 343	17.53	3 455	4.54	9 888	12.99
1983	10 570	13.50	3 294	4.21	7 276	9.29
1984	9 512	11.90	3 325	4.16	6 187	7.74
1985	9 612	11.78	3 429	4.20	6 183	7.58
1986	12 006	14.42	3 253	3.91	8 753	10.51
1987	14 076	16.59	3 472	4.09	10 604	12.50
1988	13 299	15.39	3 598	4.17	9 701	11.22
1989	12 535	14.21	3 642	4.13	8 893	10.08
1990	7 662	8.52	3 525	3.92	4 137	4.60
1991	8 139	8.92	4 013	4.40	4 126	4.52
1992	8 131	8.77	3 953	4.26	4 178	4.51
1993	8 885	9.41	4 252	4.50	4 633	4.91
1994	15 513	10.94	4 873	3.44	10 640	7.50
1995	11 960	8.31	5 650	3.92	6 310	4.39
1996	11 831	8.09	5 939	4.06	5 892	4.03
1997	14 429	9.73	5 590	3.77	8 839	5.96
1998	14 758	9.80	8 273	5.49	6 485	4.31
1999	12 234	8.04	5 819	3.82	6 415	4.22
2000	23 718	15.15	8 152	5.21	15 566	9.94
2001	11 175	6.92	4 366	2.70	6 809	4.22
2002	11 598	7.09	5 444	3.33	6 154	3.76
2003	11 459	6.91	5 540	3.34	5 919	3.57
2004	13 234	7.91	6 690	4.00	6 544	3.91
2005	17 323	9.68	5 551	3.10	11 772	6.58
2006	19 567	10.83	5 368	2.97	14 199	7.86
2007	23 946	13.14	15 701	8.61	8 245	4.53
2008	24 004	13.07	9 462	5.15	14 542	7.92

2-7 市区分区户数、人口数

（2008 年底）　　单位：人

地　区	总户数（户）	总人口（人）	男	女	农业人口	非农业人口
市　区	**571 459**	**1 843 997**	**953 838**	**890 159**	**264 193**	**1 579 804**
鼓楼区	137 945	426 587	217 333	209 254	78	426 509
云龙区	98 289	299 798	150 029	149 769	38	299 760
九里区	52 754	181 484	103 952	77 532	22	181 462
贾汪区	143 915	485 922	252 468	233 454	263 971	221 951
泉山区	138 556	450 206	230 056	220 150	84	450 122

2-8 市区分区人口自然变动

（2008 年）　　单位：人

年　份	出　生		死　亡		自然增长	
	人　数	‰	人　数	‰	人　数	‰
市　区	**24 004**	**13.07**	**9 462**	**5.15**	**14 542**	**7.92**
鼓楼区	5 082	11.97	1 979	4.66	3 103	7.31
云龙区	3 365	11.29	1 444	4.84	1 921	6.45
九里区	3 063	16.97	754	4.18	2 309	12.79
贾汪区	8 260	17.04	4 127	8.51	4 133	8.53
泉山区	4 234	9.43	1 158	2.58	3 076	6.85

2-9 从业人员

单位:万人

年份	从业人数	职工人数	国有经济单位	城镇集体经济单位	其他经济类型单位	城镇私营企业从业人员和个体劳动者	乡村劳动者	其他从业人员
1978	283.64	60.12	41.16	18.96			223.52	
1979	282.72	61.94	41.04	20.90		0.19	220.59	
1980	292.22	64.97	45.16	19.81		0.53	226.72	
1981	302.62	67.64	47.80	19.84		0.74	234.25	
1982	314.75	70.10	50.18	19.92		0.36	244.29	
1983	322.66	72.17	52.60	19.57		0.57	249.92	
1984	337.62	76.65	53.40	23.25		1.10	259.87	
1985	349.04	78.06	55.19	22.87		1.56	269.42	
1986	357.72	80.41	56.82	23.58	0.01	1.15	276.16	
1987	367.36	82.15	58.96	23.17	0.02	1.44	283.77	
1988	381.43	85.87	61.88	23.96	0.04	2.29	293.27	
1989	390.31	85.39	61.88	23.42	0.09	3.16	301.76	
1990	408.50	87.35	63.69	23.53	0.13	3.27	317.88	
1991	419.35	89.59	65.55	23.85	0.19	2.60	327.16	
1992	421.81	90.25	67.10	22.87	0.28	3.04	328.52	
1993	423.40	91.83	69.40	21.54	0.89	3.62	326.87	1.08
1994	423.45	91.39	70.80	19.60	0.99	5.12	325.78	1.16
1995	425.43	92.39	72.52	19.13	0.74	8.03	323.77	1.24
1996	428.26	94.16	73.94	18.78	1.44	8.98	324.22	0.91
1997	432.88	93.85	74.41	17.76	1.68	12.42	325.31	1.30
1998	421.09	77.72	63.66	9.79	4.27	17.33	324.69	1.35
1999	418.65	75.07	61.95	9.39	3.73	17.81	324.35	1.42
2000	417.66	71.02	57.74	8.30	4.98	19.21	326.17	1.26
2001	415.78	67.64	53.65	7.01	6.98	20.58	326.26	1.29
2002	391.81	61.76	44.55	4.92	12.28	16.09	312.46	1.50
2003	382.03	59.15	43.32	4.25	11.58	17.73	303.00	2.15
2004	395.50	56.31	40.19	3.90	12.22	28.73	307.37	3.08
2005	452.20	56.07	40.13	3.60	12.34	37.74	348.00	10.39
2006	467.90	56.91	39.87	3.57	13.47	43.51	352.75	14.73
2007	477.21	57.56	40.00	3.35	14.21	53.61	354.55	11.49
2008	486.05	58.34	39.53	3.44	15.37	59.38	354.38	13.95

注:1998 年及以后职工人数统计口径为在岗职工;2005 年及以后乡村劳动者中含外出合同工、临时工，与乡村从业人员统计口径一致;2005 年及以后其他从业人员中包括民办非企业从业人员和灵活就业人员等。

2-10 从业人员构成

单位:%

年 份	从业人数	职工人数				城镇私营企业从业人员和个体劳动者	乡 村劳 动者	其 他从业人员
			国有经济单 位	城镇集体经济单位	其他经济类型单位			
1978	100	21.2	68.5	31.5			78.8	
1979	100	21.9	66.3	33.7		0.1	78.0	
1980	100	22.2	69.5	30.5		0.2	77.6	
1981	100	22.4	70.7	29.3		0.2	77.4	
1982	100	22.3	71.6	28.4		0.1	77.6	
1983	100	22.4	72.9	27.1		0.2	77.4	
1984	100	22.7	69.7	30.3		0.3	77.0	
1985	100	22.4	70.7	29.3		0.4	77.2	
1986	100	22.5	70.7	29.3	…	0.3	77.2	
1987	100	22.4	71.8	28.2	…	0.4	77.2	
1988	100	22.5	72.1	27.9	…	0.6	76.9	
1989	100	21.9	72.5	27.4	0.1	0.8	77.3	
1990	100	21.4	72.9	26.9	0.2	0.8	77.8	
1991	100	21.4	73.2	26.6	0.2	0.6	78.0	
1992	100	21.4	74.3	25.4	0.3	0.7	77.9	
1993	100	21.7	75.6	23.4	1.0	0.8	77.2	0.3
1994	100	21.6	77.5	21.4	1.1	1.2	76.9	0.3
1995	100	21.7	78.5	20.7	0.8	1.9	76.1	0.3
1996	100	22.0	78.5	20.0	1.5	2.1	75.7	0.2
1997	100	21.7	79.3	18.9	1.8	2.9	75.1	0.3
1998	100	18.5	81.9	12.6	5.5	4.1	77.1	0.3
1999	100	17.9	82.5	12.5	5.0	4.3	77.5	0.3
2000	100	17.0	81.3	11.7	7.0	4.6	78.1	0.3
2001	100	16.3	79.3	10.4	10.3	4.9	78.5	0.3
2002	100	15.8	72.1	8.0	19.9	4.1	79.7	0.4
2003	100	15.5	73.2	7.2	19.6	4.6	79.3	0.6
2004	100	14.2	71.3	6.9	21.7	7.3	77.7	0.8
2005	100	12.4	71.6	6.4	22.0	8.3	77.0	2.3
2006	100	12.1	70.1	6.3	23.7	9.6	75.2	3.1
2007	100	12.1	69.4	5.8	24.6	11.2	74.3	2.4
2008	100	12.0	67.8	5.9	26.3	12.2	72.9	2.9

2-11　市区从业人员

单位：万人

年　份	从业人数	职工人数	国有经济单　位	城镇集体经济单位	其他经济类型单位	城镇私营企业从业人员和个体劳动者	乡　村劳动者	其　他从业人员
1978	43.76	39.20	28.07	11.13			4.56	
1979	46.66	42.12	28.90	13.22		0.02	4.52	
1980	47.26	42.71	30.76	11.95		0.12	4.43	
1981	49.16	44.41	32.44	11.97		0.19	4.56	
1982	51.19	46.28	34.24	12.04		0.21	4.70	
1983	53.74	48.37	36.37	12.00		0.37	5.00	
1984	55.88	50.01	37.69	12.32		0.75	5.12	
1985	58.14	51.42	39.51	11.91		1.18	5.54	
1986	58.95	52.69	40.30	12.38	0.01	0.72	5.54	
1987	59.82	53.34	41.09	12.23	0.02	0.97	5.51	
1988	61.42	54.06	42.03	11.98	0.05	1.90	5.46	
1989	61.35	54.01	42.22	11.70	0.09	1.72	5.62	
1990	62.50	55.05	43.12	11.81	0.12	1.82	5.63	
1991	63.48	56.05	43.93	11.93	0.19	1.93	5.50	
1992	63.35	56.07	44.57	11.27	0.23	2.06	5.22	
1993	63.95	56.13	44.88	10.59	0.66	2.65	4.92	0.25
1994	80.20	55.75	45.21	9.69	0.85	3.11	20.71	0.63
1995	82.89	55.92	45.98	9.52	0.42	5.11	21.19	0.67
1996	82.21	56.12	45.78	9.30	1.04	5.24	20.45	0.40
1997	82.85	55.41	45.53	9.00	0.87	7.17	19.85	0.42
1998	74.39	44.72	38.92	3.60	2.20	10.52	18.87	0.28
1999	71.29	42.84	37.62	3.48	1.74	9.09	18.96	0.39
2000	72.16	40.10	34.32	2.88	2.90	10.61	21.02	0.43
2001	72.81	38.12	32.08	2.24	3.79	11.91	22.27	0.51
2002	63.22	34.33	25.23	1.70	7.40	6.92	21.27	0.71
2003	62.74	32.64	24.45	1.40	6.79	8.21	21.24	0.64
2004	71.37	30.71	21.99	1.21	7.51	17.42	21.78	1.46
2005	91.10	30.35	22.31	1.02	7.02	23.77	28.19	8.79
2006	99.74	30.18	22.00	1.00	7.18	26.55	30.25	12.75
2007	96.42	30.55	22.39	0.84	7.32	29.74	29.40	6.73
2008	99.17	30.30	21.79	1.14	7.37	30.19	29.68	9.00

2-12 市区从业人员构成

单位:%

年 份	从业人数	职工人数				城镇私营企业从业人员和个体劳动者	乡村劳动者	其他从业人员
			国有经济单位	城镇集体经济单位	其他经济类型单位			
1978	100	89.6	71.6	28.4			10.4	
1979	100	90.3	68.6	31.4		…	9.7	
1980	100	90.4	72.0	28.0		0.2	9.4	
1981	100	90.3	73.0	27.0		0.4	9.3	
1982	100	90.4	74.0	26.0		0.4	9.2	
1983	100	90.0	75.2	24.8		0.7	9.3	
1984	100	89.5	75.4	24.6		1.3	9.2	
1985	100	88.5	76.8	23.2		2.0	9.5	
1986	100	89.4	76.5	23.5	…	1.2	9.4	
1987	100	89.2	77.0	22.9	0.1	1.6	9.2	
1988	100	88.0	77.7	22.2	0.1	3.1	8.9	
1989	100	88.0	78.2	21.7	0.1	2.8	9.2	
1990	100	88.1	78.3	21.5	0.2	2.9	9.0	
1991	100	88.3	78.4	21.3	0.3	3.0	8.7	
1992	100	88.5	79.5	20.1	0.4	3.3	8.2	
1993	100	87.8	80.0	18.9	1.1	4.1	7.7	0.4
1994	100	69.5	81.1	17.4	1.5	3.9	25.8	0.8
1995	100	67.5	82.2	17.0	0.8	6.2	25.5	0.8
1996	100	68.3	81.6	16.6	1.8	6.4	24.9	0.4
1997	100	66.9	82.2	16.2	1.6	8.6	24.0	0.5
1998	100	60.1	87.0	8.1	4.9	14.1	25.4	0.4
1999	100	60.1	87.8	8.1	4.1	12.8	26.6	0.5
2000	100	55.6	85.6	7.2	7.2	14.7	29.1	0.6
2001	100	52.4	84.2	5.9	9.9	16.3	30.6	0.7
2002	100	54.3	73.5	5.0	21.5	10.9	33.6	1.1
2003	100	52.0	74.9	4.3	20.8	13.1	33.9	1.0
2004	100	43.0	71.6	3.9	24.4	24.4	30.5	2.0
2005	100	33.3	73.5	3.4	23.1	26.1	30.9	9.7
2006	100	30.3	72.8	3.3	23.9	26.6	30.3	12.8
2007	100	31.7	73.3	2.7	24.0	30.8	30.5	7.0
2008	100	30.6	71.9	3.8	24.3	30.4	29.9	9.1

2-13　分三次产业的从业人数及构成

单位:万人、%

年　份	从业人数	第一产业		第二产业		第三产业	
		人　数	比　重	人　数	比　重	人　数	比　重
1978	283.64	204.41	72.1	43.56	15.3	35.67	12.5
1979	282.72	204.52	72.4	45.06	15.9	33.14	11.7
1980	292.22	209.96	71.8	49.69	17.0	32.57	11.2
1981	302.62	216.86	71.7	51.80	17.1	33.96	11.2
1982	314.75	221.17	70.3	57.62	18.3	35.96	11.4
1983	322.66	223.59	69.3	61.30	19.0	37.77	11.7
1984	337.62	223.01	66.0	69.74	20.7	44.87	13.3
1985	349.04	222.57	63.8	78.65	22.5	47.82	13.7
1986	357.72	222.38	62.2	84.04	23.5	51.30	14.3
1987	367.35	225.07	61.3	89.84	24.4	52.45	14.3
1988	381.43	226.65	59.4	97.06	25.5	57.72	15.1
1989	390.31	235.21	60.2	95.49	24.5	59.61	15.3
1990	408.50	249.36	61.0	95.41	23.4	63.73	15.6
1991	419.35	260.56	62.1	93.90	22.4	64.89	15.5
1992	421.81	258.67	61.3	98.13	23.3	65.01	15.4
1993	423.40	247.05	58.3	105.18	24.9	71.17	16.8
1994	423.45	247.36	58.4	103.56	24.5	72.53	17.1
1995	425.43	242.09	56.9	107.66	25.3	75.68	17.8
1996	428.26	239.60	55.9	108.63	25.4	80.03	18.7
1997	432.88	240.85	55.6	106.11	24.5	85.92	19.9
1998	421.09	242.24	57.5	92.02	21.9	86.83	20.6
1999	418.65	235.80	56.3	92.26	22.0	90.59	21.7
2000	417.66	235.35	56.4	93.24	22.3	89.07	21.3
2001	415.78	230.49	55.4	95.79	23.0	89.50	21.6
2002	391.81	216.01	55.1	94.83	24.2	80.97	20.7
2003	382.03	196.26	51.4	103.31	27.0	82.46	21.6
2004	395.50	189.72	48.0	111.45	28.2	94.33	23.8
2005	452.20	182.63	40.3	127.69	28.3	141.88	31.4
2006	469.15	177.20	37.8	144.99	30.9	146.96	31.3
2007	477.21	170.31	35.7	152.18	31.9	154.72	32.4
2008	486.05	163.19	33.5	168.99	34.8	153.87	31.7

2-14 市区分三次产业的从业人数及构成

单位:万人、%

年 份	从业人数	第一产业		第二产业		第三产业	
		人 数	比 重	人 数	比 重	人 数	比 重
1978	43.76	3.90	8.9	24.66	56.4	15.20	34.7
1979	46.66	3.83	8.2	27.73	59.4	15.10	32.4
1980	47.26	3.65	7.7	29.47	62.4	14.14	29.9
1981	49.16	3.65	7.4	30.60	62.3	14.91	30.3
1982	51.19	3.56	7.0	32.25	63.0	15.38	30.0
1983	53.74	3.50	6.5	34.59	64.4	15.65	29.1
1984	55.88	3.28	5.9	36.60	65.5	16.00	28.6
1985	58.14	2.78	4.8	39.89	66.9	16.47	28.3
1986	58.95	2.84	4.8	38.85	65.9	17.26	29.3
1987	59.82	2.79	4.6	40.25	67.3	16.78	28.1
1988	61.42	2.71	4.4	40.46	65.9	18.25	29.7
1989	51.35	2.86	4.7	39.94	65.1	18.55	30.2
1990	62.50	2.91	4.7	39.41	63.0	20.19	32.3
1991	63.48	2.83	4.4	39.97	63.0	20.68	32.6
1992	63.35	2.71	4.3	41.23	65.1	19.41	30.6
1993	63.95	2.24	3.5	40.79	63.8	20.92	32.7
1994	80.20	11.46	14.3	43.90	54.7	24.84	31.0
1995	82.89	11.83	14.3	45.71	55.1	25.35	30.6
1996	82.21	11.86	14.4	44.61	54.3	25.74	31.3
1997	82.85	10.96	13.2	44.24	53.4	27.65	33.4
1998	74.39	10.21	13.7	34.85	46.9	29.33	39.4
1999	71.29	10.06	14.1	33.38	46.8	27.85	39.1
2000	72.16	11.18	15.5	32.22	44.6	28.76	39.9
2001	72.81	12.78	17.6	31.19	42.8	28.84	39.6
2002	63.22	11.73	18.6	27.21	43.0	24.28	38.4
2003	62.75	10.71	17.1	26.78	42.7	25.26	40.2
2004	71.38	10.01	14.0	27.80	39.0	33.56	47.0
2005	91.10	12.06	13.2	32.08	35.2	46.95	51.5
2006	99.74	12.41	12.4	34.35	34.5	52.98	53.1
2007	96.42	9.26	9.6	33.07	34.3	54.09	56.1
2008	99.17	10.70	10.8	39.72	40.0	48.75	49.2

2-15　分行业城镇私营个体从业人员

（2008 年底）　　单位：人

行　　业	全　市	市　区
合　　计	**593 840**	**301 884**
第一产业	4 228	1 428
第二产业	217 044	74 579
工业	184 200	63 015
建筑业	32 844	11 564
第三产业	372 568	225 877
交通运输、仓储和邮政业	34 154	19 294
信息传输、计算机服务和软件业	7 241	4 199
批发和零售业	213 867	129 499
住宿和餐饮业	32 660	22 030
金融业	1 019	828
房地产业	12 197	5 211
租赁和商务服务业	22 170	13 782
科学研究、技术服务和地质勘查业	8 695	5 912
水利、环境和公共设施管理业	1 323	904
居民服务和其他服务业	34 695	21 623
教育	283	93
卫生、社会保障和社会福利业	1 189	821
文化、体育和娱乐业	2 277	1 450
其他	798	231

2-16　分行业乡村劳动者

（2008 年底）　　单位：万人

行　　业	全　市	市　区
合　　计	**354.38**	**29.68**
第一产业	160.74	10.25
# 农业	143.23	8.24
第二产业	121.17	11.98
工业	78.79	9.20
建筑业	42.38	2.78
第三产业	72.47	0.00
交通运输、仓储和邮政业	12.26	1.74
信息传输、计算机服务和软件业	0.69	0.10
批发和零售业	16.75	2.36
住宿、餐饮业	5.43	0.90
金融和保险业	0.65	0.12
房地产和社会服务业	1.31	0.13
科学研究、技术服务和地质勘查业	0.27	0.01
教育、文化、艺术和广播电视业	2.30	0.17
卫生、体育和社会福利业	1.44	0.14
公共管理和社会组织	0.78	0.06
其他	30.59	1.72

2-17 主要年份职工人数

（年底数）

单位：万人

年份	全市合计	国有经济单位	城镇集体经济单位	其他经济类型单位	市区合计	国有经济单位	城镇集体经济单位	其他经济类型单位
1949	6.11	6.11			4.88	4.88		
1952	8.11	8.11			6.00	6.00		
1957	10.04	10.04			6.86	6.86		
1962	16.94	16.94			16.81	12.21	4.60	
1965	15.18	15.18			15.23	10.45	4.78	
1970	22.12	22.12			18.94	13.84	5.10	
1975	42.69	29.21	13.48		27.06	19.86	7.20	
1978	60.12	41.16	18.96		39.20	28.07	11.13	
1979	61.94	41.04	20.90		42.12	28.90	13.22	
1980	64.97	45.16	19.81		42.71	30.76	11.95	
1981	67.64	47.80	19.84		44.41	32.44	11.97	
1982	70.10	50.18	19.92		46.28	34.24	12.04	
1983	72.17	52.60	19.57		48.37	36.37	12.00	
1984	76.65	53.40	23.25		50.01	37.69	12.32	
1985	78.06	55.19	22.87		51.42	39.51	11.91	
1986	80.41	56.82	23.58	0.01	52.69	40.30	12.38	0.01
1987	82.15	58.96	23.17	0.02	53.34	41.09	12.23	0.02
1988	85.87	61.88	23.96	0.04	54.06	42.03	11.98	0.05
1989	85.39	61.88	23.42	0.09	54.01	42.22	11.70	0.09
1990	87.35	63.69	23.53	0.13	55.05	43.12	11.81	0.12
1991	89.59	65.55	23.85	0.19	56.05	43.93	11.93	0.19
1992	90.25	67.10	22.87	0.28	56.07	44.57	11.27	0.23
1993	91.83	69.40	21.54	0.89	56.13	44.88	10.59	0.66
1994	91.39	70.80	19.60	0.99	55.75	45.21	9.69	0.85
1995	92.39	72.52	19.13	0.74	55.92	45.98	9.52	0.42
1996	94.16	73.94	18.78	1.44	56.12	45.78	9.30	1.04
1997	93.85	74.41	17.76	1.68	55.41	45.53	9.00	0.87
1998	77.72	63.66	9.79	4.27	44.72	38.92	3.60	2.20
1999	75.07	61.95	9.39	3.73	42.84	37.62	3.48	1.74
2000	71.02	57.74	8.30	4.98	40.10	34.32	2.88	2.90
2001	67.64	53.65	7.01	6.98	38.12	32.08	2.24	3.79
2002	61.76	44.55	4.92	12.28	34.33	25.23	1.70	7.40
2003	59.15	43.32	4.25	11.58	32.64	24.45	1.40	6.79
2004	56.31	40.19	3.90	12.22	30.71	21.99	1.21	7.51
2005	56.07	40.13	3.60	12.34	30.35	22.31	1.02	7.03
2006	56.91	39.87	3.57	13.47	30.18	22.00	1.00	7.18
2007	57.56	40.00	3.35	14.21	30.55	22.39	0.84	7.32
2008	58.34	39.53	3.44	15.37	30.30	21.79	1.14	7.37

2-18　在岗职工人数

（2008 年底）　　单位：人

项　　目	在岗职工人数	国有经济单位	城镇集体经济单位	其他经济类型单位
总　计	**583 430**	**395 298**	**34 410**	**153 722**
按企业、事业、机关分				
企业	359 220	184 532	20 966	153 722
事业	170 923	157 629	13 294	
机关	53 287	531 37	150	
按国民经济行业分				
农、林、牧、渔业	18 344	17 974	179	191
采矿业	85 238	53 456	7 360	24 422
制造业	114 832	27 581	1 572	85 679
电力、煤气及水的生产和供应业	19 075	12 913	631	5 531
建筑业	19 514	12 140	2 666	4 708
交通运输、仓储及邮政业	56 844	45 681	1 170	9 993
信息传输、计算机服务和软件业	5 242	1 245	31	3 966
批发和零售业	22 006	10 625	4 543	6 838
住宿和餐饮业	5 563	1 313	175	4 075
金融业	13 644	4 764	2 778	6 102
房地产业	2 276	1 467	125	684
租赁和商务服务业	1 759	1 312	352	95
科学研究、技术服务和地质勘查业	5 785	4 929	120	736
水利、环境和公共设施管理业	11 969	11 182	787	
居民服务和其他服务业	377	327	42	8
教育	100 222	99 296	254	672
卫生、社会保障和社会福利业	36 003	24 760	11 243	
文化、体育和娱乐业	4 347	3 943	382	22
公共管理和社会组织	60 390	60 390		
按隶属关系分（国有经济）				
中央	61 751	61 751		
省	79 163	79 163		
省辖市	74 779	74 779		
县及县以下	179 605	179 605		

2-19 市区职工人数

（2008 年底） 单位：人

项目	在岗职工人数	国有经济单位	城镇集体经济单位	其他经济类型单位
总计	**302 993**	**217 935**	**11 356**	**73 702**
按企业、事业、机关分				
企业	232 133	148 632	9 799	73 702
事业	49 865	48 336	1 529	
机关	20 995	20 967	28	
按国民经济行业分				
农、林、牧、渔业	1 464	1 258	15	191
采矿业	84 776	53 456	7 300	24 020
制造业	46 979	25 490	652	20 837
电力、煤气及水的生产和供应业	12 674	9 179		3 495
建筑业	9 827	8 950	116	761
交通运输、仓储及邮政业	49 623	41 088	613	7 922
信息传输、计算机服务和软件业	3 772	18		3 754
批发和零售业	7 788	3 975	390	3 423
住宿和餐饮业	3 941	477	55	3 409
金融业	6 904	1 904	268	4 732
房地产业	1 074	753	19	302
租赁和商务服务业	295	103	97	95
科学研究、技术服务和地质勘查业	3 474	2 743		731
水利、环境和公共设施管理业	5 800	5 706	94	
居民服务和其他服务业	80	30	42	8
教育	27 335	27 093	242	
卫生、社会保障和社会福利业	13 868	12 415	1 453	
文化、体育和娱乐业	2 063	2 041		22
公共管理和社会组织	21 256	21 256		
按隶属关系分（国有经济）				
中央	56 909	56 909		
省	61 691	61 691		
省辖市	73 438	73 438		
县及县以下	25 897	25 897		

2–20 不在岗职工人数

（2008 年底） 单位:人

项 目	不在岗职工人 数	国有经济单位	城镇集体经济单位	其他经济类型单位
总 计	**67 653**	**35 574**	**15 570**	**16 509**
按企业、事业、机关分				
企业	63 873	32 204	15 160	16 509
事业	2 726	2 316	410	
机关	1 054	1 054		
按国民经济行业分				
农、林、牧、渔业	235	210		25
采矿业	16 878	11 066	3 128	2 684
制造业	10 790	4 515	676	5 599
电力、煤气及水的生产和供应业	1 726	576		1 150
建筑业	2 589	2 100	47	442
交通运输、仓储及邮政业	11 167	5 171	2 083	3 913
信息传输、计算机服务和软件业	220	114		106
批发和零售业	17 913	7 182	9 134	1 597
住宿和餐饮业	892	372	72	448
金融业	1 202	560	150	492
房地产业	30	24	1	5
租赁和商务服务业	136	97	39	
科学研究、技术服务和地质勘查业	294	246		48
水利、环境和公共设施管理业	660	618	42	
居民服务和其他服务业				
教育	456	456		
卫生、社会保障和社会福利业	965	767	198	
文化、体育和娱乐业	171	171		
公共管理和社会组织	1 329	1329		

2–21 市区不在岗职工人数

（2008 年底） 单位：人

项目	不在岗职工人数	国有经济单位	城镇集体经济单位	其他经济类型单位
总计	**46 878**	**28 159**	**5 152**	**13 567**
按企业、事业、机关分				
企业	45 247	26 608	5 072	13 567
事业	1 070	990	80	
机关	561	561		
按国民经济行业分				
农、林、牧、渔业	74	49		25
采矿业	16 878	11 066	3 128	2 684
制造业	8 232	4 416	356	3 460
电力、煤气及水的生产和供应业	1 427	459		968
建筑业	2 186	1 760		426
交通运输、仓储及邮政业	8 836	4 629	532	3 675
信息传输、计算机服务和软件业	80			80
批发和零售业	5 768	3 437	974	1 357
住宿和餐饮业	501	32	52	417
金融业	612	190		422
房地产业	14	9		5
租赁和商务服务业	40	1	39	
科学研究、技术服务和地质勘查业	277	229		48
水利、环境和公共设施管理业	465	465		
居民服务和其他服务业				
教育	194	194		
卫生、社会保障和社会福利业	633	562	71	
文化、体育和娱乐业	57	57		
公共管理和社会组织	604	604		

2-22 女性从业人数

（2008 年底）　　单位：人

项　　目	女性从业人员人数	国有经济单位	城镇集体经济单位	其他经济类型单位
总　　计	**243 205**	**149 915**	**19 215**	**74 075**
按企业、事业、机关分				
企业	148 485	64 060	10 350	74 075
事业	81 433	72 594	8 839	
机关	13 287	13 261	26	
按国民经济行业分				
农、林、牧、渔业	7 801	7 669	100	32
采矿业	24 234	11 368	5 159	7 707
制造业	55 236	10 259	707	44 270
电力、煤气及水的生产和供应业	5 667	3 771	100	1 796
建筑业	2 966	2 285	336	345
交通运输、仓储及邮政业	24 552	20 709	639	3 204
信息传输、计算机服务和软件业	2 744	416	10	2 318
批发和零售业	10 255	3 510	2 112	4 633
住宿和餐饮业	4 109	725	144	3 240
金融业	9 840	3 301	956	5 583
房地产业	840	549	45	246
租赁和商务服务业	409	240	128	41
科学研究、技术服务和地质勘查业	1 865	1 543	54	268
水利、环境和公共设施管理业	4 520	3 826	694	
居民服务和其他服务业	169	126	37	6
教育	47 560	47 031	156	373
卫生、社会保障和社会福利业	24 307	16 643	7 664	
文化、体育和娱乐业	2 074	1 887	174	13
公共管理和社会组织	14 057	14 057		

2-23 城镇失业人数及失业率

单位:人

年 份	当年需要安置的人数	当年已安置就业的人数	年末城镇失业人数	#失业青年	#失业女青年	城镇失业率(%)
1981	42 995	22 600	10 294	10 294		1.52
1982	28 451	18 432	5 144	5 144		0.73
1983	20 261	8 336	10 633	10 633		1.44
1984	22 729	13 584	8 396	8 396		1.08
1985	27 051	14 654	11 605	11 605		1.45
1986	30 373	18 158	11 854	11 854		1.43
1987	32 082	16 469	15 200	15 200		1.78
1988	36 679	22 722	13 469	13 469		1.50
1989	74 534	22 780	50 947	50 947		5.44
1990	71 500	44 775	22 440	22 440		2.42
1991	50 367	29 702	18 622	18 622	12 054	1.98
1992	42 113	19 787	18 754	18 754	11 627	1.97
1993	37 681	19 406	16 997	16 275	9 615	1.81
1994	33 896	17 241	15 576	14 875	8 815	1.70
1995	31 238	14 971	15 390	15 078	8 869	1.60
1996	31 431	14 568	15 276	13 795	7 742	1.50
1997	29 154	13 083	15 073	13 181	7 232	1.62
1998	27 155	13 481	13 163	10 398	6 295	1.30
1999	28 125	13 087	15 038	12 981	8 035	1.52
2000	34 107	14 078	18 625	8 482	4 433	1.89
2001	44 654	16 512	26 836	9 956	5 650	2.40
2002	60 674	21 098	38 099			3.58
2003	66 044	22 521	37 980	7 430	3 492	4.30
2004	67 288	27 905	37 231	6 571	3 815	4.03
2005	66 614	31 263	33 560	10 385	5 980	3.44
2006	78 964	45 611	32 581	9 589	5 273	3.03
2007	84 262	50 696	33 488	17 268	9 478	2.80
2008	88 393	54 628	33 665			2.70

主要统计指标解释

总人口数 是指在一定时点、一定地域范围内所有的有生命的个人总和，它是由不同性别、不同年代出生的人所组成,是反映一个国家人口资源的重要指标。

人口总数随人口的出生、死亡、迁入、迁出的变动而变动，也随计算时地域范围和依据的人口范畴（户籍人口和常住人口)的不同而不同,如户籍人口统计中的人口总数和人口普查所取得的人口总数,由于统计的口径不同,在相同地域范围内得到的人口数也不尽相同。

户籍人口 是指在户口管理部门登记了常住户口的人。本《年鉴》内所列人口数均为户籍人口。

农业人口 依靠从事农业生产(包括林、牧、渔业)维持生活的全部人口，包括实际从事农业生产的人口以及由他们所抚养的人口。由于改革开放,一些人外出务工经商,其户口性质仍为农村户口的人也统计在农业人口范围内。

非农业人口 不依靠从事农业生产的职业来维持生活的人口,主要指城镇的非农业户口性质的人口。

年平均人数 是指一年内的各个时点人口的平均数。在实际统计工作中,由于资料的限制,无法按理论上所讲的方法计算,一般根据年初、年末人数按简单算术平均数计算,也常用年中人数来表示年平均人数。

出生率 一定时期内出生人数与同期平均人口数之比。又称总出生率或粗出生率。它反映人口的出生水平。出生人口数是指活产,即离开母体时有生命现象的活产婴儿总和。

出生率通常以年为单位计算,计算方法为:年出生人数除以年平均人数,以千分数表示。

死亡率 一定时期内(通常为一年)死亡人数与同期平均人数(或期中人数)之比。说明该时期人口的死亡强度。计算方法为:年死亡人数除以年平均人数,以千分数表示。

自然增长率 它是表明人口自然增长的趋势和程度（或速度)的指标,即一定时期内人口自然增长数(出生人数减死亡人数)与同期平均人口数之比。通常以一年为期计算,用千分数表示。计算公式为:人口自然增长率 =(全年出生人数减死亡人数) / 年平均总人数 × 1000‰。实际工作中,一般用出生率减死亡率计算而得。

从业人员 指从事一定社会劳动并取得劳动报酬或经营收入的全部劳动力。包括:

(1)全部职工

(2)城镇私营企业从业人员

(3)城镇个体劳动者

(4)农村社会劳动者

(5)其他社会劳动者

这一指标反映了一定时期内全部劳动力资源的实际利用情况,是研究基本国情国力的重要指标。

各单位的从业人员是指在各级国家机关、政党机关、社会团体及企业、事业单位中工作,并取得劳动报酬的全部人员。包括职工、再就业的离退休人员、民办教师以及在各单位中工作的外方人员和港、澳、台方人员。

各单位的从业人员反映了各单位实际参加生产或工作的全部劳动力。

职工 指在国有经济、城镇集体经济、联营经济、股份制经济、外商和港、澳、台投资经济、其他经济单位及其附属机构工作,并由其支付工资的各类人员。

合同制职工 指各单位根据国务院国发（1986)77 号文件和国务院令第 99 号的规定，通过签订有固定期限劳动合同、无固定期限劳动合同和以完成一项工作为期限劳动合同所使用的职工。包括实行全员劳动合同制单位的全部职工。

使用的农村劳动力 指国有经济、城镇集体经济、联营经济、股份制经济、外商和港、澳、台投资经济、其他经济单位的职工中,现仍保留农村户籍关系的人员。

长期职工 指用工期限在一年以上(含一年)的职工。包括原固定职工、合同制职工、长期临时工以及国有单位使用的城镇集体所有制单位的人员和其他使用期限在一年以上的原计划外用工。

临时职工 指用工期限不超过一年的职工。包括各单位根据国家有关规定招用的，签订一年以内的劳动合同或使用期不超过一年的临时性、季节性用工。

其他从业人员 指劳动统计制度规定不作职工统计,但实际参加社会劳动并取得劳动报酬的人员。

各单位的其他从业人员是指单位中除职工以外的全部参加本单位生产或工作并取得劳动报酬的人员。包括再就业的离退休人员、民办教师以及在各单位中工作的外方人员和港、澳、台方人员。

城镇集体经济单位职工 指在城镇集体经济单位及其管理部门工作并由其支付工资的各类人员。

其他经济单位职工 指在联营经济、股份制经济、外商投资经济、港、澳、台投资经济单位工作,并由其支付工资的各类人员。

城镇个体劳动者 指经工商行政管理部门核准登记,领取营业执照,参加生产经营活动,户口在城镇的全部人员。

农村社会劳动者 指农村人口中经常参加合作经济组织(包括乡(镇)办企业事业单位)和家庭副业生产劳动的劳动力。凡是由合作经济组织分配劳动任务或承包各种生产任务,并从中直接取得实物、现金收入和从承包的生产任务中获得实物、现金收入的劳动力,不管从事何种劳动,都要统计为农村社会劳动者。国家从乡(村)调用的建勤民工;由集体经费支付工资或补贴的乡(村)脱产管理干部;乡(村)劳动力到国有经济单位或城镇集体经济单位工作,其收入交给合作经济组织,并从中取得实物或现金收入的合同工、临时工、亦工亦农人员;自行外出,但户口没有转出的劳动力,都应包括在内。

城镇失业人员 指有非农业户口,在一定的劳动年龄内(16岁以上及男50岁以下、女45岁以下),有劳动能力,无业而要求就业,并在当地就业服务机构进行待业登记的人员。

城镇失业率 是城镇失业人数同城镇在业人数加城镇失业人数之比。计算公式为:

$$\text{城镇失业率}=\frac{\text{城镇失业人数}}{\text{城镇在业人数}+\text{城镇失业人数}}\times 100\%$$

三、固定资产投资

INVESTMENT IN FIXED ASSETS

第一章　总　　则

第一条　为了科学、有效地组织统计工作,保障统计资料的真实性、准确性、完整性和及时性,发挥统计在了解国情国力、服务经济社会发展中的重要作用,促进社会主义现代化建设事业发展,制定本法。

第二条　本法适用于各级人民政府、县级以上人民政府统计机构和有关部门组织实施的统计活动。

统计的基本任务是对经济社会发展情况进行统计调查、统计分析,提供统计资料和统计咨询意见,实行统计监督。

第三条　国家建立集中统一的统计系统,实行统一领导、分级负责的统计管理体制。

第四条　国务院和地方各级人民政府、各有关部门应当加强对统计工作的组织领导,为统计工作提供必要的保障。

第五条　国家加强统计科学研究,健全科学的统计指标体系,不断改进统计调查方法,提高统计的科学性。

国家有计划地加强统计信息化建设,推进统计信息搜集、处理、传输、共享、存储技术和统计数据库体系的现代化。

第六条　统计机构和统计人员依照本法规定独立行使统计调查、统计报告、统计监督的职权,不受侵犯。

地方各级人民政府、政府统计机构和有关部门以及各单位的负责人,不得自行修改统计机构和统计人员依法搜集、整理的统计资料,不得以任何方式要求统计机构、统计人员及其他机构、人员伪造、篡改统计资料,不得对依法履行职责或者拒绝、抵制统计违法行为的统计人员打击报复。

第七条　国家机关、企业事业单位和其他组织以及个体工商户和个人等统计调查对象,必须依照本法和国家有关规定,真实、准确、完整、及时地提供统计调查所需的资料,不得提供不真实或者不完整的统计资料,不得迟报、拒报统计资料。

第八条　统计工作应当接受社会公众的监督。任何单位和个人有权检举统计中弄虚作假等违法行为。对检举有功的单位和个人应当给予表彰和奖励。

第九条　统计机构和统计人员对在统计工作中知悉的国家秘密、商业秘密和个人信息,应当予以保密。

第十条　任何单位和个人不得利用虚假统计资料骗取荣誉称号、物质利益或者职务晋升。

3-1 全社会固定资产投资

单位:万元

年 份	全社会固定资产投资完成额	#城镇规模以上	#农村规模以上	#城乡个私	#城镇个私
1978	32 052	32 052			
1979	39 965	39 965			
1980	46 737	46 737			
1981	31 140	31 140			
1982	45 100	45 100			
1983	61 776	61 776			
1984	72 575	72 575			
1985	81 993	81 993			
1986	186 435	111 793	46 816	27 826	13 530
1987	223 523	120 516	54 252	48 755	15 040
1988	203 704	101 872	62 359	39 473	16 000
1989	211 255	88 112	70 066	73 077	16 730
1990	244 092	117 535	84 417	42 140	19 460
1991	300 167	153 137	99 315	47 715	22 890
1992	448 089	256 335	132 420	59 334	23 160
1993	513 891	308 967	134 000	70 924	15 986
1994	772 145	407 060	247 278	117 807	31 959
1995	1 036 880	532 002	407 263	97 615	20 696
1996	1 365 558	713 616	542 778	109 164	18 626
1997	1 521 073	812 015	573 291	135 767	21 696
1998	1 882 611	1 137 480	510 507	211 098	7 529
1999	2 202 118	1 313 145	404 029	422 971	47 274
2000	2 521 865	1 540 283	359 501	541 440	81 474
2001	2 878 503	1 715 698	137 554	182 724	109 437
2002	3 231 237	1 776 036	121 704	272 936	128 717
2003	3 830 289	2 447 598	412 593	292 571	130 034
2004	4 452 726	3 187 501	717 778	726 871	281 055
2005	6 013 112	4 509 921	950 880	1 613 051	881 267
2006	7 529 941	5 985 211	816 056	2 386 794	1 800 453
2007	9 607 018	7 695 881	1 027 195	6 310 559	5 364 624
2008	12 506 684	10 150 379	1 467 142	4 397 099	3 293 322

注:2002 年以前城镇、农村规模以上分别为城镇、农村集体以上。

3-2 市区全社会固定资产投资

单位:万元

年 份	全社会固定资产投资完成额	#城镇规模以上	#农村规模以上	#城乡个私	#城镇个私
1978	27 988	27 988			
1979	34 622	34 622			
1980	40 763	40 763			
1981	26 990	26 990			
1982	38 339	38 339			
1983	54 607	54 607			
1984	64 757	64 757			
1985	69 413	69 413			
1986	112 350	95 150	11 384	5 816	2 740
1987	125 045	104 174	13 936	6 935	4 560
1988	103 188	78 745	16 526	7 917	4 840
1989	92 572	68 047	17 147	7 378	5 520
1990	127 433	95 455	22 492	9 486	6 260
1991	152 566	119 408	22 732	10 426	7 640
1992	242 469	195 860	37 316	9 293	8 010
1993	211 539	201 019	4 375	6 145	4 480
1994	327 400	253 437	62 814	11 149	1 323
1995	439 160	338 392	86 901	13 867	2 244
1996	602 825	443 879	140 599	18 347	2 020
1997	788 928	577 803	174 476	36 649	2 744
1998	1 118 597	902 936	195 885	19 776	2 042
1999	1 310 427	1 048 339	104 762	100 599	5 234
2000	1 571 856	1 205 265	63 925	150 387	49 704
2001	1 766 623	1 356 865	45 068	87 082	83 616
2002	1 924 895	1 401 555	60 139	94 483	90 469
2003	2 015 898	1 788 761		49 681	49 681
2004	2 231 364	2 041 714		130 810	130 810
2005	2 492 496	2 451 166	41 315	465 764	427 099
2006	3 046 135	2 924 555	12 100	631 616	561 996
2007	3 734 054	3 607 867	10 000	2 402 901	2 392 901
2008	5 414 351	5 185 735	32 750	2 177 161	1 073 384

3–3　各时期城镇规模以上固定资产投资完成额

单位:万元

时　期	合　计	基本建设	更新改造	其他投资	房地产开发
1949	**257**	**257**			
恢复时期	**2 065**	**2 065**			
“一五”时期	**15 602**	**15 602**			
“二五”时期	**70 222**	**70 222**			
调整时期	**14 262**	**14 262**			
“三五”时期	**18 586**	**18 586**			
“四五”时期	**63 127**	**60 974**	**2 153**		
“五五”时期	**151 718**	**134 899**	**12 287**	**4 532**	
1976	14 432	14 432			
1977	18 532	18 532			
1978	32 052	29 141	1 870	1 041	
1979	39 965	32 579	6 402	984	
1980	46 732	40 215	4 015	2 507	
“六五”时期	**292 584**	**177 653**	**79 905**	**35 026**	
1981	31 140	22 524	5 465	3 151	
1982	45 100	24 312	14 281	6 507	
1983	61 776	37 279	17 443	7 054	
1984	72 575	48 622	17 164	6 789	
1985	81 993	44 916	25 552	11 525	
“七五”时期	**539 828**	**285 696**	**180 358**	**61 560**	**12 214**
1986	111 793	66 508	29 063	16 222	
1987	120 516	75 020	31 166	14 330	
1988	101 872	40 804	46 889	14 179	
1989	88 112	46 274	34 590	7 248	
1990	117 535	57 090	38 650	9 581	12 214
“八五”时期	**1 657 501**	**826 093**	**526 087**	**151 031**	**154 290**
1991	153 137	74 263	50 691	13 114	15 069
1992	256 335	116 204	94 656	29 404	16 071
1993	308 967	126 040	119 234	35 333	28 360
1994	407 060	205 272	131 971	35 682	34 135
1995	532 002	304 314	129 535	37 498	60 655
“九五”时期	**5 516 539**	**2 909 525**	**1 257 699**	**449 088**	**900 227**
1996	713 616	375 182	186 272	71 520	80 642
1997	812 015	419 068	202 617	74 937	115 393
1998	1 137 480	591 413	270 144	90 292	185 631
1999	1 313 145	720 580	283 647	70 847	238 071
2000	1 540 283	803 282	315 019	141 492	280 490
“十五”时期	**13 636 754**	**5 179 894**	**1 925 784**	**847 621**	**1 799 272**
2001	1 715 698	921 817	359 585	120 944	313 352
2002	1 776 036	1 020 760	398 013	107 174	250 089
2003	2 447 598	1 344 223	520 720	281 697	300 958
2004	3 187 501	1 893 094	647 466	337 806	309 135
2005	4 509 921				625 738
“十一五”时期	**23 831 471**				**3 017 203**
2006	5 985 211				707 983
2007	7 695 881				1 001 097
2008	10 150 379				1 308 123

注:2002 年以前为城镇集体以上投资,2005 年以后取消了基本建设和更新改造的分类。

3-4 市区城镇规模以上固定资产投资完成额

单位:万元

年 份	合 计	基本建设	更新改造	其他投资	房地产开发
1978	27 988	25 927	1 144	917	
1979	34 622	28 415	5 418	789	
1980	40 763	35 533	3 171	2 059	
1981	26 990	20 409	4 270	2 311	
1982	38 339	21 143	11 801	5 395	
1983	54 607	33 224	15 401	5 982	
1984	64 757	44 088	14 998	5 671	
1985	69 413	38 898	22 367	8 148	
1986	95 150	60 380	24 007	10 763	
1987	104 174	70 483	24 933	8 758	
1988	78 745	35 361	36 892	6 492	
1989	68 047	38 675	27 081	2 291	
1990	95 455	45 083	32 432	5 726	12 214
1991	119 408	60 097	39 380	6 875	13 056
1992	195 860	86 709	75 680	19 008	14 463
1993	201 019	68 547	88 506	20 131	23 835
1994	253 437	130 328	78 598	19 578	24 933
1995	338 392	196 442	76 004	17 063	48 883
1996	443 879	252 482	91 128	38 360	61 909
1997	577 803	316 030	134 249	42 989	84 535
1998	902 936	481 654	205 674	65 758	149 850
1999	1 048 339	614 299	211 568	32 237	190 235
2000	1 205 265	681 585	236 759	62 123	224 798
2001	1 328 481	741 555	295 767	62 149	229 010
2002	1 401 555	832 978	325 980	72 250	170 347
2003	1 788 761	1 134 523	420 109	53 217	180 912
2004	2 231 004	1 557 209	448 594	35 911	189 290
2005	2 451 166				362 170
2006	2 924 555				451 565
2007	3 607 867				478 393
2008	5 185 735				741 589

3–5 各时期城镇规模以上投资新增固定资产

单位:万元

时 期	合 计	基本建设	更新改造	其他投资	房地产开发
1949	248	248			
恢复时期	**1 776**	**1 776**			
“一五”时期	**12 643**	**12 643**			
“二五”时期	**52 985**	**52 985**			
调整时期	**11 619**	**11 619**			
“三五”时期	**11 759**	**11 759**			
“四五”时期	**35 169**	**35 169**			
“五五”时期	**120 222**	**108 726**	**8 258**	**3 238**	
1976	9 446	9 446			
1977	9 458	9 458			
1978	30 475	27 986	1 789	700	
1979	30 209	25 844	3 807	558	
1980	40 634	35 992	2 662	1 980	
“六五”时期	**225 890**	**129 838**	**63 086**	**32 966**	
1981	22 041	15 323	4 097	2 621	
1982	31 357	15 074	11 754	4 529	
1983	35 124	14 919	12 514	7 691	
1984	51 932	30 733	13 882	7 317	
1985	85 436	53 789	20 839	10 808	
“七五”时期	**439 936**	**226 017**	**147 703**	**54 849**	**11 367**
1986	89 636	48 050	25 724	15 862	
1987	96 080	60 055	27 876	8 149	
1988	95 252	48 063	33 199	13 990	
1989	74 117	34 597	31 245	8 275	
1990	84 851	35 252	29 659	8 573	11 367
“八五”时期	**1 130 113**	**526 560**	**375 736**	**128 774**	**99 043**
1991	114 583	50 726	39 636	10 026	14 195
1992	186 138	92 456	56 505	26 802	10 375
1993	191 284	76 848	84 971	26 428	3 037
1994	252 013	108 300	87 916	33 537	22 260
1995	386 095	198 230	106 708	31 981	49 176
“九五”时期	**4 160 683**	**2 118 938**	**1 041 554**	**417 666**	**582 526**
1996	610 805	319 035	172 302	58 363	61 105
1997	757 218	425 798	178 475	67 624	85 321
1998	752 613	303 985	250 117	80 716	117 795
1999	968 298	520 106	179 786	86 004	182 402
2000	1 071 749	550 014	260 874	124 958	135 903
“十五”时期	**8 627 742**	**2 848 831**	**1 427 736**	**731 525**	**1 122 436**
2001	1 070 252	582 891	134 992	110 582	241 787
2002	1 549 933	786 760	559 860	77 321	125 992
2003	1 295 044	672 868	270 887	225 322	125 967
2004	1 718 860	806 312	461 997	318 300	132 251
2005	2 993 653				496 439
“十一五”时期	**14 702 179**				**1 245 296**
2006	3 024 852				298 673
2007	6 163 555				448 651
2008	5 513 772				497 972

注:2002 年以前为城镇集体以上投资,2005 年以后取消了基本建设和更新改造的分类。

3–6 市区城镇规模以上投资新增固定资产

单位:万元

年 份	合 计	基本建设	更新改造	其他投资	房地产开发
1978	26 866	25 315	970	581	
1979	25 972	22 452	3 066	454	
1980	35 533	31 935	2 033	1 565	
1981	18 034	13 109	3 078	1 847	
1982	25 881	12 913	9 497	3 471	
1983	29 766	12 206	10 875	6 685	
1984	44 568	26 544	11 892	6 132	
1985	75 673	49 688	17 681	8 204	
1986	73 299	42 141	20 519	10 629	
1987	80 186	54 202	21 992	3 891	
1988	75 532	42 957	26 722	5 853	
1989	55 544	28 219	24 011	3 314	
1990	64 294	21 322	13 423	6 171	11 367
1991	84 047	26 233	27 873	4 974	13 000
1992	150 991	81 358	42 839	17 559	9 235
1993	119 722	36 283	52 825	12 914	16 700
1994	135 861	51 271	49 550	16 641	18 399
1995	207 292	64 720	51 384	14 704	43 484
1996	375 765	211 880	91 132	29 017	43 735
1997	537 990	329 431	102 839	42 557	62 163
1998	553 824	205 359	192 031	60 488	95 946
1999	731 316	421 070	124 137	34 668	151 441
2000	772 075	456 828	185 994	40 513	88 740
2001	662 624	408 353	79 246		175 025
2002	1 193 645	600 972	483 374	41 657	67 642
2003	762 273	498 133	183 849	31 992	48 299
2004	909 183	526 150	263 125	38 431	81 477
2005	1 579 550				246 009
2006	1 764 597				89 433
2007	2 344 769				448 651
2008	2 719 346				234 540

3–7 城镇规模以上固定资产投资竣工的房屋建筑面积

单位:万平方米

年 份	竣工的房屋建筑面积	基本建设	更新改造	其他投资	房地产开发
1978	75.6	64.8	4.2	6.6	
1979	97.3	78.0	13.4	5.9	
1980	113.5	96.3	6.8	10.4	
1981	109.4	84.2	14.4	10.8	
1982	110.1	60.5	27.5	22.1	
1983	132.4	63.5	39.0	29.9	
1984	131.6	68.4	30.5	32.7	
1985	129.2	63.7	29.3	36.2	
1986	153.0	63.6	42.4	47.0	
1987	124.2	60.3	27.2	36.7	
1988	105.1	44.7	31.0	29.4	
1989	80.9	42.8	23.9	14.2	
1990	111.8	38.0	27.7	8.9	37.2
1991	115.6	42.3	25.7	14.4	33.2
1992	129.6	54.7	25.9	18.2	30.8
1993	160.1	62.2	32.8	17.3	47.8
1994	140.3	43.5	25.4	15.8	55.6
1995	183.3	89.0	17.8	15.9	60.6
1996	224.0	86.0	37.2	17.8	83.0
1997	261.5	101.9	34.3	21.6	130.7
1998	245.4	84.4	11.7	21.9	127.4
1999	380.8	118.1	6.1	46.9	209.8
2000	294.8	123.7	23.4	60.7	87.0
2001	431.1	179.1	16.1	35.5	200.4
2002	385.5	186.4	20.4	46.5	132.3
2003	211.6	66.6	7.6	26.0	111.4
2004	199.6	53.0	13.0	29.3	104.3
2005	537.3				320.1
2006	463.4				172.3
2007	767.5				265.7
2008	685.2				224.4

注:2002 年以前为城镇集体以上投资,2005 年以后取消了基本建设和更新改造的分类。

3–8 市区城镇规模以上固定资产投资竣工的房屋建筑面积

单位:万平方米

年份	竣工的房屋建筑面积	基本建设	更新改造	其他投资	房地产开发
1978	60.7	53.5	2.0	5.2	
1979	80.9	64.5	11.1	5.3	
1980	86.5	72.5	5.1	8.9	
1981	85.2	68.0	9.1	8.1	
1982	78.2	41.9	19.0	17.3	
1983	104.4	48.4	31.3	24.7	
1984	103.4	51.7	25.3	26.4	
1985	98.4	46.7	25.4	26.3	
1986	112.8	52.0	33.5	27.3	
1987	65.3	41.3	21.0	3.0	
1988	52.1	26.0	19.0	7.1	
1989	51.9	31.0	17.3	3.6	
1990	75.2	22.2	20.0	2.0	31.0
1991	67.0	20.3	17.8	2.4	26.5
1992	76.0	28.0	9.0	11.0	28.0
1993	97.4	29.6	17.7	7.7	42.4
1994	84.9	18.2	14.6	7.6	44.5
1995	97.2	31.2	5.1	7.3	53.6
1996	116.1	35.6	13.7	5.2	61.6
1997	136.9	39.7	10.1	10.0	77.1
1998	159.6	35.2	7.3	7.0	110.1
1999	261.1	64.3	3.8	11.9	181.1
2000	162.2	64.1	16.5	23.9	57.7
2001	194.3	48.6	8.9	17.1	119.6
2002	167.6	71.2	12.4	17.7	66.3
2003	75.6	32.5	6.6		36.5
2004	102.8	19.6	7.0	4.3	71.9
2005	231.8				127.7
2006	186.5				43.9
2007	248.2				86.4
2008	251.1				76.4

3-9 城镇规模以上固定资产投资竣工的住宅建筑面积

单位:万平方米

年 份	竣工的房屋住宅面积	基本建设	更新改造	其他投资	房地产开发
1978	36.4	33.7	0.4	2.3	
1979	50.5	44.7	3.6	2.2	
1980	61.2	58.2	0.2	2.8	
1981	64.3	53.3	7.7	3.3	
1982	58.8	37.3	9.9	11.6	
1983	73.8	38.5	16.1	19.2	
1984	65.8	35.2	12.3	18.3	
1985	67.1	32.3	10.4	24.4	
1986	76.1	31.9	18.1	26.1	
1987	48.7	25.6	6.9	16.2	
1988	33.0	15.5	8.1	9.4	
1989	29.7	18.0	7.3	4.4	
1990	58.4	12.2	9.4	2.1	34.7
1991	55.4	19.3	5.1	3.4	27.6
1992	64.6	26.2	6.8	4.8	26.8
1993	74.3	25.4	8.0	1.6	39.3
1994	73.8	21.1	4.3	6.4	42.0
1995	91.9	31.5	2.7	2.8	54.9
1996	114.1	31.7	8.4	3.0	71.0
1997	134.7	41.0	2.1	6.1	85.5
1998	140.6	26.9	0.4	6.0	107.3
1999	228.3	32.9	0.1	7.3	188.0
2000	143.6	31.9	3.5	33.7	74.5
2001	213.4	63.2		7.0	143.2
2002	155.7	43.0	0.9	9.3	102.6
2003	101.4	8.0	2.2	1.0	90.2
2004	92.8	3.7			89.1
2005	255.9				250.2
2006	149.3				136.7
2007	226.5				225.6
2008	198.4				198.4

3-10　市区城镇规模以上固定资产投资竣工的住宅建筑面积

单位:万平方米

年　份	竣工的房屋住宅面积	基本建设	更新改造	其他投资	房地产开发
1978	32.2	30.4		1.8	
1979	43.9	38.7	3.2	2.0	
1980	50.8	48.3	0.2	2.3	
1981	50.9	42.7	5.6	2.6	
1982	46.8	29.0	7.6	10.2	
1983	63.1	31.9	13.6	17.6	
1984	57.0	28.6	11.4	17.0	
1985	53.4	24.2	9.2	20.0	
1986	68.8	27.6	16.6	24.6	
1987	36.5	19.5	5.8	11.2	
1988	22.9	10.2	11.5	1.2	
1989	22.1	14.8	6.3	1.0	
1990	48.8	8.0	6.8	1.0	33.0
1991	39.8	19.3	5.1	3.4	12.0
1992	46.0	20.0	6.8	4.0	15.2
1993	54.4	12.2	3.8	1.5	36.9
1994	48.8	8.7	3.2	3.8	33.1
1995	63.7	15.2	0.5		48.0
1996	70.9	14.5	2.7	0.2	53.5
1997	81.0	16.8	1.1	2.6	60.5
1998	101.7	7.9	0.4		93.4
1999	173.6	11.3			162.3
2000	73.0	7.5	3.5	14.6	47.4
2001	94.9	13.5		2.8	78.6
2002	65.3	16.2	0.9	1.7	46.5
2003	30.8	1.6	2.2		27.0
2004	91.3	19.6	7.0	4.3	60.4
2005	102.0				102.0
2006	46.7				36.7
2007	65.9				65.9
2008	55.9				55.9

3-11 规模以上(城镇、农村)固定资产投资情况

（2008 年）

单位:万元

指 标 名 称	合 计	城镇投资	# 市区城镇投资	农村投资	房地产投资
计划投资					
建设项目计划总投资	22 507 482	14 763 277	7 352 982	2 129 030	5 615 175
# 本年新开工项目	7 679 743	6 176 203	3 394 018	1 503 540	
自开始建设累计完成投资	15 463 777	10 836 394	5 650 393	1 765 682	2 861 701
自年初累计完成投资	11 617 521	8 842 256	4 444 146	1 467 142	1 308 123
# 本月完成投资	1 751 967	1 237 606	482 173	369 980	144 381
# 本年新开工项目	5 807 750	4 621 695	2 514 855	1 186 055	
# 国有经济控股	1 929 573	1 735 455	1 492 605	9 000	185 118
# 基础设施投资	2 043 658	1 963 158	1 164 948	80 500	
# 民间投资	7 889 344	6 437 842	2 625 766	1 451 502	
按构成分					
建筑工程	6 868 618	4 858 181	2 506 014	984 556	1 025 881
安装工程	721 651	561 922	362 946	68 561	91 168
设备工器具购置	3 154 977	2 787 001	1 105 126	354 563	13 413
# 用于更新的设备	198 389	16 928	12 625	3 800	177 661
其他费用	694 614	635 152	470 060	59 462	
按建设性质分					
新 建	7 236 822	6 130 910	2 957 656	1 105 912	
扩 建	2 534 509	2 189 699	1 143 443	344 810	
改 建	513 967	497 547	342 447	16 420	
按登记注册类型分					
内 资	10 523 690	7 887 277	3 901 931	1 456 902	1 179 511
国有	1 729 215	1 611 515	1 464 845	9 000	108 700
集体	138 165	122 280	62 130		15 885
股份合作	9 750	4 200	4 200		5 550
国有联营	21 100	21 100			
国有独资公司	7 300	7 300	1 800		
其他有限责任公司	2 071 639	1 624 717	1 080 674	83 450	363 472
股份有限公司	1 387 721	1 029 970	94 205	253 755	103 996
私营	4 784 927	3 102 842	881 104	1 100 177	581 908
其他	373 873	363 353	312 973	10 520	
港澳台商投资	818 738	701 554	308 800	6 600	110 584
合资经营	320 995	299 000	299 000	6 600	15 395
独资	108 436	42 554	9 800		65 882
股份有限	389 307	360 000			29 307
外商投资	81 013	62 945	42 935	40	18 028
合资经营	54 700	41 460	27 450	40	13 200
合作经营	160				160
独资	20 153	15 485	15 485		4 668
股份有限	6 000	6 000			

注:本表"城镇投资"项不包含房地产投资。

3-11 续表 1 （2008 年） 单位:万元

指标名称	合计	城镇投资	#市区城镇投资	农村投资	房地产投资
个体经营户	194 080	190 480	190 480	3 600	
按产业分					
第一产业					
第二产业	6 875 882	5 577 170	1 755 450	1 298 712	
#工业	6 609 018	5 316 306	1 673 880	1 292 712	
#能源工业	832 988	775 128	364 088	57 860	
原材料工业	1 157 251	852 501	141 744	304 750	
机电工业	2 421 833	2 128 526	936 673	293 307	
轻纺工业	2 306 057	1 655 507	232 669	650 550	
第三产业	4 741 639	3 265 086	2 688 696	168 430	1 308 123
按国民经济行业分					
采矿业	58 540	35 885	2 000	22 655	
非金属矿采选业	55 540	32 885	2 000	22 655	
其他采矿业	3 000	3 000			
制造业	5 722 814	4 472 517	1 297 282	1 250 297	
农副食品加工业	299 462	148 022	5 362	151 440	
食品制造业	240 448	164 828	17 870	75 620	
饮料制造业	84 470	70 770	3 620	13 700	
烟草制品业	13 398	13 398	13 398		
纺织业	323 402	296 902	22 300	26 500	
纺织服装、鞋、帽制造业	112 778	84 138	3 070	28 640	
皮革、毛皮、羽毛(绒)及其制品业	16 320	14 120	2 800	2 200	
木材加工及木、竹、藤、棕、草制品业	405 808	201 378	7 450	204 430	
家具制造业	184 320	119 920	56 170	64 400	
造纸及纸制品业	77 110	61 800	11 850	15 310	
印刷业和记录媒介的复制	17 170	17 170	7 260		
文教体育用品制造业	9 990	8 400		1 590	
石油加工、炼焦及核燃料加工业	76 740	31 740		45 000	
化学原料及化学制品制造业	598 464	514 614	41 410	83 850	
医药制造业	126 680	123 970	33 205	2 710	
橡胶制品业	34 810	27 510	26 110	7 300	
塑料制品业	77 434	70 234	6 300	7 200	
非金属矿物制品业	389 923	176 213	66 650	213 710	
黑色金属冶炼及压延加工业	28 584	27 884	25 484	700	
有色金属冶炼及压延加工业	143 550	135 440	6 700	8 110	
金属制品业	290 115	218 335	61 150	71 780	
通用设备制造业	696 231	654 051	270 161	42 180	
专用设备制造业	415 727	328 290	128 175	87 437	
交通运输设备制造业	284 073	259 743	163 493	24 330	
电气机械及器材制造业	420 387	365 827	34 594	54 560	
通信设备、计算机及其他电子设备	296 840	290 240	274 000	6 600	
仪器仪表及文化、办公用机械制造	18 460	12 040	5 100	6 420	

3-11 续表 2　　（2008 年）　　单位:万元

指标名称	合计	城镇投资	#市区城镇投资	农村投资	房地产投资
工艺品及其他制造业	36 040	34 040	2 100	2 000	
废弃资源和废旧材料回收加工业	4 080	1 500	1 500	2 580	
电力、燃气及水的生产和供应业	801 254	781 494	367 088	19 760	
电力、热力的生产和供应业	739 948	730 938	360 088	9 010	
燃气生产和供应业	16 300	12 450	4 000	3 850	
水的生产和供应业	45 006	38 106	3 000	6 900	
建筑业	266 864	260 864	81 570	6 000	
房屋和土木工程建筑业	256 370	250 370	79 070	6 000	
建筑装饰业	10 484	10 484	2 500		
其他建筑业	10	10			
交通运输、仓储和邮政业	476 220	449 500	344 930	26 720	
铁路运输业	900	900			
道路运输业	280 410	271 090	258 890	9 320	
城市公共交通业	1 400	1 000		400	
水上运输业	67 300	58 500	3 000	8 800	
装卸搬运和其他运输服务业	7 290	7 290	7 290		
仓储业	118 920	110 720	75 750	8 200	
信息传输、计算机服务和软件业	431 533	426 433	408 633	5 100	
电信和其他信息传输服务业	71 712	70 612	70 612	1 100	
计算机服务业	346 300	346 300	328 500		
软件业	13 521	9 521	9 521	4 000	
批发和零售业	864 180	777 420	579 440	86 760	
批发业	217 600	190 170	115 970	27 430	
零售业	646 580	587 250	463 470	59 330	
住宿和餐饮业	509 302	506 102	411 852	3 200	
住宿业	125 790	125 790	89 490		
餐饮业	383 512	380 312	322 362	3 200	
金融业	7 212	7 212	7 212		
其他金融活动	7 212	7 212	7 212		
房地产业	1 366 433	46 980	40 980	11 330	1 308 123
房地产业	1 366 433	46 980	40 980	11 330	1 308 123
租赁和商务服务业	398 431	398 231	395 121	200	
租赁业	2 900	2 900	2 900		
商务服务业	395 531	395 331	392 221	200	
科学研究、技术服务和地质勘查业	14 780	14 780	11 980		
研究与试验发展	1 500	1 500	1 500		
专业技术服务业	5 700	5 700	2 900		
科技交流和推广服务业	7 580	7 580	7 580		
水利、环境和公共设施管理业	261 264	229 644	161 284	31 620	
水利管理业	12 400	12 400	4 200		
环境管理业	29 710	29 710	18 710		
公共设施管理业	219 154	187 534	138 374	31 620	
居民服务和其他服务业	113 850	113 850	109 850		

3-11 续表 3 （2008 年） 单位:万元

指标名称	合计	城镇投资	#市区城镇投资	农村投资	房地产投资
居民服务业	71 750	71 750	71 750		
其他服务业	42 100	42 100	38 100		
教育	113 576	110 576	94 476	3 000	
卫生、社会保障和社会福利业	44 050	44 050	29 350		
文化、体育和娱乐业	127 638	127 138	91 388	500	
文化艺术业	15 100	15 100	11 200		
体育	1 050	1 050			
娱乐业	111 488	110 988	80 188	500	
公共管理和社会组织	13 170	13 170	2 200		
中国共产党机关	8 000	8 000			
国家机构	2 970	2 970			
基层群众自治组织	2 200	2 200	2 200		
新增固定资产	**6 321 632**	**5 015 800**	**2 484 806**	**807 860**	**497 972**
项目个数 （个）					
施工项目个数	2 256	1 737	812	519	
#本年新开工	1 613	1 208	669	405	
全投项目个数	1 410	1 170	675	240	
房屋建筑面积 （平方米）					
施工房屋面积	20 118 822	6 769 878	2 452 536	730 285	12 618 659
#住宅	10 743 301				10 743 301
竣工房屋面积	7 120 358	4 607 782	1 746 668	268 540	2 244 036
#住宅	1 983 937				1 983 937
本年资金来源合计	**12 313 108**	**9 084 585**	**4 624 745**	**1 475 575**	**1 752 948**
上年末结余资金	255 523	500	500		255 023
本年资金来源小计	12 057 585	9 084 085	4 624 245	1 475 575	1 497 925
#国家预算内资金	28 200	28 200	14 500		
国内贷款	1 037 950	788 443	459 633	11 500	238 007
债券					
利用外资	234 068	194 840	142 400	13 000	26 228
#外商直接投资	195 668	159 440	107 000	13 000	23 228
自筹资金	10 017 636	7 983 833	3 995 943	1 451 075	582 728
#企事业单位自有资金	7 568 541	5956 123	3 470 915	1 192 817	419 601
其他资金来源	729 731	88 769	11 769		640 962
本年各项应付款合计	**994 430**	**634 240**	**634 240**	**1 150**	**359 040**
#工程款	174 892			640	174 252
征用和购置土地					
规划用地面积 （平方米）	33 382 280	29 331 230	13 441 183	4 051 050	
本年实际征用和购置土地面积 （平方米）	23 032 017	17 976 707	9 848 616	3 181 672	1 873 638
本年实际征用和购置土地成交价款	358 744	190 498	103 218	34 055	134 191

3-12 房地产投资与销售情况

项 目	2000	2001	2002	2003	2004	2005	2006	2007	2008
企业个数 （个）	**108**	**128**	**120**	**128**	**112**	**165**	**137**	**211**	**282**
内资	99	115	109	117	105				
# 国有	27	26	20	17	15				
集体	12	11	9	10	6				
港澳台投资	5	8	8	6	4				
外商投资	4	5	3	3	3				
投资完成额 （万元）	**280 490**	**313 352**	**250 089**	**300 958**	**309 135**	**625 738**	**707 983**	**1 001 097**	**1 308 123**
按构成分									
建筑工程	207 412	186 484	156 429	220 187	216 048	443 842	584 594	834 389	1 025 881
安装工程	12 904	14 383	22 764	18 151	9 839	27 867	15 827	46 890	91 168
设备工器具购置	3 104	6 474	7 875	388	2 867	4 421	1 848	5 476	13 413
其他费用	57 070	106 011	63 021	62 232	80 381	149 608	105 714	114 342	177 661
按工程用途分									
住宅	191 782	165 312	153 715	233 404	247 298	467 936	591 725	831 687	1 139 708
# 经济适用房	50 168	45 113	37 063	54 985	5 096	410 893	22 387	120 306	149 187
办公楼	6 916	8 943	14 737	15 307	15 876	45 104	26 934	41 080	23 060
商业营业用房	68 964	120 620	66 204	47 280	42 328	89 115	75 039	120 659	119 464
其他	12 828	18 477	15 433	4 967	3 633	23 583	14 285	7 671	25 891
按资金来源分									
# 国内贷款	101 610	83 535	52 454	23 888	50 274	128 526	134 422	149 464	238 007
利用外资			3 600	1 400	5 279	30 605	7 250	13 324	26 228
自筹投资	53 974	99 034	101 442	130 324	131 365	249 819	215 214	438 451	592 728
其他投资	119 564	116 470	87 517	126 226	122 217	372 014	489 812	591 747	640 962
房屋建筑面积 （万平方米）									
施工面积	306.90	380.30	323.40	361.00	352.30	672.98	679.70	911.26	1 261.87
# 住宅	241.70	258.70	225.50	262.50	296.70	541.34	548.30	793.43	1 074.33
竣工面积	87.00	200.40	132.30	111.40	104.30	320.14	172.27	265.74	224.40
# 住宅	74.50	143.10	102.60	90.20	89.10	250.15	136.66	225.57	198.39
土地开发及购置									
本年土地开发面积	63.40	224.90	82.90	49.90	76.70	124.56	99.54	173.49	199.24
本年土地购置面积	110.60	112.70	117.00	40.90	85.60	86.34	153.47	141.88	187.36
商品房销售情况									
房屋实际销售面积	129.00	125.80	102.70	100.10	79.30	273.04	110.54	357.70	294.27
# 住宅	119.90	116.50	88.20	84.80	72.90	252.99	97.32	321.41	267.92
# 经济适用房	47.60	40.40	26.50	17.30	1.40	7.36	10.88	26.88	39.60
房屋预售面积	46.00	66.70	55.70	49.80	68.10	131.11	177.92	245.29	185.65
# 住宅	40.00	57.40	47.10	45.50	60.70	123.62	154.89	223.06	172.08
# 经济适用房	6.00	12.70	10.60	12.90	2.00	2.52	10.04	14.00	6.79
商品房销售额 （万元）	152 149	153 736	138 063	144 047	137 468	506 098	619 776	852 022	786 881

主要统计指标解释

全社会固定资产投资 固定资产投资额是以货币表现的建造和购置固定资产活动的工作量，它是反映固定资产投资规模、速度、比例关系和使用方向的综合性指标。按照现行国家统计制度规定：全社会固定资产投资分为基本建设、更新改造、房地产投资、其他投资（含国有单位其他投资、城镇集体、未列入基本建设和更新改造计划管理的联营经济、股份制经济、外商投资、港澳台投资等）、农村集体单位固定资产投资和城乡个人投资。

固定资产投资的资金来源 根据固定资产投资的资金来源不同，分为上年末结余资金、本年资金来源小计和各项应付款。其中本年资金来源小计又分为国家预算内资金、国内贷款、债券、利用外资、自筹资金和其他资金来源。

固定资产投资按国民经济行业分 建设项目归哪个行业，按其建成投产后的主要产品或主要用途及社会经济活动性质来确定。基本建设按建设项目划分国民经济行业，更新改造、国有经济单位其他固定资产投资及城镇集体投资根据整个企业事业单位所属的行业来划分。一般情况下，一个建设项目或一个企业、事业单位只能属于一种国民经济行业。为了更准确地反映国民经济各行业之间的比例关系，联合企业（总厂）所属分厂属于不同行业的，原则上按分厂划分行业。

固定资产投资按建设性质分 建设项目的性质一般分为新建、扩建、改建、迁建、恢复。基本建设按建设项目划分建设性质，更新改造、国有经济单位其他固定资产投资及城镇集体投资按整个企业、事业单位的建设情况确定建设性质。房地产投资不划分建设性质。目前基本建设和更新改造是根据我国现行的计划管理体制区分的，所以基本建设和更新改造都可以分别按新建扩建等划分。

固定资产投资按构成分 固定资产投资活动按其工作内容和实现方式分为建筑安装工程，设备、工具、器具购置，其他费用三个部分。

基本建设项目按大中小型划分 基本建设划分大中小型项目原则上应按照上级批准的设计任务书或初步设计所确定的总规模或总投资划分，没有正式批准设计任务书或初步设计的，按国家或省、自治区、直辖市年度基本建设投资计划中所列的总规模或总投资划分。上述两条均不具备的，按本年计划施工工程的建设总规模或总投资划分。生产单一产品的工业项目，按产品的设计能力划分；生产多种产品的工业项目，按其主要产品的设计能力划分。品种繁多，难以按生产能力划分的，按全部计划投资额划分。划分标准以国家颁发的《大中小型建设项目划分标准》为依据。国家曾在1958年、1962年、1977年和1979年先后五次修订《大中小型建设项目划分标准》，因此各历史时期的大中型项目数不完全可比。

施工项目 指报告期内曾进行建筑或安装工程施工活动的建设项目。包括报告期内新开工项目，报告期以前开工跨入报告期继续施工的项目以及报告期施过工并在报告期内全部建设投产或停缓建的项目。

全部建成投产项目 工业项目是指设计文件规定形成生产能力的主体工程及其相应配套的辅助设施全部建成，经负荷试运转，证明具备生产设计规定合格产品的条件，并经过验收鉴定合格或达到竣工验收标准，与生产性工程配套的生产福利设施可以满足近期正常生产的需要，正式移交生产的建设项目。非工业项目是指设计文件规定的主体工程和相应的配套工程全部建成，能够发挥设计规定的全部效益，经验收鉴定合格或达到竣工验收标准，正式移交使用的建设项目。

新增生产能力 指通过固定资产投资活动而增加的设计能力或工程效益，它是用实物形态表示的固定资产投资的成果。新增生产能力的计算，是以能独立发挥生产能力或效益的单项工程（或项目）为对象。当单项工程咸项目）建成，经有关部门鉴定合格，正式移交投入生产，即可计算新增生产能力。

施工和竣工房屋建筑面积 房屋建筑面积是从房屋外墙线算起的各层平面面积的总和，包括房屋结构（如柱、墙）占用的面积和地下室面积。多层建筑按各自然层面积总和计算，包括房屋内的楼隔层，突出墙面的眺望间、门斗、有柱雨罩的面积。不包括突出墙面结构的构件、艺术装饰等所占的面积，如台阶等。凹阳台、挑阳台按其水平投影面积一半计算建筑面积。

竣工面积 指在报告期内房屋建筑按照设计要求已全部完工，达到住人和使用条件，经验收鉴定合格，正式移交使用单位的建筑面积。

房屋建筑面积竣工率 指一定时期内房屋竣工面积占同期房屋施工面积的比率。它是从房屋建筑施工速度的角度反映投资效果和建筑业经济效益的指标。

新增固定资产 指通过投资活动所形成的新的固定资产价值。包括已经建成投入生产或交付使用的工程价值和达到固定资产标准的设备、工具、器具的价值及有关应摊入的费用。它是以价值形式表示的固定资产投资成果的综合性指标，可以综合反映不同时期、不同部门、不同地区的固定资产投资成果。

建设项目投资率 指一定时期内全部建成投入生产项目个数占同期正式施工项目个数的比率。它是从项目建设速度的角度反映投资效果的指标。

固定资产交付使用率 指一定时期新增固定资产与同期完成投资额的比率。它是反映各个时期固定资产动用速度，衡量建设过程中投资效果的一个综合性指标。

未完工程占用率 指年末未完工程累计完成投资额占全年实际完成投资额的比率。它反映未完工程的相对规模，并可从资金占用的角度反映固定资产投资效果。由于未完工程是指已经开工，但尚未建成交付使用的工程，有个跨年度问题，因此未完工程占用率会出现大于1的情况。

四、能源消费与库存

ENERGY CONSUMPTION AND STOCK

第二章　统计调查管理

第十一条　统计调查项目包括国家统计调查项目、部门统计调查项目和地方统计调查项目。

国家统计调查项目是指全国性基本情况的统计调查项目。部门统计调查项目是指国务院有关部门的专业性统计调查项目。地方统计调查项目是指县级以上地方人民政府及其部门的地方性统计调查项目。

国家统计调查项目、部门统计调查项目、地方统计调查项目应当明确分工,互相衔接,不得重复。

第十二条　国家统计调查项目由国家统计局制定,或者由国家统计局和国务院有关部门共同制定,报国务院备案;重大的国家统计调查项目报国务院审批。

部门统计调查项目由国务院有关部门制定。统计调查对象属于本部门管辖系统的,报国家统计局备案;统计调查对象超出本部门管辖系统的,报国家统计局审批。

地方统计调查项目由县级以上地方人民政府统计机构和有关部门分别制定或者共同制定。其中,由省级人民政府统计机构单独制定或者和有关部门共同制定的,报国家统计局审批;由省级以下人民政府统计机构单独制定或者和有关部门共同制定的,报省级人民政府统计机构审批;由县级以上地方人民政府有关部门制定的,报本级人民政府统计机构审批。

第十三条　统计调查项目的审批机关应当对调查项目的必要性、可行性、科学性进行审查,对符合法定条件的,作出予以批准的书面决定,并公布;对不符合法定条件的,作出不予批准的书面决定,并说明理由。

第十四条　制定统计调查项目,应当同时制定该项目的统计调查制度,并依照本法第十二条的规定一并报经审批或者备案。

统计调查制度应当对调查目的、调查内容、调查方法、调查对象、调查组织方式、调查表式、统计资料的报送和公布等作出规定。

统计调查应当按照统计调查制度组织实施。变更统计调查制度的内容,应当报经原审批机关批准或者原备案机关备案。

第十五条　统计调查表应当标明表号、制定机关、批准或者备案文号、有效期限等标志。

对未标明前款规定的标志或者超过有效期限的统计调查表,统计调查对象有权拒绝填报;县级以上人民政府统计机构应当依法责令停止有关统计调查活动。

第十六条　搜集、整理统计资料,应当以周期性普查为基础,以经常性抽样调查为主体,综合运用全面调查、重点调查等方法,并充分利用行政记录等资料。

重大国情国力普查由国务院统一领导,国务院和地方人民政府组织统计机构和有关部门共同实施。

第十七条　国家制定统一的统计标准,保障统计调查采用的指标涵义、计算方法、分类目录、调查表式和统计编码等的标准化。

4-1 工业企业能源购进、消费及库存

（2008 年） 单位：吨标准煤

行业	年初库存	购进量		消费量			年末库存
		实物量	金额（万元）	合计	工业生产消费	非工业生产消费	
总计	**143 023**	**22 115 180**	**2 794 194**	**3 0754 368**	**30 602 711**	**151 657**	**1 280 424**
煤炭开采和洗选业	142	372 092	78 533	8 648 444	8 564 925	83 519	21 054
黑色金属矿采选业		85 330	21 626	81 837	80 096	1 742	4 774
非金属矿采选业		9 233	3 390	9 385	9 383	1	
农副食品加工业	554	91 681	25 523	91 719	91 567	152	232
食品制造业	858	52 196	12 535	52 915	52 891	25	371
饮料制造业	1 411	632 852	71 243	642 212	633 156	9 056	10 142
烟草制品业		16 956	7 321	17 217	14 973	2 245	
纺织业	543	142 534	55 060	142 485	141 589	896	182
纺织服装、鞋、帽制造业	11	8 086	2 668	8 086	8 070	15	11
皮革、毛皮、羽毛(绒)及其制品业		15 477	2 716	15 477	15 477		
木材加工及木、竹、藤、棕、草制品业	910	440 077	68 116	464 997	464 918	79	524
家具制造业		1 153	491	1 153	1 153		
造纸及纸制品业	229	197 827	44 057	203 456	202 136	1320	
印刷业和记录媒介的复制		2 792	1 983	2 792	2 792		
文教体育用品制造业		5 598	1 489	5 580	5 580		
石油加工炼焦及核燃料加工业	46 628	1 796 471	181 953	1 835 698	1 814 597	21 101	78 396
化学原料及化学制品制造业	2 085	1 403 907	217 418	1 399 295	1 395 134	4 162	70 207
医药制造业	2 889	40 976	8 808	40 996	40 960	35	
化学纤维制造业		3 004	1 642	3 004	3 004		
橡胶制品业	3	11 758	4 367	11 758	11 746	12	
塑料制品业	79	49 467	16 210	49 453	49 079	374	84
非金属矿物制品业	750	2 598 727	377 635	2 626 206	2 623 457	2 749	58 992
黑色金属冶炼及压延加工业	31 780	3 000 424	445 256	3 554 846	3 548 160	6 686	23 536
有色金属冶炼及压延加工业	113	111 113	34 494	110 776	110 752	24	1 171
金属制品业	641	124 405	43 191	124 173	124 108	65	1 049
通用设备制造业	1 241	235 550	60 312	236 474	236 037	437	4 137
专用设备制造业	76	26 367	11 728	26 454	26 230	224	50
交通运输设备制造业		15 878	7 152	15 877	15 807	70	
电气机械及器材制造业		26 992	11 923	26 994	26 920	73	
通信设备、计算机及其他电子设备制造业	57	116 136	42 396	116 194	116 192	1	
仪器仪表及文化、办公用机械制造业		3 987	2 438	3 987	3 943	44	
工艺品及其他制造业	329	34 828	6 849	34 601	34 601		751
废弃资源和废旧材料回收		2 562	1 628	2 562	2 562		
电力、热力的生产和供应	51 696	10 433 910	919 280	10 142 431	10 125 880	16 551	1 004 762
燃气生产和供应业		366	256	366	366		
水的生产和供应业		4 468	2 509	4 468	4 468		

4-2 工业企业原煤购进、消费及库存

（2008 年） 单位：吨

行　　业	年初库存	购进量		消费量			年末库存
		实物量	金额（万元）	合计	工业生产消费	非工业生产消费	
总　　计	**73 855**	**22 554 803**	**1 411 206**	**33 381 003**	**33 259 518**	**121 485**	**1 647 665**
煤炭开采和洗选业		296 341	15 860	11 802 189	11 719 938	82 251	29 448
黑色金属矿采选业		17 077	1 077	18 196	18 196		484
非金属矿采选业		3 838	249	3 948	3 946	2	
农副食品加工业	775	72 458	4 620	72 908	72 908		325
食品制造业	1 201	44 386	2 928	45 393	45 393		520
饮料制造业	587	780 079	37 460	793 238	782 833	10 405	12 588
烟草制品业		3 725	246	3 725	3 725		
纺织业	698	39 015	2 357	38 885	38 609	276	255
纺织服装、鞋、帽制造业	15	5 205	302	5 205	5 205		15
皮革、毛皮、羽毛(绒)及其制品业		16 997	1 058	16 997	16 997		
木材加工及木、竹、藤、棕、草制品业	1 256	511 765	30 363	546 606	546 574	32	719
家具制造业		490	25	490	490		
造纸及纸制品业	321	150 580	11 322	158 461	158 461		
文教体育用品制造业		5 000	379	4 975	4 975		
石油加工炼焦及核燃料加工业		694 305	45 878	674 062	673 996	66	17 990
化学原料及化学制品制造业	127	1 416 589	106 231	1 371 640	1 371 609	31	98 088
医药制造业	4 043	35 434	2 015	35 444	35 444		
橡胶制品业	4	4 073	258	4 073	4 073		
塑料制品业	110	11 509	613	11 489	11 489		117
非金属矿物制品业	937	3 235 146	218 226	3 266 522	3 266 144	378	82 470
黑色金属冶炼及压延加工业	42	469 006	36 817	474 126	469 651	4 475	3 976
有色金属冶炼及压延加工业	140	66 067	3 660	65 567	65 567		1 640
金属制品业	865	78 316	5 265	77 941	77 905	36	1 450
通用设备制造业	1 624	79 878	5 872	80 196	80 191	5	2 499
专用设备制造业	51	7 271	404	7 252	7 252		70
交通运输设备制造业		3 591	238	3 591	3 591		
电气机械及器材制造业		9 390	499	9 390	9 390		
通信设备、计算机及其他电子设备制造业	80	6 623	389	6 703	6 703		
仪器仪表及文化、办公用机械制造业		70	5	70	70		
工艺品及其他制造业	460	30 650	2 358	30 978	30 978		407
电力、热力的生产和供应业	60 519	14 459 929	874 232	13 750 743	13 727 215	23 528	1 394 604

4-3 工业企业焦炭购进、消费及库存

（2008 年）　　单位：吨

行　　业	年初库存	购进量		消费量			年末库存
		实物量	金额（万元）	合计	工业生产消费	非工业生产消费	
总　　计	**8 241**	**2 308 962**	**264 593**	**2 670 329**	**2 670 321**	**8**	**8 774**
黑色金属矿采选业		53 367	9 656	48 952	48 952		4 545
化学原料及化学制品制造业	1 990	8 168	988	10 048	10 045	3	110
非金属矿物制品业		3817	458	3817	3817		
黑色金属冶炼及压延加工业	6 139	2 138 102	237 158	2 501 683	2 501 683		1 265
有色金属冶炼及压延加工业	6	1 632	194	1 653	1 653		
金属制品业		1 262	187	1 262	1 262		
通用设备制造业	74	93 843	14 373	94 587	94 587		2 380
专用设备制造业	32	871	141	901	896	5	
交通运输设备制造业		100	15	100	100		
工艺品及其他制造业		7 800	1 423	7 326	7 326		474

4-4 工业企业热力能源购进及消费

（2008 年）　　单位：百万千焦

行　　业	购进量		消费量		
	实物量	金额（万元）	合计	工业生产消费	非工业生产消费
总　　计	**8 476 259**	**67 189**	**10 366 098**	**10 117 684**	**248 415**
煤炭开采和洗选业	169 231	1 083	169 231	61 496	107 735
农副食品加工业	25 084	132	25 084	23 843	1 241
食品制造业	86 182	300	86 182	86 182	
饮料制造业	338 594	1 613	338 594	329 747	8 847
烟草制品业	162 336	1 868	162 336	122 784	39 553
纺织业	31 236	280	31 236	31 236	
木材加工及木、竹、藤、棕、草制品业	427 843	6 193	427 843	427 843	
造纸及纸制品业	1 664 799	12 928	1 664 799	1 626 799	38 000
石油加工炼焦及核燃料加工业	181 458	628	181 458	181 458	
化学原料及化学制品制造业	3 009 748	20 609	3 243 913	3 190 874	53 039
医药制造业	266 263	2 811	266 263	266 263	
橡胶制品业	58 217	589	58 217	58 217	
非金属矿物制品业	10 980	81	10 980	10 980	
黑色金属冶炼及压延加工业	36 469	156	1 152 394	1 152 394	
通用设备制造业	34 576	156	34 576	34 576	
交通运输设备制造业	81	2	81	81	
通信设备、计算机及其他电子设备制造业	1 973 161	17 759	1 973 161	1 973 161	
电力、热力的生产和供应业			539 749	539 749	

4–5 工业企业汽油购进、消费及库存

（2008 年） 单位：吨

行业	年初库存	购进量		消费量			年末库存
		实物量	金额（万元）	合计	工业生产消费	非工业生产消费	
总计	**422**	**20 414**	**12 626**	**21 387**	**19 621**	**1 765**	**577**
煤炭开采和洗选业	40	1 536	924	1 488	804	683	
黑色金属矿采选业		134	80	134	134		
农副食品加工业		105	59	112	90	22	
食品制造业		1 458	957	1 458	1 454	4	
饮料制造业	346	6 192	3 405	6 972	6 825	147	576
烟草制品业		146	91	164	33	131	
纺织业	30	188	122	218	133	85	
木材加工及木、竹、藤、棕、草制品业		1 463	823	1 463	1 459	4	
造纸及纸制品业		19	11	19	19		
化学原料及化学制品制造业		188	126	373	304	69	
医药制造业		113	69	113	94	19	
橡胶制品业		6	3	6	6		
塑料制品业		248	180	248	17	231	
非金属矿物制品业		301	196	299	203	96	
黑色金属冶炼及压延加工业		2 806	2 128	2 806	2 711	95	
有色金属冶炼及压延加工业		180	128	180	172	8	
金属制品业	2	1 498	897	1 500	1 488	12	
通用设备制造业		1 692	1 088	1 693	1 652	41	1
专用设备制造业	4	717	430	717	656	61	
交通运输设备制造业		746	464	746	736	10	
电气机械及器材制造业		184	120	184	169	15	
通信设备、计算机及其他电子设备制造业		115	66	115	115		
仪器仪表及文化、办公用机械制造业		131	77	131	111	20	
工艺品及其他制造业		94	67	94	94		
电力、热力的生产和供应业		33	23	33	20	13	
燃气生产和供应业		60	46	60	60		
水的生产和供应业		62	47	62	62		

4-6 工业企业柴油购进、消费及库存

（2008年） 单位:吨

行业	年初库存	购进量		消费量			年末库存
		实物量	金额（万元）	合计	工业生产消费	非工业生产消费	
总计	**2 520**	**61 806**	**39 851**	**60 020**	**54 972**	**5 048**	**5 019**
煤炭开采和洗选业	57	9902	6 506	9 894	6 368	3 526	13
黑色金属矿采选业		250	166	248	248		9
非金属矿采选业		768	393	818	818		
农副食品加工业		437	274	437	417	20	
食品制造业		536	322	536	536		
饮料制造业	328	7 708	4 243	8 158	7 935	223	208
烟草制品业		2 327	1 677	2 489	2 400	89	
纺织业		100	64	100	85	15	
木材加工及木、竹、藤、棕、草制品业	9	433	246	438	422	16	7
造纸及纸制品业		9	5	9	9		
印刷业和记录媒介的复制		26	16	26	26		
文教体育用品制造业		140	95	140	140		
石油加工炼焦及核燃料加工业		358	218	358	289	69	1
化学原料及化学制品制造业	42	608	363	643	591	52	25
医药制造业		68	43	68	63	5	
塑料制品业		23	14	23	23		
非金属矿物制品业	50	5 776	3 561	5 771	5 341	430	57
黑色金属冶炼及压延加工业		1 951	1 118	1 950	1 950		1
有色金属冶炼及压延加工业	5	549	339	549	549		
金属制品业	14	150	84	155	148	7	9
通用设备制造业	2	5 439	3 539	5 415	5 255	160	26
专用设备制造业	2	822	436	822	822		
交通运输设备制造业		402	219	402	374	28	
电气机械及器材制造业		1 223	729	1 223	1 218	5	
通信设备、计算机及其他电子设备制造业		388	233	388	388		
仪器仪表及文化、办公用机械制造业		59	31	59	59		
工艺品及其他制造业		84	58	84	84		
电力、热力的生产和供应业	2 011	21 171	14 808	18 718	18 315	403	4 663
燃气生产和供应业		20	13	20	20		
水的生产和供应业		80	40	80	80		

4–7 工业企业电力购进及消费

（2008 年）　　单位：万千瓦时

行业	购进量		消费量		
	实物量	金额（万元）	合计	工业生产消费	非工业生产消费
总计	**1 226 786**	**768 881**	**1 620 409**	**1 599 387**	**21 022**
煤炭开采和洗选业	95 051	50 893	303 600	289 907	13 693
黑色金属矿采选业	16 867	10 647	16 867	15 450	1 417
非金属矿采选业	4 372	2 748	4 372	4 372	
农副食品加工业	31 107	20 418	30 864	30 826	39
食品制造业	9 897	7 225	9 897	9 882	15
饮料制造业	35 542	24 515	34 042	33 407	635
烟草制品业	4 366	3 439	4 366	3 899	467
纺织业	92 079	52 238	92 079	91 630	449
纺织服装、鞋、帽制造业	3 553	2 366	3 553	3 540	13
皮革、毛皮、羽毛(绒)及其制品业	2 714	1 658	2 714	2 714	
木材加工及木、竹、藤、棕、草制品业	46 482	30 483	46 481	46 459	22
家具制造业	653	466	653	653	
造纸及纸制品业	27 204	19 781	27 204	27 184	20
印刷业和记录媒介的复制	2 241	1 968	2 241	2 241	
文教体育用品制造业	1 483	1 016	1 483	1 483	
石油加工炼焦及核燃料加工业	7 113	4 684	8 864	8 687	177
化学原料及化学制品制造业	174 491	85 293	187 999	186 250	1 750
医药制造业	5 055	3 832	5 055	5 055	
化学纤维制造业	2 444	1 642	2 444	2 444	
橡胶制品业	5 577	3 516	5 577	5 568	10
塑料制品业	33 226	15 399	33 226	33 198	28
非金属矿物制品业	221 196	155 100	225 321	223 928	1 393
黑色金属冶炼及压延加工业	157 639	103 416	157 639	157 215	424
有色金属冶炼及压延加工业	47 875	29 152	47 875	47 865	10
金属制品业	52 738	36 758	52 746	52 736	10
通用设备制造业	49 494	32 076	49 496	49 454	42
专用设备制造业	14 683	10 306	14 683	14 578	105
交通运输设备制造业	8 252	5 851	8 252	8 240	12
电气机械及器材制造业	14 799	10 557	14 800	14 765	36
通信设备、计算机及其他电子设备制造业	35 283	23 940	35 283	35 282	1
仪器仪表及文化、办公用机械制造业	2 964	2 319	2 964	2 952	12
工艺品及其他制造业	4 147	2 945	4 147	4 147	
废弃资源和废旧材料回收	2 085	1 628	2 085	2 085	
电力、热力的生产和供应	13 910	10 411	181 334	181 090	245
燃气生产和供应业	202	198	202	202	

4-8　主要年份全社会用电情况

单位:万千瓦时

项　　目	1990	1995	2000	2003	2004	2005	2006	2007	2008
全社会用电量	**509 155**	**705 549**	**670 550**	**847 657**	**981 054**	**1 382 016**	**1 582 683**	**1 602 988**	**1 892 209**
农林牧渔水利业	46 842	52 536	55 689	56 851	58 320	49 166	25 540	22 703	22 698
#排　灌	28 822	29 660	41 439	40 004	39 548	33 672	11 904	12 140	10 451
工业	420 161	560 719	494 267	626 870	854 790	1 096 270	1 275 306	1 263 282	1 499 147
轻工业	51 213	62 219	64 812	87 972	92 058	115 283	146 028	166 796	162 608
重工业	368 948	498 500	429 455	538 898	762 732	980 987	1 129 278	1 096 486	1 336 539
建筑业	3 087	3 875	5 401	9 579	10 083	9 734	11 411	13 975	16 183
交通运输、仓储和邮政业	9 292	10 292	18 183	16 157	18 390	19 110	22 905	25 873	28 355
#交通运输业	8 722	9 234	10 735	12 326	13 569	12 925	17 816	19 784	21 389
邮电通信业	570	1 058	2 448	3 831	4 821	2 915	2 023	1 863	1 890
商业、住宿和餐饮业	4 128	7 848	11 280	22 269	29 622	31 478	32 010	35 522	40 442
其他事业合计	9 623	14 049	17 919	23 573	28 641	49 269	65 002	73 709	84 741
#公共照明业	340	513	987	1 121	1 333	1 587	2 564	3 176	4 351
城乡居民生活用电	**16 022**	**56 230**	**72 811**	**92 358**	**106 396**	**126 991**	**150 509**	**167 924**	**200 643**
乡村	7 757	29 393	38 639	47 557	53 414	65 654	76 821	86 614	106 460
城市	8 265	26 837	34 172	44 801	52 982	61 337	73 688	81 310	94 183

4-9　市区主要年份全社会用电情况

单位:万千瓦时

项　　目	1990	1995	2000	2003	2004	2005	2006	2007	2008
全社会用电量	**352 732**	**435 287**	**417 022**	**406 511**	**433 591**	**487 927**	**526 107**	**539 448**	**583 989**
农林牧渔水利业	1 891	5 122	4 372	6 430	5 627	5 065	3 697	3 159	3 304
#排　灌	492	1 906	1 375	2 354	575	465	855	939	1 060
工业	329 405	385 287	349 333	316 003	326 644	364 398	377 546	373 201	401 081
轻工业	26 906	36 310	37 963	39 994	35 448	42 118	47 747	54 444	50 882
重工业	302 499	348 977	311 370	276 009	291 196	322 280	329 799	318 757	350 199
建筑业	937	1 884	2 342	3 323	3 389	3 768	5 478	8 703	7 878
交通运输、仓储和邮政业	5 944	8 200	9 309	11 556	12 835	11 673	14 445	18 831	20 186
#交通运输业	5 727	7 635	7 789	9 240	9 780	8 038	12 751	16 985	18 245
邮电通信业	217	565	1 520	2 316	3 055	1 944	927	954	961
商业、住宿和餐饮业	2 106	4 516	6 927	13 643	19 447	18 212	21 518	22 770	24 390
其他事业合计	7 219	11 192	14 345	17 675	21 416	32 764	41 520	44 045	48 593
#公共照明业	206	306	729	686	789	633	1 286	1 588	1 842
城乡居民生活用电	**5 230**	**19 086**	**30 394**	**37 870**	**44 233**	**52 047**	**61 903**	**68 739**	**78 557**
乡村	673	4 127	5 389	5 586	8 455	9 894	12 601	14 249	17 328
城市	4 557	14 959	25 005	32 284	35 778	42 153	49 302	54 490	61 229

4-10 全社会用电量

单位:万千瓦时

项 目	全 市		市 区	
	2007	2008	2007	2008
全社会用电合计(地区口径)	**1 602 988**	**1892 209**	**539 448**	**583 989**
全行业用电	1 435 064	1 691 563	470 709	505 432
第一产业	22 703	22 698	3 159	3 304
农林牧渔业	22 703	22 698	3 159	3 304
第二产业	1 277 257	1 515 330	381 904	408 959
工业	1 263 282	1 499 147	373 201	401 081
轻工业	166 796	162 608	54 444	50 882
重工业	1 096 486	1 336 539	318 757	350 199
#煤炭开采业	125 697	128 694	62 851	66 375
食品制造业	49 905	49344	15 173	13 709
纺织业	56 961	56 648	15 503	15 182
化学原料及化学制品制造业	148 900	162 772	35 703	39 229
建材制造业	159 410	179 336	74 934	100 964
黑色金属冶炼及压延加工业	186 460	191 673	53 362	42 481
有色金属冶炼及压延加工业	149 620	156 496	6 534	7 107
机械工业	35 129	70 925	21 447	35 357
建筑业	13 975	16 183	8 703	7 878
第三产业	135 104	153 535	85 646	93 169
交通运输、仓储和邮政业	25 873	28 355	18 831	20 186
信息传输、计算机服务和软件业	8 526	9 827	4 187	4 277
商业、住宿和餐饮业	35 522	40 442	22 770	24 390
金融、房地产、商务及居民服务业	18 274	21 484	12 612	14 570
公共事业及管理组织	46 909	53 427	27 246	48 593
城乡居民生活用电合计	167 924	200 643	68 739	78 557
城镇	81 310	94 183	54 490	61 229
乡村	86 614	106 460	14 249	17 328

注:本表全社会用电及工业用电中含电厂用电量。

主要统计指标解释

消费 是指全部国有企业和年产品销售收入500万元以上的非国有工业企业在报告期内实际使用的能源数量，包括主营活动和附营活动消费，终端消费和中间消费。

消费的核算原则 “谁消费谁统计”，即能源在哪个单位使用，就由哪个单位统计消费。

消费的核算方法 能源进入第一道生产工序，改变了原来的形态或性能，或者已经实际投入使用，即作消费统计。

库存 是指全部国有企业和年产品销售收入500万元以上的非国有工业企业在报告期期初期末实际结存的能源数量。

库存的核算原则 “谁支配谁消费”，即凡是本单位有权支配动用的能源，不论存放在何处，都应作本单位库存统计；反之本单位无权支配动用的能源，即使存放在本单位仓库，也不能作为本单位库存统计。

消费与库存总值 是指全部国有企业和年产品销售收入500万元以上的非国有工业企业用货币表示的本单位在报告期内实际使用和在报告期期初期末实际结存的能源数量。

消费与库存总值计算方法 本企业外购能源的实际消费量和实际结存量分别乘该种能源的实际购进价格（采用计划价格核算的，应在报告期末按价格差异率调整为实际购进价格）。

五、物价指数

PRICE INDICES

国家统计标准由国家统计局制定，或者由国家统计局和国务院标准化主管部门共同制定。

国务院有关部门可以制定补充性的部门统计标准，报国家统计局审批。部门统计标准不得与国家统计标准相抵触。

第十八条 县级以上人民政府统计机构根据统计任务的需要，可以在统计调查对象中推广使用计算机网络报送统计资料。

第十九条 县级以上人民政府应当将统计工作所需经费列入财政预算。

重大国情国力普查所需经费，由国务院和地方人民政府共同负担，列入相应年度的财政预算，按时拨付，确保到位。

第三章　统计资料的管理和公布

第二十条 县级以上人民政府统计机构和有关部门以及乡、镇人民政府，应当按照国家有关规定建立统计资料的保存、管理制度，建立健全统计信息共享机制。

第二十一条 国家机关、企业事业单位和其他组织等统计调查对象，应当按照国家有关规定设置原始记录、统计台账，建立健全统计资料的审核、签署、交接、归档等管理制度。

统计资料的审核、签署人员应当对其审核、签署的统计资料的真实性、准确性和完整性负责。

第二十二条 县级以上人民政府有关部门应当及时向本级人民政府统计机构提供统计所需的行政记录资料和国民经济核算所需的财务资料、财政资料及其他资料，并按照统计调查制度的规定及时向本级人民政府统计机构报送其组织实施统计调查取得的有关资料。

县级以上人民政府统计机构应当及时向本级人民政府有关部门提供有关统计资料。

第二十三条 县级以上人民政府统计机构按照国家有关规定，定期公布统计资料。

国家统计数据以国家统计局公布的数据为准。

第二十四条 县级以上人民政府有关部门统计调查取得的统计资料，由本部门按照国家有关规定公布。

第二十五条 统计调查中获得的能够识别或者推断单个统计调查对象身份的资料，任何单位和个人不得对外提供、泄露，不得用于统计以外的目的。

第二十六条 县级以上人民政府统计机构和有关部门统计调查取得的统计资料，除依法应当保密的外，应当及时公开，供社会公众查询。

5-1 城市(市区)物价总指数

(以上年价格为 100)

年　份	居民消费价格总指数	商品零售价格总指数	农产品成交价格指数
1978	100.0	100.1	
1979	100.6	101.1	93.1
1980	102.4	102.6	103.6
1981	100.4	100.8	104.4
1982	101.0	101.4	107.8
1983	100.1	100.7	103.3
1984	103.3	102.4	100.9
1985	108.7	108.3	114.6
1986	106.2	105.9	104.8
1987	109.8	110.0	120.1
1988	122.6	122.8	132.7
1989	115.6	115.6	108.2
1990	104.5	103.9	101.1
1991	108.6	108.8	107.2
1992	109.2	108.0	99.6
1993	117.6	115.1	114.7
1994	125.3	123.3	136.0
1995	116.9	113.2	118.0
1996	110.0	107.4	106.8
1997	101.9	99.9	92.7
1998	100.0	98.3	92.7
1999	98.2	96.2	89.0
2000	100.0	98.2	92.4
2001	100.3	99.3	97.9
2002	99.2	98.6	
2003	101.5	100.0	
2004	103.7	102.8	
2005	102.2	101.0	
2006	101.5	100.7	
2007	104.4	103.1	
2008	104.9	105.3	

5-2 城市(市区)居民消费价格指数

(以上年价格为 100)

项　　目	2008	项　　目	2008
居民消费价格总指数	**104.9**	炒菜	103.0
食品	**112.4**	其它食品	114.7
粮食	110.0	**烟酒及用品**	**102.8**
# 大米	101.6	烟草	100.0
面粉	106.7	酒	107.4
淀粉	103.0	吸烟饮酒用品	102.8
干豆类及豆制品	132.8	**衣着**	**101.9**
油脂	127.2	服装	101.6
肉禽及其制品	122.2	男式服装	102.9
食用畜肉及副产品	123.5	女式服装	101.3
禽	103.8	儿童服装	97.7
加工肉禽	128.7	衣着材料	101.7
蛋	105.9	棉布	100.0
水产品	115.7	棉混纺布	100.0
菜	106.5	化纤布	104.3
# 鲜菜	105.7	毛线	100.0
调味品	105.2	鞋袜帽	102.8
# 盐	96.9	鞋	103.0
糖	105.8	袜子	99.9
茶及饮料	104.1	帽子	107.5
干鲜瓜果	106.4	衣着加工服务	100.4
# 鲜干果	105.4	**家庭设备用品及维修服务**	**107.1**
糕点饼干	108.9	耐用消费品	105.2
液体乳及乳制品	115.9	家具	108.3
# 巴氏杀菌奶或消毒奶	119.6	家庭设备	104.0
在外用膳食品	107.8	# 洗衣机	105.3
# 主食	114.2	电风扇	95.3

5-2 续表　　（以上年价格为 100）

项　　目	2008	项　　目	2008
电冰箱(柜)	101.8	城市间交通费	103.4
空调器	101.1	通信	95.0
热水器	106.6	通信工具	81.2
微波炉	101.2	通信服务	100.0
室内装饰品	101.7	**娱乐教育文化用品及服务**	**98.4**
床上用品	103.4	文娱用耐用消费品及服务	88.8
家庭日用杂品	107.8	# 电视机	83.4
家庭服务及加工维修服务	118.5	激光视盘机	95.2
医疗保健和个人用品	**101.2**	电脑	90.4
医疗保健	100.9	修理服务	105.1
医疗器具及用品	108.2	教育	99.4
中药材及中成药	104.5	教材及参考书	100.3
西药	99.0	学杂托幼费	99.4
保健器具及用品	100.0	文化娱乐类	101.8
医疗保健服务	100.0	文化娱乐用品	100.0
个人用品及服务	101.8	书报杂志	108.4
化妆美容用品	98.6	文娱费	101.1
清洁化妆用品	100.4	旅游	101.4
个人饰品	109.9	**居住**	**102.8**
个人服务	101.7	建房及装修材料	103.1
交通和通信	**98.3**	租房	100.0
交通	101.4	自有住房	108.9
交通工具	98.2	水、电、燃料	105.1
车用燃料及零配件	114.6	# 水	100.0
车辆使用及维修费	98.2	电	100.0
市区公共交通费	102.4		

5-3 城市(市区)商品零售价格指数

（以上年价格为 100）

项目	2008	项目	2008
商品零售价格总指数	**105.3**	衣着材料	101.9
食品	**112.9**	床上用品	103.4
粮食	109.9	**家用电器类及音像器材**	**96.6**
# 大米	101.6	家庭设备	102.4
面粉	106.7	文娱用耐用消费品	85.8
淀粉	103.0	音像器材	92.3
干豆类及豆制品	132.8	**文化办公用品**	**93.6**
油脂	127.2	**日用品类**	**104.0**
肉禽及其制品	122.5	日用百货	103.0
食用畜肉及副产品	123.9	日用杂品	105.6
禽	103.8	洗涤用品	106.8
肉禽加工制品	128.7	其它日用品	100.1
蛋	105.7	**体育娱乐用品**	**94.7**
水产品	116.1	体育用品	104.6
菜	106.7	娱乐用品	93.8
# 鲜菜	105.7	**交通、通信用品**	**95.3**
调味品	105.2	交通运输机械	97.4
# 糖	105.1	通信器材	81.8
干鲜瓜果	106.5	**家具**	**108.0**
# 鲜干果	105.4	**化妆品**	**98.5**
糕点饼干面包	108.9	**金银珠宝**	**119.4**
液体乳及乳制品	116.0	**中、西药品及医疗保健用品**	**100.2**
在外用膳食品	107.9	医疗器具及用品	108.2
主食	114.2	中药材及中成药	104.5
炒菜	103.0	西药	98.9
地方小吃	119.4	保健品及器具	100.1
其它食品	114.7	**书报杂志及电子出版物**	**108.8**
饮料、烟酒	**103.2**	教材及参考书	100.3
茶及饮料	104.1	书报杂志	112.9
烟草	100.0	电子音像制品	100.3
酒	107.2	**燃料**	**112.1**
服装、鞋帽	**101.9**	煤炭及制品类	135.2
服装	101.6	石油及制品类	107.8
鞋袜帽	102.8	**建筑材料及五金电料**	**107.7**
其他	99.7	建筑装潢材料类	105.2
纺织品	**102.9**	五金电料类	115.2

5-4 城市(市区)居民消费价格指数和商品零售价格指数

(2008 年)

项目	以上年同期价格为 100					
	1月	2月	3月	4月	5月	6月
居民消费价格总指数	**106.1**	**106.1**	**107.1**	**106.9**	**106.6**	**105.8**
食品	116.2	116.3	117.9	118.0	117.3	115.3
# 粮食	111.9	110.9	111.1	108.8	109.4	109.5
油脂类	137.7	147.4	165.2	149.1	147.8	136.3
肉禽及其制品	141.9	139.7	140.8	142.1	134.0	125.4
蛋类	101.0	100.9	100.3	98.9	99.7	103.9
水产品类	101.7	102.6	108.7	116.3	124.1	124.1
菜类	117.5	125.1	125.2	112.1	113.0	108.2
# 鲜菜	120.3	128.4	128.8	113.8	115.7	109.2
烟酒及用品	102.4	103.1	103.9	101.6	101.6	102.4
衣着类	102.5	101.7	103.0	103.3	103.4	102.9
# 棉布	100.0	100.0	100.0	100.0	100.0	100.0
棉混纺布	100.0	100.0	100.0	100.0	100.0	100.0
化纤布	103.1	103.1	103.1	103.1	104.3	104.3
毛线	100.0	100.0	100.0	100.0	100.0	100.0
家庭设备用品及维修服务	104.8	105.9	107.2	107.2	107.3	107.3
医疗保健和个人用品	103.4	103.7	104.1	102.5	101.0	100.2
交通和通信	97.6	96.2	97.1	97.8	97.7	98.4
娱乐教育文化用品及服务	98.2	98.2	98.4	98.2	98.4	98.0
居住	102.9	103.4	104.1	103.9	103.5	102.8
建房及装修材料	102.4	102.8	103.7	103.5	102.9	103.2
租房	100.0	100.0	100.0	100.0	100.0	100.0
自有住房	126.8	126.8	126.0	126.7	124.6	105.2
水、电、燃料	102.7	103.7	104.9	104.7	104.5	104.9
商品零售价格总指数	**105.0**	**105.4**	**106.7**	**107.1**	**107.1**	**106.7**

5-4 续表

（2008 年）

项　　目	以上年同期价格为 100					
	7 月	8 月	9 月	10 月	11 月	12 月
居民消费价格总指数	**105.2**	**104.2**	**103.9**	**103.7**	**102.5**	**101.4**
食品	113.2	109.7	108.4	108.6	106.1	104.1
# 粮食	109.4	111.7	112.0	112.0	109.0	104.5
油脂类	132.9	126.0	113.8	113.1	93.9	85.4
肉禽及其制品	119.5	111.6	108.7	111.0	108.0	102.7
蛋类	111.7	102.5	108.0	116.6	114.9	113.2
水产品类	128.6	118.2	115.7	117.5	116.6	114.1
菜类	96.8	97.4	96.1	97.6	92.3	99.5
# 鲜菜	92.6	93.1	91.9	93.1	88.6	97.8
烟酒及用品	102.7	102.9	103.0	103.2	103.3	103.7
衣着类	101.4	102.4	102.3	100.8	100.4	99.4
# 棉布	100.0	100.0	100.0	100.0	100.0	100.0
棉混纺布	100.0	100.0	100.0	100.0	100.0	100.0
化纤布	104.3	104.3	105.1	105.1	105.9	105.9
毛线	100.0	100.0	100.0	100.0	100.0	100.0
家庭设备用品及维修服务	108.7	107.7	107.5	107.6	107.5	106.5
医疗保健和个人用品	100.6	100.2	100.1	100.0	99.5	99.2
交通和通信	98.7	99.3	99.5	99.5	99.0	98.5
娱乐教育文化用品及服务	97.7	98.1	98.9	99.0	99.1	98.7
居住	103.3	103.3	103.5	102.5	100.9	100.0
建房及装修材料	103.2	103.2	103.6	102.6	102.5	103.5
租房	100.0	100.0	100.0	100.0	100.0	100.0
自有住房	105.0	103.2	102.0	100.1	94.9	83.1
水、电、燃料	106.8	107.8	108.3	106.6	103.5	103.5
商品零售价格总指数	**106.3**	**105.5**	**105.2**	**104.5**	**102.9**	**102.0**

主要统计指标解释

物价指数 是说明两个时期商品价格水平变动趋势和程度的相对数指标。它是以报告期的价格水平与基期的价格水平进行直接对比计算的。当物价指数大于100时,说明价格水平上涨,反之则说明价格水平下跌。编制物价指数的目的,是为了反映市场物价水平的变化情况,分析和研究物价变动对城乡人民生活和国家财政支出的影响程度。

居民消费价格指数 是反映一定时期内城乡居民所购买的生活消费品价格和服务性项目支出价格变动趋势和程度的相对数。利用居民消费价格指数,可以观察和分析价格变动对城乡居民实际生活费用支出的影响程度。

城市居民消费价格指数 是反映城市居民家庭所购买的生活消费品的价格和服务项目支出价格变动趋势和程度的相对数。根据城市居民消费价格指数,可以观察和分析价格变动对城市居民消费支出的影响程度,作为研究居民生活和确定工资政策的依据。

商品零售价格总指数 是全面反映市场商品零售价格总水平变动趋势和程度的相对数。通过它,可以观察市场商品总体价格水平升降程度,以及物价变动对城乡人民生活支出的总影响。

农产品成交价格指数 是反映农贸市场上各种农产品成交价格综合变动趋势和程度的相对数。目前我国分别编制农村农贸市场农产品成交价格指数和城市农贸市场农产品成交价格指数。农村农贸市场农产品成交价格指数,包括消费品和农业生产资料两个大类,消费品中包括粮食、食用植物油、鲜菜、干菜、肉禽蛋、水产品、鲜果、干果、日用杂品和柴草等小类,农业生产资料包括饲料、小农具、幼禽家畜、大牲畜、竹木材等小类。城市农贸市场农产品成交价格指数只包括消费品部分,不包括农业生产资料。

六、人民生活

PEOPLE'S LIVELIHOOD

第四章　统计机构和统计人员

第二十七条　国务院设立国家统计局，依法组织领导和协调全国的统计工作。

国家统计局根据工作需要设立的派出调查机构，承担国家统计局布置的统计调查等任务。

县级以上地方人民政府设立独立的统计机构，乡、镇人民政府设置统计工作岗位，配备专职或者兼职统计人员，依法管理、开展统计工作，实施统计调查。

第二十八条　县级以上人民政府有关部门根据统计任务的需要设立统计机构，或者在有关机构中设置统计人员，并指定统计负责人，依法组织、管理本部门职责范围内的统计工作，实施统计调查，在统计业务上受本级人民政府统计机构的指导。

第二十九条　统计机构、统计人员应当依法履行职责，如实搜集、报送统计资料，不得伪造、篡改统计资料，不得以任何方式要求任何单位和个人提供不真实的统计资料，不得有其他违反本法规定的行为。

统计人员应当坚持实事求是，恪守职业道德，对其负责搜集、审核、录入的统计资料与统计调查对象报送的统计资料的一致性负责。

第三十条　统计人员进行统计调查时，有权就与统计有关的问题询问有关人员，要求其如实提供有关情况、资料并改正不真实、不准确的资料。

统计人员进行统计调查时，应当出示县级以上人民政府统计机构或者有关部门颁发的工作证件；未出示的，统计调查对象有权拒绝调查。

第三十一条　国家实行统计专业技术职务资格考试、评聘制度，提高统计人员的专业素质，保障统计队伍的稳定性。

统计人员应当具备与其从事的统计工作相适应的专业知识和业务能力。

县级以上人民政府统计机构和有关部门应当加强对统计人员的专业培训和职业道德教育。

6-1 主要年份职工工资总额

单位:万元

年份	全市				市区			
	全部职工	国有经济单位	城镇集体经济单位	其他经济类型单位	全部职工	国有经济单位	城镇集体经济单位	其他经济类型单位
1949	1 962	1 962			1 707	1 707		
1952	3 680	3 680			3 177	3 177		
1957	5 709	5 709			4 251	4 251		
1962	10 295	10 295			8 042	8 042		
1965	9 418	9 418			7 106	7 106		
1970	11 199	11 199			8 136	8 136		
1975	21 093	15 939	5 154		14 896	11 824	3 072	
1978	31 439	23 706	7 733		22 573	17 598	4 975	
1979	36 925	27 781	9 144		27 260	21 129	6 131	
1980	44 954	34 084	10 870		32 809	25 473	7 336	
1981	47 170	35 891	11 279		34 194	26 615	7 579	
1982	51 676	39 575	12 101		37 389	29 355	8 033	
1983	55 388	43 349	12 039		40 701	32 699	8 001	
1984	80 714	60 828	19 886		58 779	46 285	12 493	
1985	93 432	72 426	21 006		68 323	55 947	12 376	
1986	110 187	85 424	24 754	9	80 480	65 838	14 633	9
1987	117 231	91 512	25 689	30	84 543	69 518	14 995	28
1988	149 139	117 615	31 454	70	104 028	86 618	17 340	64
1989	165 525	132 521	32 819	185	118 228	100 083	17 960	185
1990	185 938	150 380	35 187	371	132 593	112 898	19 324	371
1991	208 723	169 855	38 397	471	149 964	127 972	21 524	468
1992	244 828	202 261	41 831	736	175 433	151 564	23 203	666
1993	304 255	253 382	47 734	3 139	218 454	189 200	26 586	2 668
1994	407 761	349 729	53 041	4 991	287 245	253 793	28 832	4 620
1995	506 766	437 394	66 563	2 809	355 676	317 499	36 295	1 880
1996	584 442	506 673	68 847	8 922	402 383	358 696	36 286	7 401
1997	609 772	534 263	64 613	10 896	419 217	375 289	36 310	7 618
1998	592 951	514 526	48 949	29 476	396 614	357 549	23 395	15 670
1999	624 029	546 719	49 089	28 221	417 883	378 034	23 453	16 396
2000	653 127	565 585	42 684	44 858	439 909	390 587	18 473	30 849
2001	700 349	596 699	39 062	64 588	482 073	423 530	15 307	43 235
2002	742 489	572 711	31 159	138 619	516 553	397 782	13 763	105 008
2003	802 685	621 748	29 756	151 181	569 467	440 515	12 119	116 832
2004	894 607	679 066	33 849	181 692	641 470	483 484	15 473	142 513
2005	1 072 593	825 124	35 199	212 270	763 816	587 518	14 430	161 868
2006	1 250 866	943 120	40 150	267 595	888 450	679 934	14 744	193 772
2007	1 367 407	1 034 032	42 865	290 510	932 620	720 634	13 729	198 257
2008	1 549 543	1 141 926	56 183	351 434	1 032 278	776 277	20 991	235 010

6-2 主要年份职工平均工资

单位:元

年 份	全市				市区			
	全部职工	国有经济单位	城镇集体经济单位	其他经济类型单位	全部职工	国有经济单位	城镇集体经济单位	其他经济类型单位
1949					349	349		
1952	503	503			529	529		
1957	573	573			619	619		
1962	548	548			590	590		
1965	599	599			594	680	407	
1970	553	553			547	587	436	
1975	509	564	392		580	595	426	
1978	554	593	430		605	664	446	
1979	605	676	459		647	731	464	
1980	715	791	535		768	828	613	
1981	720	772	569		770	820	633	
1982	755	808	609		807	857	667	
1983	780	840	621		841	898	667	
1984	1 105	1 178	884		1 175	1 228	1 014	
1985	1 231	1 351	941		1 220	1 303	944	
1986	1 403	1 537	1 077	1 828	1 400	1 503	1 067	645
1987	1 463	1 601	1 119	2 021	1 511	1 625	1 136	1 934
1988	1 798	1 973	1 349	2 101	1 800	1 935	1 329	1 633
1989	1 965	2 177	1 410	2 224	2 189	2 370	1 535	2 189
1990	2 179	2 417	1 531	3 050	2 708	2 618	1 636	3 091
1991	2 379	2 644	1 647	2 656	2 715	2 913	1 804	2 521
1992	2 753	3 052	1 867	2 838	3 151	3 426	2 068	3 115
1993	3 355	6 698	2 245	3 702	3 914	4 244	2 512	4 119
1994	4 524	5 013	2 732	5 202	5 186	5 658	2 971	5 583
1995	5 537	6 101	3 481	3 957	6 381	6 938	3 791	4 669
1996	6 279	6 933	3 707	6 308	7 208	7 878	3 916	7 197
1997	6 521	7 211	3 636	6 580	7 533	8 214	3 994	8 764
1998	7 717	8 149	5 150	7 023	8 999	9 234	6 998	7 796
1999	8 447	8 955	5 351	7 731	9 911	10 169	7 015	9 945
2000	9 339	9 908	5 243	9 531	11 144	11 442	6 706	11 940
2001	10 501	11 174	5 630	10 171	12 837	13 143	7 041	13 710
2002	11 887	12 683	6 235	11 264	14 929	15 633	8 246	14 027
2003	13 551	14 327	6 777	13 209	17 518	18 073	8 528	17 405
2004	15 809	16 864	8 387	14 789	20 898	22 046	12 735	18 876
2005	18 849	20 373	9 597	16 670	24 838	26 223	13 545	22 230
2006	21 896	23 639	11 058	19 673	29 191	30 969	14 163	26 047
2007	23 711	25 791	12 674	20 465	30 652	32 299	15 904	27 338
2008	26 824	29 000	16 253	23 534	33 982	35 610	18 075	31 689

6-3 职工工资总额

（2008 年） 单位：万元

项　　目	在岗职工工资总额	国有单位	城镇集体单　位	其他单位
总　计	**1 549 543**	**1 141 926**	**56 183**	**351 434**
按企业、事业、机关分				
企业	967 231	581 434	34 364	351 434
事业	422 247	400 662	21 585	
机关	160 065	159 831	234	
按国民经济行业分				
农、林、牧、渔业	16 800	16 248	256	296
采矿业	304 983	192 657	14 507	97 819
制造业	251 986	109 696	1 869	140 421
电力、煤气及水的生产和供应业	93 282	72 100	1 789	19 393
建筑业	40 493	30 794	2 730	6 968
交通运输、仓储及邮政业	133 764	115 380	1 163	17 221
信息传输、计算机服务和软件业	15 370	2 993	21	12 355
批发和零售业	32 506	17 366	3 683	11 457
住宿和餐饮业	11 725	1 682	198	9 844
金融业	56 777	18 840	8 114	29 824
房地产业	5 165	3 197	205	1 763
租赁和商务服务业	2 757	1 987	523	247
科学研究、技术服务和地质勘查业	20 196	17 513	307	2 377
水利、环境和公共设施管理业	26 860	25 941	920	
居民服务和其他服务业	660	602	44	13
教育	247 158	245 456	305	1 397
卫生、社会保障和社会福利业	102 790	83 786	19 004	
文化、体育和娱乐业	11 958	11 377	545	36
公共管理和社会组织	174 312	174 312		
按隶属关系分（国有经济）				
中央	182 700	182 700		
省	291 682	291 682		
省辖市	278 369	278 369		
县及县以下	389 176	389 176		

6-4 市区职工工资总额

（2008 年） 单位:万元

项目	在岗职工工资总额	国有单位	城镇集体单位	其他单位
总计	**1 032 278**	**776 277**	**20 991**	**235 010**
按企业、事业、机关分				
企业	776 152	522 940	18 201	235 010
事业	170 211	167 455	2 757	
机关	85 915	85 882	33	
按国民经济行业分				
农、林、牧、渔业	2 279	1 954	30	296
采矿业	304 320	192 657	14 401	97 262
制造业	160 128	106 848	1 007	52 273
电力、煤气及水的生产和供应业	66 063	55 106		10 958
建筑业	30 665	27 857	286	2 522
交通运输、仓储及邮政业	121 709	106 617	585	14 507
信息传输、计算机服务和软件业	11 579	25		11 554
批发和零售业	17 327	9 833	664	6 830
住宿和餐饮业	9 973	757	105	9 111
金融业	36 723	9 934	626	26 162
房地产业	2 928	2 033	27	868
租赁和商务服务业	706	277	182	247
科学研究、技术服务和地质勘查业	14 342	11 972		2 371
水利、环境和公共设施管理业	18 179	18 027	152	
居民服务和其他服务业	141	83	44	13
教育	83 713	83 419	294	
卫生、社会保障和社会福利业	57 300	54 714	2 586	
文化、体育和娱乐业	7 769	7 733		36
公共管理和社会组织	86 433	86 433		
按隶属关系分(国有经济)				
中央	168 562	168 562		
省	260 425	260 425		
省辖市	274 838	274 838		
县及县以下	72 451	72 451		

6-5 职工平均工资

（2008 年）　　单位:元

项目	在岗职工年平均工资	国有单位	城镇集体单位	其他单位
总计	**26 824**	**29 000**	**16 253**	**23 534**
按企业、事业、机关分				
企业	27 219	31 458	16 219	23 534
事业	24 895	25 621	16 316	
机关	30 368	30 411	15 510	
按国民经济行业分				
农、林、牧、渔业	9 845	9 730	14 388	15 834
采矿业	35 630	35 896	19 093	40 208
制造业	22 907	40 161	11 801	17 313
电力、煤气及水的生产和供应业	46 840	53 007	28 352	34 131
建筑业	21 077	25 836	10 342	14 976
交通运输、仓储及邮政业	23 293	25 012	9 608	17 074
信息传输、计算机服务和软件业	29 683	24 157	6 903	31 615
批发和零售业	14 729	16 433	8 101	16 473
住宿和餐饮业	21 446	12 736	11 397	24 783
金融业	41 877	39 654	29 655	49 125
房地产业	21 684	22 606	16 565	20 892
租赁和商务服务业	15 766	15 322	14 694	25 740
科学研究、技术服务和地质勘查业	34 990	35 718	25 558	31 734
水利、环境和公共设施管理业	22 655	23 488	11 326	
居民服务和其他服务业	17 592	18 535	10 500	16 500
教育	24 696	24 752	12 336	21 009
卫生、社会保障和社会福利业	28 893	34 302	17 044	
文化、体育和娱乐业	27 573	28 979	14 010	16 409
公共管理和社会组织	29 028	29 028		
按隶属关系分（国有经济）				
中央	29 468	29 468		
省	36 856	36 856		
省辖市	37 266	37 266		
县及县以下	21 872	21 872		

6-6 市区职工平均工资

（2008 年） 单位:元

项 目	在岗职工年平均工资	国有单位	城镇集体单位	其他单位
总 计	**33 982**	**35 610**	**18 075**	**31 689**
按企业、事业、机关分				
企业	33 218	34 994	18 105	31 689
事业	34 381	34 905	17 993	
机关	41 682	41 723	11 857	
按国民经济行业分				
农、林、牧、渔业	15 590	15 504	19 733	15 834
采矿业	35 744	35 896	19 105	40 644
制造业	34 121	42 368	15 036	24 844
电力、煤气及水的生产和供应业	49 052	55 888		30 371
建筑业	31 316	31 523	23 443	30 276
交通运输、仓储及邮政业	24 344	25 721	9 437	18 308
信息传输、计算机服务和软件业	31 185	14 647		31 261
批发和零售业	21 822	24 520	17 033	19 294
住宿和餐饮业	25 605	15 604	19 407	27 150
金融业	53 430	52 533	24 000	55 417
房地产业	24 298	27 844	14 368	19 035
租赁和商务服务业	23 685	26 333	18 784	25 740
科学研究、技术服务和地质勘查业	41 392	43 997		31 866
水利、环境和公共设施管理业	31 782	32 042	16 213	
居民服务和其他服务业	17 588	27 800	10 500	16 500
教育	31 113	31 277	12 519	
卫生、社会保障和社会福利业	41 804	44 661	17 762	
文化、体育和娱乐业	37 844	38 076		16 409
公共管理和社会组织	40 906	40 906		
按隶属关系分(国有经济)				
中央	29 490	29 490		
省	41 979	41 979		
省辖市	37 464	37 464		
县及县以下	28 479	28 479		

6-7 城市居民家庭收支情况

年 份	城市居民人均可支配收入（元）	城市居民人均消费性支出（元）	#食品支出	城市居民收入		城市居民支出	
				名义增长(%)（以上年为100）	实际增长(%)（以上年为100）	名义增长(%)（以上年为100）	实际增长(%)（以上年为100）
1978							
1979							
1980	491	423	226				
1981	492	448	243	0.2	-0.2	5.9	5.5
1982	531	455	254	8.0	6.9	1.4	0.4
1983	543	490	287	2.2	2.1	7.9	7.8
1984	680	564	320	25.3	21.3	15.0	11.4
1985	827	679	365	21.7	11.9	20.3	10.7
1986	1 036	877	446	25.2	17.9	29.2	21.6
1987	1 152	992	484	11.2	1.3	13.1	3.0
1988	1 265	1 180	633	9.8	-10.5	19.0	-3.0
1989	1 542	1 442	747	21.9	5.5	22.2	5.7
1990	1 687	1 409	809	9.4	4.7	-2.3	-6.5
1991	1 893	1 557	904	12.2	3.3	10.5	1.7
1992	2 236	1 832	1 006	18.1	8.2	17.7	7.7
1993	2 698	2 223	1 103	20.7	2.6	21.3	3.2
1994	3 625	2 918	1 477	34.3	7.2	31.2	4.7
1995	4 665	3 684	1 838	28.7	10.1	26.3	8.0
1996	5 405	4 196	2 007	15.9	5.3	13.9	3.5
1997	5 687	4 561	2 063	5.2	3.2	8.7	6.7
1998	6 011	4 381	2 011	5.7	5.7	-3.9	-3.9
1999	6 499	4 983	2 051	8.1	10.1	13.7	15.8
2000	7 147	5 391	1 985	10.0	10.0	8.2	8.2
2001	7 616	5 607	2 020	6.6	6.2	4.0	3.7
2002	8 037	5 922	2 164	5.5	6.4	5.6	6.5
2003	8 954	6 368	2 206	11.4	9.8	7.5	5.9
2004	9 840	6 669	2 548	9.9	6.0	4.7	1.0
2005	11 185	7 674	2 708	13.7	11.2	15.1	12.6
2006	12 837	8 621	2 928	14.8	13.1	12.3	10.7
2007	14 875	9 809	3 419	15.9	11.0	13.8	9.0
2008	16 955	10 717	4 036	14.0	8.7	9.3	4.2

6-8 农村居民家庭收支情况

年 份	农民人均纯收入（元）	农民人均生活消费支出（元）	#食品支出	农村居民收入		农村居民支出	
				名义增长(%)（以上年为100）	实际增长(%)（以上年为100）	名义增长(%)（以上年为100）	实际增长(%)（以上年为100）
1978	112						
1979	126			12.6	11.9		
1980	173	140	89	37.0	33.8		
1981	231	190	106	33.7	33.1	35.9	35.3
1982	292	224	116	26.6	25.3	17.8	16.7
1983	338	250	141	15.8	15.7	11.5	11.4
1984	418	300	165	23.6	19.6	20.0	16.2
1985	389	328	171	-6.9	-14.3	9.4	0.6
1986	454	385	198	16.7	9.9	17.3	10.5
1987	489	435	209	7.6	-2.0	13.0	2.9
1988	580	482	248	18.7	-3.2	10.8	-9.6
1989	642	578	297	10.6	-4.3	19.8	3.6
1990	661	536	286	3.1	-1.3	-7.2	-11.2
1991	728	625	364	10.1	1.4	16.6	7.4
1992	790	591	352	8.5	-0.7	-5.5	-13.5
1993	900	642	411	13.9	-3.1	8.7	-7.5
1994	1 304	836	423	44.9	15.6	30.2	3.9
1995	1 800	1 137	680	38.0	18.1	36.0	16.3
1996	2 390	1 559	844	32.7	20.7	37.1	24.7
1997	2 746	1 631	805	14.9	12.8	4.6	2.7
1998	2 980	1 503	773	8.5	8.5	-7.9	-7.9
1999	3 126	1 542	760	4.9	6.8	2.7	4.5
2000	3 230	1 621	683	3.3	3.3	5.1	5.1
2001	3 391	1 612	719	5.0	4.7	-0.6	-0.9
2002	3 477	1 739	704	2.5	3.4	7.9	8.8
2003	3 605	1 869	767	3.7	2.1	7.5	5.9
2004	4 003	2 028	881	11.0	7.1	8.5	4.6
2005	4 443	2 840	1 210	11.0	8.6	40.0	37.0
2006	4 896	3 220	1 320	10.2	8.6	13.4	11.7
2007	5 534	3 807	1 486	13.0	8.3	18.2	13.2
2008	6 240	4 319	1 692	12.8	7.5	13.4	8.1

6-9 城市(市区)居民家庭基本情况

单位:元

项目	1990	1995	2000	2004	2005	2006	2007	2008
调查户数(户)	**200**	**200**	**200**	**300**	**300**	**300**	**300**	**300**
平均每户家庭人口(人)	3.23	3.10	2.98	2.82	2.87	2.80	2.71	2.74
平均每户就业人口数(人)	1.90	1.77	1.67	1.42	1.40	1.39	1.37	1.32
平均每户就业人口负担人数(人)	1.70	1.75	1.79	1.99	2.06	2.01	1.98	2.08
平均每户就业面(%)	58.82	57.10	55.98	50.35	48.78	49.64	50.55	48.18
平均每人建筑面积(平方米)	14.72	16.90	19.30	20.81	23.31	23.87	26.26	26.22
平均每人使用面积(平方米)	11.07	12.71	14.51	15.67	17.12	17.58	19.70	19.67
人均家庭总收入	**1 702.12**	**4 689.09**	**7 240.31**	**10 639.38**	**12 329.47**	**14 198.57**	**16 365.97**	**18 650.64**
# 人均可支配收入	1 687.24	4 664.63	7 147.24	9 839.65	11 185.30	12 836.67	14 875.40	16 955.41
人均工薪收入	1 277.89	3 591.72	4 925.89	6 706.02	8 043.75	8 991.25	10 170.79	11 248.67
人均工资及补贴	1 266.89	3 526.29	4 830.46	6 600.45	8 019.91	8 947.95	9 843.27	11 178.02
人均其他劳动收入	11.00	65.43	95.43	105.58	23.84	43.30	327.52	70.65
人均经营净收入	4.98	24.81	39.41	497.51	773.72	951.61	1 040.05	1 225.86
人均财产性收入	22.84	98.98	74.11	154.86	137.98	169.30	273.52	299.35
人均转移性收入	327.33	973.53	2 200.89	3 280.98	3 374.02	4 086.41	4 881.34	5 876.76
人均借贷收入	**215.20**	**666.79**	**2 193.77**	**2 238.39**	**3 326.10**	**3 724.62**	**3 557.28**	**5 979.19**
# 提取储蓄存款	162.35	553.12	1 605.70	1 562.50	2 772.01	3 382.66	3 027.85	3 613.28
兑售有价证券	0.23	10.33	248.94				496.88	
人均家庭总支出	**1 552.69**	**4 221.21**	**7 099.64**	**9 699.73**	**11 512.44**	**13 250.17**	**13 560.21**	**18 469.41**
# 消费性支出	1 409.35	3 684.50	5 391.37	6 668.78	7 673.73	8 621.40	9 809.13	10 717.17
食品	809.34	1 838.22	1 985.09	2 548.03	2 708.04	2 927.57	3 418.57	4 035.55
衣着	197.36	556.56	539.33	611.85	727.58	908.88	948.78	1 109.49
家庭设备用品及服务	124.00	338.84	792.79	393.23	491.47	458.08	883.99	1 060.78
医疗保健	16.12	76.83	326.68	536.37	547.74	550.18	593.76	715.32
交通和通信	33.76	190.57	370.93	855.98	704.99	1 205.95	1 046.90	961.10
教育文化娱乐服务	122.08	320.28	778.08	909.74	1 269.91	1 225.82	1 502.06	1 154.91
居住	33.08	221.73	339.89	573.42	863.64	962.91	996.22	1 249.70
杂项商品和服务	8.74	141.46	258.59	240.16	360.35	382.01	422.07	430.31
人均借贷支出	**331.13**	**1 065.77**	**1 959.36**	**2 936.99**	**3 508.36**	**4 533.27**	**5 712.97**	**5 757.66**
# 存入储蓄款	262.14	862.83	1 536.77	2 506.12	3 008.60	4 078.38	4 390.15	5 100.58
购买有价证券	1.86	51.61	15.45	30.26	0.42	0.42	882.61	79.93

6-10 城市(市区)居民家庭居住情况

单位:户

指　　标	1990	1995	2000	2004	2005	2006	2007	2008
总　　计	**200**	**200**	**200**	**300**	**300**	**300**	**300**	**300**
按卫生设备拥有情况分								
无卫生设备	93	54	14	21	6	6	7	3
有浴室厕所	14	61	115	228	221	227	232	254
有厕所无浴室	84	70	70	42	67	60	53	39
公共卫生设备	9	15	1	9	6	7	8	4
按燃料使用情况分								
管道煤气	19	56	106	156	186	188	192	143
液化石油气	58	93	90	142	107	103	96	96
煤	123	51	4	2	5	5	6	9
其他					2	4	6	52
按房屋产权分								
租赁公房	165	169	43	40	48	46	46	17
租赁私房				6	3	2	3	19
自有房	35	31	157	222	235	248	248	264
其他				32	14	4	3	

6-11 城市(市区)居民家庭平均每人全年购买的主要商品数量

单位:公斤

品　　名	1990	1995	2000	2004	2005	2006	2007	2008
粮食(贸易粮)	139.70	102.30	85.22	76.47	72.65	72.57	49.34	53.93
油脂类	7.00	7.30	7.69	8.22	7.55	7.67	8.70	8.58
鲜菜	122.30	100.80	96.46	95.08	88.44	93.32	105.22	105.00
猪肉	15.90	13.80	13.75	12.93	13.19	13.52	11.87	10.64
牛羊肉	4.90	3.00	4.05	4.22	3.68	3.71	3.81	3.61
禽类	5.90	9.50	10.62	9.74	9.15	8.81	6.97	6.70
蛋类	12.00	16.60	19.57	14.73	14.00	14.15	13.02	13.59
水产品	7.70	8.50	10.78	11.14	10.48	10.90	10.21	9.32
白酒	3.80	3.50	2.30	2.67	2.34	2.40	2.52	2.14
茶叶	0.20	0.20	0.14	0.11	0.11	0.14	0.14	0.13
干鲜瓜果类	53.50	65.90	72.93	74.98	72.18	71.54	74.10	68.27
糕点	5.60	4.10	4.11	5.07	4.65	4.59	4.43	4.96
鲜乳品	3.50	5.20	15.38	21.87	19.02	26.32	19.26	18.92
服装　　(件)	2.80	5.80	6.96	7.13	7.15	7.34	7.01	7.16
衣着材料　　(元)				13.67	12.61	13.26	12.54	14.00
鞋类　　(双)				2.55	2.42	2.46	2.41	2.63

6-12 城市(市区)居民家庭平均每百户全年购买的主要商品数量

单位:台

品　　名		1990	1995	2000	2004	2005	2006	2007	2008
助力车	(辆)				10.00	4.68	9.36	7.34	6.00
摩托车	(辆)				1.32			0.33	1.00
家用汽车	(辆)				0.72	0.36	0.96	1.00	0.67
移动电话	(部)				21.36	16.68	26.40	32.05	31.67
洗衣机		2.00	3.50	5.50	3.36	6.00	3.96	5.01	3.67
电冰箱		8.00	1.00	3.00	2.64	3.96	3.00	4.34	4.33
钢　琴	(架)					0.72	0.36		
其他中高档乐器	(件)	1.00	1.00	1.50				1.00	0.67
彩　电		7.00	5.00	7.50	6.72	6.36	6.36	4.67	6.00
家用电脑				2.50	5.28	6.72	6.36	9.68	6.33
照相机	(架)	1.00		0.50	0.72	3.72	3.96	1.33	3.67
组合音响		0.50	1.50	0.50	0.36	0.72	0.36		
空调器			5.50	8.00	42.36	10.68	5.28	9.01	4.33
淋浴热水器			3.00	3.00	2.64	3.72	5.64	6.34	6.67
微波炉				8.00	3.72	2.64	3.36	3.00	2.00

6-13 城市(市区)居民家庭平均每百户年末耐用消费品拥有量

单位:台

指　　标		1990	1995	2000	2004	2005	2006	2007	2008
摩托车	(辆)		6.0	14.0	10.00	9.67	9.00	8.91	9.00
助力机	(辆)				10.00	13.67	22.67	26.73	38.67
家用汽车	(辆)				1.33	1.33	3.00	4.29	4.67
洗衣机		84.5	90.5	92.5	97.33	95.67	95.33	95.38	94.67
电冰箱		47.5	73.5	87.0	92.67	93.67	95.00	95.38	90.00
彩　电		49.0	93.5	115.0	121.67	126.00	128.67	129.70	127.67
家用电脑				12.5	31.67	41.33	49.00	58.09	70.00
组合音响	(套)	0.5	9.5	16.5	24.00	25.67	26.00	28.71	17.00
摄像机	(架)				2.33	3.00	4.00	4.62	5.33
照相机	(架)	15.5	28.0	33.0	35.33	42.00	46.67	46.54	39.00
钢琴	(架)			2.0	2.33	3.00	3.67	3.63	3.00
其他中高档乐器	(件)	8.5	5.0	9.0	8.33	3.67	4.00	5.28	5.33
微波炉				24.0	49.00	62.67	68.33	68.32	73.33
空调器			12.0	54.5	89.33	103.67	113.33	121.78	121.67
淋浴热水器			30.0	48.5	79.33	76.00	78.00	80.86	87.67
消毒碗柜					4.00	5.67	6.67	5.94	4.67
健身器材	(套)			2.0	2.67	5.00	4.67	2.97	3.33
普通电话	(部)				104.33	153.00	154.00	91.75	75.33
移动电话	(部)			15.0	108.00	92.33	110.00	175.58	197.67

6-14 城市(市区)居民家庭人均支出情况

单位:元

指标	1990	1995	2000	2004	2005	2006	2007	2008
消费性支出	**1 409.35**	**3 684.50**	**5 391.37**	**6 668.78**	**7 673.73**	**8 621.40**	**9 809.13**	**10 717.17**
食品	809.34	1 838.22	1 985.09	2 548.03	2 708.04	2 927.57	3 418.57	4 035.55
# 粮食	91.20	280.59	181.78	214.78	212.91	222.23	252.84	285.86
油脂类	27.13	67.92	54.52	72.57	63.00	67.18	97.96	125.78
肉禽蛋及制品	243.62	535.20	504.25	536.75	683.83	545.08	666.43	787.77
水产品	52.33	95.37	106.40	126.47	132.43	149.18	152.80	154.02
蔬菜类	79.00	141.07	133.47	165.06	184.25	199.83	292.98	303.99
衣着	197.36	556.56	539.33	611.85	727.58	908.88	948.78	1 109.49
# 服装	76.02	267.46	349.42	432.29	522.74	650.35	682.73	798.91
衣着材料	36.14	124.02	42.44	13.67	12.61	13.26	12.54	14.00
衣着加工服务费		27.71	21.36	8.51	6.78	7.73	6.73	6.23
家庭设备用品及服务	124.00	338.84	792.79	393.23	491.47	458.08	883.99	715.32
# 耐用消费品	57.55	196.12	503.50	183.43	285.02	221.21	550.81	336.75
室内装饰品	4.65	21.95	17.77	3.99	9.12	6.66	20.44	0.91
床上用品	1.81	12.85	21.36	32.85	27.50	36.91	41.89	47.68
家庭日用杂品	11.95	85.84	152.07	130.06	140.79	162.93	238.65	289.32
医疗保健	16.12	76.83	326.68	536.37	547.74	550.18	593.76	961.10
# 药品费		56.22	261.33	322.13	304.17	311.46	348.89	506.33
补药品		1.71	7.81	42.34	49.95	72.91	73.40	117.47
交通和通信	33.76	190.57	370.93	855.98	704.99	1 205.95	1 046.90	1 154.91
交通	33.19	67.80	156.28	484.89	322.94	764.23	528.14	684.85
通信	0.57	122.77	214.65	371.09	382.06	441.72	518.77	470.06
教育文化娱乐服务	122.08	320.28	778.08	909.74	1 269.91	1 225.82	1 502.06	1 249.70
文化娱乐用品	74.28	86.75	161.56	256.83	384.65	344.22	438.56	376.49
文化娱乐服务	35.40	96.43	163.00	168.79	210.35	216.76	306.69	283.77
教育	12.40	137.09	453.53	484.12	674.91	664.84	756.81	589.45
居住	33.08	221.73	339.89	573.42	863.64	962.91	996.22	1 060.78
# 住房	12.09	53.61	51.36	179.77	428.19	471.07	494.96	431.26
水电燃料及其他	20.99	168.12	288.53	381.96	420.56	475.45	478.20	531.87
杂项商品和服务	21.97	141.46	258.59	240.16	360.35	382.01	422.07	430.31

6-15　城市(市区)居民家庭人均收入、支出情况

（2008 年）

单位:元

项　　目	全部调查户平均水平	按收入水平分组		
		最低收入组（占 10%）	#更低收入组（占 5%）	低收入组（占 10%）
调查户数　（户）	**300**	**31**	**16**	**30**
平均每户家庭人口　（人）	2.75	3.17	3.17	3.48
平均每户就业人口　（人）	1.32	1.35	1.31	1.57
平均每一就业人口负担人数（人）	2.08	2.35	2.42	2.22
平均每户就业面　（%）	48.00	42.60	41.30	45.10
家庭总收入	**18 650.64**	**6 468.71**	**5 212.24**	**8 465.10**
#可支配收入	16 955.41	4 907.51	4 126.09	7 533.36
#工薪收入	11 248.67	3 956.01	3 819.80	5 159.46
工资及补贴收入	11 178.02	3 956.01	3 819.80	5 159.46
其他劳动收入	70.65			
经营净收入	1 225.86	234.30		610.87
财产性收入	299.35	37.10	71.87	17.79
#利息	36.73	4.50	8.72	2.15
转移性收入	5 876.76	1 941.31	1 320.57	2 677.00
#离退休金	4 451.33	1 239.13	479.05	2 151.85
借贷收入	**5 979.19**	**946.86**	**1 104.28**	**771.99**
#提取储蓄存款	3 613.28	773.68	788.49	612.70
兑售有价证券				
家庭总支出	**18 469.41**	**5 777.18**	**5 292.08**	**7 474.87**
#消费性支出	10 717.17	4 090.69	4 004.93	5 809.23
食品	4 035.55	2 101.54	1 969.38	2 596.09
#粮食	285.86	247.23	226.68	274.47
淀粉及薯类	33.21	27.72	31.70	35.16
干豆类及豆制品	53.55	37.41	38.36	47.45
油脂类	125.78	101.92	102.97	113.91
肉类	499.20	296.65	265.51	401.16
禽类	189.75	108.68	108.01	168.70
蛋类	98.82	72.39	63.75	91.77
水产品类	154.02	86.38	78.41	107.91
鲜菜	281.48	208.56	215.28	262.29
调味品	50.57	33.73	29.24	45.65
糖类	26.77	12.95	10.00	16.67
烟草类	207.44	115.85	112.08	85.98
酒类	127.27	56.47	56.81	62.84
饮料	73.23	32.34	20.26	34.91
干鲜瓜果类	274.73	125.97	114.30	182.96

6-15　续表 1　（2008 年）　单位：元

项　　目	全部调查户平均水平	按收入水平分组		
		最低收入组（占 10%）	# 更低收入组（占 5%）	低收入组（占 10%）
坚果及果仁				
糕点类	76.16	27.97	26.29	52.67
奶及奶制品	263.07	129.76	83.63	163.23
其他食品	127.80	48.17	57.40	55.97
衣着	1 109.49	302.63	259.12	500.29
# 服装	798.91	212.85	169.67	339.03
衣着材料	14.00	6.41	6.96	20.39
鞋类	257.50	71.55	73.80	119.83
家庭设备用品及服务	715.32	177.08	143.06	444.57
耐用消费品	336.75	29.23	15.47	250.41
室内装饰品	0.91			0.19
床上用品	47.68	14.74	13.52	29.11
家庭日用杂品	289.32	131.25	111.41	156.63
家具材料				
家庭服务	40.67	1.86	2.65	8.23
医疗保健	961.10	409.56	590.78	676.10
交通和通信	1 154.91	295.08	281.81	450.88
交通	684.85	84.99	50.20	172.80
通信	470.06	210.09	231.61	278.08
教育文化娱乐服务	1 249.70	334.05	338.12	611.88
文化娱乐用品	376.49	50.22	57.38	60.80
文化娱乐服务	283.77	35.91	23.00	47.97
# 团体旅游	184.69			6.55
教育	589.45	247.91	257.74	503.11
居住	1 060.78	383.48	341.17	396.92
# 租赁房房租	63.25	11.05	3.49	0.18
住房装潢支出	332.32			8.26
维修用建筑材料	32.91	25.55		20.12
水	49.64	34.53	29.65	31.80
电	251.63	163.05	144.59	198.20
燃料	141.17	140.38	155.10	118.15
杂项商品和服务	430.31	87.27	81.50	132.52
# 金银珠宝饰品	108.41			
化妆品	107.18	28.64	28.86	46.42
借贷支出	**5 757.66**	**921.80**	**570.20**	**1 351.08**
# 存入储蓄款	5 100.58	892.36	552.63	1 215.44
购买有价证券	73.93			

6-15　续表 2　　(2008 年)　　单位:元

项　　目	按收入水平分组					
	较低收入组（占 20%）	中间收入组（占 20%）	较高收入组（占 20%）	高收入组（占 10%）	最高收入组（占 10%）	# 更高收入组（占 5%）
调查户数　（户）	**60**	**60**	**60.42**	**30.5**	**28.67**	**14.17**
平均每户家庭人口　（人）	2.90	2.70	2.52	2.23	2.27	2.07
平均每户就业人口　（人）	1.49	1.23	1.07	1.19	1.52	1.46
平均每一就业人口负担人数（人）	1.95	2.19	2.35	1.87	1.49	1.42
平均每户就业面　（%）	51.40	45.55	42.50	53.36	66.96	70.53
家庭总收入	**12 151.27**	**16 324.86**	**23 015.26**	**32 113.16**	**51 715.71**	**64 477.94**
# 可支配收入	10 827.91	15 077.33	20 844.81	29 661.54	48 007.48	59 752.80
# 工薪收入	7 682.91	9 525.43	12 989.79	20 481.37	31 536.54	38 986.35
工资及补贴收入	7 682.91	9 525.43	12 610.73	20 481.37	31 534.46	38 986.35
其他劳动收入			379.07		2.08	
经营净收入	776.18	950.38	705.40	1 562.99	6 312.66	9 419.35
财产性收入	71.93	113.61	353.54	426.43	1 906.15	3 738.77
# 利息	23.12	4.87	47.84		260.15	301.64
转移性收入	3 620.25	5 735.45	8 966.53	9 642.36	11 960.37	12 333.46
# 离退休金	2 662.31	4 781.65	7 041.08	8 383.19	6 720.57	4 795.40
借贷收入	**1 260.59**	**4 602.49**	**6 314.69**	**1 685.99**	**40 490.98**	**76 614.65**
# 提取储蓄存款	1 207.93	1 595.88	4 769.14	1 611.17	22 862.38	38 419.35
兑售有价证券						
家庭总支出	**10 203.45**	**16 786.02**	**22 850.68**	**21 792.47**	**66 223.72**	**105 630.10**
# 消费性支出	7 802.37	9 678.07	14 686.29	15 491.89	24 212.03	29 530.85
食品	3 387.34	4 395.84	4 988.55	5 090.20	6 662.53	7 588.79
# 粮食	272.69	291.84	311.57	312.94	294.15	313.60
淀粉及薯类	30.88	31.54	34.46	32.19	46.59	57.49
干豆类及豆制品	56.14	55.41	59.59	49.31	65.57	78.33
油脂类	134.08	123.14	132.54	133.23	140.34	186.35
肉类	428.70	590.51	646.91	491.53	579.83	701.10
禽类	160.24	230.94	232.93	181.87	227.84	254.31
蛋类	92.71	113.15	104.45	113.21	102.61	112.85
水产品	137.82	171.83	194.27	167.98	216.88	223.84
鲜菜	227.72	304.76	349.00	288.85	340.84	366.59
调味品	41.83	52.99	66.26	48.38	66.09	76.03
糖类	17.62	25.91	37.17	32.15	59.36	85.93
烟草类	183.03	248.96	223.54	302.48	359.25	592.25
酒类	92.72	117.36	165.25	157.97	326.14	272.44
饮料	58.69	82.03	97.48	120.10	106.33	138.68
干鲜瓜果类	251.83	300.71	329.17	332.32	447.85	544.45

6-15　续表 3　（2008 年）　单位：元

项　　目	按收入水平分组					
	较低收入组（占 20%）	中间收入组（占 20%）	较高收入组（占 20%）	高收入组（占 10%）	最高收入组（占 10%）	# 更高收入组（占 5%）
坚果及果仁						
糕点类	69.37	73.84	109.27	95.27	111.00	118.70
奶及奶制品	243.43	295.06	297.26	421.23	349.03	372.12
其他食品	87.44	111.81	188.11	161.48	326.78	362.98
衣着	799.55	951.95	1 463.63	1 897.97	2 816.22	3 018.40
# 服装	539.71	677.44	1 087.43	1 354.04	2 117.44	2 240.34
衣着材料	11.46	18.75	14.99	14.12	8.28	8.30
鞋类	214.14	218.75	314.31	474.25	600.67	638.72
家庭设备用品及服务	467.43	528.19	1 040.74	997.27	1 991.56	2 072.24
耐用消费品	168.81	182.47	450.69	400.25	1 406.71	1 473.42
室内装饰品	51.16	121.50	133.65	175.46	364.79	287.68
床上用品	24.03	35.28	84.56	72.44	107.10	82.39
家庭日用杂品	252.94	285.64	420.43	409.98	407.00	414.99
家具材料						
家庭服务	20.31	24.30	84.37	110.56	70.21	101.44
医疗保健	555.32	968.28	1 319.72	1 684.94	1 710.27	2 315.40
交通和通信	641.31	806.59	1 948.03	1 878.17	3 138.67	2 132.56
交通	255.62	388.30	1 383.20	1 041.88	2 231.01	1 064.42
通信	385.69	418.30	564.83	836.29	907.67	1 068.14
教育文化娱乐服务	933.46	1 027.08	1 875.08	2 043.07	2 706.83	3 508.41
文化娱乐用品	264.23	340.05	478.01	770.92	1 092.41	1 280.08
文化娱乐服务	145.92	241.81	338.66	786.40	842.95	1 253.49
# 团体旅游	95.18	152.59	186.61	593.39	627.53	1 061.94
教育	523.31	445.22	1 058.41	485.75	771.47	974.84
居住	724.33	741.14	1 552.56	875.16	3 775.59	6 583.68
# 租赁房房租	113.94	99.79	7.15	148.40	58.03	
住房装潢支出	153.73	15.53	649.79		2 148.09	4 234.84
维修用建筑材料	38.66	30.97	37.37	69.58	5.96	12.90
水	40.92	48.71	69.88	54.07	73.33	72.70
电	213.25	250.74	343.51	339.33	268.14	287.96
燃料	24.57	47.60	55.92	46.52	15.98	
杂项商品和服务	293.64	259.00	497.99	1 025.12	1 410.36	2 311.36
# 金银珠宝饰品	13.51	42.61	39.20	457.21	651.13	1 231.69
化妆品	111.03	78.32	111.69	203.81	267.44	362.26
借贷支出	**3 153.47**	**3 603.85**	**5 956.48**	**11 400.03**	**25 500.51**	**34 605.72**
# 存入储蓄款	2 959.51	3 426.10	5 285.46	10 345.77	21 187.59	26 032.77
购买有价证券				16.46	893.30	1 935.48

6–16 农村居民家庭基本情况

单位：元

项　　目	1990	1995	2000	2004	2005	2006	2007	2008
调查户数　（户）	**580**	**520**	**800**	**800**	**660**	**660**	**660**	**660**
调查户人口　（人）								
常住人口	2 691	2 241	3 158	3 082	2 579	2 560	2 570	2 587
平均每户常住人口	4.64	4.31	3.95	3.85	3.91	3.88	3.89	3.92
平均每户整、半劳动力	2.95	2.75	2.49	2.57	2.62	2.66	2.70	2.74
平均每个劳动力负担人口	1.57	1.57	1.58	1.50	1.50	1.46	1.44	1.43
平均每人全年收入								
总收入	949.35	2 512.15	4 145.36	5 262.57	5 804.51	6 505.54	7 353.16	8 193.87
纯收入	661.42	1 800.10	3 229.67	4 003.00	4 443.00	4 896.00	5 534.20	6 240.11
现金收入	790.38	1 801.20	3 374.09	4 534.98	5 167.67	5 826.99	6 806.15	7 648.87
平均每人全年支出								
总支出	868.63	2 138.54	2 631.70	3 325.15	4 491.01	5 074.32	5 822.18	6 428.09
# 家庭经营费用支出	213.12	595.56	649.51	1 023.52	1 283.88	1 405.66	1 543.26	1 685.76
第一产业生产费用支出				839.01	1 145.30	1 219.92	1 334.52	1 511.17
第二产业生产费用支出				86.11	65.50	118.29	143.39	91.68
第三产业生产费用支出				98.40	73.03	67.45	65.35	82.90
生产性固定资产支出				76.89	78.41	156.45	205.47	131.90
生活消费支出	536.03	1 136.89	1 620.93	2 028.00	2 840.15	3 220.46	3 807.00	4 319.13
现金支出	780.36	1 663.68	2 334.24	3 001.01	4 123.06	4 600.84	5 421.83	6 043.19
# 生产性费用	176.06	513.08	678.52	1 072.32	1 304.66	1 500.59	1 674.11	1 761.72
税费支出	43.20	138.09	128.60	57.81	25.10	20.29	26.72	24.72
生活消费支出	380.03	689.38	1 358.04	1 732.21	2 536.81	2 811.35	3 486.86	3 998.69
财产性支出				2.94	6.00	2.84	10.74	1.27
转移性支出				135.73	250.51	265.77	223.40	256.78
非消费性支出				**1 049.11**	**1 181.85**	**857.78**	**943.08**	**1 411.11**
非借贷性支出	58.10	197.05		163.10	291.63	355.17	443.45	673.92
储蓄借贷支出	117.30	219.83		886.01	890.22	502.61	499.62	737.19

6–17 农村居民家庭平均每人总收入和纯收入

单位:元

项目	1990	1995	2000	2004	2005	2006	2007	2008
总收入	**949.35**	**2 512.15**	**4 145.36**	**5 262.57**	**5 804.51**	**6 505.54**	**7 353.16**	**8 193.87**
工资性收入	186.78	241.42	1 107.20	1 423.21	1 712.61	2 005.83	2 486.15	2 847.73
在非企业组织中劳动得到收入				235.61	275.93	283.59	331.61	351.51
在本乡地域内劳动得到的收入	132.88	123.83	452.22	459.71	522.74	657.77	843.80	952.09
外出从业得到的收入				727.89	913.94	1 064.47	1 310.74	1 544.13
家庭经营收入	771.45	2 240.22	2 855.67	3 659.29	3 894.07	4 215.66	4 509.31	4 916.45
第一产业收入				2 678.23	2 973.29	3 200.54	3 386.23	3 599.88
种植业收入	443.48	1 535.48	1 230.76	1 693.11	1 784.25	2 122.81	2 082.50	2 001.36
林业收入	11.67	22.55	111.04	121.11	91.86	118.71	134.95	107.19
牧业收入	176.12	493.93	815.88	818.08	1 068.27	940.46	1 154.78	1 460.11
渔业收入	4.94	6.50	45.90	45.93	28.91	18.56	13.99	31.22
第二产业收入				346.80	300.71	413.82	471.26	502.70
工业收入	5.01	7.26	179.07	278.74	241.96	319.11	367.43	310.33
建筑业收入	14.31	57.99	72.20	68.06	58.75	94.71	103.83	192.37
第三产业收入				634.27	620.07	601.30	651.82	813.86
#交通、运输业和邮电业收入	9.09	45.87	114.57	125.24	194.34	163.38	211.43	255.69
批零贸易、饮食业收入	8.61	17.63	132.85	371.83	314.92	330.59	294.90	377.51
服务业收入	4.28	5.13	49.21	90.58	79.64	78.65	87.79	98.97
转移性收入	14.80	67.21	141.53	139.10	163.06	234.46	274.46	347.68
财产性收入	10.47	23.29	41.06	40.97	34.77	49.59	83.24	82.01
纯收入	**661.42**	**1 800.10**	**3 229.67**	**4 003.00**	**4 443.00**	**4 896.05**	**5 534.20**	**6 240.11**
工资性收入	186.78	241.42	1 107.20	1 416.84	1 744.70	2 005.83	2 486.15	2 847.73
家庭经营纯收入	458.77	1 479.44	1 939.88	2 441.84	2 537.46	2 661.46	2 762.27	3 017.62
第一产业纯收入				1 699.46	1 761.92	1 882.64	1 941.03	1 981.00
第二产业纯收入				224.43	235.24	270.47	305.59	385.89
第三产业纯收入				517.95	540.30	508.35	515.65	650.73
转移性纯收入	6.98	60.80	141.53	103.93	114.72	179.17	202.54	292.76
财产性纯收入	8.89	18.44	41.06	40.79	46.08	49.59	83.24	82.01
现金收入				**4 534.98**	**5 167.67**	**5 826.99**	**6 806.15**	**7 648.87**
非收入现金所得				**407.09**	**655.34**	**560.70**	**797.07**	**955.74**
非借贷性现金所得				100.77	160.98	166.93	230.15	327.22
借贷性现金所得				306.31	494.36	393.77	566.92	628.53

6-18 农村居民家庭平均每人生活消费支出

单位:元

项目	1990	1995	2000	2004	2005	2006	2007	2008
生活消费支出	**536.03**	**1 136.89**	**1 620.93**	**2 028.00**	**2 840.15**	**3 220.46**	**3 807.00**	**4 319.13**
食品	286.00	680.45	683.24	881.35	1 209.73	1 320.32	1 486.09	1 691.53
# 主食	80.17	340.58	243.39	302.54	292.61	319.22	309.03	346.19
副食	142.28	233.95	264.07	291.20	343.26	400.04	536.18	612.30
其他食品	56.49	85.26	113.56	160.36	227.80	221.17	282.63	325.71
在外饮食				120.99	334.14	373.63	350.70	401.44
衣着	55.38	81.94	99.85	134.11	196.53	231.94	270.66	313.57
# 服装				85.91	134.90	155.25	179.01	210.04
鞋类				35.66	45.15	62.95	76.35	87.59
居住	95.38	174.85	322.04	240.16	306.88	431.37	609.72	737.92
# 住房支出				156.39	130.85	204.76	444.73	572.32
电费				33.07	34.02	46.95	59.86	68.82
燃料	28.21	15.92	25.94	36.66	91.88	155.67	69.32	71.68
其他		7.79	17.12	7.30	44.83	16.48	20.44	14.69
家庭设备用品及服务	34.44	46.89	80.60	93.39	118.70	136.81	170.54	201.02
# 日用品				39.86	41.53	46.21	51.47	63.30
家具、机电				37.32	53.44	62.44	86.17	101.99
床上用品				6.54	12.14	9.86	12.64	20.04
医疗保健	19.33	41.50	99.94	124.73	206.62	232.75	254.35	258.42
# 药品				42.05	68.21	92.83	83.48	88.88
医疗费				72.78	127.57	119.13	157.22	157.17
交通和通讯	2.74	26.32	93.00	191.23	274.60	345.94	421.98	452.29
# 交通用品				66.09	91.59	143.43	180.80	172.97
通讯用品				19.40	24.18	31.72	47.15	55.21
交通客运费				27.65	56.90	48.80	43.97	55.97
通讯费				66.13	86.58	108.06	133.10	150.65
文化教育娱乐用品及服务	33.42	73.86	193.88	333.87	473.43	466.66	541.49	606.31
文娱用品				36.18	62.66	63.03	71.19	108.33
教育服务				279.37	363.42	365.65	408.32	399.06
文体娱乐服务				18.32	47.35	37.97	61.98	98.92
其他商品和服务	9.34	11.00	48.39	29.17	53.69	54.66	52.17	58.07

6-19 农村居民家庭住房情况

项目		1990	1995	2000	2004	2005	2006	2007	2008
平均每人年末生活用房面积	**（平方米）**	**18.73**	**19.51**	**22.52**	**27.82**	**29.36**	**32.22**	**34.04**	**35.14**
# 砖木结构		11.33	14.70	15.10	15.40	16.60	18.90	19.93	19.47
钢筋混凝土结构		1.69	2.24	6.49	11.94	12.42	13.21	13.89	15.53
平均每户本年新建房屋									
新建房屋间数占使用间数比重	（%）	3.61	3.38	4.40	2.05	1.05	2.36	4.52	3.27
新建房屋每间价值	（元）	1 534	2 585	2 551	5 485	6 346	6 646	7 562	8 756
每平方米价值	（元）	77	149	119	274	317	332	368	589
平均每人年内新建(购)房屋面积	**（平方米）**	**0.77**	**0.71**	**1.05**	**0.57**	**0.31**	**0.76**	**1.73**	**1.38**
# 砖木结构		0.59	0.45	0.37	0.10	0.09	0.19	0.55	0.53
钢筋混凝土结构		0.23	0.24	0.44	0.47	0.22	0.57	1.18	0.84
砖瓦平房面积					0.21	0.21	0.41	0.62	0.35
楼房		0.05		0.50	0.37	0.10	0.35	1.11	1.02

6-20 农村居民家庭平均每人全年主要消费品消费量

单位:公斤

品名	1990	1995	2000	2004	2005	2006	2007	2008
粮食(原粮)	273.08	246.00	271.16	236.08	233.71	249.35	222.98	224.48
# 稻谷	66.38	82.27	55.71	50.71	49.19	61.83	55.29	63.72
小麦				153.56	146.68	160.14	141.53	137.47
蔬菜	78.98	63.76	71.79	57.25	55.03	74.08	83.77	71.87
植物油	4.65	6.84	7.70	7.80	7.73	9.45	9.45	9.09
动物油	0.39	0.16	0.33	0.07	0.04	0.02	0.02	0.06
肉类	6.70	6.94	9.71	8.32	11.14	12.85	14.94	13.74
# 猪肉	4.59	4.72	4.86	3.35	4.41	6.17	5.95	4.32
家禽	1.06	1.13	2.68	2.54	3.82	4.03	5.16	6.47
蛋类	4.59	7.24	8.79	7.83	7.79	9.49	8.36	11.00
鱼虾	1.46	2.96	3.07	3.61	3.84	4.40	5.22	4.71
食糖	2.47	1.96	1.37	1.16	0.94	0.86	0.85	0.92
酒	3.91	8.12	8.47	7.37	7.51	9.15	10.31	10.62
水果和瓜类				23.55	21.95	24.90	26.09	24.25
奶和奶制品				1.88	2.84	4.37	5.35	5.37

6-21 农民家庭年末平均每百户耐用消费品拥有量

单位：台

品　　名	1990	1995	2000	2004	2005	2006	2007	2008
洗衣机	7.00	10.00	38.00	53.02	70.41	78.65	76.26	80.28
电冰箱	2.00	2.00	19.00	15.05	17.71	22.62	24.84	28.60
空调机			5.00	13.83	7.34	8.60	12.70	15.18
抽油烟机			8.00	13.51	3.83	4.55	5.90	8.21
吸尘器							1.14	0.81
微波炉			1.00	4.79	4.58	5.25	7.28	10.39
热水器			14.00	12.38	17.01	19.63	29.70	41.62
# 太阳能热水器							24.33	37.21
自行车（辆）	155.00	168.00	195.00	207.98	192.59	199.66	195.76	201.29
# 电动自行车							39.34	51.67
摩托车（辆）		2.00	17.00	25.57	33.17	37.21	36.99	42.93
汽车（生活用）（辆）			10.00	0.58	0.14		0.19	0.78
固定电话机（部）			37.00	70.82	79.98	86.32	81.64	81.86
移动电话（部）			9.00	29.50	55.35	84.00	113.07	136.28
彩色电视机	6.00	10.00	53.00	74.61	91.51	99.90	100.28	105.49
# 接入有线电视网的							66.28	74.54
黑白电视机	42.00	73.00	54.00	36.93	17.42	12.54	8.50	6.30
# 接入有线电视网的							3.41	3.04
摄影机			1.00	0.51	0.30	0.65	0.35	0.36
影碟机			12.00	23.32	40.51	44.26	45.94	46.98
照相机（架）	2.00	1.00	7.00	3.95	3.49	4.04	4.09	4.48
家用计算机			3.00	1.47	2.74	3.63	3.86	6.55
# 接入互联网的							3.11	4.82
中高档乐器（件）				0.03	0.13	0.16	0.15	0.29

主要统计指标解释

城镇居民家庭就业人口 指城镇居民从事社会劳动并取得劳动报酬或经营收入的人口。就业人口包括通过国家统筹规划和指导由劳动部门介绍就业，自愿组织起来就业和自谋职业等方式,在国有制、集体所有制、中外合资、中外合作、外资在华独资的企事业单位和私营企业单位工作或从事个体劳动的有固定性职业或临时性职业的人口。被聘用和留用的离退休人员也计入就业人口。本指标可以反映城镇居民的就业情况,是计算就业面、负担系数的重要资料。

城镇居民家庭全部收入 指被调查城镇居民家庭全部的实际现金收入,包括经常或固定得到的收入和一次性收入。不包括周转性收入,如提取银行存款、向亲友借入款、收回借出款以及其他各种暂收款。

城镇居民家庭可支配收入 指被调查城镇居民家庭在支付个人所得税之后,所余下的实际收入。

城镇居民家庭消费性支出 指被调查的城镇居民家庭用于日常生活的全部支出,包括购买商品支出和文化生活、服务等非商品性支出。不包括罚没、丢失款和缴纳的各种税款(如个人所得税、牌照税、房产税等),也不包括个体劳动者生产经营过程中发生的各项费用。

农村居民家庭纯收入 指农村常住居民家庭总收入中,扣除从事生产和非生产经营费用支出、缴纳税款和上交承包集体任务金额以后剩余的,可直接用于进行生产性、非生产性建设投资、生活消费和积蓄的那一部分收入。它是反映农民家庭实际收入水平的综合性的主要指标。农民家庭纯收入,既包括从事生产性和非生产性的经营收入，又包括取自在外人口寄回带回和国家财政救济、各种补贴等非经营性收入;既包括货币收入,又包括自产自用的实物收入。但不包括向银行、信用社和向亲友借款等属于借贷性的收入。

农村居民家庭整半劳动力 指农村常住居民家庭成员中有劳动能力并经常参加实际劳动的人员。是生产的基本要素指标之一，是发展生产增加农民家庭收入的重要源泉。按规定,农村男 18 周岁至 50 周岁、女 18 周岁至 45 周岁为整劳动力;男 16 周岁到 17 周岁、51 周岁到 60 周岁,女 16 周岁到 17 周岁、46 周岁至 55 周岁为半劳动力。农民家庭整半劳动力,既包括在上述规定劳动年龄内和在劳动年龄以外有劳动能力并经常参加实际劳动的男女整半劳动力；也包括农民家庭常住人员中属于职工的劳动力。但不包括在劳动年龄内已丧失劳动能力的人员。

农村居民家庭生活消费支出 指农村常住居民家庭年内用于日常生活的全部开支。它是用来反映和研究农民家庭实际生活消费水平高低的重要指标。农民家庭生活消费支出,包括用于吃、穿、住、烧、用等生活消费品开支和文化、生活服务费用开支两大部分。

农村居民家庭商品性生活消费支出 指农村常住居民家庭用其货币收入,在市场上购买食品、衣着、家庭用家具器皿、日用杂品、燃料、耐用消费品、以及文教卫生用品等生活消费总量。包括向国有商店、集体商店和集市贸易市场以及其他流通渠道购买的全部生活消费品。农民家庭商品性生活消费支出,是农民家庭生活消费支出的一个重要组成部分,是用来反映和分析农民家庭生活消费水平的商品化程度，及其由自给性经济向商品经济发展趋势的重要指标，也是研究和预测农民家庭对市场消费品需求,制定商品供应计划的重要依据。

从业人员劳动报酬 各单位一定时期内直接支付给本单位全部从业人员的劳动报酬总额。包括职工工资总额和本单位其他从业人员劳动报酬两部分。

职工工资总额 指各单位在一定时期内直接支付给本单位全部职工的劳动报酬总额。

工资总额的计算原则应以直接支付给职工的全部劳动报酬为根据。各单位支付给职工的劳动报酬以及其他根据有关规定支付的工资,不论是计入成本的还是不计入成本的,不论是按国家规定列入计征奖金税项目的，还是未列入计征奖金税项目的,不论是以货币形式支付的还是以实物形式支付的,均包括在工资总额内。

计时工资 指按计时工资标准(包括地区生活费补贴)和工作时间支付给个人的劳动报酬,以及根据国家法律、法规和政策规定,因病、工伤、产假、计划生育假、婚丧假、事假、探亲假、定期休假、停工学习、执行国家或社会义务等原因按计时工资标准或计时工资标准的一定比例支付的工资。

计件标准工资 是指实行计件工资制的单位按照批准的计件单价和规定的劳动定额或工作量应支付给计件工人的劳动报酬。

计件超额工资 是计件工资的一部分，指计件工人超额完成定额任务后所得的工资。即计件工人实得的全部计件工资减去应得的计件标准工资后的数额。某些企业的工人由于从事生产的工作物等级高于本人工资等级，因而其计件标准工资高于本人标准工资，其计件超额工资也应是全部工资减去应得的计件标准工资后的数额。

奖金 指支付给职工的超额劳动报酬和增收节支的劳动报酬。

津贴和补贴 指为了补偿职工特殊或额外的劳动消耗和因其他特殊原因支付给职工的津贴，以及为了保证职工工资水平不受物价影响支付给职工的物价补贴。

其他从业人员劳动报酬 指各单位在一定时期内直接支付给本单位其他从业人员的全部劳动报酬。

职工平均工资 指企业、事业、机关单位的职工在一定时间内平均每人所得的货币工资额。它表明一定时期职工工资收入的高低程度，是反映职工工资水平的主要指标。计算公式为：

$$职工平均工资=\frac{报告期实际支付的全部职工工资总额}{报告期全部职工平均人数}$$

职工平均实际工资 指扣除物价变动因素后的职工平均工资。计算公式为：

$$职工平均实际工资=\frac{报告期职工平均工资}{报告期全部职工生活费价格指数}$$

七、自然资源、城市建设和环境保护

NATURAL RESOURCES,URBAH CONSTRUCTION AND ENVIRONMENTAL PROTECTION

第五章　监督检查

第三十二条　县级以上人民政府及其监察机关对下级人民政府、本级人民政府统计机构和有关部门执行本法的情况，实施监督。

第三十三条　国家统计局组织管理全国统计工作的监督检查，查处重大统计违法行为。

县级以上地方人民政府统计机构依法查处本行政区域内发生的统计违法行为。但是，国家统计局派出的调查机构组织实施的统计调查活动中发生的统计违法行为，由组织实施该项统计调查的调查机构负责查处。

法律、行政法规对有关部门查处统计违法行为另有规定的，从其规定。

第三十四条　县级以上人民政府有关部门应当积极协助本级人民政府统计机构查处统计违法行为，及时向本级人民政府统计机构移送有关统计违法案件材料。

第三十五条　县级以上人民政府统计机构在调查统计违法行为或者核查统计数据时，有权采取下列措施：

（一）发出统计检查查询书，向检查对象查询有关事项；

（二）要求检查对象提供有关原始记录和凭证、统计台账、统计调查表、会计资料及其他相关证明和资料；

（三）就与检查有关的事项询问有关人员；

（四）进入检查对象的业务场所和统计数据处理信息系统进行检查、核对；

（五）经本机构负责人批准，登记保存检查对象的有关原始记录和凭证、统计台账、统计调查表、会计资料及其他相关证明和资料；

（六）对与检查事项有关的情况和资料进行记录、录音、录像、照相和复制。

县级以上人民政府统计机构进行监督检查时，监督检查人员不得少于二人，并应当出示执法证件；未出示的，有关单位和个人有权拒绝检查。

第三十六条　县级以上人民政府统计机构履行监督检查职责时，有关单位和个人应当如实反映情况，提供相关证明和资料，不得拒绝、阻碍检查，不得转移、隐匿、篡改、毁弃原始记录和凭证、统计台账、统计调查表、会计资料及其他相关证明和资料。

7-1 自然资源

指　　标		2006	2007	2008
土地资源	**（千公顷）**			
耕地面积		596.21	594.78	590.58
园地		74.70	74.69	74.59
林业用地面积		41.78	41.75	41.70
牧草地面积		0.07	0.07	0.07
城镇及工矿用地面积		45.34	46.20	48.82
交通用地面积		15.07	15.08	15.21
水域面积		25.63	25.61	26.25
未利用土地面积		74.81	74.13	71.56
其他		240.62	242.22	241.04
林木资源				
活立木总蓄积量	（万立方米）	1 320.9	1 380.2	1 551.7
森林面积	（千公顷）	196.7	201.2	311.5
森林蓄积量	（万立方米）	947.1	995.3	1 171.0
森林覆盖率	（%）	25.5	26.6	27.6
水利资源	**（亿立方米）**			
水资源总量		28.36	61.58	42.73
地表径流		14.72	40.16	26.36
地下（浅层）水量		17.51	23.82	22.20
矿产资源（基础储量）	**（万吨/矿石）**			
煤炭	（万吨）	176 500	169 257	140 158
铁	（万吨）	1 290	1 308	1 264
岩盐		22 100	21 990	19 725
石膏		45 181	50 681	36 190
制碳用灰岩		20 091	20 091	20 091
水泥用灰岩		22 380	22 364	27 277
白云岩		928	928	928

注：2006年及以后水利资源计算方法与口径均有变化，与往年数据不可比。

7-2 气象、水文概况

指标	1990	1995	2000	2005	2006	2007	2008
温度 （摄氏度）							
年平均气温	14.8	14.7	15.1	15.0	15.8	15.7	15.0
年极端最高气温	37.2	36.8	37.4	38.3	37.6	36.5	35.3
出现日期 （月、日）	7月9日	6月19日	5月21日	6月23日	6月19日	7月28日	7月3日
年极端最低气温	-15.8	-8.9	-9.4	-9.3	-8.2	-6.1	-11.5
出现日期 （月、日）	2月1日	2月2日	2月1日	1月1日	2月9日	1月9日	12月22日
降水 （毫米）							
年降水量	1 088.8	825.3	979.6	1 162.9	879.8	921.1	867.6
年降水日 （天）	94	66	90	90	77	81	110
一日最大降水量	82.4	94.1	151.3	99.1	115.3	97.0	85.8
出现日期 （月、日）	7月17日	8月22日	7月12日	7月8日	7月3日	7月5日	7月23日
日照							
年日照时间 （小时）	2 251.2	2 452.4	2 064.5	2 204.6	1 965.8	1 875.2	1 834.8
年蒸发量 （毫米）	1 595	1 797.3	1 727.6	1 062.5	1 038.4	976.9	813.3
年平均相对湿度 （%）	72	65	69	67	69	70	68
年平均风力 （米/秒）	2.3	2.0	2.2	2.1	2.1	2.0	2.0
年平均气压 （百帕）	1 017.0	1 017.3	1 011.6	1 012.0	1 011.4	1 011.5	1 011.9
年无霜期 （天）	190	182	158	235	227	211	219
霜期 （月、日）							
初霜日期	10月17日	10月5日	11月1日	10月27日	11月16日	11月12日	11月2日
终霜日期	4月24日	4月4日	4月6日	3月25日	3月29日	4月4日	4月3日
雪期 （月、日）							
初雪日期	12月12日	12月19日	1月8日	11月25日	1月4日	12月8日	1月11日
终雪日期	2月23日	2月4日	2月5日	3月2日	2月28日	12月30日	2月26日
水文（蔺家坝） （米）							
最高水位	32.02	33.40	32.15	33.59	32.97	33.13	33.51
出现日期 （月、日）	8月6日	3月9日	7月29日	9月30日	7月4日	8月17日	7月24日
最低水位	28.35	31.86	28.77	31.47	31.70	31.09	31.72
出现日期 （月、日）	6月17日	6月16日	6月21日	6月20日	6月16日	6月19日	6月19日
年均水位	31.60	33.02	31.07	32.63	32.55	32.39	32.49

7-3　市区分月气象情况

（2007 年）

月　　　份	平均气温（摄氏度）	降水量（毫米）	日照时数（小时）
全　年	**15.7**	**921.1**	**1 875.2**
1 月	1.5		140.8
2 月	6.9	36.3	140.2
3 月	10.1	55.0	162.4
4 月	16.3	19.2	205.1
5 月	23.4	29.5	245.1
6 月	25.2	140.7	150.1
7 月	26.1	280.7	143.6
8 月	27.0	234.0	106.5
9 月	22.8	58.6	158.1
10 月	16.6	28.8	148.1
11 月	8.8	11.8	182.4
12 月	4.1	26.5	92.8

7-4　市区分月气象情况

（2008 年）

月　　　份	平均气温（摄氏度）	降水量（毫米）	日照时数（小时）
全　年	**15.0**	**867.6**	**1 834.8**
1 月	-0.5	28.3	78.9
2 月	1.9	2.8	191.4
3 月	10.9	2.5	213.4
4 月	16.0	54.0	186.4
5 月	22.3	98.4	234.9
6 月	23.9	116.3	128.7
7 月	26.6	337.8	67.4
8 月	26.3	154.4	174.7
9 月	22.1	45.1	130.1
10 月	17.4	14.5	131.2
11 月	9.1	9.5	142.2
12 月	3.4	4.0	155.5

7–5 城市(市区)建设基本情况

年份	市区面积(平方公里)	#建成区面积	市区人口密度(人/平方公里)	年末实有房屋建筑面积(万平方米)	#住宅	年末住宅居住面积(万平方米)	公共交通	
							年底运营车辆数(辆)	年底运营线路网长度(公里)
1978	184.5	41.3	3 636	884	351	211	140	
1979	184.5	42.7	3 842	955	392	204	161	
1980	184.5	43.8	3 950	1 029	440	229	144	
1981	184.5	44.3	4 063	1 105	487	253	160	
1982	184.5	45.2	4 189	1 174	528	274	165	
1983	184.5	45.6	4 297	1 276	590	304	162	
1984	184.5	45.9	4 371		641	333	168	
1985	184.5	46.5	4 470	1 467	691	359	174	
1986	184.5	47.0	4 557	1 863	920	421	182	
1987	184.5	47.3	4 638	1 964	967	442	185	
1988	184.5	48.1	4 726	2 030	1 000	457	183	
1989	184.5	48.9	4 838	2 145	1 030	471	196	
1990	184.5	61.8	4 914	2 245	1 076	492	202	
1991	184.5	63.8	4 979	2 352	1 127	515	211	
1992	184.5	67.0	5 076	2 465	1 180	540	258	
1993	184.5	67.7	5 158	2 622	1 253	573	308	313
1994	963.0	70.7	1 483	2 690	1 293	591	838	329
1995	963.0	59.1	1 507	2 751	1 325	606	1 072	335
1996	963.0	60.3	1 530	2 870	1 381	632	854	337
1997	963.0	61.5	1 551	2 980	1 442	659	903	343
1998	963.0	64.7	1 577	3 104	1 514	692	932	343
1999	963.0	67.6	1 583	3 337	1 672	765	919	368
2000	1 037.7	71.7	1 547	3 507	1 787	817	946	541
2001	1 037.7	77.9	1 566	3 650	1 858	850	1 119	595
2002	1 037.7	81.9	1 576	3 781	1 897	867	922	586
2003	1 037.7	89.1	1 612	3 835	1 914	875	1 006	600
2004	1 037.7	96.8	1 613	3 934	1 964	898	1 076	622
2005	1 159.9	118.0	1 551	5 994	4 196	1 919	1 452	650
2006	1 159.9	127.1	1 566	6 079	4 199	1 920	1 654	700
2007	1 159.9	160.0	1 577	6 304	4 392	2 008	1 741	978
2008	1 159.9	186.6	1 590	6 584	4 615	2 294	1 790	655

7-5 续表 1

年 份	铺装道路长 度（公里）	铺装道路面 积（万平方米）	自来水			人工煤气供应总量（万立方米）	液化石油气供应总量（吨）	用气人口数（万人）
			生产能力（万立方米/日）	供水总量（万立方米）	#生 活用水量			
1978	67	67	8.5	3 052	1 427			
1979	69	72	9.4	3 425	1 886			
1980	72	76	10.9	3 970	2 232			
1981	89	88	12.0	4 377	2 416			
1982	125	102	12.8	4 806	2 071			
1983	128	108	13.4	5 097	2 005			
1984	136	114	14.1	5 619	2 392		269	
1985	138	119	16.3	5 963	2 685	146	681	
1986	284	238	34.2	12 207	2 968	285	1 947	
1987	296	243	34.0	12 308	3 303	358	3 128	
1988	300	249	34.1	12 658	3 564	404	4 108	
1989	345	265	37.2	12 901	4 677	446	4 443	17.6
1990	297	263	37.9	10 744	4 328	464	7 110	25.5
1991	301	269	42.0	10 643	4 669	474	5 939	26.1
1992	355	464	56.0	12 129	5 203	509	7 736	26.8
1993	367	496	56.0	14 718	6 076	522	13 737	44.5
1994	372	747	63.0	15 506	7 498	939	15 168	61.2
1995	579	802	86.9	14 877	7 010	2 830	16 064	68.8
1996	590	830	74.6	14 067	7 653	3 967	18 886	72.0
1997	592	846	72.0	13 677	7 627	4 926	21 400	74.4
1998	593	863	74.5	13 498	7 366	4 888	24 788	77.3
1999	593	908	75.5	12 859	6 958	4 779	23 753	80.0
2000	621	987	75.5	12 464	6 926	4 585	26 196	83.4
2001	690	1 134	75.6	12 397	7 060	4 638	24 000	85.6
2002	760	1 222	72.5	11 748	7 088	4 192	22 400	88.6
2003	822	1 299	72.6	14 354	7 232	4 580	24 600	106.8
2004	865	1 357	55.0	14 008	7 499	4 057	29 400	118.5
2005	1 075	1 434	55.4	15 456	7 962	4 831	39 300	126.8
2006	1 168	1 494	49.0	11 931	6 218	5 699	33 860	113.0
2007	1 202	1 623	49.8	11 509	7 605	5 699	33 750	125.4
2008	1 307	1 855	67.9	16 155	7 718	5 125	32 208	128.8

7-5　续表 2

年　份	排水管道长度（公里）	路灯数（盏）	园林绿地面积（公顷）	建成区绿化覆盖率（%）	公园数（个）	污水排放量（万吨）	垃圾粪便清运量（万吨）	公共厕所数（座）
1978	118	3 243	219	10.4				
1979	124	3 482	249	11.8				
1980	130	3 750	249	11.8				
1981	138	3 920	310	7.6				
1982	155	3 594	320	7.7				
1983	162	4 088	365	9.8				
1984	170	4 225	367	11.8				
1985	182	4 545	367	12.4				
1986	216	5 546	735	14.9				
1987	223	6 110	848	15.1				
1988	248	6 950	1 108	15.1				
1989	253	6 989	1 317	15.9	15		25	508
1990	257	7 507	1 214	27.4	15	9 965	23	503
1991	262	7 779	1 432	30.7	12	9 955	26	587
1992	281	8 551	2 358	30.8	13	7 964	28	537
1993	281	13 581	2 822	31.0	10	7 964	29	403
1994	326	11 688	2 822	31.6	14	9 700	28	448
1995	432	15 463	2 844	33.1	12	8 818	32	455
1996	395	16 140	2 881	33.2	15	7 846	38	328
1997	399	16 923	2 947	33.6	13	7 646	36	277
1998	403	20 393	3 048	33.7	13	7 682	29	258
1999	483	26 187	3 392	34.3	13	7 876	35	238
2000	643	30 937	3 662	34.4	13	5 931	36	225
2001	728	32 577	3 625	24.5	29	5 540	36	212
2002	825	36 836	3 889	26.6	31	5 620	37	266
2003	896	45 231	4 226	29.5	33	6 689	40	312
2004	926	46 087	6 455	36.6	33	7 692	45	249
2005	918	52 678	6 455	36.3	36	10 775	47	258
2006	930	53 000	6 659	37.6	30	11 704	49	297
2007	970	60 000	8 125	38.8	34	12 700	50	338
2008	1 198	56 798	9 242	40.1	40	13 924	45	482

7-6 城市(市区)设施水平

年 份	用 水 普及率 (%)	煤气液化气 普 及 率 (%)	每万人拥有 公共汽车辆 (标台)	人均拥有铺 装道路面积 (平方米)	人均公共 绿地面积 (平方米)	每万人拥有 公 共 厕 所 (座)	排水管道 密 度 (公里/平方公里)
1978	85.7				2.7		2.9
1979	83.3				2.7		2.9
1980	82.6				2.7		3.0
1981	93.8				1.5		3.1
1982	94.2				1.5		3.4
1983	95.0				2.0		3.6
1984	95.0	2.4			2.0		3.7
1985	94.2	6.7			2.4		3.9
1986	92.0	8.4			2.9		4.6
1987	94.2	17.8			2.9		4.7
1988	96.0	19.5			2.9		5.2
1989	98.0	22.2	3.2	3.3	2.9	6.6	5.2
1990	98.0	31.7	3.5	3.9	3.5	6.4	5.2
1991	100.0	37.8	4.1	3.9	6.3	7.4	4.1
1992	100.0	37.8	4.5	6.6	6.3	6.7	4.2
1993	100.0	61.6	4.9	6.9	7.4	4.9	4.2
1994	100.0	75.2	9.0	9.2	7.5	3.6	4.6
1995	100.0	84.0	9.2	9.8	7.9	4.7	7.3
1996	100.0	85.1	6.5	9.8	7.9	3.3	6.6
1997	100.0	86.4	7.0	9.8	9.5	2.7	6.5
1998	100.0	87.9	7.1	9.8	9.9	2.9	6.2
1999	100.0	90.1	7.7	10.2	10.2	2.8	7.2
2000	100.0	90.8	8.1	10.7	10.5	2.4	9.0
2001	100.0	75.8	10.1	10.0	6.6	2.3	9.3
2002	100.0	76.9	8.6	10.6	6.9	2.3	10.1
2003	100.0	90.2	9.1	11.0	7.0	2.6	10.1
2004	100.0	99.7	10.8	11.4	7.4	2.1	9.6
2005	100.0	96.5	9.8	10.9	8.0	2.0	7.8
2006	100.0	96.6	12.9	12.8	9.4	2.2	7.9
2007	100.0	100.0	18.1	12.9	12.1	2.7	6.1
2008	99.9	96.4	17.2	13.9	13.0	4.6	6.4

注:2007年及以后公共绿地面积统计口径改为公园绿地面积(下同)。

7-7 城市(市区)公用事业基本情况

指　　标	1990	1995	2000	2004	2005	2006	2007	2008
城市用地及建筑物面积　(平方公里)								
城市面积	184.5	963.0	1 037.7	1 037.7	1 159.9	1 159.9	1 159.9	1 159.9
# 建成区面积	61.8	59.1	71.7	96.8	118.0	127.1	160.0	186.6
城市建设用地面积	45.10	56.80	69.43	94.48	104.45	101.90	111.37	139.56
# 居住用地	18.30	10.90	13.48	22.21	24.24	26.83	30.05	41.93
公共设施用地		4.70	8.75	15.11	16.43	18.33	20.99	25.38
工业用地	17.10	12.70	14.68	19.27	20.96	23.84	24.38	26.86
仓储用地	2.60	2.70	2.73	3.02	3.05	3.06	3.17	3.42
对外交通用地	4.00	6.80	7.13	7.13	7.13	7.85	7.85	8.86
道路广场用地		2.70	4.56	8.75	13.39	14.02	16.44	20.22
市政公用设施用地		1.10	2.54	2.89	3.00	3.21	3.26	3.91
绿地		3.60	3.75	4.28	4.36	4.74	5.21	8.83
特殊用地		11.70	11.81	11.82	14.68	0.02	0.02	0.15
供水、供气及供热								
自来水供应								
水厂个数　(个)	4	4	4	4	4	4	4	4
水厂综合生产能力　(万吨／日)	37.9	86.9	75.5	55.0	55.4	49.0	49.8	67.9
供水管道长度(系统内)　(公里)	506	569	724	948	1 025	1 026	1 135	2 275
供水总量　(万立方米)	10 744	14 877	12 464	14 008	15 456	11 931	11 509	16 155
# 生产用水量	5 684	7 867	3 574	2 600	3 478	2 775	1 774	3 527
生活用水量	4 328	7 010	6 926	7 499	7 962	6 218	7 605	7 718
人均日生活用水量　(升)	137	198	171	111	123	153	167	160
用水普及率　(%)	98.0	100.0	100.0	100.0	100.0	100.0	100.0	99.9
人工煤气								
储气能力(系统内)　(万立方米)	2	12	12	12	12	12	12	10
煤气管道长度　(公里)	32	237	647	716	763	814	814	485
供气总量　(万立方米)	464	2 830	4 585	4 057	4 831	5 699	5 699	5 125
# 家庭用量	437	1 899	3 326	3 285	3 562	4 050	4 050	3 761
家庭用气户数　(户)	10 343	61 372	110 758	136 916	148 102	164 546	164 546	129 126
用气人口数　(万人)	4.2	20.3	34.7	44.2	47.4	49.0	50.0	32.8
液化石油气								
储气能力　(吨)	275	450	420	2 286	2 402	1 928	1 193	9 957
供气总量　(吨)	7 110	16 064	26 169	29 400	39 300	33 860	33 750	32 208
# 家庭用量	7 074	15 084	23 158	26 700	35 100	27 400	27 400	26 790
家庭用气户数　(户)	60 706	146 628	155 723	230 172	289 500	236 280	228 500	233 560
用气人口数　(万人)	21.3	48.5	48.8	74.4	79.4	81.0	65.4	72.0
煤气和液化石油气普及率　(%)	31.7	84.0	90.8	99.7	96.5	96.6	100.0	96.4
天然气								
储气能力　(万立方米)							4.5	9
供气管道长度　(公里)							209	429
供气总量　(万立方米)							615	1 258
# 家庭用量							138	377
家庭用气户数　(户)							28 571	66 565
用气人口数　(万人)							10	24
集中供热面积　(万平方米)				926	910	1 164	675	895
# 住宅						466	227	334

7-7 续表

指　　标		1990	1995	2000	2004	2005	2006	2007	2008
城市市政设施情况									
实有道路长度	（公里）	297	579	621	865	1 075	1 168	1 202	1 307
道路面积	（万平方米）	263	802	987	1 357	1 434	1 494	1 623	1 855
人行道面积	（万平方米）	35	74	110	191	208	163	396	267
排水管道长度	（公里）	257	432	643	926	918	930	970	1 198
污水年排放量	（万立方米）	9 965	8 818	5 931	7 692	10 775	11 704	12 700	13 924
桥梁数	（座）	51	68	102	132	132	132	135	146
路灯盏数	（盏）	7 507	15 463	30 937	46 087	52 678	53 000	60 000	56 798
防洪堤长度	（公里）	27.0	52.0	34.1	41.2	44.6	45.0	45.0	42.0
公共交通									
公共汽车营运车数	（辆）	202	1 072	946	1 076	1 452	1 654	1 741	1 790
标准营运车数	（标台）	238	752	739	1 287	1 290	1 506	2 272	2 300
客运总量	（万人次）	8 511	10 740	17 040	25 794	25 750	23 820	27 430	28 456
平均每日客运量	（万人次）	23.3	29.4	46.7	70.2	70.5	65.3	75.2	78.0
出租汽车营运车数	（辆）	259	955	2 872	3 073	4 230	3 277	3 479	3 594
城市园林绿化									
绿化覆盖面积	（公顷）	1 324	2 927	3 823	5 236	7 017	7 267	8 847	10 622
# 建城区		891	1 956	2 463	3 232	4 283	4 781	6 210	7 483
园林绿地面积	（公顷）	1 324	2 844	3 662	4 782	6 455	6 659	8 125	9 242
# 公共绿地		235	647	961	883	1 046	1 096	1 521	1 737
公园个数	（个）	15	12	13	33	36	30	34	40
公园面积	（公顷）	104	521	650	323	358	609	789	936
游人量	（万人次）	1 054	463	323	2 300	2 340	112	177	179
人均公共绿地面积	（平方米）	3.5	7.9	10.5	7.4	8.0	9.4	12.1	13.0
建成区绿化覆盖率	（%）	27.4	33.1	34.4	33.4	36.3	37.9	38.2	40.1
城市房屋和住宅情况	**（万平方米）**								
实有房屋建筑面积		2 245	2 751	3 507	3 934	5 994	6 079	6 304	6 584
# 私房		139	261	686	1 713	3 836	3 891		
实有住宅建筑面积		1 076	1 325	1 787	1 964	4 196	4 199	4 392	4 615
# 私房		138	261	684	1 683	3 776	3 780		
当年房屋竣工建筑面积		110.2	110.0	182.9	107.2	286.8	242.4	291.3	296.3
# 住宅		54.3	72.7	122.9	53.6	258.1	206.4	247.6	239.8
当年房屋减少建筑面积		11.4	21.0	13.3	8.0	9.5	8.6	66.0	16.3
# 住宅		8.9	18.0	7.8	4.0	3.5	6.1	55.0	10.6
实有住宅使用面积		773.4	950	1 285	1 412	3 017	3 019	3 157	3 318
实有住宅居住面积		492	606	817	898	1 919	1 920	2 008	2 294
城市清洁卫生情况									
道路清扫保洁面积	（万平方米）	148	350	418	721	780	813	970	969
生活垃圾清运量	（万吨）	21.4	30.0	34.6	45.0	47.0	48.9	50.0	45.0
粪便清运量	（万吨）	1.6	2.0	1.0					
垃圾粪便无害化处理量	（万吨）		32	36	45	47	48	50	40
环卫机械总数	（台）	113	167	172	156	156	172	181	245
公共厕所数	（座）	503	455	225	249	258	297	338	482

注：2002 年及以后垃圾粪便无害化处理量仅指生活垃圾；2006 年及以后游人量统计口径为风景名胜区的游人量。

7-8 工业企业污染治理情况

单位:万元

指标		2001	2002	2003	2004	2005	2006	2007	2008
汇总单位数	(个)	**65**	**28**	**81**	**80**	**74**	**48**	**28**	**33**
当年施工项目投资来源		**6 272**	**1 633**	**18 228**	**33 290**	**47 263**	**33 620**	**33 904**	**27 541**
排污费补助								919	167
政府其他补助								2 195	190
企业自筹								30 790	27 184
#银行贷款								12 124	7 660
国家预算内资金		1	96	300		30			
环保专项资金		90	29	55	173	2 912	2 259		
银行贷款		150	20	1 396		2 580	17 398		
其他资金		6 031	1 487	16 476	33 117	44 321	13 963		
当年施工项目累计完成投资额		**6 272**	**1 633**	**18 228**	**33 290**	**47 263**	**53 607**	**33 904**	**27 541**
治理废水		4 142	985	9 640	8 586	7 396	8 446	9 614	9 826
治理废气		1 818	591	8 088	23 616	38 555	44 416	24 019	17 578
治理固体废物		292	18	500	655	330	100		100
治理噪声		15	8		220	622	294	146	34.8
其他		5	30		214	361	350	125	3
当年安排治理项目	(个)	**84**	**39**	**105**	**121**	**84**	**63**	**36**	**51**
治理废水		42	15	26	31	34	29	19	21
治理废气		36	21	78	83	38	28	12	29
治理固体废物		3	1	1	3	3	1		1
治理噪声		2	1		2	3	4	3	2
其他		1	1		2	6	1	2	1
当年竣工项目	(个)	**61**	**31**	**58**	**108**	**73**	**49**	**34**	**40**
治理废水		21	13	13	23	27	17	19	14
治理废气		35	16	44	78	35	26	10	22
治理固体废物		2		1	3	3	1		1
治理噪声		2	1		2	3	4	3	2
其他		1	1		2	5	1	2	1
当年竣工项目新增设计处理利用“三废”能力									
废水	(吨/日)	39 453	60 802	31 472	92 391	28 122	23 548	61 770	28 722
废气	(万标立方米/时)	84	51	130	666	234	667	493	420
固体废物	(吨/日)	358	10	180	2 523	305			500
主要污染物减排情况									
化学需氧量(COD)	(万吨)					6.35	6.24	6.21	5.98
二氧化硫(SO_2)	(万吨)					20.01	18.46	15.76	13.22

注:2007年及以后施工项目投资来源指标值有调整,与往年不可比。

7-9 工业“三废”排放及处理情况

（2008 年）

行 业	汇总工业企业数（个）	三废综合利用产品产值（万元）	工业废水排放总量（吨）	工业废水排放达标量（吨）	工业废水排放达标率（%）
总 计	**397**	**154 689**	**77 897 937**	**76 904 987**	**98.73**
煤炭开采和洗选业	28	526	16 713 132	16 435 732	98.34
农副食品加工业	17	110	1 526 430	1 369 638	89.73
食品制造业	18	556	1 413 278	1 381 958	97.78
饮料制造业	9	3 209	2 599 760	2 522 480	97.03
烟草制品业	1		120 564	120 564	100.00
纺织业	14	3 094	4 661 730	4 654 080	99.84
皮革、毛皮、羽毛(绒)及其制品业	4	10	375 155	357 955	95.42
木材加工及木、竹、藤、棕、草制品业	7	350	30 342	20 092	66.22
造纸及纸制品业	18	173	28 176 375	27 871 104	98.92
印刷业和记录媒介的复制	1		2 704	2 704	100.00
文教体育用品制造业	1		700		
石油加工、炼焦及核燃料加工业	2	22	450 700	429 822	95.37
化学原料及化学制品制造业	37	6 900	9 413 453	9 400 653	99.86
医药制造业	11	1	661 355	660 855	99.92
橡胶制品业	2		85 800	85 800	100.00
塑料制品业	3	30	16 546	16 546	100.00
非金属矿物制品业	121	117 945	65 260	65 260	100.00
黑色金属冶炼及压延加工业	18	6 247	914 540	869 000	95.02
有色金属冶炼及压延加工业	11	7 919	107 900	100 900	93.51
金属制品业	12	123	542 650	542 650	100.00
通用设备制造业	15	651	1 190 992	1 190 992	100.00
专用设备制造业	11	10	302 748	302 748	100.00
电气机械及器材制造业	2	800	1 730		
废弃资源和废旧材料回收加工业	1		3 300	3 300	100.00
电力、热力的生产和供应业	30	6 015	8 484 154	8 484 154	100.00
其它行业	3		36 639	16 000	43.67

7-9 续表 1 （2008 年）

行业	工业废气排放总量（万标立方米）	燃料燃烧过程中废气排放总量（万标立方米）	生产工艺过程中废气排放总量（万标立方米）	二氧化硫去除量（吨）	二氧化硫排放量（吨）
总计	**28 390 726**	**17 262 889**	**11 127 837**	**156 513**	**123 838**
煤炭开采和洗选业	104 240	104 240		82	578
农副食品加工业	36 622	36 622			663
食品制造业	86 268	86 268			253
饮料制造业	59 690	59 690		12	278
烟草制品业	8 995	8 995			48
纺织业	43 030	42 695	335	191	300
皮革、毛皮、羽毛(绒)及其制品业	4 675	4 675			74
木材加工及木、竹、藤、棕、草制品业	69 588	16 897	52 691		159
造纸及纸制品业	204 676	204 676		38	1 634
印刷业和记录媒介的复制					
文教体育用品制造业					
石油加工、炼焦及核燃料加工业	146 262	33 450	112 812	4	88
化学原料及化学制品制造业	829 695	534 191	295 504	3 723	1 680
医药制造业	40 334	40 326	8	122	229
橡胶制品业					
塑料制品业	10 130		10 130		
非金属矿物制品业	6 901 361	548 008	6 353 353	9 609	8 785
黑色金属冶炼及压延加工业	5 267 917	2 702 934	2 564 983	8 124	7 112
有色金属冶炼及压延加工业	1 522 956	28 367	1 494 589	220	512
金属制品业	45 534	26 912	18 622		201
通用设备制造业	278 471	55 204	223 267		107
专用设备制造业	26 464	26 355	109		106
电气机械及器材制造业	1 434		1 434	2	
废弃资源和废旧材料回收加工业	1 890	1 890		22	6
电力、热力的生产和供应业	12 693 668	12 693 668		134 363	100 992
其它行业	6 826	6 826		1	31

7-9 续表 2 （2008 年）

行业	烟尘去除量（吨）	烟尘排放量（吨）	# 烟尘排放达标量（吨）	工业粉尘去除量（吨）	工业粉尘排放量（吨）	工业粉尘排放达标量（吨）
总计	**2 808 038**	**19 832**	**19 090**	**273 891**	**16 648**	**14 563**
煤炭开采和洗选业	1 842	258	246			
农副食品加工业	1 245	234	234	5	5	5
食品制造业	595	167	166	7	7	7
饮料制造业	865	124	121			
烟草制品业	41	10	10			
纺织业	627	130	123			
皮革、毛皮、羽毛(绒)及其制品业	579	48	47			
木材加工及木、竹、藤、棕、草制品业	108	25	25	7559	22	22
造纸及纸制品业	3 734	867	832			
印刷业和记录媒介的复制						
文教体育用品制造业						
石油加工、炼焦及核燃料加工业	145	132	109		361	320
化学原料及化学制品制造业	53 137	550	449	9 562	506	506
医药制造业	228	50	50			
橡胶制品业						
塑料制品业				59	4	4
非金属矿物制品业	1 955	4 645	4 323	198 746	11 859	10 795
黑色金属冶炼及压延加工业	24 233	2 569	2 349	56 916	3 575	2 614
有色金属冶炼及压延加工业	367	35	35	682	120	120
金属制品业	2 128	133	133	183	71	69
通用设备制造业	104	76	76	172	105	102
专用设备制造业	319	54	45		14	
电气机械及器材制造业						
废弃资源和废旧材料回收加工业	56	6	6			
电力、热力的生产和供应业	2 715 565	9 699	9 692			
其它行业	167	19	16			

7-9 续表 3 （2008 年）

行　　业	工业固体废物产生量（吨）	工业固体废物综合利用量（吨）	工业固体废物综合利用率（%）	工业固体废物贮存量（吨）	工业固体废物处置量（吨）
总　计	**1 054**	**1 186**	**99.56**	**20**	**52 514**
煤炭开采和洗选业	238	257	100.00		1
农副食品加工业	2	2	100.00		
食品制造业	1	1	100.00		
饮料制造业	7	7	100.00		
烟草制品业			100.00		
纺织业	1	1	98.68	15	114
皮革、毛皮、羽毛(绒)及其制品业			99.72	4	
木材加工及木、竹、藤、棕、草制品业	1	1	100.00		
造纸及纸制品业	11	8	72.39		30 000
印刷业和记录媒介的复制					1
文教体育用品制造业			99.80		1
石油加工、炼焦及核燃料加工业			100.00		
化学原料及化学制品制造业	78	79	98.80		9 533
医药制造业	1	1	97.25		240
橡胶制品业					
塑料制品业					
非金属矿物制品业	2	2	100.00		
黑色金属冶炼及压延加工业	158	158	100.00		3
有色金属冶炼及压延加工业	2	2	100.00		1
金属制品业	3	2	68.62		9 927
通用设备制造业	1	1	75.18		2 692
专用设备制造业	1	1	99.98	1	
电气机械及器材制造业					1
废弃资源和废旧材料回收加工业			100.00		
电力、热力的生产和供应业	546	663	100.00		
其它行业			100.00		

主要统计指标解释

自来水综合生产能力 指年底城建部门管理的自来水厂和各单位自备水源的取水、净化、送水、出厂输水干管等环节的实际生产能力。

全年供水总量 指公用自来水厂和社会单位自备水源全年的供水总量,包括有效供水量及损失水量。

城市人口用水普及率 指城市市区用水的非农业人口数(不包括临时人口和流动人口)与市区非农业人口总数之比。

煤气供气总量 指城市煤气企业向城市生产用户、生活用户和其他用户供应全部煤气量。包括外购煤气量的损失量。

城市气化率 指使用煤气(包括人工煤气、液化石油气)的市区非农业人口数(不包括临时人口和流动人口)与市区非农业人口总数之比。

年末实有铺装道路长度 指除土路外,路面经过铺装宽度在3.5米以上的道路,包括高级、次高级道路和普通道路。

营运标准车台 是指营运车数按标台换算系数折合的标准车台总数。用以综合反映公交企业的运输能力。标准车台是以每辆车长度10米为一标准台,如营运车长8.7米,折合0.87标台,营运车长14米,折合1.4标台。计算方法:

$$\text{标准车台(标台)}=\frac{\text{各类营运车辆长度之和(米)}}{\text{标台换算系数(10米)}}$$

营运车数 是指经上级主管机关核准,可参加营运的全部车辆数。包括技术完好的、在修的、待修的、长期停驶的,以及拟报废尚未经上级主管机关批准的。但不包括非营运车辆,如架线车、货车、油灌车、工程车及其他专用车辆和借入的运客车辆。

营运线路长度 是指固定的营运线路长度,包括郊区营运线路长度,不包括临时行驾的线路长度。营运线路长度应以营运线路的起点站至终点站往返路程的二分之一长度计算。

公共绿地 指供游览休息的各种公园(包括植物园、陵园、游乐园和风景名胜公园等)、动物园、广场绿地、河(湖)滨绿地和宽在八米以上设置有行人休息设施的林荫道绿地等。

建成区绿化覆盖率 反映建成区的绿化覆盖情况,其计算方法:

$$\text{建成区绿化覆盖率}(\%)=\frac{\text{建成区园林绿化面积}+\text{建成区道路绿化面积}}{\text{建成区面积}}\times 100\%$$

工业废水排放总量 指经过工业企业厂区所有排放口排到企业外部的工业废水量。包括外排的直接冷却水、超标排放的矿井地下水和与工业废水混排的厂区生活污水,不包括外排的间接冷却水(清污不分流的间接冷却水应计算在内)。

工业废气排放总量 指工业企业厂区内燃料燃烧和生产工艺过程中排放的各种废气总量。以标准状态下(0℃,101325Pa)每年万标立方米表示(每小时排放量的算术平均值×年排放小时数)。

工业烟尘排放量 指工业企业在厂区内的燃料燃烧过程中排入环境的烟尘量。

工业粉尘排放量 指工业企业在生产工艺过程中排放的固体微粒总重量。如钢铁企业的耐火材料粉尘,焦化企业的筛焦系统粉尘、烧结机的粉尘,石灰窑的粉尘、建材企业的水泥粉尘等。不包括电厂排入大气的烟尘。

八、农林牧渔业

FARMING,FORESTRY,ANIMAL HUSBANDRY AND FISHERY

第六章　法律责任

第三十七条　地方人民政府、政府统计机构或者有关部门、单位的负责人有下列行为之一的，由任免机关或者监察机关依法给予处分，并由县级以上人民政府统计机构予以通报：

（一）自行修改统计资料、编造虚假统计数据的；

（二）要求统计机构、统计人员或者其他机构、人员伪造、篡改统计资料的；

（三）对依法履行职责或者拒绝、抵制统计违法行为的统计人员打击报复的；

（四）对本地方、本部门、本单位发生的严重统计违法行为失察的。

第三十八条　县级以上人民政府统计机构或者有关部门在组织实施统计调查活动中有下列行为之一的，由本级人民政府、上级人民政府统计机构或者本级人民政府统计机构责令改正，予以通报；对直接负责的主管人员和其他直接责任人员，由任免机关或者监察机关依法给予处分：

（一）未经批准擅自组织实施统计调查的；

（二）未经批准擅自变更统计调查制度的内容的；

（三）伪造、篡改统计资料的；

（四）要求统计调查对象或者其他机构、人员提供不真实的统计资料的；

（五）未按照统计调查制度的规定报送有关资料的。

统计人员有前款第三项至第五项所列行为之一的，责令改正，依法给予处分。

第三十九条　县级以上人民政府统计机构或者有关部门有下列行为之一的，对直接负责的主管人员和其他直接责任人员由任免机关或者监察机关依法给予处分：

（一）违法公布统计资料的；

（二）泄露统计调查对象的商业秘密、个人信息或者提供、泄露在统计调查中获得的能够识别或者推断单个统计调查对象身份的资料的；

（三）违反国家有关规定，造成统计资料毁损、灭失的。

统计人员有前款所列行为之一的，依法给予处分。

第四十条　统计机构、统计人员泄露国家秘密的，依法追究法律责任。

第四十一条　作为统计调查对象的国家机关、企业事业单位或者其他组织有下列行为之一的，由县级以上人民政府统计机构责令改正，给予警告，可以予以通报；其直接负责的主管人员和其他直接责任人员属于国家工作人员的，由任免机关或者监察机关依法给予处分：

（一）拒绝提供统计资料或者经催报后仍未按时提供统计资料的；

（二）提供不真实或者不完整的统计资料的；

（三）拒绝答复或者不如实答复统计检查查询书的；

（四）拒绝、阻碍统计调查、统计检查的；

（五）转移、隐匿、篡改、毁弃或者拒绝提供原始记录和凭证、统计台账、统计调查表及其他相关证明和资料的。

8-1 农村基层组织情况

指标	1985	1990	1995	2000	2004	2005	2006	2007	2008
农村组织情况 （个）									
乡个数	173	147	128						
镇个数(含城乡镇)	9	35	55	107	114	114	114	114	114
村委会个数	3 543	3 517	3 511	3 493	2 310	2 364	2 364	2 388	2 351
村民小组个数	26 723	27 041	27 028	26 793	21 818	22 033	23 001	21 858	21 712
乡村户数、人口									
乡村户数 （万户）	135.83	204.39	170.02	174.45	178.02	178.83	182.43	184.08	185.06
乡村人口 （万人）	595.82	656.06	674.08	680.81	687.78	690.39	694.00	695.80	698.58
乡村从业人员 （万人）	**271.99**	**321.78**	**330.58**	**335.71**	**346.60**	**348.00**	**352.75**	**354.55**	**354.38**
按性别分									
男性	143.32	169.35	170.48	173.80	180.64	182.87	184.98	186.40	188.85
女性	128.67	152.43	160.10	161.91	165.96	165.13	167.77	168.15	165.53
按行业分									
农林牧渔业	220.26	247.48	239.66	233.14	187.91	180.78	175.27	165.28	160.74
#农业	203.74	227.10	213.35	207.14	169.02	163.24	159.21	149.49	143.23
工业	19.75	27.03	31.52	30.05	47.91	56.71	66.41	75.51	78.79
建筑业	13.04	19.38	24.65	27.32	31.73	35.32	38.21	40.09	42.38
交通运输、仓储业和邮电业	4.38	6.68	8.77	9.31	9.75	10.41	11.25	11.71	12.26
批发与零售业	4.41	6.89	7.65	11.90	16.13	13.72	13.27	15.84	16.75
金融、保险业		0.16	0.22	0.18	0.47	0.47	0.55	0.59	0.65
房地产、社会服务业	0.46	0.44	0.63	0.85	0.94	1.19	1.17	1.32	1.31
卫生、体育和社会福利业	1.06	1.09	1.18	1.32	1.40	1.41	1.37	1.38	1.44
教育、文化艺术和广播电视事业	2.43	2.61	2.39	2.50	2.11	2.11	2.11	2.22	2.30
科学研究和综合技术服务事业	0.12	0.20	0.17	0.15	0.20	0.24	0.24	0.27	0.27
乡经济组织管理业	0.46		1.49	1.47	1.10	1.27	1.15	1.17	0.78
其他非农业行业	5.62	9.82	12.25	17.52	46.56	44.37	41.75	39.17	36.71
#外出合同工、临时工	2.03	3.90	6.81	9.54	39.23				

8-2 主要年份耕地面积

单位：千公顷

年 份	年末实有耕地面积	水田	旱地	年内减少	#国家基建占 地	人均占有耕地(亩/人) 按乡村人口计 算	按农林牧渔业劳动力计算
1949	836.89					3.68	
1952	859.85					3.56	
1957	834.76			25.09		3.12	
1962	701.87			23.06		2.56	
1965	678.81			5.90		2.34	
1970	672.84			5.95		1.99	
1975	651.79			21.05		1.78	
1978	642.93			9.24		1.69	
1979	640.61			1.87		1.68	
1980	637.80			2.88		1.66	
1981	635.89			1.65		1.63	
1982	634.57			2.33		1.60	
1983	633.74			0.34		1.58	4.41
1984	632.69			0.66		1.57	4.35
1985	630.46			2.82		1.56	4.29
1986	626.84	143.02	483.82	3.06	2.10	1.54	4.21
1987	625.33	150.71	474.62	1.50	1.08	1.52	4.19
1988	623.13	145.97	477.16	2.20	1.49	1.50	4.16
1989	621.90	153.86	468.04	1.23	1.13	1.48	3.99
1990	619.58	170.25	449.33	2.32	1.88	1.39	3.75
1991	617.73	184.04	433.69	1.88	1.10	1.37	3.69
1992	613.77	191.94	421.83	4.01	3.07	1.36	3.58
1993	611.15	161.03	450.12	2.62	1.24	1.35	3.73
1994	608.12	156.38	451.74	3.12	1.34	1.34	3.71
1995	604.63	161.10	442.23	4.79	1.31	1.33	3.78
1996	602.65	170.39	432.26	2.16	0.96	1.32	3.81
1997	615.40	186.44	428.96	1.17	0.85	1.35	3.87
1998	616.07	191.99	424.08	1.38	0.52	1.36	3.85
1999	615.52	213.85	401.67	1.54	1.03	1.36	3.95
2000	611.77	200.59	411.18	3.81	0.59	1.35	3.94
2001	609.69	195.31	414.38	2.72	1.63	1.33	4.01
2002	609.51	185.33	424.18	1.05	0.43	1.33	4.27
2003	609.00	205.05	403.95	3.35	0.63	1.33	4.70
2004	606.65	205.04	401.61	2.53	1.55	1.32	4.84
2005	599.64	207.82	124.97	1.87	1.39	1.30	4.98
2006	596.21	214.34	132.51	3.47	2.30	1.29	5.10
2007	594.78	210.18	135.90	2.62	1.78	1.28	5.40
2008	590.58	199.64	140.02	5.29	3.85	1.27	5.51

注：2005 年及以后旱地不再统计，改为水浇地。

8–3 农林牧渔业总产值

（1990 年不变价格）

单位:万元

年 份	农林牧渔业总产值	农 业	# 种植业	林 业	牧 业	渔 业	农林牧渔服务业产值
1949	80 236	65 097	61 773	2 218	12 040	881	
1952	95 905	78 558	74 838	3 212	12 971	1 164	
1957	102 414	78 186	74 224	4 835	18 055	1 338	
1962	96 791	72 700	69 868	3 662	19 008	1 421	
1965	125 348	92 907	90 004	8 997	21 106	2 338	
1970	158 029	118 837	105 566	4 644	32 891	1 657	
1975	228 677	178 457	172 547	10 942	37 175	2 103	
1978	248 804	191 076	187 732	14 128	40 533	3 067	
1979	288 101	223 399	212 121	16 178	45 551	2 973	
1980	308 986	243 256	238 217	13 413	48 123	4 194	
1981	329 627	262 760	257 207	10 473	51 967	4 427	
1982	373 565	289 122	283 967	12 941	66 584	4 918	
1983	432 382	344 386	335 209	13 184	69 111	5 701	
1984	503 683	388 672	375 586	14 530	94 357	6 124	
1985	509 617	366 471	354 254	15 818	119 353	7 975	
1986	539 701	388 306	373 140	14 658	125 615	11 122	
1987	558 965	395 672	378 105	15 192	135 192	12 909	
1988	575 531	383 071	361 932	14 627	163 882	13 951	
1989	584 300	388 451	359 628	15 261	165 123	15 465	
1990	617 106	388 974	360 044	14 882	196 316	16 934	
1991	653 321	407 091	384 372	11 738	215 982	18 510	
1992	714 847	435 995	401 506	13 686	244 515	20 651	
1993	796 478	453 399	413 499	21 894	295 714	25 471	
1994	871 817	482 183	441 390	22 290	337 104	30 240	
1995	1 027 284	555 518	500 806	29 108	401 517	41 141	
1996	1 137 525	605 564	548 022	28 439	459 140	44 382	
1997	1 034 702	659 292	593 339	28 712	300 797	45 901	
1998	1 102 308	688 264	621 433	29 955	331 947	52 142	
1999	1 173 788	724 032	652 241	32 957	359 148	57 651	
2000	1 231 562	754 514	676 985	33 273	379 129	64 646	
2001	1 314 282	804 945	738 517	35 204	405 637	68 496	
2002	1 394 896	862 345	795 933	36 692	423 099	72 760	
2003	1 355 438	730 532	730 532	39 101	455 613	72 950	57 242
2004	1 480 373	868 038	868 038	40 318	468 235	76 990	26 792
2005	1 539 166	878 862	878 862	42 879	499 465	84 986	32 974
2006	1 610 241	936 506	936 506	44 729	477 791	115 570	35 645
2007	1 698 325	988 077	988 077	46 628	499 172	120 259	44 189
2008	3 895 663	2 497 899	2 497 899	103 246	1 002 939	198 293	93 286

注:2008 年为可比价计算口径,与往年不可比。

8-4 农林牧渔业分项产值

（2008 年） 单位：万元

指 标	总产值（当年价格）	构 成（%）
农林牧渔业总产值	**4 206 518**	**100.0**
农业总产值	**2 622 794**	**62.4**
种植业产值	2 622 794	62.4
粮食	712 895	17.0
油料	48 246	1.2
棉花	77 613	1.9
麻类		
糖料		
其他农作物	17 368	0.4
蔬菜园艺作物	1 457 271	34.6
茶、桑、水果	304 889	7.3
药材	4 512	0.1
林业产值	**106 343**	**2.5**
林木培养和种植	73 075	1.7
竹木采运	19 309	0.5
# 村及村以下竹木采伐	12 157	0.3
林产品	13 959	0.3
牧业产值	**1 163 409**	27.7
牲畜	172 454	4.1
牛	10 270	0.2
羊	100 055	2.4
猪	382 948	9.1
家禽的饲养	512 585	12.2
捕猎	54	…
其他动物产品	95 368	2.3
渔业产值	**214 156**	**5.1**
# 淡水产品	214 156	5.1
农林牧渔服务业	**99 816**	**2.4**

8-5 农林牧渔业总产值、中间消耗及增加值

（当年价格） 单位:万元

指标	1990	1995	2000	2004	2005	2006	2007	2008
农林牧渔业总产值	**648 481**	**1 909 331**	**2 258 028**	**3 073 302**	**3 330 682**	**3 552 208**	**3 832 380**	**4 206 518**
农业产值	421 660	1 133 427	1 483 459	1 962 837	2 087 542	2 271 309	2 460 106	2 622 794
林业产值	14 643	45 823	58 415	78 534	88 590	94 474	100 092	106 343
牧业产值	194 679	669 430	588 828	818 526	905 295	926 270	986 973	1 163 409
渔业产值	17 499	60 651	127 326	152 583	181 405	184 310	196 061	214 156
农林牧渔服务业				60 822	67 850	75 845	89 148	99 816
农林牧渔业中间消耗	**265 505**	**899 941**	**1 072 317**	**1 457 371**	**1 631 111**	**1 744 009**	**1 905 747**	**2 072 704**
农业中间消耗	139 355	408 638	606 074	777 484	869 347	959 365	1 057 969	1 114 072
林业中间消耗	5 703	15 207	21 485	28 996	35 128	37 795	40 560	42 785
牧业中间消耗	116 534	443 072	386 418	549 464	609 154	624 079	668 368	764 380
渔业中间消耗	3 913	33 024	58 340	71 563	90 200	91 888	99 115	106 550
农林牧渔服务业				29 864	27 282	30 882	39 735	44 917
农林牧渔业增加值	**372 976**	**1 009 390**	**1 185 711**	**1 615 931**	**1 699 571**	**1 808 199**	**1 926 633**	**2 133 814**
农业增加值	271 509	724 789	877 385	1 185 353	1 218 195	1 311 944	1 402 137	1 508 722
林业增加值	8 939	30 616	36 930	49 538	53 462	56 679	59 532	63 558
牧业增加值	78 145	226 358	202 410	269 062	296 141	302 191	318 605	399 029
渔业增加值	14 383	27 627	68 986	81 020	91 205	92 422	96 946	107 606
农林牧渔服务业				30 958	40 568	44 963	49 413	54 899

注:2003 年及以后农林牧渔业总产值、中间消耗、增加值含农林牧渔服务业(下同)。

8-6 农林牧渔业总产值、中间消耗及增加值构成

（当年价格） 单位:%

指标	1990	1995	2000	2004	2005	2006	2007	2008
农林牧渔业总产值	**100.0**	**100.0**	**100.0**	**100.0**	**100.0**	**100.0**	**100.0**	**100.0**
农业产值	65.0	59.4	65.7	63.9	62.7	63.9	64.2	62.4
林业产值	2.3	2.4	2.6	2.6	2.7	2.7	2.6	2.5
牧业产值	30.0	35.0	26.1	26.6	27.2	26.1	25.8	27.7
渔业产值	2.7	3.2	5.6	5.0	5.4	5.2	5.1	5.1
农林牧渔服务业				2.0	2.0	2.1	2.3	2.4
农林牧渔业中间消耗	**100.0**	**100.0**	**100.0**	**100.0**	**100.0**	**100.0**	**100.0**	**100.0**
农业中间消耗	52.5	45.4	56.5	53.3	53.3	55.0	55.5	53.7
林业中间消耗	2.1	1.7	2.0	2.0	2.2	2.1	2.1	2.1
牧业中间消耗	43.9	49.2	36.0	37.7	37.3	35.8	35.1	36.9
渔业中间消耗	1.5	3.7	5.5	4.9	5.5	5.3	5.2	5.1
农林牧渔服务业				2.0	1.7	1.8	2.1	2.2
农林牧渔业增加值	**100.0**	**100.0**	**100.0**	**100.0**	**100.0**	**100.0**	**100.0**	**100.0**
农业增加值	72.8	71.8	74.0	73.4	71.7	72.6	72.8	70.7
林业增加值	2.4	3.0	3.1	3.1	3.1	3.1	3.1	3.0
牧业增加值	21.0	22.4	17.1	16.7	17.4	16.7	16.5	18.7
渔业增加值	3.8	2.8	5.8	5.0	5.4	5.1	5.0	5.0
农林牧渔服务业				1.9	2.4	2.5	2.6	2.6

8-7 主要年份农作物播种面积

单位:千公顷

年 份	总播种面积	粮食作物		在粮食作物播种面积中				
		播种面积	占总播种面积(%)	小麦	稻谷	薯类	玉米	大豆
1957	1 177.89	908.19	77.1	430.05	16.85	102.38	73.84	262.07
1962	950.53	738.01	77.6	328.84	4.69	157.03	56.30	182.15
1965	948.59	678.22	71.5	259.94	22.67	139.35	46.67	146.59
1970	901.52	701.41	77.8	315.96	63.93	126.21	45.11	129.20
1975	947.18	713.49	75.3	309.46	58.41	119.87	39.87	130.48
1978	951.43	705.09	74.1	296.74	79.95	147.32	78.10	90.07
1979	968.45	729.18	75.3	318.46	125.48	113.87	47.08	71.39
1980	942.88	729.57	77.4	306.49	179.40	102.33	46.32	83.03
1981	979.52	814.85	83.2	298.89	168.43	92.35	41.24	76.57
1982	969.44	831.59	85.8	365.49	127.95	76.38	118.47	65.49
1983	984.09	852.18	86.6	388.61	133.06	89.93	137.95	86.32
1984	1 014.64	872.44	86.0	417.20	150.06	77.11	136.81	74.39
1985	1 029.63	855.12	83.1	412.26	141.52	62.80	157.29	68.23
1986	1 037.58	873.57	84.2	417.35	137.65	60.62	172.19	72.44
1987	1 045.15	874.63	83.7	419.93	132.73	58.12	186.04	66.87
1988	1 023.02	845.62	82.7	414.33	134.01	56.93	163.01	56.63
1989	1 023.21	867.63	84.8	423.58	141.54	51.87	186.99	52.18
1990	988.39	850.59	86.1	427.27	157.77	47.15	174.55	34.87
1991	1 021.19	859.15	84.1	427.42	181.57	41.77	171.87	27.43
1992	1 022.63	848.47	83.0	424.84	187.59	36.48	163.96	27.41
1993	1 002.96	808.94	80.7	403.64	147.43	35.62	175.00	39.78
1994	988.14	768.44	77.8	378.34	141.85	30.96	168.50	39.72
1995	967.30	743.12	76.8	372.20	151.26	29.84	150.25	30.29
1996	967.11	744.03	77.0	370.00	164.40	31.91	139.52	29.53
1997	982.83	753.81	76.7	370.71	178.09	27.76	133.48	35.18
1998	1 014.34	745.58	73.5	360.92	185.69	25.10	136.21	31.93
1999	990.28	686.62	69.3	326.16	203.25	21.95	105.35	21.74
2000	990.73	587.54	59.3	276.33	158.30	21.67	87.70	35.09
2001	999.24	536.91	53.7	256.38	140.67	18.51	83.51	30.91
2002	1 001.78	512.26	51.1	240.85	134.71	18.36	82.19	28.91
2003	985.81	465.79	47.2	212.58	115.87	18.09	83.32	28.75
2004	1 001.27	539.29	53.9	238.34	161.72	14.90	89.53	28.98
2005	1 024.73	576.99	56.3	260.21	177.69	10.76	90.16	31.63
2006	1 015.26	613.22	60.4	279.82	184.78	8.92	101.92	32.77
2007	1 040.39	672.42	64.6	311.13	184.67	6.90	133.98	33.73
2008	1 010.10	666.84	66.2	307.82	185.77	6.29	127.55	37.57

8-7 续表

单位：千公顷

年 份	经济作物		在经济作物播种面积中				其 它 作 物	
	播种面积	占总播种面积(%)	棉花	油菜籽	花生	甜菜		#蔬菜
1957	210.40	17.9	49.93	0.87	25.17		9.30	1.48
1962	200.32	21.3	29.04	0.29	14.23		10.20	3.94
1965	256.34	27.0	42.17		26.67		14.03	11.04
1970	182.27	20.2	52.05		8.75		17.84	13.45
1975	214.48	22.6	54.84	0.92	10.43		19.21	
1978	225.31	23.7	48.48	1.90	9.30		21.03	17.92
1979	217.95	22.5	54.65	2.01	10.57		20.87	14.80
1980	194.84	20.7	47.95	6.01	16.93		18.47	14.59
1981	165.47	16.9	59.48	7.81	13.62		23.59	17.25
1982	137.85	14.2	65.43	6.81	10.37		25.47	20.18
1983	104.08	10.6	69.17	14.59	14.31		27.83	18.02
1984	114.72	11.3	83.67	9.81	13.49		27.48	20.93
1985	137.25	13.3	77.32	23.02	24.26	0.33	37.26	28.17
1986	118.57	11.4	57.81	30.76	22.31		45.44	33.75
1987	123.99	11.9	68.53	30.92	18.62		46.53	35.01
1988	125.32	12.3	90.3	11.62	16.79		52.08	39.40
1989	100.59	9.8	64.83	9.37	16.08		54.99	43.78
1990	87.19	8.8	61.68	4.65	13.91		50.61	42.47
1991	114.15	11.2	77.80	9.83	15.55	0.40	47.89	39.99
1992	119.50	11.7	80.62	6.76	17.18		54.99	44.93
1993	90.45	9.0	57.68	5.46	21.14		103.57	73.81
1994	100.31	10.2	60.97	9.82	25.63	0.57	119.39	99.11
1995	95.85	9.9	62.15	7.10	23.81	0.17	128.33	113.38
1996	71.23	7.4	43.65	4.98	19.50	0.71	151.84	134.73
1997	67.17	6.8	37.54	3.35	21.64	0.08	161.85	138.68
1998	68.40	6.7	35.85	2.90	27.82	0.21	200.36	165.70
1999	68.55	6.9	23.48	2.90	38.33	0.05	235.11	215.05
2000	106.46	10.7	42.78	6.19	53.68	0.06	296.73	244.94
2001	131.18	13.1	61.51	7.54	57.26	0.20	331.15	299.16
2002	120.46	12.0	54.30	9.12	53.49	0.08	369.06	326.41
2003	141.16	14.3	72.23	9.96	50.83		370.85	338.12
2004	154.29	15.4	70.17	8.19	32.03	0.07	307.69	301.98
2005	133.26	13.0	53.33	8.83	43.75		314.48	310.97
2006	111.05	10.9	46.19	7.77	34.06		290.99	288.24
2007	74.30	7.14	40.89	5.43	27.98		293.67	270.63
2008	87.10	8.62	36.15	4.41	25.88		276.58	254.58

8-8 农作物播种面积和产量

指 标	2007			2008		
	播种面积（千公顷）	每公顷产量（公斤）	总产量（吨）	播种面积（千公顷）	每公顷产量（公斤）	总产量（吨）
农作物总播种面积	**1 040.39**			**1 010.10**		
粮食	672.42	5 573	3 747 434	666.84	5 839	3 893 383
夏收粮食	312.84	5 578	1 745 084	309.37	5 812	1 797 915
夏收谷物	312.32	5 583	1 743 799	308.87	5 817	1 796 672
# 小麦	311.13	5 583	1 737 171	307.82	5 817	1 790 734
大麦	1.19	5 570	6 628	1.05	4 920	5 166
夏收豆类	0.52	2 471	1 285	0.50	2 200	1 100
秋收粮食	359.58	5 569	2 002 425	357.47	5 957	2 129 416
秋收谷物	318.75	5 958	1 899 096	313.32	6 414	2 009 699
# 稻谷	184.67	7 699	1 421 817	185.77	7 777	1 444 694
# 籼稻	71.69	7 785	558 075	79.97	7 680	614 142
玉米	133.98	4 106	550 153	127.55	4 430	565 005
秋收豆类	33.93	2 278	77 300	37.86	2 290	86 718
# 大豆	33.73	2 283	76 998	37.57	2 297	86 297
秋收薯类	6.90	5 339	36 836	6.29	5 246	32 999
棉花	40.89	1 024	41 854	36.15	1 154	41 732
油料	33.49	3 342	111 911	30.32	3 528	106 975
# 花生	27.98	3 555	99 470	25.88	3 722	96 337
油菜籽	5.43	2 271	12 333	4.41	2 423	10 684
药材类	0.28					
蔬菜瓜类	291.43	28 270	8 238 659	275.00	30 915	8 501 839
# 蔬菜(含菜用瓜)	270.63	27 969	7 569 212	254.58	30 589	7 787 258
瓜类(果用瓜)	20.80	32 185	669 447	20.42	34 994	714 581
其它农作物	1.88			1.58		

8-9 主要年份主要农产品产量

年份	粮食（万吨）	棉花（万吨）	油料（万吨）	蚕茧（吨）	水果（万吨）	大牲畜年末数（万头）	生猪存栏（万头）	猪牛羊肉（万吨）	水产品（万吨）
1949	74.66	0.20	1.95	70	1.01	32.71	22.19	0.51	0.29
1952	97.42	0.40	2.52	90	1.25	38.80	25.85	0.50	0.37
1957	84.23	0.75	1.62	245	1.01	39.63	46.65	1.60	0.34
1962	76.21	0.39	0.78	110	0.50	29.56	47.66	1.36	0.34
1965	90.95	0.95	1.82	320	0.75	32.12	68.92	2.17	0.49
1970	124.85	2.97	1.05	255	1.48	38.21	80.08	2.38	0.17
1975	174.66	3.41	1.21	485	2.37	35.28	129.15	4.77	0.52
1978	206.15	2.47	1.59	525	2.62	31.47	149.21	5.18	0.72
1979	235.53	2.00	2.07	705	3.93	30.09	148.45	6.15	1.03
1980	249.94	4.46	3.14	885	3.74	28.20	148.45	7.18	1.20
1981	275.10	4.32	5.04	915	4.67	27.52	144.07	7.80	1.18
1982	293.46	5.69	7.54	990	4.66	26.32	146.64	10.20	0.99
1983	367.85	7.32	5.68	1 175	5.84	26.54	152.79	8.50	1.04
1984	405.71	9.32	5.09	1 675	5.93	24.38	149.46	10.24	1.18
1985	379.70	7.05	10.48	2 030	5.77	23.59	161.13	12.90	1.77
1986	410.34	6.24	10.63	2 715	7.76	25.58	189.36	13.11	2.44
1987	403.42	7.48	10.60	3 135	7.56	27.18	180.57	14.67	3.01
1988	370.10	8.84	4.81	3 784	12.83	29.53	158.27	16.08	3.16
1989	404.40	4.69	4.99	5 258	11.28	30.98	163.39	16.78	3.37
1990	399.00	5.57	4.77	6 032	14.13	32.06	170.81	18.73	3.70
1991	411.83	7.96	6.32	7 533	13.16	33.13	170.36	19.59	4.11
1992	418.87	5.45	5.52	11 838	16.61	36.15	172.42	21.11	4.62
1993	407.30	4.79	7.12	14 814	21.33	39.27	192.04	23.15	5.75
1994	378.99	4.23	9.33	22 410	24.03	43.36	203.01	26.14	6.92
1995	406.13	5.91	8.35	22 105	35.78	49.54	215.78	31.15	8.49
1996	423.01	4.94	6.38	14 424	49.15	53.30	216.89	36.17	9.80
1997	436.51	4.27	7.87	14 555	58.15	44.57	176.51	24.92	10.66
1998	386.00	3.92	9.55	14 230	66.27	24.50	209.82	26.79	12.02
1999	418.96	2.50	14.35	14 320	75.74	17.46	190.04	25.52	12.83
2000	319.50	5.08	20.28	15 176	81.91	17.92	201.07	27.51	13.52
2001	309.43	6.79	23.10	16 841	90.80	16.78	198.43	28.80	14.17
2002	297.55	6.34	22.23	16 560	92.93	19.10	206.02	28.60	14.57
2003	210.44	4.43	10.29	15 153	80.57	17.22	206.80	30.10	14.73
2004	319.02	8.37	19.91	14 788	90.46	17.73	207.35	31.79	15.57
2005	314.13	4.17	16.26	13 212	87.52	18.22	214.26	35.05	16.43
2006	357.87	4.92	14.63	14 270	93.99	18.55	180.57	32.41	17.26
2007	374.74	4.19	11.19	13 238	98.95	11.59	190.93	26.77	16.39
2008	389.34	4.17	10.70	9 966	104.58	16.07	220.49	31.90	16.65

8-10 蚕桑、水果生产情况

单位:吨、公顷

指标	1978	1980	1985	1990	1995	2000	2005	2006	2007	2008
蚕茧产量	**525**	**885**	**2 030**	**6 022**	**22 105**	**15 176**	**13 212**	**14 720**	**13 238**	**9 966**
水果产量	**26 210**	**37 355**	**576 545**	**141 335**	**357 761**	**819 139**	**875 179**	**939 904**	**989 533**	**1 045 777**
# 苹果	8 843	18 874	33 035	65 638	236 258	554 403	465 347	504 735	552 889	501 803
梨	11 339	10 512	17 441	21 662	35 992	131 368	184 550	212 844	214 910	227 267
葡萄				4 909	5 682	13 423	28 527	31 994	33 302	41 041
桃子	1 318	1 747	1 841	36 875	59 713	92 833	152 802	148 496	158 107	189 320
红枣				26	131	1 360	5 055	4 795	6 154	7 896
桑园面积	**1 307**	**1 467**	**2 700**	**11 100**	**43 333**	**13 667**	**13 307**	**13 008**	**10 600**	**8 220**
果园面积	**9 233**	**9 246**	**12 700**	**43 026**	**68 967**	**82 139**	**82 056**	**82 858**	**74 260**	**74 413**
# 苹果园		5 760	6 993	24 900	49 819	35 720	32 528	31 891	31 569	31 752
梨园					7 416	20 136	19 733	19 340	14 526	14 086
葡萄园					380	1 363	2 793	2 586	2 464	2 046

8-11 林业生产情况

单位:公顷

指标	1978	1980	1985	1990	1995	2000	2005	2006	2007	2008
造林面积	4 847	3 747	7 787	3 353	5 590	4 300	7 450	7 608	8 111	7 886
# 用材林	3 453	2 006	4 620	2 240	2 218	1 893	2 346	2 264	3 645	2 190
经济林	993	313	2 800	466	3 354	2 387	2 538	2 084	2 672	2 118
防护林	401	1 428	367	620		20	2 566	3 260	1 794	3 578
林产品产量 (吨)										
板栗	23	650	380	465	1 678	2 203	3 096	3 110	1 317	1 405
白果	19	27	47	47	72	910	1 260	1 265	2 125	2 333
迹地更新面积			133	106	546	1 230	972	1 556	1 835	1 600
四旁植树 (万株)	4 734	4 208	3 108	1 776	1 538	1 493	1 790	1 411	1 465	1 852
林木种子采集量 (吨)						80	80	80	85	92
本年育苗面积	2 800	1 777	2 180	940	921	931	2 578	2 470	2 991	29 559
幼林抚育实际面积	2 900	3 613	14 100	6 080	9 318	16 460	33 004	39 268	42 654	42 432
成林抚育面积					7 789	24 456	36 500	86 850	116 478	131 007
低产林改造面积					187		24	8	27	3
木材采伐量 (万立方米)	5.05	11.55	13.79	21.42	53.00	41.68				
年末实有林地面积	57 400	65 386	76 593	79 413	87 123	154 458				

8-12　畜牧业生产情况

指　　标	1978	1980	1985	1990	1995	2000	2005	2006	2007	2008
牲畜年末头数　（万头）										
大牲畜	31.47	28.20	23.59	32.06	49.54	17.92	18.22	18.55	20.60	16.07
# 役畜					26.60	7.43	2.59	2.61	1.62	2.73
牛	21.00	18.12	11.27	17.17	33.70	8.82	15.34	15.57	16.94	11.87
马	3.88	4.67	3.03	1.70	1.68	0.63	0.21	0.22	0.22	0.20
驴	5.60	4.33	7.55	11.33	12.33	7.78	2.25	2.28	2.74	3.50
骡	0.99	1.08	1.74	1.86	1.83	0.69	0.42	0.48	0.70	0.50
猪	149.25	144.07	189.96	170.36	215.78	201.07	214.26	180.57	190.93	220.49
羊　（万只）	82.79	97.50	80.71	206.01	353.98	175.48	263.68	250.19	244.97	161.76
# 山羊	39.14	51.43	59.08	179.66	326.05	163.38	267.24	245.13	240.19	157.00
兔　（万只）			89.01	109.12	444.22	655.83	667.16	653.53	716.08	832.11
家禽　（万只）	491.80	600.27	1 613.08	2 403.44	4 298.00	3 545.39	4 735.11	5 448.22	6 815.17	6 464.12
畜产品产量										
肉猪出栏头数　（万头）	67.01	87.20	130.74	163.11	250.95	238.83	308.56	289.17	319.66	325.21
肉类总产量　（吨）			142 336	217 108	403 509	366 391	501 563	502 848	641 719	588 525
# 猪肉	51 847	67 699	123 325	161 363	248 224	240 487	293 027	261 849	292 219	276 429
牛肉		351	1 715	9 243	2 747	10 958	15 656	16 206	18 282	5 872
羊肉		3 724	3 948	16 685	36 107	23 665	41 844	46 089	47 344	36 728
禽肉			11 421	25 876	67 770	67 528	113 626	142 419	240 838	218 770
兔肉			1 927	2 635	18 736	19 739	24 524	22 641	29 582	38 428
其他畜产品产量　（吨）										
牛奶产量	3 814	4 996	6 997	9 889	20 821	59 035	183 851	194 521	227 808	241 840
羊奶产量										
绵羊毛产量	1 520	1 870	1 059	1 479	1 730	743	386	290	271	248
蜂蜜	121	156	283	1 035	335	120	289	261	395	698
禽蛋			71 541	148 806	325 152	354 001	422 021	413 214	436 927	419 923

8-13　水产品生产情况

指　　标	1978	1980	1985	1990	1995	2000	2005	2006	2007	2008
水产品产量　（吨）	**7 160**	**11 969**	**17 745**	**36 897**	**84 928**	**135 168**	**164 298**	**172 594**	**163 878**	**166 523**
按生产性质分										
捕捞产量	1 825	3 051	4 523	9 574	18 409	19 061	25 140	22 734	16 360	20 997
养殖产量	5 335	8 918	13 222	27 323	66 519	116 107	139 158	149 860	147 518	145 526
按类别分										
鱼类	6 427	9 237	14 258	37 847	76 287	116 203	116 952	129 159	133 370	144 426
虾蟹类	39	52	41	72	177	14 967	19 665	18 012	12 218	17 980
贝类	746	836	926	1 587	2 972	2 957	629	631	493	2 276
其它	53	49	97	201	342	1 046	1 912	2 058	1 452	1 841
水产养殖面积　（公顷）	**9 493**	**12 396**	**17 309**	**16 751**	**26 787**	**31 363**	**35 879**	**36 512**	**22 186**	**28 734**

8-14 农业现代化情况

单位：千公顷

指 标	1985	1990	1995	2000	2005	2006	2007	2008
农业机械化情况								
机耕面积	490.40	520.11	515.45	549.51	534.16	527.90	532.00	650.62
机播面种	100.00	212.00	325.98	277.65	253.76	290.69	308.30	344.47
# 机播小麦面积	161.38	198.74	325.55	254.22	231.76	266.90	270.70	274.25
机械开沟面积			206.56	206.08	159.38	161.66	168.00	
机械植保面积			227.29	522.48	575.64	594.69	607.20	653.13
机械收获面积		160.67	286.39	367.64	419.90	46.14	484.70	492.81
农村电气化情况								
农村用电量　（万千瓦小时）	29 675	75 513	185 943	163 273	297 446	329 242	368 559	410 045
农业化学化情况								
农用化肥施用量(折纯量）（吨）	250 379	314 738	440 900	567 001	671 296	680 942	697 330	687 356
# 氮肥	163 916	194 643	259 564	299 171	311 692	319 130	327 756	314 106
磷肥	60 658	94 386	98 522	114 582	122 556	121 310	117 989	109 495
钾肥	7 374	5 536	21 899	36 576	71 045	70 251	67 088	64 173
复合肥	18 430	17 502	60 916	116 672	166 003	170 251	183 284	199 582
每公顷耕地施用量　（公斤）	397	507	728	927	1 120	1 142	1 172	1 164
农用塑料薄膜使用量　（吨）		7 343	6 948	8 583	9 057	8 857	10 411	10 723
农药使用量　（吨）		6 268	15 162	15 047	14 341	14 439	14 311	13 134
农田水利情况								
有效灌溉面积		443.28	444.67	461.12	495.45	474.89	495.64	481.56
旱涝保收面积			360.51	395.89	348.12	396.65	402.91	404.27
机电排灌面积			435.82	499.77	449.10	441.79	535.14	449.89
机电井数　（眼）			39 916	40 654		35 337	35 571	35 665
农村基础设施情况　（个）								
自来水受益村数			550	1 270	1 161	1 407	1 505	1 654
通汽车村数			3 006	3 453	2 360	2 335	2 381	2 351
通电话村数			2 228	3 493	2 364	2 017	2 364	2 351

8-15 主要农业机械拥有量

（年底数）

指 标		1985	1990	1995	2000	2005	2006	2007	2008
农业机械总动力	**（万千瓦）**	**186.19**	**253.03**	**205.11**	**374.66**	**437.73**	**465.94**	**477.55**	**525.90**
# 柴油机		118.13	160.85	134.87	295.07	350.53	385.63	396.85	449.64
电动机		56.71	79.51	62.09	76.34	83.01	76.62	76.73	71.18
主要农业机械									
大中型拖拉机	（台）	6 285	6 439	4 335	7 574	7 101	9 361	10 288	9 567
	（万千瓦）	22.57	23.97	16.43	25.43	25.39	33.36	40.97	36.73
小型拖拉机	（台）	86 025	117 000	86 976	143 011	156 367	168 744	166 801	276 460
	（万千瓦）	76.21	106.80	77.22	129.96	143.47	153.4	151.88	247.36
农用排灌动力机械	（台）	35 681	51 300	51 576	52 506	60 907	60 962	60 128	54 852
	（万千瓦）	42.77	54.37	53.79	60.91	70.15	70.11	69.08	61.26
# 柴油机	（台）	7 460	10 800	12 154	12 339	18 720	21 181	21 545	20 233
	（万千瓦）	7.74	10.80	11.84	11.80	19.18	20.54	20.67	18.69
电动机	（台）	28 221	40 500	39 422	40 167	42 116	41 781	38 583	34 619
	（万千瓦）	35.07	43.57	41.94	49.11	50.76	50.57	48.41	42.56
农用水泵	（台）	34 062	48 000	50 561	77 396	71 639	70 891	71 445	73 247
喷灌机械	（套）	804	3 512	7 012	17 841	21 406	20 546	20 716	21 033
联合收割机	（台）	98	149	426	6 039	9 822	11 533	11 931	12 752
机动脱粒机	（台）	35 307	57 227	8 794	68 050	31 345	27 396	23 657	21 682
机动喷雾（粉）机	（万部）	0.44	0.45	0.88	1.62	1.87	1.95	1.88	2.02
农产品加工机械动力	（万千瓦）	19.36	37.49	21.37	22.11	22.48	23.21	23.23	23.36
农用载重汽车	（辆）	2 654	3 425	3 346	6 536				17 252
	（万千瓦）	16.85	25.24	25.14	11.69				27.56

8-16 农林牧渔业主要经济效益指标

指　　标	1985	1990	1995	2000	2005	2006	2007	2008
每个农村劳动力创造的								
农村社会总产值　（元）	1 928	4 262	19 694	31 703	42 309	64 300	59 512	
每个农业劳动力创造的								
农林牧渔业总产值　（元）	1 446	2 855	4 815	9 685	18 424	20 267	23 187	26 170
每个农业劳动力创造的								
农林牧渔业增加值　（元）		1 161	3 053	5 086	9 401	10 317	11 657	13 275
每公顷耕地创造的								
种植业产值　（元）		5 811	17 876	22 959	14 498	38 096	41 362	44 410
每公顷耕地创造的								
种植业增加值　（元）		4 380	12 014	13 927	20 315	30 328	23 574	25 546
每个农业劳动力生产的								
粮食产量　（公斤）	1 724	1 757	1 904	1 370	1 738	2 042	2 267	2 422
每个农业劳动力生产的								
棉花产量　（公斤）	32	25	28	22	23	28	25	26
每个农业劳动力生产的								
油料产量　（公斤）	47	21	39	87	81	83	68	67
每个农业劳动力生产的								
肉类产量　（公斤）	64	82	146	157	277	287	264	366
每个农业劳动力生产的								
水产品产量　（公斤）	8	16	40	58	91		99	104
农林牧渔业商品率　（%）	57.07	58.35	63.06	71.89				
农业商品率		49.56	51.98	65.70				
林业商品率		45.28	74.47	75.00				
牧业商品率		76.61	79.58	84.48				
渔业商品率		77.92	79.19	84.33				
农民人均纯收入　（元）	389	661	1 800	3 230	4 443	4 896	5 534	6 240

注：产值均为现行价格。

主要统计指标解释

乡村劳动力　是指乡村人口中经常参加合作经济组织(包括乡村办企业事业单位)和从事家庭经营生产劳动的整、半劳动力。凡是在农村由合作经济组织分配劳动任务或者承包各种生产任务,并从中直接取得实物、货币收入的劳动力,不管他们从事何种劳动,都统计为乡村劳动力。国家向乡村调用的建勤民工,由集体经费支付工资或补贴的乡村半脱产管理干部,乡村分配到全民所有制单位和城镇集体所有制单位工作而收入交合作经济组织,并从中取得实物、货币收入的合同工、临时工、亦工亦农人员;自行外出,但户口没有转出的劳动力,都包括在内。

16周岁以上的在校学生和由国家支付工资的职工都不统计为乡村劳动力。

农林牧渔业总产值　农林牧渔业总产值是以货币表现的农林牧渔业的全部产品总量和对农林牧渔业生产活动进行的各种支持性服务活动的价值。它反映一定时期内农林牧渔业生产总规模和总成果。

农林牧渔业的统计范围是:

(1)农业　包括谷物和其他作物种植业、蔬菜、园艺和水果、坚果、饮料、香料的生产经营,以及中药材种植业。

(2)林业　包括林木的培育和种植(不包括茶园、桑园和果园的栽培、管理和收获等活动)、林产品的采集和竹木采运。

(3)牧业　包括除渔业养殖以外的一切动物饲养和放牧以及野生动物的捕猎和饲养。

(4)渔业　包括水生动物和海藻类植物的养殖和捕捞。

从所有制看,包括国有经济的各种专业农(农、林、牧、渔)场以及国家各级机关团体学校、科研机构、部队经营的农业;集体所有制的乡镇村各级办农场;农村各种经济组织经营的农、林、牧、渔业以及工矿企业家属集体经营的农业;农民家庭自营的农林牧渔业及兼营商品性工业等。

农业总产值的计算方法通常是按农林牧渔业产品及其副产品的产量分别乘以各自单位产品价格求得,少数生产周期较长,当年没有产品或产品产量不易统计的,则采用间接方法匡算其产值,然后将四业产品产值相加即为农业总产值。

1957年以前的农业总产值中包括了厩肥和农民自给性手工业(如农民自制衣服、鞋、袜、自己从事粮食初步加工等)。1958年及以后的农业总产值,林业中增加了村及村以下竹木采伐产值;牧业中取消了厩肥产值;副业中取消了农民自给性手工业产值,增加了村及村以下办的工业产值;渔业中增加了海洋捕捞水产品产值。1980年及以后的农业总产值,在副业中增加了农民家庭兼营工业商品部分的产值。从1984年起村及村以下办工业产值划归工业。从1993年起,取消副业。将野生动物的捕猎划入牧业,野生植物采集和农民家庭兼营商品性工业划归农业。从2003年起,执行新的国民经济行业分类标准,农林牧渔业总产值中包括了农林牧渔服务业产值。林业中增加了森林采运业产值。农业中取消了家庭兼营商品性工业产值,将野生林产品的采集划归林业。

农林牧渔业增加值　指农、林、牧、渔及农林牧渔服务业在生产货物或提供服务活动的过程中而增加的价值,为农林牧渔业现价总产值扣除农林牧渔业现价中间投入后的余额,是指各单位生产经营的最终成果。

农林牧渔业中间消耗　是指当年在农林牧渔业生产过程中所投入或消耗的各种物质产品和劳务价值的总和。包括中间物质消耗和对非物质生产部门的劳务支出两部分。

农作物总产量　是指本年度内生产的各种农作物的总产量。不论计划内外,数量多少,耕地上还是非耕地〔包括荒山、坡及江、河、湖、海滩(涂)、十边隙地等〕上的农作物产量都统计在内。农作物产量是指全社会产量,不仅要把国营农场等全民所有制生产单位和乡、村集体所有制生产单位的农作物产量统计在内,农户自营地、工矿企业职工家属办的农场和其他经营单位的农作物产量也统计在内。不仅统计卖给国家的农作物产量,生产单位自产自用的农作物产量也统计在内。农作物产量只统计晒干入库的产量。

粮食产量　指全社会的产量。包括国有经济经营的、集体统一经营的和农民家庭经营的粮食产量,还包括工矿企业家属办的农场和其他生产单位的产量。粮食除包括稻谷、小麦、玉米、高粱、谷子及其他杂粮外,还包括薯类和大豆。其产量计算方法,豆类按去豆荚后的干豆计算;薯类(包括甘薯和马铃薯,不包括芋头和木薯)1963年以前按每4公斤鲜薯折1公斤粮食计算,从1964年开始及以后改为按5公斤鲜薯折1公斤粮食计算。城市郊区作为蔬菜的薯类(如马铃薯等)按鲜品计算,并且不作为粮食统计。其他粮食一律按脱粒后的原粮计算。

油料产量　指全部油料作物的生产量。包括花生、油菜籽、芝麻、向日葵籽、胡麻籽(亚麻籽)和其他油料。不包括大豆,也不包括木本油料和野生油料。花生以带壳干花生计算。

蚕茧产量　是指本年度内生产的全部蚕茧产量,不论自用的或出售的,都统计在内。在计算蚕茧产量时,把土茧、改良茧和种茧都包括在内。蚕茧产量均按鲜茧的重量计算。

猪、牛、羊肉产量　指当年出栏并已屠宰后除去头蹄下水后带骨肉(即胴体重)的重量。

水产品产量　是指人工养殖并捕捞的水产品和捕捞天然生产的水产品产量。不论自食的或出售的,都计算在内。用作继续扩大再生产的水产品(如鱼苗、苗种、亲鱼、鱼饵及转塘鱼、存塘鱼等)不作水产品产量统计。在渔业生产单位出售以前已经变质的水产品,不论是改作饲料、肥料还是其他用途,也不作水产品产量统计。

生猪出栏量 是指国营农场等全民所有制生产单位、乡(镇)、村各种合作经济组织和农户、机关、学校、工矿企业、部队以及城镇居民饲养的,可供屠宰并已出栏的全部肉猪数量。不仅包括卖给国家及其他购买者的肉猪,还包括集体和城乡居民自宰的肉猪。

期初(末)畜禽存栏头(只)数 指本期期初(末)农村各种合作经济组织和国营农场、农民个人、机关、团体、学校、工矿企业、部队等单位以及城镇居民饲养的大牲畜、猪、羊、家禽等畜禽的存栏头(只)数。

谷物 指籽实主要供作粮食的作物。这类作物包括稻谷、小麦、玉米、谷子、高粱和其他谷物,不包括豆类和薯类作物。

林产品产量 指不经砍伐竹木的根本而取得的各种林产品数量。包括生漆、棕片、五倍子、松脂、笋干、油桐籽、油茶籽、乌柏子、核桃、板栗、白果等各种林木籽实以及修剪竹木所获得的枝叶(如荆条、柳条、蒲葵叶)等。不包括桑叶、茶叶、水果。也不包括野生的林产品。

耕地面积 是指种植农作物,并经常进行耕锄的田地。统计范围包括熟地、当年新开荒地、连续撂荒未满三年的耕地和当年的休闲地(轮歇地)。以种植农作物为主并附带种植桑树、茶树、果树和其他林木的土地以及沿海、沿湖地区已围垦利用的"海涂"、"湖田"等也包括在内。但专业性的桑园、茶园、果园、果木苗圃、林地、芦苇地、天然草原等都不包括在内。

农作物播种面积 指实际播种或移植有农作物的面积。凡是实际种植有农作物的面积,不论种植在耕地上还是种植在非耕地上,均包括在农作物播种面积中,同时还包括因遭灾而重新改种和补种的农作物面积,种一公顷算一公顷。

有效灌溉面积 是指具有一定的水源,地块比较平整,灌溉工程或设备已经配套,在一般年景下当年能够进行正常灌溉的耕地面积。包括机灌、电灌和自流灌溉面积三部分。

造林面积 是指报告期内在荒山、荒地、沙丘等一切可以造林的土地上,采用人工播种、植苗、飞机播种等方法新植的成片乔木和灌木林面积,符合"造林技术规程"要求的株数,经过检查验收,成活率在85%以上的面积。四旁植树如一侧在四行以上,连续成片面积达一亩以上,也统计在造林面积内。在造林面积中,不包括补植面积、治沙种草面积、经济林复垦面积、迹地更新面积和低产林改造面积。

农用化肥施用量 指在本年度内实际用于农业生产的化肥数量。包括氮肥、磷肥、钾肥和复合肥。按折纯法计算化肥数量,即把氮肥、磷肥、钾肥分别按含氮、含五氧化二磷、含氧化钾100%折算。

农村用电量 是指在本年度内,扣除在农村中的全民所有制工业、交通、基建单位用电量以后农村生产和生活上的全年用电总量(按全年累计数统计)。从电的来源看,既包括国家电网的供电量,也包括农村自办电站的供电量。

农业机械总动力 是指主要用于农、林、牧、渔业生产和运输的所有动力机械的动力总和。包括耕作机械、排灌机械、收获机械、农产品加工机械、运输机械、植保机械、牧业机械、林业机械、渔业机械和其他机械[内燃机按引擎马力折成瓦(特)计算,电动机按功率折成瓦(特)计算]。不包括专门用于乡(镇)、村以及村以下办工业、基本建设、非农业运输、科学试验和教学等非农业生产方面用的动力机械和作业机械。但从事农副产品初级加工的村户工业的机械应统计在内。

农业机械年末拥有量 是指国有经济、集体经济农业生产单位和合作经济组织及农户在年末统计时实际拥有的各种农业机械设备数量。包括能用未用的、需要修复的(指中修、大修)、储存备用的。但已经损坏报废的、购买(或调进)而未提货的、从非农业生产单位调来临时支援的,均不包括在内。

农村社会总产值 指在一定时期内,农村各物质生产部门生产的以货币表现的全部产品价值总量。根据我国目前的农村经济现状,农村社会总产值的统计范围暂为:政社分设前的农村人民公社管辖范围内的各种合作经济组织和农户从事农林牧渔业、工业、建筑业、运输业、商业(包括饮食业)活动所生产的总产值和国营场圃生产的农林牧渔业总产值两部分。凡是在农村的国营以及县属集体的工业、建筑业、运输业、商业、饮食业所生产的产值均不计算在内。农民在县城以上(包括县城)办企业,从事工业、建筑业、运输业、商业(包括饮食业)活动所生产的产值,暂不计算在农村社会总产值中。

九、工 业

INDUSTRY

企业事业单位或者其他组织有前款所列行为之一的，可以并处五万元以下的罚款；情节严重的，并处五万元以上二十万元以下的罚款。

个体工商户有本条第一款所列行为之一的，由县级以上人民政府统计机构责令改正，给予警告，可以并处一万元以下的罚款。

第四十二条 作为统计调查对象的国家机关、企业事业单位或者其他组织迟报统计资料，或者未按照国家有关规定设置原始记录、统计台账的，由县级以上人民政府统计机构责令改正，给予警告。

企业事业单位或者其他组织有前款所列行为之一的，可以并处一万元以下的罚款。

个体工商户迟报统计资料的，由县级以上人民政府统计机构责令改正，给予警告，可以并处一千元以下的罚款。

第四十三条 县级以上人民政府统计机构查处统计违法行为时，认为对有关国家工作人员依法应当给予处分的，应当提出给予处分的建议；该国家工作人员的任免机关或者监察机关应当依法及时作出决定，并将结果书面通知县级以上人民政府统计机构。

第四十四条 作为统计调查对象的个人在重大国情国力普查活动中拒绝、阻碍统计调查，或者提供不真实或者不完整的普查资料的，由县级以上人民政府统计机构责令改正，予以批评教育。

第四十五条 违反本法规定，利用虚假统计资料骗取荣誉称号、物质利益或者职务晋升的，除对其编造虚假统计资料或者要求他人编造虚假统计资料的行为依法追究法律责任外，由作出有关决定的单位或者其上级单位、监察机关取消其荣誉称号，追缴获得的物质利益，撤销晋升的职务。

第四十六条 当事人对县级以上人民政府统计机构作出的行政处罚决定不服的，可以依法申请行政复议或者提起行政诉讼。其中，对国家统计局在省、自治区、直辖市派出的调查机构作出的行政处罚决定不服的，向国家统计局申请行政复议；对国家统计局派出的其他调查机构作出的行政处罚决定不服的，向国家统计局在该派出机构所在的省、自治区、直辖市派出的调查机构申请行政复议。

第四十七条 违反本法规定，构成犯罪的，依法追究刑事责任。

9-1　规模以上工业企业主要经济指标

单位:万元

年　份	企业个数（个）	工业总产值（当年价）	工业销售产　值（当年价）	工业增加值（当年价）	二项资金占　用	资产合计	负债合计	主营业务收　入
1998	638	4 074 137	3 935 975	1 243 163	1 005 882	5 070 971	3 649 935	3 478 097
1999	634	4 250 673	4 142 091	1 328 609	1 021 559	5 264 533	3 712 439	3 709 849
2000	675	4 664 445	4 559 926	1 426 470	950 855	5 291 391	3 544 562	4 076 443
2001	662	5 143 552	5 006 434	1 555 801	811 298	5 797 488	3 837 366	4 606 718
2002	743	6 004 465	5 881 437	1 831 979	939 259	5 917 323	3 745 659	5 407 551
2003	835	7 261 282	7 096 979	2 238 062	959 127	6 635 734	4 133 204	6 708 392
2004	1 223	9 240 199	9 034 730	3 007 498	1 143 367	8 052 514	5 251 043	9 023 167
2005	1 253	12 282 690	12 049 881	3 996 044	1 237 961	9 068 114	5 732 485	12 057 772
2006	1 586	16 325 467	15 995 354	5 365 400	1 462 580	10 941 023	6 741 424	15 867 073
2007	1 941	21 435 726	20 985 525	6 561 090	1 814 542	13 044 678	7 830 995	20 982 419
2008	2 289	28 466 782	27 834 669	8 126 061	2 569 139	18 702 529	10 307 054	27 764 584

9-1　续表

单位:万元

年　份	亏损企业亏损总额	亏损企业个　　数	利润总额	利税总额	本年应付工资总额	本年应交增 值 税	全部职工年平 均 人 数（人）
1998	55 429	162	51 295	295 628	320 243	164 058	492 401
1999	57 131	147	62 171	317 247	317 580	171 032	518 859
2000	39 223	157	99 135	379 547	339 630	187 754	401 158
2001	40 063	138	124 653	449 361	336525	207 127	368 704
2002	33 123	126	191 770	601 687	361 629	251 984	367 149
2003	25 870	113	289 107	803 670	415 936	304 318	354 677
2004	58 968	301	434 646	1 179 748	540 145	416 170	380 727
2005	25 349	138	595 317	1 506 893	674 688	540 559	383 974
2006	21 781	112	870 389	2 032 883	832 027	699 112	424 627
2007	17 119	79	1 256 175	2 810 581	1 018 946	894 886	462 273
2008	180 810	79	2 156 619	4 515 412	1 506 205	1 547 597	559 395

9-2 规模以上工业企业主要经济指标

（2008 年） 单位:万元

指标名称	企业个数（个）	#亏损企业	工业总产值（当年价）	#新产品产值	工业销售产值（当年价）	#出口交货值
总计	**2 289**	**79**	**28 466 782**	**1 422 263**	**27 834 669**	**1 819 183**
按登记注册类型分组						
内资企业	2 118	66	24 609 587	1 371 109	24 057 326	1 476 019
国有企业	30	9	1 766 572	4 128	1 750 408	503
中央企业	6	3	1 381 384		1 366 470	
地方企业	24	6	385 188	4 128	383 938	503
集体企业	48	3	222 136	397	215 192	
股份合作企业	4		14 948		14 664	
联营企业	1		4 145		4 086	
其他联营企业	1		4 145		4 086	
有限责任公司	266	20	8 747 997	1 244 627	8 625 058	897 975
国有独资公司	7	1	5 179 691	1 088 623	5 137 695	575 614
其他有限责任公司	259	19	3 568 306	156 004	3 487 363	322 361
股份有限公司	47	2	1 711 030	56 747	1 688 934	11 770
私营企业	1 694	31	11 948 113	65 210	11 572 121	565 771
私营独资企业	406	5	2 855 858	36 312	2 762 782	123 997
私营合伙企业	70		702 295		677 000	63 356
私营有限责任公司	1 149	25	7 812 517	28 898	7 564 683	351 063
私营股份有限公司	69	1	577 443		567 655	27 354
其他企业	28	1	194 646		186 864	
港、澳、台商投资企业	70	5	2 024 048	10 942	1 953 718	122 375
合资经营企业(港或澳、台资)	42	3	1 464 648		1 416 571	92 164
合作经营企业(港或澳、台资)	1		5 643		5 417	2 782
港澳台商独资经营企业	24	2	531 437	10 942	510 217	27 429
港澳台商投资股份有限公司	3		22 320		21 514	
外商投资企业	101	8	1 833 147	40 212	1 823 625	220 789
中外合资经营企业	70	4	1 129 436	36 660	1 116 017	90 184
中外合作经营企业	4		32 875		32 170	9 810
外资企业	23	3	634 964	3 552	635 395	117 283
外商投资股份有限公司	4	1	35 872		40 044	3 512

9-2　续表 1　（2008 年）　单位:万元

指　标　名　称	企业个数（个）	# 亏损企业	工　业总产值（当年价）	# 新产品产　值	工业销售产　值（当年价）	# 出　口交货值
按经济组织类型分组						
独资企业	531	22	6 010 966	55 331	5 873 993	269 212
国有企业	30	9	1 766 572	4 128	1 750 408	503
集体企业	48	3	222 136	397	215 192	
私营独资企业	406	5	2 855 858	36 312	2 762 782	123 997
港澳台商独资经营企业	24	2	531 437	10 942	510 217	27 429
外资企业	23	3	634 964	3 552	635 395	117 283
合作、合伙企业	108	1	954 552		920 201	75 948
股份合作企业	4		14 948		14 664	
其他联营企业	1		4 145		4 086	
私营合伙企业	70		702 295		677 000	63 356
合作经营企业(港或澳、台资)	1		5 643		5 417	2 782
中外合作经营企业	4		32 875		32 170	9 810
其他企业(内资)	28	1	194 646		186 864	
股份有限公司	123	4	2 346 665	56 747	2 318 147	42 637
股份有限公司(内资)	47	2	1 711 030	56 747	1 688 934	11 770
私营股份有限公司	69	1	577 443		567 655	27 354
港澳台商投资股份有限公司	3		22 320		21 514	
外商投资股份有限公司	4	1	35 872		40 044	3 512
有限责任公司	1 527	52	19 154 599	1 310 185	18 722 328	1 431 386
国有独资公司	7	1	5 179 691	1 088 623	5 137 695	575 614
私营有限责任公司	1 149	25	7 812 517	28 898	7 564 683	351 063
合资经营企业(港或澳、台资)	42	3	1 464 648		1 416 571	92 164
中外合资经营企业	70	4	1 129 436	36 660	1 116 017	90 184
其他有限责任公司	259	19	3 568 306	156 004	3 487 363	322 361
在总计中:亏损企业	79	79	1 427 971	10 869	1 428 026	67 097
在总计中:国有控股企业	55	16	8 009 653	1 114 981	7 961 774	580 514
按轻重工业分组						
轻工业	729	34	7 877 479	93 351	7 710 749	216 280
重工业	1 560	45	20 589 303	1 328 912	20 123 920	1 602 903
按企业规模分组						
大型企业	13	2	8 611 208	1 124 142	8 542 292	721 050
中型企业	98	14	4 267 606	219 250	4 188 389	444 111
小型企业	2 178	63	15 587 968	78 871	15 103 989	654 023

9-2 续表 2 （2008 年） 单位:万元

指 标 名 称	企业个数（个）	#亏损企业	工 业 总产值（当年价）	#新产品 产 值	工业销售 产 值（当年价）	#出 口 交货值
按行业分组						
煤炭开采和洗选业	15		2 320 563	163 028	2 273 676	1 297
黑色金属矿采选业	17		208 155		203 552	
非金属矿采选业	35		126 495		123 592	3 090
农副食品加工业	146	3	1 372 163	5 446	1 337 981	51 416
食品制造业	39	1	269 186		260 541	7 987
饮料制造业	30	1	1 440 954	36 000	1 425 184	9 716
烟草制品业	2		1 205 194		1 192 285	
纺织业	225	8	1 486 218	14 175	1 450 186	37 987
纺织服装、鞋、帽制造业	31	1	121 757		119 863	13 295
皮革、毛皮、羽毛(绒)及其制品业	10		118 802		109 621	4 096
木材加工及木、竹、藤、棕、草制品业	446	1	2 661 563		2 572 916	591 639
家具制造业	7	1	42 083	255	40 558	
造纸及纸制品业	51	1	545 358	473	523 949	9 676
印刷业和记录媒介的复制	13	1	62 350		67 200	
文教体育用品制造业	11		81 408	8 393	79 114	30 972
石油加工、炼焦及核燃料加工业	20	1	316 144		307 728	
化学原料及化学制品制造业	168	11	1 724 312	47 842	1 688 525	122 115
医药制造业	32	4	344 219	21 530	334 921	11 500
化学纤维制造业	4	1	39 607	1 600	39 584	
橡胶制品业	14	1	234 204		224 386	32 280
塑料制品业	75	2	384 932	6 355	375 360	2 930
非金属矿物制品业	159	8	1 246 813		1 217 160	15 646
黑色金属冶炼及压延加工业	47	1	1 912 460	183	1 870 887	96 419
有色金属冶炼及压延加工业	58		669 712		641 622	
金属制品业	124	7	849 100	35 012	826 954	35 347
通用设备制造业	194	4	4 295 576	946 508	4 245 137	579 807
专用设备制造业	106	6	599 908	23 682	584 113	4 509
交通运输设备制造业	46		636 968	3 552	612 029	3 758
电气机械及器材制造业	64	1	694 653	4 179	668 463	1 079
通信设备、计算机及其他电子设备	16		518 935	20 775	524 423	6 733
仪器仪表及文化、办公用机械制造	31	1	422 212	81 975	416 223	116 805
工艺品及其他制造业	22		78 412	1 300	74 725	29 085
废弃资源和废旧材料回收加工业	2		258 085		227 768	
电力、热力的生产和供应业	22	9	1 155 802		1 153 664	
燃气生产和供应业	1		7 834		7 180	
水的生产和供应业	6	4	14 645		13 601	

9-2 续表 3 （2008 年） 单位:万元

指 标 名 称	工 业 增加值（当年价）	资产合计	# 流动资产年平均余额	# 累计折旧	# 本年折旧	# 固定资产净值年平均余额	负债合计
总 计	**8 126 061**	**18 702 529**	**7 751 804**	**3 157 161**	**881 115**	**7 731 796**	**10 307 054**
按登记注册类型分组							
内资企业	7 100 447	15 586 621	6 387 404	2 563 875	776 956	6 604 088	8 566 382
国有企业	1 205 545	1 563 743	946 280	263 754	31 439	322 049	472 441
中央企业	942 736	1 191 386	825 581	200 910	17 647	158 100	274 452
地方企业	262 809	372 357	120 699	62 844	13 792	163 949	197 989
集体企业	66 118	107 714	37 283	15 255	7 029	68 109	67 777
股份合作企业	3 709	4 236	2 372	1 303	317	1 528	1 708
联营企业		3 104	448	214	214	2 086	488
其他联营企业		3 104	448	214	214	2 086	488
有限责任公司		7 851 627	3 127 072	1 452 503	361 843	3 234 593	5 288 653
国有独资公司		4 675 684	2 213 647	846 159	128 825	1 256 834	3 051 591
其他有限责任公司		3 175 943	913 425	606 344	233 018	1 977 759	2 237 062
股份有限公司		1 006 250	542 935	123 225	32 949	233 772	466 328
私营企业	3 024 229	4 920 225	1 673 314	693 037	334 227	2 679 975	2 201 899
私营独资企业		852 959	283 046	138 819	67 469	496 570	330 280
私营合伙企业		199 319	64 442	52 913	21 366	111 871	73 568
私营有限责任公司		3 503 637	1 235 830	452 821	223 767	1 843 382	1 680 091
私营股份有限公司		364 310	89 996	48 484	21 624	228 152	117 960
其他企业	962 505	129 723	57 699	14 584	8 938	61 976	67 088
港、澳、台商投资企业	546 652	1 758 916	754 418	401 924	62 542	651 719	1 087 248
合资经营企业(港或澳、台资)		1 228 586	534 383	314 166	40 077	436 588	774 070
合作经营企业(港或澳、台资)		2 819	1 896	106	82	921	935
港澳台商独资经营企业		492 384	207 154	78 578	20 803	188 309	289 147
港澳台商投资股份有限公司		35 126	10 985	9 074	1 580	25 901	23 096
外商投资企业	478 962	1 356 992	609 982	191 362	41 616	475 988	653 423
中外合资经营企业		774 807	319 625	109 242	38 536	357 824	378 290
中外合作经营企业		11 305	4 558	1 612	1 180	6 164	3 628
外资企业		549 381	275 352	69 115	1 088	104 321	258 409
外商投资股份有限公司		21 500	10 447	11 393	813	7 680	13 097

9-2 续表4 （2008年） 单位:万元

指 标 名 称	工 业 增加值（当年价）	资产合计	# 流动资产年平均余额	# 累计折旧	# 本年折旧	# 固定资产净值年平均余额	负债合计
按经济组织类型分组							
独资企业		3 566 181	1 749 116	565 521	127 828	1 179 358	1 418 053
国有企业	1 205 545	1 563 743	946 280	263 754	31 439	322 049	472 441
集体企业	66 118	107 714	37 283	15 255	7 029	68 109	67 777
私营独资企业		852 959	283 046	138 819	67 469	496 570	330 280
港澳台商独资经营企业		492 384	207 154	78 578	20 803	188 309	289 147
外资企业		549 381	275 352	69 115	1 088	104 321	258 409
合作、合伙企业		350 506	131 415	70 732	32 097	184 546	147 415
股份合作企业		4 236	2 372	1 303	317	1 528	1 708
其他联营企业		3 104	448	214	214	2 086	488
私营合伙企业		199 319	64 442	52 913	21 366	111 871	73 568
合作经营企业(港或澳、台资)		2 819	1 896	106	82	921	935
中外合作经营企业		11 305	4 558	1 612	1 180	6 164	3 628
其他企业(内资)		129 723	57 699	14 584	8 938	61 976	67 088
股份有限公司		1 427 186	654 363	192 176	56 966	495 505	620 481
股份有限公司(内资)		1 006 250	542 935	123 225	32 949	233 772	466 328
私营股份有限公司		364 310	89 996	48 484	21 624	228 152	117 960
港澳台商投资股份有限公司		35 126	10 985	9 074	1 580	25 901	23 096
外商投资股份有限公司		21 500	10 447	11 393	813	7 680	13 097
有限责任公司		13 358 656	5 216 909	2 328 732	664 224	5 872 387	8 121 104
国有独资公司		4 675 684	2 213 647	846 159	128 825	1 256 834	3 051 591
私营有限责任公司		3 503 637	1 235 830	452 821	223 767	1 843 382	1 680 091
合资经营企业(港或澳、台资)		1 228 586	534 383	314 166	40 077	436 588	774 070
中外合资经营企业		774 807	319 625	109 242	38 536	357 824	378 290
其他有限责任公司		3 175 943	913 425	606 344	233 018	1 977 759	2 237 062
在总计中:亏损企业		2 124 303	531 428	529 483	153 574	1 381 391	1 747 186
在总计中:国有控股企业	2 974 347	8 393 376	3 705 925	1 761 675	336 238	3 033 346	5 257 843
按轻重工业分组							
轻工业	2 595 292	4 489 154	2 179 152	616 626	177 637	1 602 014	1 786 496
重工业	5 530 769	14 213 374	5 572 651	2 540 535	703 478	6 129 782	8 520 558
按企业规模分组							
大型企业	3 031 156	7 391 509	3 818 161	1 281 449	194 323	1 734 317	4 144 904
中型企业	1 107 812	3 745 792	1 490 934	916 062	206 296	1 813 545	2 299 062
小型企业	3 987 093	7 565 228	2 442 709	959 650	480 496	4 183 934	3 863 088

9-2　续表 5　　　　（2008 年）　　　　单位:万元

指　标　名　称	工　业增加值（当年价）	资产合计	# 流动资产年平均余额	# 累计折旧	# 本年折旧	# 固定资产净值年平均余额	负债合计
按行业分组							
煤炭开采和洗选业	882 907	3 313 422	1 177 608	803 655	126 617	1 124 062	2 065 484
黑色金属矿采选业	51 793	101 820	41493	11 062	2 342	18 935	48 765
非金属矿采选业	35 871	64 984	14 500	6 889	4 993	39 992	16 951
农副食品加工业	295 076	407 622	173 896	58 944	29 327	210 216	199 808
食品制造业	69 580	261 277	71 039	23 316	6 690	72 838	97 807
饮料制造业	306 641	822 938	390 302	114 150	28 485	240 094	344 492
烟草制品业	1 050 143	1 037 182	786 211	137 784	15 366	125 418	127 628
纺织业	332 109	689 178	266 662	105 427	35 177	342 866	340 616
纺织服装、鞋、帽制造业	30 626	70 065	29 798	6 728	3 126	28 571	24 613
皮革、毛皮、羽毛(绒)及其制品业	23 089	61 054	47 866	5 048	819	8 563	34 111
木材加工及木、竹、藤、棕、草制品业	712 871	811 235	288 489	101 278	54 880	417 292	292 868
家具制造业	12 594	68 644	11 062	4 944	4 261	38 272	52 050
造纸及纸制品业	154 082	276 282	62 657	42 704	18 308	179 440	132 554
印刷业和记录媒介的复制	14 322	72 525	36 775	18 924	1 604	28 969	37 138
文教体育用品制造业	19 283	81 718	17 903	6 326	5 195	55 091	37 890
石油加工、炼焦及核燃料加工业	79 313	300 799	147 084	30 987	11 073	98 270	148 045
化学原料及化学制品制造业	409 698	1123 292	458 192	166 589	69 019	443 519	712 371
医药制造业	91 271	223 545	128 755	23 835	7 034	57 366	128 210
化学纤维制造业	13 204	31 957	7 916	2 605	2 138	21 844	15 379
橡胶制品业	84 723	216 945	74 339	32 224	16 241	145 692	79 325
塑料制品业	93 794	181 688	54 735	23 667	13 249	110 746	93 489
非金属矿物制品业	350 073	929 211	217 923	157 075	53 668	596 956	468 196
黑色金属冶炼及压延加工业	451 274	874 498	332 235	151 092	39 259	420 964	340 412
有色金属冶炼及压延加工业	214 624	240 905	109 362	21 538	13 491	107 573	92 584
金属制品业	247 473	401 425	221 698	43 856	16 929	132 910	229 908
通用设备制造业	543 739	2196 768	1 378 313	166 419	50 607	489 732	1 454 547
专用设备制造业	386 956	325 822	193 116	38 654	14 874	98 995	190 817
交通运输设备制造业	182 995	279 486	163 137	37 362	15 961	87 105	156 382
电气机械及器材制造业	161 796	274 658	149 906	28 378	13 805	79 474	162 021
通信设备、计算机及其他电子设备	146 063	168 263	72 612	13 779	6 201	37 125	79 108
仪器仪表及文化、办公用机械制造	123 048	171 673	84 594	15 602	7 645	46 729	75 635
工艺品及其他制造业	22 848	51 640	23 160	7 805	2 693	24 223	30 041
废弃资源和废旧材料回收加工业	61 404	234 680	114 919	2 847	2 731	29 014	161 835
电力、热力的生产和供应业	461 607	2 238 244	389 706	715 976	183 079	1702 486	1 765 812
燃气生产和供应业	2 603	36 210	4 630	15 761	574	21 077	23 735
水的生产和供应业	6 568	60 877	9 212	13 931	3 656	49 381	46 429

9-2 续表 6 （2008 年） 单位:万元

指 标 名 称	产品销售收入	#产品销售成本	#产品销售费用	#产品销售税金及附加	管理费用	财务费用	#利息支出
总 计	**27 764 584**	**22 920 772**	**548 355**	**811 145**	**1 041 761**	**280 547**	**236 204**
按登记注册类型分组							
内资企业	23 955 166	19 851 183	484 830	786 658	929 434	228 349	190 546
国有企业	1 618 873	750 790	27 352	527 677	97 539	–1 350	–2 362
中央企业	1 239 702	441 769	13 873	521 471	71 072	–9 244	–9 275
地方企业	379 171	309 021	13 479	6 206	26 467	7 895	6 913
集体企业	214 129	192 309	4 041	2 334	4 430	1 848	801
股份合作企业	14 782	11 752	251	512	371	167	115
联营企业	4 086	3 065	110	185	138	95	45
其他联营企业	4 086	3 065	110	185	138	95	45
有限责任公司	8 567 244	7 188 635	143 805	68 429	551 409	120 431	115 257
国有独资公司	5 068 636	4 025 324	87 068	37 654	462 114	26 050	24 831
其他有限责任公司	3 498 608	3 163 311	56 737	30 775	89 295	94 381	90 426
股份有限公司	1 755 074	1 486 606	105 967	16 822	36 271	15 480	14 635
私营企业	11 592 850	10 054 123	200 758	168 323	234 672	90 526	61 111
私营独资企业	2 747 522	2 368 646	44 635	44 518	50 179	20 761	11 914
私营合伙企业	695 345	610 002	5 836	9 451	8 202	3 063	2 164
私营有限责任公司	7 584 118	6 580 463	143 658	108 521	167 255	63 775	44 936
私营股份有限公司	565 866	495 012	6 629	5 832	9 035	2 927	2 097
其他企业	188 127	163 903	2 548	2 376	4 604	1 152	944
港、澳、台商投资企业	1 938 019	1 469 368	21 681	10 656	52 363	33 114	30 966
合资经营企业(港或澳、台资)	1 386 449	1 026 737	11 652	6 477	26 935	25 842	24 434
合作经营企业(港或澳、台资)	5 305	4 837	70	29	72	6	6
港澳台商独资经营企业	520 953	416 634	9 808	3 888	24 378	6 248	5 509
港澳台商投资股份有限公司	25 312	21 160	151	262	978	1 018	1 017
外商投资企业	1 871 399	1 600 221	41 844	13 832	59 964	19 084	14 692
中外合资经营企业	1 130 359	939 968	20 041	9 704	34 850	10 554	8 930
中外合作经营企业	32 170	27 963	286	441	433	60	35
外资企业	667 746	594 685	18 216	3 482	21 920	8 240	5 534
外商投资股份有限公司	41 124	37 605	3 302	205	2 761	230	193

9-2　续表 7　（2008 年）　单位:万元

指标名称	产品销售收入	#产品销售成本	#产品销售费用	#产品销售税金及附加	管理费用	财务费用	#利息支出
按经济组织类型分组							
独资企业	5 769 223	4 323 064	104 051	581 900	198 447	35 747	21 397
国有企业	1 618 873	750 790	27 352	527 677	97 539	−1 350	−2 362
集体企业	214 129	192 309	4 041	2 334	4 430	1 848	801
私营独资企业	2 747 522	2 368 646	44 635	44 518	50 179	20 761	11 914
港澳台商独资经营企业	520 953	416 634	9 808	3 888	24 378	6 248	5 509
外资企业	667 746	594 685	18 216	3 482	21 920	8 240	5 534
合作、合伙企业	939 815	821 522	9 101	12 995	13 820	4 543	3 309
股份合作企业	14 782	11 752	251	512	371	167	115
其他联营企业	4 086	3 065	110	185	138	95	45
私营合伙企业	695 345	610 002	5 836	9 451	8 202	3 063	2 164
合作经营企业(港或澳、台资)	5 305	4 837	70	29	72	6	6
中外合作经营企业	32 170	27 963	286	441	433	60	35
其他企业(内资)	188 127	163 903	2 548	2 376	4 604	1 152	944
股份有限公司	2 387 377	2 040 382	116 048	23 121	49 045	19 655	17 942
股份有限公司(内资)	1 755 074	1 486 606	105 967	16 822	36 271	15 480	14 635
私营股份有限公司	565 866	495 012	6 629	5 832	9 035	2 927	2 097
港澳台商投资股份有限公司	25 312	21 160	151	262	978	1 018	1 017
外商投资股份有限公司	41 124	37 605	3 302	205	2 761	230	193
有限责任公司	18 668 170	15 735 804	319 155	193 131	780 449	220 603	193 556
国有独资公司	5 068 636	4 025 324	87 068	37 654	462 114	26 050	24 831
私营有限责任公司	7 584 118	6 580 463	143 658	108 521	167 255	63 775	44 936
合资经营企业(港或澳、台资)	1 386 449	1 026 737	11 652	6 477	26 935	25 842	24 434
中外合资经营企业	1 130 359	939 968	20 041	9 704	34 850	10 554	8 930
其他有限责任公司	3 498 608	3 163 311	56 737	30 775	89 295	94 381	90 426
在总计中:亏损企业	1 445 032	1 451 009	25 646	4 804	59 494	72 417	67 840
在总计中:国有控股企业	7 789 196	5 837 224	124 259	571 285	585 522	97 388	94 820
按轻重工业分组							
轻工业	7 602 509	5 897 003	210 912	597 572	205 542	51 587	38 325
重工业	20 162 075	17 023 769	337 443	213 574	836 219	228 960	197 879
按企业规模分组							
大型企业	8 401 111	6 223 088	190 414	569 034	603 318	39 990	36 998
中型企业	4 251 951	3 762 046	103 423	42 577	118 930	82 976	78 353
小型企业	15 111 522	12 935 638	254 519	199 535	319 513	157 582	120 853

9-2 续表 8 (2008 年) 单位:万元

指 标 名 称	产品销售收 入	# 产品销售成本	# 产品销售费用	# 产品销售税金及附 加	管理费用	财务费用	# 利息支出
按行业分组							
煤炭开采和洗选业	2 215 476	1 490 359	39 835	34 294	371 499	19 800	19 572
黑色金属矿采选业	204 047	172 903	1 887	2 260	13 243	2 106	1 342
非金属矿采选业	122 929	100 929	2 622	4 311	2 789	1 250	512
农副食品加工业	1 323 838	1 159 412	20 821	17 869	20 547	8 224	6 213
食品制造业	259 660	221 581	11 193	1 809	8 910	2 947	2 251
饮料制造业	1 416 740	1 207 717	71 308	16 640	28 704	13 401	12 145
烟草制品业	1 052 483	240 642	13 651	520 635	54 726	-9 305	-9 323
纺织业	1 444 628	1 274 312	21 377	12 601	28 507	13 927	8 905
纺织服装、鞋、帽制造业	120 135	103 558	1 956	1 215	4 342	1 469	912
皮革、毛皮、羽毛(绒)及其制品业	110 104	101 545	926	346	1 547	113	54
木材加工及木、竹、藤、棕、草制品业	2 625 871	2 237 966	42 962	53 498	40 438	17 671	11 143
家具制造业	39 017	36 235	419	309	536	169	134
造纸及纸制品业	523 667	449 959	8 644	9 729	9 720	6 392	5 507
印刷业和记录媒介的复制	62 802	50 238	1 106	628	5 327	1 976	1 974
文教体育用品制造业	69 409	60 211	1 481	1 215	1 471	307	257
石油加工、炼焦及核燃料加工业	330 794	274 971	3 483	1 595	10 764	3 830	3 327
化学原料及化学制品制造业	1 697 215	1 477 236	32 170	13 623	51 406	20 948	18 379
医药制造业	390 712	299 096	41 327	5 598	14 357	4 689	4 360
化学纤维制造业	38 148	37 169	365	152	784	495	430
橡胶制品业	223 469	201 293	2 292	1 810	4 302	1 555	406
塑料制品业	373 816	334 537	3 731	3 472	7 533	3 009	1 455
非金属矿物制品业	1 216 062	1 045 826	22 308	15 405	36 608	19 546	18 053
黑色金属冶炼及压延加工业	1 891 977	1 641 717	38 110	17 893	40 801	14 702	10 495
有色金属冶炼及压延加工业	655 813	565 976	5 997	13 837	7 843	4 263	2 949
金属制品业	840 167	736 917	21 546	10 699	24 100	7 010	4 354
通用设备制造业	4 256 047	3 716 670	73 679	18 898	133 989	14 395	11 641
专用设备制造业	575 902	497 479	16 404	4 703	21 032	4 265	3 014
交通运输设备制造业	607 426	529 575	15 600	7 043	17 708	2 680	1 883
电气机械及器材制造业	690 796	587 495	13 547	6 470	16 294	5 469	3 846
通信设备、计算机及其他电子设备	520 526	268 689	6 600	1 919	14 979	911	782
仪器仪表及文化、办公用机械制造	415 314	360 430	7 063	3 930	10 857	3 417	2 300
工艺品及其他制造业	77 199	67 937	1 746	577	2 578	798	672
废弃资源和废旧材料回收加工业	188 699	170 605	880	110	1 487	8 167	8 167
电力、热力的生产和供应业	1 164 276	1 182 109	182	5 869	27 590	77 314	76 621
燃气生产和供应业	7 465	7 449	939	3	1 640	10	10
水的生产和供应业	11 956	10 029	200	183	2 803	2 629	1 464

9-2　续表 9　　（2008 年）　　单位:万元

指　标　名　称	营业利润	利润总额	亏损企业亏损总额	利税总额	主营业务应付工资总　额	本年应交增值税	全部职工年平均人　数（人）
总　计	**2 168 684**	**2 156 619**	**180 810**	**4 515 412**	**1 506 205**	**1 547 597**	**559 395**
按登记注册类型分组							
内资企业	1 695 955	1 681 458	169 642	3 813 864	1 321 581	1 345 698	490 968
国有企业	220 760	219 842	38 937	912 315	62 239	164 797	18 166
中央企业	201 136	190 268	37 217	857 144	33 942	145 405	6 728
地方企业	19 624	29 574	1 720	55 171	28 297	19 392	11 438
集体企业	10 968	10 387	249	24 270	7 547	11 521	5 087
股份合作企业	697	852		1 900	909	536	405
联营企业	493	493		1 086	519	408	430
其他联营企业	493	493		1 086	519	408	430
有限责任公司	509 696	499 878	124 487	1 004 084	539 147	435 754	154 698
国有独资公司	410 761	415 748	1 366	705 651	418 351	252 249	99 785
其他有限责任公司	98 935	84 130	123 121	298 433	120 796	183 505	54 913
股份有限公司	97 008	126 398	530	218 325	100 659	75 106	31 886
私营企业	841 030	808 409	5 050	1 626 024	600 929	649 292	275 984
私营独资企业	202 676	189 873	432	384 530	121 426	150 139	56 266
私营合伙企业	57 912	57 386		117 104	39 291	50 267	17 489
私营有限责任公司	537 684	523 504	4 599	1 058 594	409 509	426 569	188 434
私营股份有限公司	42 759	37 647	19	65 796	30 703	22 317	13 795
其他企业	15 303	15 200	389	25 861	9 633	8 285	4 312
港、澳、台商投资企业	366 628	380 048	4 411	508 910	99 679	118 207	37 860
合资经营企业(港或澳、台资)	299 020	313 209	4 365	403 168	32 554	83 483	13 374
合作经营企业(港或澳、台资)	291	291		638	756	318	445
港澳台商独资经营企业	65 246	64 477	46	101 031	65 883	32 666	23 734
港澳台商投资股份有限公司	2 071	2 071		4 073	486	1 740	307
外商投资企业	106 102	95 113	6 757	192 638	84 945	83 693	30 567
中外合资经营企业	82 554	80 262	1 953	146 476	43 699	56 510	16 651
中外合作经营企业	2 823	2 671		5 032	2 142	1 920	1 130
外资企业	24 050	15 618	1 099	43 215	37 078	24 115	11 667
外商投资股份有限公司	-3 325	-3 438	3 705	-2 085	2 025	1 148	1 119

9-2 续表 10 （2008 年） 单位:万元

指标名称	营业利润	利润总额	亏损企业亏损总额	利税总额	主营业务应付工资总额	本年应交增值税	全部职工年平均人数（人）
按经济组织类型分组							
独资企业	523 699	500 197	40 762	1 465 361	294 173	383 238	114 920
国有企业	220 760	219 842	38 937	912 315	62 239	164 797	18 166
集体企业	10 968	10 387	249	24 270	7 547	11 521	5 087
私营独资企业	202 676	189 873	432	384 530	121 426	150 139	56 266
港澳台商独资经营企业	65 246	64 477	46	101 031	65 883	32 666	23 734
外资企业	24 050	15 618	1 099	43 215	37 078	24 115	11 667
合作、合伙企业	77 519	76 893	389	151 621	53 249	61 734	24 211
股份合作企业	697	852		1 900	909	536	405
其他联营企业	493	493		1 086	519	408	430
私营合伙企业	57 912	57 386		117 104	39 291	50 267	17 489
合作经营企业(港或澳、台资)	291	291		638	756	318	445
中外合作经营企业	2 823	2 671		5 032	2 142	1 920	1 130
其他企业(内资)	15 303	15 200	389	25 861	9 633	8 285	4 312
股份有限公司	138 513	162 677	4 254	286 108	133 873	100 311	47 107
股份有限公司(内资)	97 008	126 398	530	218 325	100 659	75 106	31 886
私营股份有限公司	42 759	37 647	19	65 796	30 703	22 317	13 795
港澳台商投资股份有限公司	2 071	2 071		4 073	486	1 740	307
外商投资股份有限公司	–3 325	–3 438	3 705	–2 085	2 025	1 148	1 119
有限责任公司	1 428 953	1 416 853	135 404	2 612 322	1 024 910	1 002 315	373 157
国有独资公司	410 761	415 748	1 366	705 651	418 351	252 249	99 785
私营有限责任公司	537 684	523 504	4 599	1 058 594	409 509	426 569	188 434
合资经营企业(港或澳、台资)	299 020	313 209	4 365	403 168	32 554	83 483	13 374
中外合资经营企业	82 554	80 262	1 953	146 476	43 699	56 510	16 651
其他有限责任公司	98 935	84 130	123 121	298 433	120 796	183 505	54 913
在总计中:亏损企业	–158 954	–180 810	180 810	–126 727	79 030	49 279	27 261
在总计中:国有控股企业	576 798	591 798	160 850	1 631 681	510 981	468 598	128 290
按轻重工业分组							
轻工业	623 650	642 660	10 411	1 681 166	397 522	440 934	167 810
重工业	1 545 034	1 513 959	170 399	2 834 247	1 108 683	1 106 663	391 585
按企业规模分组							
大型企业	774 591	792 174	33 071	1 838 642	619 053	477 435	156 117
中型企业	167 575	173 784	88 829	458 985	181 064	242 624	75 455
小型企业	1 226 518	1 190 661	58 909	2 217 785	706 088	827 538	327 823

9-2　续表 11　　　　（2008 年）　　　　单位:万元

指 标 名 称	营业利润	利润总额	亏损企业亏损总额	利税总额	主营业务应付工资总额	本年应交增值税	全部职工年平均人数（人）
按行业分组							
煤炭开采和洗选业	243 131	241 836		463 585	384 964	187 456	92 587
黑色金属矿采选业	13 900	14 041		30 454	10 211	14 153	4 584
非金属矿采选业	9 093	9 034		22 135	12 933	8 791	7 819
农副食品加工业	73 671	72 396	602	150 607	44 112	60 343	21 680
食品制造业	15 104	14 299	326	25 757	16 426	9 649	9 034
饮料制造业	83 271	112 574	699	170 923	89 738	41 709	26 731
烟草制品业	232 526	232 159		892 091	17 236	139 297	1 709
纺织业	93 657	88 564	1 476	182 285	105 867	81 120	50 196
纺织服装、鞋、帽制造业	8 262	7 061	34	13 192	13 613	4 916	8 521
皮革、毛皮、羽毛(绒)及其制品业	6 556	5 628		11 347	7 161	5 374	2 698
木材加工及木、竹、藤、棕、草制品业	216 241	214 509	17	452 386	174 858	184 379	83 643
家具制造业	2 506	2 506	81	4 049	2 430	1 235	1 259
造纸及纸制品业	38 766	37 647	248	74 438	24 449	27 062	9 644
印刷业和记录媒介的复制	4 927	5 722	397	10 566	3 615	4 216	1 722
文教体育用品制造业	4 684	4 204		9 293	5 776	3 873	2 317
石油加工、炼焦及核燃料加工业	33 650	29 260	4	52 972	9 593	22 117	3 848
化学原料及化学制品制造业	119 273	112 186	9 582	214 668	64 303	88 837	29 871
医药制造业	20 929	20 800	701	50 564	14 827	24 166	7 153
化学纤维制造业	1 566	1 566	150	2 773	2 465	1 055	852
橡胶制品业	15 221	14 234	89	26 072	8 620	10 028	3 727
塑料制品业	25 476	24 302	38	47 256	33 959	19 483	14 099
非金属矿物制品业	93 270	104 683	714	183 789	54 662	63 702	25 340
黑色金属冶炼及压延加工业	135 590	113 513	467	257 538	72 429	126 133	22 107
有色金属冶炼及压延加工业	50 546	50 069		110 836	17 773	46 931	5 596
金属制品业	44 064	42 048	676	86 167	34 221	33 420	16 690
通用设备制造业	299 702	300 320	3 080	459 522	119 529	140 277	42 805
专用设备制造业	34 414	35 398	2 893	65 361	27 379	25 260	13 474
交通运输设备制造业	39 692	39 810		74 813	25 024	27 960	11 397
电气机械及器材制造业	40 919	39 362	830	73 774	25 813	27 943	12 782
通信设备、计算机及其他电子设备	228 104	228 054		267 854	11 100	37 881	3 813
仪器仪表及文化、办公用机械制造	33 553	31 989	17	51 626	18 043	15 707	5 256
工艺品及其他制造业	4 098	4 218		7 703	10 054	2 908	4 911
废弃资源和废旧材料回收加工业	7 448	17 835		18 009	611	64	207
电力、热力的生产和供应业	–104 089	–114 216	155 873	–49 126	37 779	59 222	9 252
燃气生产和供应业	729	749		767	1 431	15	427
水的生产和供应业	–1 763	–17 39	1 817	–636	3 204	920	1 644

9-3 国有工业企业主要经济指标

（2008 年） 单位:万元

指标名称	企业个数（个）	#亏损企业	工业总产值（当年价）	#新产品产值	工业销售产值（当年价）	#出口交货值
总计	**30**	**9**	**1 766 572**	**4 128**	**1 750 408**	**503**
在总计中:亏损企业	9	9	208 191	4 128	206 593	
按隶属关系分组						
中央企业	6	3	1 381 384		1 366 470	
地方企业	24	6	385 188	4 128	383 938	503
按轻重工业分组						
轻工业	20	5	1 344 797		1 329 074	503
重工业	10	4	421 775	4 128	421 334	
按企业规模分组						
大型企业	3	1	1 441 560		1 428 319	
中型企业	7	2	221 060	4 128	219 145	503
小型企业	20	6	103 952		102 944	
按行业分组						
黑色金属矿采选业	1		75 647		75 315	
非金属矿采选业	1		1 389		1 290	
农副食品加工业	4	1	28 399		27 157	
食品制造业	2		57 116		56 516	
饮料制造业	1		33 731		33 428	
烟草制品业	1		1 192 889		1 179 980	
纺织业	4		18 726		18 067	503
纺织服装、鞋、帽制造业	1		3 481		3 000	
印刷业和记录媒介的复制	1	1	1 757		1 757	
非金属矿物制品业	1		95 282		94 726	
有色金属冶炼及压延加工业	1		33 635		35 595	
通用设备制造业	1	1	834		723	
专用设备制造业	1	1	8 000		5 422	
交通运输设备制造业	1		1 952		1 952	
电气机械及器材制造业	1	1	21 896	4 128	23 171	
工艺品及其他制造业	1		4 685		5 369	
电力、热力的生产和供应业	2	1	183 140		183 140	
水的生产和供应业	5	3	4 014		3 800	

9-3 续表1 （2008年） 单位:万元

指标名称	资产合计	#流动资产年平均余额	#累计折旧	#本年折旧	#固定资产净值年平均余额	负债合计
总 计	**1 563 743**	**946 280**	**263 754**	**31 439**	**322 049**	**472 441**
在总计中:亏损企业	196 762	70 191	84 683	4 904	43 774	170 928
按隶属关系分组						
中央企业	1 191 386	825 581	200 910	17 647	158 100	274 452
地方企业	372 357	120 699	62 844	13 792	163 949	197 989
按轻重工业分组						
轻工业	1 114 470	819 385	151 933	18 278	161 372	176 358
重工业	449 273	126 895	111 821	13 162	160 677	296 083
按企业规模分组						
大型企业	1 235 415	832 894	202 712	18 465	154 521	266 665
中型企业	258 851	84 037	44 822	9 315	142 730	140 794
小型企业	69 477	29 349	16 220	3 659	24 798	64 982
按行业分组						
黑色金属矿采选业	74 273	24 331	6 970	1 368	9 184	30 522
非金属矿采选业	1 000	400	150	48	400	350
农副食品加工业	6 853	3 686	2 569	387	3 098	5 977
食品制造业	16 948	6 045	7 132	1 441	8 978	14 327
饮料制造业	32 797	11 351	4 283	1 228	19 086	5 306
烟草制品业	1 012 610	776 014	125 487	13 457	114 200	119 974
纺织业	17 183	10 504	3 155	449	3 708	6 924
纺织服装、鞋、帽制造业	474	252	78	31	222	240
印刷业和记录媒介的复制	1 889	599	4 538	192	1 235	1 174
非金属矿物制品业	147 683	21 267	24 468	6 358	103 360	81 226
有色金属冶炼及压延加工业	11 989	6 881	915	402	4 864	8 689
通用设备制造业	3 824	3 774	1 685	68	2 829	17 610
专用设备制造业	7 895	5 746	1 265	101	2 265	6 186
交通运输设备制造业	1 200	712	712	150	331	770
电气机械及器材制造业	29 896	25 698	4 473	162	3 589	22 589
工艺品及其他制造业	17 325	6 786	1 506	231	7 338	13 743
电力、热力的生产和供应业	171 513	38 086	71 183	4 505	33 855	128 141
水的生产和供应业	8 392	4 149	3 185	861	3 507	8 693

9-3 续表 2 （2008 年） 单位:万元

指标名称	产品销售收入	#产品销售成本	#产品销售费用	#产品销售税金及附加	管理费用	财务费用	#利息支出
总计	**1 618 873**	**750 790**	**27 352**	**527 677**	**97 539**	**−1 350**	**−2 362**
在总计中:亏损企业	223 336	227 389	1 771	1 121	21 953	193	136
按隶属关系分组							
中央企业	1 239 702	441 769	13 873	521 471	71 072	−9 244	−9 275
地方企业	379 171	309 021	13 479	6 206	26 467	7 895	6 913
按轻重工业分组							
轻工业	1 178 152	351 159	20 816	524 301	62 174	−7 776	−8 219
重工业	440 721	399 632	6 536	3376	35 365	6 426	5 857
按企业规模分组							
大型企业	1 302 839	488 661	13 877	521 910	78 687	−8 303	−8 812
中型企业	212 921	170 384	11 071	4 317	12 753	6 061	5 995
小型企业	103 113	91 745	2 404	1 450	6 099	893	455
按行业分组							
黑色金属矿采选业	77 915	61 071	682	520	10 065	1 060	569
非金属矿采选业	1 161	776	25	265	45	10	8
农副食品加工业	25 661	24 039	368	22	831	30	19
食品制造业	56 675	46 929	4 939	246	1 829	523	518
饮料制造业	22 697	19 348	62	3 283	1 505	371	371
烟草制品业	1 040 178	236 723	13 195	520 438	52 216	−9 276	−9 294
纺织业	18 694	13 547	1 200	196	2 676	469	57
纺织服装、鞋、帽制造业	3 000	2 079	288	20	136		
印刷业和记录媒介的复制	1 644	1 451		19	683		
非金属矿物制品业	94 929	70 548	4 023	743	3 689	4 909	4 906
有色金属冶炼及压延加工业	35 595	33 249	146	192	465	12	
通用设备制造业	2 026	2 668	83	20	825	3	3
专用设备制造业	5 059	6 066	7	5	514	40	29
交通运输设备制造业	1 920	1 352	24	37	26	1	1
电气机械及器材制造业	27 335	24 375	1 546	90	2 622	224	174
工艺品及其他制造业	5 773	4 093	564	19	1 085	75	73
电力、热力的生产和供应业	194 781	199 527		1 504	17 114	167	167
水的生产和供应业	3 830	2 949	200	57	1 213	33	37

9-3 续表 3 （2008 年） 单位:万元

指 标 名 称	营业利润	利润总额	亏损企业亏损总额	利税总额	主营业务应付工资总额	本年应交增值税	全部职工年平均人数
总 计	**220 760**	**219 842**	**38 937**	**912 315**	**62 239**	**164 797**	**18 166**
在总计中:亏损企业	-28 920	-38 937	38 937	-29 352	21 253	8 463	7 165
按隶属关系分组							
中央企业	201 136	190 268	37 217	857 144	33 942	145 405	6 728
地方企业	19 624	29 574	1 720	55 171	28 297	19 392	11 438
按轻重工业分组							
轻工业	230 598	229 928	890	896 042	26 132	141 814	6 945
重工业	-9 838	-10 086	38 047	16 273	36 107	22 983	11 221
按企业规模分组							
大型企业	208 696	199 340	32 604	870 684	39 994	149 434	8 625
中型企业	10 387	20 652	2 416	35 308	10 459	10 339	4 994
小型企业	1 677	-151	3 917	6 323	11 786	5 024	4 547
按行业分组							
黑色金属矿采选业	4 813	4 954		10 076	8 590	4 602	3 538
非金属矿采选业	40	40		342	55	37	30
农副食品加工业	297	306	42	611	2 033	283	1 178
食品制造业	2 210	2 135		3 424	2 073	1 043	933
饮料制造业	3	155		4 392	969	954	502
烟草制品业	227 274	226 990		884 931	15 994	137 503	1 534
纺织业	1 305	679		2 281	2 252	1 406	1 141
纺织服装、鞋、帽制造业	387	387		497	70	90	35
印刷业和记录媒介的复制	-395	-397	397	-193	663	185	373
非金属矿物制品业	11 062	20 503		28 094	1 702	6 848	520
有色金属冶炼及压延加工业	1 423	1 423		3 753	4 851	2 138	680
通用设备制造业	-1 550	-3 027	3 027	-2 953	426	54	412
专用设备制造业	-1 586	-1 586	1 586	-1 539	789	42	771
交通运输设备制造业	450	450		828	667	341	98
电气机械及器材制造业	-1 456	-830	830	49	2 936	789	1 333
工艺品及其他制造业	-61	45		200	656	136	360
电力、热力的生产和供应业	-23 034	-32 013	32 604	-22 377	16 091	8 132	3 839
水的生产和供应业	-422	-373	451	-101	1 422	215	889

9-4 规模以上集体工业企业主要经济指标

（2008 年） 单位:万元

指标名称	企业个数（个）	# 亏损企业	工业总产值（当年价）	# 新产品产值	工业销售产值（当年价）
总计	**48**	**3**	**222 136**	**397**	**215 192**
在总计中:亏损企业	3	3	5 071	397	5 186
按轻重工业分组					
轻工业	9	1	29 563		28 574
重工业	39	2	192 573	397	186 618
按企业规模分组					
小型企业	48	3	222 136	397	215 192
按行业分组					
煤炭开采和洗选业	2		12 758		12 331
黑色金属矿采选业	11		88 141		85 348
非金属矿采选业	2		10 860		10 739
农副食品加工业	1		4 895		4 895
木材加工及木、竹、藤、棕、草制品业	1		3 458		3 357
造纸及纸制品业	2		8 740		8 614
印刷业和记录媒介的复制	1		1 540		1 413
化学原料及化学制品制造业	9	1	16 319		15 626
塑料制品业	2	1	31 705	397	30 891
非金属矿物制品业	3		5 620		5 553
有色金属冶炼及压延加工业	1		890		890
金属制品业	3	1	4 760		4 558
通用设备制造业	3		9 101		8 915
专用设备制造业	2		5 060		4 691
交通运输设备制造业	2		13 069		12 546
电气机械及器材制造业	1		1 531		1 531
仪器仪表及文化、办公用机械制造	1		1 100		994
工艺品及其他制造业	1		2 589		2 300

9-4 续表 1 （2008 年） 单位:万元

指标名称	资产合计	#流动资产年平均余额	#累计折旧	#本年折旧	#固定资产净值年平均余额	负债合计	产品销售收入
总计	**107 714**	**37 283**	**15 255**	**7 029**	**68 109**	**67 777**	**214 129**
在总计中:亏损企业	6 288	4 809	1 094	129	1 494	5 424	4 897
按轻重工业分组							
轻工业	11 536	6 504	2 466	979	5 631	7 183	28 057
重工业	96 178	30 779	12 789	6 050	62 478	60 594	186 073
按企业规模分组							
小型企业	107 714	37 283	15 255	7 029	68 109	67 777	214 129
按行业分组							
煤炭开采和洗选业	1 170	847	142	7	492	981	12 331
黑色金属矿采选业	16 618	11 679	1 299	183	4 780	13 223	84 864
非金属矿采选业	7 060	2 507	774	477	5 145	2 864	10 739
农副食品加工业	658	297	382	108	361	197	4 895
木材加工及木、竹、藤、棕、草制品业	12 320	478	1 210	1 200	12 272	2 321	3 230
造纸及纸制品业	3 328	407	435	380	2 852	3 066	8 664
印刷业和记录媒介的复制	870	613	174	79	177	495	1 183
化学原料及化学制品制造业	7 875	5 440	1 554	632	3 091	3 992	15 050
塑料制品业	13 658	2 242	1 259	888	10 804	9 456	32 096
非金属矿物制品业	8 310	992	1 024	420	5 482	6 366	5 534
有色金属冶炼及压延加工业	484	324	189	109	360	340	890
金属制品业	19 313	5 439	3 771	1 331	13 565	15 477	4 248
通用设备制造业	2 766	1 909	173	47	276	1 484	8 870
专用设备制造业	3 548	527	923	448	2 475	675	4 165
交通运输设备制造业	6 580	1 534	1 430	647	5 045	4 310	12 546
电气机械及器材制造业	1 327	828	136	4	394	1 326	1 531
仪器仪表及文化、办公用机械制造	302	118	42	30	113	207	994
工艺品及其他制造业	1 527	1 102	339	39	425	997	2 300

9-4　续表2　（2008年）　单位:万元

指标名称	产品销售收入	#产品销售成本	#产品销售费用	#产品销售税金及附加	管理费用	财务费用	#利息支出
总　计	**214 129**	**192 309**	**4 041**	**2 334**	**4 430**	**1 848**	**801**
在总计中:亏损企业	4 897	4 723	167	13	189	35	35
按轻重工业分							
轻工业	28 057	24 530	1 005	492	1 014	561	104
重工业	186 073	167 779	3 037	1 843	3 416	1 287	697
按企业规模分							
小型企业	214 129	192 309	4 041	2 334	4 430	1 848	801
按行业分组							
煤炭开采和洗选业	12 331	11 010	213	185	263	18	18
黑色金属矿采选业	84 864	76 044	871	1 058	1 668	651	378
非金属矿采选业	10 739	9 652	518	60	118	48	46
农副食品加工业	4 895	4 374	52	236	46	26	26
木材加工及木、竹、藤、棕、草制品业	3 230	3 055	15	2	64		
造纸及纸制品业	8 664	7 150	321	163	360	420	
印刷业和记录媒介的复制	1 183	953	34	7	81	49	49
化学原料及化学制品制造业	15 050	13 396	730	97	596	117	66
塑料制品业	32 096	30 761	168	55	163	108	108
非金属矿物制品业	5 534	4 999	63	42	92	31	30
有色金属冶炼及压延加工业	890	815	4	9	25		
金属制品业	4 248	3 793	114	32	99	43	37
通用设备制造业	8 870	8 228	115	64	172	32	32
专用设备制造业	4 165	3 958	20	21	31	1	
交通运输设备制造业	12 546	10 037	680	248	425	278	
电气机械及器材制造业	1 531	1 248	49	13	126		
仪器仪表及文化、办公用机械制造	994	747	27	20	29	26	12
工艺品及其他制造业	2 300	2 088	49	22	72		

9-4 续表 3 （2008 年） 单位:万元

指 标 名 称	营业利润	利润总额	亏损企业亏损总额	利税总额	主营业务应付工资总 额	本年应交增值税	全部职工年平均人数（人）
总 计	**10 968**	**10 387**	**249**	**24 270**	**7 547**	**11 521**	**5 087**
在总计中:亏损企业	–229	–249	249	–213	408	23	286
按轻重工业分							
轻工业	1 551	1 057	54	2 554	1 246	1 005	1 820
重工业	9 417	9 330	195	21 716	6 301	10 516	3 267
按企业规模分							
小型企业	10 968	10 387	249	24 270	7 547	11 521	5 087
按行业分组							
煤炭开采和洗选业	642	642		1 789	37	962	46
黑色金属矿采选业	5 011	5 011		12 655	1 035	6 587	742
非金属矿采选业	423	373		699	225	266	107
农副食品加工业	161	161		397	74		648
木材加工及木、竹、藤、棕、草制品业	226	226		349	510	121	170
造纸及纸制品业	800	250		980	423	567	412
印刷业和记录媒介的复制	60	60		112	85	45	84
化学原料及化学制品制造业	671	727	54	1 432	806	608	569
塑料制品业	844	844	26	1 479	1 158	580	458
非金属矿物制品业	294	234		579	715	303	383
有色金属冶炼及压延加工业	53	53		82	390	20	130
金属制品业	24	–32	169	181	247	181	142
通用设备制造业	276	361		574	486	121	242
专用设备制造业	134	136		305	627	148	365
交通运输设备制造业	1 086	1 086		2 087	300	753	126
电气机械及器材制造业	94	76		234	86	145	45
仪器仪表及文化、办公用机械制造	100	109		199	120	70	40
工艺品及其他制造业	69	69		136	222	45	378

9-5 规模以上“三资”工业企业主要经济指标

（2008 年） 单位:万元

指标名称	企业个数（个）	#亏损企业	工业总产值（当年价）	#新产品产值	工业销售产值（当年价）	#出口交货值
总　　计	**171**	**13**	**3 857 195**	**51 154**	**3 777 344**	**343 164**
在总计中:亏损企业	13	13	501 652	3 125	501 279	67 097
按经济类型分组						
港澳台商投资企业	70	5	2 024 048	10 942	1 953 718	122 375
合资经营企业	42	3	1 464 648		1 416 571	92 164
合作经营企业	1		5 643		5 417	2 782
独资经营企业	24	2	531 437	10 942	510 217	27 429
股份有限公司	3		22 320		21 514	
外商投资企业	101	8	1 833 147	40 212	1 823 625	220 789
合资经营企业	70	4	1 129 436	36 660	1 116 017	90 184
合作经营企业	4		32 875		32 170	9 810
独资经营企业	23	3	634 964	3 552	635 395	117 283
股份有限公司	4	1	35 872		40 044	3 512
在总计中:国家控股企业	2		232 710		238 310	
按轻重工业分组						
轻工业	81	7	1 083 298	14 118	1 071 417	86 291
重工业	90	6	2 773 897	37 036	2 705 927	256 874
按企业规模分组						
大型企业	4	1	651 622	5 800	647 479	67 555
中型企业	21	2	946 464	26 100	941 659	91 945
小型企业	146	10	2 259 109	19 254	2 188 206	183 664
按行业分组						
煤炭开采和洗选业	1		154 045		147 582	
非金属矿采选业	1		3 120		3 090	3 090
农副食品加工业	14		295 015		291 619	15 342
食品制造业	6	1	48 718		47 556	2 102
饮料制造业	7		90 539		87 829	9 501
纺织业	10	1	306 062	14 067	303 409	17 881
纺织服装、鞋、帽制造业	12	1	58 125		57 921	13 003
皮革、毛皮、羽毛(绒)及其制品业	4		95 221		86 789	4 096
木材加工及木、竹、藤、棕、草制品业	23		262 837		257 142	107 043
造纸及纸制品业	3		37 641		37 076	
印刷业和记录媒介的复制	3		24 114		29 592	
文教体育用品制造业	3		31 188		30 225	7 288
石油加工、炼焦及核燃料加工业	2		141 076		131 032	
化学原料及化学制品制造业	13	3	177 205	114	170 971	15 426
医药制造业	3		22 506		22 858	
橡胶制品业	3		152 174		146 190	30 945
塑料制品业	5	1	23 778		22 101	2 930
非金属矿物制品业	4		20 057		19 501	3 258
黑色金属冶炼及压延加工业	3	1	489 450	183	493 628	87 021
有色金属冶炼及压延加工业	1		1 345		1 345	
金属制品业	4	1	15 911		15 512	
通用设备制造业	7		115 002		113 644	
专用设备制造业	8	1	87 983	12 412	85 968	
交通运输设备制造业	2		109 749	3 552	105 761	3 552
电气机械及器材制造业	2		6 244	51	6 354	897
通信设备、计算机及其他电子设备	7		475 340	20 775	482 803	6 733
仪器仪表及文化、办公用机械制造	4		26 963		27 248	369
工艺品及其他制造业	6		23 665		23 297	12 687
废弃资源和废旧材料回收加工业	1		256 684		226 438	
电力、热力的生产和供应业	8	3	297 605		295 683	
燃气生产和供应业	1		7 834		7 180	

9-5　续表 1　（2008 年）　单位:万元

指 标 名 称	资产合计	#流动资产年平均余额	#累计折旧	#本年折旧	#固定资产净值年平均余额	负债合计
总　　计	**3 115 908**	**1 364 400**	**593 286**	**104 158**	**1 127 707**	**1 740 672**
在总计中:亏损企业	461 953	233 185	91 066	5 469	143 446	313 575
按经济类型分组						
港澳台商投资企业	1 758 916	754 418	401 924	62 542	651 719	1 087 248
合资经营企业	1 228 586	534 383	314 166	40 077	436 588	774 070
合作经营企业	2 819	1 896	106	82	921	935
独资经营企业	492 384	207 154	78 578	20 803	188 309	289 147
股份有限公司	35 126	10 985	9 074	1 580	25 901	23 096
外商投资企业	1 356 992	609 982	191 362	41 616	475 988	653 423
合资经营企业	774 807	319 625	109 242	38 536	357 824	378 290
合作经营企业	11 305	4 558	1 612	1 180	6 164	3 628
独资经营企业	549 381	275 352	69 115	1 088	104 321	258 409
股份有限公司	21 500	10 447	11 393	813	7 680	13 097
在总计中:国家控股企业	403 011	163 860	242 647	17 677	215 901	278 552
按轻重工业分组						
轻工业	699 559	290 714	89 137	24 441	244 585	286 788
重工业	2 416 348	1 073 686	504 149	79 717	883 122	1 453 884
按企业规模分组						
大型企业	613 735	299 257	114 761	11 329	189 362	399 704
中型企业	1 162 400	542 455	351 019	44 447	500 175	703 368
小型企业	1 339 772	522 688	127 506	48 382	438 170	637 599
按行业分组						
煤炭开采和洗选业	249 440	72 816	53 439	13 382	110 597	175 688
非金属矿采选业	1 250	360	137	60	890	780
农副食品加工业	60 134	30 257	13 788	6 852	29 255	37 000
食品制造业	131 560	15 410	4 146	1 228	15 140	21 879
饮料制造业	67 492	31 795	11 498	2 728	38 339	30 921
纺织业	181 990	93 105	21 545	5 065	69 921	91 864
纺织服装、鞋、帽制造业	44 085	18 410	3 873	1 782	17 670	13 094
皮革、毛皮、羽毛(绒)及其制品业	50 829	43 055	4 207	583	4 014	30 397
木材加工及木、竹、藤、棕、草制品业	76 986	32 411	6 986	4 196	29 194	38 187
造纸及纸制品业	8 783	1 715	526	326	4 097	1 774
印刷业和记录媒介的复制	52 216	27 384	10 144	382	21 654	22 724
文教体育用品制造业	29 889	4 187	1 802	1 589	21 588	13 671
石油加工、炼焦及核燃料加工业	165 880	107 921	15 369	1 673	22 612	85 367
化学原料及化学制品制造业	186 065	73 185	29 734	7 311	61 644	121 681
医药制造业	5 062	2 277	2 422	1 355	1 871	1 643
橡胶制品业	186 358	61 609	25 198	13 262	130 326	62 701
塑料制品业	32 280	11 052	5 041	1 472	12 926	18 492
非金属矿物制品业	15 723	8 372	1 395	711	7 414	9 142
黑色金属冶炼及压延加工业	346 796	214 061	57 987	-1 881	76 589	204 991
有色金属冶炼及压延加工业	2 256	882	370	200	1 870	1 606
金属制品业	9 411	4 379	1 702	841	4 592	5 193
通用设备制造业	126 116	52 453	6 935	3 630	28 516	67 478
专用设备制造业	63 693	40 591	8 635	2 247	12 288	29 222
交通运输设备制造业	69 074	51 077	8 452	2 628	8 741	34 744
电气机械及器材制造业	2 949	2 360	85	37	225	2 327
通信设备、计算机及其他电子设备	129 764	60 756	8 971	3 131	15 007	56 440
仪器仪表及文化、办公用机械制造	12 086	7 112	1 358	451	3 348	2 684
工艺品及其他制造业	12 562	4 580	777	450	6 779	3 885
废弃资源和废旧材料回收加工业	233 813	114 174	2 839	2 723	28 920	161 170
电力、热力的生产和供应业	525 157	172 024	268 164	25 171	320 604	370 190
燃气生产和供应业	36 210	4 630	15 761	574	21 077	23 735

9-5 续表 2 （2008 年） 单位:万元

指标名称	产品销售收入	#产品销售成本	#产品销售费用	#产品销售税金及附加	管理费用	财务费用	#利息支出
总计	**3 809 418**	**3 069 589**	**63 525**	**24 488**	**112 326**	**52 198**	**45 658**
在总计中:亏损企业	510 171	472 189	16 679	230	20 335	10 122	6 929
按经济类型分组							
港澳台商投资企业	1 938 019	1 469 368	21 681	10 656	52 363	33 114	30 966
合资经营企业	1 386 449	1 026 737	11 652	6 477	26 935	25 842	24 434
合作经营企业	5 305	4 837	70	29	72	6	6
独资经营企业	520 953	416 634	9 808	3 888	24 378	6 248	5 509
股份有限公司	25 312	21 160	151	262	978	1 018	1 017
外商投资企业	1 871 399	1 600 221	41 844	13 832	59 964	19 084	14 692
合资经营企业	1 130 359	939 968	20 041	9 704	34 850	10 554	8 930
合作经营企业	32 170	27 963	286	441	433	60	35
独资经营企业	667 746	594 685	18 216	3 482	21 920	8 240	5 534
股份有限公司	41 124	37 605	3 302	205	2 761	230	193
在总计中:国家控股企业	236 251	197 532	534	185	3 177	8 830	8 830
按轻重工业分组							
轻工业	1 062 009	893 092	22 365	9 841	29 241	10 210	9 086
重工业	2 747 409	2 176 496	41 161	14 647	83 085	41 988	36 572
按企业规模分组							
大型企业	666 752	565 571	19 010	1 671	34 981	9 951	7 518
中型企业	949 563	820 408	16 940	2 898	34 924	17 055	14 963
小型企业	2 193 103	1 683 610	27 575	19 919	42 421	25 192	23 177
按行业分组							
煤炭开采和洗选业	161 941	106 858	2 388	1 442	15 168	3 211	3 211
非金属矿采选业	3 030	2 287	135	96	120	72	68
农副食品加工业	292 800	230 194	4 367	4 627	4 349	2 175	2 015
食品制造业	48 143	41 874	1 869	262	1 744	749	115
饮料制造业	90 457	69 708	4 080	1 001	3 090	1 343	1 130
纺织业	297 934	256 356	6 282	1 078	8 624	2 940	2 928
纺织服装、鞋、帽制造业	57 928	51 414	625	485	2 442	621	596
皮革、毛皮、羽毛(绒)及其制品业	88 475	81 975	731	176	1 139	32	32
木材加工及木、竹、藤、棕、草制品业	274 142	234 121	3 134	6 773	5 032	1 125	725
造纸及纸制品业	37 076	32 167	227	700	227	249	249
印刷业和记录媒介的复制	26 651	19 996	578	90	3 364	1 481	1 480
文教体育用品制造业	21 604	18 115	104	670	476	87	78
石油加工、炼焦及核燃料加工业	140 590	119 456	770	285	6 374	1 857	1 751
化学原料及化学制品制造业	175 975	156 752	6 037	321	6 838	3 026	2 745
医药制造业	22 858	20 998	32	359	33	70	70
橡胶制品业	145 365	134 716	703	759	2 174	1 161	56
塑料制品业	21 235	17 596	628	154	944	694	694
非金属矿物制品业	17 172	14 293	230	260	439	153	132
黑色金属冶炼及压延加工业	495 169	444 410	16 186	347	16 142	6 228	3 776
有色金属冶炼及压延加工业	2 145	1 220	144	1	126		
金属制品业	16 000	14 251	370	231	532	372	364
通用设备制造业	142 200	110 582	2 166	550	3 824	806	635
专用设备制造业	98 442	86 210	2 425	400	2 824	160	136
交通运输设备制造业	105 800	90 245	681	1 331	4 437	469	469
电气机械及器材制造业	6 936	6 627		1	103	15	15
通信设备、计算机及其他电子设备	479 305	232 324	5 772	1 273	13 740	804	714
仪器仪表及文化、办公用机械制造	26 544	22 640	642	115	1 127	11	8
工艺品及其他制造业	23 087	20 089	400	152	468	233	176
废弃资源和废旧材料回收加工业	187 369	169 519	845	102	1 447	8 167	8 167
电力、热力的生产和供应业	295 580	255 145	35	446	3 340	13 879	13 114
燃气生产和供应业	7 465	7 449	939	3	1 640	10	10

9-5　续表 3　　　　（2008 年）　　　　单位:万元

指 标 名 称	营业利润	利润总额	亏损企业亏损总额	利税总额	主营业务应付工资总　额	本年应交增 值 税	全部职工年 平 均人　数（人）
总　计	**472 729**	**475 161**	**11 168**	**701 548**	**184 624**	**201 899**	**68 427**
在总计中:亏损企业	−852	−11 168	11 168	4 240	24 608	15 178	6 680
按经济类型分组							
港澳台商投资企业	366 628	380 048	4 411	508 910	99 679	118 207	37 860
合资经营企业	299 020	313 209	4 365	403 168	32 554	83 483	13 374
合作经营企业	291	291		638	756	318	445
独资经营企业	65 246	64 477	46	101 031	65 883	32 666	23 734
股份有限公司	2 071	2 071		4 073	486	1 740	307
外商投资企业	106 102	95 113	6 757	192 638	84 945	83 693	30 567
合资经营企业	82 554	80 262	1 953	146 476	43 699	56 510	16 651
合作经营企业	2 823	2 671		5 032	2 142	1 920	1 130
独资经营企业	24 050	15 618	1 099	43 215	37 078	24 115	11 667
股份有限公司	−3 325	−3 438	3 705	−2 085	2 025	1 148	1 119
在总计中:国家控股企业	26 743	31 483		50 214	3 018	18 546	865
按轻重工业分组							
轻工业	63 467	65 765	4 135	125 159	60 378	49 553	26 725
重工业	409 262	409 396	7 033	576 389	124 246	152 347	41 702
按企业规模分组							
大型企业	48 806	42 597	467	75 936	67 833	31 668	21 072
中型企业	68 934	68 843	6 676	124 381	39 391	52 641	14 858
小型企业	354 990	363 721	4 025	501 231	77 400	117 591	32 497
按行业分组							
煤炭开采和洗选业	38 018	37 077		53 865	35 212	15 346	11 626
非金属矿采选业	320	320		588	216	172	120
农副食品加工业	13 101	12 203		28 890	5 572	12 061	2 322
食品制造业	3 327	2 593	326	5 267	3 008	2 413	1 545
饮料制造业	10 831	10 838		16 185	4 173	4 346	1 469
纺织业	20 438	24 738	18	39 767	23 764	13 951	10 349
纺织服装、鞋、帽制造业	2 881	2 682	34	5 163	7 192	1 996	3 939
皮革、毛皮、羽毛(绒)及其制品业	5 351	4 528		9 590	6 422	4 886	2 308
木材加工及木、竹、藤、棕、草制品业	22 162	22 062		49 223	16 834	20 388	7 445
造纸及纸制品业	3 154	3 154		6 056	593	2 202	259
印刷业和记录媒介的复制	1 929	2 703		5 284	1 281	2 491	451
文教体育用品制造业	1 746	1 746		3 362	1 760	946	743
石油加工、炼焦及核燃料加工业	12 078	11 343		21 624	4 200	9 996	1 460
化学原料及化学制品制造业	6 201	4 145	6 714	9 909	6 342	5 443	3 037
医药制造业	576	576		2 410	307	1 475	265
橡胶制品业	8 184	7 184		14 376	6 030	6 433	2 156
塑料制品业	1 179	1 174	12	2 782	1 839	1 454	1 077
非金属矿物制品业	1 414	1 411		2 307	469	636	259
黑色金属冶炼及压延加工业	14 621	4 869	467	23 161	22 893	17 945	4 882
有色金属冶炼及压延加工业	9	9		21	52	11	32
金属制品业	407	406	306	1 486	1 128	848	618
通用设备制造业	23 528	23 519		31 465	4 545	7 396	1 558
专用设备制造业	6 472	6 680	2	11 106	2 835	4 027	1 194
交通运输设备制造业	10 264	10 277		18 095	2 600	6 487	1 068
电气机械及器材制造业	450	438		674	347	235	1 586
通信设备、计算机及其他电子设备	226 042	225 992		262 587	8 261	35 322	2 695
仪器仪表及文化、办公用机械制造	1 943	1 933		3 179	7 695	1 131	738
工艺品及其他制造业	1 690	1 693		2 752	2 674	908	1 296
废弃资源和废旧材料回收加工业	7 287	17 674		17 776	490		129
电力、热力的生产和供应业	26 399	30 447	3 289	51 834	4 459	20 941	1 374
燃气生产和供应业	729	749		767	1 431	15	427

9–6 主要年份主要工业产品产量

单位:万吨

年份	铁矿石（成品矿）	生铁	原煤	发电量(亿千瓦小时)	铝锭（吨）	硫酸（吨）	合成氨	农用化肥（折100%）	水泥
1949			81	0.07					
1952	21.93		112	0.20					
1957	38.57	0.13	180	0.90					
1962	39.39	1.66	447	3.76	672			0.01	1.06
1965	45.98	1.63	472	4.43	930	5 594	0.05	0.32	14.52
1970	31.69	4.61	633	7.24	1 453	7 746	1.03	0.89	23.09
1975	25.12	11.08	899	15.99	2 103	10 840	3.41	2.68	33.29
1978	40.95	15.19	1 445	27.08	3 135	22 162	7.07	4.91	66.68
1979	44.49	18.16	1 510	38.65	3 616	21 559	9.72	6.96	79.77
1980	29.55	16.36	1 506	47.78	2 721	31 856	12.40	9.96	93.68
1981	23.36	12.18	1 451	50.48	3 686	21 690	12.64	10.14	109.32
1982	24.74	11.71	1 492	52.37	3 614	34 902	12.98	10.67	133.52
1983	30.02	14.73	1 580	53.70	3 378	50 119	14.12	11.99	152.45
1984	30.80	15.74	1 682	54.84	3 210	44 138	15.07	12.45	169.47
1985	30.48	16.52	1 803	58.35	3 062	35 469	14.33	11.59	203.03
1986	30.75	19.90	1 770	74.67	5 629	34 370	14.03	12.65	249.80
1987	33.59	22.82	1 866	89.98	5 649	46 067	15.05	14.03	293.35
1988	47.35	24.80	1 931	102.97	5 574	51 157	14.11	13.38	344.49
1989	51.57	23.39	2 042	105.64	5 929	56 695	13.50	13.22	291.01
1990	27.62	29.22	2 032	104.40	7 568	62 041	13.40	12.52	297.67
1991	26.25	28.60	2 118	106.75	8 096	83 813	11.32	13.17	348.87
1992	32.33	31.84	2 115	103.74	11 241	77 784	9.42	10.89	437.21
1993	98.53	35.63	2 138	111.92	12 081	60 200	11.68	10.68	542.69
1994	113.60	41.34	1 967	114.37	12 347	65 275	14.75	16.73	590.36
1995	95.00	52.00	2 344	119.38	19 385	85 610	14.86	19.76	1 031.48
1996	110.91	48.96	2 301	118.91	11 735	67 841	14.28	24.60	1 040.45
1997	49.62	55.78	2 243	139.17	11 294	87 388	16.98	24.01	975.83
1998	17.82	49.89	2 134	134.55	10 321	81 131	19.22	20.13	864.35
1999	17.82	40.36	2 089	136.65	11 828	3 746	16.69	16.68	937.84
2000	43.30	37.10	2 271	146.87	5 002		19.16	15.42	983.36
2001	15.34	51.05	2 261	155.29	12 055		19.08	16.49	892.69
2002	14.63	48.75	2 404	170.31	12 354	45 100	22.66	19.96	1 008.34
2003	15.54	95.10	2 572	198.95	12 566	50 000	21.55	17.89	1 134.82
2004	24.77	136.69	2 528	235.10	12 866	72 000	17.75	21.89	1 285.58
2005	14.45	152.53	2 597	309.97	10 764	66 600	36.96	29.58	1 295.66
2006	19.69	230.72	2 827	363.02	69 741	116 000	52.11	38.00	1 538.60
2007	21.74	245.76	2 363	316.56	98 474	249 105	55.97	38.15	1 812.31
2008	23.86	194.85	2 314	342.44	100 007	181 950	62.36	41.88	1 867.36

9-6　续表　　　　单位:万吨

年　份	纱	布（万米）	机制纸及纸板	卷　烟（万箱）	饮料酒	合　成洗涤剂	锻压机械（吨）	汽　车起重机（台）	装载机（辆）	压路机（台）
1949	…			0.86	0.02					
1952	0.03	129	…	2.73	0.15					
1957	0.04	291	0.23	2.47	0.30					
1962	0.10	493	0.40	2.60	0.35					
1965	0.41	796	0.36	6.89	0.31					
1970	0.84	1 811	0.91	10.93	0.49	0.09				
1975	1.12	3 474	1.12	12.00	0.90	0.70				
1978	1.68	5 474	2.47	14.74	1.35	1.27				
1979	1.87	5 873	2.56	16.72	1.64	2.02				
1980	2.11	7 487	3.15	19.45	2.02	2.04				
1981	2.26	8 604	3.35	22.26	2.51	2.48		321		362
1982	2.45	8 860	4.19	26.23	2.67	3.00		245		485
1983	2.28	7 979	4.85	23.03	2.82	3.47		256		413
1984	2.29	7 307	5.69	26.04	2.54	4.08		244		520
1985	2.43	7 350	6.48	26.10	2.84	4.91		325		730
1986	2.67	7 954	8.61	30.12	3.23	5.47		414		957
1987	3.07	8 981	11.62	31.02	3.88	5.51		382		1 247
1988	3.54	11 032	13.87	32.22	4.38	5.72		438		1 224
1989	4.36	13 504	15.31	33.00	4.96	6.86		428		858
1990	3.63	12 112	16.44	33.50	4.99	7.25		419		802
1991	3.25	10 769	17.66	34.00	5.66	7.26		496		993
1992	3.93	11 938	18.83	34.00	6.85	6.31		696	723	1 392
1993	3.65	12 790	22.36	35.06	7.66	6.60		1 067	1 026	2 281
1994	4.20	11 673	32.13	33.09	9.80	6.83		1 005	929	2 183
1995	4.64	13 883	71.60	34.00	11.42	11.00		683	1 298	1 897
1996	5.16	12 807	69.65	34.02	13.85	9.86	14 977	414	1 358	1 979
1997	5.48	9 077	79.33	34.00	13.31	7.88	12 329	480	1 739	2 066
1998	4.49	7 361	44.67	34.50	13.18	7.08	9 451	516	1 706	2 478
1999	5.70	7 721	23.53	34.50	9.00	5.40	7 392	710	1 890	3 110
2000	7.16	8 196	32.65	34.40	8.50	11.72	11 942	1 087	1 777	2 466
2001	7.36	6 954	28.41	36.50	14.47	11.35	12 669	1 586	2 791	2 832
2002	8.89	6 315	43.52	37.80	14.43	7.20	13 430	2 961	3 997	3 816
2003	11.30	6 884	48.88	40.00	16.69	5.33	16 297	4 664	8 098	5 825
2004	47.38	7 231	58.74	55.20	42.16	6.67	12 653	5 264	10 146	4 724
2005	23.01	10 551	48.91	57.57	20.28	10.25	19 847	5 368	9 442	2 434
2006	33.64	7 800	69.62	57.45	21.50	10.00	24 119	7 298	8 799	2 697
2007	44.14	14 832	129.81	60.48	27.26	11.60	30 218	10 349	11 010	2 025
2008	48.84	13 016	99.11	56.68	27.99	7.75	22 668	12 932	11 623	2 721

9-7 主要工业产品产量

（2008 年）

产品名称		产量	产品名称		产量
原煤	（万吨）	2 313.84	# 氮肥	（万吨）	38.64
洗煤	（万吨）	736.03	磷肥	（万吨）	3.24
铁矿石成品矿	（万吨）	23.86	化学农药	（吨）	91 609.68
发电量	（亿千瓦 / 时）	342.44	染料	（吨）	3 253
配合饲料	（万吨）	48.36	塑料树脂及共聚物	（万吨）	12.40
发酵酒精（商品量）	（万吨）	12.97	合成洗涤剂	（万吨）	7.75
饮料酒（商品量）	（千升）	279 961.22	轮胎外胎	（万条）	144.20
卷烟	（万箱）	56.68	塑料制品	（万吨）	8.79
纱	（吨）	488 426.91	# 农业用薄膜	（吨）	2.27
布	（万米）	13 016.02	水泥	（万吨）	1 867.36
# 棉布	（万米）	9 476.51	生铁	（万吨）	194.85
帘子布	（吨）	3 049	软饮料	（吨）	845 178
呢绒	（万米）	11.35	成品钢材	（万吨）	120.15
丝	（吨）	1 164.01	# 焊接钢管	（万吨）	10.41
丝织品	（万米）		铝	（吨）	100 007
服装	（万件）	8 642.59	铝材	（吨）	108 948
鞣制皮革	（万平方米）	859.51	锻压机械	（吨）	22 668
液体乳	（吨）	473 739	汽车起重机	（台）	12 932
机制纸及纸板	（万吨）	99.11	矿山设备	（吨）	6 415
焦炭	（万吨）	160.16	人造板	（万立方米）	1 057.49
盐酸（含量 31%以上）	（吨）	25 883	车放机	（万台）	102.58
氢氧化钠（折 100%）	（吨）	117 883	装载机	（辆）	11 623
碳化钙	（吨）	11 158	压路机	（台）	2 721
合成氨	（万吨）	62.36	农业运输机械	（辆）	19 140
农用化学肥料	（万吨）	41.88	摩托车	（万辆）	38.73

主要统计指标解释

工业　指从事自然资源的开采，对采掘品和农产品进行加工和再加工的物质生产部门。具体包括：(1)对自然资源的开采，如采矿、晒盐、森林采伐等(但不包括禽兽捕猎和水产捕捞)；(2)对农副产品的加工、再加工，如粮油加工、食品加工、轧花、缫丝、纺织、制革等；(3)对采掘品的加工、再加工，如炼铁、炼钢、化工生产、石油加工、机器制造、木材加工等，以及电力、自来水、煤气的生产和供应等；(4)对工业品的修理、翻新，如机器设备的修理、交通运输工具(包括小卧车)的修理等。

1984年以前农村的村及村以下办工业归属农业，1984年以后划归工业。

国有及国有控股企业　指国有企业加上国有控股企业。国有企业(即过去的全民所有制工业或国营工业)是指企业全部资产归国家所有，并按《中华人民共和国企业法人登记管理条例》规定登记注册的非公司制的经济组织。包括国有企业、国有独资公司和国有联营企业。1957年以前的公私合营和私营工业，后均改造为国营工业，1992年改为国有工业，这部分工业的资料不单独分列时，均包括在国有企业内。国有控股企业是对混合所有制经济的企业进行的"国有控股"分类。它是指这些企业的全部资产中国有资产(股份)相对其他所有者中的任何一个所有者占资(股)最多的企业。该分组反映了国有经济控股情况。

集体企业　指企业资产归集体所有，并按《中华人民共和国企业法人登记管理条例》规定登记注册的经济组织。是社会主义公有制经济的组成部分。包括城乡所有使用集体投资举办的企业，以及部分个人通过集资自愿放弃所有权并依法经工商行政管理机关认定为集体所有制的企业。

股份合作企业　指以合作制为基础，由企业职工共同出资入股，吸收一定比例的社会资产投资组建，实行自主经营，自负盈亏，共同劳动，民主管理，按劳分配与按股分红相结合的一种集体经济组织。

联营企业　指两个及两个以上相同或不同所有制性质的企业法人或事业单位法人，按自愿、平等、互利的原则，共同投资组成的经济组织。联营企业包括：

国有联营企业指国有企业与国有企业间的联营；

集体联营企业指集体企业与集体企业间的联营；

国有与集体联营企业指国有企业与集体企业间的联营。

有限责任公司　指根据《中华人民共和国公司登记管理条例》规定登记注册，由两个以上，五十个以下的股东共同出资，每个股东以其所认缴的出资额对公司承担有限责任，公司以其全部资产对其债务承担责任的经济组织。

有限责任公司包括国有独资公司以及其他有限责任公司。

股份有限公司　指根据《中华人民共和国企业法人登记管理条例》规定登记注册，其全部注册资本由等额股份构成并通过发行股票筹集资本，股东以其认购的股份对公司承担有限责任，公司以其全部资产对其债务承担责任的经济组织。

私营企业　指由自然人投资设立或由自然人控股，以雇佣劳动为基础的营利性经济组织。包括按照《公司法》、《合伙企业法》、《私营企业暂行条例》规定登记注册的私营有限责任公司、私营股份有限公司、私营合伙企业和私营独资企业。

港、澳、台商投资　指企业注册登记类型中的港、澳、台资合资、合作、独资经营企业和股份有限公司之和。

外商投资企业　指企业注册登记类型中的中外合资、合作经营企业、外资企业和外商投资股份有限公司之和。

"三资"企业系指港、澳、台商投资企业和外资企业的简称。

轻工业　指主要提供生活消费品和制作手工工具的工业。按其所使用的原料不同，可分为两大类：(1)以农产品为原料的轻工业是指直接或间接以农产品为基本原料的轻工业。主要包括食品制造、饮料制造、烟草加工、纺织、缝纫、皮革和毛皮制作，造纸以及印刷等工业；(2)以非农产品为原料的轻工业，是指以工业品为原料的轻工业。主要包括文教体育用品、化学药品制造、合成纤维制造、日用化学制品、日用玻璃制品、日用金属制品、手工工具制造、医疗器械制造、文化和办公用机械制造等工业。

重工业　是指为国民经济各部门提供物质技术基础的主要生产资料的工业。按其生产性质和产品用途，可以分为下列三类：(1)采掘(伐)工业，是指对自然资源的开采，包括石油开采、煤炭开采、金属矿开采、非金属矿开采和木材采伐等工业；(2)原材料工业，指向国民经济各部门提供基本材料、动力和燃料的工业。包括金属冶炼及加工、炼焦及焦炭化学、化工原料、水泥、人造板以及电力、石油和煤炭加工等工业；(3)加工工业，是指对工业原材料进行再加工制造的工业。包括装备国民经济各部门的机械设备制造工业、金属结构、水泥制品等工业，以及为农业提供的生产资料如化肥、农药等工业。

根据上述划分原则，修理业中以重工业产品为修理作业对象的划为重工业，反之划为轻工业。

工业总产值　是以货币表现的工业企业在一定时期内生产的已出售或可供出售工业产品总量，它反映一定时间内工业生产的总规模和总水平。它包括：在本企业内不再进行加工，经检验、包装入库(规定不需包装的产品除外)的成品价值，工业性作业价值，自制半成品、在产品期末期初差额价值(生产周期较长的企业计算)。工业总产值采用"工厂法"计算，即以工厂作为一个整体，按企业工业生产活动的最终成果来计算，企业内部不允许重复计算，不能把企业内部各个车间(分厂)生产的成果相加。但在企业之间、行业之间、地区之间存在着重复计算。

轻重工业总产值的划分也是按"工厂法"计算的，即一个工业企业在正常情况下生产的主要产品的性质属于轻工业，则该企业的全部总产值作为轻工业总产值；一个工业企业生产的主要产品的性质属于重工业，则该企业的全部总产值作为重工业总产值。

工业总产值(现行价格、新规定)与工业总产值(现行价格、原规定)的区别：

一是计算价格不同：新规定按不含增值税(销项税额)的价格计算；原规定按含增值税(销项税额)的价格计算。

二是全价与加工费的计算原则不同：新规定凡自备原材料，不论其生产繁简程度如何，一律按全价计算总产值，凡来料加工,一律按加工费计算总产值;原规定对此则有一些特殊规定,某些加工,允许按全价计算总产值,某些自备原材料生产只允许按加工费计算总产值,有关这些详细的特殊规定可参阅《工业统计主要指标解释》。

三是自制半成品、在产品期末期初差额价值的计算原则不同:新规定要求会计在产品成本核算时计算了这部分价值,工业总产值则应包括,否则,可不包括,原规定则是区分生产周期是否在六个月以上,凡生产周期在六个月以上,工业总产值包括这部分价值。否则,可不包括这部分价值。

工业总产值(1990年不变价格、新规定)与工业总产值(1990年不变价格、原规定)的区别:

一是对外加工费收入中,按现价计算部分的计算价格不同:新规定按不含增值税(销项税额)的价格计算对外加工费收入,原规定按含增值税(销项税额)的价格计算对外加工费收入。

二是全价与加工费的计算原则不同(同上)。

三是自制半成品、在产品期末期初差额价值的计算原则不同((同上)。

工业销售产值 是以货币表现的工业企业在一定时期内销售的本企业生产的工业产品产量。包括已销售的成品、半成品价值,对外提供的工业性作业价值和本单位基本建设部门、生活福利部门等提供的产品和工业性作业及自制设备的价值。已销售的成品、半成品不论是本期生产的、还是上期生产的,只要是本期销售出去的均包括在内。对外提供的工业性作业是指企业按合同对外提供的工业性劳务。企业为本单位基本建设部门、生活福利部门等提供的产品和工业性作业及自制设备也应视同销售,这部分也作为销售统计。

工业销售产值的计算范围、计算价格和计算方法与工业总产值一致,但两者计算的基础不同:工业销售产值计算的基础是产品销售总量,工业总产值计算的基础是工业产品生产总量。

工业增加值 是指工业企业在报告期内以货币表现的工业生产活动的最终成果。

固定资产原值 固定资产原值指企业在建造、购置、安装、改建、扩建、技术改造某项固定资产时所支出的全部货币总额。它一般包括买价、包装费、运杂费和安装费等。

固定资产净值 是指固定资产原价减去历年已提折旧额后的净额。

流动资产 流动资产是指可以在一年或者超过一年的一个营业周期内变现或者耗用的资产,包括现金及各种存款、短期投资、应收及预付货款、存货等。

利税总额 指产品销售税金及附加和利润总额之和。

资金利税率 指在一定时期内已实现的利润、税金总额与同期的资产(固定资产净值和流动资产)之比。计算公式:

$$\text{资金利税率}(\%)=\frac{\text{报告期累计实现利税总额}}{\text{固定资产净值平均余额}+\text{流动资产平均余额}}\times 100\%$$

税率反映每单位(通常是每万元)资金所提供的利润税金额。它是考察和评价部门或企业资金运用的经济效益、分析资金投入效果的主要分析指标。

工业成本利润率 指在一定时期内实现的利润与成本费用之比,是反映工业生产成本及费用投入的经济效益指标,同时也是反映降低成本的经济效益的指标。计算公式:

$$\text{工业成本费用利润率}(\%)=\frac{\text{利润总额}}{\text{成本费用总额}}\times 100\%$$

工业增加值率 指在一定时期内工业增加值占同期工业总产值的比重,反映降低中间消耗的经济效益。计算公式:

$$\text{工业增加值率}(\%)=\frac{\text{工业增加值(现价)}}{\text{工业总产值(现价)}}\times 100\%$$

流动资产周转次数 指在一定时期内流动资产的周转次数,反映流动资产的周转速度。计算公式:

$$\text{流动资金周转次数}=\frac{\text{产品销售收入}}{\text{全部流动资产平均余额}}\times 100\%$$

产品销售率 指一定时期内销售产值与同期全部工业总产值之比,反映工业产品生产已实现销售的程度。计算公式:

$$\text{工业产品销售率}(\%)=\frac{\text{报告期现价工业销售产值}}{\text{报告期现价工业总产值}}\times 100\%$$

产品销售收入 指企业销售产品的销售收入和提供劳务等主要经营业务取得的业务总额。

产品销售工厂成本 指企业销售产品和提供劳务等主要经营业务的实际成本。

全员劳动生产率 指根据产品的价值量指标计算的平均每一个职工在单位时间内的产品生产量。是考核企业经济活动的重要指标,是企业生产技术水平、经营管理水平、职工技术熟练程度和劳动积极性的综合表现。目前我国的全员劳动生产率是将工业企业的工业增加值除以同一时期全部职工的平均人数来计算的。计算公式:

$$\text{全员劳动生产率}=\frac{\text{工业增加值}}{\text{全部职工平均人数}}$$

资本金 指企业在工商行政管理部门登记的注册资金合计。企业资本金按投资主体可分为国家资本金、法人资本金、个人资本金和外商资本金等。资本金合计包括企业各种投资主体注册的全部资本金。

总资产 指企业拥有或控制的全部资产。包括流动资产、长期投资、固定资产、无形及递延资产、其他长期资产等,即为企业资产负债表的资产总计项。

(1)流动资产 指企业可以在一年内或者超过一年的一个生产周期内变现或耗用的资产合计。包括现金及各种存款、短期投资、应收及预付款项、存货等。

(2)固定资产 指企业固定资产净值、固定资产清理、在建工程、待处理固定资产损失所占用的资金合计。

(3)无形资产指企业长期使用而没有实物形态的资产。包括专利权、非专利技术、商标权、著作权、土地使用权、商誉等。

总负债 指企业承担并需要偿还的全部债务。包括流动负债和长期负债等,即为企业资产负债表的负债合计项。

(1)流动负债指企业在一年内或者超过一年的一个营业周期内需要偿还的债务合计,其中包括短期借款,应付及预收款项、应付工资、应交税金和应交利润等。

(2)长期负债指企业在一年以上或者超过一年的一个生产周期以上需要偿还的债务合计,其中包括长期借款、应付债务、长期应付款项等。

所有者权益 指企业投资人对企业净资产的所有权。企业净资产等于企业全部资产减去全部负债后的余额,其中包括投资者对企业的最初投入,以及资本公积金、盈余公积金和未分配利润,对股份制企业即为股东权益。

十、建筑业

CONSTRUCTION

第七章　附　　则

第四十八条　本法所称县级以上人民政府统计机构，是指国家统计局及其派出的调查机构、县级以上地方人民政府统计机构。

第四十九条　民间统计调查活动的管理办法,由国务院制定。

中华人民共和国境外的组织、个人需要在中华人民共和国境内进行统计调查活动的,应当按照国务院的规定报请审批。

利用统计调查危害国家安全、损害社会公共利益或者进行欺诈活动的,依法追究法律责任。

第五十条　本法自 2010 年 1 月 1 日起施行。

10-1 建筑业企业生产情况

（2008 年） 单位：千元

项 目	企业个数（个）	签订的合同额	上年结转合同额	本年新签合同额	直接从建设单位承揽工程完成的产值	自行完成施工产值	分包出去工程产值
总 计	**376**	**40 968 444**	**9 834 043**	**31 134 401**	**32 973 188**	**32 964 056**	**9 132**
# 国有及国有控股企业	64	14 494 209	4 435 479	10 058 730	11 425 656	11 423 984	1 672
按登记注册类型分组							
内资企业	369	40 784 867	9 832 842	30 952 025	32 802 058	32 792 926	9 132
国有企业	46	9 571 577	2 449 528	7 122 049	7 592 814	7 591 142	1 672
集体企业	38	4 289 639	523 400	3 766 239	3 416 399	3 416 195	204
股份合作企业	14	984 222	174 319	809 903	843 526	843 526	
联营企业	1						
国有联营企业							
集体联营企业							
国有与集体联营企业							
其他联营企业	1						
有限责任公司	160	20 933 411	5 713 935	15 219 476	16 681 123	16 673 955	7 168
国有独资公司	1	218 150	60 307	157 843	178 179	178 179	
其他有限责任公司	159	20 715 261	5 653 628	15 061 633	1 6502 944	16 495 776	7 168
股份有限公司	19	774 260	106 936	667 324	684 237	684 237	
私营企业	91	4 231 758	864 724	3 367 034	3 583 959	3 583 871	88
私营独资企业	3	132 478	19 187	113 291	123 874	123 874	
私营合伙企业	1						
私营有限责任公司	81	3 629 353	736 748	2 892 605	3 055 314	3 055 234	80
私营股份有限公司	6	469 927	108 789	361 138	404 771	404 763	8
其他企业							
港、澳、台商投资企业	6	72 639	961	71 678	72 302	72 302	
合资经营企业（港或澳、台资）	4	71 540	961	70 579	71 203	71 203	
合作经营企业（港或澳、台资）							
港、澳、台商独资经营企业	2	1 099		1 099	1 099	1 099	
港、澳、台商投资股份有限公司							
外商投资企业	1	110 938	240	110 698	98 828	98 828	
中外合资经营企业	1	110 938	240	110 698	98 828	98 828	
中外合作经营企业							
外资企业							
外商投资股份有限公司							

10-1 续表 1 （2008 年） 单位：千元

项　　目	企业个数（个）	签订的合同额	上年结转合同额	本年新签合同额	直接从建设单位承揽工程完成的产值	自行完成施工产值	分包出去工程产值
按国民经济行业分组							
房屋和土木工程建筑业	215	37 587 674	9 408 674	28 179 000	29 617 217	29 616 487	730
房屋工程建筑	152	26 759 877	6 366 764	20 393 113	21 003 578	21 003 052	526
土木工程建筑	63	10 827 797	3 041 910	7 785 887	8 613 639	8 613 435	204
铁路道路隧道和桥梁工程	13	3 118 556	282 627	2 835 929	1 926 489	1 926 489	
水利和港口工程建筑	11	1 406 935	110 844	1 296 091	1 266 079	1 265 875	204
工矿工程建筑	3	3 999 238	2 321 370	1 677 868	3 339 044	3 339 044	
架线和管道工程建筑	27	1 987 868	264 862	1 723 006	1 797 841	1 797 841	
其他土木工程建筑	9	315 200	62 207	252 993	284 186	284 186	
建筑安装业	26	1 263 499	209 743	1 053 756	1 184 084	1 180 858	3 226
建筑装饰业	82	536 043	7 918	528 125	529 529	529 461	68
其它建筑业	50	1 376 331	188 930	1 187 401	1 462 670	1 457 562	5 108
工程准备							
提供工程设备服务	7	21 749	4 216	17 533	21 334	21 334	
其它未列明的建筑活动	43	1 354 582	184 714	1 169 868	1 441 336	1 436 228	5 108
按隶属关系分组							
地　方	376	40 968 444	9 834 043	31 134 401	32 973 188	32 964 056	9 132
省（自治区、直辖市）	13	5 098 508	2 606 026	2 492 482	4 351 116	4 351 116	
地（区、市、州、盟）	102	7 383 352	1 257 573	6 125 779	5 784 010	5 778 668	5 342
县（区、市、旗）及县以下	261	28 486 584	5 970 444	22 516 140	22 838 062	22 834 272	3 790
按企业资质等级分组							
施工总承包	183	35 837 080	9 153 420	26 683 660	28 331 352	28 327 360	3 992
特　级	1	2 803 688	1 717 667	1 086 021	2 342 826	2 342 826	
一　级	14	11 775 675	3 910 567	7 865 108	8 631 476	8 628 010	3 466
二　级	60	12 882 030	2 039 892	10 842 138	10 355 833	10 355 341	492
三级及以下	108	8 375 687	1 485 294	6 890 393	7 001 217	7 001 183	34
专业承包	193	5 131 364	680 623	4 450 741	4 641 836	4 636 696	5 140
一　级	9	1 275 405	303 035	972 370	1 152 118	1 152 118	
二　级	56	2 702 748	296 387	2 406 361	2 397 610	2 397 542	68
三级及以下	128	1 153 211	81 201	1 072 010	1 092 108	1 087 036	5 072
按控股情况分							
国有控股	64	14 494 209	4 435 479	10 058 730	11 425 656	11 423 984	1 672
集体控股	70	7 103 231	903 484	6 199 747	6 153 921	6 147 041	6 880
私人控股	237	19 160 358	4 481 257	14 679 101	15 220 599	15 220 019	580
港澳台商控股	3	1 099		1 099	1 099	1 099	

10-1 续表2 （2008年） 单位：千元

项目	从建设单位以外承揽工程完成的产值	建筑业总产值	建筑工程产值	安装工程产值	其他产值	竣工产值
总计	**2 159 899**	**35 123 955**	**32 225 652**	**2 196 679**	**701 624**	**26 781 774**
# 国有及国有控股企业	398 665	11 822 649	11 115 325	642 433	64 891	7 685 941
按登记注册类型分组						
内资企业	2 078 582	34 871 508	31 973 610	2 196 274	701 624	26 617 261
国有企业	380 173	7 971 315	7 522 457	403 155	45 703	5 003 778
集体企业	76 184	3 492 379	3 424 636	48 870	18 873	3 041 957
股份合作企业	940	844 466	844 466			782 263
联营企业	8 011	8 011	8 011			
国有联营企业						
集体联营企业						
国有与集体联营企业						
其他联营企业	8 011	8 011	8 011			
有限责任公司	1 030 880	17 704 835	15 794 193	1 310 017	600 625	13 812 559
国有独资公司		178 179	178 179			119 858
其他有限责任公司	1 030 880	17 526 656	15 616 014	1 310 017	600 625	13 692 701
股份有限公司		684 237	394 528	289 709		603 572
私营企业	582 394	4 166 265	3 985 319	144 523	36 423	3 373 132
私营独资企业	14 678	138 552	136 202	2 350		124 844
私营合伙企业						
私营有限责任公司	567 716	3 622 950	3 479 037	109 940	33 973	2 720 090
私营股份有限公司		404 763	370 080	32 233	2 450	528 198
其他企业						
港、澳、台商投资企业	81 317	153 619	153 619			69 795
合资经营企业(港或澳、台资)	80 000	151 203	151 203			68 579
合作经营企业(港或澳、台资)						
港、澳、台商独资经营企业	1 317	2 416	2 416			1 216
港、澳、台商投资股份有限公司						
外商投资企业		98 828	98 423	405		94 718
中外合资经营企业		98 828	98 423	405		94 718
中外合作经营企业						
外资企业						
外商投资股份有限公司						

10-1 续表 3 （2008 年） 单位：千元

项目	从建设单位以外承揽工程完成的产值	建筑业总产值	建筑工程产值	安装工程产值	其他产值	竣工产值
按国民经济行业分组						
房屋和土木工程建筑业	1 248 560	30 865 047	29 870 234	857 365	137 448	23 935 400
房屋工程建筑	570 131	21 573 183	21 111 197	373 256	88 730	18 151 544
土木工程建筑	678 429	9 291 864	8 759 037	484 109	48 718	5 783 856
铁路道路隧道和桥梁工程	165 426	2 091 915	2 079 375	12 540		1 828 509
水利和港口工程建筑	2 490	1 268 365	1 268 365			789 485
工矿工程建筑	260 116	3 599 160	3 296 692	253 750	48 718	722 107
架线和管道工程建筑	211 439	2 009 280	1 791 557	217 723		2 171 838
其他土木工程建筑	38 958	323 144	323 048	96		271 917
建筑安装业	93 771	1 274 629	397 691	824 982	51 956	1 122 970
建筑装饰业	32 277	561 738	557 206	4 532		493 368
其它建筑业	705 091	2 162 653	1 140 633	509 800	512 220	979 220
工程准备						
提供工程设备服务	1 670	23 004	23 004			23 824
其它未列明的建筑活动	703 421	2 139 649	1 117 629	509 800	512 220	955 396
按隶属关系分组						
地　方	2 159 899	35 123 955	32 225 652	2 196 679	701 624	26 781 774
省(自治区、直辖市)	288 336	4 639 452	4 302 115	257 263	80 074	1 728 205
地(区、市、州、盟)	795 855	6 574 523	5 254 129	792 690	527 704	4 920 859
县(区、市、旗)及县以下	1 075 708	23 909 980	22 669 408	1 146 726	93 846	20 132 710
按企业资质等级分组						
施工总承包	1 613 043	29 940 403	27 846 874	1 443 861	649 668	21 940 854
特　级	260 116	2 602 942	2 466 940	106 472	29 530	469 171
一　级	876 428	9 504 438	8 165 627	786 452	552 359	6 788 718
二　级	424 623	10 779 964	10 472 915	251 217	55 832	8 554 480
三级及以下	51 876	7 053 059	6 741 392	299 720	11 947	6 128 485
专业承包	546 856	5 183 552	4 378 778	752 818	51 956	4 840 920
一　级	117 299	1 269 417	1 195 011	74 406		1 476 102
二　级	234 448	2 631 990	2 210 705	369 329	51 956	2 353 371
三级及以下	195 109	1 282 145	973 062	309 083		1 011 447
按控股情况分						
国有控股	398 665	11 822 649	11 115 325	642 433	64 891	7 685 941
集体控股	732 027	6 879 068	5 442 532	905 270	531 266	5 088 410
私人控股	947 890	16 167 909	15 413 871	648 571	105 467	13 861 151
港澳台商控股	81 317	82 416	82 416			1 216

10-1 续表 4 （2008 年）

项目	房屋建筑施工面积（平方米）	#本年新开工面积	#实行投标承包	期末从业人数（人）	#工程技术人员	#一级建造师	高层幢数（幢）	#超高层幢数(29 层及以上)
总计	**26 576 613**	**16 085 435**	**14 576 825**	**246 048**	**29 009**	**1 055**	**380**	**6**
#国有及国有控股企业	4 625 846	3 241 371	2 923 515	64 024	8 511	376	92	2
按登记注册类型分组								
内资企业	26 220 127	15 743 509	14 576 825	244 165	28 671	1 025	380	6
国有企业	2 933 328	2 247 484	2 099 805	39 786	5 633	204	26	
集体企业	2 885 053	2 063 161	1 954 261	35 099	3 314	104	49	
股份合作企业	1 018 961	718 215	680 345	6 802	639	9	17	
联营企业				350	71			
国有联营企业								
集体联营企业								
国有与集体联营企业								
其他联营企业				350	71			
有限责任公司	14 238 465	7 422 620	6 781 151	124 211	13 847	515	231	6
国有独资公司				441	65	8		
其他有限责任公司	14 238 465	7 422 620	6 781 151	123 770	13 782	507	231	6
股份有限公司	887 616	782 396	775 636	4 715	917	35	6	
私营企业	4 256 704	2 509 633	2 285 627	33 202	4 250	158	51	
私营独资企业	78 445	75 600	75 600	773	116	9		
私营合伙企业								
私营有限责任公司	3 580 538	2 194 242	1 979 219	28 837	3 643	135	42	
私营股份有限公司	597 721	239 791	230 808	3 592	491	14	9	
其他企业								
港、澳、台商投资企业				570	72	16		
合资经营企业(港或澳、台资)				498	55	16		
合作经营企业(港或澳、台资)								
港、澳、台商独资经营企业				72	17			
港、澳、台商投资股份有限公司								
外商投资企业	356 486	341 926		1 313	266	14		
中外合资经营企业	356 486	341 926		1 313	266	14		
中外合作经营企业								
外资企业								
外商投资股份有限公司								

10-1 续表 5 （2008 年）

项 目	房屋建筑施工面积（平方米）	#本年新开工面积	#实行投标承包	期末从业人数（人）	#工程技术人员	#一级建造师	高层幢数（幢）	#超高层幢数(29 层及以上）
按国民经济行业分组								6
房屋和土木工程建筑业	25 679 121	15 281 475	13 840 383	221 495	24 715	838	373	6
房屋工程建筑	25 222 141	15 197 563	13 756 471	179 704	18 710	539	372	
土木工程建筑	456 980	83 912	83 912	41 791	6 005	299	1	
铁路道路隧道和桥梁工程				10 213	1 698	95	1	
水利和港口工程建筑	28 532	19 420	19 420	10 158	1 449	50		
工矿工程建筑	428 448	64 492	64 492	11 473	1 103	86		
架线和管道工程建筑				8 644	1 469	52		
其他土木工程建筑				1 303	286	16		
建筑安装业	843 159	749 627	682 109	11 375	1 603	60	7	
建筑装饰业				4 722	1 006	39		
其它建筑业	47 000	47 000	47 000	7 607	1 564	106		
工程准备								
提供工程设备服务				240	68	1		
其它未列明的建筑活动	47 000	47 000	47 000	7 367	1 496	105		
按隶属关系分组								
地 方	26 576 613	16 085 435	14 576 825	246 048	29 009	1 055	380	6
省(自治区、直辖市)	503 888	131 327	72 792	15 213	2 016	128	1	
地(区、市、州、盟)	4 265 389	2 592 638	2 386 077	45 366	6 404	379	95	2
县(区、市、旗)及县以下	21 807 336	13 361 470	12 117 956	185 469	20 589	548	284	4
按企业资质等级分组								
施工总承包	25 623 616	15 446 274	13 997 699	209 610	23 309	809	371	6
特 级	341 828	17 984	17 984	7 371	758	62		
一 级	5 289 776	2 048 994	1 863 520	56 377	4 192	312	102	6
二 级	10 494 895	6 678 210	6 252 293	86 763	11 201	319	185	
三级及以下	9 497 117	6 701 086	5 863 902	59 099	7 158	116	84	
专业承包	952 997	639 161	579 126	36 438	5 700	246	9	
一 级				4 762	706	72		
二 级	928 801	635 761	575 726	17 930	2 728	123	9	
三级及以下	24 196	3 400	3 400	13 746	2 266	51		
按控股情况分								
国有控股	4 625 846	3 241 371	2 923 515	64 024	8 511	376	92	2
集体控股	4 460 894	3 233 056	3 061 466	50 437	5 323	201	64	
私人控股	17 036 204	9 171 900	8 494 662	129 073	14 856	462	224	4
港澳台商控股				191	25			

主要统计指标解释

建筑业总产值(即自行完成施工产值) 指建筑业企业或附属施工单位自行完成的按工程进度计算的建筑安装生产总值。施工产值包括:

①建筑工程产值:指列入建筑工程预算内的各种工程价值。

②设备安装工程产值:指设备安装工程价值。

③房屋、构筑物修理产值:指房屋、构筑物修理所完成的价值,但不包括被修理房屋、构筑物本身的价值和生产设备的修理价值。

④非标准设备制造产值:指加工制造没有定型的、非标准的生产设备的加工费和原材料价值,不论是现场还是附属加工厂为本单位承建工程制造的非标准设备的价值,都应计算产值。

竣工产值 指在报告期内,按照设计所规定的工程内容全部完成,达到了设计规定的交工条件,经有关部门检查验收鉴定合格的单位工程价值之和。

房屋建筑施工面积 指在报告期内施工的全部房屋建筑面积。包括本期内新开工的、上期施工跨入本期继续施工、上期停建本期复工的房屋建筑面积;不包括上期开工后又停工,本期未施工的房屋建筑面积。

房屋建筑竣工面积 指在报告期内,按照设计所规定的工程内容全部完成,达到了设计规定的交工条件,经有关部门检查验收鉴定合格的房屋建筑面积。

住宅竣工面积 指房屋建筑竣工面积中供居住用的房屋建筑竣工面积。

自有机械设备年末总台数 指归本企业(或单位)所有,属于本企业固定资产的生产性机械设备年末总台数。包括施工机械、生产设备、运输设备以及其他设备。

自有机械设备年末总功率 指本企业(或单位)自有施工机械、生产设备、运输设备以及其他设备等列为在册固定资产的生产性机械设备年末总功率,按设定能力或查定能力计算。包括机械本身的动力和为该机械服务的单独动力设备,如电动机等。计算单位用千瓦,动力换算可按 1 马力 =0.735 千瓦折合成千瓦数。电焊机、变压器、锅炉不计算动力。

工程结算收入 指企业(或单位)按工程的分部分项自行完成的建筑产品价值并已与甲方在报告期内办理结算手续的工程价款收入,以及向甲方收取的除工程价款以外的按规定列作营业收入的各种款项,如临时设施费、劳动保险费、施工机械调迁费等以及向甲方收取的各种索赔款。

工程结算利润 指已结算工程实现的利润,如为亏损以"–"号表示。其计算公式为:

工程结算利润 = 工程结算收入
　　　　　　　– 工程结算成本
　　　　　　　– 工程结算税金及附加

企业总收入 指与企业生产经营直接有关的各项收入,包括工程结算收入和其他业务收入,即:

企业总收入 = 工程结算收入
　　　　　　+ 其他业务收入

十一、交通运输和邮电

TRANSPORTATION,POSTAL AND TELECOMMUNICATIONS SERVICES

中华人民共和国监察部
中华人民共和国人力资源和社会保障部
国家统计局 令

第18号

《统计违法违纪行为处分规定》已经监察部2009年2月9日第一次部长办公会议、人力资源社会保障部2008年12月30日第十六次部务会议、国家统计局2008年11月6日第十八次局务会议审议通过。现予公布，自2009年5月1日起施行。

监察部部长 **马 馼**
人力资源社会保障部部长 **尹蔚民**
国家统计局局长 **马建堂**

二〇〇九年三月二十五日

11-1 全社会客、货运量

年 份	全社会客运量（万人）	#铁路	#公路	全社会货运量（万吨）	#铁路	#公路	#水运
1978	2 030	636	1 394	2 608	1 480	652	93
1979	2 305	671	1 634	3 154	1 555	681	89
1980	2 724	712	2 012	3 252	1 588	724	75
1981	2 958	741	2 217	3 026	1 468	703	59
1982	3 174	806	2 368	3 230	1 561	825	72
1983	3 133	859	2 274	3 605	1 642	894	71
1984	3 358	943	2 415	5 428	1 727	2 314	100
1985	3 590	967	2 617	6 280	1 814	2 643	326
1986	3 570	964	2 600	7 866	1 850	4 264	335
1987	3 602	1 073	2 528	6 962	1 944	2 966	649
1988	3 790	1 166	2 624	7 022	2 007	2 996	550
1989	3 471	985	2 486	6 394	2 078	2 673	330
1990	3 156	800	2 356	6 073	2 021	2 115	350
1991	2 962	809	2 153	6 189	2 040	2 789	351
1992	3 766	846	2 920	11 069	2 041	7 289	611
1993	4 288	852	3 435	8 832	2 127	4 475	780
1994	4 652	839	3 811	10 350	2 051	6 760	564
1995	6 071	852	5 216	10 859	2 022	6 717	1 182
1996	8 396	703	7 691	8 792	1 981	5 184	1 170
1997	7 552	764	6 786	7 851	1 736	4 396	754
1998	6 863	807	6 048	8 573	1 558	4 608	514
1999	6 647	827	5 812	8 884	1 663	4 367	655
2000	7 255	802	6 443	9 669	1 700	4 788	565
2001	7 411	793	6 610	9 785	1 613	4 906	605
2002	7 544	758	6 775	9 907	1 561	5 004	611
2003	7 056	755	6 292	10 066	1 543	5 052	620
2004	7 391	775	6 601	11 348	1 535	5 225	662
2005	8 099	878	7 202	14 022	1 487	6 114	889
2006	8 688	946	7 712	16 459	1 635	7 494	1 006
2007	10 007	1 074	8 892	18 480	1 924	8 678	1 211
2008	21 787	1 218	20 529	23 852	2 264	11 508	1 982

注:1.铁路货运量统计口径为发货量。2.2008 年公路客货运量统计口径变化,与往年不可比(下同)。

11-2 全社会客、货运周转量

年 份	全社会旅客周转量（万人公里）	#铁路	#公路	全社会货物周转量（万吨公里）	#铁路	#公路	#水运
1978	249 885	209 321	40 564	1 461 029	1 211 408	8 148	4 175
1979	280 183	232 768	47 415	1 945 564	1 257 756	7 108	4 254
1980	328 530	271 097	27 433	2 035 244	1 306 257	8 292	5 341
1981	354 602	291 774	62 828	2 014 909	1 313 585	8 012	6 048
1982	396 156	324 347	71 089	2 153 718	1 427 133	27 578	27 401
1983	446 877	370 740	76 137	2 443 326	1 550 139	30 261	29 023
1984	524 323	435 110	89 213	2 769 988	1 659 775	31 759	39 641
1985	636 545	519 962	116 583	3 972 158	1 885 098	86 866	60 720
1986	700 973	566 359	134 614	3 357 828	2 028 709	117 208	64 142
1987	761 646	622 238	139 408	3 513 177	2 166 558	107 961	159 184
1988	863 036	698 324	164 712	3 757 313	2 292 214	120 665	157 360
1989	811 599	655 742	155 857	3 692 471	2 411 734	118 930	75 266
1990	731 765	594 649	137 116	3 646 275	2 440 213	100 950	85 224
1991	765 362	641 282	124 080	3 640 834	2 448 681	105 308	129 739
1992	876 627	690 096	186 531	4 104 274	2 616 319	335 316	247 925
1993	952 195	703 043	249 152	3 982 741	2 585 799	289 800	294 285
1994	975 802	733 088	241 388	4 387 480	2 751 855	510 032	357 622
1995	1 133 265	722 493	410 772	4 532 499	2 913 515	418 798	482 039
1996	1 255 579	649 085	606 494	4 351 716	2 881 365	453 610	303 121
1997	1 169 395	672 572	492 123	4 217 829	2 738 316	374 707	424 301
1998	1 124 114	682 681	433 247	4 347 608	2 616 333	379 284	262 986
1999	1 085 420	750 026	326 643	4 545 083	2 596 163	315 891	339 687
2000	1 245 191	798 664	436 691	5 144 815	2 932 469	360 929	290 348
2001	1 275 512	798 041	468 827	5 328 880	2 986 021	380 641	284 023
2002	1 320 343	827 071	482 892	5 442 417	3 133 544	388 254	288 283
2003	1 226 127	777 297	440 100	5 665 478	3 291 712	380 600	292 100
2004	1 433 951	952 020	466 991	6 287 747	3 387 300	393 350	313 013
2005	910 143	390 075	500 744	5 472 847	2 043 649	415 973	322 130
2006	983 361	420 286	533 069	7 882 829	3 247 052	494 458	370 967
2007	1 134 788	477 154	616 228	9 197 322	3 820 996	576 538	438 112
2008	1 894 734	541 130	1 313 499	10 979 772	4 496 224	1 310 599	595 947

注：铁路客、货运周转量 2005 年以前为徐州铁路分局辖区数，2005 年及以后为江苏境内数。

11-3 运输线路长度

单位:公里

指标	1990	1995	2000	2004	2005	2006	2007	2008
民用航空								
民用航空线条数 (条)	4	2	13	13	13	15	17	20
民用航空线里程 (万公里)	0.2	0.13	1.3	1.3	1.3	1.5	1.7	2.0
铁路								
铁路正线延展里程	465	465	711	721	736	736	736	736
铁路营业里程	258	258	359	366	381	381	381	381
公路线路里程								
按技术级别分类								
等级公路里程	2 964	2 930	2 658	8 093	10 167	14 857	12 146	13 602
高速				299	299	299	350	350
一级		435	634	727	732	778	815	879
二级	616	378	581	941	1 273	1 409	1 439	1 512
三级	214	344	572	1 257	996	1 106	1 201	1 157
四级	1 781	1 507	871	4 869	6 867	7 878	8 341	9 705
等外公路	353	266		978	739	3 387	3 077	1 800
按行政级别分类								
国道	307	306	362	589	589	589	589	737
省道	515	518	466	698	703	706	768	647
县道	892	872	842	686	693	697	2 244	2 269
乡道	1 049	1 073	988	6 810	8 921	7 229	5 928	5 892
内河航道通航里程	**534**	**540**	**639**	**1 039**	**1 039**	**1 039**	**1 039**	**1 039**
# 水深 1 米以上	534	507	614					
输油管道里程								
管道条数 (条)	3	3	8	12	14	18	21	28
延展长度	1 252	1 252	2 375	3 310	4 652	5 027	5 295	5 823

注:公路线路里程 2000 年以前为交通部门养管里程,2001 年及以后为全社会口径;2007 年开展县道网规划,将低等级公路升级为县道。

11-4　全社会交通运输量

（2008 年）

指　　标	客运量（万人）	旅客周转量（万人公里）	货运量（万吨）	货物周转量（万吨公里）
全市合计	**21 787**	**1 894 734**	**23 852**	**10 979 772**
航空	40	40 105	…	256
铁路	1 218	541 130	2 264	4 496 224
公路	20 529	1 313 499	11 508	1 310 599
水运			1 982	595 947
管道			8 098	4 576 746
内河港口吞吐量			**4 738**	

11-5　市区全社会交通运输量

（2008 年）

指　　标	客运量（万人）	旅客周转量（万人公里）	货运量（万吨）	货物周转量（万吨公里）
合计	**10 698**	**1 382 471**	**13 402**	**9 440 525**
航空	40	40 105	…	256
铁路	1 218	541 130	2 264	4 496 224
公路	9 440	801 236	2 992	353 860
水运			48	13 439
管道			8 098	4 576 746
内河港口吞吐量			**2 881**	

注：铁路客、货运周转量是指江苏省境内的，管道运量及周转量为中石化储运公司全辖数。

11-6 全社会民用车辆船舶数

指标	1990	1995	2000	2004	2005	2006	2007	2008
机动车总计 （辆）	**105 958**	**194 285**	**497 359**	**737 579**	**752 002**	**777 524**	**913 473**	**908 605**
#私人车辆拥有量	78 370	139 813	433 885	647 842	701 767	721 712	850 265	839 348
汽车	39 949	78 185	214 713	304 314	308 628	293 975	315 490	297 154
#私人车辆拥有量	2 872	7 446	19 412	57 935	262 656	242 651	257 853	234 265
#载客汽车	7 674	17 748	29 031	64 614	78 349	102 483	129 302	162 169
#大(中)型	1 390	1 940	2 574	3 931	8 023	8 813	9 499	10 166
小(微)型	6 282	15 808	26 457	60 683	70 326	93 670	119 803	152 003
载货汽车	21 773	39 651	35 666	45 986	36 177	39 744	44 554	49 067
#重(中)型	16 109	27 592	24 086	28 207	20 319	21 738	24 167	26 033
轻(微)型	5 664	12 059	11 580	17 779	15 858	18 006	20 387	23 034
其他汽车	10 502	20 786	150 016	193 714	194 102	151 748	141 634	85 918
摩托车	14 361	48 131	253 357	425 270	438 479	477 693	590 142	602 256
拖拉机	45 993	60 523	21 869					
#手扶拖拉机	18 778	18 375	2 542					
全挂车	5 655	7 446	2 955	3 081	658	635	634	631
半挂车			4 465	4 914	4 234	5 218	7 204	8 561
运输船舶总计 （艘）		**5 751**	**6 740**	**6 371**	**5 428**	**4 444**	**9 193**	**5 592**
机动船		3 045	2 176	798	655	659	1 642	857
（吨位）		146 701	177 780	109 942	54 583	108 485	239 819	162 008
#货船		2 705	1 679	454	351	316	310	455
（吨位）		146 701	177 780	109 942	45 234	108 485	93 217	162 008
拖船		340	441	344	304	343	519	402
客船			52				26	
驳船		2 706	4 564	5 573	4 773	3 785	6 696	4 735
（吨位）		223 321	645 466	1 787 677	1 625 614	1 534 335	1 302 699	1 926 654

注：2004年以前载客汽车和载货汽车均未含专用（特种）车；2007年运输船舶按现有检验次数统计。

11-7 邮政电信情况

指　　标		1990	1995	2000	2004	2005	2006	2007	2008
邮电局总数	（处）	262	316	372	472	812	778	788	316
邮路总长度	（公里）	4 002	5 047	5 368	5 579	5 900	5 874	7 144	7 184
农村投递线路长度	（公里）	20 477	21 706	21 961	21 666	21 666	21 666		22 491
长途电话电路总数	（路）	771	4 094	13 352					
电话局用交换机总容量	（门）	50 400	453 548	1 362 496	2 845 570	3 487 840	8 718 318	8 757 126	11 850 765
本地电话年末用户	（户）	72 292	294 484	775 081	2 231 511	2 785 298	2 907 326	2 818 088	2 388 818
# 城市		56 051	231 897	390 505	754 942	1 656 502	1 667 136	1 615 965	1 224 409
# 住宅		8 618	171 194	660 092	1 449 494	1 645 653	1 648 850	1 592 046	1 423 541
# 移动市话					501 568	778 179	884 296	855 631	648 907
移动电话	（户）		13 574	322 664	1 426 738	1 549 682	2 195 380	2 624 198	3 688 028
国际互联网用户	（户）				105 485	214 132	285 382	365 084	488 024
邮电业务总量	（万元）	6 161	38 751	177 263	265 828	362 590	399 575	458 172	516 173
邮电业务收入	（万元）			130 602	242 583	270 468	311 231	328 010	320 413
计费函件(不含广告)	（万件）	2 463	2 579	2 289	2 201	2 041	1 868	1 902	3 202
包　件	（万件）	26	71	39	48	49	46	42	33
汇　票	（万张）	97	108	96	53	71	94	116	146
订销报刊累计	（万份）	10 291	17 075	16 451	10 084	9 116	8 594	9 643	16 640
集　邮	（万枚）	301	1 257	4 525	377	533	382	6 647	753
特快专递	（万件）	…	44	34	66	78	92	122	177

注：1995 年以前本地电话年末用户为年末电话机数；2005 年前电话局用交换机总容量为电信局一家数据，2006 年及以后为所有电信部门的数据。

主要统计指标解释

铁路营业里程 又称营业长度，指办理客货运输业务的铁路正线总长度。凡是全线或部分建成双线及以上的线路，以第一线的实际长度计算；复线、站线、段管线、岔线和特殊用途线以及不计算运费的联络线都不计算营业里程。铁路营业里程是反映铁路运输业基础设施发展水平的重要指标，也是计算客货周转量、运输密度和机车车辆运用效率等指标的基础资料。

公路里程 指在一定时期内实际达到《公路工程技术标准 JTJ01-88》规定的等级公路，并经公路主管部门正式验收交付使用的公路里程数。它包括大中城市的郊区公路以及通过小城镇街道部分的公路里程，也包括桥梁、渡口的长度，但不包括大中城市的街道、厂矿、林区生产用道和农业生产用道的里程。两条或多条公路共同经由同一路段，只计算一次，不得重复计算里程长度。公路里程是反映公路建设发展规模的重要指标，也是计算运输网密度等指标的基础资料。

内河航道里程 也称“内河通航里程”，是反映内河水运网规模、水平和发展情况的主要指标，是指在一定时期内，能通航运输船舶及排筏的天然河流、湖泊水库、运河及通航渠道的长度。包括全年季节性通航累计三个月以上的航道，但不包括仅供零散流放竹、木排的河道。

输油(气)管道长度 也称“输油(气)里程”，是反映管道运输发展规模和水平的主要指标，是指油品(或天然气)的实际输送距离，一般按输油(气)管道的单线长度计算。若包括复线和备用线长度则称为输油(气)管道延展长度，是指管道铺设的实际长度。我们通常使用的是不包括复线的“输油(气)管道里程”。

货(客)运量 指在一定时期内，各运输部门实际运送的货(旅客)数量。是反映运输业为国民经济和人民生活服务的数量指标，也是制定和检查运输生产计划，研究运输发展规模和速度的重要指标。货运按吨计算，客运按人计算。货物不论运输距离长短，货物类别，均按实际重量统计；旅客不论行程远近或票价多少，均按一人一次作为客运量统计。半价票、小孩票也按一人统计。

货物(旅客)周转量 指在一定时期内，由各种运输工具运送的货物(旅客)数量与其相应运输距离的乘积之总和，是反映运输业生产总成果的重要指标，也是编制和检查运输生产计划，计算运输效率、劳动生产率以及核算运输单位成本的主要基础资料。通常以吨公里和人公里为计算单位。计算货物周转量通常按发出站与到达站之间的最短距离，也就是计费距离计算。

内河主要港口货物吞吐量 指由水运进出内河主要港区范围，并经过装卸的货物数量。吞吐量可以分为进口、出口，又可以分为国内贸易和对外贸易。货物吞吐量的货种分类及其主要流向流量，反映了港口在国内外物资交流和对外贸易运输中的地位和作用。

邮电业务总量 指以价值量形式表现的邮电通信企业为社会提供各类邮电通信服务的总数量。邮电业务量按专业分类包括函件、包件、汇票、报刊发行、邮政快件、特快专递，邮政储蓄、集邮、公众电报、用户电报、传真、长途电话、出租电路、无线寻呼、移动电话、分组交换数据通信、出租代维等。计算方法为各类产品乘以相应的平均单价(不变价)之和，再加上出租电路和设备、代用户维护电话交换机和线路等的服务收入。它综合反映了一定时期邮电业务发展的总成果，是研究邮电业务量构成和发展趋势的重要指标。计算公式为：

$$
\begin{aligned}
\text{邮电业务总量} &= \sum(\text{各类邮电业务量} \times \text{不变单价}) \\
&\quad + \text{出租代维及其他业务收入} \\
&= \text{邮政业务总量} + \text{电信业务总量}
\end{aligned}
$$

移动电话用户 是指通过移动电话交换机进入移动电话网、占用移动电话号码的电话用户。用户数量以报告期末在移动电话营业部门实际办理登记手续进入移动电话网的户数进行计算，一部移动电话统计为一户。

电话用户 指接入国家公众固定电话网，并按固定电话业务进行经营管理的电话用户。1997 年以前，电话用户分为市内电话用户和农村电话用户。“市内电话用户”是指接入县城及县以上城市的电话网上的电话用户；“农村电话用户”是指接入县邮电局农话台及县以下农村电话交换点，以县城为中心(除市话用户外)联通县、乡(镇)、行政村，村民小组的用户。从 1997 年起，电话用户数分组调整为以用户所在区域划分为“城市电话用户”和“乡村电话用户”，与过去的按市内电话和农村电话划分方法不同，而电话用户总数、电话机总部数统计范围不变。

城市电话用户 指直辖市、省辖市、地级市、县级市的市区、市郊区及县城(包括县人民政府所在地的县城关区或行政建制相当于县人民政府所在地的镇) 范围内接入局用交换机的电话用户数，包括分布在农村地区的独立工矿区、林区、驻军等接入局用交换机的电话用户数。

十二、批发零售贸易业和餐饮业

WHOLESALE,RETAIL AND CATERING TRADE

统计违法违纪行为处分规定

第一条 为了加强统计工作，提高统计数据的准确性和及时性，惩处和预防统计违法违纪行为，促进统计法律法规的贯彻实施，根据《中华人民共和国统计法》、《中华人民共和国行政监察法》、《中华人民共和国公务员法》、《行政机关公务员处分条例》及其他有关法律、行政法规，制定本规定。

第二条 有统计违法违纪行为的单位中负有责任的领导人员和直接责任人员，以及有统计违法违纪行为的个人，应当承担纪律责任。属于下列人员的(以下统称有关责任人员)，由任免机关或者监察机关按照管理权限依法给予处分：

(一)行政机关公务员；

(二)法律、法规授权的具有公共事务管理职能的事业单位中经批准参照《中华人民共和国公务员法》管理的工作人员；

(三)行政机关依法委托的组织中除工勤人员以外的工作人员；

(四)企业、事业单位、社会团体中由行政机关任命的人员。

法律、行政法规、国务院决定和国务院监察机关、国务院人力资源社会保障部门制定的处分规章对统计违法违纪行为的处分另有规定的，从其规定。

第三条 地方、部门以及企业、事业单位、社会团体的领导人员有下列行为之一的，给予记过或者记大过处分；情节较重的，给予降级或者撤职处分；情节严重的，给予开除处分：

(一)自行修改统计资料、编造虚假数据的；

(二)强令、授意本地区、本部门、本单位统计机构、统计人员或者其他有关机构、人员拒报、虚报、瞒报或者篡改统计资料、编造虚假数据的；

(三)对拒绝、抵制篡改统计资料或者对拒绝、抵制编造虚假数据的人员进行打击报复的；

(四)对揭发、检举统计违法违纪行为的人员进行打击报复的。

有前款第(三)项、第(四)项规定行为的，应当从重处分。

第四条 地方、部门以及企业、事业单位、社会团体的领导人员，对本地区、本部门、本单位严重失实的统计数据，应当发现而未发现或者发现后不予纠正，造成不良后果的，给予警告或者记过处分；造成严重后果的，给予记大过或者降级处分；造成特别严重后果的，给予撤职或者开除处分。

第五条 各级人民政府统计机构、有关部门及其工作人员在实施统计调查活动中，有下列行为之一的，对有关责任人员，给予记过或者记大过处分；情节较重的，给予降级或者撤职处分；情节严重的，给予开除处分：

(一)强令、授意统计调查对象虚报、瞒报或者伪造、篡改统计资料的；

(二)参与篡改统计资料、编造虚假数据的。

12-1 主要年份社会消费品零售总额

单位:万元

年份	社会消费品零售总额	按地区分			按行业分				
		市的零售额	县的零售额	县以下的零售额	批发零售贸易业	餐饮业	住宿业	制造业	其他行业
1949	9 756		6 521						
1952	11 421		5 531						
1957	22 284		9 574						
1962	28 486		14 124						
1965	29 808		12 426						
1970	34 332		13 706						
1975	57 492		23 318						
1978	77 058		31 480		64 672	2 955		6 196	3 235
1979	92 351		37 555		72 497	4 201		10 787	4 866
1980	109 523		46 069		85 005	4 626		14 022	5 870
1981	123 791		52 831		91 751	5 244		17 841	8 955
1982	138 439		59 336		105 869	5 455		15 607	11 508
1983	150 638	64 850	27 128	58 660	114 633	6 005		18 157	11 843
1984	176 386	77 927	31 616	66 843	130 149	7 393		25 637	13 207
1985	233 620	106 745	43 967	82 908	166 598	12 733		33 341	20 948
1986	266 086	119 792	52 153	94 141	188 243	14 597		36 897	26 349
1987	304 226	137 513	51 646	115 067	211 763	17 205		44 859	30 399
1988	370 405	173 147	66 514	130 744	255 523	19 743		56 087	39 052
1989	410 589	202 384	71 509	136 696	282 528	20 163		60 085	47 813
1990	422 271	227 011	59 028	136 232	285 048	19 888		58 860	58 475
1991	458 294	255 898	62 850	139 546	308 487	22 575		60 204	67 028
1992	511 243	320 843	48 975	141 425	330 716	26 823		71 835	81 869
1993	657 693	413 770	64 829	179 094	440 102	32 992		78 998	105 601
1994	879 531	597 230	74 582	207 719	570 080	66 236		85 336	157 879
1995	1 150 671	773 854	104 733	272 084	728 544	97 733		110 399	213 995
1996	1 379 729	918 002	119 829	341 898	870 375	116 992		136 101	256 261
1997	1 526 381	999 463	134 445	392 473	958 246	132 721		152 337	283 077
1998	1 606 304	1 047 323	153 199	405 782	1 048 472	145 036		135 393	277 403
1999	1 714 930	1 109 165	168 614	437 151	1 152 717	173 997		116 007	272 209
2000	1 852 142	1 180 955	177 242	493 945	1 273 493	209 461		101 421	267 767
2001	2 020 066	1 260 580	205 746	553 740	1 423 869	223 782		99 677	272 738
2002	2 239 285	1 370 267	236 261	632 756	1 574 478	258 964		110 753	295 088
2003	2 354 214	1 478 128	230 347	645 739	2 022 477	298 711			33 026
2004	3 424 611	2 131 470	381 456	911 685	2 979 537	407 099	12 733		25 242
2005	3 960 400	2 472 673	462 407	1 025 320	3 449 516	452 634	29 385		28 865
2006	4 600 776	2 883 889	537 190	1 179 697	3 938 344	590 342	40 767		31 323
2007	5 430 057	3 421 347	621 082	1 387 628	4 646 839	683 272	61 987		37 959
2008	6 802 333	4 290 517	802 491	1 709 325	5 700 763	944 335	102 741		54 494

注:2003 年及以后按行业划分的批发零售贸易业中包括原制造业和其它行业中原农民对非农业居民的零售额。2004 年为经济普查数据。

12-2 市区社会消费品零售总额

单位:万元

年份	社会消费品零售总额	按行业分				
		批发零售贸易业	餐饮业	住宿业	制造业	其他行业
1978	31 480	25 956	1 373		2 327	1 824
1979	37 555	30 176	1 786		3 214	2 379
1980	46 069	34 685	2 398		5 835	3 151
1981	52 831	39 758	2 683		6 501	3 889
1982	59 336	46 294	2 709		5 775	4 558
1983	63 751	50 417	2 741		5 989	4 604
1984	76 175	57 009	3 099		10 318	5 749
1985	104 827	73 051	6 071		14 954	10 751
1986	117 965	82 599	6 462		15 130	13 774
1987	135 320	97 190	7 038		14 772	16 320
1988	169 583	120 988	8 250		19 756	20 589
1989	198 822	141 665	8 326		19 760	29 071
1990	210 156	148 845	9 103		16 750	35 458
1991	236 824	165 088	10 795		17 056	43 885
1992	274 203	186 380	14 520		19 042	54 261
1993	361 783	245 956	16 727		23 007	76 093
1994	520 845	345 014	41 842		18 521	115 468
1995	677 103	428 043	57 854		36 106	155 100
1996	799 102	499 385	71 500		39 889	188 328
1997	866 994	521 321	81 664		53 319	210 690
1998	909 671	553 957	94 665		53 159	207 890
1999	959 836	621 498	109 058		31 686	197 594
2000	1 019 913	696 416	133 386		13 576	176 535
2001	1 081 720	766 967	130 272		8 001	176 480
2002	1 168 355	826 551	144 899		7 023	189 882
2003	1 252 978	1 068 575	165 293			19 110
2004	1 832 812	1 625 315	177 740	9 229		20 528
2005	2 144 371	1 875 688	217 815	28 477		22 391
2006	2 492 194	2 169 774	268 415	27 827		26 178
2007	2 965 333	2 597 729	298 245	43 780		25 579
2008	3 714 802	3 189 861	412 822	64 188		47 931

主要统计指标解释

社会消费品零售额 是指各种经济类型的批发零售贸易业、餐饮业、制造业和其他行业对城乡居民和社会集团的消费品零售额和农民对非农业居民的零售额总和。这个指标反映通过各种商品流通渠道向居民和社会集团供应生活消费品来满足他们生活需要的情况，是研究人民生活、社会消费品购买力、货币流通等问题的重要指标。

批发零售贸易业 是指专门从事批发和零售贸易活动的经济部门。

批发零售贸易业商品购销存总额 是指除个体经济以外的各种经济类型的独立核算批发零售贸易业法人企业以及其他独立核算法人企业和单位附营的各类批发零售贸易单位的商品购销存总额。

商品购进总额 指批发零售贸易业各企业（附营单位）从本企业(单位)以外的单位和个人购进(包括从国外直接进口)作为转卖或加工后转卖的商品。本指标由从生产者购进额、从批发零售贸易业购进额、进口额和其他购进额项目组成。这个指标反映批发零售贸易业从国内、国外市场上购进商品总量。

商品销售总额 指批发零售贸易业各企业(附营单位)对本企业(单位)以外的单位和个人出售(包括对国(境)外直接出口)的商品(包括售给本单位消费用的商品)。本指标由对生产经营单位批发额、对批发零售贸易业批发额、出口额和对居民和社会集团商品零售额项目组成。这个指标反映批发零售贸易业在国内市场上销售商品以及出口商品的总量。

期末库存 指批发零售贸易企业(附营单位)已取得所有权的全部商品。这个指标反映批发零售贸易企业的商品库存情况，对市场商品供应的保证程度。

资本金总额 是指批发零售贸易业、餐饮业企业在工商行政管理部门登记的注册资金。资本金按投资主体分为国家资本金、法人资本金、个人资本金和外商资本金等。

流动资产 指可以在一年内或者超过一年的一个营业周期内变现或者耗用的资产。包括货币资产、短期投资、应收票据、应收帐款、坏帐准备、应收帐款净额、预付帐款、其他应收款、存货、待转其他业务支出、待摊费用、待处理流动资产净损失、一年内到期的长期债券投资、其他流动资产等项。

商品销售收入 指批发零售贸易企业商品销售收入、接受其他单位委托代销商品的收入和餐饮企业的营业收入（包括餐费收入、冷热饮收入、服务收入和其他收入）。

商品销售成本 指批发零售贸易企业已销商品应负担的进货原价和餐饮企业的原材料成本，商品进价成本。

利润总额 指企业全年实现的利润。包括营业利润、投资净收益以及营业外收支净额。

十三、对外经济贸易和国际旅游

FOREIGN ECONOMY & TRADE AND INTERNATIONAL TOURISM

第六条 各级人民政府统计机构、有关部门及其工作人员在实施统计调查活动中，有下列行为之一的，对有关责任人员，给予警告、记过或者记大过处分；情节较重的，给予降级处分；情节严重的，给予撤职处分：

(一)故意拖延或者拒报统计资料的；

(二)明知统计数据不实，不履行职责调查核实，造成不良后果的。

第七条 统计调查对象中的单位有下列行为之一，情节较重的，对有关责任人员，给予警告、记过或者记大过处分；情节严重的，给予降级或者撤职处分；情节特别严重的，给予开除处分：

(一)虚报、瞒报统计资料的；

(二)伪造、篡改统计资料的；

(三)拒报或者屡次迟报统计资料的；

(四)拒绝提供情况、提供虚假情况或者转移、隐匿、毁弃原始统计记录、统计台账、统计报表以及与统计有关的其他资料的。

第八条 违反国家规定的权限和程序公布统计资料，造成不良后果的，对有关责任人员，给予警告或者记过处分；情节较重的，给予记大过或者降级处分；情节严重的，给予撤职处分。

第九条 有下列行为之一，造成不良后果的，对有关责任人员，给予警告、记过或者记大过处分；情节较重的，给予降级或者撤职处分；情节严重的，给予开除处分：

(一)泄露属于国家秘密的统计资料的；

(二)未经本人同意，泄露统计调查对象个人、家庭资料的；

(三)泄露统计调查中知悉的统计调查对象商业秘密的。

第十条 包庇、纵容统计违法违纪行为的，对有关责任人员，给予记过或者记大过处分；情节较重的，给予降级或者撤职处分；情节严重的，给予开除处分。

第十一条 受到处分的人员对处分决定不服的，依照《中华人民共和国行政监察法》、《中华人民共和国公务员法》、《行政机关公务员处分条例》等有关规定，可以申请复核或者申诉。

第十二条 任免机关、监察机关和人民政府统计机构建立案件移送制度。

任免机关、监察机关查处统计违法违纪案件，认为应当由人民政府统计机构给予行政处罚的，应当将有关案件材料移送人民政府统计机构。人民政府统计机构应当依法及时查处，并将处理结果书面告知任免机关、监察机关。

人民政府统计机构查处统计行政违法案件，认为应当由任免机关或者监察机关给予处分的，应当及时将有关案件材料移送任免机关或者监察机关。任免机关或者监察机关应当依法及时查处，并将处理结果书面告知人民政府统计机构。

第十三条 有统计违法违纪行为，应当给予党纪处分的，移送党的纪律检查机关处理。涉嫌犯罪的，移送司法机关依法追究刑事责任。

第十四条 本规定由监察部、人力资源社会保障部、国家统计局负责解释。

第十五条 本规定自 2009 年 5 月 1 日起施行。

13-1 利用外资签订协议(合同)情况

单位:万美元

年 份	合 计		对外借款		外商直接投资	
	合同数(个)	合同外资额	合同数(个)	合同外资额	合同数(个)	合同外资额
1980	3	506	2	206		
1981						
1982	3	3 678				
1983	2	29				
1984	2	55				
1985	9	406			2	41
1986	5	414	2	290	3	124
1987	11	973			1	66
1988	17	3 574	5	2 106	8	470
1989	17	2 475	5	1 530	11	937
1990	10	1 604	4	1 113	6	491
1991	27	1 978	1	1 281	26	697
1992	218	8 111	3	525	215	7 586
1993	432	25 022	11	433	421	24 589
1994	173	19 516			173	19 516
1995	159	10 866			159	10 866
1996	122	20 791	6	3 283	116	17 508
1997	59	23 626	8	13 390	51	10 236
1998	83	27 817	4	5 162	79	22 655
1999	56	24 468			56	24 468
2000	99	25 720			99	25 720
2001	62	29 078			62	29 078
2002	119	44 066			119	44 060
2003	166	57 301			166	57 301
2004	186	69 689			186	69 689
2005	173	81 733			173	81 733
2006	151	81 095			151	81 095
2007	166	135 827			166	135 827
2008	122	172 608			122	172 608

注:1989 年以前合同数、合同工外资金额分三部分:对外借款、外商直接投资、外商其他投资。本表中不含外商其他投资。1989 年以后合同数合同外资额包括两部分:对外借款、外商直接投资。2004 年以后合同数、合同外资金额为新批外商投资项目个数和新签协议注册外资额(下同)。

13-2 实际利用外资情况

单位:万美元

年 份	合 计	#对外借款	#外商直接投资
1985	55		
1986	618	253	
1987	214		40
1988	434	37	127
1989	2 191	1 022	371
1990	1 324	578	110
1991	1 225	978	247
1992	2 378	1 578	800
1993	4 161	433	3 728
1994	6 898	1 237	5 661
1995	10 432		10 432
1996	17 284	3 232	14 052
1997	19 020	10 091	8 929
1998	22 816		22 816
1999	20 184		20 184
2000	20 790		20 790
2001	21 840		21 840
2002	25 023		25 023
2003	34 095		34 095
2004	30 399		30 399
2005	26 057		26 057
2006	24 433		24 433
2007	44 291		44 291
2008	58 251		58 251

注:2004 年以后实际利用外资为实际到帐注册外资(下同)。

13-3 对外经济情况

单位:万美元

指　　标	1990	1995	2000	2002	2003	2004	2005	2006	2007	2008
自营进出口总额	1 015	24 696	32 896	45 376	74 484	90 945	112 621	185 315	249 690	345 394
自营出口	599	14 724	18 715	23 790	29 658	54 849	75 196	125 262	165 769	224 471
#三资企业	599	5 626	7 794	12 911	14 380	28 115	36 282	57 633	61 349	96 956
自营进口	416	9 972	14 181	21 587	44 826	36 097	37 425	60 053	83 921	120 923
#三资企业	416	8 454	9 765	16 738	37 668	29 003	29 056	44 009	56 275	75 101
新批外商投资项目个数　（个）	10	159	99	119	166	186	173	151	166	122
新批协议注册外资额	1 604	10 866	25 720	44 066	57 301	69 689	81 733	81 095	135 827	172 608
实际到帐注册外资额	1 324	10 432	20 790	25 023	34 095	30 399	26 057	24 433	44 291	58 251
新签对外承包工程劳务合同额		3 256	8 010	12 100	17 070	22 500	31 500	39 000	47 800	59 100
对外承包工程劳务营业额		2 228	6 995	11 200	15 910	21 160	30 000	36 800	44 900	57 500
期末在外人数　（人）		2 316	2 802	6 593	10 183	14 836	18 200	18 175	18 475	18 156
新批海外投资企业　（家）		1								
年末实有三资企业　（家）	31	877	553	476	485	523	599	720	830	1 208
#投产开业企业　（家）	20	486	415	431	431	523	599	720	830	1 208

注:进出口总额1998年以后为海关数;2000年年末在外人数为当年新派人数。

13-4 市区对外经济情况

单位:万美元

单位名称	出口总值							
	2001	2002	2003	2004	2005	2006	2007	2008
市区总计	**12 739**	**15 254**	**17 328**	**33 845**	**48 335**	**84 751**	**108 983**	**154 691**
#机电建材资产公司	37	16	16	21		2		
徐工集团	1 773	1 565	3 759	12 466	20 405	47 320	57 268	45 937
化工资产经营公司	172	79	18	9	45	127	103	
纺织控股集团	2 235	1 408	886	198	32	10	15	59
鹰球皮革集团	753	780	662	1 190	989	1 181	874	502
汉高洗涤剂有限公司(海欧集团)		146	308	299	150	512	434	91
天能集团公司		218	14	41	4	10		

13-5 国际旅游人数和收入

单位：人

指　　标	1990	1995	2000	2002	2003	2004	2005	2006	2007	2008
过夜旅游者人数	**4 325**	**4 988**	**17 825**	**25 149**	**36 390**	**50 557**	**73 010**	**100 488**	**120 849**	**132 128**
外国人	971	2 985	11 324	14 903	18 863	35 749	51 417	74 704	91 687	102 721
港澳台同胞	3 354	2 003	6 501	10 246	17 527	14 808	21 593	25 784	29 162	29 407
过夜者人天数(人天)	**10 318**	**19 749**	**320 914**	**418 344**	**330 023**	**419 572**	**521 067**	**677 756**	**817 240**	**867 232**
外国人	3 131	12 926	182 885	255 701	196 135	272 719	346 684	446 232	562 117	608 312
港澳台同胞	7 187	6 823	138 029	162 643	133 888	146 853	174 383	231 524	255 123	258 920
过夜的外国人按国别分										
日　本	401	792	2 720	1 924	4 025	7 339	5 992	7 530	8 984	10 084
菲律宾	7	13	20	39	135	222	519	1 155	1 572	2 489
新加坡	9	89	1 006	1 352	1 053	1 410	2 107	3 633	5 659	5 439
泰　国	33	37	23	211	359	685	727	1 752	2 376	2 736
印度尼西亚	1	64	51	105	170	348	915	1 331	1 975	1 977
美　国	109	494	3 305	5 216	3 786	6 880	9 361	10 749	13 085	12 792
加拿大	17	56	383	597	1 332	1 967	3 020	3 895	4 239	3 981
英　国	41	74	198	390	513	1 313	2 277	4 295	4 907	5 742
法　国	25	134	68	123	290	1 181	2 121	3 459	4 035	4 874
德　国	100	342	244	1 475	2 558	4 819	6 803	8 203	9 819	8 598
意大利	13	66	81	70	138	474	1 009	2 077	2 683	3 546
俄罗斯	50	51	141	122	272	610	1 027	1 962	3 442	3 394
澳大利亚	35	62	390	1 743	1 244	2 798	3 225	4 309	5 000	5 046
新西兰	6	8	22	66	105	625	1 523	1 903	2 211	2 360
马来西亚		115	83	98	457	334	860	2 285	3 223	3 341
韩　国		216	1 454	557	1 393	1 827	2 543	4 247	6 047	9 446
西班牙		15	10	29	25	284	553	1 326	1 469	869
国际旅游收入(万美元)		**229**	**1 307**	**1 789**	**2 137**	**3 546**	**5 658**	**7 853**	**10 446**	**12 296**

注:俄罗斯旅游人数 1992 年及以前为前苏联数,德国 1991 年及以前的数字为西德数。

主要统计指标解释

利用外资　指我国各级政府、部门、企业和其他经济组织通过对外借款、吸收外商直接投资以及用其他方式筹措的境外现汇、设备、技术等。

对外借款　是我国利用外资的主要部分。包括我国通过外国政府贷款,国际金融组织贷款,外国银行商业贷款,出口信贷以及对外发行债券、股票等方式,从境外筹措的资金。

外商直接投资　是指外国企业和经济组织或个人 (包括华侨、港澳台同胞以及我国在境外注册的企业)按我国有关政策、法规,用现汇、实物、技术等在我国境内开办外商独资企业、与我国境内的企业或经济组织共同举办中外合资经营企业、合作经营企业或合作开发资源的投资(包括外商投资收益的再投资)以及政府有关部门批准的项目投资总额内,企业从境外借入的资金。

对外承包工程　包括各对外承包公司以招标议标承包方式承揽的下列业务(1)承包国外工程建设项目;(2)承包我国对外经援项目;(3)承包我国驻外机构的工程建设项目;(4)承包我国境内利用外资进行建设的工程项目;(5)与外国承包公司合营或联合承包工程项目时我国公司分包部分;(6)以服务成果向业主收费的技术服务项目(包括承担地形地貌测绘;地质资源勘探与普查;建设区域规划;提供设计文件、图纸、生产工艺技术资料和工程技术经济咨询;工程项目的可行性考察、研究和评估;进行技术指导和培训人员等);(7)对外承包兼营的房屋开发业务。对外承包工程的营业额是以货币表现的本期内完成的对外承包工程的工作量, 包括以前年度签订的合同和本年度新签订的合同在报告期完成的工作量。

对外劳务合作　指以收取工资的形式向业主或承包商提供技术和劳动服务的活动。我国对外承包公司在境外开办的合营企业,中国公司同时又提供劳务的,其劳务部分也纳入劳务合计统计。劳务合作营业额按报告期内向雇主提交的结算数(包括工资、加班费和奖金等)统计。

旅游人数　指来我国参观、访问、旅行、探亲、访友、休养、考察、参加会议和从事经济、科技、文化、教育、体育、宗教等活动的外国人、华侨、港澳和台湾同胞的人数。不包括外国在我国的常住机构,如使领馆、通讯社、企业办事处的工作人员;来我国常驻的外国专家、留学生以及在岸逗留不过夜人员。

旅游外汇收入　指国内各部门为来我国旅游的外国人、华侨、港澳和台湾同胞提供商品和劳务而获得的外汇收入。包括供应商品、饮食和提供住宿、交通、邮电、文化娱乐、导游等各项服务所得到的全部外汇收入。

十四、财政、金融和保险

FINANCE,BANKING AND INSURANCE

14-1 主要年份财政收入、支出情况

单位:万元

年份	全市			市区		
	财政收入	财政支出	财政收入占地区生产总值的比重(%)	财政收入	财政支出	财政收入占地区生产总值的比重(%)
1952	2 770	1 324	12.1	660	752	13.8
1957	6 476	4 202	17.5	3 327	1 573	23.8
1962	7 564	3 339	16.5	4 720	687	26.3
1965	8 638	4 686	15.2	5 327	1 121	26.6
1970	15 069	6 026	17.3	10 772	2 293	31.6
1975	19 456	9 608	15.3	12 721	3 610	25.1
1978	32 674	17 690	15.3	22 950	7 887	29.8
1979	32 484	18 707	13.1	24 081	6 877	25.9
1980	35 715	17 982	12.5	26 814	6 714	23.5
1981	38 273	17 563	12.6	28 497	6 339	24.6
1982	43 114	21 655	12.2	30 670	7 981	23.1
1983	43 887	25 921	10.4	30 492	9 779	19.2
1984	47 454	30 779	9.6	32 250	12 009	18.0
1985	57 538	33 704	10.4	39 448	13 366	19.6
1986	65 741	45 505	10.4	45 248	19 051	20.0
1987	71 134	49 005	9.9	48 746	20 550	18.6
1988	82 796	58 865	9.8	55 880	23 409	19.3
1989	95 384	74 502	9.6	65 610	30 589	16.7
1990	102 326	85 640	9.1	70 338	34 593	15.1
1991	103 467	98 117	8.0	70 215	41 538	13.3
1992	109 670	95 599	6.8	73 690	37 513	10.7
1993	147 114	122 174	6.7	95 765	50 567	9.5
1994	197 489	143 559	6.3	128 227	62 329	9.1
1995	253 020	180 186	6.3	160 606	78 225	9.1
1996	302 406	213 530	6.2	188 190	85 349	9.0
1997	351 388	250 673	7.0	221 624	103 183	9.8
1998	395 108	283 443	7.4	254 176	119 325	10.4
1999	436 074	130 573	7.6	282 311	130 573	11.0
2000	476 168	345 246	7.7	311 151	153 038	10.7
2001	525 924	400 797	7.7	338 498	172 809	10.5
2002	655 566	520 174	8.7	438 281	258 477	12.2
2003	828 226	624 582	9.7	559 422	301 885	13.1
2004	1 102 216	717 332	10.7	768 436	318 329	14.3
2005	1 452 629	1 050 786	12.0	1 034 482	511 441	16.2
2006	1 808 512	1 270 099	12.7	1 231 212	576 615	16.5
2007	2 207 263	1 474 369	13.1	1 509 317	623 115	16.8
2008	2 685 991	1 990 464	13.4	1 782 700	842 950	17.2

注:2007 年及以后财政决算报表制度改革,部分指标有变动,财政总收入及财政支出中不包括基金收入,与往年不可比。

14-2 财政收入及构成

指标	绝对数（万元）		构成（%）	
	2007	2008	2007	2008
财政总收入	**2 207 263**	**2 685 991**	**100.0**	**100.0**
上划中央收入	**1 203 472**	**1 427 486**	**54.5**	**53.1**
增值税（75%）	588 788	711 669	48.9	49.9
消费税	431 238	479 164	35.8	33.6
企业所得税（60%）	139 408	172 877	11.6	12.1
个人所得税（60%）	44 038	63 776	3.7	4.5
一般预算收入	**1 003 791**	**1 258 505**	**45.5**	**46.9**
税收收入	805 707	1 002 008	80.3	79.6
增值税（25%）	196 263	237 221	24.4	23.7
营业税	227 805	268 198	28.3	26.8
企业所得税（40%）	92 939	115 253	11.5	11.5
个人所得税（款）（40%）	29 356	42 519	3.6	4.2
资源税	11 888	14 991	1.5	1.5
城市维护建设税	103 337	125 446	12.8	12.5
房产税	15 886	20 324	2.0	2.0
印花税	9 694	13 625	1.2	1.4
城镇土地使用税	20 562	34 460	2.6	3.4
土地增值税	18 860	24 231	2.3	2.4
车船税（款）	1 277	4 988	0.2	0.5
耕地占用税（款）	1 615	19 286	0.2	1.9
契税（款）	76 225	81 466	9.5	8.1
非税收入	198 084	256 497	19.7	20.4
专项收入	46 952	63 918	23.7	24.9
行政事业性收费收入	57 980	68 843	29.3	26.8
罚没收入	40 371	44 778	20.4	17.5
国有资本经营收入	49 776	74 448	25.1	29.0
国有资源（资产）有偿使用收入	2 671	4 484	1.3	1.7
其他收入（款）	334	26	0.2	…
政府性基金收入	**532 889**	**567 193**	**100.0**	**100.0**

14-3 市区财政收入及构成

项目	绝对数（万元）		构成（%）	
	2007	2008	2007	2008
财政总收入	**1 509 317**	**1 782 700**	**100.0**	**100.0**
上划中央收入	**903 180**	**1 070 960**	**59.8**	**60.1**
增值税(75%)	376 755	457 847	41.7	42.8
消费税	426 345	474 960	47.2	44.3
企业所得税(60%)	72 072	97 279	8.0	9.1
个人所得税(60%)	28 008	40 874	3.1	3.8
一般预算收入	**606 137**	**711 740**	**40.2**	**39.9**
税收收入	487 638	580 213	80.5	81.5
增值税(25%)	125 586	152 615	25.8	26.3
营业税	125 356	126 119	25.7	21.7
企业所得税(40%)	48 048	64 854	9.9	11.2
个人所得税(款)(40%)	18 670	27 250	3.8	4.7
资源税	4 053	4 940	0.8	0.9
城市维护建设税	83 041	99 907	17.0	17.2
房产税	9 720	11 859	2.0	2.0
印花税	5 749	8 408	1.2	1.4
城镇土地使用税	9 156	16 035	1.9	2.8
土地增值税	10 068	12 489	2.1	2.2
车船税(款)	461	1 887	0.1	0.3
耕地占用税(款)	118	8 451	…	1.5
契税(款)	47 612	45 399	9.8	7.8
非税收入	118 499	131 527	19.5	18.5
专项收入	25 238	35 993	21.3	27.4
行政事业性收费收入	33 483	28 850	28.3	21.9
罚没收入	14 207	13 570	12.0	10.3
国有资本经营收入	43 739	50 635	36.9	38.5
国有资源(资产)有偿使用收入	1 544	2 463	1.3	1.9
其他收入(款)	288	16	0.2	…
政府性基金收入	**379 107**	**305 985**	**100.0**	**100.0**

14-4 财政支出及构成

指　　标	绝对数（万元）		构成（%）	
	2007	2008	2007	2008
一般预算支出	**1 474 369**	**1 990 464**	**100.0**	**100.0**
一般公共服务	242 882	293 575	16.5	14.7
国防	2 451	3 297	0.2	0.2
公共安全	118 787	156 351	8.1	7.9
教育	359 331	441 629	24.4	22.2
科学技术	19 163	26 697	1.3	1.3
文化体育与传媒	19 619	22 362	1.3	1.1
社会保障和就业	221 369	252 376	15.0	12.7
医疗卫生	72 415	125 083	4.9	6.3
环境保护	19 990	31 673	1.4	1.6
城乡社区事务	87 036	169 593	5.9	8.5
农林水事务	130 008	221 843	8.8	11.1
交通运输	20 731	25 022	1.4	1.3
工业商业金融等事务	54 678	139 213	3.7	7.0
其他支出(类)	105 909	81 750	7.2	4.1
政府性基金支出	**527 051**	**574 222**	**100.0**	**100.0**
一般公共服务		1 132		0.2
教育	2 172	6 118	0.4	1.1
文化体育与传媒	919	703	0.2	0.1
社会保障和就业	265	1 543	0.1	0.3
城乡社区事务	509 567	534 323	96.7	93.1
农林水事务	11 860	9 351	2.3	1.6
交通运输		13 564		2.4
工业商业金融等事务	2 266	1 855	0.4	0.3
其他支出	2	5 633	…	1.0

14-5 市区财政支出及构成

项目	绝对数（万元）		构成（%）	
	2007	2008	2007	2008
一般预算支出	**623 115**	**842 950**	**100.0**	**100.0**
一般公共服务	107 026	121 918	17.2	14.5
国防	1 596	2 003	0.3	0.2
公共安全	70 984	93 012	11.4	11.0
教育	98 876	138 189	15.9	16.4
科学技术	8 223	12 015	1.3	1.4
文化体育与传媒	9 560	11 390	1.5	1.4
社会保障和就业	107 617	136 880	17.3	16.2
医疗卫生	29 868	35 854	4.8	4.3
环境保护	8 125	12 194	1.3	1.4
城乡社区事务	40 026	62 047	6.4	7.4
农林水事务	27 853	60 552	4.5	7.2
交通运输	9 081	8 016	1.5	1.0
工业商业金融等事务	24 783	96 140	4.0	11.4
其他支出(类)	79 497	52 740	12.8	6.3
政府性基金支出	**369 079**	**307 447**	**100.0**	**100.0**
一般公共服务		813		0.3
教育	525	3 284	0.1	1.1
文化体育与传媒	853	659	0.2	0.2
社会保障和就业	68	592	…	0.2
城乡社区事务	364 153	290 242	98.7	94.4
农林水事务	2 262	2 040	0.6	0.7
交通运输		8 575		2.8
工业商业金融等事务	1 216	1 242	0.3	0.4
其他支出	2		…	

14-6 主要年份城乡居民储蓄存款

（年底数） 单位:万元

年份	全市				市区			
	城乡居民储蓄存款余额	城镇居民	农村居民	人均储蓄（元/人）	城乡居民储蓄存款余额	城镇居民	农村居民	人均储蓄（元/人）
1952	270	270		1	206	206		9
1957	968	836	132	2	647	647		17
1962	1 222	895	327	3	686	652	34	15
1965	1 974	1 510	464	4	1 157	1 124	33	22
1970	2 442	1 922	520	4	1 449	1 407	42	27
1975	4 839	3 525	1 314	8	2 694	2 581	113	44
1978	8 921	5 642	3 279	14	4 299	4 065	234	64
1979	13 499	7 662	5 837	21	6 018	5 677	341	85
1980	20 596	10 326	10 270	31	8 868	8 179	689	122
1981	27 635	13 100	14 535	41	11 249	10 191	1 058	150
1982	36 462	17 260	19 202	53	14 836	13 280	1 556	192
1983	52 715	22 396	30 319	76	19 645	16 962	2 683	248
1984	74 664	30 525	44 139	107	26 601	22 775	3 826	330
1985	97 867	51 738	46 129	138	37 810	32 609	5 201	458
1986	140 701	78 011	62 690	197	51 139	44 135	7 004	608
1987	191 242	113 634	77 608	263	69 314	60 682	8 632	810
1988	246 993	154 694	92 299	332	88 630	78 650	9 980	1 016
1989	327 806	221 226	106 580	430	125 709	114 108	11 601	1 408
1990	446 418	312 015	134 313	553	174 611	159 152	15 459	1 926
1991	555 370	394 194	161 176	677	213 526	194 377	19 149	2 324
1992	668 470	477 991	190 479	809	258 326	235 349	22 977	2 758
1993	857 542	623 818	233 724	1 028	319 747	291 258	28 489	3 360
1994	1 110 985	815 108	295 877	1 318	477 133	396 479	80 654	3 340
1995	1 400 566	1 064 231	336 335	1 645	578 274	538 785	39 489	3 984
1996	1 828 200	1 423 241	404 959	2 217	811 756	763 152	48 604	5 510
1997	2 163 437	1 701 013	462 424	2 495	970 956	938 568	32 388	6 502
1998	2 438 696	1 906 077	532 619	2 785	1 110 556			7 313
1999	2 692 128	2 117 460	574 668	3 068	1 297 842			8 515
2000	3 058 002			3 411	1 860 652			11 585
2001	3 576 909			3 966	2 202 744			13 552
2002	4 167 882			4 608	2 592 741			15 756
2003	4 822 259			5 307	3 024 793			18 077
2004	5 563 129			6 068	3 445 990			20 584
2005	6 506 064			7 031	3 997 284			22 223
2006	7 228 920			7 734	4 377 454			24 105
2007	7 886 337			8 409	3 488 669			19 140
2008	9 745 131			10 292	5 850 811			31 729

14-7 金融机构现金收支

单位:万元

项目	1990	1995	2000	2004	2005	2006	2007	2008
收入合计	**1 163 459**	**5 072 153**	**12 953 570**	**28 251 414**	**32 925 323**	**40 042 357**	**48 207 537**	**49 302 782**
商品销售收入	391 947	1 019 923	2 256 546	3 933 781	4 753 190	5 138 935	5 905 999	5 028 380
服务业收入	55 697	197 910	837 355	1 286 282	1 487 032	1 474 167	1 552 824	1 459 719
税款收入		44 067	163 865	280 159	280 438	304 894	305 166	338 956
城乡个体经营收入		55 201	620 424	796 483	927 247	1 039 207	1 040 472	867 237
储蓄存款收入	339 845	2 170 778	7 558 352	19 760 346	22 699 562	27 759 016	34 059 672	34 599 032
其他金融机构收入		230 005	177 522	176 278	208 882	157 517	83 337	109 753
居民归还贷款收入			235 767	587 029	650 718	879 862	1 132 532	1 058 274
汇兑收入		64 285	200 709	152 033	186 160	209 419	203 176	262 728
有价证券收入		37 389	42 973	15 836	6 317	15 305	39 292	10 847
其他收入		268 190	860 057	1 263 187	1 725 777	3 064 035	3 885 065	5 567 857
支出合计	**1 172 167**	**5 108 193**	**12 969 596**	**27 930 172**	**32 456 491**	**39 543 828**	**47 489 563**	**48 330 805**
工资性支出	262 615	753 855	1 334 735	2 151 672	2 399 006	2 572 044	2 880 220	3 020 100
农副产品采购支出	134 384	249 027	711 150	1 214 067	1 478 482	1 549 011	1 521 600	1 162 756
工矿及其他产品采购支出		24 050	239 315	613 236	922 900	999 565	1 102 734	801 734
行政企事业管理费	57 382	240 518	777 453	1 113 493	1 220 139	1 306 940	1 581 535	1 390 237
城乡个体经营支出		69 479	755 408	991 421	1 017 368	1 115 679	951 690	758 206
储蓄存款支出	267 707	2 029 614	7 534 416	19 436 846	22 365 477	27 459 005	34 309 795	35 396 675
其他金融机构支出		205 961	122 316	218 313	234 073	179 869	96 579	195 666
居民提取贷款支出			261 823	722 617	741 464	920 406	785 442	84 180
汇兑支出		40 632	171 609	86 367	68 254	56 387	73 407	74 280
有价证券支出		40 735	66 345	4 734	4 999	11 953	27 747	6 774
其他支出		336 230	995 026	1 377 406	2 004 329	3 372 969	4 158 813	5 440 199
现金投放(+)、回笼(-)	**8 708**	**36 040**	**16 026**	**-321 242**	**-468 832**	**-498 529**	**-717 973**	**-971 977**

注:其他金融机构收入、支出,1996 年及以前均为城市信用社收入、支出;1998 年以后收支合计为金融机构现金收支。

14-8 金融机构综合存贷款

单位:万元

项 目	1990	1995	2000	2004	2005	2006	2007	2008
金融机构综合存款余额	**724 345**	**2 329 318**	**4 614 682**	**8 414 573**	**10 108 940**	**11 937 168**	**14 038 244**	**17 191 438**
企业存款	153 598	762 950	1 272 226	2 195 887	2 471 686	2 934 795	3 882 014	4 685 524
# 活期		660 835	877 182	1 593 304	1 726 679	2 143 866	2 562 614	2 993 697
定期		102 115	395 044	602 583	745 007	790 929	1 319 400	1 691 828
财政存款	7 335	15 787	19 308	97 984	170 682	116 098	256 353	359 301
机关团体	12 292	21 340	28 401	111 670	190 052	349 388	458 002	615 095
居民储蓄存款	446 418	1 400 566	3 058 002	5 563 129	6 506 064	7 228 920	7 886 337	9 745 131
# 活期		216 436	670 765	1 608 349	1 936 494	2 307 983	2 741 602	3 282 528
定期		1 184 130	2 387 237	3 954 780	4 569 570	4 920 937	5 144 735	6 462 602
农业存款		13 712	166 281	260 589	288 843	362 863	500 519	448 325
信托存款		104 885						
委托存款				−9 231	3 088	12 634	6 771	51 749
其他存款		10 078	95 376	194 545	478 525	932 470	1 048 248	1 286 312
金融机构综合贷款余额	**804 071**	**2 046 385**	**3 249 902**	**4 751 280**	**4 911 786**	**5 650 749**	**6 842 230**	**7 965 786**
短期贷款	676 347	1 571 401	2 583 743	3 193 465	3 006 573	3 466 062	4 168 205	4 745 344
工业	245 997	541 257	657 544	935 950	632 555	934 401	1 300 719	1 150 189
商业	285 377	547 859	811 340	723 751	666 185	681 408	691 138	656 545
建筑企业		33 615	69 994	81 196	73 396	61 758	71 968	72 014
农业贷款		106 252	172 867	578 119	687 551	776 523	927 808	1 125 665
乡镇企业	94 504	230 609	475 396	530 012	563 468	540 707	659 534	755 929
三资企业		33 358	51 568	52 430	49 464	49 149	35 037	99 747
私营及个体		1 603	7 741	8 021	15 303	17 785	25 656	88 010
其他短期贷款		76 848	337 293	283 986	318 651	404 330	456 345	797 244
# 个人短期消费贷款						14 937	17 567	21 599
中长期贷款	86 702	331 751	588 842	1 274 341	1 404 418	1 557 569	2 130 900	2 650 409
技术改造	36 809	149 714	191 844	341 519	345 496	242 536	240 136	180 975
基本建设	48 734	138 430	226 977	451 000	483 616	623 527	750 843	755 165
老少边穷		714						
地方经济		1 830						
其他中长期贷款		41 063	170 021	481 822	575 306	691 506	1 139 921	1 714 269
# 个人中长期消费贷款						379 721	607 840	806 528
信托		88 703						
其他		54 530	77 317	283 474	500 795	627 118	543 125	570 034

14-9 保险业务经济技术指标

单位:万元

项 目	1990	1995	2000	2004	2005	2006	2007	2008
保险公司 (个)	1	1	6	15	15	16	27	31
国内业务								
承保额	1 491 908	2 517 612	7 647 722	26 352 906	20 743 002	23 575 396	54 056 975	53 250 168
财产险	1 389 568	1 843 301	4 640 078	14 096 794	8 384 207	13 405 464	38 568 571	47 355 831
#企业财产险	792 805	816 644	1 906 485	7 329 761	5 150 488	6 078 134	6 684 104	7 619 982
运输工具及责任险	105 023	228 406	1 826 692	3 578 876	2 767 806	3 892 241	7 002 474	37 476 407
家庭财产险	188 931	483 813	333 701	397 343	261 896	260 766	214 695	206 709
农业险	76 253	60 772	59 295	2 571	67 652	6 297	11 509	81 435
人身险	102 340	674 311	3 007 644	12 256 112	12 358 795	10 169 932	15 488 404	5 894 337
#人身以外伤害险	82 288	594 424	2 201 123	8 813 586	4 281 224	7 043 859	13 222 688	3 113 447
保险收入	5 951	17 599	72 802	323 679	283 186	275 308	365 877	516 907
财产险	3 865	8 819	19 465	91 365	41 088	53 574	83 902	95 338
#企业财产险	1 206	1 623	3 243	54 012	4 762	5 832	6 810	5 829
运输工具及责任险	1 751	5 755	13 606	26 642	33 613	45 026	63 161	78 951
家庭财产险	289	933	705	441	452	204	87	235
农业险	109	145	78	8	14	18	435	3 745
人身险	2 086	8 780	53 335	232 314	242 098	221 734	281 975	421 570
#养老金险	702	1 396	15 486	33 927	49 444	89 026	19 283	6 746
人身以外伤害险	224	572	2 957	5 615	5 964	9 116	9 991	8 489
储金收入	1 901	1 594	1 850	4 280	4 471	4 445	4 018	29 642
赔案件数 (件)	21 490	22 685	24 309	57 747	85 511	113 588	159 396	160 529
已决赔款	2 330	8 994	11 552	31 198	36 960	51 980	53 161	69 356
财产险	2 207	6 364	9 735	22 877	29 016	39 286	43 640	56 418
#企业财产险	479	603	858	2 528	1 328	2 619	2 652	2 426
家庭财产险	232	231	30	1 132	42	236	330	373
农业险	80	123	30	246	31	9	81	792
人身险	120	247	1 817	8 356	7 944	12 694	9 521	12 937
返还性人身险给付	3	2 383	5 317	23 373	36 083	36 638	35 512	85 592
涉外业务								
承保额	13 994	91 001	217 248	10 997	390 364	21 291	222 735	
保 费	57	364	417	71	2 067	181	176	
赔案件数 (件)	7	105	127	9	2 135	13	18	
已决赔款	19	141	78	36	959	37	260	

注:本表 1995 年以前为人民保险公司系统数;2007 年及以后根据市保险协会名录扩大了统计调查点,与往年不可比。

主要统计指标解释

存款 银行存款是指企业、机关、团体或居民个人存放于银行或其他金融机构并取得一定利息收入的资金。一般用期末余额表示。银行存款按资金来源性质不同划分为企业存款、财政存款、机关团体存款、城乡居民储蓄存款、农村存款等。按其包括范围不同划分为全社会存款和银行系统存款。银行系统存款是指人、工、农、建、中、交六个银行系统存款,全社会存款包括银行系统、农村信用社、城市信用社和信托投资公司等所有金融机构的存款。

(1)企业存款 企业存款是指工业、商业、粮食、外资和国营农业等企业存于银行的存款。目前企业存款主要包括企业生产和商品流通过程中暂时闲置的流动资金、已提未用的固定资产更新改造资金、大修理基金以及职工福利基金等各项专用基金。

(2)财政性存款 财政性存款是指各级财政部门以及以财政拨款为其经费来源的行政事业单位的存款资金。主要包括国库存款、地方财政预算外存款、部队存款、行政事业单位存款、基本建设存款中属于财政性存款的部分。

(3)定期储蓄存款 定期储蓄存款是指约定支取期限的一种储蓄存款。现行的定期储蓄有整存整取、零存整取、存本取息和整存零取四种。

贷款 是指银行或其他金融机构以定期还本付息为条件向借款的单位和个人提供资金的信用活动。银行贷款分为流动资金贷款、基本建设贷款、农户贷款及其他专项贷款等。按所包括范围可分为全社会贷款和银行系统贷款。

(1)流动资金贷款 流动资金贷款是指解决企业或个体经济户生产、流通周转所需流动资金而发放的短期贷款。主要包括工业贷款、商业贷款和建筑企业贷款等。

(2)固定资产贷款 固定资产贷款是指对企业技术改造、设备更新、固定资产建筑、添置和安装过程中所需要资金而发放的贷款。

承保额 承保额也叫保险金额,是指保险人对被保险人在所保财产或人身发生保险事故时负责偿付的最高限额,也是计算保费的依据。

保费 保费是指保险人承担一定的保险责任按一定比率向被保险人收取的费用。包括财产险和人身储金收入。

(1)财产险 财产险是指以被保险的物质财产和有关利益以及所产生的损害赔偿责任作为保险标的的保险。

(2)人身险 人身险是指以人的生命和身体为承保对象的保险。

赔款 赔款是指保险人对财产保险的保险事故给予的经济补偿或对人身险事故给付的保险金。

国家财政总收入 是国家(各级政府)通过财政各个环节筹集的财政资金的总称,它是保证国家和各级政府行使其职能不可缺少的财力。主要包括:工商税收、农牧业税和耕地占用税、企业所得税、专项收入和其他收入等。

(1)工商税收类 是国家按法律规定对经济单位和个人无偿征收的实物和货币,是财政收入的主要来源。按1994年规定实施的新税制,工商税收主要有消费税、增值税、营业税、土地增值税,个人所得税、外商投资企业和外国企业所得税、城市维护建设税、车船使用税、房产税、屠宰税、资源税、印花税、固定资产投资方向调节税等。

(2)农牧业税和耕地占用税类主要包括农业税(牧业税)、农业特产税、耕地占用税和契税。

(3)企业所得税类包括国有企业所得税、集体企业所得税、私营企业所得税、股份制企业所得税等。

(4)专项收入类主要包括征收排污费收入、征收城市水资源费收入、教育费附加收入等。

(5)其他收入类主要是罚没收入、行政性收费收入等。

国家财政总支出 是国家政权为行使其职能,对筹集的财政资金进行有计划的分配使用的总称。国家财政总支出,体现政府的活动范围和方向,反映财政资金的分配关系。财政总支出主要包括基本建设支出、增拨企业流动资金、企业挖潜改造资金、新产品试制费、地质勘探费、工交商部门事业费、支援农村生产支出和各项农业事业费、文教科学卫生事业费、抚恤和社会救济费、国防费、行政管理费及债务支出。

(1)基本建设支出 是指国家预算内的基本建设拨款,不包括国家预算外自筹的各种基本建设资金。为加强基本建设投资规模的控制,提高这部分财政资金的使用效益,从1985年起,对预算内基本建设拨款实行拨款改贷款的新管理办法,即由原来直接无偿的拨给建设单位,改为拨给建设银行视同信贷基金管理,建设银行根据国家预算安排的基建项目,给予有偿贷款,用投产后新增利润还本付息。从1988年起,为进一步提高投资效益,使投资活动的管理符合发展市场经济的要求,并保证重点建设有稳定的资金来源,国家建立了中央基本建设基金制,实行专款专用,每年在国家预算内列收列支。基本建设基金分为经营性的和非经营性的两部分。各专业投资公司对经营性建设项目执行基本建设基金贷款,各主管部门对非经营性建设项目执行基本建设基金拨款。

(2)企业挖潜改造资金是指国家预算安排用于企业挖潜、革新、改造方面的资金。企业用于挖潜、革新、改造方面的资金，主要来自企业的更新改造资金、大修理基金等自有资金及银行贷款，国家预算安排的挖潜、革新、改造资金主要用于支持重点行业的技术改造。

中央财政和地方财政　财政是国家为了实现其职能，凭借政治权力，对一部分社会产品进行分配和再分配的经济活动。中央财政和地方财政，是指财政体制上划分中央政府和地方政府以及地方各级政府之间财政管理权限的一项分配制度。它是经济管理体制的重要组成部分，在财政管理体制中居于主导地位。它具体规定了各级政府筹集资金、支配使用资金的权力、范围和责任，使各级政府在财政管理上有责有权。这对于正确处理中央和地方之间，以及地方各级之间的分配关系，充分发挥各级政府的积极性，更好地完成国家财政收支任务，促进社会主义建设的发展有着极其重要的意义。中央财政收入和地方财政收入，是指中央和地方各级负责组织征收的收入，不是按财政体制计算的收入分成数。其收入中还包括了国外借款。

在现行分税制财政管理体制下，财政总收入又分为中央级收入和地方级收入。

中央级收入主要包括消费税和增值税的75%部分，以及其他属中央预算固定收入科目的收入，如关税。

地方级财政收入主要是指财政收入中扣除中央级收入后的部分。

十五、科技、教育和文化

SCIENCE AND TECHNOLOGY,
EDUCATION AND CULTURE

15-1 科学技术事业情况

指　　标	1985	1990	1995	1997	1998	1999	2000
科学研究机构　　（个）							
国有独立科研机构	21	28	26	32	32	31	30
民办科技型企业	3	76	139	239	258	288	460
各类专业技术人员　　（人）	**60 726**	**125 300**	**184 010**	**207 657**	**216 220**	**223 796**	**228 441**
#中级职称以上人员	5 992	32 568	55 036	65 534	68 407	71 513	87 954
每万名职工中拥有专业技术人员	778	1 434	1 992	2 213	2 782	2 981	3 217
每万人中拥有专业技术人员	86	155	216	239	247	255	255
科学研究成果　　（项）							
完成科技成果	64	65	130	128	859	216	247
#通过鉴定成果	48	61	55	128	319	120	192
#达到国际水平	1	1	1		14	8	15
填补国内空白	3	12	18	23	45	23	37
达到省内先进水平	8	32	51	46	100	105	76
填补省内空白	10	2	47	12	69	28	17
专利申请受理量	38	143	456	432	456	387	474
技术成交项目	90	399	684	714	639	595	635
技术成交额　　（万元）	124	1 293	6 074	14 429	18 145	20 000	25 651

15-1　续表

指　　标	2001	2002	2003	2004	2005	2006	2007	2008
科学研究机构　　（个）								
国有独立科研机构	30	30	30	25	25	26	22	24
民办科技型企业	472	644	708	816	896	890	986	1 196
各类专业技术人员　　（人）	**226 876**	**214 707**	**210 056**	**232 886**	**217 572**	**265 268**	**265 856**	**248 283**
#中级职称以上人员	84 245	84 712	87 569	96 124	76 264	96 523	100 951	102 022
每万名职工中拥有专业技术人员	3 354	3 476	3 551	4 136	3 880	4 661	4 619	4 255
每万人中拥有专业技术人员	252	237	231	254	235	284	283	262
科学研究成果　　（项）								
完成科技成果	172	199	247	163	156	179	214	218
#通过鉴定成果	172	144	141	163	131	116	128	152
#达到国际水平	11	35	9	10	12	10	18	12
填补国内空白	34	21	12	12	96	13	49	54
达到省内先进水平	80	65	69	89	20	86	52	82
填补省内空白	10	16	1	2	3	7	9	4
专利申请受理量	708	710	1 336	1 355	2 205	3 389	6 174	6 839
技术成交项目	628	1 250	1 136	1 329	1 198	479	507	589
技术成交额　　（万元）	26 400	31 000	34 605	36 108	39 720	17 489	16 300	18 000

15-2　高新技术产业情况

（2007 年）　　单位:万元

	从业人员年平均人数（人）	工业总产值	产品销售收入	出口交货值	利税总额
全市总计	**31 500**	**1 689 428**	**1 660 654**	**132 286**	**129 103**
按行业分组					
航空航天制造业					
计算机及办公设备制造业					
电子及通信设备制造业	27 53	95 651	102 106	6 090	8 869
医药制造业	47 09	168 127	210 467	8 567	23 205
专用科学仪器设备制造业	54 79	277 541	286 363	57 032	28 698
电气机械及设备制造业	51 08	444 162	410 450		25 395
新材料制造业	134 51	703 947	651 268	60 597	42 936

15-3　高新技术产业情况

（2008 年）　　单位:万元

	从业人员年平均人数（人）	工业总产值	产品销售收入	出口交货值	利税总额
全市总计	**40 493**	**2 922 220**	**2 851 123**	**124 753**	**561 982**
按行业分组					
航空航天制造业					
计算机及办公设备制造业					
电子及通信设备制造业	3 443	505 304	507 268	6 733	265 826
医药制造业	6 300	305 084	352 033	11 500	43 743
专用科学仪器设备制造业	5 997	379 066	368 130	523	52 314
电气机械及设备制造业	7 274	591 613	566 511	182	60 037
新材料制造业	17 479	1 108 953	1 057 180	105 816	140 062

15-4 主要年份各类学校数

单位:所

年份	普通高等学校	中等专业学校	技工学校	农职业中学	普通中学	小学
1949		4			16	1 803
1952		8			21	2 641
1957		5			62	3 109
1962	3	7			140	3 773
1965	2	11			142	4 390
1970	2	2			179	5 183
1975	2	9			228	5 113
1978	2	14	9		234	4 260
1979	2	14	9		236	4 115
1980	2	13	10		274	3 446
1981	3	13	10		395	4 316
1982	3	14	10		478	3 964
1983	4	14	10		494	3 822
1984	5	15	11	18	512	3 674
1985	5	17	11	36	551	3 618
1986	5	16	11	28	612	3 490
1987	5	17	11	29	643	3 413
1988	5	17	11	31	648	3 472
1989	4	17	12	41	654	3 441
1990	4	16	12	43	640	3 409
1991	4	15	11	45	639	3 408
1992	4	15	14	55	621	3 391
1993	4	15	14	49	610	3 390
1994	4	16	14	51	581	3 347
1995	4	16	14	52	553	3 338
1996	4	16	14	50	546	3 305
1997	4	16	14	52	525	3 288
1998	4	16	13	48	523	3 250
1999	5	14	14	47	513	3 147
2000	5	13	13	42	492	2 902
2001	5	12	10	41	498	2 710
2002	6	11	10	35	476	2 333
2003	6	11	11	31	371	945
2004	7	11	11	28	366	908
2005	7	11	11	21	367	902
2006	7	12	8	25	369	907
2007	7	12	8	26	367	917
2008	7	12	8	25	357	899

注:2006 年及以后农职业中学即职业高中口径(下同)。

15-5 主要年份各类学校在校学生数

单位：人

年 份	普通高等学校	中等专业学校	技工学校	农职业中学	普通中学	小学（万人）
1949		737			6 679	14.31
1952		1 645			13 117	27.25
1957		2 312			37 302	40.85
1962	2 797	2 402			59 064	44.14
1965	1 027	1 913			59 971	67.94
1970					175 039	61.87
1975	1 455	2 903			224 829	103.54
1978	2 080	2 869	1 826		459 841	95.62
1979	2 704	5 063	2 070		408 046	98.81
1980	2 585	6 382	3 510		362 789	96.94
1981	5 634	4 573	2 919		298 335	95.27
1982	4 260	4 810	2 859		289 862	91.28
1983	6 109	5 606	2 580		290 956	91.98
1984	7 173	6 884	2 716	6 913	292 253	90.41
1985	9 955	8 708	2 915	10 369	311 015	88.01
1986	10 486	8 880	3 659	13 577	328 873	85.69
1987	11 410	9 711	3 454	14 355	327 280	83.44
1988	11 886	10 339	3 609	11 882	314 401	81.65
1989	11 783	11 101	4 151	12 344	317 647	81.92
1990	11 586	11 091	4 898	14 440	313 758	84.77
1991	12 507	11 670	5 086	17 497	309 649	89.90
1992	12 962	12 176	5 918	20 398	313 487	93.66
1993	14 238	12 918	7 639	20 098	327 372	97.07
1994	16 354	16 127	10 211	20 401	374 698	103.31
1995	18 590	24 480	10 971	22 459	424 685	110.34
1996	19 720	36 831	11 181	24 848	463 226	118.08
1997	21 162	43 831	11 793	24 969	481 154	127.42
1998	24 763	45 113	11 970	22 549	512 475	130.99
1999	32 236	42 072	10 133	19 832	543 390	129.32
2000	46 091	34 072	10 317	19 334	584 255	126.06
2001	58 730	29 616	11 362	21 425	638 488	119.84
2002	67 863	31 610	14 175	21 222	718 597	109.43
2003	71 811	33 368	18 500	21 821	802 270	96.28
2004	86 858	40 989	23 117	27 028	831 882	83.06
2005	92 666	51 166	23 000	40 492	815 113	72.24
2006	104 140	59 648	26 900	65 365	777 895	64.62
2007	113 774	59 787	26 086	72 768	733 413	58.75
2008	120 094	62 043	27 421	56 712	670 459	53.72

15-6　各类学校专任教师数

单位：人

年　份	普通高等学　校	中等专业学　校	技　工学　校	农职业中学	普　通中　学	小　学
1978	423		83			
1979	444		184		16 932	37 511
1980	451		336			
1981	1 178	591	364		15 910	38 804
1982	1 441	686	398		15 341	38 004
1983	1 512	813	419		14 643	32 669
1984	1 740	843	444	270	14 568	32 295
1985	1 803	984	444	528	15 785	31 831
1986	2 073	1 053	476	661	16 859	33 445
1987	2 210	1 173	441	759	17 162	32 519
1988	2 135	1 142	596	862	17 668	32 948
1989	2 170	1 114	659	890	18 380	33 787
1990	2 086	1 087	642	1 047	19 097	34 520
1991	2 065	1 112	661	1 144	19 371	35 723
1992	2 020	1 110	725	1 377	19 502	36 367
1993	2 037	1 083	677	1 348	19 741	36 499
1994	2 028	1 074	848	1 440	20 416	37 915
1995	2 160	1 102	845	1 575	21 642	38 649
1996	2 045	1 165	843	1 688	22 987	39 911
1997	2 117	1 204	762	1 983	24 222	40 670
1998	2 244	1 270	951	2 053	24 944	42 305
1999	2 681	1 242	820	1 965	26 165	44 577
2000	2 883	1 236	801	1 816	27 658	45 798
2001	3 198	1 357	807	1 586	29 200	46 575
2002	3 635	1 133	587	1 461	32 131	44 837
2003	4 061	1 041	680	1 575	34 232	41 806
2004	4 686	1 114	789	1 431	35 744	39 864
2005	5 298	1 251	785	1 718	37 644	39 156
2006	5 586	1 456	711	2 185	38 821	38 719
2007	6 203	1 693	966	2 375	39 686	38 350
2008	6 433	1 766	957	2 556	39 514	36 999

15-7 每一专任教师平均负担在校学生数

单位：人

年份	普通高等学校	中等专业学校	技工学校	农职业中学	普通中学	小学
1978	4.9		22.0			
1979	6.1		11.3			
1980	5.7		10.4		21.4	25.8
1981	4.8	7.7	8.0		18.8	24.6
1982	3.0	7.0	7.2		18.9	24.0
1983	4.0	6.9	6.2		19.9	28.2
1984	4.1	8.2	6.1	25.6	20.1	28.0
1985	5.5	8.8	6.6	19.6	19.7	27.6
1986	5.1	8.4	7.7	20.5	19.5	25.6
1987	5.2	8.3	7.8	18.9	19.1	25.7
1988	5.6	9.1	16.1	13.8	17.8	24.8
1989	5.4	10.0	6.3	13.9	17.3	24.2
1990	5.6	10.2	7.6	13.8	16.4	24.6
1991	6.1	10.5	7.7	15.3	16.0	25.2
1992	6.4	11.0	8.2	14.8	16.1	25.8
1993	7.0	11.9	11.3	15.0	16.6	26.6
1994	8.1	15.0	12.0	14.2	18.4	27.2
1995	8.6	22.2	13.0	14.3	19.6	28.5
1996	9.6	31.6	13.3	14.7	20.2	29.6
1997	10.0	36.4	15.5	12.6	19.9	31.3
1998	11.0	35.5	12.6	11.0	20.5	31.0
1999	12.1	33.9	12.4	10.1	20.8	29.0
2000	16.0	27.6	12.9	10.6	21.1	27.5
2001	18.4	21.8	14.1	13.5	21.9	25.7
2002	18.7	27.9	24.1	14.5	22.4	24.4
2003	17.7	32.1	27.2	13.9	23.4	23.0
2004	18.5	36.8	29.3	18.9	23.3	20.8
2005	17.5	40.9	29.3	23.6	21.7	18.4
2006	18.6	41.0	37.8	26.6	20.0	16.7
2007	18.3	35.3	27.0	30.6	18.5	15.3
2008	18.7	35.1	28.7	22.2	17.0	14.5

15–8 各级各类教育事业

（2008 年） 单位:人

指标	学校数（所）	毕业生数	招生数	在校学生数	教职工数	#专任教师
普通高等学校	7	26 294	34 694	120 094	10 353	6 433
全日制研究生		1 563	2 467	6 933		
普通本专科生		24 731	32 227	113 161		
中等专业学校	12	11 900	16 684	62 043	2 504	1 766
中等职业学校	5	8 724	12 847	45 101	1 464	1 007
中等技术学校	4	1 921	2 080	6 212	544	399
中等师范学校	3	1 255	1 757	10 730	496	360
#幼儿师范	1	656	792	4 331	143	105
普通中学	357	255 510	199 603	670 459	47 162	39 514
高中	97	180 530	130 569	445 170		26 479
初中	260	74 980	69 034	225 289		13 035
职业高中	25	21 663	17 843	56 712	3 203	2 556
技工学校	8	7 000	10 747	27 421	1 540	957
小学	899	130 019	82 816	537 187	39 319	36 999
特殊教育学校	14	2 198	1 995	9 967	513	386
幼儿园	525	79 913	129 898	236 371	10 039	7 454
成人高等学校	1	812	2 122	4 653	108	26
成人中等专业学校	16	3 180	4 455	11 822	988	567
#教师进修学校	6				334	168
成人中学	2	81		92	8	4
成人技术培训学校	2 023	287 447		261 246	6 085	4 532

注:徐州市广播电视大学为省电大分校,未统计在徐州普通高等学校各项指标之内。

15-9 普通高等学校和中等专业学校基本情况

（2008 年） 单位:人

指标	毕业生数	招生数	在校学生数	教职工数	# 专任教师
普通高等学校					
中国矿业大学	6 551	8 290	30 778	3 089	1 566
中国矿业大学徐海学院	1 060	1 210	6 247	399	273
徐州师范大学	3 738	5 109	18 071	2 298	1 342
徐州师范大学科文学院	1 266	1 650	7 103	484	389
徐州医学院	1 253	2 208	8 135	1 041	537
徐州医学院华方学院	390	438	2 779		
徐州工程学院	3 954	5 031	17 478	1 401	1 100
徐州建筑职业技术学院	3 415	4 355	12 228	647	488
徐州工业职业技术学院	2 505	4 731	11 928	672	508
九州职业技术学院	2 162	1 672	5 347	322	230
徐州市广播电视大学(省分校)	686	27	120	718	469
中等专业学校					
徐州生物工程高等职业学校	1 512	3 108	10 063	303	229
徐州机电工程高等职业学校	3 878	4 145	11 862	506	278
徐州医药高等职业学校	1 343	1 390	7 323	223	163
徐州财经高等职业技术学校	1 171	2 040	7 747	212	164
徐州经贸高等职业学校	820	2 164	8 106	220	173
徐州电力工业学校	644	806	2 026	143	93
徐州市职业教育中心	1 028	1 107	3 528	266	224
徐州体育运动学校	156	100	320	55	25
徐州文化艺术学校	93	67	338	80	57
运河高等师范学校	463	318	2 528	182	114
徐州高等师范学校	136	647	3 871	171	141
徐州幼儿高等师范学校	656	792	4 331	143	105

15-10 成人高等学校和成人中等专业学校基本情况

（2008 年）

单位：人

指　　标	毕业生数	招生数	在校学生数	教职工数	#专任教师
成人高等学校					
徐州市委党校	812	2 122	4 653	108	26
中国矿业大学成人教育学院	2 063	1 752	12 400		
徐州师范大学成人教育学院	2 423	2 887	9 167		
徐州医学院成教处	276	713	4 184		
徐州工程学院成教处	235	504	6 102		
徐州建筑职业技术学院成教处	170	729	1 856		
成人中等专业学校					
徐州市机械工业学校	674	608	608	61	43
徐州能源工业学校	626	834	2 892	116	73
徐州机电工程学校	545	1 417	3 227	143	89
徐州交通学校	224	259	1 351	50	34
徐州市电子技术学校	382	365	1 201	47	26
徐州市商业职工中专学校	154	310	525	22	13
新沂卫生职工中专学校	55		111	52	23
徐州市工会职工中等专业学校				39	25
徐州市农业干部中专学校	364	86	674	87	55
徐州建筑职工中专学校	156	576	1 233	37	18
丰县教师进修学校				67	35
沛县教师进修学校				51	24
铜山县教师进修学校				59	42
睢宁县教师进修学校				47	16
新沂市教师进修学校				54	30
邳州市教师进修学校				56	21

15-11 各阶段教育入学、毕业、升学情况

（2008 年） 单位:%

地 区	入 学 率		毕 业 率		升 学 率	
	小学阶段入学率	初中阶段入学率	小学毕业班毕业率	初中毕业班毕业率	小学毕业生升学率	初中毕业生升学率
全 市	99.97	99.94	99.99	100.00	100.00	95.11
市 区	99.98	99.99	100.00	100.00	100.00	99.17
丰 县	99.98	99.93	100.00	100.00	100.00	95.02
沛 县	99.98	99.98	100.00	100.00	100.00	95.17
铜山县	100.00	100.00	99.93	100.00	100.00	95.29
睢宁县	99.99	99.98	100.00	100.00	100.00	94.27
新沂市	99.82	99.65	100.00	100.00	94.14	94.33
邳州市	100.00	99.99	100.00	100.00	100.00	94.01

15-12 文化事业情况

单位:个

年 份	公办文化馆站	公共图书馆	公共图书馆藏书（千册）	博物馆	新华书店	电影放映单位	#电影院影剧院	电影观众人数（万人次）
1982	105	7		1	9	640	57	20 436
1983	105	7		2	7	690		22 886
1984	112	7	1 022	2	7	877	62	25 755
1985	112	7	1 085	4	7	919	58	20 157
1986	101	7	1 036	4	7	903	56	21 078
1987	101	7	1 079	5	7	892	55	22 545
1988	101	7	1 097	6	7	777	54	
1989	101	7	1 128	8	7	781	54	17 437
1990	101	7	1 182	8	10	767	62	17 802
1991	118	7	1 240	9	7	641	75	16 496
1992	113	7	1 375	9	7	579	80	10 317
1993	113	7	1 398	9	14	567	77	2 251
1994	125	7	1 432	9	14	553	70	382
1995	113	7	1 464	10	7	408	76	1 092
1996	113	7	1 476	10	7	433	94	1 243
1997	113	7	1 473	10	7	445	126	1 296
1998	113	7	1 509	10	7	324	132	1 676
1999	113	7	1 520	10	7	327	132	832
2000	85	7	1 565	10	7	310	103	608
2001	86	7	1 587	10	7	196	95	438
2002	86	7	1 639	10	7	196	94	366
2003	114	7	1 501	10	7	192	90	324
2004	127	7	1 533	11	7	96	96	382
2005	127	7	1 533	11	7	57	57	425
2006	125	7	1 518	13	7	21	8	50
2007	125	7	1 542	11	7	24	9	34
2008	126	7	1 626	14	7	22	6	30

注:2006 年及以后电影相关指标统计口径为影片宽度在 35 毫米以上的电影放映单位。

15-13 广播、电视事业情况

指　　标		1990	1995	2000	2004	2005	2006	2007	2008
广播电视台	**（座）**	**1**	**8**	**1**	**1**	**7**	**7**	**8**	**8**
广播事业									
发射台及转播台（中波）	（座）	1	2	2	2	2	2	2	2
发射机功率（中波）	（部 / 千瓦）	3/21	4/22	4/31	3/31	2/31	2/31	2/32	5/65
节目	（套）	2	10	9	7	9	10	13	11
平均每日播音时间	（小时）	18	92	97	120	139	137	168	193
广播人口覆盖率	（%）	93.0	88.3	100.0	100.0	100.0	100.0	100.0	100.0
制作节目时间	（小时）	1 323	8 235	20 754	31 392	32 913	32 613	46 595	49 149
# 新闻节目		193	1 249	1 317	10 661	4 125	4 125	11 333	6 914
文艺节目		379	3 869	9 595	2 939	5 427	8 119		8 836
教育节目		183	26	96	3 072				
电视事业									
发射台及转播台	（座）	6	1	8	7		8	8	10
发射机功率（全部）	（部 / 千瓦）	20/19.55	28/50.20	30/53.25	26/52.55		8/53.25	30/54.45	33/53.95
节目	（套）	1	8	8	7	10	11	12	11
平均每周播出时间	（小时）	83	444	572	1 125	1 019	905	167	1 313
电视人口覆盖率	（%）	77.0	99.3	98.7	100.0	100.0	100.0	100.0	100.0
制作节目时间	（小时）	307	3 509	3 694	6 261	13 696	12 993	13 927	11 328
# 新闻节目		75	387	555	1 292	2 827	1 995	1 670	2 603
文艺节目		62	485	518	536	2 242	1 485		1 227
教育节目			13	9	32				
有线电视用户	（万户）		12.66	25.52	55.98	80.70	102.70	123.48	167.17
有线电视入户率	（%）							52.2	53.2
县级广播电视台	（座）			6	6	6	6	7	7
数字电视用户	（万户）							1.62	1.75

注：1998 年及以后广播电台、电视台数根据省广播电视厅要求只统计地市级，县级电台、电视台合并统计为广播电视台。

主要统计指标解释

独立研究与开发机构 指有明确的任务和研究方向,有一定学术水平的业务骨干和一定数量的研究人员,具有研究、开发、开展学术工作的基本条件,主要进行科学研究与技术开发活动,并且在行政上有独立的组织形式,财务上独立核算盈亏,有权与其他单位签订合同,在银行有单独户头的单位。包括国务院各部门、中国科学院、中国社会科学院和各省、自治区、直辖市以及地(市)以上[含地(市)]各部门所属的国有独立的科学研究与技术开发机构。

独立研究与开发机构职工 指在科学研究与技术开发机构工作,并由其支付工资的各种人员。包括长期职工和临时职工,不包括编制以外的离休、退休人员和停薪留职人员,但包括招聘人员。

研究与发展经费支出 指报告期内用于研究与试验发展课题活动(基础研究、应用研究、试验发展)的全部实支出。包括用于研究与发展课题活动的直接支出,还包括间接用于研究与发展活动的一切支出(院、所管理费及维持院、所正常运转的必需费用和与研究发展有关的基本建设支出)。

其他科技人员 指大专、中专毕业和具有初级职称的从事科技活动人员。

自然科学技术人员 指已取得科学技术职称,或大学、中专的理、工、农、医科系毕业,以及国民经济各部门从工作实践中提拔,从事理、工、农、医等自然科学技术的研究、教学、生产的专业人员和在机关、企业、事业中从事科学技术业务管理工作的专业人员。

工程技术人员 指在国民经济各行业从事工程技术工作的自然科学技术专业人员,包括:高级工程师、工程师、助理工程师、技术员和未评定职称的技术人员。

农业技术人员 指在国民经济各行业从事农业技术工作的自然科学技术专业人员,包括:高级农艺师、农艺师、助理农艺师、技术员和未评定职称的技术人员。

科学研究人员 指在国民经济各行业从事科学技术活动的自然科学技术专业人员,包括:正副研究员、助理研究员、研究实习员、技术员和未评定职称的技术人员。

教学人员 指在国民经济各行业从事自然科学技术方面教学活动的专业人员,包括:正副教授、讲师、助教、教师和在中学从事自然科学技术方面教学活动的人员。

发明 专利法及其实施细则所称的发明是指对有关产品、方法或其改进所提出的新的技术方案。

普通高等学校 指按照国家规定的设置标准和审批程序批准举办,通过国家统一招生考试,招收高中毕业生为主要培养对象,实施高等教育的全日制大学、独立设置的学院和高等专科学校、短期职业大学。

成人高等学校 指按照国家有关规定审批,招收通过全国成人高教统一招生考试的具有高中毕业或同等学历的在职从业人员利用脱产、半脱产、业余或函授等多种形式对其实施高等学历教育,培养高等教育专科或本科毕业水平的专门人才,修业年限、课程设置和总学时数均按高等学历教育要求付诸实施的学校。包括广播电视大学、职工高等学校、农民高等学校、管理干部学院、教育学院、独立设置的函授学院等。

小学学龄儿童入学率 指调查范围内已入小学学习的学龄儿童占校内外学龄儿童总数(包括弱智儿童在内,但不包括盲聋哑儿童)的比重,计算公式:

$$\text{小学学龄儿童入学率}(\%)=\frac{\text{已入学的小学学龄儿童}}{\text{校内外小学学龄儿童总数}}\times 100\%$$

招生数 指新学年开学时,一年级实际招收入学的新生数。不包括留级生和复学生数。

在校学生数 指学年初具有学籍的在校学生总数。

专任教师数 指主要从事教育工作的人员数。包括临时(一年以内)调去帮助做其他工作的教学人员。高等学校函授部、夜大学的专任教师和承担科研任务、未担任教学工作仍属教师编制的人员,也计入专任教师中。专任教师不包括调离教学岗位,担任行政领导工作或其他工作的原教学人员。

文化事业机构 指从事专业文化工作和为专业文化工作服务的独立建制的单独核算的单位。不包括这些单位另外举办独立核算的其他机构和各部门的业余文化组织。

艺术表演团体 指从事戏曲、音乐、舞蹈、杂费等专业艺术表演,有独立帐户,实行单独核算的团体。不包括半工半艺、半农半艺的业余剧团。

电影放映单位 指具有放映机器设备、固定或不固定的放映场所与专职或兼职的放映技术人员,经有关部门登记批准,经常为一定的观众对象放映电影的机构。包括经批准对外开放进行营业,并与电影发行放映管理机构分帐的专用放映单位和军委系统租片单位。

电影观众人数(人次) 指各类型放映单位及军委系统租片单位映出的观众人次数。一个观众连续看了一部长片或短片专场规定的短片,为二人次。

艺术表演观众人数(人次) 指售票、包场演出或民族地区免费演出的艺术表演观众人次数。不包括彩排审查和内部观摩演出的观看人次数。

公共图书馆 文化部门举办的面向社会服务的独立的图书馆。不包括文化馆的图书室。

电视人口覆盖率 指电视覆盖人口与总人口的比率。电视覆盖人口是指能够用普通电视接收机、室外天线在离地面四米高处，在晚上收看电视，并且收视效果能达到图像基本稳定、清晰，能看清人物的形象、动作的地区内的人口数。计算公式为：

$$\text{电视人口覆盖率}(\%)=\frac{\text{年末电视覆盖人口数}}{\text{年末总人口数}}\times 100\%$$

广播人口覆盖率　指广播覆盖人口与总人口的比率。广播覆盖(或中波覆盖)人口是指能够用普通收音机在中午收听中波广播节目，并且收听效果能达到听清完整的节目内容的地区的人口数，包括只能收听外省中波广播的人口数在内。计算公式为：

$$\text{广播人口覆盖率}(\%)=\frac{\text{年末广播覆盖人口数}}{\text{年末总人口数}}\times 100\%$$

十六、体育、卫生、民政、司法及其他

SPORTS,PUBLIC HEALTH,CIVIL ADMINISTRATION,
JUDICATURE AND OTHERS

16-1　体育事业基本情况

项　　目		1990	1995	2000	2003	2004	2005	2006	2007	2008
体育设施	**（所）**									
体育场		1	1	7	7	16	2	2	18	7
体育馆		1	1			4	1	1	5	4
游泳馆			1	3	2	2	2	2	2	3
体育教育	**（所）**									
体育运动学校		1	1	1	1	1	1	1	1	1
普通业余体校		6	6	12	12	12	14	6	1	6
在校学生数	（人）	350	680	1 506		2 462	2 603	728	670	3 835
体育系统职工人数	**（人）**	**289**	**295**	**411**	**382**	**260**				
运动员				1 556	2 816	2 473	2 612	1 123		
专职教练员		82	79	130	47	72	206	81	78	154
专职文化教师		31	42	46	130	67	204	23	26	184
科技人员		2	2	6	2	2	8	5	4	4
医务人员		4	4	2	2	3	8	5	4	3
管理人员		83	79	141	130	210	264	126	62	335
其他		87	89	86	69	63	216		158	164
等级运动员	**（人）**	**135**	**200**	**1 120**						
# 一级		5	50	65	20	18			23	
二级		130	150	320	162	378	329	262	303	225
等级裁判员	**（人）**	**44**	**72**	**1 106**						
# 一级		6	17	162	43	39			31	
二级		38	25	295	156	152	190	150	125	161
三级			30	638						
各级体委举办运动会情况										
运动会次数	（次）	65	85	110	206	1				2
参加运动会的运动员人数	（万人）	0.6	1.0	12.0	20.2	1.2				1.6
破世界纪录										
项数	（项）				2					
人数	（人）				1					
次数	（次）				2					
破省纪录										
项数	（项）	5	6			7				
人数	（人）	4	5			5				
次数	（次）	6	8			12				
获国内外奖章（牌）	**（枚）**									
金质奖章（牌）		5	7		129	1	11	7	115.5	127.5
银质奖章（牌）		2	5		116				140	97
铜质奖章（牌）		6	4		105	1			165	120

注：一、二级运动员 2001 年以后为当年新晋升数；2007、2008 年奖章数为省级以上比赛奖牌数（含国际性比赛）。

16-2 卫生机构数

单位:个

年 份	总 计	医 院 卫生院	#医 院	疗养院、所	门诊部、所
1978	652				
1979	683				
1980	858				
1981	952				
1982	969	231	35	1	678
1983	1 004	232	42	1	712
1984	1 027	233	43	1	734
1985	1 053	237	48	1	753
1986	1 030	236	47	1	731
1987	1 024	234	47	1	727
1988	1 023	228	47	1	732
1989	1 042	229	47	1	751
1990	1 058	228	46	1	767
1991	1 088	228	46	1	798
1992	1 049	228	46	1	759
1993	1 051	228	46	1	761
1994	1 051	231	46	1	758
1995	1 052	231	46	1	758
1996	1 052	231	45	1	757
1997	1 053	232	42	1	757
1998	1 261	233	43	1	966
1999	954	275	43	1	456
2000	993	274	42	1	473
2001	1 071	211	43	1	449
2002	1 047	226	113		778
2003	1 120	229	116	1	847
2004	1 344	232	119	1	926
2005	1 384	230	119	1	1 105
2006	1 327	227	116	1	917
2007	1 483	238	117	1	921
2008	1 116	251	108	1	732

注:1998 年以后门诊部所中包括个体开业;2001 年以前医院为县及县以上医院数;2008 年村卫生室不再作为卫生机构统计。

16-2 续表 单位:个

年 份	专科防治所、站	卫生防疫站	妇幼保健院、所、站	药品检验所、站	医学研究机构	其他卫生机构
1978						
1979						
1980						
1981						
1982		14				
1983	4	15	10	7	2	17
1984	4	15	10	7	2	17
1985	9	15	12	7	2	13
1986	10	15	12	7	2	12
1987	10	14	12	7	2	13
1988	10	14	12	7	2	13
1989	9	14	12	7	2	13
1990	10	14	12	7	2	13
1991	10	15	12	7	2	12
1992	10	14	12	7	2	13
1993	9	14	13	7	2	7
1994	8	14	14	7	2	7
1995	8	14	14	7	2	8
1996	9	14	13	7	3	8
1997	9	14	13	7	3	8
1998	8	14	13	7	3	8
1999	8	14	14	7	3	9
2000	8	14	14	7	3	9
2001	8	14	14		3	9
2002	8	14	13		3	5
2003	6	14	14		3	6
2004		14	14		3	154
2005		14	14		3	17
2006		14	14		3	151
2007		14	13		3	293
2008		14	13		3	102

16-3 卫生机构人员数

单位:人

年 份	总 计	卫生技术人员	#医 生				#护师护士	每千人口医生数
				中 医	中医师	西医士		
1978		15 690	4 857					0.9
1979		16 477	4 982					0.8
1980		17 095	5 765					0.8
1981	22 581	17 696	6 542		3 117		2 888	1.0
1982	23 956	18 539	7 203	574	3 310		3 496	1.1
1983	25 237	19 267	7 635	1 079	3 639	2 917	4 298	1.1
1984	25 885	19 694	7 671	1 085	3 668	2 918	4 366	1.1
1985	27 354	20 602	7 881	1 080	3 679	3 122	4 603	1.1
1986	28 234	21 295	8 097	1 094	3 747	3 256	4 799	1.1
1987	28 710	21 337	8 023	1 017	3 677	3 329	4 917	1.1
1988	29 477	22 381	8 804	1 176	5 174	2 454	5 438	1.2
1989	30 960	23 615	9 598	1 158	6 715	1 725	6 430	1.3
1990	32 029	24 427	9 888	1 169	6 965	1 754	6 914	1.2
1991	33 771	25 818	10 298	1 108	7 205	1 985	7 289	1.3
1992	35 051	26 825	10 216	1 062	7 101	2 053	7 351	1.2
1993	36 383	27 895	10 488	1 101	7 211	2 176	7 617	1.3
1994	37 741	28 928	10 891	1 074	7 474	2 343	7 881	1.3
1995	38 533	29 380	11 204	1 082	7 605	2 517	8 167	1.3
1996	39 027	29 771	11 525	1 046	7 762	2 717	8 277	1.3
1997	40 472	31 125	12 025	1 044	7 998	2 938	8 424	1.4
1998	40 454	31 188	11 756	986	7 897	2 810	8 350	1.3
1999	39 411	30 394	11 349	933	7 843	2 515	8 421	1.3
2000	39 366	30 481	11 622	925	8 077	2 529	8 720	1.3
2001	39 099	30 275	11 635	963	8 041	2 536	8 863	1.3
2002	36 997	29 282	11 396					1.3
2003	35 369	28 030	10 692		725		8 421	1.2
2004	36 163	28 297	10 480		705		8 479	1.1
2005	35 809	28 284	10 494	721	597	124	8 574	1.1
2006	36 174	28 922	10 532	723	604		8 677	1.2
2007	38 048	29 668	11 137				9 329	1.2
2008	38 746	30 396	11 557				9 985	1.2

16-4 卫生机构床位数

单位：张

年份	总计	医院卫生院	#医院	疗养院	门诊部、所	其他卫生机构	每千人口医院病床位数
1978	11 325						
1979	11 971						
1980	12 299						
1981	13 392						
1982	13 644						
1983	14 067	12 167	7 185	200	1 550	150	1.8
1984	15 046	13 133	8 109	200	1 473	240	1.9
1985	15 432	13 269	8 608	200	1 762	200	1.9
1986	15 771	13 653	8 925	200	1 718	200	1.9
1987	16 147	13 845	9 107	200	1 802	300	1.9
1988	16 809	14 390	9 549	200	1 919	300	1.9
1989	17 004	14 483	9 609	200	1 921	400	1.9
1990	17 303	14 660	9 630	200	2 043	400	1.8
1991	17 557	15 059	10 186	200	1 898	400	1.8
1992	18 100	15 490	10 459	200	1 987	400	1.9
1993	18 747	15 813	10 668	200	2 310	400	1.9
1994	18 650	15 686	10 791	200	2 310	400	1.9
1995	18 596	15 647	10 783	200	2 310	400	1.8
1996	18 733	15 814	10 883	200	2 310	370	1.8
1997	18 700	15 751	10 713	200	2 310	400	1.8
1998	18 637	15 703	10 645	200	2 310	400	1.8
1999	17 992	17 368	10 621	200		400	2.0
2000	17 736	17 091	10 562	200		400	1.9
2001	17 505	16 964	10 417	200		317	1.9
2002	18 210	18 210	13 944				2.0
2003	18 487	17 961	13 650	200		326	2.0
2004	18 792	18 252	13 905	200		340	2.1
2005	19 888	19 287	14 647	200	5	104	2.2
2006	20 264	19 749	14 975	40		475	2.2
2007	21 488	20 238	15 737	40		1 210	2.3
2008	24 430	23 248	17 614	40		1 142	2.6

16-5 卫生机构、床位、人员数

（2008年）

机 构 类 别	机构数（个）	床位数（张）	人员数（人）	#卫生技术人员数	执业医师数	执业助理医师数
总　　计	**1 116**	**24 430**	**38 746**	**30 396**	**11 557**	**1 980**
医院合计	108	17 614	20 373	16 084	5 927	391
综合医院	72	13 495	15 913	12 634	4 551	243
中医医院	8	1 771	2 232	1 823	767	52
中西医结合医院	1	20	50	45	20	4
专科医院	27	2 328	2 178	1 582	589	92
#口腔医院	4	35	240	163	105	16
耳鼻喉科医院	1	50	51	33	17	2
肿瘤医院	1		16	13	6	1
儿童医院	1	414	399	303	103	1
精神病医院	3	770	427	284	96	6
传染病医院	3	398	412	294	82	39
皮肤病医院	1	10	31	23	11	3
职业病医院	2	210	107	91	39	
康复医院	5	146	168	118	42	10
美容医院	1	15	32	17	4	
其他专科医院	3	230	260	215	73	10
疗养院	1	40	50	18	4	
乡（镇）卫生院	143	5 634	12 654	9 706	3 455	1 286
#中心卫生院	29	1 620	3 638	3 065	1 022	308
门诊部、所	732		1 748	1 615	828	105
#私营门诊部、所	9		109	84	41	5
急救中心（站）	2		75	31	21	2
采供血机构	1		79	47	6	1
妇幼保健院（所、站）	13	429	811	634	288	17
妇幼保健院	1	378	515	386	134	
妇幼保健所	12	51	296	248	154	17
疾病预防控制中心（防疫站）	14		717	533	295	58
卫生监督所	13		382	294		
医学科学研究机构	3		11	77	44	1

16-5 续表

机构类别	注册护士	药剂人员	技师	其他	其他技术人员	管理人员	工勤人员
总计	**9 985**	**2 056**	**1 786**	**5 012**	**1 537**	**2 853**	**3 960**
医院合计	6 704	1 128	938	1 387	401	1 714	2 174
综合医院	5 533	807	750	993	239	1 359	1 681
中医医院	554	208	85	209	72	138	199
中西医结合医院	18	4	3			5	
专科医院	599	109	100	185	90	212	294
#口腔医院	43	5	2	8	9	28	40
耳鼻喉科医院	8	2	4	2	6	8	4
肿瘤医院	4	2	1			3	
儿童医院	131	22	19	28	22	21	53
精神病医院	137	20	12	19	16	43	84
传染病医院	106	32	26	48	2	50	66
皮肤病医院	8	2	2		3	3	2
职业病医院	31	7	13	1	7	8	1
康复医院	41	8	5	22	3	26	21
美容医院	8		1	4	9	4	2
其他专科医院	71	7	12	52	13	16	16
疗养院	11	1	1	1		10	22
乡(镇)卫生院	2 096	682	545	2 928	877	749	1 322
#中心卫生院	692	209	161	981	130	204	239
门诊部、所	409	59	29	191	7	14	112
#私营门诊部、所	22	10	4	7	6	13	6
急救中心(站)	8		1	1	15	12	17
采供血机构	21	1	19		23		9
妇幼保健院(所、站)	245	29	39	33	17	100	60
妇幼保健院	183	22	26	21	4	78	47
妇幼保健所	62	7	13	12	13	22	13
疾病预防控制中心(防疫站)	23	17	107	91	55	63	66
卫生监督所				294	42	32	14
医学科学研究机构	13	2	14	4	11	18	8

16-6　市区卫生机构、床位、人员数

指　　标	2008	指　　标	2008
卫生机构数　　（个）	**590**	#疗养院、所	40
医院	67	乡(镇)卫生院	
#疗养院、所	1	**卫生机构人员　　（人）**	**15 056**
乡(镇)卫生院		卫生技术人员	11 775
门诊部、所	13	执业医师	4 373
专科防治所、站		执业助理医师	297
疾病预防控制中心	7	注册护士	4 693
妇幼保健院	6	药剂人员	771
卫生监督所	6	技师	734
医学科学研究机构	3	其他卫生技术人员	907
急救站和采供血机构	2	其他技术人员	442
病床数　　（张）	**12 333**	管理人员	1 471
医院	11 202	工勤人员	1 368

16-7　医院诊疗基本情况

（2008 年）

指　　标	县及县以上医院合计	非营利性	营利性	乡(镇)卫生院合计
诊疗人次　　（万人次）	834.36	834.36		884.66
#门、急诊	795.28	795.28		851.80
入院人数　　（人）	366 636	366 636		189 272
每百门急诊的入院人数　　（人）	4.6	4.6		2.2
治愈率　　（%）	53.86	53.86		77.92
好转率　　（%）	41.48	41.48		21.16
病床周转次数　　（次）	31.1	31.1		52.7
病床工作日　　（日）	373.0	373.0		231.9
病床使用率　　（%）	102.18	102.18		63.54
出院者平均住院日　　（日）	11.3	11.3		3.9

16-8 城市(市区)前十位疾病死亡原因和构成

(2007年)

顺位	合计		男性		女性	
	死因	占死亡总数(%)	死因	占死亡总数(%)	死因	占死亡总数(%)
	十种死因合计	**85.46**	**十种死因合计**	**86.66**	**十种死因合计**	**84.18**
1	恶性肿瘤	27.76	恶性肿瘤	29.69	恶性肿瘤	24.94
2	脑血管病	17.33	脑血管病	16.22	脑血管病	19.52
3	心脏病	16.71	心脏病	15.83	心脏病	17.43
4	损伤和中毒外部原因	8.48	损伤和中毒外部原因	9.53	损伤和中毒外部原因	7.92
5	呼吸系统疾病	8.30	呼吸系统疾病	8.56	呼吸系统疾病	6.95
6	消化系统疾病	2.66	消化系统疾病	2.90	内分泌、营养和代谢的其他疾病	2.41
7	内分泌、营养和代谢的其他疾病	1.92	内分泌、营养和代谢的其他疾病	1.59	起源于围生期的某些情况	2.32
8	起源于围生期的某些情况	1.03	起源于围生期的某些情况	1.16	消化系统疾病	1.25
9	泌尿生殖系统疾病	1.03	泌尿生殖系统疾病	1.07	泌尿生殖系统疾病	1.00
10	先天畸形变性和染色体异常	0.24	先天畸形变性和染色体异常	0.11	先天畸形变性和染色体异常	0.44

16-9 城市(市区)前十位疾病死亡原因和构成

(2008年)

顺位	合计		男性		女性	
	死因	占死亡总数(%)	死因	占死亡总数(%)	死因	占死亡总数(%)
	十种死因合计	**87.14**	**十种死因合计**	**89.56**	**十种死因合计**	**85.86**
1	恶性肿瘤	26.37	恶性肿瘤	28.52	恶性肿瘤	23.28
2	心脏病	20.50	心脏病	19.22	心脏病	22.32
3	脑血管病	17.23	脑血管病	16.70	脑血管病	18.00
4	呼吸系统疾病	7.95	呼吸系统疾病	8.58	呼吸系统疾病	7.05
5	损伤和中毒外部原因	6.93	损伤和中毒外部原因	7.67	损伤和中毒外部原因	5.88
6	内分泌、营养和代谢的其他疾病	3.09	消化系统疾病	2.82	内分泌、营养和代谢的其他疾病	3.90
7	消化系统疾病	2.65	内分泌、营养和代谢的其他疾病	2.52	消化系统疾病	2.41
8	泌尿生殖系统疾病	1.28	传染病和寄生虫病	1.48	泌尿生殖系统疾病	1.31
9	传染病和寄生虫病	1.28	泌尿生殖系统疾病	1.26	传染病和寄生虫病	0.99
10	神经系统疾病	0.76	神经系统疾病	0.79	神经系统疾病	0.71

16-10 民政事业发展情况

指标		2000	2001	2002	2003	2004	2005	2006	2007	2008
民政事业、企业情况										
收养类单位数	（个）	368	361	372	369	294	230	214	264	267
职工人数	（人）	1 812	2 039	1 670	1 689	1 391	1 416	1 830	2 723	3 027
社会福利企业单位数	（个）	297	257	248	262	214	196	209	183	144
职工人数	（人）	14 824	12 405	11 455	12 843	9 857	7 430	7 781	5 318	6 727
优抚安置单位数	（个）	18	19	20	20	20	20	19	20	20
职工人数	（人）	280	273	300	284	204	199	275	200	301
救助类单位数	（个）	2	2	2	2	2	2	2	3	3
职工人数	（人）	76	77	73	78	78	65	68	85	81
殡仪服务事业单位数	（个）	11	12	15	15	17	19	20	19	19
职工人数	（人）	335	329	378	408	435	405	443	462	477
彩票募捐单位数	（个）	8	8	8	8	8	10	10	8	7
职工人数	（人）	45	51	61	50	50	67	69	66	71
社区服务单位数	（个）	30	30	26	21	33	40	46	47	96
职工人数	（人）	655	689	674	551	731	321	225	207	574
老龄事业单位数	（个）							12	12	12
职工人数	（人）							59	56	61
婚姻登记服务单位	（个）							4	1	4
职工人数	（人）							64	6	69
优抚对象优待抚恤情况										
享受定期抚恤金人数	（人）	3 506	3 091	2 954	2 746	2 857	2 873	2 598	2 586	2 473
# 城镇			262	227	126	228	377	349	340	366
# 烈属		2 271	2 206	2 129	1 908	1 948	2 065	1 860	1 855	2 107
享受定期补助人数	（人）	16 491	15 989	15 636	13 687	14 252	14 027	13 972	16 320	19 984
# 在乡复员军人		12 937	11 571	11 531	10 232	9 558	9 301	9 062	9 043	9 517
优待优抚对象户数	（户）	34 696	45 500	40 315	37 061	31 621	31 597	25 058	21 375	19 360
社会救济情况										
城镇居民最低生活保障人数	（人）	7 496	23 361	28 107	39 077	42 189	49 437	49 832	51 416	52 102
# 失业人员		1 154		5 591	8 772	7 935	9 959	8 040	12 335	11 189
城镇居民最低生活保障家庭数	（户）			10 302	14 810		18 460	19 114	20 101	21 007
农村居民最低生活保障人数	（人）	30 136	19 997	21 532	19 010	34 700	122 710	188 193	195 992	220 875
农村居民最低生活保障家庭数	（户）		9 499	6 210	6 510	12 102	65 051	104 021	106 808	126 312
城镇临时救济人次数	（人次）	19 578	10 910	6 895	11 373	8 602	7 206	7 000	77	
农村临时救济人次数	（人次）	187 629	208 574	200 314	443 143	207 048	152 990	299 900	92 585	1 039
农村定期救济人数	（人）	4 227	4 207	356 558	32 792	31 684	33 413		4 968	4 712
农村定期救济户数	（户）				27 314	28 205	33 128			
农村五保供养户数	（户）				18 976	21 042	25 289	45 685	45 501	45 719
城镇社区服务情况										
城镇社区服务设施数	（个）	1 033	1 489	3 258	3 196	3 539	2 872	2 881	1 502	1 770
城镇社区服务从业人员	（人）	7 767	8 423	15 106	19 442	21 656	45 409	4 200	8 545	3 490
城镇便民、利民服务网点数	（个）	4 809	4 416	6 069	6 129	9 548	7 255		5 640	33 516
社会团体机构情况										
年末实有社团数	（个）	721	736	748	827	923	1 061	1 563	1 678	1 666
# 地级社团机构数		274	385	377	300	315	333	353	361	367

注：2007、2008 年社会救济城镇低保失业人员为登记失业人员、彩票募捐单位数为福利彩票发行单位数。

16-11　社会福利事业基本情况

（2008 年）

指　　标	院数（个）	年末职工人数（人）	年末床位（张）	年末在院人员（人）
总　计	**267**	**3 027**	**29 666**	**23 918**
社会福利院	7	131	1 440	1 219
光荣院	6	56	377	278
社会福利医院	2	239	490	486
城镇收养性老年福利机构	2	25	129	102
农村五保供养服务机构	247	2 476	26 868	21 478
其他福利机构	3	100	362	355

16-12　社会福利企业基本情况

（2008 年）

指　　标	单位数（个）	年末职工人数（人）	#残疾职工	年销售（营业）收入（万元）
总　计	**144**	**6 727**	**2 950**	**166 027**
国有社会福利企业	144	6 727	2 950	166 027
社会福利工厂	112	5 427	2 283	154 793
其他福利企业	32	1 300	337	11 234

16-13　自然灾害情况

指　　标		1990	1995	2000	2004	2005	2006	2007	2008
受灾面积	**（千公顷）**	**383.43**	**303.98**	**463.18**	**107.41**	**48.19**		**188.62**	**117.30**
#旱灾		88.93	54.88	359.45					
水灾		249.43	22.52	26.50	67.75	19.42	14.83	163.20	70.34
风雹灾		27.13	133.67	54.57	39.66	4.67	4.05	25.42	46.96
霜冻		7.47	34.33	22.66					
病虫		60.43	28.49						
成灾面积	**（千公顷）**	**317.05**	**235.20**	**256.01**	**71.32**	**31.13**			**65.81**
#旱灾		32.39	45.87	188.57					
水灾		205.88	17.54	19.67	43.36	12.93			40.64
风雹灾		21.69	103.36	33.77	27.97	2.64			25.17
霜冻		5.53	25.67	14.00					
病虫		54.54	19.06						
因灾损失情况									
经济损失总值	（万元）		86 146	18 448	56 816	155 890	88 391	120 268	39 307
死亡人口	（人）	22	8	7	5		6	8	2
减产粮食	（万吨）	39.03	35.95	52.07	21.16	22.65		24.29	21.24
死亡大牲畜	（头）	893	424	4		15	685	60	
倒塌房屋	（间）	45 814	5 289	2 841	2 732	6 972	1 779	3 553	2 737
损坏房屋	（间）	52 870	15 521	6 498	18 408	24 183	13 447	7 628	2 401
成灾人口	**（万人）**	**353.58**	**238.83**	**370.96**	**120.80**	**139.66**	**209.47**	**245.10**	**160.63**
因灾缺粮人口	（万人）	123.33	123.64	119.82	69.17	65.12	31.33	33.30	26.13
因灾缺粮数量	（吨）	67 360	81 778	51 168	23 975	13 681	7 048	7 500	15 645
得到国家救济人次数	**（人次）**	**1 087 266**	**764 550**	**328 076**	**295 000**	**96 080**	**300 000**	**330 000**	

16-14 职工基本养老保险情况

单位:人

年份	在职职工人数	企业	事业、机关	其他	离休、退休退职人员数	企业	事业、机关	其他
1987	377 943	377 943			65 317	65 317		
1988	500 278	500 278			82 466	82 466		
1989	576 379	572 999		3 380	93 430	93 430		
1990	580 996	574 437		6 559	95 435	95 435		
1991	635 907	626 848		9 059	100 668	100 668		
1992	593 063	592 998		65	105 992	105 992		
1993	464 939	464 939			97 979	97 979		
1994	606 073	605 999		74	119 593	119 593		
1995	601 093	601 020		73	121 249	121 249		
1996	588 555	588 482		73	128 265	128 265		
1997	779 430	589 567	189 790	73	168 099	135 144	32 955	
1998	759 978	567 398	191 890	690	180 354	143 652	36 702	
1999	745 830	573 526	168 664	3 640	184 275	151 910	32 307	58
2000	691 112	558 247	121 154	11 711	188 876	161 900	26 733	243
2001	692 144	535 201	112 134	44 809	193 605	170 241	23 195	169
2002	673 307	498 608	87 419	87 280	200 480	181 011	19 217	252
2003	661 950	471 888	64 099	125 963	207 514	190 284	16 455	775
2004	633 583	410 727	55 236	167 620	217 615	199 374	15 991	2 250
2005	654 863	602 574	52 289		227 905	211 607	16 298	
2006	713 907	661 822	52 085		237 805	221 466	16 339	
2007	769 214	714 570	54 644		259 488	240 812	18 676	
2008	824 778	770 052	54 726		273 659	254 314	19 345	

16-15 农村养老保险基本情况

年份	基金积累（万元）	当年保费收入（万元）	当年参保人数（万人）	总参保人数（万人）	当年领取人数（万人）
1992	610	570	3.24	3.24	0.01
1993	1 668	1 090	8.52	11.76	0.04
1994	4 014	2 163	14.32	26.08	0.10
1995	9 051	3 556	18.16	44.24	0.11
1996	11 660	1 558	16.89	61.13	0.13
1997	13 238	1 327	7.47	68.60	0.14
1998	14 367	670	1.35	69.95	0.15
1999	14 899	322	0.60	70.55	0.18
2000	14 960	180	0.20	70.75	0.20
2001	14 963	165	0.16	70.91	0.23
2002	15 160	162	0.56	71.47	0.36
2003	15 375	149	0.14	71.61	0.56
2004	15 625	236	0.25	71.86	0.70
2005	15 887	385	0.18	72.04	0.86
2006	17 041	1 290	0.38	72.03	1.03
2007	20 155	3 154	0.18	73.22	1.25
2008	22 517	3 012	4.68	77.33	1.40

16-16 婚姻登记和离婚情况

年份	登记结婚（对）	初婚（人）	再婚（人）	离婚数（对）	结婚离婚比（%）
1985	52 770	104 502	1 038	669	1.27
1986	49 855	98 120	1 590	419	0.84
1987	61 529	121 365	1 653	571	0.93
1988	55 849	110 225	1 473	652	1.17
1989	54 392	106 673	2 111	665	1.22
1990	68 904	135 874	1 934	442	0.64
1991	64 793	127 810	1 777	495	0.76
1992	64 821	127 488	2 154	646	1.00
1993	58 176	114 149	2 203	907	1.56
1994	66 369	130 332	2 406	877	1.32
1995	65 505	127 837	2 173	1 056	1.61
1996	57 001	111 626	2 376	862	1.51
1997	54 954	107 133	2 775	1 196	2.18
1998	56 604	109 832	3 376	1 699	3.00
1999	55 743	108 213	3 273	1 424	2.55
2000	55 664	106 774	4 438	1 514	2.72
2001	48 820	93 764	3 708	1 729	3.54
2002	45 622	87 011	4 113	3 459	7.58
2003	46 016	88 199	3 695	2 342	5.09
2004	51 629	96 765	6 493	5 051	9.80
2005	53 419	98 829	8 009	6 085	11.40
2006	62 626	118 172	7 080	7 131	11.39
2007	68 003	127 551	8 455	8 658	12.73
2008	78 814	149 336	8 292	9 614	12.20

16-17 律师、公证、调解工作情况

单位:件

项 目		1990	1995	2000	2004	2005	2006	2007	2008
律师工作									
律师事务所	(个)	14	36	44	57	59	62	67	72
律师	(人)	151	224	543	651	736	754	722	786
# 专职律师		123	143	247	639	650	661	703	769
# 女性		27	31	31	84	93	99	103	128
兼职律师		7	52	25	12	15	19	19	17
聘任担任常年法律顾问的单位	(处)	507	1 659	1 494	1 306	1 347	1 254	1 198	1 214
民事诉讼代理		784	1 755	4 026	4 643	6 045	6 101	6 881	7 329
经济诉讼代理		348	1 157	2 065	1 835	1 712	1 599	2 347	3 135
刑事辩护		1 281	1 145	1 850	1 326	1 662	1 549	1 799	1 644
行政诉讼代理		22	103	242	89	102	161	153	245
非诉讼法律事务		159	1 269	1 107	1 029	1 154	1 288	7 065	1 622
涉外法律事务		29	3	5	6	11	20	12	6
解答法律咨询		7 748	15 459	32 156	29 588	45 350	31 746	43 618	20 844
代写法律事务文书		1 192	2 577	3 132	2 971	5 195	2 990	3 502	2 602
公证工作									
公证处	(个)	8	10	12	12	12	12	12	12
公证人员	(人)	59	56	76	89	87	83	82	95
# 公证员		30	38	52	45	50	47	46	49
公证员助理		13	7	24	44	30	27	27	42
办理公证文书		20 702	23 006	44 501	70 339	60 805	32 109	29 095	32 483
人民调解工作									
专职司法助理人员	(人)	215	183	182	162	388	293	482	479
人民调解委员会	(个)	4 648	4 595	4 800	2 760	3 212	3 219	3 186	3 186
调解人员	(人)	94 920	116 844	98 456	11 040	73 216	73 352	73 352	26 090
调解民间纠纷		32 719	31 160	25 562	15 366	16 449	22 230	18 043	16 839

注:调解人员 2008 年不包括调解信息员。

16-18 国内公证文书分类

分 类	办证件数(件)					各类公证所占比重(%)				
	1995	2000	2006	2007	2008	1995	2000	2006	2007	2008
经济公证										
合 计	**13 727**	**27 696**	**13 553**	**9 208**	**12 188**	**100.0**	**100.0**	**100.0**	**100.0**	**100.0**
购 销	185	223	45	12	33	1.4	0.8	0.3	0.1	0.3
联 营	108	135	244			0.8	0.5	1.8		
拍 卖	3	519	7	3		…	1.9	0.1	…	
贷 款	3 299	7 196	9 825	5 972	6 729	24.0	26.0	72.5	64.9	55.2
担 保	42	560	527	680	277	0.3	2.0	3.9	7.4	2.3
招标、投标	6	606	497	278	606	…	2.2	3.7	3.0	5.0
科技合同	18	23				0.1	0.1			
供用电	66	43				0.5	0.2			
劳务合同	4 058	1 210	167			29.6	4.4	1.2		
建筑工程承包	106	302				0.8	1.1			
工商服务业承包	272	594	1	17		2.0	2.1	…	0.2	
农林牧渔业承包	1 443	1 489	36	19	11	10.5	5.4	0.3	0.2	0.1
企业承包	96	136				0.7	0.5			
财产租赁	1 098	4 716		3		8.0	17.0		…	
企业租赁	34	643	3			0.3	2.3	…		
资产经营协议	16	20		214		0.1	0.1		2.3	
其他经济合同	1 265	2 426	415	286	1 318	9.2	8.8	3.1	3.1	10.8
法人(代表人)资格	249	119	10	8	10	1.8	0.4	0.1	0.1	0.1
法人委托书	83	118	95	223	578	0.6	0.4	0.7	2.4	4.7
公司章程	5	51				…	0.2			
执行许可证明	3	12	302	201	6	…	…	2.2	2.2	0.1
提 存	5	12	29	7	10	…	…	0.2	0.1	0.1
其 他	1 267	6 543	1 350	1 285	2 610	9.2	23.6	10.0	14.0	21.4
民事法律关系公证										
合 计	**7 262**	**13 811**	**13 212**	**14 210**	**12 567**	**100.0**	**100.0**	**100.0**	**100.0**	**100.0**
收 养	151	100	314	42	110	2.1	0.7	2.4	0.3	0.9
解除收养	18	6	1			0.3	…	…		
继承权	121	313	875	680	547	1.7	2.3	6.6	4.8	4.4
遗 嘱	96	227	130	408	52	1.3	1.6	1.0	2.9	0.4
产 权	78	152	15	601		1.1	1.1	0.1	4.2	
亲属关系	39	114	102	368	241	0.5	0.8	0.8	2.6	1.9
死 亡	4	12	3	2	2	0.1	0.1	…	…	…
房屋买卖	187	367	1 605	52	24	2.6	2.7	12.2	0.4	0.2
房屋租赁	326	142	20	10	13	4.5	1.0	0.2	0.1	0.1
留学协议	9	32	215	1		0.1	0.2	1.6	…	
遗赠扶养协议	87	162	92	163	26	1.2	1.2	0.7	1.2	0.2
其他民事协议	1 241	1 221	2 922	951	1 542	17.1	8.8	22.1	6.7	12.3
委托书	299	201	2 355	2 244	2 217	4.1	1.5	17.8	15.8	17.6
赠与书	328	533	703	377	131	4.5	3.9	5.3	2.7	1.0
声明书	800	203	2 254	1 975	2 534	11.0	1.5	17.1	13.9	20.2
现场监督	94	82	125	76	54	1.3	0.6	1.0	0.5	0.4
执行许可证明	2					…				
副本等与原本相符	31	90	23	475	1 431	0.4	0.7	0.2	3.3	11.4
宅基地使用权	126	47	17	312	11	1.7	0.3	0.1	2.2	0.1
证据保全	20	96	193	122	144	0.3	0.7	1.5	0.9	1.2
其 他	3 205	9 711	1 248	5 351	3 488	44.1	70.3	9.5	37.7	27.8

16-19 涉外(含港澳台)公证文书分类

分类	办证件数(件)					各类公证所占比重(%)				
	1995	2000	2006	2007	2008	1995	2000	2006	2007	2008
合计	**2 007**	**2 994**	**5 055**	**5 677**	**7 728**	**100.0**	**100.0**	**100.0**	**100.0**	**100.0**
收养	3	3				0.2	0.1			
遗嘱										
出生	193	347	552	757	937	9.6	11.6	10.9	13.3	12.1
死亡	30	15	1	7	23	1.5	0.5	…	0.1	0.3
生存、居住	60	76	197	27	1	3.0	2.5	3.9	0.5	…
学历	162	312	327	1 434	1 493	8.1	10.4	6.5	25.3	19.3
经历	116	123	37	16	4	5.8	4.1	0.7	0.3	0.1
国籍	5	10	4	7	365	0.3	0.3	0.1	0.1	4.7
婚姻状况	124	201	361	310	663	6.2	6.7	7.1	5.5	8.6
亲属关系	316	337	957	421	835	15.7	11.3	18.9	7.4	10.8
继承权		2			2	33.8	0.1			…
受、未受刑事处分	678	284	1 043	919	1 225	0.4	9.5	20.6	16.2	15.9
声明书	8	17	94	140	16	2.9	0.6	1.9	2.5	0.2
委托书	58	54	98	99	26	0.1	1.8	1.9	1.7	0.3
营业证书	2	5	210	7	1	0.1	0.2	4.2	0.1	…
公司章程	1		16	6	1			0.3	0.1	…
其他法律文书		4	16	123		0.5	0.1	0.3	2.2	
职称	10	9	147	315	3	0.1	0.3	2.9	5.6	…
法人资格	2	2	11				0.1	0.2		
商标注册		1					…			
贷款										
担保	1	6		18	4	0.1	0.2		0.3	0.1
其他经济合同	10	25		36		0.5	0.8		0.6	
副本等与原本相等	38	199	426	368	137	1.9	6.6	8.4	6.5	1.8
其他	190	962	558	667	1 992	9.5	32.1	11.0	11.8	25.8

16-20 调解民间纠纷分类

分　类	调解纠纷(件)					各类纠纷所占比重(%)				
	1995	2000	2006	2007	2008	1995	2000	2006	2007	2008
合　计	**31 160**	**25 562**	**22 230**	**18 043**	**16 839**	**100.0**	**100.0**	**100.0**	**100.0**	**100.0**
婚姻家庭	10 805	10 143	4 548	3 360	3 156	34.7	39.7	18.4	18.6	18.7
婚　姻	4 136	3 870				13.3	15.1			
继　承	1 179	1 327			335	3.8	5.2			2.0
赡养扶养	2 892	2 466				9.3	9.6			
其　他	2 598	2 480				8.3	9.7			
房屋、宅基地	4 815	2 706	2 218	1 976	1 775	15.5	10.6	9.0	11.0	10.5
合　同	2 848	3 039	940	478	605	9.1	11.9	3.8	2.6	3.6
工地承包			2 495	2 052	2 396			10.1	11.4	14.2
邻　里	6 169	3 548	5 087	4 095	4 126	19.8	13.9	20.6	22.7	24.5
损害赔偿	1 832	2 225	1 027	676	920	5.9	8.7	4.2	3.7	5.5
其　他	4 691	3 901	8 410	5 406	3 861	15.1	15.3	34.0	30.0	22.9

16-21 政治协商会议徐州市委员会历届委员人数

届　次	委员总数(人)	中国共产党代表(人)	占代表总数比重(%)	少数民族代表(人)	占代表总数比重(%)
一届(1955年7月)	83	6	7.2	1	1.2
二届(1957年5月)	130	10	7.7	2	1.5
三届(1959年12月)	170	12	7.1	5	2.9
四届(1961年5月)	190	12	6.3	5	2.6
五届(1963年11月)	190	12	6.3	4	2.1
六届(1966年2月)	210	12	5.7	5	2.4
七届(1981年4月)	357	18	5.0	10	2.8
八届(1983年12月)	456	21	4.6	11	2.4
九届(1988年1月)	461	20	4.3	11	2.4
十届(1993年3月)	459	22	4.8	13	2.8
十一届(1998年1月)	460	26	5.7	13	2.8
十二届(2003年1月)	480	21	4.4	8	1.7
十三届(2008年1月)	558	24	4.3	8	1.4

16-22 妇联组织情况

单位:个

年 份	各级妇联总计	#镇、街道级	基层妇代会总计	#农村	机关及事业单位妇委会数	各类妇女联谊组织数
1988	229	218				
1989	236	218			7	
1990	236	218			7	
1991	236	218			7	1
1992	236	218			7	1
1993	236	218	3 775	3 429	7	1
1994	236	217	3 775	3 429	7	1
1995	238	217	3 778	3 429	10	2
1996	233	221	3 820	3 440	10	2
1997	230	218	3 754	3 430	11	2
1998	231	219	4 101	3 430	71	6
1999	235	223	4 097	3 430	71	6
2000	169	157	3 527	3 062	71	6
2001	176	164	2 727	2 255	72	6
2002	176	164	2 727	2 255	76	6
2003	181	169	2 616	2 264	92	6
2004	174	162	2 617	2 295	92	6
2005	166	154	2 842	2 295	393	322
2006	164	152	2 980	2 294	396	216
2007	167	155	2 853	2 262	290	234
2008	167	155	2 619	2 271	320	30

16-23 交通事故发生情况

年 份	交通事故发生数（起）	交通事故死伤人数（人）	#死亡人数	每十万人交通事故发生数（起）	每起交通事故死伤人数（人）
1984	518	520	156	7.4	1.0
1985	541	501	156	7.6	0.9
1986	529	576	199	7.4	1.1
1987	1 999	1 631	448	27.5	0.8
1988	1 382	787	342	18.6	0.6
1989	1 139	825	291	15.0	0.7
1990	1 104	887	235	13.7	0.8
1991	1 374	1 071	289	16.8	0.8
1992	1 436	1 316	320	17.4	0.9
1993	1 475	1 398	337	17.8	0.9
1994	1 601	1 365	339	19.1	0.9
1995	1 383	1 396	351	16.3	1.0
1996	1 107	1 167	319	12.9	1.1
1997	1 094	1 253	319	12.6	1.1
1998	1 063	1 271	360	12.1	1.2
1999	775	1 095	326	8.8	1.4
2000	3 557	3 700	773	39.7	1.0
2001	2 099	2 407	518	23.3	1.1
2002	1 730	2 100	459	19.2	1.2
2003	1 569	1 993	458	17.3	1.3
2004	1 506	1 824	521	16.5	1.2
2005	1 289	1 619	487	13.9	1.3
2006	1 123	1 431	448	12.0	1.3
2007	1 007	1 336	373	10.7	1.3
2008	1 038	1 051	374	11.0	1.0

16–24 主要年份火灾事故发生情况

年份	火灾发生数（起）	火灾死伤人数（人）	#死亡人数	直接经济损失（万元）	平均每起火灾损失（元）
1985	118	35	11	47.72	4 044
1990	284	21	5	205.80	7 246
1991	142	19	7	122.40	8 620
1992	162	24	6	223.04	13 768
1993	108	81	23	192.45	17 819
1994	140	53	20	271.71	19 408
1995	185	75	13	345.42	18 671
1996	204	34	8	394.36	19 331
1997	903	33	15	449.65	4 980
1998	841	55	23	307.41	3 655
1999	799	60	11	289.74	3 626
2000	858	62	12	322.25	3 756
2001	1 122	42	15	244.52	2 179
2002	1 360	46	19	293.29	2 157
2003	1 103	22	10	417.76	3 787
2004	1 346	46	18	394.66	2 932
2005	1 728	36	21	488.26	2 826
2006	1 504	23	14	348.03	2 314
2007	1 123	20	17	408.91	3 641
2008	1 029	7	4	314.82	3 059

16–25 火灾事故发生情况

（2008 年）

项目	合计	按事故发生程度分			按事故发生地区分	
		特大	重大	一般	市区	县(市)
火灾发生数（起）	1 029			1 029	560	469
死伤人数（人）	7			7	5	2
#死亡人数	4			4	3	1
直接经济损失（万元）	314.82			314.82	102.55	212.28
平均每起火灾损失（元）	3 059.48			3 059.48	1 831.25	4 526.23

主要统计指标解释

等级运动员人数 指经考核正式批准授予等级运动员称号的人数。运动员等级分为国际级运动健将、运动健将、一级运动员、二级运动员、三级运动员、少年级运动员。

等级裁判员人数 指经考核正式批准授予等级裁判员称号的人数。裁判员等级分为国际裁判、国家级裁判、一级裁判、二级裁判、三级裁判。

体育场 指有400米跑道(中心含足球场),有固定道牙,跑道6条以上,并有固定看台的室外田径场地。以看台容纳观众人数分：甲级25000人以上，乙级15000–25000人，丙级5000–15000人,丁级5000人以下。

体育馆 指有固定看台,可供篮球、排球、羽毛球、乒乓球、体操等项目比赛活动用的室内运动场地。以看台容纳观众人数分：甲级6000人以上，乙级4000–6000人，丙级2000–4000人,丁级2000人以下。

医院 指名称为医院,设有固定床位、能收容病人住院并能为病人提供医疗、护理服务的医疗机构。包括县及县以上医院、农村乡卫生院、其他医院三部分。按所属性质分为卫生部门、工业及其他部门,集体经济单位三类。其中县及县以上医院按业务性质分为综合医院和专科医院。

卫生技术人员 指卫生事业机构支付工资的全部固定职工和合同制职工中现任职务为卫生技术工作的专业人员。包括中医师、西医师、中西医结合高级医师、护师、中药师、西药师、检验师、其他技师、中医士、西医士、助产士、中药剂士、西药剂士、检验士、其他技士、其他中医、护理员、中药剂员、西药剂员、检验员,其他初级卫生技术人员。

医生 指经卫生部门审查合格，从事医疗工作的专业人员。分为中医医生和西医医生。包括卫生技术人员中的中医师、西医师、中西医结合高级医师、中医士、西医士和其他中医。

卫生机构床位 指年末卫生机构实有固定床位数，包括正规、简易和正在消毒、修理的床位以及因扩建或大修而停用的床位,不包括产科的新生儿床、库存床、观察床、临时增设的床位、病人家属的陪侍床、接产室的待产床。

社会福利事业单位 指集中收养社会孤、老、残、幼的机构。包括由民政部门管理的社会福利院、儿童福利院、精神病人福利院和城镇集体办的福利院,以及农村集体举办的敬老院。

社会福利事业单位收养人数 包括民政部门管理的和城镇及农村集体举办的社会福利事业单位中收养的老人、少年儿童、缺乏生活自理能力的残疾人员和精神病人。

社会福利企业单位 指以安置城镇有一定劳动能力的盲、聋、哑和肢体残疾人员就业为目的,享受国家减免税待遇的国有或集体经济性质的企业。包括福利工厂、福利商业服务业、假肢厂和安置农场等单位。

农村五保户 指农村中既无劳动能力，又无经济来源的老、弱、孤、残的农民生活由集体供养、实行保吃、保穿、保住、保医、保葬(孤儿保教),简称:“五保”。享受五保待遇的家庭叫五保户。

双扶户 包括被扶持的优扶户和贫困户。主要是对其具有一定劳动能力且生活困难的两户给予一定的救济金以扶持其通过生产自救达到脱贫的目的。

律师 指受聘参加法律顾问处工作，担任法律顾问、刑(民)事代理人、刑事辩护人,办理非诉讼事件、解答法律询问、代定法律事务文书等主要从事律师业务的专职法律工作者和兼职律师。

公证人员 指在国家公证机关依法办理公证事务的司法人员。包括公证员、助理公证员和在公证处工作的其他人员。

办理公证文书 指公证处在一定时期内办结的公证文书件数。公证文书系按司法部门规定或批准的格式制作。包括国内公证和涉外公证两部分。其中国内公证分为经济合同公证和民事法律关系公证两大类。

调解人员 在人民调解委员会担负调解民间一般民事纠纷和轻微违法行为所引起的纠纷的工作人员。包括调解委员会的委员和调解小组的调解员。

调解民间纠纷 指调解委员会依照法律规定，根据自愿原则，用说服教育的方法调解民间发生的有关民事权利和义务的争执,促成当事双方达到协议的谅解,解决纠纷。包括婚姻家庭纠纷,财产权益纠纷等。不包括法院受理调解的民事案件数。

十七、县（市）社会经济（1978–2008年）

SOCIAL ECONOMIC OF COUNTIES（CITIES）

17-1 历年地区生产总值

（当年价格） 单位:亿元

年　份	丰　县	沛　县	铜山县	睢宁县	新沂市	邳州市
1978	1.72	2.04	3.18	2.12	2.21	2.42
1979	1.99	2.24	4.08	2.21	2.24	2.82
1980	2.32	2.54	4.18	2.69	2.38	3.11
1981	2.42	2.80	4.83	2.91	2.62	3.23
1982	3.04	3.39	5.76	3.41	2.82	3.73
1983	3.53	3.78	6.96	3.61	3.55	4.93
1984	4.14	4.85	7.95	4.90	4.27	5.69
1985	3.87	5.88	8.89	5.30	5.02	6.46
1986	4.48	6.36	10.20	5.58	5.80	7.99
1987	4.86	7.11	12.35	5.70	6.85	8.94
1988	5.37	8.96	15.29	6.26	8.46	11.29
1989	7.06	8.59	15.13	6.88	10.17	12.04
1990	7.51	9.37	16.37	8.49	11.00	13.55
1991	9.28	13.18	18.29	9.46	12.43	14.70
1992	9.77	15.56	16.38	11.45	14.45	17.10
1993	12.42	20.07	21.79	15.28	18.85	20.75
1994	14.61	25.42	32.37	22.07	28.50	29.79
1995	16.36	32.33	45.67	29.53	32.51	34.59
1996	17.13	35.81	50.37	32.59	36.50	38.94
1997	17.91	38.88	55.55	30.29	39.51	44.48
1998	19.47	43.86	60.70	32.69	43.30	50.71
1999	22.78	49.23	64.65	34.31	44.53	55.96
2000	26.28	55.86	70.91	36.61	38.91	62.68
2001	30.40	64.65	77.75	41.35	43.65	69.05
2002	34.91	74.80	86.21	47.03	47.96	76.46
2003	40.50	87.36	99.00	53.20	54.24	88.07
2004	48.89	104.75	117.39	55.69	64.55	102.26
2005	57.80	124.10	138.27	62.24	77.80	124.14
2006	67.94	147.60	168.66	72.10	91.01	149.96
2007	79.85	173.37	206.00	84.50	106.30	176.42
2008	100.02	208.01	250.50	108.12	128.41	218.85

注:1993-2004 年为按 2004 年经济普查调整修订后的数据。

17-2 历年地区生产总值指数

（按可比价格计算、以 1978 年为 100）

年 份	丰 县	沛 县	铜山县	睢宁县	新沂市	邳州市
1978	100.0	100.0	100.0	100.0	100.0	100.0
1979	99.0	95.5	110.3	90.8	89.5	99.9
1980	114.1	107.5	113.7	109.2	93.8	108.5
1981	117.5	117.6	128.3	115.8	101.1	110.1
1982	140.8	138.1	150.4	129.6	105.9	122.6
1983	161.0	151.6	181.0	134.8	129.7	159.3
1984	181.9	188.0	200.2	174.3	151.6	175.9
1985	158.6	210.8	209.6	173.2	165.0	189.4
1986	170.4	219.0	226.2	178.9	180.5	215.1
1987	171.9	228.4	256.3	173.1	195.7	224.0
1988	167.7	254.6	289.7	169.6	221.8	241.7
1989	199.1	221.2	249.8	169.8	240.8	238.1
1990	202.1	224.3	261.3	195.9	254.7	248.8
1991	241.7	304.8	283.8	212.9	277.1	269.7
1992	245.3	347.5	359.3	249.7	312.3	308.0
1993	274.5	376.0	395.6	283.9	360.7	363.7
1994	326.4	418.9	447.0	343.5	445.8	432.1
1995	378.0	517.8	596.3	401.6	465.9	523.7
1996	408.6	577.3	647.6	425.6	515.3	573.5
1997	455.6	665.6	736.3	435.9	563.7	543.1
1998	506.2	752.1	832.8	471.6	635.3	608.8
1999	569.5	843.1	934.4	509.3	688.7	679.4
2000	632.1	936.7	1 047.5	547.0	739.7	754.8
2001	704.8	1 041.6	1 153.3	618.1	828.5	841.6
2002	787.3	1 172.8	1 287.1	685.5	927.1	943.4
2003	866.0	1 322.9	1 455.7	760.9	1 043.0	1 069.8
2004	976.0	1 504.1	1 669.7	858.3	1 185.9	1 227.1
2005	1 107.8	1 729.7	1 928.5	974.2	1 361.4	1 422.2
2006	1 275.1	2 006.5	2 250.6	1 120.3	1 575.1	1 659.7
2007	1 469.9	2 321.0	2 604.9	1 290.7	1 816.0	1 920.2
2008	1 678.6	2 664.5	2 993.0	1 474.0	2 077.5	2 204.4

17–3　历年地区生产总值指数

（按可比价格计算、以上年为 100）

年　份	丰　县	沛　县	铜山县	睢宁县	新沂市	邳州市
1978						
1979	99.0	95.5	110.3	90.8	89.5	99.9
1980	115.3	112.6	103.1	120.3	104.8	108.6
1981	103.0	109.4	112.8	106.0	107.8	101.5
1982	119.8	117.4	117.2	111.9	104.7	111.4
1983	114.3	109.8	120.3	104.0	122.5	129.9
1984	113.0	124.0	110.6	129.3	116.9	110.4
1985	87.2	112.1	104.7	99.4	108.8	107.7
1986	107.4	103.9	107.9	103.3	109.4	113.6
1987	100.9	104.3	113.3	96.8	108.4	104.1
1988	97.6	111.5	113.0	98.0	113.3	107.9
1989	118.7	86.9	86.2	100.1	108.6	98.5
1990	101.5	101.4	104.6	115.4	105.8	104.5
1991	119.6	135.9	108.6	108.7	108.8	108.4
1992	101.5	114.0	126.6	117.3	112.7	114.2
1993	111.9	108.2	110.1	113.7	115.5	118.1
1994	118.9	111.4	113.0	121.0	123.6	118.8
1995	115.8	123.6	133.4	116.9	104.5	121.2
1996	108.1	111.5	108.6	106.0	110.6	109.5
1997	111.5	115.3	113.7	102.4	109.4	94.7
1998	111.1	113.0	113.1	108.2	112.7	112.1
1999	112.5	112.1	112.2	108.0	108.4	111.6
2000	111.0	111.1	112.1	107.4	107.4	111.1
2001	111.5	111.2	110.1	113.0	112.0	111.5
2002	111.7	112.6	111.6	110.9	111.9	112.1
2003	110.0	112.8	113.1	111.0	112.5	113.4
2004	112.7	113.7	114.7	112.8	113.7	114.7
2005	113.5	115.0	115.5	113.5	114.8	115.9
2006	115.1	116.0	116.7	115.0	115.7	116.7
2007	115.3	115.7	115.7	115.2	115.3	115.7
2008	114.2	114.8	114.9	114.2	114.4	114.9

17-4 历年年末总人口

单位:万人

年　份	丰　县	沛　县	铜山县	睢宁县	新沂市	邳州市
1978	80.53	81.07	135.85	95.06	71.53	114.30
1979	81.10	82.03	136.27	95.71	71.85	114.92
1980	81.78	83.46	137.36	96.22	72.38	115.81
1981	83.00	85.64	139.90	97.56	73.38	117.58
1982	84.21	87.43	142.58	98.95	74.48	119.51
1983	84.94	88.88	143.99	99.74	75.22	120.89
1984	85.50	88.59	145.73	100.48	76.31	122.79
1985	86.13	89.66	146.90	101.07	77.25	124.07
1986	86.68	90.93	147.97	101.96	78.28	125.51
1987	87.62	92.20	150.68	102.96	79.38	127.47
1988	89.08	96.18	154.90	104.84	80.69	130.89
1989	90.78	99.28	160.13	107.03	82.36	132.96
1990	95.78	105.36	170.35	114.40	88.37	142.22
1991	97.61	107.16	172.16	117.23	89.44	144.71
1992	98.51	108.15	172.38	118.26	89.74	146.06
1993	99.39	109.29	173.29	119.15	90.33	147.32
1994	100.67	111.84	128.56	120.09	90.62	148.59
1995	101.51	112.66	129.90	121.21	91.13	149.60
1996	102.14	113.32	130.30	122.12	94.10	150.11
1997	104.28	113.62	131.34	123.08	95.05	150.45
1998	105.57	115.16	132.77	124.25	96.15	150.02
1999	106.04	115.79	133.00	122.96	94.59	152.74
2000	109.38	118.13	128.34	128.06	96.34	155.59
2001	109.74	118.48	128.90	128.71	97.22	156.25
2002	109.80	118.92	128.94	129.09	96.58	156.56
2003	109.51	119.50	128.80	129.93	95.55	158.04
2004	110.24	120.34	129.19	131.76	96.48	161.43
2005	111.03	120.48	119.60	132.89	97.47	163.96
2006	112.11	121.74	120.72	134.04	99.06	165.46
2007	113.30	123.59	120.47	132.89	99.11	168.66
2008	114.03	123.80	122.11	132.51	100.31	169.70

17–5 历年年末农业人口

单位:万人

年份	丰县	沛县	铜山县	睢宁县	新沂市	邳州市
1978	78.34	76.75	132.80	92.61	68.32	111.00
1979	78.77	77.47	133.36	93.08	68.45	111.23
1980	79.32	78.39	134.26	93.45	68.85	112.03
1981	80.39	79.99	136.72	94.61	69.69	113.56
1982	81.40	81.42	139.37	95.74	70.66	115.27
1983	81.98	82.04	140.96	96.45	71.22	116.55
1984	82.29	81.39	142.46	96.95	72.01	118.15
1985	82.28	81.39	143.21	97.13	72.49	118.85
1986	82.64	82.12	143.88	97.90	73.27	120.38
1987	83.13	82.80	145.43	98.59	74.26	122.01
1988	83.61	85.46	145.78	98.90	74.88	123.42
1989	84.68	87.23	148.35	99.98	75.10	124.39
1990	89.28	92.58	156.87	106.85	80.56	132.65
1991	90.74	92.83	156.98	109.39	81.11	134.64
1992	91.28	93.41	155.94	110.19	81.06	135.39
1993	91.78	94.01	155.17	110.64	80.98	136.11
1994	92.77	95.73	116.63	111.30	80.90	136.69
1995	93.12	95.89	116.09	111.74	80.68	136.36
1996	93.22	95.88	115.72	112.30	82.85	135.79
1997	94.82	95.57	115.94	112.93	83.21	135.14
1998	95.62	96.11	117.04	113.70	83.40	134.10
1999	95.75	95.95	116.88	112.04	81.24	135.60
2000	94.02	96.88	111.68	111.56	77.95	121.74
2001	93.62	97.27	110.92	111.67	76.27	120.89
2002	93.48	97.42	110.85	111.68	75.92	121.32
2003	90.54	87.09	101.09	113.29	75.80	124.46
2004	88.15	87.56	101.00	110.86	76.35	121.62
2005	88.40	87.48	94.56	109.91	77.14	121.72
2006	89.47	88.69	95.92	110.95	78.13	122.92
2007	90.20	94.09	91.06	109.99	79.70	125.60
2008	80.75	93.64	91.82	110.26	80.89	126.45

17-6 历年人口出生率

单位:‰

年　份	丰　县	沛　县	铜山县	睢宁县	新沂市	邳州市
1978	18.96	19.40	15.94	15.36	16.94	14.67
1979	13.03	15.91	13.58	12.35	12.34	11.93
1980	17.51	25.44	22.86	17.35	15.19	17.48
1981	16.88	19.30	21.51	14.19	18.08	16.79
1982	15.41	17.87	20.46	14.64	17.58	18.05
1983	13.44	12.81	16.46	12.05	14.46	15.63
1984	12.52	16.54	14.42	11.71	15.99	15.28
1985	11.79	11.50	12.50	9.99	14.91	12.86
1986	13.25	13.34	13.48	11.14	16.98	13.72
1987	15.89	15.08	16.52	12.02	16.30	15.33
1988	19.13	44.33	25.48	13.18	19.01	22.87
1989	21.83	31.63	31.69	15.49	19.22	18.90
1990	19.77	23.92	28.08	17.19	18.90	18.50
1991	21.24	19.90	18.31	26.21	16.72	20.93
1992	13.20	13.29	12.22	14.08	11.52	12.77
1993	13.78	15.92	12.37	10.76	10.08	11.26
1994	16.73	22.94	14.20	10.78	9.26	10.96
1995	12.67	10.68	10.75	9.90	8.29	8.75
1996	10.64	9.28	8.88	10.85	12.57	7.92
1997	23.83	8.28	13.83	10.74	9.03	7.77
1998	13.64	9.60	13.54	8.88	8.23	9.67
1999	9.49	7.73	8.32	7.49	8.00	8.44
2000	35.54	24.04	13.86	18.66	13.15	15.28
2001	7.74	8.17	7.85	6.96	8.10	8.47
2002	7.31	7.17	8.72	7.04	6.65	9.59
2003	6.45	8.92	8.85	13.76	6.91	13.18
2004	15.74	11.69	9.18	19.10	15.70	22.63
2005	13.07	9.23	14.50	14.01	15.32	19.52
2006	15.24	15.58	14.68	15.03	16.50	17.92
2007	20.13	21.01	18.86	14.67	22.31	32.02
2008	17.09	18.93	20.62	13.85	21.24	23.21

注:各县(市)出生人口中包含往年补报出生人口,下同。

17-7 历年人口自然增长率

单位:‰

年份	丰县	沛县	铜山县	睢宁县	新沂市	邳州市
1978	13.44	14.30	10.35	9.50	10.82	9.11
1979	7.55	11.13	8.16	6.60	6.36	6.52
1980	11.53	17.81	15.24	9.61	8.65	11.07
1981	11.76	14.10	15.00	9.05	11.86	11.88
1982	10.71	13.13	15.66	9.54	12.50	13.12
1983	8.55	7.72	11.59	7.16	9.38	11.13
1984	7.09	11.01	9.23	6.31	10.98	10.75
1985	6.62	6.81	7.29	5.20	9.96	8.31
1986	8.08	8.74	8.47	6.63	11.93	9.17
1987	10.76	10.73	11.38	7.49	11.36	11.06
1988	13.77	39.92	20.19	8.80	13.80	18.23
1989	16.48	27.40	27.02	11.28	14.38	14.61
1990	15.14	19.70	23.08	12.51	13.70	14.27
1991	17.07	15.42	13.00	20.70	11.60	15.66
1992	8.16	8.65	6.60	8.67	6.36	7.34
1993	8.93	11.42	6.93	5.20	4.79	5.94
1994	11.43	18.14	8.44	5.44	4.06	5.55
1995	7.83	6.42	5.97	5.02	3.42	3.63
1996	5.82	4.90	2.96	5.67	8.25	2.46
1997	19.26	4.42	7.81	5.55	4.93	2.84
1998	9.09	6.17	8.04	3.82	3.52	5.47
1999	5.69	4.80	2.86	3.22	4.18	5.04
2000	30.15	18.83	7.50	14.38	9.06	11.18
2001	4.37	4.29	4.14	4.03	4.99	5.32
2002	3.51	4.27	4.63	4.18	0.68	5.71
2003	2.85	5.47	2.97	10.06	4.67	9.29
2004	10.18	6.84	4.32	14.54	11.13	17.91
2005	10.58	5.92	11.83	12.22	13.91	17.33
2006	10.82	12.64	10.66	12.40	14.86	11.60
2007	11.82	14.06	-2.70	-6.91	1.37	17.24
2008	7.01	1.66	11.93	-2.16	11.50	9.56

注:2007年死亡人口中含有往年未销户人口。

17-8 历年从业人员

单位:万人

年 份	丰 县	沛 县	铜山县	睢宁县	新沂市	邳州市
1978	34.29	32.05	57.76	40.84	29.23	45.71
1979	31.55	31.76	57.82	40.14	29.59	45.20
1980	32.83	34.16	59.44	41.92	30.15	46.46
1981	34.33	36.01	61.67	43.22	30.45	47.78
1982	35.75	38.04	62.54	44.42	32.74	50.07
1983	36.00	39.20	64.85	44.83	32.37	51.67
1984	38.19	41.00	68.50	46.10	34.02	53.93
1985	39.44	41.72	70.57	48.16	34.37	56.64
1986	39.98	43.20	72.07	49.64	36.18	57.70
1987	41.69	43.83	72.48	52.21	37.06	60.27
1988	43.18	46.23	75.02	53.25	38.46	63.87
1989	44.02	47.28	77.43	54.45	40.58	65.20
1990	46.85	49.73	80.08	57.42	42.66	69.25
1991	47.98	50.97	81.50	59.21	42.76	73.44
1992	48.65	51.39	82.72	58.40	43.12	74.17
1993	49.49	49.25	81.91	60.03	43.78	74.98
1994	50.34	49.81	61.46	59.55	46.18	75.89
1995	50.75	48.46	58.56	60.95	47.23	76.59
1996	51.22	49.64	58.67	61.28	47.74	77.50
1997	51.60	51.42	59.47	61.14	48.41	77.99
1998	50.93	51.45	58.22	61.28	47.10	77.72
1999	51.69	50.24	58.01	62.73	45.86	78.83
2000	52.03	55.75	55.60	63.62	44.79	73.71
2001	54.01	55.21	54.10	61.92	44.68	73.05
2002	54.02	52.73	52.44	57.15	41.37	70.88
2003	53.77	51.74	50.23	52.69	39.82	71.03
2004	53.43	51.85	52.51	52.91	42.30	71.13
2005	58.09	56.39	52.48	66.72	48.65	78.77
2006	58.74	57.52	54.37	68.38	48.67	80.73
2007	58.97	58.55	59.13	71.12	50.47	82.55
2008	59.71	57.01	62.28	72.85	50.10	84.93

17-9 历年在岗职工人数

单位:万人

年份	丰县	沛县	铜山县	睢宁县	新沂市	邳州市
1978	2.72	3.46	4.44	3.30	3.11	3.89
1979	2.72	2.86	4.02	3.31	3.23	3.68
1980	2.95	3.66	4.58	3.73	3.58	3.76
1981	3.21	3.86	4.82	3.89	3.55	3.89
1982	3.29	4.04	5.03	3.86	3.61	3.99
1983	3.29	4.00	5.04	3.97	3.53	3.97
1984	3.61	4.37	5.52	4.00	4.12	5.02
1985	3.77	4.52	5.39	4.28	4.06	4.62
1986	3.71	4.97	5.56	4.48	4.27	4.73
1987	3.86	4.90	5.68	4.83	4.41	5.13
1988	4.25	5.41	5.84	5.21	4.70	6.40
1989	4.32	5.14	5.92	5.15	4.86	5.99
1990	4.73	5.24	6.14	5.14	4.91	6.14
1991	4.84	5.55	6.46	5.42	4.86	6.41
1992	4.80	5.79	6.69	5.44	4.91	6.44
1993	5.00	6.15	7.16	5.10	5.47	6.81
1994	5.15	6.05	6.49	5.39	5.56	7.00
1995	5.22	6.04	7.00	5.45	5.87	6.89
1996	4.99	6.53	7.53	5.63	5.99	7.36
1997	5.03	6.32	7.51	5.56	6.03	7.42
1998	3.86	5.61	7.11	4.65	5.14	6.64
1999	3.76	5.40	6.76	4.48	5.12	6.70
2000	3.80	5.06	6.41	4.31	4.94	6.41
2001	3.41	4.84	6.03	4.03	4.94	6.27
2002	3.28	4.44	5.46	3.58	4.73	5.93
2003	3.13	4.44	5.17	3.41	4.77	5.56
2004	3.03	4.03	5.04	3.44	4.88	5.17
2005	3.11	4.14	4.82	3.51	4.90	5.24
2006	3.25	4.17	5.17	3.66	5.11	5.36
2007	3.62	4.12	5.25	3.73	4.86	5.44
2008	3.67	4.07	5.63	3.84	4.97	5.85

17-10 历年乡村劳动者

单位：万人

年 份	丰 县	沛 县	铜山县	睢宁县	新沂市	邳州市
1978	31.57	28.59	53.32	37.54	26.12	41.82
1979	28.79	28.81	53.80	36.82	26.36	41.49
1980	29.84	30.36	54.86	38.00	23.54	42.69
1981	31.02	31.92	56.85	39.21	26.81	43.88
1982	32.43	33.96	57.51	40.53	29.10	46.06
1983	32.68	35.14	59.81	40.80	28.80	46.69
1984	34.55	36.52	62.98	41.99	29.83	48.88
1985	35.64	37.14	65.18	43.77	30.17	51.98
1986	36.24	38.13	66.51	45.04	31.78	52.92
1987	37.79	33.80	66.81	47.24	32.55	55.08
1988	38.89	40.73	69.18	47.95	33.66	57.40
1989	39.65	41.91	71.51	49.20	34.74	59.13
1990	42.07	44.27	73.94	52.15	36.78	63.04
1991	43.02	45.21	75.04	53.64	37.79	66.95
1992	43.76	45.35	75.87	52.78	37.90	67.63
1993	44.26	42.65	74.71	54.73	37.63	67.98
1994	44.96	43.06	54.86	53.90	39.66	68.63
1995	45.19	41.80	51.46	55.18	39.96	69.01
1996	45.85	42.33	51.00	55.11	40.03	69.44
1997	46.43	44.21	51.93	57.54	41.46	71.06
1998	46.62	44.34	51.13	58.26	41.51	71.06
1999	46.48	42.43	50.41	56.71	39.35	70.01
2000	46.59	47.84	48.33	57.68	38.16	66.55
2001	49.04	47.79	47.62	56.29	37.61	65.64
2002	49.90	48.73	48.73	59.33	38.33	69.56
2003	50.87	49.61	46.87	60.18	38.31	68.66
2004	51.50	50.24	50.37	61.48	39.55	70.30
2005	53.24	49.99	45.83	61.64	40.36	68.75
2006	53.48	50.40	46.73	62.76	40.37	68.76
2007	51.38	49.74	49.91	63.96	40.40	69.76
2008	51.53	47.26	51.46	64.38	40.36	69.71

17-11 历年全社会固定资产投资

单位:万元

年份	丰县	沛县	铜山县	睢宁县	新沂市	邳州市
1978	846	381	932	257	721	927
1979	830	575	1 394	468	1 040	1 036
1980	654	795	1 817	1 054	810	844
1981	456	552	1 226	577	726	613
1982	811	956	2 377	637	846	1 134
1983	640	1 255	2 114	538	1 137	1 485
1984	572	2 036	1 871	863	946	1 530
1985	1 016	1 917	4 021	1 034	1 609	2 983
1986	5 058	8 509	30 918	6 564	16 901	6 136
1987	6 794	9 879	26 961	8 976	18 966	26 902
1988	8 435	11 978	31 727	10 496	23 567	14 313
1989	6 587	11 901	35 441	8 836	24 988	30 930
1990	9 373	12 345	38 817	10 194	30 595	15 335
1991	14 560	16 841	52 059	11 899	34 845	17 397
1992	19 873	19 901	71 959	15 199	36 754	41 934
1993	30 578	30 026	94 013	45 751	46 133	55 851
1994	46 867	42 717	141 040	62 722	66 874	84 525
1995	63 137	79 776	190 435	82 607	92 935	88 830
1996	80 677	94 540	238 234	91 157	94 616	163 509
1997	86 698	113 573	239 240	84 216	91 756	116 662
1998	96 895	112 588	211 505	76 037	129 451	137 538
1999	109 440	144 693	214 600	102 185	155 269	165 504
2000	125 324	159 146	229 307	110 264	129 970	195 998
2001	142 671	175 018	260 666	132 805	173 082	227 638
2002	172 107	208 096	295 093	175 419	197 020	258 616
2003	247 625	310 271	395 956	240 029	236 778	383 732
2004	323 756	480 920	537 958	301 340	461 986	523 462
2005	310 470	607 311	717 791	325 584	608 550	950 910
2006	413 310	750 129	1 050 982	402 385	785 000	1 082 000
2007	505 000	1 001 518	1 469 954	508 178	922 500	1 465 814
2008	516 480	1 138 254	1 819 519	617 000	1 184 300	1 816 780

17-12 历年财政收入

单位：万元

年 份	丰 县	沛 县	铜山县	睢宁县	新沂市	邳州市
1978	1 326	1 612	1 831	1 839	1 491	1 625
1979	962	1 417	1 611	1 538	1 377	1 498
1980	1 003	1 322	1 818	1 604	1 546	1 608
1981	1 014	1 400	2 251	1 879	1 617	1 615
1982	1 341	1 751	3 609	1 820	1 800	2 123
1983	1 441	2 008	4 025	2 029	1 736	2 156
1984	1 503	2 132	4 841	2 285	1 954	2 489
1985	1 852	2 829	5 401	2 692	2 375	2 941
1986	2 195	2 944	6 336	2 960	2 622	3 400
1987	2 509	3 517	6 316	3 275	3 045	3 726
1988	2 853	4 465	7 737	3 778	3 819	4 264
1989	2 483	4 552	11 609	3 769	3 434	3 927
1990	2 831	5 227	12 021	3 879	3 721	4 309
1991	3 004	5 928	12 122	3 672	4 151	4 375
1992	3 570	6 579	12 551	3 886	4 431	4 963
1993	5 331	9 350	16 627	5 212	7 367	7 462
1994	7 851	13 335	18 225	7 574	10 702	11 575
1995	12 054	18 003	23 454	11 252	12 468	15 183
1996	14 308	21 534	30 026	14 002	15 125	19 222
1997	15 559	26 208	34 911	14 259	16 772	22 055
1998	16 586	28 004	38 507	15 360	18 204	24 271
1999	17 620	30 039	43 062	16 906	19 410	26 726
2000	17 886	33 018	48 118	16 330	20 605	29 060
2001	18 508	36 320	55 685	18 008	24 463	34 442
2002	19 662	44 582	62 452	21 137	27 284	42 168
2003	25 318	50 609	76 398	26 139	33 342	56 998
2004	27 724	63 601	92 668	29 502	40 227	80 058
2005	35 221	85 008	116 500	35 016	50 576	95 826
2006	49 318	120 271	156 800	47 073	75 278	131 022
2007	59 755	157 645	185 086	55 122	89 561	150 777
2008	81 671	203 279	236 725	78 109	114 918	188 589

注：2007 年及以后财政收入及支出中不包括基金性收入和支出，与往年不可比（下同）。

17-13 历年财政支出

单位:万元

年 份	丰 县	沛 县	铜山县	睢宁县	新沂市	邳州市
1978	1 590	1 314	2 088	1 680	1 447	1 684
1979	2 018	1 675	2 529	1 840	1 531	2 237
1980	1 667	1 709	2 315	1 973	1 479	2 125
1981	1 693	1 724	2 174	1 951	1 522	2 160
1982	1 896	2 182	3 082	2 127	2 016	2 371
1983	2 429	2 554	3 416	2 629	2 256	2 858
1984	2 840	3 802	3 706	2 738	2 531	3 153
1985	2 742	3 950	4 536	2 940	2 682	3 488
1986	3 653	5 073	5 628	4 067	3 538	4 495
1987	4 290	5 118	6 212	4 199	3 975	4 661
1988	5 181	6 501	7 952	5 170	5 187	5 465
1989	5 924	7 687	10 851	6 605	6 168	6 678
1990	6 896	8 989	13 543	7 252	6 811	7 556
1991	7 614	9 556	15 276	7 886	7 771	8 476
1992	7 586	9 506	15 621	8 056	8 303	9 014
1993	10 265	13 261	16 591	10 324	10 355	10 811
1994	12 891	13 324	16 611	12 675	11 454	14 275
1995	16 217	18 621	20 332	16 013	14 375	16 403
1996	20 248	21 725	27 532	19 392	17 820	21 464
1997	24 032	25 682	32 493	21 162	19 223	24 898
1998	26 558	27 162	35 526	23 762	21 683	29 529
1999	26 651	29 588	39 390	26 580	24 986	34 094
2000	29 667	31 180	40 284	26 386	28 064	36 627
2001	35 393	36 889	44 391	33 568	34 858	42 889
2002	37 866	45 020	50 338	39 808	39 122	49 543
2003	45 639	53 456	62 569	46 134	48 682	66 217
2004	55 325	67 373	78 394	54 676	58 307	84 928
2005	72 979	88 488	107 780	77 545	79 123	113 430
2006	91 672	116 118	145 418	96 865	99 903	143 508
2007	116 415	168 273	162 830	117 449	113 104	173 183
2008	157 929	203 316	224 738	167 227	157 278	237 026

17-14 历年耕地面积

（年底数）　　单位：千公顷

年　份	丰　县	沛　县	铜山县	睢宁县	新沂市	邳州市
1978	89.29	83.81	159.38	103.04	84.12	118.23
1979	89.07	83.64	158.77	102.47	84.04	117.75
1980	88.30	83.03	157.90	102.43	83.76	117.66
1981	87.80	82.87	157.07	102.27	83.73	117.60
1982	87.76	82.73	156.29	102.22	83.55	117.57
1983	88.00	82.67	156.00	102.00	83.33	117.33
1984	88.03	82.46	155.15	102.08	83.49	117.23
1985	88.01	81.19	154.73	102.03	83.48	117.01
1986	88.01	81.12	151.88	102.03	83.35	116.53
1987	87.93	80.86	151.32	101.95	83.21	116.32
1988	87.81	80.77	150.63	101.91	82.54	115.79
1989	87.63	80.73	149.94	101.89	82.32	115.73
1990	87.61	80.62	148.89	101.82	82.15	114.83
1991	87.51	80.45	148.33	101.25	82.10	114.67
1992	86.01	80.38	147.53	100.79	81.63	114.16
1993	86.00	80.20	146.79	100.52	81.55	112.86
1994	85.85	79.97	115.52	100.09	81.42	112.45
1995	85.85	77.97	115.38	99.92	81.07	111.88
1996	85.68	77.91	115.15	99.62	80.47	111.44
1997	76.65	77.44	117.47	100.79	79.37	122.66
1998	76.60	77.03	117.40	100.67	80.65	122.83
1999	76.64	77.05	117.66	100.63	80.14	122.48
2000	76.70	77.22	115.99	100.63	80.57	121.37
2001	76.25	77.13	116.05	100.10	79.90	121.16
2002	76.41	76.93	116.31	100.05	79.85	121.17
2003	76.10	76.72	113.19	100.08	79.70	112.70
2004	76.09	76.56	108.97	100.08	79.57	111.84
2005	76.28	76.44	109.43	100.08	79.37	111.39
2006	75.34	75.92	109.31	99.84	79.02	112.38
2007	75.51	75.80	109.37	99.76	79.00	111.79
2008	75.72	75.48	106.52	100.00	78.76	110.68

17-15　历年农业机械总动力

（年底数）　　　　单位:万千瓦

年　份	丰　县	沛　县	铜山县	睢宁县	新沂市	邳州市
1978	12.44	12.95	23.21	11.44	10.47	13.70
1979	12.86	14.47	26.21	12.64	14.28	14.87
1980	15.96	15.65	29.45	14.10	15.65	16.74
1981	16.77	17.27	30.82	16.04	17.15	18.35
1982	18.95	19.29	35.35	18.84	18.47	22.39
1983	20.59	21.80	40.13	20.18	20.05	25.99
1984	24.02	23.91	49.46	21.56	19.99	29.12
1985	25.74	24.32	56.19	22.93	19.91	30.07
1986	27.61	25.54	60.61	25.00	21.27	34.61
1987	30.40	28.50	72.00	26.84	22.76	36.96
1988	32.50	29.16	86.62	28.11	23.23	38.18
1989	34.39	27.70	93.14	26.25	23.44	39.96
1990	30.27	34.42	93.52	25.27	23.15	39.81
1991	30.49	34.29	72.86	25.19	22.34	40.40
1992	28.09	33.17	65.23	24.79	22.66	36.61
1993	29.56	32.81	63.29	25.59	22.73	34.90
1994	29.51	32.73	39.84	25.89	23.66	33.58
1995	30.34	34.52	36.93	23.55	24.74	29.72
1996	31.80	35.32	36.37	24.55	25.02	31.54
1997	44.92	40.34	54.86	26.98	29.97	38.24
1998	47.90	41.96	58.19	29.92	32.61	41.47
1999	50.58	43.30	72.20	31.33	36.55	46.83
2000	57.51	65.59	70.67	45.85	41.18	57.97
2001	58.11	67.20	71.06	48.66	43.09	65.02
2002	57.81	68.52	73.14	50.93	44.58	70.80
2003	59.37	69.07	73.85	53.43	46.42	75.55
2004	59.98	70.25	73.95	55.83	46.62	78.06
2005	60.44	74.62	67.30	60.02	49.76	83.15
2006	61.66	78.44	70.46	65.01	53.91	88.34
2007	62.13	79.94	71.50	66.99	56.71	94.46
2008	66.25	82.31	91.90	82.07	60.40	96.80

17-16 历年农林牧渔业总产值

（当年价格） 单位：万元

年份	丰县	沛县	铜山县	睢宁县	新沂市	邳州市
1978	15 810	18 382	31 848	18 356	18 265	24 491
1979	20 724	19 705	42 217	18 880	18 612	28 479
1980	23 182	21 854	37 976	23 603	18 598	31 461
1981	24 163	24 754	37 987	26 421	21 157	34 168
1982	29 770	27 695	47 763	33 934	26 418	38 514
1983	35 419	33 163	60 996	35 885	33 330	43 581
1984	43 388	40 732	66 347	47 968	37 414	55 344
1985	41 474	42 583	75 225	49 402	41 786	59 884
1986	45 200	55 998	85 209	51 449	50 860	76 645
1987	52 613	62 592	94 380	51 600	63 375	83 140
1988	64 426	73 268	146 023	54 879	78 355	110 264
1989	69 328	73 819	147 659	66 570	87 884	110 596
1990	78 230	91 721	163 381	80 470	94 180	128 027
1991	91 766	93 687	175 889	89 271	104 601	135 059
1992	91 465	91 402	209 745	102 009	119 878	142 777
1993	131 067	122 049	257 302	135 878	154 151	171 199
1994	180 928	197 257	320 311	217 635	213 544	292 885
1995	239 818	247 827	399 924	269 129	256 031	384 102
1996	280 443	324 758	454 553	317 969	293 759	461 242
1997	256 802	333 973	384 232	296 479	285 292	426 967
1998	266 865	348 366	401 055	282 536	303 556	450 727
1999	279 736	354 591	381 167	278 597	312 216	459 072
2000	300 605	363 461	400 294	273 376	321 307	486 340
2001	320 867	381 637	431 471	289 274	339 682	516 544
2002	342 465	405 504	460 307	314 341	360 180	552 480
2003	366 826	422 362	405 606	325 021	308 914	580 636
2004	414 977	483 373	478 627	399 044	380 824	599 434
2005	355 373	566 218	464 871	389 692	414 548	695 374
2006	395 859	594 072	501 253	413 557	446 353	779 016
2007	437 125	651 825	541 433	442 820	507 574	830 250
2008	530 887	673 930	599 778	519 253	503 328	882 368

17-17 历年农林牧渔业总产值指数

(按可比价格计算,以1978年为100)

年 份	丰 县	沛 县	铜山县	睢宁县	新沂市	邳州市
1978	100.0	100.0	100.0	100.0	100.0	100.0
1979	131.0	109.3	120.3	102.1	120.6	114.8
1980	147.7	118.6	117.8	122.0	125.2	126.1
1981	150.0	135.0	116.2	134.8	141.7	138.2
1982	172.9	147.8	126.9	157.9	164.7	161.1
1983	193.3	168.5	166.0	168.5	193.3	177.3
1984	236.7	198.1	182.3	212.9	196.8	218.2
1985	234.1	185.2	179.0	214.3	210.9	238.7
1986	235.9	208.3	190.6	221.5	233.0	250.3
1987	236.6	222.1	197.8	211.2	249.3	271.2
1988	243.5	229.3	207.6	188.2	271.9	289.5
1989	230.9	223.2	211.6	212.3	286.1	285.4
1990	243.4	243.4	235.5	220.6	281.2	292.4
1991	275.8	250.2	249.2	226.4	301.0	310.3
1992	280.0	246.3	295.3	253.3	333.4	336.3
1993	313.6	283.8	333.8	269.3	365.1	375.3
1994	349.4	307.3	284.9	307.3	412.8	411.8
1995	442.4	361.8	339.8	346.8	465.2	495.1
1996	493.2	438.8	355.1	390.0	491.4	551.8
1997	567.2	505.9	402.0	440.7	495.3	631.3
1998	619.3	536.8	430.9	441.6	533.4	688.1
1999	668.2	571.2	454.6	467.2	550.5	739.0
2000	728.3	602.6	481.4	487.3	573.6	792.9
2001	801.3	639.0	514.4	516.9	630.0	842.1
2002	871.0	679.7	548.2	561.0	660.2	897.1
2003	795.7	694.8	459.1	503.6	553.2	927.8
2004	849.2	728.0	496.6	571.0	623.2	926.8
2005	709.3	749.6	467.7	538.8	629.3	1 005.4
2006	744.3	800.0	489.6	530.7	659.5	1 070.9
2007	782.5	803.8	495.2	535.5	690.2	1 125.5

注:2008年统计方法制度取消农林牧渔业不变价总产值。

17-18 历年粮食产量

单位:万吨

年　份	丰　县	沛　县	铜山县	睢宁县	新沂市	邳州市
1978	24.82	29.08	51.50	30.57	31.47	36.94
1979	28.59	33.87	60.73	32.04	36.83	41.14
1980	30.81	32.71	63.44	37.69	38.98	44.22
1981	31.30	35.49	69.80	45.39	41.40	49.93
1982	35.09	36.30	68.95	52.62	45.55	53.33
1983	42.13	49.79	95.67	57.79	55.16	65.35
1984	49.19	56.51	103.18	64.08	58.77	71.22
1985	49.41	48.94	94.84	62.97	54.68	67.14
1986	51.27	55.30	105.80	66.17	57.32	72.59
1987	45.11	54.20	100.12	68.25	58.89	74.99
1988	38.92	52.38	94.04	59.29	52.50	71.34
1989	43.55	55.97	104.71	68.58	54.27	75.44
1990	43.72	55.69	107.60	67.29	51.54	71.20
1991	48.70	55.82	108.48	66.88	55.30	74.62
1992	46.11	55.63	111.70	68.27	55.47	79.67
1993	50.15	59.30	105.65	60.79	54.54	74.86
1994	46.64	52.62	72.63	61.02	50.61	70.92
1995	51.24	58.58	76.75	63.66	54.20	76.10
1996	52.24	62.25	79.94	69.76	54.29	78.25
1997	53.44	62.50	82.56	73.80	56.55	81.10
1998	44.19	51.91	75.87	64.62	49.79	73.00
1999	54.93	56.89	81.88	73.62	50.74	75.66
2000	40.34	45.60	56.63	53.92	39.00	64.57
2001	38.25	44.43	54.17	51.53	37.55	65.30
2002	38.06	45.22	48.88	49.49	37.69	60.38
2003	23.83	36.22	33.28	39.70	25.74	36.80
2004	43.17	47.35	51.32	58.48	35.07	62.03
2005	38.08	48.19	53.30	53.68	36.80	60.65
2006	42.77	48.03	61.58	65.47	41.98	60.30
2007	40.03	46.29	65.43	61.34	49.12	66.11
2008	43.91	51.76	65.43	74.67	52.94	69.93

注:2006 年数据根据农普资料进行了调整。

17-19 历年棉花产量

单位:万吨

年 份	丰 县	沛 县	铜山县	睢宁县	新沂市	邳州市
1978	0.25	0.37	0.73	0.64	0.07	0.41
1979	0.32	0.31	0.60	0.41	0.01	0.35
1980	0.71	0.73	1.22	1.00	0.01	0.79
1981	0.63	0.75	1.26	0.93	0.01	0.75
1982	1.15	1.07	1.73	0.94		0.80
1983	1.43	1.25	2.33	1.28		1.04
1984	2.33	1.40	2.56	1.68		1.36
1985	1.45	1.04	1.97	1.06		1.53
1986	1.77	0.77	1.63	0.76		1.31
1987	2.05	1.09	1.94	0.85		1.56
1988	1.94	1.18	2.55	1.15	0.04	1.97
1989	1.25	0.30	1.23	0.72	0.03	1.16
1990	1.62	0.42	1.51	0.84	0.01	1.18
1991	1.98	0.86	2.36	1.05		1.70
1992	1.00	0.41	1.81	0.98		1.26
1993	1.12	0.55	1.74	0.60		0.78
1994	0.80	0.32	1.04	0.71		1.10
1995	1.01	0.55	1.54	0.85		1.69
1996	0.90	0.61	1.25	0.68		1.17
1997	0.80	0.40	0.86	0.68		1.20
1998	0.71	0.23	1.02	0.57		1.07
1999	0.36	0.09	0.71	0.39		0.70
2000	1.53	0.26	1.24	0.62		1.12
2001	1.66	0.47	1.43	1.02		1.80
2002	1.71	0.49	1.16	1.10		1.51
2003	1.45	0.31	0.78	0.58		1.03
2004	2.31	1.02	1.65	0.99		1.95
2005	0.95	0.39	0.84	0.62		1.04
2006	1.05	0.31	0.54	0.37		0.78
2007	1.60	0.52	0.63	0.34		0.86
2008	1.68	0.45	0.81	0.25		0.86

17-20 历年油料产量

单位:万吨

年　份	丰　县	沛　县	铜山县	睢宁县	新沂市	邳州市
1978	0.11	0.08	0.35	0.19	0.73	0.12
1979	0.17	0.12	0.32	0.29	0.99	0.18
1980	0.28	0.23	0.50	0.44	1.37	0.33
1981	0.41	0.24	0.67	0.96	2.20	0.56
1982	0.44	0.21	0.83	2.63	2.67	0.77
1983	0.27	0.11	0.53	1.86	2.49	0.43
1984	0.30	0.26	0.52	1.69	1.92	0.41
1985	0.79	0.74	1.41	3.67	3.09	0.79
1986	1.00	0.78	1.29	3.75	3.05	0.76
1987	0.68	0.61	1.28	4.53	2.71	0.80
1988	0.36	0.46	0.40	0.61	2.67	0.31
1989	0.44	0.47	0.50	0.87	2.34	0.38
1990	0.51	0.57	0.57	0.62	2.08	0.41
1991	0.49	0.60	0.70	1.18	2.53	0.82
1992	0.50	0.43	0.66	0.97	2.21	0.75
1993	0.62	0.50	0.86	1.44	3.14	0.57
1994	0.68	0.40	0.45	2.15	4.04	1.33
1995	0.63	0.55	0.35	1.42	3.91	1.22
1996	0.68	0.70	0.32	0.96	2.75	0.70
1997	0.86	0.75	0.36	1.22	3.83	0.58
1998	1.18	1.01	0.23	2.11	4.03	0.61
1999	1.73	1.07	1.00	3.43	5.79	0.78
2000	2.68	1.44	1.40	5.28	7.65	1.21
2001	3.50	1.46	1.13	4.83	8.78	2.54
2002	2.20	1.60	1.42	5.52	9.09	1.92
2003	1.12	0.86	0.93	3.01	2.78	1.09
2004	1.56	0.81	1.78	4.73	8.67	1.97
2005	0.60	0.62	1.19	3.33	8.43	1.62
2006	0.70	0.68	0.95	2.20	6.11	1.33
2007	0.68	0.35	0.96	1.75	5.76	1.60
2008	0.62	0.36	0.73	1.95	5.40	1.47

17-21　历年肉类总产量

单位:万吨

年　份	丰　县	沛　县	铜山县	睢宁县	新沂市	邳州市
1978						
1979						
1980						
1981						
1982						
1983						
1984						
1985	1.71	1.83	2.65	2.53	2.39	2.81
1986	1.79	1.70	2.86	2.88	2.40	2.36
1987	2.52	1.68	3.58	2.72	2.49	3.01
1988	2.78	2.27	4.33	3.25	2.72	3.05
1989	2.83	2.27	4.48	3.17	2.58	3.38
1990	3.03	2.61	5.12	3.56	2.86	4.13
1991	3.66	2.86	5.37	3.65	2.90	4.54
1992	3.98	2.96	6.09	4.14	3.16	5.10
1993	4.45	3.49	7.32	4.99	3.64	5.30
1994	4.55	3.81	6.56	6.17	4.93	6.23
1995	5.03	4.67	8.15	7.25	5.32	7.67
1996	7.48	6.32	9.16	8.92	5.15	8.98
1997	3.14	5.19	4.78	6.06	5.29	6.20
1998	4.76	5.67	4.55	4.82	5.58	7.26
1999	4.35	5.49	5.06	4.06	5.01	6.84
2000	4.56	6.30	5.63	3.97	6.20	7.45
2001	5.10	6.87	5.79	4.36	6.89	8.06
2002	5.23	6.94	6.03	5.32	6.11	8.26
2003	5.60	6.94	6.61	5.34	6.30	8.81
2004	5.63	7.15	6.82	6.22	6.30	9.38
2005	6.32	8.17	6.40	7.06	6.86	10.17
2006	4.29	11.36	7.14	6.43	7.34	10.56
2007	4.23	9.90	6.42	5.48	5.89	8.83
2008	7.86	11.94	7.30	7.22	7.80	13.36

17-22 历年工业产品销售收入

单位:万元

年　份	丰　县	沛　县	铜山县	睢宁县	新沂市	邳州市
1978	6 093	5 539	6 942	4 038	3 789	3 597
1979	5 521	4 748	8 234	6 101	5 110	7 643
1980	7 288	5 914	13 371	9 432	7 945	9 448
1981	7 594	7 593	10 992	9 663	8 080	11 276
1982	9 037	7 635	21 254	12 244	11 178	11 518
1983	9 940	8 399	23 379	13 468	12 296	12 670
1984	10 442	10 412	24 848	13 830	13 966	15 216
1985	12 089	12 889	29 743	16 709	17 718	19 573
1986	12 978	15 635	34 276	19 551	22 452	23 271
1987	17 426	19 654	43 188	24 516	28 916	26 512
1988	25 030	27 617	65 925	33 840	46 398	40 831
1989	31 697	32 552	81 245	42 265	52 302	49 290
1990	30 066	31 251	82 778	34 802	53 081	53 643
1991	30 698	36 702	91 081	39 554	55 867	59 475
1992	40 842	47 562	127 876	47 105	71 612	78 587
1993	54 946	54 946	194 665	73 764	108 146	124 530
1994	74 415	101 265	228 878	110 356	144 329	166 624
1995	123 593	167 353	463 747	155 227	195 580	271 147
1996	160 092	216 443	626 225	202 132	236 024	291 125
1997	196 218	279 907	740 342	119 934	285 216	185 141
1998	137 860	151 483	837 798	61 014	135 734	135 609
1999	155 166	163 600	942 589	68 148	152 031	158 264
2000	160 578	176 848	1 020 779	74 519	170 343	168 582
2001	173 585	193 699	1 141 803	88 199	202 297	196 712
2002	130 208	221 719	1 312 678	126 891	239 156	256 489
2003	200 799	285 100	1 209 910	181 201	287 972	352 189
2004	217 832	431 470	1 502 553	257 885	412 006	596 828
2005	288 579	659 600	1 961 668	397 786	637 953	957 120
2006	365 312	946 365	2 927 393	537 142	889 313	1 364 986
2007	494 401	1 445 039	4 188 926	661 268	1 216 672	2 014 706
2008	697 564	2 025 139	6 173 759	839 734	1 705 810	3 057 777

17-23 历年工业利税总额

单位:万元

年　份	丰　县	沛　县	铜山县	睢宁县	新沂市	邳州市
1978	654	751	1 294	1 088	1 173	937
1979	765	802	1 552	1 212	1 156	1 026
1980	1 070	770	2 821	1 680	1 338	1 488
1981	1 215	906	3 095	1 936	1 593	1 318
1982	1 077	1 064	3 851	1 667	1 541	1 325
1983	1 178	1 053	3 696	1 810	1 860	1 487
1984	1 352	1 920	4 086	2 334	2 422	2 485
1985	1 303	1 550	4 072	2 272	2 175	2 197
1986	936	1 688	3 224	2 257	2 383	2 545
1987	1 677	2 169	3 689	2 633	3 523	2 527
1988	2 401	3 245	6 385	3 710	5 661	3 314
1989	2 812	3 588	7 147	3 052	5 513	3 207
1990	2 332	2 153	2 400	1 743	5 400	3 149
1991	1 859	3 355	4 765	2 195	4 609	3 928
1992	3 032	4 080	9 292	2 933	6 333	5 415
1993	2 463	2 463	14 971	3 622	8 603	8 609
1994	5 903	8 184	22 357	6 591	13 445	14 062
1995	8 234	13 999	55 036	8 154	14 785	16 898
1996	11 377	13 885	54 521	11 171	11 742	19 740
1997	12 760	17 344	59 679	243	13 488	11 367
1998	6 654	10 021	67 158	-413	2 789	11 542
1999	7 112	8 777	72 330	1 191	3 545	10 051
2000	7 272	10 420	76 355	5 287	4 502	12 594
2001	7 699	12 794	90 875	6 819	6 460	13 449
2002	5 287	15 460	121 167	10 308	7 624	18 588
2003	8 287	20 846	103 248	13 715	16 006	23 195
2004	13 409	19 761	139 549	21 430	25 108	35 289
2005	18 137	33 090	194 102	30 257	38 674	59 337
2006	27 396	63 530	329 099	39 931	66 066	98 171
2007	39 878	79 715	505 331	46 627	101 417	161 090
2008	64 581	266 504	976 394	125 773	158 478	552 478

17-24 历年邮电业务总量

单位:万元

年 份	丰 县	沛 县	铜山县	睢宁县	新沂市	邳州市
1978	53	66	72	65	67	72
1979	56	74	70	70	78	73
1980	63	79	80	76	84	82
1981	68	88	89	82	97	94
1982	69	92	95	82	101	97
1983	74	100	107	87	106	99
1984	81	113	107	98	110	114
1985	93	130	122	112	126	128
1986	97	148	128	119	148	142
1987	108	165	128	138	162	163
1988	131	199	153	176	199	216
1989	139	213	172	193	217	222
1990	325	483	206	430	477	480
1991	386	529	593	544	543	596
1992	511	763	774	752	840	829
1993	722	1 207	1 154	1 008	1 259	1 227
1994	1 356	1 750	1 398	1 598	1 834	2 090
1995	2 200	2 594	2 335	2 575	3 405	3 354
1996	2 994	3 779	3 735	3 464	4 087	4 463
1997	4 520	5 628	4 880	5 169	5 614	6 272
1998	5 851	6 986	1 084	6 756	7 227	8 534
1999	6 981	9 140	1 164	8 144	8 275	10 724
2000	10 487	14 645	1 638	10 763	13 269	17 517
2001	10 308	12 875	2 010	11 297	11 784	16 573
2002	10 742	13 486	2 488	11 767	11 986	16 611
2003	12 905	15 924	9 207	13 946	14 313	19 077
2004	6 234	8 340	11 043	7 227	7 245	10 789
2005	7 235	9 905	5 233	8 630	9 111	12 756
2006	10 181	13 059	14 502	11 904	11 399	16 508
2007	26 922	37 403	45 696	33 023	33 868	49 353
2008	30 719	38 781	58 462	37 780	39 634	56 284

注:2006 年及以前邮电业务总量中电信业务总量以电信业务收入代替。

17-25 历年年末电话用户

单位:户

年 份	丰 县	沛 县	铜山县	睢宁县	新沂市	邳州市
1978	992	2 044		1 517	1 391	1 716
1979	1 110	2 130		1 563	1 483	1 809
1980	1 186	2 130		1 674	1 705	1 881
1981	1 250	2 162		1 729	1 774	1 898
1982	1 229	2 237		1 799	2 132	1 863
1983	1 152	2 374		1 815	2 253	1 917
1984	1 224	2 500		1 907	2 508	2 076
1985	1 353	2 744		2 028	2 833	2 310
1986	1 462	3 122		2 167	2 965	2 348
1987	1 547	3 579		2 304	3 288	2 611
1988	1 800	4 141		2 625	3 650	2 946
1989	1 961	5 059		3 189	4 060	3 418
1990	2 256	6 011		3 659	4 316	3 791
1991	2 848	6 767		4 779	4 953	4 502
1992	3 133	8 601		5 393	7 452	5 845
1993	3 627	11 141		6 763	9 206	7 883
1994	6 910	16 834		10 704	11 529	11 767
1995	12 173	22 799		16 219	20 675	22 594
1996	21 588	33 719		29 817	39 309	34 371
1997	36 893	53 963		40 811	54 080	48 738
1998	49 871	70 380		61 097	75 566	82 685
1999	44 267	59 464		52 052	58 453	70 343
2000	65 944	81 326		73 890	80 146	100 162
2001	94 810	106 240		106 927	98 699	134 368
2002	124 422	140 187		134 598	129 540	175 820
2003	165 988	187 204	198 979	177 939	168 802	229 143
2004	208 672	239 275	282 600	228 993	209 109	293 284
2005	239 468	275 750	295 707	273 883	257 232	353 097
2006	248 726	288 165	270 251	298 558	266 937	372 969
2007	242 158	235 777	272 056	297 598	270 527	353 257
2008	220 611	230 571	241 018	270 364	237 400	312 135

17-26 历年社会消费品零售总额

单位:万元

年份	丰县	沛县	铜山县	睢宁县	新沂市	邳州市
1978	5 581	6 587	11 569	7 448	6 594	7 799
1979	6 981	8 136	12 704	9 037	7 842	10 096
1980	8 962	9 357	13 144	10 741	8 968	12 282
1981	10 167	10 934	14 478	11 616	10 625	13 140
1982	11 883	12 036	16 486	12 343	12 169	14 186
1983	12 191	13 541	18 637	13 945	13 490	15 083
1984	14 000	16 071	21 802	16 575	14 216	17 547
1985	18 465	19 762	27 613	21 199	18 869	22 883
1986	20 579	22 168	32 365	23 307	22 833	26 869
1987	23 555	26 658	37 441	25 849	25 821	29 582
1988	28 620	31 213	43 827	30 628	30 630	35 904
1989	31 599	33 343	44 445	31 893	31 650	38 837
1990	32 267	32 521	42 464	31 685	32 118	40 060
1991	32 403	34 096	49 490	31 180	32 383	41 918
1992	34 881	35 409	53 118	32 751	34 459	46 422
1993	41 004	50 429	67 999	38 870	42 663	54 945
1994	54 011	61 581	64 651	51 600	58 291	68 552
1995	74 978	85 502	85 414	63 669	77 231	86 774
1996	91 807	104 356	110 087	72 042	90 872	111 463
1997	105 186	119 155	129 757	77 511	102 264	125 514
1998	115 033	128 715	135 971	76 110	110 139	130 665
1999	123 018	137 866	151 757	78 839	119 568	144 046
2000	134 526	156 215	164 494	82 276	131 226	163 492
2001	153 120	173 339	182 109	93 115	147 012	189 651
2002	173 596	191 614	200 440	127 452	163 521	214 305
2003	168 067	185 347	191 502	140 192	178 210	237 918
2004	190 284	347 448	281 052	233 373	228 244	295 771
2005	218 489	401 302	322 648	268 379	262 708	342 503
2006	253 188	465 918	374 434	310 894	304 810	399 337
2007	294 141	545 168	438 068	362 246	355 990	469 111
2008	363 073	686 054	553 335	446 405	440 631	598 034

注:2004 年数据为经济普查调整数。

17–27 历年实际利用外资

单位:万美元

年份	丰县	沛县	铜山县	睢宁县	新沂市	邳州市
1978						
1979						
1980						
1981						
1982						
1983						
1984						
1985						
1986						
1987						
1988						
1989						
1990		58				10
1991		61	19		143	
1992	531	62	154	29	44	52
1993		142		127	528	150
1994	112	330	552	47	711	265
1995	23	316	1 734	659	1 067	70
1996	520	878	1 544	604	608	820
1997	42	632	878	253	717	118
1998	426	759	1 294	91	762	280
1999	377	821	1 624	10	143	15
2000	3 477	5 240	3 448	1 164	453	464
2001	1 843	1 345	2 360	881	913	784
2002	1 518	1 840	2 458	1 242	1 828	2 586
2003	2 129	3 110	3 817	1 750	1 945	4 030
2004	701	2 037	3 254	1 998	2 859	4 811
2005	453	793	3 709	1 698	914	3 337
2006	669	1 813	3 006	385	1 197	3 940
2007	119	955	4 279	1 310	1 930	3 910
2008	482	2 394	6 073	1 134	1 326	3 012

17-28 历年金融机构存款余额

（年底数） 单位:万元

年 份	丰 县	沛 县	铜山县	睢宁县	新沂市	邳州市
1978	1 837	3 136	5 345		2 316	3 106
1979	2 399	3 284	4 902		3 120	3 100
1980	2 875	4 200	9 832		4 069	1 961
1981	5 022	6 940	14 116	4 877	5 027	6 553
1982	5 088	7 023	20 008	4 838	6 008	6 372
1983	6 797	10 208	22 421	6 141	7 317	8 638
1984	8 901	14 301	29 211	8 842	8 902	13 061
1985	9 533	15 979	27 026	8 953	7 778	12 967
1986	14 755	23 518	36 338	13 134	13 392	18 106
1987	21 314	31 463	42 162	15 096	16 638	23 157
1988	33 930	50 916	101 302	26 576	24 604	38 244
1989	41 592	54 235	101 385	30 909	28 825	45 297
1990	45 540	72 942	130 105	30 578	37 086	51 235
1991	58 389	91 595	163 671	43 924	44 799	63 715
1992	68 038	109 118	191 854	56 667	53 151	76 573
1993	82 111	138 413	235 212	69 903	65 805	98 074
1994	101 203	177 476	227 397	89 463	84 266	133 823
1995	126 259	228 300	299 449	108 597	114 259	170 289
1996	160 051	282 481	397 126	129 704	144 377	212 096
1997	184 294	334 381	466 258	155 819	172 473	265 491
1998	202 842	375 402	479 798	176 429	189 829	290 241
1999	214 309	399 968	447 114	195 967	200 851	327 727
2000	234 947	435 149		232 361	211 738	376 325
2001	267 706	515 503		277 154	238 487	416 461
2002	313 444	591 085		328 267	286 770	465 173
2003	342 292	650 666	782 659	376 152	339 602	531 812
2004	381 379	766 597	1 005 189	450 926	401 685	640 338
2005	464 517	894 761	1 227 538	541 638	459 154	714 438
2006	579 389	1 022 218	1 448 235	648 257	542 146	832 182
2007	685 879	1 160 059	1 673 637	748 577	634 831	965 045
2008	818 346	1 449 307	2 102 891	874 589	762 853	1 117 426

17-29 历年金融机构贷款余额

（年底数） 单位:万元

年 份	丰 县	沛 县	铜山县	睢宁县	新沂市	邳州市
1978	5 797	5 147	7 531		6 539	7 389
1979	6 557	6 056	507		9 046	8 416
1980	8 608	8 320	11 041		11 117	5 693
1981	10 657	10 164	14 552	14 950	12 047	12 502
1982	11 838	11 047	18 971	16 873	12 806	13 666
1983	14 961	14 973	23 631	18 659	15 731	17 608
1984	22 800	20 272	33 537	26 554	20 597	23 621
1985	23 955	21 811	30 849	26 556	21 967	24 260
1986	23 619	25 493	34 318	30 139	25 202	28 473
1987	30 051	34 615	43 078	35 710	27 659	35 065
1988	40 078	42 129	72 414	42 454	33 682	45 529
1989	42 760	48 419	30 092	45 644	39 567	51 291
1990	54 344	60 156	97 147	48 158	47 492	63 296
1991	68 054	75 465	122 990	65 786	60 662	78 020
1992	71 953	87 955	137 975	72 499	70 518	82 859
1993	83 172	104 424	165 564	81 590	82 763	93 846
1994	101 478	123 824	172 538	101 536	99 263	119 778
1995	122 433	156 109	229 780	119 301	116 298	146 597
1996	139 456	199 805	288 921	127 800	144 036	165 083
1997	162 500	270 044	340 406	154 744	194 145	210 939
1998	177 176	290 329	389 318	174 750	214 116	228 154
1999	185 233	300 287	356 499	169 663	211 732	232 973
2000	172 863	290 188		143 036	192 087	221 341
2001	186 201	302 386		158 528	200 594	358 097
2002	186 511	317 655		175 184	208 252	416 690
2003	196 355	378 965	541 456	193 408	243 692	461 613
2004	180 528	372 238	586 723	201 152	269 633	500 891
2005	190 997	344 037	630 614	217 166	275 663	495 003
2006	245 075	357 974	721 496	271 389	353 228	567 831
2007	238 736	347 166	873 131	312 390	435 818	619 833
2008	289 367	346 410	990 968	369 949	539 993	679 753

17-30　历年各类专业技术人员

单位:万人

年　份	丰　县	沛　县	铜山县	睢宁县	新沂市	邳州市
1978	0.24	0.21	0.32	0.16	0.18	0.25
1979	0.27	0.24	0.35	0.18	0.20	0.27
1980	0.29	0.27	0.39	0.21	0.23	0.30
1981	0.32	0.30	0.43	0.24	0.26	0.33
1982	0.36	0.33	0.47	0.27	0.29	0.36
1983	0.39	0.38	0.52	0.30	0.32	0.39
1984	0.43	0.42	0.57	0.34	0.36	0.43
1985	0.44	0.44	0.65	0.41	0.31	0.51
1986	0.45	0.49	0.68	0.44	0.38	0.50
1987	0.55	0.51	0.77	0.52	0.45	0.57
1988	0.65	0.63	0.79	0.63	0.53	0.66
1989	0.78	0.81	0.93	0.87	0.66	0.84
1990	0.82	0.82	0.98	0.91	0.68	0.89
1991	0.97	0.94	1.08	0.92	0.72	0.99
1992	1.00	0.93	1.18	0.98	0.77	0.85
1993	1.01	1.04	1.29	1.04	0.86	1.08
1994	1.01	1.16	1.12	1.04	0.88	1.12
1995	1.18	1.50	1.57	1.29	1.00	1.28
1996	1.40	1.56	1.70	1.43	1.43	1.29
1997	1.53	1.81	1.76	1.65	1.58	1.77
1998	1.58	2.00	1.83	1.79	1.69	2.05
1999	1.62	2.05	1.87	1.81	1.74	2.23
2000	1.67	2.16	1.95	1.86	1.91	2.39
2001	1.67	2.06	1.93	1.88	1.89	2.57
2002	1.71	2.04	1.86	1.76	1.94	2.46
2003	1.63	2.05	1.87	1.80	1.77	2.38
2004	1.40	2.87	1.88	1.80	1.65	2.10
2005	1.51	1.92	2.13	1.79	2.09	2.60
2006	1.83	3.30	2.59	1.83	2.57	3.29
2007	1.84	3.31	2.59	1.84	2.58	3.30
2008	2.27	2.51	2.25	2.60	3.39	2.55

17-31 历年普通中学在校学生

单位:万人

年份	丰县	沛县	铜山县	睢宁县	新沂市	邳州市
1978	9.57	5.64	7.31	5.54	4.21	6.52
1979	8.45	5.28	6.34	5.00	4.02	5.48
1980	7.69	4.32	5.74	4.61	3.80	4.40
1981	4.28	4.18	5.45	3.88	3.16	3.60
1982	4.05	3.75	5.45	3.52	3.09	3.51
1983	3.73	3.61	5.71	3.39	3.13	4.01
1984	3.71	3.65	6.18	3.57	3.06	4.08
1985	4.00	3.88	6.77	3.95	3.47	4.44
1986	4.16	4.16	6.98	4.24	3.57	5.31
1987	4.16	4.28	6.90	4.11	3.43	5.18
1988	3.94	4.32	6.73	3.84	3.31	5.10
1989	3.90	4.50	6.96	3.82	3.23	5.15
1990	3.69	4.15	7.45	3.72	3.02	5.15
1991	3.20	3.79	7.71	3.48	3.22	5.50
1992	3.31	3.89	7.74	3.61	3.38	5.51
1993	3.41	4.20	7.89	3.76	3.51	5.84
1994	4.06	5.49	6.56	4.20	3.57	6.73
1995	4.72	6.30	7.29	4.85	3.95	7.80
1996	5.28	7.05	8.18	5.66	4.49	7.67
1997	5.84	7.00	8.76	6.10	5.15	7.08
1998	6.25	7.22	9.53	6.73	5.70	7.67
1999	6.65	7.65	9.04	7.23	6.14	8.96
2000	7.14	8.06	8.21	7.82	5.89	10.85
2001	7.59	8.51	8.21	8.94	7.72	12.15
2002	8.20	9.45	9.53	10.24	8.84	13.94
2003	8.83	10.69	11.30	11.62	9.71	15.86
2004	9.42	11.49	11.92	12.62	9.97	15.80
2005	9.69	11.78	10.26	12.54	9.48	15.18
2006	10.17	11.34	10.29	12.21	8.83	13.94
2007	10.47	10.63	9.60	11.55	7.93	12.64
2008	10.12	9.93	8.28	10.95	6.93	11.27

17-32 历年小学在校学生

单位:万人

年 份	丰 县	沛 县	铜山县	睢宁县	新沂市	邳州市
1978	8.85	13.91	21.36	14.47	12.32	16.60
1979	9.72	13.61	21.67	14.57	12.34	18.80
1980	9.99	12.86	22.34	14.11	12.50	17.17
1981	12.75	12.67	21.26	12.96	11.61	16.29
1982	12.09	12.15	20.58	12.59	10.68	15.52
1983	11.97	11.82	19.96	13.21	10.55	16.82
1984	11.67	11.59	19.65	12.45	10.27	16.84
1985	11.29	11.14	19.63	12.23	9.72	16.38
1986	10.92	10.82	18.67	12.15	9.32	16.10
1987	10.57	11.18	17.41	11.84	9.28	15.53
1988	10.38	11.48	16.93	11.50	9.10	14.51
1989	10.55	11.75	16.84	11.30	9.21	14.30
1990	10.40	12.66	16.87	12.19	9.58	15.03
1991	11.35	14.01	17.80	13.15	10.00	15.45
1992	11.56	14.31	18.73	13.78	10.59	16.51
1993	11.76	14.34	19.56	13.90	11.41	17.61
1994	12.30	14.79	15.04	15.05	12.46	19.09
1995	12.73	15.32	15.94	16.43	13.51	21.12
1996	13.24	15.94	16.51	17.50	14.72	24.18
1997	13.86	16.69	17.46	19.13	15.79	27.42
1998	14.38	17.41	17.98	20.29	16.00	27.95
1999	14.56	17.96	17.77	20.33	14.89	27.29
2000	14.69	17.82	18.29	20.17	13.92	25.05
2001	14.90	17.68	17.16	19.32	12.89	22.25
2002	14.55	16.46	15.51	17.96	11.43	19.39
2003	13.53	14.73	13.37	16.04	9.60	16.15
2004	12.24	12.70	11.01	13.95	7.97	13.47
2005	10.83	10.59	8.09	12.27	7.00	11.78
2006	9.63	8.73	6.89	10.97	6.21	11.21
2007	8.32	7.42	5.90	9.88	5.78	10.70
2008	7.11	6.78	5.36	8.62	4.96	10.68

17-33 历年卫生机构数

单位:个

年 份	丰 县	沛 县	铜山县	睢宁县	新沂市	邳州市
1978	50	28	46	15	51	44
1979	50	28	46	15	51	46
1980	51	57	98	58	62	70
1981	59	66	102	69	67	76
1982	64	66	105	69	65	76
1983	64	71	96	71	77	74
1984	67	70	96	72	76	73
1985	71	70	101	74	77	73
1986	74	70	96	73	62	72
1987	74	70	92	74	62	73
1988	74	70	102	66	63	73
1989	74	79	102	70	69	77
1990	74	79	111	70	65	77
1991	74	79	149	72	65	77
1992	74	77	132	72	68	78
1993	82	109	144	72	68	82
1994	82	109	123	71	68	82
1995	82	109	123	71	68	82
1996	82	109	123	69	67	83
1997	82	109	123	69	67	84
1998	94	169	136	67	67	86
1999	86	69	61	56	47	86
2000	85	80	72	68	50	111
2001	91	89	65	56	40	101
2002	85	102	73	30	46	94
2003	152	125	71	22	51	91
2004	192	217	66	29	50	149
2005	192	192	63	29	60	149
2006	159	192	64	29	62	149
2007	154	188	63	28	187	149
2008	144	67	63	27	61	96

17-34 历年卫生技术人员

单位:万人

年 份	丰 县	沛 县	铜山县	睢宁县	新沂市	邳州市
1978	0.11	0.12	0.14	0.14	0.12	0.14
1979	0.10	0.13	0.14	0.14	0.12	0.18
1980	0.10	0.13	0.13	0.14	0.13	0.16
1981	0.10	0.13	0.15	0.14	0.13	0.12
1982	0.11	0.13	0.15	0.14	0.13	0.15
1983	0.11	0.13	0.15	0.14	0.14	0.14
1984	0.11	0.13	0.17	0.14	0.14	0.15
1985	0.12	0.14	0.19	0.14	0.14	0.16
1986	0.12	0.15	0.20	0.14	0.15	0.17
1987	0.12	0.15	0.20	0.15	0.14	0.17
1988	0.14	0.16	0.23	0.15	0.14	0.18
1989	0.14	0.18	0.24	0.16	0.16	0.18
1990	0.15	0.19	0.26	0.17	0.16	0.18
1991	0.16	0.21	0.29	0.18	0.17	0.20
1992	0.17	0.21	0.31	0.19	0.18	0.23
1993	0.18	0.33	0.32	0.19	0.19	0.24
1994	0.18	0.35	0.26	0.19	0.20	0.29
1995	0.19	0.36	0.27	0.19	0.20	0.31
1996	0.19	0.37	0.27	0.19	0.20	0.34
1997	0.19	0.38	0.28	0.21	0.21	0.40
1998	0.19	0.39	0.28	0.21	0.22	0.40
1999	0.19	0.38	0.28	0.21	0.22	0.43
2000	0.19	0.37	0.28	0.20	0.22	0.47
2001	0.20	0.37	0.27	0.20	0.22	0.48
2002	0.18	0.35	0.27	0.19	0.21	0.48
2003	0.19	0.33	0.28	0.19	0.16	0.47
2004	0.20	0.34	0.27	0.19	0.18	0.48
2005	0.18	0.31	0.26	0.19	0.21	0.46
2006	0.19	0.32	0.27	0.19	0.22	0.47
2007	0.20	0.33	0.25	0.19	0.22	0.48
2008	0.22	0.32	0.25	0.20	0.23	0.47

17-35 历年医院、卫生院床位数

单位:万张

年份	丰县	沛县	铜山县	睢宁县	新沂市	邳州市
1978	0.06	0.10	0.15	0.11	0.10	0.10
1979	0.06	0.11	0.15	0.12	0.11	0.11
1980	0.06	0.11	0.15	0.12	0.11	0.10
1981	0.08	0.11	0.15	0.12	0.11	0.10
1982	0.08	0.11	0.15	0.13	0.11	0.10
1983	0.08	0.11	0.15	0.13	0.11	0.09
1984	0.08	0.11	0.15	0.11	0.11	0.10
1985	0.08	0.10	0.16	0.11	0.12	0.10
1986	0.08	0.12	0.16	0.11	0.12	0.10
1987	0.09	0.11	0.16	0.11	0.11	0.10
1988	0.10	0.11	0.17	0.11	0.12	0.10
1989	0.10	0.11	0.17	0.11	0.12	0.10
1990	0.10	0.11	0.17	0.11	0.13	0.10
1991	0.10	0.12	0.17	0.12	0.13	0.10
1992	0.11	0.13	0.18	0.12	0.12	0.11
1993	0.10	0.17	0.18	0.12	0.12	0.13
1994	0.11	0.17	0.15	0.11	0.11	0.12
1995	0.10	0.17	0.15	0.11	0.12	0.13
1996	0.10	0.17	0.15	0.12	0.12	0.12
1997	0.10	0.17	0.14	0.11	0.11	0.12
1998	0.11	0.17	0.15	0.12	0.11	0.13
1999	0.10	0.20	0.14	0.11	0.12	0.15
2000	0.10	0.20	0.14	0.11	0.12	0.16
2001	0.10	0.20	0.14	0.11	0.13	0.15
2002	0.10	0.19	0.14	0.12	0.12	0.14
2003	0.10	0.19	0.13	0.12	0.12	0.15
2004	0.11	0.19	0.14	0.12	0.12	0.15
2005	0.11	0.20	0.14	0.12	0.13	0.15
2006	0.11	0.21	0.15	0.12	0.14	0.15
2007	0.11	0.23	0.14	0.12	0.15	0.18
2008	0.15	0.25	0.16	0.13	0.14	0.19

17-36 历年职工平均工资

单位:元

年 份	丰 县	沛 县	铜山县	睢宁县	新沂市	邳州市
1978	403	381	442	364	472	471
1979	503	454	464	451	496	501
1980	584	547	598	551	564	565
1981	609	548	581	541	571	587
1982	640	596	608	578	621	625
1983	635	606	616	576	641	634
1984	870	902	936	786	971	861
1985	943	1 101	960	914	995	941
1986	1 106	1 072	1 134	1 079	1 106	1 124
1987	1 164	1 141	1 160	1 132	1 217	1 174
1988	1 541	1 487	1 416	1 355	1 517	1 590
1989	1 558	1 520	1 568	1 551	1 549	1 480
1990	1 691	1 647	1 751	1 700	1 787	1 653
1991	1 725	1 837	1 838	1 742	1 928	1 777
1992	2 159	2 118	1 961	2 042	2 243	2 047
1993	2 676	2 328	2 339	2 328	2 638	2 506
1994	3 422	3 081	3 464	3 203	3 841	3 755
1995	4 071	3 890	4 442	3 964	4 580	3 964
1996	4 789	4 411	5 379	4 416	5 151	5 035
1997	4 719	5 111	5 997	4 193	5 024	4 832
1998	5 625	6 108	6 678	5 148	5 974	5 972
1999	6 264	6 687	7 260	5 476	6 533	6 382
2000	6 669	7 234	7 862	5 693	7 047	7 002
2001	7 200	7 765	8 441	5 868	7 519	7 560
2002	7 568	8 202	9 012	7 331	7 998	8 085
2003	8 254	8 838	9 708	8 242	8 313	8 659
2004	9 455	9 950	10 938	8 987	9 525	9 485
2005	11 220	11 950	13 235	10 658	11 659	11 625
2006	12 530	13 688	15 604	11 984	13 423	13 412
2007	14 406	16 128	18 725	13 825	15 855	15 746
2008	17 389	18 688	21 845	17 136	18 483	18 722

17-37 历年城乡居民储蓄存款余额

（年底数） 单位:万元

年 份	丰 县	沛 县	铜山县	睢宁县	新沂市	邳州市
1978	586	624	1 507	539	632	734
1979	1 336	898	2 432	777	1 101	937
1980	1 615	1 810	3 539	1 512	1 649	1 603
1981	2 382	2 559	4 856	2 133	2 130	2 326
1982	2 958	3 404	7 008	2 539	2 681	3 036
1983	4 103	5 190	12 165	3 434	3 964	4 214
1984	6 131	7 736	17 268	5 428	4 794	6 706
1985	8 368	10 594	21 242	6 057	5 823	7 973
1986	12 708	16 225	30 893	8 861	8 585	12 290
1987	16 501	23 200	41 731	11 992	11 733	16 771
1988	21 174	32 136	52 867	15 390	14 500	22 296
1989	25 950	41 532	70 538	19 006	18 521	26 550
1990	34 202	56 573	94 683	25 825	25 157	35 367
1991	43 926	72 169	117 328	32 366	31 235	44 820
1992	49 950	86 495	139 644	41 025	37 116	55 914
1993	66 718	113 260	178 720	55 765	47 034	76 298
1994	80 922	142 420	167 956	76 328	63 093	103 133
1995	99 477	184 149	223 857	90 917	87 749	136 143
1996	123 305	232 008	275 204	107 658	108 385	169 884
1997	147 178	278 504	313 763	126 611	125 355	201 070
1998	165 461	314 558	344 175	147 203	136 191	220 552
1999	177 192	347 884	322 766	161 323	140 484	244 637
2000	198 535	374 997		190 522	159 261	274 035
2001	229 579	416 814		227 229	186 972	313 571
2002	264 249	474 533		268 767	222 142	345 541
2003	289 921	535 110	660 774	308 658	261 334	402 443
2004	330 664	611 413	778 962	372 365	310 294	492 403
2005	395 565	710 275	896 873	457 046	362 101	583 793
2006	479 684	786 261	1 030 057	532 538	404 096	648 887
2007	544 418	863 847	1 197 030	592 255	463 567	736 551
2008	659 610	1 065 308	1 526 967	719 016	559 798	890 588

17-38 历年农民人均纯收入

单位:元

年 份	丰 县	沛 县	铜山县	睢宁县	新沂市	邳州市
1978	84	131	120	54	72	55
1979	121	149	176	56	77	64
1980	117	170	205	74	163	76
1981	129	193	268	109	199	92
1982	144	215	342	164	282	123
1983	307	373	377	325	308	257
1984	419	425	478	379	424	345
1985	422	428	412	316	356	345
1986	412	451	522	378	426	427
1987	454	498	567	369	443	476
1988	462	578	646	460	535	576
1989	491	682	785	448	624	639
1990	504	613	832	519	610	648
1991	595	739	873	559	729	783
1992	669	758	982	638	760	815
1993	777	919	1 142	761	890	893
1994	1 067	1 170	1 451	1 022	1 291	1 259
1995	1 545	1 751	2 038	1 513	1 764	1 706
1996	2 162	2 362	2 770	2 121	2 301	2 360
1997	2 561	2 852	3 202	2 427	2 643	2 604
1998	2 807	3 109	3 428	2 551	2 857	2 847
1999	3 003	3 241	3 590	2 661	3 016	3 001
2000	3 129	3 365	3 748	2 664	2 814	3 121
2001	3 034	3 544	3 943	2 850	2 959	3 295
2002	3 479	3 735	3 780	3 050	3 123	3 475
2003	3 611	3 880	3 930	3 163	3 231	3 613
2004	4 027	4 325	4 402	3 465	3 613	4 004
2005	4 026	4 550	4 920	3 845	4 025	4 477
2006	4 537	5 143	5 591	4 314	4 516	5 088
2007	5 104	5 831	6 340	4 849	5 076	5 770
2008	5 724	6 593	7 167	5 452	5 698	6 526

17-39　历年农民人均生活消费支出

单位:元

年　份	丰　县	沛　县	铜山县	睢宁县	新沂市	邳州市
1978	71		109		65	
1979	85		148		71	
1980	116		160		148	
1981	175		221		177	
1982	211		239		225	
1983	253	210	272	247	289	223
1984	294	272	311	278	350	247
1985	363	343	353	269	347	285
1986	398	362	390	334	424	353
1987	418	415	443	370	400	448
1988	500	511	544	386	450	447
1989	585	611	622	423	590	598
1990	565	510	575	425	537	550
1991	663	622	536	497	530	603
1992	526	579	582	546	512	684
1993	594	955	690	499	606	679
1994	864	938	927	891	1 039	992
1995	917	1 227	1 040	1 073	1 361	1 192
1996	1 455	1 699	1 610	1 325	1 344	1 467
1997	1 605	1 714	1 943	1 555	1 393	1 311
1998	1 586	1 576	1 258	1 466	1 538	1 227
1999	1 685	1 603	1 459	1 286	1 496	1 258
2000	1 468	1 741	1 384	1 429	1 358	1 583
2001	1 596	1 913	1 582	1 395	1 453	1 381
2002	1 912	2 296	1 674	1 588	1 552	1 311
2003	1 933	2 510	1 881	1 648	1 915	1 361
2004	2 230	2 110	2 200	1 861	1 862	1 257
2005	3 082	3 282	2 961	2 567	2 501	2 630
2006	3 118	3 666	3 515	2 932	3 145	3 027
2007	3 461	4 695	4 311	3 432	3 565	3 528
2008	4 085	5 318	4 807	3 746	3 756	4 218

17-40 县(市)社会经济主要指标

（2008 年）

指 标 名 称		徐州市	丰 县	沛 县	铜山县	睢宁县	新沂市	邳州市
人口、就业及土地面积								
年末总人口	（万人）	946.86	114.03	123.80	122.11	132.51	100.31	169.70
年平均人口	（万人）	943.91	113.66	123.70	121.29	132.70	99.71	169.18
当年出生人口	（人）	93 416	8 847	11 650	12 075	8 794	9 318	29 692
当年死亡人口	（人）	106 845	11 460	21 359	10 544	21 234	9 707	23 079
年末总户数	（户）	2 777 603	319 187	381 241	378 159	347 844	325 348	454 365
从业人员	（万人）	486.05	59.71	57.01	62.28	72.85	50.10	84.93
第一产业		163.19	34.28	19.02	24.66	28.85	18.89	26.81
第二产业		168.99	14.20	20.27	20.28	24.52	17.77	32.23
第三产业		153.87	11.23	17.72	17.35	19.49	13.45	25.89
年末单位从业人员	（人）	611 249	40 207	44 522	57 138	40 233	50 820	60 324
（一）按国民经济行业分组								
第一产业（农林牧渔业）		18 625	262	6 877	7 032	176	650	2 162
第二产业		243 087	10 283	4 955	23 248	10 931	22 700	13 728
第三产业		349 537	29 662	32 690	26 858	29 126	27 470	44 434
（二）按登记注册类型分组								
# 国有单位		414 780	27 770	35 497	31 532	27 735	24 444	39 204
城镇集体单位		36 423	3 954	5 374	3 410	3 547	3 303	4 704
港澳台商投资单位		17 697	1 345			4 824	1 611	3 164
外商投资单位		8 642	231		77	276	2 520	3 435
在岗职工人数	（人）	583 430	36 723	40 659	56 345	38 426	49 743	58 541
在岗职工平均人数	（人）	577 668	36 662	40 282	53 424	36 742	50 031	56 756
私营企业从业人员	（人）	689 355	35 123	67 901	68 220	51 841	109 774	101 760
个体从业人员	（人）	283 866	14 234	26 248	19 700	24 168	19 904	27 201
年末城镇登记失业人员数	（人）	33 665	1 776	2 918	2 312	1 942	4 558	2 915
行政区域土地面积	（平方公里）	11 258	1 446	1 349	1 877	1 767	1 571	2 088
综合经济								
地区生产总值	（亿元）	2 007.36	100.02	208.01	250.50	108.12	128.41	218.85
第一产业		210.02	25.28	37.55	28.30	27.56	25.01	44.12
第二产业		1 061.78	41.92	98.94	141.80	44.04	58.52	99.67
# 工业		910.04	30.95	81.87	123.27	35.84	50.15	78.96
第三产业		735.56	32.82	71.52	80.40	36.52	44.88	75.06
地区生产总值指数（上年 =100）		113.5	114.2	114.8	114.9	114.2	114.4	114.9
第一产业		105.2	105.6	104.0	101.6	106.4	103.0	104.5
第二产业		114.0	118.1	117.8	118.7	118.2	118.5	119.4
# 工业		115.0	118.4	119.0	119.7	118.4	118.8	119.7
第三产业		115.5	116.8	116.6	114.1	115.8	116.9	116.3
固定资产投资								
城镇固定资产投资	（万元）	10 150 379	401 679	913 456	1 350 536	453 785	821 348	1 023 840
# 房地产开发投资		1 308 123	79 029	83 496	110 772	29 237	125 500	138 500

17-40 续表1 (2008年)

指 标 名 称		徐州市	丰 县	沛 县	铜山县	睢宁县	新沂市	邳州市
商品房销售面积	(万平方米)	294.27	38.66	50.07	30.84	14.67	18.55	17.19
#住宅		267.92	36.65	45.53	28.63	14.39	18.55	17.19
空置面积	(万平方米)	26.69	0.32	8.83	8.16	1.09	1.40	1.01
#住宅		15.35		4.44	4.61	0.87	1.40	1.01
财政、金融、保险								
上划中央收入	(万元)	1 427 486	28 991	95 185	103 725	25 951	44 814	57 860
一般预算收入	(万元)	1 258 505	52 680	108 094	133 000	52 158	70 104	130 729
#税收收入		1 002 008	40 868	88 728	106 440	42 170	52 845	90 744
#增值税(25%)		237 221	6 773	21 961	26 165	5 499	8 983	15 225
营业税		268 198	16 956	26 151	34 062	15 673	15 507	33 730
企业所得税(40%)		115 253	4 441	14 744	13 628	4 174	8 482	4 930
个人所得税(40%)		42 519	1 296	3 393	3 184	1 880	2 351	3 165
一般预算支出	(万元)	1 990 464	157 929	203 316	224 738	167 227	157 278	237 026
#一般公共服务		293 575	22 933	30 368	31 922	27 774	24 190	34 470
科学技术		26 697	2 584	5 714	2 815	2 308	709	552
教育		441 629	46 538	46 982	60 495	54 018	38 523	56 884
文化体育与传媒		22 362	2 012	2 048	1 861	1 611	1 399	2 041
社会保障和就业		252 376	18 074	25 774	12 041	13 374	13 387	32 846
医疗卫生		125 083	12 082	13 903	16 488	17 569	13 939	15 248
环境保护		31 673	1 824	3 122	5 861	1 607	6 163	902
城乡社区事务		169 593	4 003	20 185	22 845	2 513	15 352	42 648
交通运输		25 022	2 479	2 319	3 779	1 898	3 090	3 441
农林水事务		221 843	24 161	31 850	35 435	23 603	19 098	27 144
年末金融机构各项存款余额	(万元)	17 191 438	818 346	1 449 307	2 102 891	874 589	762 853	1 117 426
#居民储蓄存款		9 745 131	659 610	1 065 308	1 526 967	719 016	559 798	890 588
年末金融机构各项贷款余额	(万元)	7 965 786	289 367	346 410	990 968	369 949	539 993	679 753
保费收入	(万元)	516 907	34 396	42 819	22 771	29 125	23 524	45 211
财产险		95 338	5 367	6 673	7 402	6 193	6 645	10 411
人寿险		421 569	29 029	36 146	15 369	22 932	16 878	34 800
赔款和给付	(万元)	154 947	3 843	4 211	6 139	4 244	4 744	7 237
财产险		56 420	3 177	3 638	5 388	3 809	4 313	6 231
人寿险		98 528	666	573	751	434	432	1 006
农业								
乡村户数	(万户)	185.06	25.53	24.33	28.86	28.74	21.43	37.00
乡村人口数	(万人)	698.58	97.94	95.02	104.35	114.64	80.66	140.53
乡村从业人数	(万人)	354.38	51.53	47.26	51.46	64.38	40.36	69.71
#农林牧渔业		160.74	34.23	18.28	23.91	28.79	18.78	26.50
年末耕地总资源	(公顷)	590 992	75 722	75 475	106 519	100 008	78 761	110 675

17-40 续表 2

(2008 年)

指标名称		徐州市	丰县	沛县	铜山县	睢宁县	新沂市	邳州市
农林牧渔业总产值(当年价)	(万元)	4 206 518	530 887	673 930	599 778	519 253	503 328	882 368
农业		2 622 794	388 090	397 586	373 465	303 184	284 629	563 226
林业		106 343	2 558	3 069	26 488	10 069	21 791	21 976
牧业		1 163 409	117 784	224 061	156 470	177 038	125 405	243 615
渔业		214 156	5 115	34 214	34 030	24 862	64 543	48 551
农林牧渔服务业		99 816	17 340	15 000	9 325	4 100	6 960	5 000
农作物总播种面积	(公顷)	1 010 110	133 050	133 540	161 090	173 060	132 530	207 950
# 粮食作物		666 840	81 350	81 330	110 020	136 320	90 720	111 920
粮食总产量	(吨)	3 893 383	439 058	517 636	654 262	746 711	529 392	699 327
油料	(吨)	106 974	6 181	3 571	7 284	19 531	54 000	14 696
棉花	(吨)	41 732	16 812	4 466	8 130	2 507		8 621
肉类总产量	(吨)	588 525	56 074	141 857	72 984	72 204	77 951	133 591
# 猪肉		276 429	32 861	33 277	42 228	40 672	45 645	61 438
牛肉		5 872	476	1 318	1 236	654	823	897
羊肉		36 728	8 755	6 462	4 424	8 791	3 285	3 698
水产品产量	(吨)	161 886	3 826	17 972	41 114	22 117	37 876	30 764
农民居民人均纯收入	(元)	6 240	5 724	6 593	7 167	5 452	5 698	6 526
农民人均生活消费支出	(元)	4 319	4 085	5 318	4 807	3 746	3 756	4 218
# 食品		1 692	1 654	183	1 725	1 736	1 436	1 693
农民人均住房面积	(平方米)	35.14	34.18	35.48	36.50	35.88	29.70	36.23
规模以上工业、建筑业								
规模以上工业企业单位数	(个)	2 289	186	358	422	138	194	416
内资企业		2 118	177	348	398	130	173	376
港澳台商投资企业		70	2	6	8	6	8	19
外商投资企业		101	7	4	16	2	13	21
工业总产值(当年价)	(万元)	28 466 782	752 247	2 086 250	6 347 241	868 449	1 723 147	3 087 872
内资企业		24 609 587	660 579	1 972 807	5 907 716	634 772	1 402 163	2 685 689
港澳台商投资企业		2 024 048	44 031	94 191	120 044	211 824	74 032	184 054
外商投资企业		1 833 147	47 637	19 252	319 481	21 853	246 952	218 129
工业增加值	(万元)	8 126 061	182 628	526 739	1 574 494	212 472	425 353	799 904
主营业务收入	(万元)	27 764 584	697 564	2 025 139	6 173 759	839 734	1 705 810	3 057 777
# 主营业务税金及附加		811 145	6 280	14 591	89 252	10 803	14 240	75 736
利润总额	(万元)	2 156 619	31 798	140 544	529 514	68 248	79 277	224 918
亏损企业亏损总额	(万元)	180 810	1 665	5 524		17	4 637	1
利税总额	(万元)	4 515 412	64 581	266 504	976 394	125 773	158 478	552 478
本年应交增值税	(万元)	1 547 648	26 503	11 370	357 627	46 723	64 960	251 824
全部从业人员年平均人数	(人)	559 395	23 318	67 978	96 950	25 608	34 682	84 363
建筑企业单位数	(个)	376	25	40	40	11	28	24
建筑企业从业人员	(人)	246 048	26 729	34 787	58 806	5 667	10 465	17 225
建筑业总产值	(万元)	3 512 396	307 083	370 488	733 965	110 337	155 170	222 609

17-40 续表 3 (2008 年)

指 标 名 称		徐州市	丰 县	沛 县	铜山县	睢宁县	新沂市	邳州市
交通运输、邮电通信、电力								
铁路营业里程	(公里)	381						
火车站个数	(个)	29						
铁路客运量	(万人	1 218						
铁路货运量	(万吨)	2 264						
公路里程	(公里)	15 402	1 597	2 177	2 430	2 251	2 733	2 830
# 等级公路		13 602	1 597	1 898	2 258	2 024	2 172	2 303
# 高速公路		350			146	59	83	39
一级公路		879	101	104	140	149	121	96
公路客运量	(万人)	20 529	1 438	1 848	2 670	1 232	1 438	2 463
公路货运量	(万吨)	11 508	1 151	1 036	1 956	1 266	1 496	1 611
民用汽车拥有量	(辆)	211 236	14 313	16 256	30 021	18 443	13 589	23 797
# 私人汽车拥有量		156 319	10 952	11 870	24 762	15 064	10 150	18 300
邮政局所数	(处)	316	28	32	42	30	33	73
邮电业务总量	(万元)	516 173	30 719	38 781	58 462	37 780	39 634	56 284
# 邮政业务总量		55 330	6 777	6 868	7 801	6 656	5 034	7 707
邮政业务收入	(万元)	34 690	4 718	4 049	4 592	3 988	3 576	5 240
电信业务收入	(万元)	285 723	17 385	23 287	28 784	21 997	22 573	31 421
本地电话用户	(户)	2 388 818	220 611	230 571	241 018	270 364	237 400	312 135
住宅电话用户	(户)	1 423 541	132 023	155 551	152 878	156 450	135 862	192 870
移动电话年末用户	(户)	3 688 028	262 296	458 240	358 170	275 374	397 961	547 544
国际互联网用户	(户)	488 024	21 392	25 797	26 058	25 013	29 786	35 981
全年用电量	(万千瓦时)	1 892 209	57 784	192 541	230 074	105 349	199 490	139 340
# 工业用电		1 499 147	27 495	158 803	188 304	75 240	170 891	93 694
城乡居民生活用电		200 643	20 170	19 123	22 016	18 998	16 666	25 113
批发零售贸易、外经、旅游								
社会消费品零售总额	(万元)	6 802 333	363 073	686 054	553 335	446 405	440 631	598 034
# 市		4 290 517					266 079	312 791
县		802 491	186 506	394 329		221 656		
# 批发和零售业		5 700 763	319 034	514 498	434 244	399 680	381 165	462 281
住宿和餐饮业		1 047 077	43 032	169 622	118 678	44 484	59 127	135 125
进出口总额(海关数)	(万美元)	345 394	4 035	3 975	13 642	8 499	17 029	40 221
# 出口总额		224 471	3 796	3 542	10 484	1 393	13 060	37 504
外国和港、澳、台地区在华直接投资								
新签项目(合同)个数	(个)	122	8	13	21	10	5	5
合同外资金额	(万美元)	59 100	6 800	5 480	7 233	6 250	5 429	6 687
实际到帐外资(商务部口径)	(万美元)	58 251	482	2 394	6 073	1 134	1 326	3 012
国内旅游人数	(万人)	1 538						
国内旅游收入	(亿元)	152						

17-40　续表 4　　（2008 年）

指标名称	徐州市	丰　县	沛　县	铜山县	睢宁县	新沂市	邳州市
接待海外旅游者人次数(含一日游)　(人)	132 100						
外国人	102 700						
港、澳、台同胞	29 400						
旅游外汇收入　(万美元)	12 296						
市政公用事业、环境保护(城市)							
城市维护建设资金支出　(万元)	170 451	8 257	34 168	4 289	3 702	12 890	7 680
供水综合生产能力(包括自备水源)(万吨/日)	67.9	4.9	6.6	6.8	6.25	19.2	9.6
供水总量　(万吨)	16 155	1 337	2 204	1 658	1 467	2 790	2 450
售水量　(万吨)	14 679	1 322	1 928	1 658	1 467	2 638	2 450
# 居民家庭用水	4 673	686	1 094	530	840	228	1 180
用水人口　(万人)	133.39	15.62	25.84	15.90	23.16	23.50	32.00
公共汽(电)车运营车辆数　(辆)	1 790	196	169		180	331	168
公共汽(电)车客运总量　(万人次)	28 456	715	759		690	822	320
出租汽车数　(辆)	3 594	302	720		605	318	471
煤气(人工煤气、天然气)供气总量(万立方米)	6 383			497		13	7
# 家庭用量	4 138			380		10	2
煤气用气人口　(人)	567 900			61 000		2 500	3 200
液化石油气供气总量　(吨)	32 208	4 450	14 520	4 580	10 150	8 372	12 500
# 家庭用量	26 790	4 400	6 982	3 960	9 120	6 500	7 800
液化石油气用气人口　(人)	720 400	142 100	243 500	98 000	220 000	230 000	316 800
道路面积　(万平方米)	1 855	296	450	359	286	504	488
排水管道长度　(公里)	1 198	143	487	250	102	281	478
建成区绿化覆盖面积　(公顷)	7 483	747	1 382	1 194	638	1 154	1 490
绿地面积　(公顷)	9 242	896	1 320	1 112	840	1 114	1 393
公园绿地面积　(公顷)	1 737	190	318	92	17	291	490
污水处理厂数　(座)	6	1	1	1	1	1	2
垃圾处理站数　(个)	1						
污水处理率　(%)	80.8	67.3	75.1	59.5	65.4	82.2	76.6
生活垃圾无害化处理率　(%)	89.3	83.3	82.2		85.7	91.7	69.4
自然保护区个数　(个)	4		1	1		2	5
自然保护区面积　(公顷)	9 355		23 700	15 330		26 591	27 563
工业废水排放量　(万吨)	4 133	179	532	2 030	378	1 489	359
工业废水排放达标量　(万吨)	4 110	173	495	2 013	371	1 482	351
工业废水排放达标率　(%)	99.98	96.71	93.13	99.14	98	99	97
工业二氧化硫去除量　(吨)	39 225	4 522	13 773	53 556		3 105	42 779
工业烟尘去除量　(吨)	631 067	30 119	284 857	1 454 900	733	15 674	352 436
工业烟尘排放量　(吨)	7 964	921	971	6 445	353	3 545	2 063
工业烟尘排放达标率　(%)	92.8	99.0	99.0	99.0	59.0	98.0	100.0

17-40　续表 5　　　　（2008 年）

指　标　名　称		徐州市	丰　县	沛　县	铜山县	睢宁县	新沂市	邳州市
工业废气排放量	（万标米）	7 640 336	318 305	3 577 454	12 590 725	51 088	810 327	2 204 866
工业固体废物产生量	（万吨）	255	16.14	272	398	2	70	104
工业固体废物综合利用率	（%）	96.4	100.0	100.0	100.0	100.0	95.0	100.0
三废综合利用产品产值	（万元）	24 933	1 088	2 140	110 022	1 990	10 249	4 767
环境污染治理本年投资总额	（万元）	20 657		1 670	2 706		2 508	
教育、科技、卫生								
学校总数	（个）	1 321	160	178	167	197	138	219
# 普通高等学校		7						
普通中等专业学校		12						1
普通中学		357	46	51	44	51	39	53
职业高中		25	2	5	4	3	2	3
技工学校		8						
小学		899	110	120	118	142	96	160
在校学生总数	（人）	2 244 922	280 160	278 837	239 286	323 412	207 017	377 684
# 普通高等学校		120 094						
普通中等专业学校		62 043						2 528
普通中学		670 459	101 211	99 271	82 774	109 472	69 267	112 689
职业高中		56 712	4 303	8 863	11 634	6 502	4 422	9 126
技工学校		27 421						
小学		537 187	71 060	67 779	53 553	86 190	49 642	106 795
专任教师总数	（人）	88 611	9 519	11 170	10 590	11 853	8 565	13 968
# 普通高等学校		6 433						
普通中等专业学校		1 766						114
普通中学		39 514	4 703	5 129	5 919	5 675	4 716	6 758
职业高中		2 556	206	480	421	363	233	329
技工学校		957						
小学		36 999	4 581	5 481	4 191	5 760	3 566	6 729
幼儿园数	（个）	525	67	34	46	61	86	93
在园幼儿数	（人）	236 371	25 991	27 470	35 844	22 564	26 289	51 748
学龄儿童入学率	（%）	99.97	99.98	99.98	100.00	99.99	100.00	100.00
小学毕业生升学率	（%）	100.42	100.17	100.00	100.55	100.85	94.14	101.35
初中毕业生升学率	（%）	95.11	95.02	95.17	95.29	94.27	94.33	94.01
各类专业技术人员数	（人）	248 283	22 680	25 132	22 460	25 998	33 909	25 544
# 中级技术职称以上人员		102 022	10 939	12 603	10 768	11 717	14 671	9 422
专利申请受理量	（件）	6 839	780	1 410	1 594	268	938	257
专利申请授权量	（件）	1 742	112	330	192	55	100	109
# 发明		103	5	6	13	2	2	4

17-40 续表 6 （2008 年）

指 标 名 称		徐州市	丰 县	沛 县	铜山县	睢宁县	新沂市	邳州市
广播覆盖率	（%）	100.0	100.0	100.0	100.0	100.0	100.0	100.0
电视覆盖率	（%）	100.0	100.0	100.0	100.0	100.0	100.0	100.0
有线电视入户率	（%）	53.2	65.19	46.62	48.9	39.66	66.01	41.25
剧场、影剧院数	（个）	5	1	1		1		
公共图书馆	（个）	7	1	1	1	1	1	1
公共图书馆图书总藏量	（千册、件）	1 626	101	207	160	103	119	118
卫生机构数	（个）	1 116	144	67	63	27	61	96
# 医院		108	2	6	6	3	8	6
卫生院		143	24	27	23	16	22	24
卫生机构床位数	（张）	24 430	1 539	2 487	1 641	1 270	1 461	1 914
# 医院		17 614	785	1 258	666	450	788	1 115
卫生院		5 634	735	1 229	965	820	653	799
卫生技术人员	（人）	30 396	2 150	3 168	2 503	2 037	2 270	4 709
# 执业（助理）医师		11 557	1 032	1 304	1 010	716	888	1 215
注册护士		9 985	614	1 025	706	510	748	1 067
# 卫生防疫人员		533	40	49	50	41	40	76
人民生活								
人均住房建筑面积	（平方米）	25.51						
在岗职工工资总额	（万元）	1 549 543	63 535	75 569	116 908	61 658	92 723	106 872
城镇居民人均可支配收入	（元）	16 955						
城镇居民人均消费性支出	（元）	10 717						
# 食品		4 036						
衣着		1 109						
居住		1 061						
家庭设备用品及服务		715						
医疗保健		961						
交通和通讯		1 155						
娱乐教育文化及服务		1 2450						
居民消费价格指数（上年＝100）		104.9						
城镇企业职工基本养老保险参保人数	（人）	770 052	39 500	41 147	44 261	41 307	43 783	60 529
城镇职工基本医疗保险参保人数	（人）	734 033	46 481	39 467	40 421	37 901	55 936	56 127
城镇失业保险参保人数	（人）	698 936	36 826	66 184	42 971	42 731	49 915	62 175
社会福利收养性单位数	（人）	267	29	45	80	24	24	34
社会福利收养性单位床位数	（张）	29 666	3 147	4 262	4 980	4 440	4 091	5 469
社区服务设施数	（个）	1 770	18	295	14	19	253	310

十八、乡镇基本情况

BASIC DONDITIONS OF COUNTRY AND TOWN

18-1 分镇主要经济指标

（2008 年）

乡镇名称	居委会数（个）	村委会数（个）	通公路村 数（个）	通自来水 村（个）	通有线电视村（个）	乡镇行政区域面积（公顷）	年末常用耕地面积（公顷）	年末有效灌溉面积（公顷）	农业机械总 动 力（千瓦）	乡村用电量（万度）
贾汪区										
贾汪镇	2	10	10	10	10	7 956	2 350	454	45 160	860
青山泉镇	6	13	13	13	13	8 366	3 639	2 037	45 290	29 018
大吴镇	15	11	11	11	11	6 620	1 758	1 596	46 632	32 968
紫庄镇	5	15	15	5	15	6 668	3 200	2 373	52 925	2 982
塔山镇	3	20	20	8	20	9 468	5 438	4 590	44 390	2 680
汴塘镇		18	18	8	18	10 500	4 568	3 908	61 283	1 634
江庄镇		11	11	6	11	7 496	4 228	1 120	27 186	612
金山桥										
大黄山镇	2	12	14	11	14	4 300	1 442	540	16 875	16 448
大庙镇	1	16	16	11	16	7 900	3 056	2 143	49 794	10 861
丰　县										
凤城镇	8	17	17	14	17	6 197	2 652	2 600	30 011	2 052
首羡镇		33	33	23	27	12 176	7 453	7 453	57 200	1 663
顺河镇		22	22	13	22	8 648	5 831	5 831	51 750	850
常店镇		27	27	27	27	7 727	4 875	4 850	38 920	1 740
欢口镇		27	27	24	26	10 500	6 561	6 561	52 330	5 800
师寨镇		36	36	20	36	10 450	6 733	5 420	71 300	1 439
华山镇		28	28	28	28	11 300	4 131	4 131	59 980	1 452
梁寨镇		20	20	19	19	8 680	4 647	4 300	54 725	804
范楼镇		31	31	5	31	11 610	7 331	6 120	63 966	1 214
孙楼镇		19	19	7	19	6 608	3 490	3 490	25 670	1 199
宋楼镇		32	32	17	32	12 214	3 340	3 250	48 500	2 670
大沙河镇		19	19	11	19	8 150	2 014	2 014	37 852	935
王沟镇		31	31	31	31	12 621	8 063	8 063	37 570	1 036
赵庄镇		18	18	18	18	9 100	5 051	5 051	40 900	1 790
沛　县										
龙固镇	10	13	13	11	13	5 302	2 600	2 600	49 819	9 812
杨屯镇	4	17	17	4	17	4 100	2 115	1 945	51 365	9 200
大屯镇	6	19	19	19	19	5 540	2 466	2 150	55 138	18 800
沛城镇	16	21	21	18	19	5 100	4 620	4 250	61 518	4 192
胡寨镇	2	12	12	5	9	4 594	2 727	2 670	68 460	578
魏庙镇		17	17	7	13	5 200	3 786	3 145	52 630	765
五段镇	1	15	15	15	15	4 700	2 800	2 400	95 000	2 080
张庄镇		31	31	8	14	11 200	6 694	5 894	76 000	2 239
张寨镇		29	29	23	21	10 634	6 718	2 475	51 000	2 111
敬安镇	5	21	21	18	16	9 600	5 006	5 006	18 109	1 320
河口镇		18	18	7	8	8 257	5 296	5 100	40 500	948
栖山镇		22	22	7	17	8 951	6 346	6 012	39 800	710
鹿楼镇		24	24	5	20	12 540	5 991	5 360	66 126	6 207
朱寨镇		22	22	2	22	7 900	4 482	3 100	41 510	1 173
安国镇	4	27	27	27	24	13 329	5 535	5 302	52 838	19 264

18-1 续表 1 （2008 年）

乡镇名称	居委会数（个）	村委会数（个）	通公路村数（个）	通自来水村（个）	通有线电视村（个）	乡镇行政区域面积（公顷）	年末常用耕地面积（公顷）	年末有效灌溉面积（公顷）	农业机械总动力（千瓦）	乡村用电量（万度）
铜山县										
铜山镇	7	4	4	4	4	5 000	925	403	980	30 006
何桥镇		15	15	2	15	7 400	4 675	3 750	31 050	132
黄集镇		18	18	5	18	8 340	4 533	3 700	35 100	830
马坡镇		12	12	1	12	6 900	3 210	2 768	54 469	3 632
郑集镇		10	10	3	10	6 800	3 600	3 100	66 701	2 980
柳新镇		19	19	13	19	8 500	3 753	3 753	37 400	4 526
刘集镇		15	15	1	15	8 360	3 706	3 150	51 723	1 186
大彭镇		14	14	12	14	7 600	3 526	3 080	33 000	6 700
汉王镇		12	12	12	12	9 300	2 748	2 200	23 130	1 500
三堡镇		11	11	11	11	7 200	3 674	637	48 350	13 324
棠张镇		18	18	13	18	8 250	4 480	4 480	44 805	3 600
张集镇		20	20	20	20	14 800	5 965	5 600	54 880	7 100
房村镇		20	20	5	20	13 600	6 902	2 800	65 017	1 013
伊庄镇		15	15	8	15	12 255	3 285	3 200	51 200	2 700
单集镇		21	21	9	21	13 210	7 333	2 333	49 876	293
徐庄镇		22	22	10	22	13 259	6 203	2 900	50 150	2 630
大许镇		23	23	5	23	12 900	6 284	4 333	61 953	1 285
茅村镇		13	13	10	13	8 396	2 933	2 198	62 095	34 252
柳泉镇		18	18	8	18	10 520	3 369	1 500	25 800	8 075
利国镇		13	13	13	13	6 650	2 583	1 100	19 021	62 987
睢宁县										
睢城镇	13	13	13	13	13	10 760	4 100	3 610	35 821	9 130
王集镇		28	28	11	28	13 152	7 174	4 285	51 250	1 740
双沟镇		20	20	5	20	9 527	5 041	2 550	32 000	10 707
岚山镇		21	21	8	21	12 835	7 688	5 434	84 162	1 450
李集镇		15	15	15	15	6 368	3 388	2 658	35 790	2 786
桃元镇		28	28	25	28	10 900	6 226	3 910	47 740	3 096
官山镇		24	24	10	24	12 528	7 226	7 020	57 106	1 616
高作镇		20	20	14	20	6 227	3 540	3 500	34 320	17 992
沙集镇		17	17	6	17	4 000	3 443	2 800	26 800	2 760
凌城镇		25	25	25	25	9 365	5 381	4 134	57 600	2 400
邱集镇		33	33	10	29	14 079	8 876	7 900	57 195	1 569
古邳镇		26	26	24	26	11 200	4 995	4 260	35 226	1 678
姚集镇		34	34	34	34	16 700	6 700	1 334	50 000	1 845
魏集镇		27	27	20	24	12 938	7 316	3 990	36 800	960
梁集镇		22	22	6	22	9 889	5 318	2 659	28 536	3 124
庆安镇		25	25	25	25	11 571	6 600	5 828	48 772	1 736

18-1 续表 2 （2008 年）

乡镇名称	居委会数（个）	村委会数（个）	通公路村数（个）	通自来水村（个）	通有线电视村（个）	乡镇行政区域面积（公顷）	年末常用耕地面积（公顷）	年末有效灌溉面积（公顷）	农业机械总动力（千瓦）	乡村用电量（万度）
新沂市										
新安镇	10	12	12	12	12	7 856	3 060	2 370	33 531	15 660
瓦窑镇		12	8	10	12	6 172	3 378	3 227	22 170	16 533
港头镇		12	12	8	12	7 818	3 423	2 573	34 800	556
唐店镇		11	11	11	11	8 260	3 861	1 420	39 880	5 149
合沟镇		20	20	10	20	6 172	2 719	2 512	29 780	1 554
草桥镇	1	16	16	16	16	10 025	3 583	2 658	33 859	3 400
窑湾镇	1	21	21	18	21	11 597	4 366	3 080	30 910	3 600
棋盘镇		28	28	20	28	16 735	8 057	1 993	49 926	2 057
新店镇		15	15	10	9	23 007	4 720	2 200	39 697	1 392
邵店镇		14	14	14	14	5 845	1 902	1 349	18 122	1 080
北沟镇		7	7	7	7	3 400	1 401	148	4 725	4 080
时集镇		18	18	12	18	12 119	6 547	3 000	52 098	1 750
高流镇		14	14	14	14	12 190	8 990	6 900	58 586	1 332
阿湖镇		18	18	17	18	12 545	5 407	1 300	67 887	3 200
双唐镇		14	14	6	14	6 866	3 560	767	26 500	4 480
马陵山镇		17	17	17	17	10 600	4 142	1 832	55 700	2 584
邳州市										
运河镇	21	14	14		14	10 806	3 953	2 078	52 478	14 957
邳城镇	1	22	22	15	22	9 028	5 034	3 510	30 800	980
官湖镇	1	27	27	15	27	8 880	2 338	2 197	18 713	8 537
四户镇		17	17	17	17	8 100	4 880	4 820	67 060	3 133
宿羊山镇		24	24	16	24	9 797	4 983	3 270	17 960	1 899
八义集镇	1	26	26	18	26	9 112	8 327	3 100	65 000	4 300
土山镇		21	21	17	18	6 380	3 978	3 237	25 670	1 120
碾庄镇	1	27	27	21	27	12 100	7 117	6 117	55 362	2 408
港上镇	3	19	19	19	17	6 400	3 120	2 800	81 025	2 646
邹庄镇	1	16	16	16	16	7 366	5 980	5 980	31 121	1 232
占城镇		19	13	2	19	4 000	3 980	1 810	38 790	780
新河镇	1	25	24	16	25	6 013	4 535	4 535	62 730	1 046
八路镇	5	13	13	13	13	6 695	3 045	1 802	33 180	7 693
炮车镇		14	14	8	12	6 730	3 662	3 210	27 100	1 855
铁富镇		30	30	23	13	12 444	6 020	6 020	24 893	1 367
岔河镇		12	12	6	12	7 030	3 487	3 487	31 269	1 587
戴圩镇		18	18	2	9	6 150	3 152	2 190	35 860	2 200
陈楼镇		13	13	9	13	5 347	2 197	400	5 500	3 800
邢楼镇		18	18	14	18	9 650	5 510	5 510	80 000	1 000
戴庄镇		16	16	4	14	7 373	3 290	1 908	10 000	2 500
车辐山镇		16	16	12	4	9 500	4 325	3 000	47 200	3 150
燕子埠镇		16	16	11	11	7 700	4 200	1 400	11 529	2 984
赵墩镇		28	28	15	28	12 000	6 000	3 017	37 000	1 600
议堂镇	3	12	12	9	12	5 760	2 864	2 373	35 100	2 976

18-1　续表 3　（2008 年）

乡镇名称	乡镇总户数（户）	乡镇总人口（人）	#外来人口	乡镇从业人员数（人）	#外来从业人员	离开本乡镇6个月以上从业人员（人）	经济总收入（万元）	#出售产品收入	农民人均纯收入（元）
贾汪区									
贾汪镇	16 778	50 902	189	20 422	262	2 710	101 138	20 159	5 498
青山泉镇	16 442	53 642	3 739	27 972	1 874	1 024	802 666	759 830	8 373
大吴镇	24 289	84 587	4 108	34 200	1 805	4 208	765 998	638 082	8 465
紫庄镇	19 130	63 823		24 980	89	7 906	165 905	113 599	6 478
塔山镇	17 565	65 892	1 055	25 498	1 030	13 060	66 760	45 113	6 332
汴塘镇	13 408	55 108	20	17 466	32	5 320	64 828	20 146	4 972
江庄镇	9 690	32 633	360	11 850	180	3 500	42 362	21 166	6 144
金山桥									
大黄山镇	13 153	45 450	834	20 982	834	3 688	205 636	62 128	7 569
大庙镇	21 144	73 030		29 989		5 245	236 060	931	8 246
丰　县									
凤城镇	16 550	59 027	2 201	28 217	1 100	8 323	121 900	84 111	7 639
首羡镇	21 021	90 424	931	40 225	231	9 400	65 950	40 949	5 655
顺河镇	15 630	58 830	820	30 707	400	11 590	54 660	32 250	4 580
常店镇	14 517	61 556	164	28 275	121	8 247	33 700	26 286	5 239
欢口镇	25 479	97 002	995	45 382	573	14 520	76 578	68 920	6 540
师寨镇	20 507	81 595	1 053	42 810	553	16 000	43 595	28 327	4 877
华山镇	22 710	83 690	576	49 103	420	8 408	55 689	34 202	5 866
梁寨镇	15 232	61 568	310	31 386	266	7 950	53 624	39 682	5 552
范楼镇	22 753	80 150	234	44 897	182	9 682	73 293	68 120	6 230
孙楼镇	12 801	51 125	250	25 890	320	6 750	37 873	17 281	5 701
宋楼镇	23 584	90 054	663	46 934	689	7 850	63 169	41 688	5 614
大沙河镇	13 547	59 655	430	28 655	487	2 799	43 992	33 356	6 012
王沟镇	23 987	101 392	294	50 592	294	17 650	62 352	41 776	5 078
赵庄镇	19 083	68 759	218	38 852	215	15 274	52 651	36 856	4 992
沛　县									
龙固镇	13 716	58 061	2 890	30 192	2 578	11 892	243 996	170 352	6 806
杨屯镇	16 875	55 421	600	21 445	300	5 434	172 388	144 550	6 603
大屯镇	14 002	56 203	1 699	27 550	1 345	5 430	398 955	347 600	7 198
沛城镇	59 278	166 259	8 520	74 891	8 238	15 960	598 042	452 823	7 056
胡寨镇	10 152	38 100	580	24 150	365	7 900	37 073	17 334	6 306
魏庙镇	12 748	51 232	210	29 171	182	13 847	71 472	50 217	6 587
五段镇	11 189	45 302	362	22 876	268	7 129	97 461	77 661	6 838
张庄镇	27 101	91 937	313	44 312	1 140	22 399	193 275	159 157	6 663
张寨镇	20 809	82 812		37 847		20 760	81 187	69 681	6 475
敬安镇	16 610	62 940	120	32 910	20	12 171	92 273	55 364	6 487
河口镇	15 035	56 512	190	30 680	170	9 353	64 523	40 390	6 641
栖山镇	14 978	64 900		25 924		12 410	81 516	49 672	6 559
鹿楼镇	21 730	73 200	105	35 915		10 516	90 186	50 215	5 182
朱寨镇	15 487	60 128		26 496		18 000	79 515	50 131	6 645
安国镇	21 218	81 152	760	45 315	760	14 489	111 782	86 893	6 702

18-1 续表 4 （2008 年）

乡镇名称	乡镇总户数（户）	乡镇总人口（人）	#外来人口	乡镇从业人员数（人）	#外来从业人员	离开本乡镇6个月以上从业人员（人）	经济总收入（万元）	#出售产品收入	农民人均纯收入（元）
铜山县									
铜山镇	49 600	176 982	100 271	54 376	5 811	2 600	1 731 714	972 056	8 622
何桥镇	15 991	49 114	450	24 371	170	10 600	70 623	52 000	6 236
黄集镇	14 571	56 502	392	25 503	265	14 920	128 000	36 000	6 530
马坡镇	13 935	49 416	665	21 732	362	9 385	110 017	86 165	7 084
郑集镇	10 240	49 950	710	21 621	300	6 700	124 546	87 050	7 188
柳新镇	23 326	69 000	5 700	38 180	3 600	4 310	497 000	272 975	9 180
刘集镇	19 642	63 105	2 138	27 729	1 184	12 557	227 178	7 958	7 122
大彭镇	18 500	62 278	3 100	35 781	2 800	850	229 300	125 600	8 000
汉王镇	14 854	51 614	810	23 079		15 368	78 000	21 340	7 098
三堡镇	11 608	42 913	369	27 489	2 413	2 302	219 560	22 646	9 600
棠张镇	17 167	55 637	5 000	27 000	3 800	7 500	154 897	53 426	8 500
张集镇	20 419	72 891	3 100	46 400	2 100	8 260	256 800	201 800	8 581
房村镇	16 131	71 474	1 181	39 416	490	11 901	165 045	104 920	6 204
伊庄镇	10 230	42 211	460	18 560	300	8 970	91 000	55 000	6 200
单集镇	16 976	63 897	321	27 694	21	8 322	70 947	56 694	5 757
徐庄镇	16 989	63 537	668	29 522	154	12 600	80 500	61 850	6 530
大许镇	20 982	77 981	8 860	30 912	1 658	16 887	89 010	34 203	6 420
茅村镇	23 131	67 889	1 726	33 166	751	3 500	234 540	209 574	6 562
柳泉镇	15 134	57 221	580	29 620	329	8 550	76 706	20 274	6 860
利国镇	19 371	55 918	10 469	23 151	2 210	4 571	266 000	194 720	10 202
睢宁县									
睢城镇	74 407	223 448	9 340	133 212	8 400	40 000	163 012	61 216	6 755
王集镇	20 277	77 621	1 085	43 184	1 080	25 780	97 245	23 869	5 596
双沟镇	14 129	56 636	584	31 442	584	12 077	56 176	36 492	5 563
岚山镇	20 475	78 699	313	41 197	182	32 136	83 867	48 884	5 002
李集镇	14 498	52 983	633	27 178	630	15 377	57 779	31 410	6 374
桃元镇	18 983	77 630	771	37 422	663	14 650	64 857	39 924	5 592
官山镇	19 965	77 892	471	50 608	471	22 150	121 490	78 454	5 102
高作镇	15 407	55 645	1 540	35 971	1 852	10 890	157 368	79 224	6 848
沙集镇	13 830	58 529	50	28 314	35	10 300	94 812	71 996	5 502
凌城镇	18 065	76 195	368	39 295	360	22 100	71 891	33 827	5 414
邱集镇	26 601	103 821	100	52 816	110	27 651	123 320	64 487	5 472
古邳镇	20 073	72 992	872	45 166	872	24 960	119 687	35 525	5 081
姚集镇	26 035	95 960	380	44 934	350	23 000	82 889	33 252	5 188
魏集镇	19 688	75 630	38	38 899	28	20 380	89 833	62 380	5 474
梁集镇	20 365	76 012	1 985	39 623	1 315	13 058	149 694	74 891	5 369
庆安镇	20 089	75 112	925	41 179	925	26 114	87 625	18 975	5 456

18-1　续表 5　　　　　　　　　　（2008 年）

乡镇名称	乡镇总户数（户）	乡镇总人口（人）	#外来人口	乡镇从业人员数（人）	#外来从业人员	离开本乡镇6个月以上从业人员（人）	经济总收入（万元）	#出售产品收入	农民人均纯收入（元）
新沂市									
新安镇	87 665	206 627	12 681	113 644	5 890	11 380	716 583	573 266	7 765
瓦窑镇	10 650	36 177	714	18 177	707	8 733	92 853	85 104	6 223
港头镇	11 229	41 510	489	19 934	489	12 638	58 460	27 138	5 023
唐店镇	13 719	47 829	115	27 907	3 850	5 750	25 168	11 376	4 923
合沟镇	15 872	55 462	342	28 664	1 022	18 576	136 034	110 521	7 021
草桥镇	20 510	66 818	1 470	34 427	1 470	9 900	50 957	35 723	6 227
窑湾镇	20 172	64 481	30	24 222	30	6 920	123 000	110 200	6 030
棋盘镇	24 994	79 916	617	36 599	216	20 114	30 388	15 284	4 015
新店镇	14 917	49 557	1 009	23 475	995	12 224	68 515	13 144	4 900
邵店镇	10 238	37 615	123	17 639	123	18 943	31 276	25 108	5 752
北沟镇	20 769	60 502	2 103	25 638	2 103	5 150	31 413	9 662	6 700
时集镇	14 250	49 825		24 059		14 000	28 235	16 535	4 870
高流镇	15 010	56 771	1 090	27 270	780	850	59 390	36 064	5 985
阿湖镇	17 489	58 721	420	30 757	420	6 500	44 530	22 402	5 384
双唐镇	10 160	35 671	1 025	22 386	1 025	12 505	22 043	14 429	5 268
马陵山镇	17 393	55 992	150	25 245		8 000	96 500	47 025	6 708
邳州市									
运河镇	81 556	253 718	25 798	112 886	7 880	19 193	557 019	397 816	8 545
邳城镇	16 262	68 893	228	34 100	218	15 268	120 399	103 784	5 832
官湖镇	29 591	99 820	7 581	54 853	12 257	1 643	1 403 000	1 232 383	8 386
四户镇	12 650	50 930	420	25 606	390	10 325	71 604	50 128	6 614
宿羊山镇	13 520	56 764	426	28 377	298	10 110	79 260	20 115	5 909
八义集镇	18 153	79 960	180	37 125	180	15 230	80 166	52 130	6 433
土山镇	13 603	53 411	2 650	33 776	715	7 125	74 374	47 920	7 125
碾庄镇	23 719	86 126	891	36 629	626		81 286	34 618	6 666
港上镇	15 334	57 067	80	31 000	1 260	11 820	103 400	96 250	7 846
邹庄镇	12 103	52 005	640	29 871	640	24 119	113 421	78 913	7 123
占城镇	10 880	41 320	901	17 520	300	4 100	138 790	99 890	6 650
新河镇	19 539	74 930	3 420	39 760	2 418	12 780	161 193	13 804	7 600
八路镇	17 929	65 229	2 117	40 978	978	10 104	48 429	21 995	7 200
炮车镇	12 840	43 937	145	21 282	65	10 541	49 231	38 148	6 358
铁富镇	27 903	106 828	978	53 312	916	20 173	173 992	126 998	7 436
岔河镇	9 944	41 265	268	21 032	216	6 600	75 987	53 190	6 262
戴圩镇	11 571	47 325	400	19 755	90	7 830	220 278	130 000	7 380
陈楼镇	13 209	51 114	238	26 268	238	1 348	181 077	172 565	7 173
邢楼镇	11 328	47 100	1 250	26 000	700		92 530	60 000	6 800
戴庄镇	12 733	51 050	350	30 000		10 696	42 270	22 000	5 992
车辐山镇	11 897	46 915		25 820		10 250	66 601		6 028
燕子埠镇	8 544	34 217	180	16 800		8 100	54 000	37 000	6 230
赵墩镇	19 460	83 500	140	49 520	140	7 800	132 815	40 085	6 505
议堂镇	8 209	33 149	1 083	15 689	1 230	7 837	45 659	20 712	7 100

18-1 续表 6 （2008 年）

乡镇名称	地区生产总值（万元）	第一产业	第二产业	第三产业	农作物总播种面积（公顷）	# 粮食播种面积	粮食总产量（吨）	棉花总产量（吨）	油料总产量（吨）	肉类总产量（吨）	# 猪肉产量
贾汪区											
贾汪镇	46 649	4 417	31 464	10 768	4 533	4 135	19 838	110	170	3 361	1 295
青山泉镇	161 637	8 062	106 071	47 504	7 024	6 147	25 629	67	196	5 124	3 140
大吴镇	207 820	7 056	155 832	44 932	4 421	3 997	20 804			2 699	1 889
紫庄镇	63 027	21 794	29 813	11 420	8 203	5 438	39 937			8 100	4 390
塔山镇	60 155	22 305	11 370	26 480	10 601	5 875	44 194	356		9 509	6 500
汴塘镇	44 783	14 627	6 855	23 301	8 936	6 124	24 327	487	528	2 916	2 825
江庄镇	59 691	9 156	43 086	7 449	7 731	6 927	30 790	146	780	8 680	4 086
金山桥											
大黄山镇	48 154	8 652	24 901	14 601	2 914	2 099	15 220			3 286	2 450
大庙镇	93 612	15 508	56 000	22 104	6 162	5 557	38 598			6 070	5 998
丰　县											
凤城镇	105 873	12 100	55 088	38 685	3 623	3 172	18 565	93		7 729	2 836
首羡镇	57 369	35 351	10 889	11 129	14 629	4 294	25 425	5 418	42	5 140	4 710
顺河镇	49 105	19 375	21 650	8 080	10 023	5 032	42 810	1 932		3 800	2 260
常店镇	53 529	20 660	19 469	13 400	8 300	6 372	35 399	846		6 835	3 929
欢口镇	75 994	30 804	31 099	14 091	11 993	10 501	78 481	912	64	7 045	3 290
师寨镇	58 203	27 553	22 150	8 500	10 751	8 932	52 101	2 290	126	7 201	4 100
华山镇	70 985	24 295	26 750	19 940	8 190	4 875	23 293	974	1 543	9 920	4 500
梁寨镇	44 890	14 873	18 469	11 548	9 331	5 328	31 973	1 073	272	7 580	1 600
范楼镇	51 050	18 360	20 670	12 020	12 585	8 626	42 042	495	135	6 524	2 600
孙楼镇	39 179	12 240	22 125	4 814	5 870	5 295	29 349	83	147	3 925	2 525
宋楼镇	68 075	25 715	24 902	17 458	7 561	6 656	32 823	244	907	7 520	5 286
大沙河镇	47 925	21 479	19 721	6 725	3 614	2 938	14 028	108	769	4 125	2 245
王沟镇	68 120	26 355	27 142	14 623	12 441	10 346	56 220	131	516	7 341	3 821
赵庄镇	47 380	15 940	21 420	10 020	10 076	4 862	26 858	2 766	131	7 820	4 238
沛　县											
龙固镇	114 875	34 466	57 439	22 970	5 837	4 266	28 890		270	4 496	3 491
杨屯镇	99 860	17 240	57 400	25 220	4 931	4 533	31 131			4 060	3 200
大屯镇	155 581	35 871	78 640	41 070	5 099	4 243	29 474	3		7 600	3 200
沛城镇	246 879	28 733	177 968	40 178	8 751	7 266	50 930		60	7 315	6 003
胡寨镇	39 900	16 466	15 702	7 732	7 032	5 679	40 415		45	8 900	7 000
魏庙镇	60 189	21 809	31 520	6 780	7 553	5 200	36 350	115	336	4 990	3 920
五段镇	48 739	20 361	17 647	10 731	7 985	5 427	54 216			5 986	3 217
张庄镇	129 532	42 352	48 742	38 438	16 321	9 713	58 967	748	53	7 993	5 798
张寨镇	85 045	39 079	23 250	22 716	14 258	9 041	59 566	278	191	8 150	8 150
敬安镇	100 322	28 614	55 198	16 510	9 533	4 833	24 519	810	350	7 860	4 200
河口镇	89 626	15 476	58 220	15 930	10 583	2 520	14 764	240	720	6 760	6 600
栖山镇	76 430	35 500	26 730	14 200	12 833	5 307	32 280	330	600	6 200	9 350
鹿楼镇	38 438	13 560	13 621	11 257	11 230	7 135	25 263	1 376	668	9 833	8 216
朱寨镇	61 004	17 139	39 960	3 905	9 478	4 998	32 089	315	367	12 718	5 500
安国镇	130 616	19 564	72 036	39 016	12 566	6 266	44 210	4 500	130	8 586	7 998

18-1　续表 7　　（2008 年）

乡镇名称	地区生产总值（万元）	第一产业	第二产业	第三产业	农作物总播种面积（公顷）	#粮食播种面积	粮食总产量（吨）	棉花总产量（吨）	油料总产量（吨）	肉类总产量（吨）	#猪肉产量
铜山县											
铜山镇	525 449	2 100	315 214	208 135	1 895	1 790	8 625	4	11	790	600
何桥镇	72 000	32 220	19 170	20 610	10 700	5 700	32 771	130		1 500	1 000
黄集镇	69 200	25 138	23 250	20 812	11 860	6 600	44 762	222	65	17 000	10 000
马坡镇	71 020	12 600	40 418	18 002	7 887	5 730	39 024			5 570	2 900
郑集镇	70 751	14 325	35 280	21 146	9 158	6 483	41 580	170	500	11 000	9 000
柳新镇	280 586	17 000	163 976	99 610	5 623	5 320	23 220			1 421	1 286
刘集镇	108 980	19 980	66 067	22 933	10 638	6 120	41 527	322	374	6 082	2 980
大彭镇	117 000	14 000	65 000	38 000	8 500	4 000	21 000	300	520	4 500	4 000
汉王镇	82 173	16 000	35 274	30 899	5 923	3 955	21 169	40	25	1 500	1 200
三堡镇	174 782	12 302	109 205	53 275	7 997	2 529	16 645			1 486	576
棠张镇	163 000	38 000	56 000	69 000	7 700	4 100	25 165	103		4 300	4 000
张集镇	141 830	24 550	73 140	44 140	13 134	9 031	59 121	1 643	10	9 000	8 300
房村镇	84 200	34 240	20 584	29 376	11 917	7 000	45 321	1 248	352	2 980	2 009
伊庄镇	49 010	13 090	19 950	15 970	7 648	5 233	29 528	1 037	1 063	1 520	325
单集镇	72 777	25 760	23 125	23 892	12 264	8 614	53 915	1 345	1 970	7 236	5 917
徐庄镇	71 170	19 500	33 260	18 410	14 690	10 318	73 253	1 047	382	5 650	4 520
大许镇	85 600	30 120	24 180	31 300	13 247	10 453	61 328	441	58	8 968	4 460
茅村镇	218 647	15 902	180 637	22 108	4 248	1 034	7 661	13	129	5 722	3 995
柳泉镇	85 593	14 182	44 590	26 821	7 584	6 258	33 538	90	1 472	6 380	5 220
利国镇	260 350	11 152	161 520	87 678	5 327	3 575	16 947	82	1 390	3 850	1 760
睢宁县											
睢城镇	363 291	16 330	153 406	193 555	12 101	7 866	39 710	10	912	7 120	4 100
王集镇	54 664	22 775	16 446	15 443	14 752	9 445	47 456	992	4 019	5 894	4 013
双沟镇	46 750	10 696	14 451	21 603	9 262	8 064	39 079	401	963	3 667	2 576
岚山镇	36 147	17 966	10 038	8 143	13 554	12 027	62 231	325	902	6 032	3 747
李集镇	39 543	10 882	16 466	12 195	7 028	6 472	35 722	24	53	1 722	1 180
桃元镇	46 283	19 239	16 254	10 790	11 063	8 663	49 289	129	1 079	3 929	2 064
官山镇	38 431	21 095	8 792	8 544	14 913	13 553	84 545	30	239	5 040	2 303
高作镇	147 263	11 755	63 506	72 002	6 633	5 834	28 124	1	117	3 751	2 130
沙集镇	40 253	14 010	19 503	6 740	6 699	6 357	18 339	6	126	2 056	1 174
凌城镇	39 664	19 890	11 469	8 305	10 595	9 867	62 956	16	30	3 156	1 809
邱集镇	34 724	21 137	6 397	7 190	16 766	14 033	85 889		95	4 830	2 722
古邳镇	46 024	15 385	21 097	9 542	11 067	8 853	51 693	820	2 288	4 542	2 801
姚集镇	33 371	13 903	8 744	10 724	13 247	11 533	59 370	100	2 220	4 717	3 800
魏集镇	34 504	15 483	8 686	10 335	12 580	10 697	54 567	34	1 046	3 251	1 938
梁集镇	52 220	14 610	24 316	13 294	12 699	8 432	45 929	58	1 708	3 589	1 485
庆安镇	44 039	15 247	21 355	7 437	11 398	10 064	50 699	489	844	7 521	4 393

18-1 续表 8 （2008 年）

乡镇名称	地区生产总值（万元）	第一产业	第二产业	第三产业	农作物总播种面积（公顷）	#粮食播种面积	粮食总产量（吨）	棉花总产量（吨）	油料总产量（吨）	肉类总产量（吨）	#猪肉产量
新沂市											
新安镇	187 999	21 367	88359	78 273	5 835	5 259	29 623		1 113	3 843	1 683
瓦窑镇	41 470	10 058	21 637	9 775	7 541	4 798	31 835			6 433	5 783
港头镇	45 800	21 000	17 560	7 240	8 083	6 620	44 359		98	5 480	1 450
唐店镇	40 255	11 930	18 500	9 825	6 967	6 050	40 620		721	1 625	985
合沟镇	50 322	12 580	21 053	16 689	4 869	4 819	34 024		150	3 346	2 531
草桥镇	72 851	24 816	32 569	15 466	7 394	6 056	35 062		135	7 850	4 250
窑湾镇	56 573	31 546	15 027	10 000	7 872	7 225	51 307		215	1 200	1 200
棋盘镇	64 000	19 390	26 750	17 860	14 294	11 989	48 609		9 881	9 660	7 700
新店镇	60 038	15 986	37 804	6 248	7 834	6 081	41 712		1 083	5 900	3 500
邵店镇	25 416	13 845	8 008	3 563	5 388	4 265	17 904		105	9 804	1 100
北沟镇	31 413	24 985	5 022	1 406	2 184	1 970	11 212		352	312	312
时集镇	25 200	13 045	7 193	4 962	11 333	10 089	64 575		4 737	5 380	4 380
高流镇	55 020	25 000	20 014	10 006	10 299	7 502	42 762		8 229	7 245	5 750
阿湖镇	44 530	23 000	4 400	17 130	9 753	8 412	51 247		6 417	5 700	4 900
双唐镇	40 329	10 083	22 180	8 066	7 373	5 647	31 979		5 284	1 920	1 480
马陵山镇	77 678	25 939	36 739	15 000	9 948	7 417	44 790		4 935	10 000	8 000
邳州市											
运河镇	443 182	22 545	233 484	187 153	6 022	5 337	35 295		30	11 203	7 505
邳城镇	62 426	17 202	28 838	16 386	10 828	6 266	26 308	1 000	480	6 318	5 100
官湖镇	351 131	14 460	320 420	16 251	3 458	2 369	20 420	80	594	16 300	7 530
四户镇	54 958	16 471	22 835	15 652	9 391	8 130	43 776	69	374	4 044	2 132
宿羊山镇	161 000	48 500	68 400	44 100	11 488	7 446	44 268		2 118	9 213	6 400
八义集镇	301 875	46 665	169 812	85 398	17 510	10 258	40 901	1 043	180	12 050	9 050
土山镇	66 210	15 804	35 833	14 573	6 867	2 933	33 867	4 278	79	3 869	2 903
碾庄镇	120 689	54 192	32 824	33 673	15 126	6 956	43 728	2 045	124	8 682	7 235
港上镇	78 623	23 508	34 949	20 166	2 600	2 100	12 369	331	321	3 220	1 640
邹庄镇	138 000	44 000	59 000	35 000	5 260	4 930	30 114	401	900	8 300	6 000
占城镇	107 392	35 330	58 713	13 349	7 912	5 177	25 520	1 050	680	8 200	5 100
新河镇	64 856	27 871	32 687	4 298	9 337	4 530	31 339	825		5 800	4 100
八路镇	119 788	24 992	57 511	37 285	5 785	3 487	22 495		71	7 163	4 650
炮车镇	33 592	14 437	7 540	11 615	6 082	4 750	33 250	210	270	3 420	2 280
铁富镇	72 792	38 263	17 587	16 942	8 676	6 081	36 713	807	828	10 137	3 879
岔河镇	54 058	18 000	25 750	10 308	9 172	8 012	40 525	18	1 562	3 500	3 100
戴圩镇	70 000	7 995	49 729	12 276	6 383	4 846	29 331	42	173	7 900	6 200
陈楼镇	152 246	9 089	96 268	46 889	1 470	1 310	9 105			138	130
邢楼镇	82 000	27 000	37 000	18 000	7 463	5 366	33 600		2 700	7 000	6 000
戴庄镇	71 400	31 440	18 028	21 932	9 693	7 301	29 802	81	2 986	10 000	3 387
车辐山镇	48 109	27 058	16 551	4 500	12 150	7 120	46 540	387	560	9 510	8 500
燕子埠镇	7 310	2 310	2 400	2 600	7 100	4 730	13 200	520	1 500	4 800	4 600
赵墩镇	64 385	29 855	22 156	12 374	16 175	7 900	45 089	85		8 700	8 700
议堂镇	44 000	11 308	24 445	8 247	7 580	4 200	30 154	753		2 057	1 650

18-1　续表 9　　　　　　　　　　　　　　（2008 年）

乡镇名称	牛奶产量（吨）	禽蛋产量（吨）	水产品产　量（吨）	企业个数（个）	#工业企业	企业从业人员（人）	#工业企业	企业营业收入总额（万元）	企业年净利润总额（万元）	企业实交税金总额（万元）
贾汪区										
贾汪镇	2 021	669	755	298	88	9 088	5 011	91 692	1 479	1 612
青山泉镇	135	2 085	390	247	168	17 425	11 097	792 995	29 450	17 830
大吴镇	250	918	1 666	547	398	33 960	19 549	747 005	22 439	13 100
紫庄镇	22	797	1 364	510	231	6 331	4 829	132 080	2 939	1 026
塔山镇		5 599	720	152	108	5 820	3 995	41 650	420	896
汴塘镇	63	3 124	1 704	217	139	2 548	1 941	31 626	604	541
江庄镇	255	2 360		440	90	4 700	3 500	165 180	1 672	5 287
金山桥										
大黄山镇	350	5 100	994	1 228	127	17 659	9 100	187 636	1 866	3 075
大庙镇	1 620	4 000	610	132	116	10 201	9 874	250 500	6 833	9 899
丰　县										
凤城镇		1 980	150	1 890	1 340	34 598	24 159	480 502	38 440	26 565
首羡镇		1 300	62	1 257	576	12 960	10 698	182 000	1 285	988
顺河镇	1 400	1 650	300	1 020	820	11 980	9 560	121 300	3 560	1 300
常店镇	92	1 430	420	635	490	12 116	7 210	100 926	7 065	1 271
欢口镇		2 413	450	1 560	1 367	20 841	18 535	213 576	5 865	4 317
师寨镇	80	2 700	120	1 127	816	14 300	9 200	126 000	4 200	1 500
华山镇	35	4 042	597	1 330	840	13 500	11 800	137 000	2 900	2 300
梁寨镇	10	1 300	165	1 065	565	12 350	9 650	66 745	2 045	1 485
范楼镇		2 430	15	786	730	11 420	8 370	88 500	4 860	816
孙楼镇		3 280	80	1 518	1 195	12 530	12 100	176 980	10 540	2 580
宋楼镇	30	3 872	500	1 660	1 500	21 100	15 800	155 000	13 500	2 900
大沙河镇		1 200	450	1 100	600	11 520	9 120	113 725	2 950	1 520
王沟镇		3 200		1 608	1 108	15 655	13 385	102 141	3 295	2 554
赵庄镇	9	1 200	111	1 340	1 245	20 197	15 419	121 550	3 180	2 670
沛　县										
龙固镇	549	470	3 067	1 266	992	141 232	13 812	201 162	11 987	5 018
杨屯镇		3 005	14 568	528	315	10 201	7 986	265 000	13 600	5 860
大屯镇	60	6 135	3 140	575	373	21 386	16 775	347 060	21 020	12 815
沛城镇	660	6 720	4 840	6 189	1 903	52 780	26 658	866 226	63 870	16 728
胡寨镇	230	5 400	1 280	409	236	7 232	4 580	145 698	7 860	1 330
魏庙镇	500	2 380	259	300	220	4 220	3 880	126 988	2 822	1 266
五段镇	22	4 085	4 607	583	441	4 685	3 528	108 240	1 018	884
张庄镇	176	3 120	5 813	1 397	862	11 325	8 341	190 495	9 154	2 695
张寨镇	3 200	7 000	3 350	248	178	5 257	4 451	90 100	3 434	1 410
敬安镇	80	6 245	4 330	641	516	6 240	5 634	231 508	8 792	2 110
河口镇	50	850	500	976	440	7 655	5 480	254 092	8 712	4 206
栖山镇	100	3 260	535	930	630	8 746	6 860	121 890	5 780	1 896
鹿楼镇	200	2 100	100	89	73	5 552	3 970	75 960	3 576	702
朱寨镇	3 500	8 090	219	657	597	7 460	6 800	168 925	4 162	9 321
安国镇	9	7 000	300	184	120	6 123	5 460	32 165	14 652	1 590

18-1 续表 10 （2008 年）

乡镇名称	牛奶产量（吨）	禽蛋产量（吨）	水产品产量（吨）	企业个数（个）	#工业企业	企业从业人员（人）	#工业企业	企业营业收入总额（万元）	企业年净利润总额（万元）	企业实交税金总额（万元）
铜山县										
铜山镇	41	7		1 052	460	25 060	12 800	1 501 342	125 638	44 029
何桥镇	1 200	3 800	2 500	84	62	7 421	2 409	40 226	2 425	823
黄集镇	26	45	1 055	650	140	6 600	4 500	60 000	1 800	600
马坡镇	170	2 668	1 093	507	308	8 501	6 295	112 408	6 072	3 232
郑集镇	300	2 000	8 280	160	78	15 781	7 690	75 900	5 085	2 784
柳新镇	1 200	930	2 600	1 879	286	18 668	11 860	490 000	67 010	17 000
刘集镇	11	5 326	11 500	1 078	871	12 150	10 912	205 860	9 326	8 876
大彭镇	1 350	25 000	2 400	280	135	6 700	5 800	320 000	2 900	3 000
汉王镇	2 500	2 220	450	800	250	9 220	7 234	41 434	3 320	740
三堡镇	75	190	300	706	168	19 538	12 030	640 000	18 266	6 109
棠张镇			850	620	450	6 000	6 000	195 000	6 050	2 820
张集镇	10 800	9 200	3 400	1 028	889	20 180	15 059	23 500	17 300	4 200
房村镇	4 700	13 760	2 188	105	90	3 317	3 048	74 778	4 216	2 321
伊庄镇	350	240	364	42	32	1 322	970	37 316	1 300	615
单集镇	6 350	2 840	760	392	287	4 932	2 753	61 239	2 541	1 012
徐庄镇	195	26 200	380	425	213	5 020	2 560	136 040	6 350	2 700
大许镇	840	3 460	1 290	438	66	11 716	9 816	102 290	3 568	5 314
茅村镇	447	4 710	1 665	441	320	7 068	4 536	784 204	39 350	56 159
柳泉镇	1 396	1 440	1 830	602	443	11 766	7 946	190 648	58 040	10 940
利国镇	3 400	3 010	7 860	1 981	1 130	21 071	12 385	846 915	38 271	39 171
睢宁县										
睢城镇	350	2 610	2 300	714	649	70 741	23 121	401 211	12 101	7 000
王集镇	10 179	4 872	810	91	50	2 610	1 920	62 505	15 145	2 747
双沟镇	11 561	4 038	180	59	24	3 554	2 654	73 520	2 360	1 232
岚山镇	113	4 158	505	19	16	1 250	1 200	21 755	4 340	889
李集镇		2 698	1 579	326	274	8 976	6 124	48 325	1 076	5 033
桃元镇	1	3 465	1 710	119	110	19 960	8 114	130 760	6 660	2 792
官山镇	25	2 433	1 702	101	93	2 070	1 951	26 110	1 340	358
高作镇		6 503	698	86	54	12 608	7 052	267 230	27 705	8 553
沙集镇	493	1 650	810	43	43	5 512	3 304	36 764	1 440	1 301
凌城镇	2	1 548	2 500	104	76	5 890	3 608	45 237	1 808	884
邱集镇	10	6 971	1 581	81	64	1 818	1 618	22 205	1 052	566
古邳镇		4 725	17 457	670	340	7 056	6 010	27 060	1 256	938
姚集镇	27	2 310	860	340	340	4 800	4 800	31 000	2 600	740
魏集镇	2 928	2 342	1 550	79	77	9 910	6 160	24 567	842	689
梁集镇		5 580	1 600	63	58	3 469	3 118	49 018	9 351	1 599
庆安镇	358	2 444	2 332	70	51	2 868	2 654	447 552	27 370	1 920

18-1 续表 11 （2008 年）

乡镇名称	牛奶产量（吨）	禽蛋产量（吨）	水产品产量（吨）	企业个数（个）	#工业企业	企业从业人员（人）	#工业企业	企业营业收入总额（万元）	企业年净利润总额（万元）	企业实交税金总额（万元）
新沂市										
新安镇	5 600	3 640	435	1 468	148	37 428	12 605	626 163	45 950	30 266
瓦窑镇		1 985	897	297	157	2 584	2 233	81 030	3 585	4 113
港头镇	150	5 160	5 805	1 058	962	6 136	5 266	98 757	1 879	1 521
唐店镇		1 740	850	1 654	1 203	14 455	13 330	73 952	3 202	2 100
合沟镇		11 650	1 984	765	354	7 874	3 613	79 147	728	1 870
草桥镇		21 932	10 317	1 733	990	12 684	9 715	163 720	6 050	3 703
窑湾镇	7	4 652	28 042	2 079	120	11 481	4 020	111 956	1 790	1 302
棋盘镇		3 680	9 053	355	232	12 157	10 783	75 706	3 930	1 604
新店镇		1 200	12 410	457	378	4 076	3 251	67 577	2 192	756
邵店镇		1 530	88	862	775	8 624	6 856	75 586	3 903	1 474
北沟镇		220	212	106	66	4 810	3 235	16 856	10 215	3 435
时集镇		4 500	300	507	67	6 408	4 500	11 500	450	310
高流镇		1 092	1 356	1 647	836	16 500	8 359	40 086	835	815
阿湖镇	60	900	560	1 530	930	11 000	10 000	168 000	5 000	2 000
双唐镇		1 700	1 300	1 030	738	9 198	8 524	114 300	3 055	2 822
马陵山镇	200	9 015	2 500	1 920	1 784	10 431	9 483	164 768	11 961	1 518
邳州市										
运河镇	25	3 669	9 190	6 745	1 548	48 933	19 252	916 728	36 079	24 674
邳城镇	158	660	1 800	591	336	4 890	4 510	187 080	10 476	2 800
官湖镇	386	11 290	6 490	2 072	1 530	53 710	48 720	1 205 160	51 769	21 129
四户镇		2 526	512	628	181	8 180	5 216	68 898	7 575	3 839
宿羊山镇		1 143	6 218	496	186	8 643	6 300	96 421	1 400	2 500
八义集镇	220	4 600	2 050	1 800	500	17 000	8 000	160 000	13 000	1 800
土山镇		2 291	2 650	976	202	16 712	12 034	161 123	9 562	2 267
碾庄镇		7 308	3 952	1 727	206	17 235	9 879	153 039	6 734	7 560
港上镇		5 320	437	1 092	524	14 376	7 246	82 745	3 277	1 865
邹庄镇		220	1 400	410	340	5 100	3 000	40 511	9 000	723
占城镇	10	3 800	730	54	40	2 810	2 106	117 426	4 870	950
新河镇		760	3 250	463	325	7 430	5 214	97 013	6 782	2 321
八路镇	274	9 157	4 574	723	359	14 161	12 207	190 960	23 166	11 269
炮车镇		5 097	372	207	102	4 395	2 116	38 125	1 760	1 050
铁富镇		9 328	2 448	658	103	12 109	6 013	90 797	3 018	1 869
岔河镇		10 000	610	269	251	3 800	3 000	96 362	5 330	3 196
戴圩镇		6 000	4 000	421	390	14 700	13 600	154 460	6 700	2 600
陈楼镇	112	3 890	700	1 132	541	14 180	10 210	453 120	20 170	6 780
邢楼镇	2 200	18 000	900	530	360	14 000	13 000	95 000	3 700	1 900
戴庄镇		6 330	839	809	122	4 680	1 654	36 752	2 046	2 576
车辐山镇		1 755	1 130	856	362	13 400	6 250	8 560	300	1 024
燕子埠镇		1 000	62	146	128	3 700	2 900	34 000	570	390
赵墩镇		8 300	4 200	94	89	3 500	2 600	56 200	3 500	1 500
议堂镇		2 184	1 405	783	680	7 121	5 967	119 087	12 403	7 224

18-1 续表 12 (2008 年)

乡镇名称	乡(镇)固定资产原值(万元)	固定资产投资完成额(万元)	# 农业投资完成额	机构在职财政供给人数(人)	公务员	事业编制	其他人员	机构在职财政供给人员工资总额(万元)	机构在职非财政供给人数(人)	机构在职非财政供给人员工资总额(万元)	财政总收入(万元)
贾汪区											
贾汪镇	38 269	31 000	553	77	29	48		134	39	29	2 106
青山泉镇	475 690	137 000	1 700	143	31	112		202	153	102	15 490
大吴镇	504 391	150 389	7 032	150	40	74	36	251	36	28	11 358
紫庄镇	45 230	30 000	4 670	65	24	41		114			1 124
塔山镇	24 800	30 000	130	104	36	68		132	95	103	1 906
汴塘镇	21 000	17 377		45	22	20	3	98	14	12	555
江庄镇	116 421	60 735	4 875	55	23	22	10	82	346	263	4 430
金山桥											
大黄山镇	129 813	78 873	35	127	45	46	36	320	15	23	14 594
大庙镇	461 733	88 661		670	44	626		2 284			14 262
丰　县											
凤城镇	87 614	271 390	337	131	56	63	12	255	11	13	44 219
首羡镇	55 860	16 200	1 420	110	38	62	10	187	9	15	3 857
顺河镇	36 859	10 150	640	117	37	60	20	168	8	17	2 710
常店镇	54 000	29 417	420	108	42	50	16	143	16	18	3 665
欢口镇	60 895	16 550	2 700	108	49	44	15	182	19	33	6 021
师寨镇	54 780	13 000	600	81	41	28	12	152	14	20	4 423
华山镇	48 720	13 000	950	85	46	39		156	12	12	3 787
梁寨镇	35 745	11 230	1 200	116	39	55	22	175	8	12	4 380
范楼镇	41 650	10 360	3 120	81	39	38	4	186	14	12	3 024
孙楼镇	34 470	24 680	650	92	35	37	20	170	9	15	3 987
宋楼镇	62 030	12 100	2 100	106	41	48	17	162	15	19	5 252
大沙河镇	34 160	9 287	420	91	29	47	15	281	9	13	2 966
王沟镇	44 520	13 400	920	110	38	62	10	172	23	27	4 493
赵庄镇	35 040	10 379	850	62	34	28		112			3 204
沛　县											
龙固镇	86 572	57 486	980	120	55	51	14	306	21	41	15 760
杨屯镇	82 980	45 000	100	85	36	44	5	123	64	59	6 842
大屯镇	185 000	110 000		178	74	92	12	291	46	78	22 341
沛城镇	119 583	104 606	6 100	283	96	157	30	813	91	108	18 128
胡寨镇	26 800	28 600	1 411	86	31	47	8	157	45	50	1 734
魏庙镇	21 895	26 358	560	104	30	68	6	191	28	119	3 020
五段镇	6 340	9 557	3 451	253	39	210	4	399	51	47	3 949
张庄镇	87 421	68 430	8 932	260	46	117	97	598			6 582
张寨镇	96 000	40 600	1 200	112	51	50	11	224	110	130	1 485
敬安镇	145 000	40 000	13 600	161	34	112	15	296	166	297	7 583
河口镇	47 850		1 500	112	52	52	8	201	71	63	1 803
栖山镇	15 000	42 000	860	105	42	54	9	178	36	40	1 911
鹿楼镇	19 852	5 923	321	209	76	133		403	78	22	4 156
朱寨镇	21 700	55 150	5 600	132	69	55	8	199	91	45	5 594
安国镇	85 980	45 000	5 000	90	35	55		180			4 015

18-1 续表 13 （2008 年）

乡镇名称	乡(镇)固定资产原值(万元)	固定资产投资完成额(万元)		机构在职财政供给人数(人)				机构在职财政供给人员工资总额(万元)	机构在职非财政供给人数(人)	机构在职非财政供给人员工资总额(万元)	财政总收入(万元)
			#农业投资完成额		公务员	事业编制	其他人员				
铜山县											
铜山镇	1 933 960	723 281		224	31	33	160	350			58 581
何桥镇	50 500	38 000	15 000	58	23	25	10	116	6	10	871
黄集镇	68 490	65 200	22 000	47	19	23	5	102			2 397
马坡镇	76 825	45 268	29 937	59	33	23	3	136			1 961
郑集镇	164 220	140 000	16 000	56	27	26	3	155	5	5	1 722
柳新镇	218 700	168 000	286	116	56	33	27	239			19 646
刘集镇	95 070	55 067	25 659	67	20	47		141			2 984
大彭镇	383 200	123 000	60 000	70	35	31	4	220			2 630
汉王镇	99 400	105 000	17 000	57	34	22	1	102	40	54	1 997
三堡镇	256 340	187 101	200	96	39	20	37	240			6 865
棠张镇	207 139	165 000	52 000	77	35	42		105			3 209
张集镇	315 800	220 000	186 000	113	44	53	16	186	3	2	5 270
房村镇	11 980	9 740	380	78	30	45	3	145	3	2	779
伊庄镇	29 780	58 550	350	62	28	33	1	122			1 054
单集镇	56 960	42 310	873	59	35	24		135			1 593
徐庄镇	214 550	124 900		69	27	42		115			1 548
大许镇	75 660	70 870	12 860	55	28	20	7	127			1 642
茅村镇	1 055 000	236 000		63	32	22	9	142			1 986
柳泉镇	21 500	20 350	2 068	66	33	27	6	145			4 888
利国镇	383 255	270 781	1 020	71	27	24	20	135			22 550
睢宁县											
睢城镇	131 210	71 511	910	280	134	146		419			10 047
王集镇	125 235	31 415	4 815	135	34	86	15	216			1 874
双沟镇	82 720	26 360	2 800	139	38	62	39	315	78	238	2 392
岚山镇	85 287	18 027	2 200	134	38	69	27	305	12	13	1 953
李集镇	82 157	36 750	7 978	86	38	41	7	198	82	98	3 658
桃元镇	30 680	19 730	13 400	103	48	48	7	237			4 090
官山镇	121 104	21 425	8 500	103	41	37	25	209	61	39	2 095
高作镇	30 850	31 040	1 200	139	41	67	31	228			4 247
沙集镇	185 800	28 800	65	108	32	56	20	263			2 353
凌城镇	44 850	25 600	7 000	108	28	65	15	198	22	16	3 148
邱集镇	49 650	28 950	2 450	102	32	70		172	102	120	2 087
古邳镇	69 080	23 275	9 598	107	30	56	21	288	18	17	2 479
姚集镇	102 000	14 100	420	102	41	56	5	320	23	11	3 461
魏集镇	76 590	35 000	1 280	120	34	60	26	215	11	16	2 610
梁集镇	208 397	61 356	2 356	97	24	30	43	178	34	30	3 892
庆安镇	123 455	40 887	12 556	182	40	134	8	336	8	10	2 840

18-1　续表 14　　　　　　　　　　（2008 年）

乡镇名称	乡(镇)固定资产原值(万元)	固定资产投资完成额(万元)	# 农业投资完成额	机构在职财政供给人数(人)	公务员	事业编制	其他人员	机构在职财政供给人员工资总额（万元）	机构在职非财政供给人数（人）	机构在职非财政供给人员工资总额（万元）	财政总收入（万元）
新沂市											
新安镇	122 310	178 700	8 467	222	63	39	120	468			12 768
瓦窑镇	39 850	35 140	1 630	84	40	44		183			3 868
港头镇	6 840	33 000	18 000	80	39	33	8	164			1 772
唐店镇	46 450	49 000	260	71	31	30	10	178			2 258
合沟镇	30 516	9 124	903	58	24	22	12	181			1 543
草桥镇	15 908	57 965		124	52	57	15	238			3 830
窑湾镇	30 860	23 284	10 008	67	31	26	10	210			2 210
棋盘镇	81 460	29 740		114	39	75		233	56	53	1 970
新店镇	8 369	38 757		98	43	47	8	211			593
邵店镇	28 166	19 466	13 200	100	32	38	30	184			1 814
北沟镇	57 565	31 200	9 000	82	38	30	14	207	14	12	1 684
时集镇	65 000	18 000	600	85	36	38	11	187			1 318
高流镇	30 800	20 725	10 663	62	29	28	5	136			2 548
阿湖镇	110 000	85 000		140	63	64	13	273			1 734
双唐镇	18 795	55 000	5 000	80	38	35	7	180	14	7	1 777
马陵山镇	38 000	57 510	6 400	101	46	37	18	252			1 752
邳州市											
运河镇	871 913	532 900		428	160	268		1 076			33 390
邳城镇	78 800	20 000	1 000	90	58	26	6	162	6	4	2 800
官湖镇	330 075	200 500	6 035	215	65	150		345	80	85	22 495
四户镇	232 700	66 998	260	76	36	30	10	137			3 839
宿羊山镇	39 000	65 000	18 000	79	48	26	5	94	51	48	3 220
八义集镇	50 000	132 000	35 000	75	45	30		200			3 127
土山镇	51 252	45 720	13 276	92	36	44	12	185	20	18	2 025
碾庄镇	106 736	91 548	1 126	75	51	24		145	32	47	7 335
港上镇	34 600	9 600	3 920	109	60	38	11	178	10	9	3 250
邹庄镇	39 921	36 911	30 121	75	36	29	10	150	5	10	4 100
占城镇	38 285	15 420	501	150	38	83	29	303	50	54	2 050
新河镇	98 420	98 420		371	29	314	28	456	42	32	5 066
八路镇	253 116	130 010	712	79	38	31	10	162			11 506
炮车镇	72 860	4 796		106	47	54	5	158			2 180
铁富镇	59 335	46 126	1 329	89	51	38		183	62	107	2 669
岔河镇	48 000	27 600		70	42	26	2	150	40	50	3 892
戴圩镇	90 606	112 000	12 000	78	54	24		250	69	51	4 299
陈楼镇	758 000	131 000	610	548	31	493	24	868	22	47	6 580
邢楼镇	65 000	52 000		67	45	20	2	82			3 500
戴庄镇	27 830	173 050	67 420	54	33	21		112	26	38	2 200
车辐山镇	51 400	8 000		59	30	26	3	130			2 300
燕子埠镇	4 200	18 500	11 000	111	58	35	18	182	9	11	1 502
赵墩镇	108 500	45 005		89	34	43	12	129	12	80	4 200
议堂镇	14 427	186 600	8 755	102	43	44	15	145	25	28	4 300

18-1 续表 15 （2008 年）

乡镇名称	预算内收入（万元）	#一般预算收入	预算外资金收入（万元）	本乡镇可用财政收入（万元）	财政支出（万元）	年末各项存款余额（万元）	#居民储蓄存款余额	年末各项贷款余额（万元）	#农业贷款	年末资产总额（万元）
贾汪区										
贾汪镇	1 642	1 612	172	128	1 310	15 965	10 121	11 069	8 012	5 844
青山泉镇	14 829	5 484	405	1 194	3 385	56 711	49 780	29 380	17 716	1 341
大吴镇	10 960	4 500	399	755	3 230	115 189	96 829	33 845	21 098	4 940
紫庄镇	518	518	118	518	491	31 082	25 074	17 128	15 336	5 313
塔山镇	786	593	77	1 110	2 337	24 905	24 101	14 005	11 479	9 960
汴塘镇	469	312	48	312	469	10 000	10 000	10 005	10 005	1 689
江庄镇	4 179	1 716	193	616	2 481	3 682	2 796	6 816	468	2 459
金山桥										
大黄山镇	14 432	5 032	162	2 938	3 366	58 726	50 367	17 300	14 006	3 396
大庙镇	6 744	6 744	366	6 744	3 815	79 380	70 354	23 600	18 000	2 891
丰　县										
凤城镇	22 800	22 800	474	32 300	8 305	19 880	15 690	11 620	1 700	3 450
首羡镇	1 794	1 008		1 005	2 937	23 687	21 520	7 105	1 356	2 950
顺河镇	980	980		2 500	2 010	15 650	15 220	5 752	1 300	2 745
常店镇	2 001	1 108		1 240	3 076	15 762	15 490	7 356	7 190	3 007
欢口镇	3 336	1 375	2	1 633	3 544	47 033	46 298	10 521	9 421	500
师寨镇	2 138	1 233		1 600	3 382	12 000	10 270	4 130	2 890	2 260
华山镇	1 446	1 446		1 446	4 007	15 900	14 490	6 980	3 340	2 400
梁寨镇	2 766	1 400		1 650	2 874	9 750	9 560	6 750	1 500	2 015
范楼镇	1 129	1 129		1 261	3 316	9 340	7 580	7 030	1 720	1 930
孙楼镇	2 536	1 209	45	1 411	2 307	4 750	3 100	7 180	4 660	2 100
宋楼镇	2 818	1 228		1 285	4 078	12 730	9 360	8 021	3 910	2 015
大沙河镇	1 378	711		734	2 217	15 220	14 420	8 500	5 050	2 850
王沟镇	1 769	892		927	3 679	22 306	18 920	9 632	1 644	1 950
赵庄镇	1 398	738		651	2 560	29 886	26 897	5 640	4 512	1 425
沛　县										
龙固镇	11 007	6 032	2 564	6 236	10 852	39 862	33 551	15 983	1 806	2 629
杨屯镇	4 890	3 330	472	3 000	2 575	24 515	20 302	12 000	6 500	2 300
大屯镇	18 062	10 024	1 905	7 941	7 941	70 111	62 500	17 117	13 200	2 540
沛城镇	17 426	1 180	418	13 468	13 456	92 816	83 227	67 325	1 581	7 694
胡寨镇	1 364	1 155	14	1 155	3 135	6 300	5 800	3 300	2 600	126
魏庙镇	1 151	1 151	126	1 205	2 883	9 530	9 500	3 700	3 100	1 190
五段镇	865	525	70	2 284	2 254	11 474	10 232	6 871	5 442	721
张庄镇	3 375	2 254	294	2 126	5 168	21 489	20 357	6 318	5 277	1 489
张寨镇	1 240	1 240	246	1 240	3 610	36 075	36 075	5 815	5 815	
敬安镇	5 086	2 347	275	2 347	2 832	22 410	21 156	7 416	610	1 969
河口镇	1 331	1 331	472	1 471	1 760	21 700	19 860	7 630	3 745	
栖山镇	1 705	1 705	206	1 911	1 911	15 800	13 750	3 890	2 560	1 986
鹿楼镇	1 206	1 206	441	1 501	1 708	8 211	8 019	5 322	4 889	251
朱寨镇	2 963	2 507	277	1 679	2 507	25 897	10 400	10 288	9 668	1 072
安国镇	2 633	1 764	360	2 200	2 620	15 623	14 632	6 231	4 016	3 009

18-1　续表 16　　　　　　　　　　　　（2008 年）

乡镇名称	预算内收入（万元）	#一般预算收入	预算外资金收入（万元）	本乡镇可用财政收入（万元）	财政支出（万元）	年末各项存款余额（万元）	#居民储蓄存款余额	年末各项贷款余额（万元）	#农业贷款	年末资产总额（万元）
铜山县										
铜山镇	38 200	30 200	4 890	12 089	15 388	188 500	98 400	118 600	33 000	5 273
何桥镇	531	423	62	587	1 264	18 100	18 000	7 086	3 800	473
黄集镇	645	494		1 397	2 863	14 000	12 000	8 500	4 500	1 723
马坡镇	1 267	760	214	1 416	2 596	7 045	6 513	4 332	3 466	1 444
郑集镇	1 433	800	158	248	2 850	15 420	13 910	14 100		1 860
柳新镇	16 373	7 974	653	4 344	8 900	31 221	25 100	27 620	5 800	1 340
刘集镇	2 520	984	230	157	2 974	29 915	21 583	19 458	980	5 182
大彭镇	2 100	1 350	320	300	2 000	28 000	20 000	15 000	2 500	556
汉王镇	1 606	1 014	99	1 504	2 259	37 276	29 967	12 462	194	261
三堡镇	4 624	2 724	462	2 403	2 808	53 609	48 206	23 000	4 006	2 398
棠张镇	2 580	1 100	406	192	3 200	28 000	25 000	18 500	15 500	1 300
张集镇	4 976	1 800	294	5 070	3 380	19 860	18 720	8 600	8 100	5 513
房村镇	550	410	158	412	1210	16 356	16 356	14 189	10 389	1 001
伊庄镇	503	414	156	330	791	7 800	7 620	9 100	8 820	1 300
单集镇	660	494		160	1 675	12 340	12 340	8 320	1 930	510
徐庄镇	716	557	223	267	3 219	13 435	9 673	7 138	4 342	900
大许镇	1 214	602	343	420	1 679	29 480	22 810	7 442	4 810	1 018
茅村镇	1 199	1 189	309	1 806	3 055	44 652	40 123	16 220	7 000	236
柳泉镇	3 961	2 515	779	1 446	3 515	18 578	14 880	9 340		2 243
利国镇	21 800	7 700	500	2 260	3 100	33 410	27 870	27 410	8 260	7 492
睢宁县										
睢城镇	6 020	6 020	174	5 738	6 724	123 750	103 450	78 200	1 786	8 127
王集镇	705	499	130	650	1 387	42 237	39 152	9 100	6 304	785
双沟镇	1 276	594	253	943	1 285	36 851	34 939	19 771	17 471	646
岚山镇	785	517		1 940	2 178	18 930	17 750	5 800	5 000	298
李集镇	1 694	727	102	727	2 169	39 978	31 727	11 217	8 347	475
桃元镇	1 017	889	110	932	4 554	25 220	22 380	6 100	3 410	2 150
官山镇	736	572	51	786	2 105	19 593	18 416	10 415	6 894	1 562
高作镇	1 671	1 671	163	1 671	3 429	20 641	20 641	10 963	9 020	2 628
沙集镇	1 040	627	520	548	1 926	10 950	9 820	5 140	4 200	2 004
凌城镇	886	557	55	910	1 250	23 515	9 500	6 750	6 180	2 642
邱集镇	759	491	64	521	1 487	28 580	26 650	9 100	6 000	3 374
古邳镇	577	577	85	2 240	1 863	29 645	23 808	188	125	934
姚集镇	594	594	219	201	3 591	28 000	28 000	9 600	8 500	1 700
魏集镇	1 527	506	54	1 100	1 963	10 350	9 600	6 500	4 800	1 630
梁集镇	630	630	264	561	3 980	17 106	16 532	5 392	456	2 347
庆安镇	1 477	653	212	887	2 342	19 895	15 118	7 984	4 782	1 614

18-1 续表 17 （2008 年）

乡镇名称	预算内收入（万元）	#一般预算收入	预算外资金收入（万元）	本乡镇可用财政收入（万元）	财政支出（万元）	年末各项存款余额（万元）	#居民储蓄存款余额	年末各项贷款余额（万元）	#农业贷款	年末资产总额（万元）
新沂市										
新安镇	9 755	9 755	326	4 138	3 963	29 019	12 365	3 250	185	9 040
瓦窑镇	3 553	1 427	148	616	1 976	5 577	5 312	6 214	5 960	1 764
港头镇	1 274	638	498	1 005	1 005	13 261	12 620	8 511	8 320	1 700
唐店镇	1 200	1 087	1 058	1 287	1 300	7 566	7 266	7 350	6 120	390
合沟镇	1 451	752	92	600	739	5 750	5 240	5 165	960	238
草桥镇	1 834	955	600	924	1 495	15 000	14 800	13 850	12 760	
窑湾镇	556	420	814	610	1 911	20 780	17 830	8 100	6 120	800
棋盘镇	1 420	543	550	1 083	1 516	10 300	8 910	5 120	2 107	2 316
新店镇	439	387	154	843	772	21 750	19 280	9 901	7 660	793
邵店镇	1 200	730	206	730	965	5 965	5 673	3 840	3 840	1 045
北沟镇	1 600	789	58	692	961	7 085	2 920	7 840	5 560	132
时集镇	900	450	388	868	968	6 900	6 700	6 000	6 000	1 400
高流镇	1 350	1 350	218	1 100	3 500	9 784	6 872	6 306	4 390	198
阿湖镇	1 571	708	101		863	10 350	10 100	9 500	8 950	1 300
双唐镇	1 150	1 080	70	534	2 814	5 500	2 000	5 200	1 200	3 980
马陵山镇	1 214	692	538	1 230	1 902	16 971	16 500	6 500	6 200	
邳州市										
运河镇	33 261	33 261	129	12 854	13 560	254 637	194 958	166 318	28 476	5 000
邳城镇	1 100	1 100		2 800	1 400	13 812	9 800	6 900	5 100	1 200
官湖镇	21 129	11 504	54	9 847	1 277	55 170	32 915	15 390	6 350	6 000
四户镇	3 717	2 499	122	1 736	1 976	18 648	11 000	1 700	1 600	2 000
宿羊山镇	1 210	340	710	328	1 318	10 100	8 400	4 800	3 000	2 700
八义集镇	1 660	1 500	300		3 420	15 200	13 800	3 000	720	3 000
土山镇	1 058	677	339	1 058	1 105	35 317	21 933	10 426	3 437	3 750
碾庄镇	5 471	5 471	1 637	4 190	7 700	25 852	24 258	3 785	2 452	3 969
港上镇	2 900	1 300	270		3 250	10 100	8 900	9 600	6 300	1 175
邹庄镇	1 700	1 210	1 100	600	2 411	15 321	15 000	5 731	4 500	1 000
占城镇	1 840	1 100	80	62	860	2 160	1 700	102	50	1 460
新河镇	3 871	2 913		2 913	5 685	7 942	7 800	2 900		1 000
八路镇	9 961	6 935	260	5 137	4 516	22 083	11 916	7 714	307	1 200
炮车镇	1 100	897	313	1 100	1 182	5 610	5 370	4 380	4 050	3 100
铁富镇	2 081	2 081	68	2 172	2 582	20 312	16 217	8 027	5 619	2 938
岔河镇	3 492	3 080	400	413	2 621	9 986	8 746	100	60	726
戴圩镇	4 299	2 600			1 974	5 106	4 865	3 580	3 580	2 991
陈楼镇	6 400	3 500	5	2 800	2 895	9 000	8 000	4 500	1 000	1 200
邢楼镇	2 600	2 300	400	1 700	1 800	9 000	7 500			1 300
戴庄镇	1 200	500	85	1 200	2 200	10 000	9 000	1 200	1 000	800
车辐山镇	2 300	1 600		1 600	2 100	5 900	5 500	4 600	4 200	800
燕子埠镇	868	320	413	168	1 285	1 500	1 200	1 800	700	52
赵墩镇	1 210	450	1 120	420	4 200	20 500	16 500	5 500	4 010	2 000
议堂镇	2 669	2 359	1 631	1 951	2 217	8 367	5 335	6 753	5 028	2 000

18-1 续表 18　　　　（2008 年）

乡镇名称	年末累计负债金额（万元）	#当年负债	#乡镇财政负债	本乡镇公路里程（公里）	市场个数（个）	集贸市场成交额（万元）	公园个数（个）	小汽车拥有量（辆）	各类科技人员（人）	农技推广服务从业人员（个）	农业专业合作经济组织个数（个）	农业专业合作经济组织成员（户）
贾汪区												
贾汪镇	14 621	3 138	620	96	1	11 402	1	262	866	14	8	456
青山泉镇	4 628			108	2	9 195	2	921	2 674	39	13	2 112
大吴镇	7 914			190	6	93 986		1 588	2 899	32	8	42
紫庄镇	10 215		4 864	115	2	3 208		443	606	10	18	1 700
塔山镇	9 911	610	320	230	5	17 350		135	902	24		
汴塘镇	4 737	1 038	1 038	230	3	208		528	529	8	6	725
江庄镇	3 622			86	1	11 886	1	400	345	15	5	220
金山桥												
大黄山镇	10 355		984	128	2	8 136		387	780	22	9	58
大庙镇	8 137		8 137	128	4	7 770	1	610	770	22		
丰　县												
凤城镇	3 619	1 099	1 862	303	5	102 347	2	882	1 451	47	22	3 500
首羡镇	3 325	119	2 200	206	1	8 568		86	806	12	1	7
顺河镇	3 001	86	1 700	210	1	7 850		170	610	15	12	160
常店镇	2 526	71	1 864	139	3	4 375		135	828	8	15	158
欢口镇	3 000		1 210	215	4	16 320		148	1 055	12	7	2 420
师寨镇	3 790	120	1 317	210	2	7 100		80	860	14	10	2 000
华山镇	2 800		2 370	310	5	21 450		124	870	9	7	540
梁寨镇	2 275	191	1 810	190	3	15 420		240	815	8	9	270
范楼镇	2 020		2 020	100	3	16 280		115	652	12	5	42
孙楼镇	2 811	65	210	133	1	3 500		114	440	15	16	450
宋楼镇	6 820		5 610	310	4	11 312		306	1 260	19	28	7 700
大沙河镇	4 522	100	3 850	196	2	7 125	1	212	589	20	12	620
王沟镇	2 051	140	2 051	197	2	6 500		350	912	11	18	2 200
赵庄镇	1 942	78	1 540	128	2	15 750		179	586	12	1	150
沛　县												
龙固镇	2 836		2 836	160	1	7 687	1	396	756	59	21	1 856
杨屯镇	1 186			46	3	36 000		163	625	12	22	5 100
大屯镇	3 469	1 608	3 469	55	4	15 700		1 300	1 945	28	5	70
沛城镇	8 049			185	6	28 163	2	4 238	25	20	26	3 315
胡寨镇	433			77	1	10		40	19	19	45	2 075
魏庙镇	2 027			150	5	596		107	580	13	25	4 680
五段镇	712	18	712	32	2	1 061	1	62	808	41	17	480
张庄镇	4 717	958		182	3	8 390		714	880	25	34	4 410
张寨镇	3 163			122	3			120	1 352	13	32	4 610
敬安镇	3 361	210	3 361	146	2	4 168		76	797	17	28	3 300
河口镇	4 597		4 597	36	2	7 580		165	96	18	6	135
栖山镇	2 928	245	2 828	15	3	1 500		390	6	3	15	600
鹿楼镇	4 324		4 324	58	2	9 534		179	849	17	24	350
朱寨镇	1 794	400	1 274	29	4	26		67	1 159	5	19	125
安国镇	3 009			130	3	30 000		182	866	19	20	150

18-1 续表 19 （2008 年）

乡镇名称	年末累计负债金额（万元）	#当年负债	#乡镇财政负债	本乡镇公路里程（公里）	市场个数（个）	集贸市场成交额（万元）	公园个数（个）	小汽车拥有量（辆）	各类科技人员（人）	农技推广服务从业人员（人）	农业专业合作经济组织个数（个）	农业专业合作经济组织成员（户）
铜山县												
铜山镇	8 144	2 500		125	3	56 510	1	721	8 430	3	5	526
何桥镇	3 810	622	2 271	65	3	1 500		100	538	10	6	300
黄集镇	4 554	297	4 554	186	4	1 200	1	400	680	15	21	7 000
马坡镇	950		950	110	3	1 435		105	438	16	5	275
郑集镇	8 447	359		120	1	5 800		402	1 182	32	9	960
柳新镇	2 800		2 800	229	6	124 000	1	1 543	910	390		
刘集镇	6 471	1 306		182	4	7 180		201	664	42	7	321
大彭镇	2 050	83	1 800	35	2	3 560		450	1 100	11		
汉王镇	6 685	108	3 000	165	3	6		320	650	17	8	2 508
三堡镇	2 644		2 644	320	2	48 060	2	203	626	22	6	260
棠张镇	5 741		5 741	120	3	28 000	2	880	650	200	15	2 900
张集镇	11 704	785		180	4	42 000		960	1 280	15	11	1 420
房村镇	11 000	160	11 000	62	2	3 560		109	715	15	37	4 260
伊庄镇	9 556	468	6 216	235	6	32 000		360	310	45	9	150
单集镇	9 240			310	3	15 670	1	215	702	34	3	58
徐庄镇	10 530	596	30	210	3	4 850		845	710	15	13	101
大许镇	6 125		553	210	3	3 340		478	1 020	20	15	138
茅村镇	7 193	1 053	1 283	192	1	8 825		1 100	735	53	7	655
柳泉镇	8 868	685	3 733	115	3	19 852		660	530	5	6	30
利国镇	5 431			85	2	87 747	1	467	1 551	15	3	51
睢宁县												
睢城镇	4 135	89	1 348	100	21	9 010	4	6 000	3 000	7	6	3 100
王集镇	5 652	361	5 291	351	8	34 344		245	1 611	24	6	854
双沟镇	3 213	125	1 195	102	4	9 510		78	780	23	3	18
岚山镇	6 689	334	438	165	3	36 381		209	1 162	12	5	754
李集镇	1 538		380	95	1	9 876	1	250	892	35		
桃元镇	4 775	35	4 775	77	3	16 760		176	838	15	4	25
官山镇	6 451	20	3 775	91	4	4 612		131	826	17	4	141
高作镇	2 935	20	2 935	42	3	34 500		520	997	25	21	3 821
沙集镇	1 757	151	488	170	3	28 420		130	603	11	1	328
凌城镇	2 695	180	739	185	2	3 260		235	936	24	3	1 200
邱集镇	4 430	485	485	248	5	3 500		106	1 161	20	39	230
古邳镇	2 859		1 316	165	2	1 125		135	910	18		
姚集镇	6 000	15	6 000	180	5	31 000		85	1 175	4	1	27
魏集镇	225		125	62	2	26 000		65	860	24	2	10
梁集镇	7 704			310	10	3 156		125	1 040	30	10	1 895
庆安镇	3 622	71	3 622	145	4	17 150		167	925	32	3	1 136

18-1 续表 20 （2008 年）

乡镇名称	年末累计负债金额（万元）	# 当年负债	# 乡镇财政负债	本乡镇公路里程（公里）	市场个数（个）	集贸市场成交额（万元）	公园个数（个）	小汽车拥有量（辆）	各类科技人员（人）	农技推广服务从业人员（人）	农业专业合作经济组织个数（个）	农业专业合作经济组织成员（户）
新沂市												
新安镇	9 028		9 028	38	12	43 758	2	6 100	1 155	20	6	966
瓦窑镇	1 577		1 577	10	3	3 420		77	674	21	4	1 800
港头镇	4 568		1 200	28	4	9 680		84	564	18	15	486
唐店镇	3 800	400		38	4	22 000		216	503	9	6	350
合沟镇	3 177			13	3	352		296	495	6		
草桥镇	1 901		1 901	48	5	700	1	190	1 935	24	8	1 500
窑湾镇	3 400			54	2	1 850		270	850	60	12	670
棋盘镇	4 505		4 505	256	6	810		109	920	14	11	2 488
新店镇	1 522		805	52	3	4 000		65	55	10	9	1 126
邵店镇	1 400			102	2	35 620		96	45	10	12	1 360
北沟镇	2 000		2 000	48	3	22 620		365		12	1	60
时集镇	1 223			70	3	2 000	1	105	628	13	44	1 814
高流镇	2 010			140	4	9 310		396	870	12	12	1 200
阿湖镇	1 471	75		115	5	110		125	628	5	19	1 240
双唐镇	3 200		3 200	53	6	12 000		200	410	16	10	120
马陵山镇	2 048			80	1	10 000		250	1 300	10	18	1 120
邳州市												
运河镇	11 930		11 930	459	21	151 200	14	4 078	8 603	137		
邳城镇	901	100	901	115	3	8 600		260	120	12	10	2 400
官湖镇	8 000		1 000	250	4	186 000	3	515	1 585	8	8	2 400
四户镇	961		41	70	6	6 400		198	439	10	6	1 360
宿羊山镇	1 564	40		128	2	19 000		89	693	10	11	3 200
八义集镇	1 832		192	99	5	12 000	2	220	32	20		
土山镇	1 950	50	1 950	350	3	10 755	2	412	1 215	6	22	2 765
碾庄镇	3 591		3 591	249	4	573	2	290	1 096	23	4	105
港上镇	3 376	2 100	1 905	175	2	5 300	4	97	590	20	9	13 720
邹庄镇	3 500		300	50	5	910	1	300	500	30	10	800
占城镇	1 420	120	900	128	3	1 520		350	300	21	5	300
新河镇	4 469			10	4	5 237		168	1 090	100	1	5
八路镇	4 620	419	4 620	164	3	11 207		226	1 311	9	28	1 627
炮车镇	1 237		100	58	1	71		92	641	35	6	270
铁富镇	2 606	376	2 606	30	4	1 363	1	196	236	13	16	3 573
岔河镇	726	112		110	3	3 000	1	126	496	13	2	10
戴圩镇	2 018	2 018	150	50	10	6 133		100	58	24	3	18
陈楼镇	1 800	200	200	158	5	28 100	1	200	60	8	6	2 340
邢楼镇	490	120	430	65	3	3 000	1	120	440	280		
戴庄镇	2 060	260		113	3	12 000		118	380	20	1	10
车辐山镇	1 500	600	200	152	1	1 225	1	98	620	20	7	300
燕子埠镇	52			54	2	5 500		83	400	16	7	1 100
赵墩镇	4 265	700	700	126	2	880		128	1 148	48	1	6
议堂镇	1 396			144	1	932		71	172	13		

18-1 续表 21 （2008 年）

乡镇名称	学校总数（个）	在校学生总数（人）	教师总数（人）	影剧院（个）	幼儿园、托儿所（个）	医院、卫生院（个）	医生数（人）	病床数（张）	固定电话装机数量（部）	移动电话拥有数量（部）
贾汪区										
贾汪镇	13	15 121	696	2	17	10	120	140	4 708	4 512
青山泉镇	9	8 325	511	1	5	18	70	70	11 054	9 439
大吴镇	11	7 631	725	2	17	24	165	100	16 834	31 083
紫庄镇	10	6 012	450		17	19	184	120	6 592	10 720
塔山镇	10	8 633	613		12	2	213	150	10 150	8 000
汴塘镇	11	7 223	365	1	11	1	48	123	9 906	12 836
江庄镇	5	2 333	243	1	5	2	36	40	4 286	6 680
金山桥										
大黄山镇	7	5 512	460		6	15	40	60	7 678	8 237
大庙镇	12	16 308	1 143	1	22	1	36	30	12 000	15 000
丰　县										
凤城镇	19	21 210	930	1	47	4	301	540	14 998	37 851
首羡镇	11	8 550	542		30	2	170	150	8 600	9 875
顺河镇	8	12 520	562		27	1	102	89	9 540	6 380
常店镇	8	5 001	498		23	2	198	80	9 100	8 932
欢口镇	13	16 183	801		42	2	150	109	14 200	15 560
师寨镇	12	11 200	688		14	2	159	115	11 000	5 000
华山镇	16	14 860	692		27	2	207	45	8 420	6 040
梁寨镇	14	9 651	656		17	2	110	90	6 689	5 200
范楼镇	13	7 663	501		31	2	88	86	11 403	15 320
孙楼镇	6	2 901	335		9	1	71	90	8 110	6 200
宋楼镇	11	14 134	822		37	2	157	162	12 690	18 730
大沙河镇	7	6 530	399		19	2	164	35	6 638	9 217
王沟镇	12	10 217	753		20	2	105	60	16 500	12 500
赵庄镇	11	6 890	514	1	26	1	65	82	11 670	6 604
沛　县										
龙固镇	10	8 076	572	1	19	1	46	74	10 316	19 416
杨屯镇	7	5 416	402	1	11	1	23	40	12 300	4 411
大屯镇	15	7 453	858	1	8	1	42	62	14 600	13 500
沛城镇	20	17 437	1 080		11	128	920	710	29 752	45 123
胡寨镇	6	6 508	338		11	14	141	40	2 310	2 100
魏庙镇	7	4 416	357		20	1	59	60	7 162	6 824
五段镇	7	8 897	573	1	8	1	135		10 224	3 245
张庄镇	18	12 310	671	1	20	1	123	63	17 042	10 340
张寨镇	12	21 100	836		20	2	119	106	15 100	15 200
敬安镇	9	6 571	448		31	1	29	71	10 200	4 965
河口镇	11	6 188	416	2	11	2	169	93	8 315	6 237
栖山镇	12	6 820	478	1	3	2	180	108	9 880	7 100
鹿楼镇	22	16 328	975	1	18	2	248	166	11 735	3 997
朱寨镇	8	4 883	849		6	27	78	118	10 800	1 500
安国镇	15	7 980	536		34	2	316	136	10 320	16 235

18-1　续表 22　　（2008 年）

乡镇名称	学校总数（个）	在校学生总数（人）	教师总数（人）	影剧院（个）	幼儿园、托儿所（个）	医院、卫生院（个）	医生数（人）	病床数（张）	固定电话装机数量（部）	移动电话拥有数量（部）
铜山县										
铜山镇	22	15 327	1 446		26	2	100	290	48 990	135 016
何桥镇	7	5 732	322		17	1	22	20	7 950	7 200
黄集镇	9	6 791	433	1	3	1	35	35	9 500	5 200
马坡镇	7	9 480	369		23	1	41	50	5 453	3 208
郑集镇	9	14 580	955	1	7	1	202	140	12 138	9 250
柳新镇	12	9 070	797	1	7	1	44	60	13 800	32 800
刘集镇	6	5 121	565		10	1	59	45	11 720	12 500
大彭镇	8	9 100	730	1	12	1	33	50	40 000	6 000
汉王镇	7	3 610	412	1	19	1	48	40	5 550	6 050
三堡镇	5	3 988	298	1	12	1	63	108	6 647	8 300
棠张镇	8	6 500	630	1		1	80	70	5 700	8 100
张集镇	10	17 100	1 124	2	7	2	116	130	13 300	9 600
房村镇	9	6 565	563	1	16	2	36	50	11 179	9 062
伊庄镇	7	3 550	270		6	2	15	34	6 425	11 100
单集镇	10	8 683	443		8	2	23	56	12 410	11 360
徐庄镇	9	4 558	419		27	2	28	52	12 046	7 860
大许镇	12	12 294	777		12	3	210	192	8 410	12 680
茅村镇	8	9 160	552		10	1	40	50	10 126	19 711
柳泉镇	5	8 070	344		4	1	35	55	8 910	12 976
利国镇	8	6 214	431		4	1	99	50	16 980	23 452
睢宁县										
睢城镇	34	56 518	3 131	1	30	35	711	510	70 100	136 142
王集镇	16	13 247	961		3	39	255	125	15 821	16 840
双沟镇	12	5 088	450		7	28	155	48	7 500	12 830
岚山镇	11	6 153	508		25	21	210	65	14 076	29 500
李集镇	7	9 987	683		6	22	166	79	10 478	17 360
桃元镇	17	10 360	625		26	46	145	137	11 470	14 100
官山镇	10	8 952	577		15	41	221	85	14 300	16 850
高作镇	10	5 582	472		4	27	182	50	10 978	21 375
沙集镇	9	6 113	410		5	18	92	110	10 560	6 500
凌城镇	12	10 256	531		2	26	126	38	11 900	12 380
邱集镇	16	12 992	700	1	17	36	295	102	16 300	15 100
古邳镇	10	14 560	495		3	27	128	80	11 992	13 250
姚集镇	14	13 100	758		2	4	130	98	18 500	12 000
魏集镇	14	10 790	650	1	4	21	168	70	9 860	11 580
梁集镇	30	12 456	641	1	26	28	327	125	15 108	20 937
庆安镇	11	13 912	568		24	42	233	117	16 892	31 102

18-1 续表 23 （2008 年）

乡镇名称	学校总数（个）	在校学生总数（人）	教师总数（人）	影剧院（个）	幼儿园、托儿所（个）	医院、卫生院（个）	医生数（人）	病床数（张）	固定电话装机数量（部）	移动电话拥有数量（部）
新沂市										
新安镇	16	11 370	1 126	2	13	35	120	1 120	59 988	71 860
瓦窑镇	5	3 496	469		1	1	67	100	6 240	3 374
港头镇	7	3 223	425	1	1	1	28	42	7 460	9 784
唐店镇	5	3 450	407		9	19	69	90	11 250	10 380
合沟镇	7	7 410	320		5	1	24	70	10 300	15 960
草桥镇	11	3 819	492		22	2	116	60	15 100	18 950
窑湾镇	9	12 160	590	1	4	2	98	97	11 007	9 188
棋盘镇	14	6 223	602	1	14	2	161	156	13 070	18 910
新店镇	8	4 150	401		7	2	52	40	3 100	2 700
邵店镇	7	6 300	253		1	1	42	85	7 010	14 560
北沟镇	11	15 382	1 429		4	12	60	53	14 742	15 420
时集镇	11	7 900	447		3	2	116	89	7 500	9 500
高流镇	9	10 200	656		7	22	127	247	7 980	13 300
阿湖镇	10	3 559	385		3	2	172	50	9 269	19 000
双唐镇	6	2 520	248		8	2	110	25	6 500	17 000
马陵山镇	8	9 098	646	1	9	23	33	50	9 850	19 800
邳州市										
运河镇	32	63 711	4 233	1	49	96	272	882	81 760	185 600
邳城镇	12	7 360	545		18	2	198	52	6 900	12 280
官湖镇	24	16 000	1 583	2	48	3	130	170	20 469	56 586
四户镇	6	4 373	309	1	8	18	68	35	4 860	4 880
宿羊山镇	14	8 780	538	1	3	2	125	17	4 800	29 100
八义集镇	16	18 500	986	1	27	35	276	70	11 500	5 000
土山镇	8	12 031	857		5	2	325	147	6 311	9 250
碾庄镇	10	10 753	593		2	2	357	70	11 958	6 132
港上镇	7	6 680	482	1	4	1	85	27	9 962	4 624
邹庄镇	7	5 000	400		5	1	54	40	7 100	17 000
占城镇	8	5 200	417	1	4	1	160	85	1 602	4 210
新河镇	10	18 980	788		2	2	222	150	11 200	29 432
八路镇	7	13 367	824	1	1	1	220	50	13 407	11 205
炮车镇	6	4 128	365		1	1	78	38	7 342	9 295
铁富镇	21	12 939	894		2	2	85	146	13 920	15 126
岔河镇	10	4 997	426	1	1	1	20	60	5 310	5 180
戴圩镇	7	5 860	489		1	19	146	150	2 960	23 012
陈楼镇	7	5 800	460		12	1	110	10	7 100	31 000
邢楼镇	6	8 600	390	1	18	19	142	30	5 400	7 000
戴庄镇	6	6 000	363	1	15	1	20	30	5 000	10 000
车辐山镇	7	12 100	550		1	1	70	53	7 586	9 851
燕子埠镇	9	5 460	289		1	1	37	20	6 200	3 200
赵墩镇	9	12 010	925		14	2	25	46	11 150	6 200
议堂镇	5	3 507	361		1	1	132	20	5 947	6 953

18-1 续表 24 （2008 年）

乡镇名称	自来水普及率（%）	生活用燃气普及率（%）	有线电视入户率（%）	农户享有卫生厕所比重（%）	住楼房户比重（%）	平均人口预期寿命（岁）	敬老院、福利院（个）	现收养人数（人）	参加农村养老保险的人数（人）	参加农村新型合作医疗人数（人）	享受最低生活保障人数（人）
贾汪区											
贾汪镇	90	18	50	50	80	78	5	123	416	39 166	1 093
青山泉镇	87	43	19	9	23	74	6	84	27 875	44 184	298
大吴镇	100	88	69	14	39	75	1	105	1 456	48 980	1 228
紫庄镇	25	45	38	5	46	75	1	102	1 642	45 702	1 270
塔山镇	5	18	22	1	29	68	5	224	3 220	62 970	1 125
汴塘镇	31	26	81	30	21	75	6	218	3 829	44 637	1 536
江庄镇	17	35	50	4	36	76	2	36	180	30 500	172
金山桥											
大黄山镇	53	51	40	90	50	76			1 180	33 875	674
大庙镇	50	80	35	50	82	82	1	43	2 495	53 107	1 175
丰　县											
凤城镇	65	75	82	15	48	74	1	40	3 021	58 755	1 872
首羡镇	70	49	40	25	7	78	2	20	987	78 699	2 825
顺河镇	50	50	56	12	14	78	1	52	7 150	53 800	2 000
常店镇	48	65	82	15	20	78	1	50	4 875	56 800	1 939
欢口镇	52	38	40	6	12	73	1	49	5 400	78 820	3 063
师寨镇	35	50	90	10	10	74	2	30	1 120	75 000	1 270
华山镇	65	35	40	15	18	75	2	63	3 500	66 348	2 938
梁寨镇	35	40	68	11	13	74	2	50	8 490	52 785	1 485
范楼镇	32	25	70	13	24	77	2	35	371	72 000	1 790
孙楼镇	26	50	78	12	15	73	1	32	3 150	48 520	1 862
宋楼镇	21	32	62	7	15	74	1	161	4 310	78 810	2 921
大沙河镇	60	42	80	9	25	74	1	17	261	55 000	220
王沟镇	75	50	70	18	12	75	1	96	4 530	79 850	3 452
赵庄镇	55	45	50	15	26	75	2	83	9 355	57 257	2 337
沛　县											
龙固镇	53	39	86	36	28	77	1	22	9 638	50 186	372
杨屯镇	14	19	48	2	14	76	1	54	12 500	43 488	1 262
大屯镇	65	78	40	10	30	76	1	47	3 750	49 750	1 712
沛城镇	65	41	30	13	22	79	6	150	13 680	43 053	8 260
胡寨镇	15	55	24	20	42	72	1	6	1 125	32 770	550
魏庙镇	45	55	42	92	28	76	1	130	1 492	44 560	1 038
五段镇	90	80	60	30	72	72	1	25	1 245	39 875	721
张庄镇	15	62	14	7	54	70	3	72	10 500	81 204	2 191
张寨镇	50	20	70		20	78	1	70	17 050	73 622	2 020
敬安镇	65	37	35	25	43	75	1	58	12 410	51 400	1 902
河口镇	22	21	6	14	18	72	2	29	4 730	47 535	1 320
栖山镇	30	65	50	20	48	75	1	40	8 285	54 700	832
鹿楼镇	18	12	17	5	2	76	1	59	5 296	59 312	2 327
朱寨镇	10		30	1		75	2	210	3 500	54 877	2 155
安国镇	89	61	63	10	16	77	2	51	3 426	76 153	3 126

18-1 续表 25　　　　(2008 年)

乡镇名称	自来水普及率(%)	生活用燃气普及率(%)	有线电视入户率(%)	农户享有卫生厕所比重(%)	住楼房户比重(%)	平均人口预期寿命(岁)	敬老院、福利院(个)	现收养人数(人)	参加农村养老保险的人数(人)	参加农村新型合作医疗人数(人)	享受最低生活保障人数(人)
铜山县											
铜山镇	100	81	100	80	86	81	1	91	3 090	43 492	3 656
何桥镇	6	22	20	35	22	73	2	107	8 000	35 500	1 092
黄集镇	5	92	90	15	62	77	2	20	5 444	53 680	1 600
马坡镇		7	15		25	77	5	100	1 885	42 398	1 035
郑集镇	50	80	85	55	70	74	4	109	4 000	46 120	564
柳新镇	28	96	95	20	75	70	5	140	1 490	56 200	760
刘集镇	40	70	80	30	55	73	4	153	1 861	58 902	921
大彭镇	70	80	62	45	39	78	6	120	1 678	51 000	1 000
汉王镇	82	43	70	25	65	65	5	40	1 356	46 231	923
三堡镇	60	80	70	20	50	76	1	97	3 764	28 559	648
棠张镇	90	90	88	70	70	69	9	140	1 500	47 000	815
张集镇	42	45	80	95	43	76	2	60	1 750	69 500	1 950
房村镇	5	13	45	3	37	74	6	320	9 176	58 900	2 550
伊庄镇	45	70	52	10	65	76	6	220	590	37 750	1 867
单集镇	35	33	50	36	36	78	3	152	820	62 410	2 754
徐庄镇	19	23	48	5	10	71	4	170	3 980	60 433	1 840
大许镇	15	46	48	36	41	71	3	275	1 332	58 942	1 996
茅村镇	45	65	35		49	70	3	32	6 000	52 154	640
柳泉镇	97	97	88	10	55	76	6	32	1 168	53 506	1 138
利国镇	100	83	92	60	91	73	6	241	1 427	55 280	879
睢宁县											
睢城镇	70	76	93	7	51	76	8	143	56 162	106 310	6 500
王集镇	40	38	49	95	20	75	2	135	8 462	71 945	2 507
双沟镇	23	46	51	20	31	75	1	86	9 051	51 500	2 102
岚山镇	25	88	79	8	15	79	2	28	5 260	74 134	1 325
李集镇	95	66	92	95	66	74	1	84	5 976	47 959	2 265
桃元镇	38	29	24	30	19	73	2	128	1 150	73 620	3 080
官山镇	23	36	46	18	11	75	1	40	3 728	71 675	1 410
高作镇	32	32	40	48	19	72	1	52	12 453	50 105	2 113
沙集镇	35	66	35	38	18	69	1	19	1 700	48 000	2 450
凌城镇	69	35	14	12	12	76	1	115	1 568	71 925	2 828
邱集镇	37	23	5	16	72		2	164	1 632	98 050	3 860
古邳镇	90	65	98	65	35	80	1	25	884	55 200	2 428
姚集镇	85	82	70	30	10	78	1	35	11 000	75 000	720
魏集镇	48	30	59	34	15	73	1	90	1 850	60 500	3 300
梁集镇	19	29	14	36	14	74	1	137	6 651	64 015	3 756
庆安镇	98	90	72	31	35	73	2	62	18 255	64 778	5 515

18-1　续表 26　　　　（2008 年）

乡镇名称	自来水普及率（%）	生活用燃　气普及率（%）	有线电视入户率（%）	农户享有卫生厕所比重(%)	住楼房户比　重（%）	平均人口预期寿命（岁）	敬老院、福利院（个）	现收养人　数（人）	参加农村养老保险的人数（人）	参加农村新型合作医疗人数（人）	享受最低生活保障人　数（人）
新沂市											
新安镇	85	94	82	38	46	72	1	82	7 506	68 677	7 750
瓦窑镇	75	40	90	10	13	80	6	130	7 192	30 624	466
港头镇	60	75	88	40	50	75	1	110	1 068	41 510	1 809
唐店镇	100	85	85	60	25	74	1	108	2 820	44 200	
合沟镇	30	10	85	15	5	74	1	30	1 000	52 689	2 054
草桥镇	88	95	69	10	10	77	2	196	5 127	60 929	2 650
窑湾镇	51	35	72	11	31	76	1	98	1 600	55 100	2 100
棋盘镇	70	51	66	6	6	73	1	83	970	64 160	1 987
新店镇	60	50	50	55	7	66	1	165	2 005	39 000	998
邵店镇	88	80	96	80	4	72	2	75	620	31 840	1 264
北沟镇	50	60	85	100	20	72	1	100	5 100	26 765	190
时集镇	35	55	85	32	10	72	2	65	1 450	39 800	2 270
高流镇	70	80	92	40	19	79	1	91	19 770	50 600	260
阿湖镇	80	65	90	15	25	72	3	160	5 650	44 000	2 339
双唐镇	40	40	80	15	10	70	1	60		32 390	1 387
马陵山镇	93	88	92	20	18	74	2	172	630	50 050	2 317
邳州市											
运河镇	86	90	80	70	82	76	2	62	36 795	175 000	4 191
邳城镇	50	35	45	29	46	76	2	60	1 880	6 000	1 261
官湖镇	80	85	85	67	53	77	3	70	9 800	91 290	1 600
四户镇	70	42	35	23	7	72	1	60	1 020	46 050	1 042
宿羊山镇	70	40	50	30	32	72	2	188	1 980	56 300	296
八义集镇	72	56	30		2	74	3	145	2 300	61 000	1 650
土山镇	69		75	70	12	70	3	195	3 615	53 411	1 820
碾庄镇	31	15	9	5	6	75	2	96	1 582	74 582	2 865
港上镇	90	36	76	66	37	78	1	70	1 020	56 900	840
邹庄镇	70	96	98	70	70	78	2	53	72	47 617	1 700
占城镇	30	6	22	12		70	2	42	2 000	40 100	400
新河镇	30	85	80		35	80	1	142		63 000	1 013
八路镇	69	64	96	9	28	70	2	114	1 872	61 750	1 514
炮车镇	51		43		12	78	1	16	1 210	36 120	179
铁富镇	65	49	21	19	32	75	1	86	1 613	95 650	1 901
岔河镇	40	86	70	25	18	76	1	49	166	34 100	803
戴圩镇	25	76	80	11	10	73	1	33	500	40 223	700
陈楼镇	36	70	80	15	35	74	1	28	760	45 100	1 090
邢楼镇	55	70	72	71	35	76	1	47	283	47 000	128
戴庄镇	40	25	80	85	18	69	1	80	3 000	45 000	616
车辐山镇	10	2	40		3	78	2	114	1 500	33 950	200
燕子埠镇	18	35	7		6	78	1	98	280	30 000	316
赵墩镇		19	12	10	4	69	1	13	5 635	82 000	2 430
议堂镇	69	49	81	9	26	73	1	96	762	30 796	1 200

18–2　分镇建成区主要经济指标

（2008 年）

乡镇名称	建成区占地面积（公顷）	工业园区面积（公顷）	公共绿地面积（公顷）	建成区总户数（户）	建成区总人口（人）	暂住人口（人）	建成区从业人员数（人）	#从事二三产业人员	固定资产投资完成额(万元)	建成区企业营业收入(万元)	自来水普及率（%）
贾汪区											
贾汪镇	192		3	4 225	13 115	136	6 112	6 010	9 416	16 231	100
青山泉镇	372	69	9	6 917	20 142	2 911	12 475	11 032	98 790	375 230	100
大吴镇	482	90	29	11 738	45 187	3 369	16 593	14 097	63 675	426 870	100
紫庄镇	453	27		4 818	15 026	45	7 450	6 124	9 200	9 240	95
塔山镇	1 050	30	1	2 878	10 148	1 138	5 618	4 290	11 000	14 200	65
汴塘镇	300			1 960	6 000		4 880	3 100	4 000	190	80
江庄镇	270	130		870	3 600	270	2 000	1 300	36 000	38 000	16
金山桥											
大黄山镇	400	136	8	6 580	18 640	834	8 993	7 645	76 500	70 481	96
大庙镇	380	58	415	7 769	20 254		5 639	5 042	4 210	39 767	100
丰　县											
凤城镇	182	37	20	4 110	14 385	190	11 090	8 715	30 015	15 177	85
首羡镇	210	53	3	3 138	8 557	606	3 858	2 261	11 750	16 170	88
顺河镇	300	90	15	2 500	9 860	300	4 210	3 500	6 110	18 650	50
常店镇	267	25	11	2 385	7 615	85	4 860	3 726	9 870	8 870	86
欢口镇	390	35	9	4 150	18 420	560	7 233	5 122	9 550	82 110	74
师寨镇	140	50	4	1 750	5 400	260	3 300	2 800	9 000	10 000	80
华山镇	330	50	8	3 520	13 400	210	8 240	5 330	9 100	8 430	95
梁寨镇	255	22	6	3 782	10 450	260	6 300	4 180	9 980	18 451	78
范楼镇	201	31	7	2 495	7 467	134	3 765	2 512	1 250	6 659	70
孙楼镇	140	47	5	2 375	5 750	45	3 478	2 800	5 880	11 250	30
宋楼镇	226	52	12	3 920	9 925	520	4 310	4 050	9 910	6 700	82
大沙河镇	145	45	10	1 975	6 543	362	3 215	2 517	6 510	8 132	70
王沟镇	195	50	15	1 453	6 124	214	3 295	2 100	2 820	8 510	80
赵庄镇	265	60	7	2 840	11 258	75	6 755	5 650	8 510	33 320	90
沛　县											
龙固镇	400	120	57	6 259	27 560	1 526	12 386	9 126	3 963	116 982	61
杨屯镇	150		1	3 402	10 995	216	7 625	7 140	8 200	124 000	10
大屯镇	400	60		4 457	16 570	2 150	7 800	6 300	28 000	11 000	95
沛城镇	200	80	45	52 820	129 120	3 700	57 621	54 108	56 272	158 275	100
胡寨镇	53		2	625	1 880	180	650	380			92
魏庙镇	100	10	7	1 077	3 742	245	4 913	2 758	15 600	41 679	87
五段镇	85	22	2	1 584	6 024	392	3 346	2 402	742	31 922	100
张庄镇	300	50	92	4 830	16 130	3 297	11 894	9 170	67 530	16 489	90
张寨镇	48			632	2 920		2 900	2 420			90
敬安镇	310	30	30	4 360	17 955	125	12 650	9 780	35 000	135 000	90
河口镇	100	28		873	3 329		2 586	1 973	8 570	11 250	40
栖山镇	65			1 735	6 669		35 820	3 040	6 900	17 500	90
鹿楼镇	132			1 640	6 513		2 456	1 640	1 250	450	22
朱寨镇	100	8	2	1 516	5 852		2 876	2 437		2 000	80
安国镇	132	5	150	1 730	7 300	652	5 081	4 892	6 000	32 165	100

18-2 续表 1 （2008 年）

乡镇名称	建成区占地面积（公顷）	工业园区面积（公顷）	公共绿地面积（公顷）	建成区总户数（户）	建成区总人口（人）	暂住人口（人）	建成区从业人员数（人）	# 从事二三产业人员	固定资产投资完成额（万元）	建成区企业营业收入（万元）	自来水普及率（%）
铜山县											
铜山镇	1 000	1 158	740	49 561	176 200	5 895	54 680	42 666	268 200	1 269 685	100
何桥镇	265			1 630	3 850	207	1 900	1 800	2 150	1 100	25
黄集镇	350	350	61	3 600	11 000	230	3 500	2 500	16 000	30 000	10
马坡镇	100	52	10	2 335	10 376	554	4 699	2 035	4 673	29 400	10
郑集镇	140	7	5	4 000	16 000	600	6 000	1 800	52 000	59 500	85
柳新镇	485	120	21	3 681	15 318	6 190	10 504	9 453	4 500	92 890	90
刘集镇	400	44	37	2 690	10 416	481	5 230	1 250	12 586	74 850	35
大彭镇	250	70	6	2 000	7 900	550	5 000	2 800	21 000	18 000	100
汉王镇	320	210	15	1 574	7 040	800	2 985	2 000	8 000	9 000	95
三堡镇	165	73	3	3 048	8 051	370	6 480	4 000	8 076	17 002	100
棠张镇	150	150	4	7 200	22 000	5 500	10 080	8 700	105 000	120 000	100
张集镇	410	330	35	3 240	6 618	2 796	3 215	2 200	10 200	16 560	51
房村镇	180	34	13	1 812	6 656	121	3 819	2 996	2 850	29 850	48
伊庄镇	220	150	7	2 300	6 910	600	2 500	1 050	24 000	31 000	99
单集镇	188	150	5	3 426	7 783	290	4 056	3 411	42 310	16 870	85
徐庄镇	205	206	2	3 458	10 707	612	5 683	2 360	7 810	2 140	10
大许镇	410	213	5	4 850	21 824	9 016	6 683	4 419	61 610	25 500	10
茅村镇	200	100	1	5 192	15 998	381	8 410	7 623	8 000	43 250	100
柳泉镇	283	206	8	3 625	12 150	482	6 235	4 685	13 188	43 589	100
利国镇	271	62	25	5 741	20 140	156	10 275	8 014	12 270	45 100	100
睢宁县											
睢城镇	1 920	1 900	250	51 420	154 120	5 100	70 216	59 823	65 210	127 416	96
王集镇	363		16	3 150	15 112	507	10 121	6 127	9 895	41 000	99
双沟镇	400	200	3	4 263	17 998	325	10 010	6 185	13 600	45 300	48
岚山镇	280	120	3	1 202	4 920	88	2 395	2 897	2 250	850	88
李集镇	427	51	37	4 769	12 968	366	7 321	6 349	26 970	35 780	100
桃元镇	330	155	3	2 476	8 338	490	4 770	2 890	8 800	76 000	68
官山镇	340		4	2 158	6 365	286	4 950	3 008	2 760	24 320	88
高作镇	260	80	7	4 828	12 106	192	9 509	9 286	3 740	6 445	32
沙集镇	410	140	35	3 500	12 550		9 500	9 300	6 500	15 900	38
凌城镇	260	55	2	4 610	15 015	256	9 622	7 860	6 380	8 680	72
邱集镇	350		9	4 392	13 565	40	6 371	2 643	2 010	12 850	85
古邳镇	400		28	3 585	15 820	506	16 350	15 925	4 525	18 674	75
姚集镇	350		5	1 400	6 800	110	4 100	3 500	2 700	700	99
魏集镇	330	20	3	5 540	13 870	30	5 860	4 700	5 300	12 600	75
梁集镇	229	70	7	2 476	9 477	1 636	5 525	2 922	33 291	41 598	24
庆安镇	286		65	2 688	11 129	889	7 346	5 416	12 886	44 668	96

18-2　续表 2　　　　　　　　　　　　　　（2008 年）

乡镇名称	建成区占地面积（公顷）	工业园区面积（公顷）	公共绿地面积（公顷）	建成区总户数（户）	建成区总人口（人）	暂住人口（人）	建成区从业人员数（人）	#从事二三产业人员	固定资产投资完成额（万元）	建成区企业营业收入（万元）	自来水普及率（%）
新沂市											
新安镇	1 865		95	79 760	176 638	7 856	15 137	12 138	53 406	95 588	96
瓦窑镇	860	120	2	3 721	15 523	710	7 964	5 712	25 080	70 230	93
港头镇	240	41	4	1 780	6 024	486	3 946	3 580	20 500	46 890	90
唐店镇	405	800	25	4 530	14 800	1 250	5 052	4 050	2 600	5 700	100
合沟镇	400		10	797	3 395	70	1 920	1 050	430	400	80
草桥镇	621	220	6	3 418	12 000		8 892	6 600	8 675	21 740	100
窑湾镇	260		1	2 958	7 770	20	3 000	1 500	2 500	5 667	95
棋盘镇	351	400	43	1 610	5 710	110	3 069	1 690	540	896	98
新店镇	210		129	1 800	5 405	550	3 275	2 380	425	1 010	80
邵店镇	389			2 008	5 832	100	601	421	9 800	27 815	96
北沟镇	1 000	800	20	1 096	4 965	1 822	4 237	4 022	18 920	8 768	100
时集镇	50		15	1 500	4 560	268	3 216	1 600		8 000	70
高流镇	354		4	5 100	14 400	1 090	7 434	6 100	11 600	28 512	85
阿湖镇	120	333		1 850	5 880	550	2 800	2 600	4 000	80	100
双唐镇	350	200		1 050	3 720	200	2 560	2 060	7 000	15 000	70
马陵山镇	200			2 538	8 620	150	5 600	4 500		10 000	98
邳州市											
运河镇	3 960	450	327	71 641	218 346	12 551	99 486	94 892	426 320	779 218	92
邳城镇	37		3	5 616	22 898		10 990	8 890	10 000	46 800	90
官湖镇	930	400	9	8 914	34 197	14 390	39 516	33 007	31 890	59 431	100
四户镇	400	9	6	2 180	7 580	240	5 990	5 100	4 000	11 500	92
宿羊山镇	310	21	3	1 499	5 992	200	2 830	2 000	63 000	91 000	100
八义集镇	330	6		1 430	6 680	150	3 300	2 910	10 500	22 500	40
土山镇	265	110	37	2 062	9 511	875	4 986	4 255	7 924	40 131	100
碾庄镇	360	105	109	3 898	12 356	547	6 532	4 627	31 069	46 580	91
港上镇	350	120	60	3 264	15 396	325	9 630	6 440	4 600	4 100	100
邹庄镇	500	300	40	2 100	7 600	600	4 500	3 000	30 000	21 000	99
占城镇	15	80		300	960	40	279	160	6 200	1 450	40
新河镇	58		25	2 986	10 800	1 468	11 200	11 200	92 000	71 200	90
八路镇	433	600	77	6 112	23 417	2 871	15 566	12 327	86 020	110 382	99
炮车镇	125	22		2 781	11 298		3 758	3 758	670	13 510	55
铁富镇	167	8	1	983	3 963	983	1 612	1 037	17 376	56 132	85
岔河镇	100	30	18	1 862	7 360	210	3 905	2 612	7 600	7 815	100
戴圩镇	80	20	2	1 176	4 980	848	4 305	2 262	8 312	9 261	100
陈楼镇	300	250	72	2 500	6 710	138	6 500	5 000	22 000	138 500	10
邢楼镇	150		15	2 200	4 900	520	4 600	3 000	45 000	60 000	90
戴庄镇	180	100	2	1 606	6 620	680	4 820	1 440	5 000	9 000	80
车辐山镇	395	30	9	1 720	6 452		3 200	2 600	5 600	3 000	20
燕子埠镇	70		11	870	3 270	180	1 800	940	8 300	16 000	50
赵墩镇	400	300		1 578	7 890	40	4 400	1 600	25 500		20
议堂镇	156	100	47	1 447	4 734	1 147	5 871	5 871	95 831	81 542	100

18-2 续表 3 （2008 年）

乡镇名称	生活用燃气普及率（%）	有线电视入户率（%）	绿化覆盖率（%）	排水管道覆盖率（%）	污水处理率（%）	人均住房面积（平方米）	人均年生活用电量（度）	互联网上网用户（户）
贾汪区								
贾汪镇	97	96	25	50	60	32	160	161
青山泉镇	90	90	18	64	59	30	160	317
大吴镇	98	96	23	100	91	32	184	1 997
紫庄镇	82	43	50	49		35	200	162
塔山镇	18	35	35	90	20	25	138	146
汴塘镇	92	95	12	30		30	72	58
江庄镇	61	86	22	33		31	80	68
金山桥								
大黄山镇	55	96	23	58		33	146	367
大庙镇	90	96	30	100	100	48	357	1 500
丰　县								
凤城镇	70	90	40	44		33	144	539
首羡镇	38	82	30	35		25	186	67
顺河镇	50	95	50	55		40	110	385
常店镇	75	90	38	60		35	160	142
欢口镇	78	60	37	48		38	122	595
师寨镇	90	100	35	40		30	90	60
华山镇	90	95	35	40		30	145	413
梁寨镇	85	75	30	40		30	132	180
范楼镇	66	88	45	68		30	150	83
孙楼镇	48	80	35	26		28	120	65
宋楼镇	55	78	40	32		32	130	597
大沙河镇	80	50	32			30	130	459
王沟镇	65	80	35	20		20	104	128
赵庄镇	50	85	40	32		32	115	265
沛　县								
龙固镇	40	88	42	97		25	30	380
杨屯镇	33	89	27	100		22	123	369
大屯镇	92	50	20			35	260	2 250
沛城镇	97	88	41	60	88	30	315	7 196
胡寨镇	96	50	11	9		38	300	65
魏庙镇	83	85	13	100		25	145	60
五段镇	95	79	10	85		42	102	298
张庄镇	91	26	15	14		32	142	584
张寨镇	60	95	30	20		30	255	102
敬安镇	60	85	40	90		40	260	386
河口镇	29	17	35	26		35	62	215
栖山镇	80	70	52	20	10	46	380	120
鹿楼镇	16	36	28	18		20	36	68
朱寨镇	40	80	20			26	195	40
安国镇	82	86	27	86		21	312	1 523

18-2　续表 4　　　　　　　　　　（2008 年）

乡镇名称	生活用燃气普及率（%）	有线电视入户率（%）	绿化覆盖率（%）	排水管道覆盖率（%）	污水处理率（%）	人均住房面积（平方米）	人均年生活用电量（度）	互联网上网用户（户）
铜山县								
铜山镇	100	100	55	100	100	45	240	17 000
何桥镇	80	80	20	75	87	33	250	400
黄集镇	92	86	36	60	2	25	260	400
马坡镇	94	46	19	20	1	28	238	120
郑集镇	90	100	40	60	90	47	360	800
柳新镇	100	100	56	100	95	40	310	1 210
刘集镇	85	90	40	80	45	45	350	250
大彭镇	85	90	10	6	85	45	300	250
汉王镇	80	75	13	95	99	33	300	110
三堡镇	100	95	11	100	15	43	260	73
棠张镇	100	100	90	80	100	40	258	198
张集镇	68	93	40	85	32	55	296	600
房村镇	90	40	32	100	60	36	358	198
伊庄镇	85	85	66	54	35	34	300	175
单集镇	60	85	10	40	20	46	310	495
徐庄镇	20	50	13	2	2	29	335	123
大许镇	46	48	45	45	60	32	321	1 221
茅村镇	70	80	35	100	60	40	360	723
柳泉镇	99	95	20	90	8	50	300	810
利国镇	95	98	28	100	45	45	312	1 131
睢宁县								
睢城镇	75	80	23	93	43	41	170	6 394
王集镇	98	95	40	98.5		38	165	303
双沟镇	82	70	13	32	12	38	233	300
岚山镇	90	95	18	36	21	28	171	41
李集镇	93	96	66	91	27	42	46	42
桃元镇	44	45	31	63	12	33	65	290
官山镇	96	85	28	100	17	36	95	262
高作镇	98	99	60	95	15	38	329	547
沙集镇	80	86	42	90		38	250	1 020
凌城镇	86	75	18	80	16	28	320	410
邱集镇	60	55	21	68	16	28	83	320
古邳镇	80	95	26	85		50	122	450
姚集镇	87	95	50	75	26	35	50	19
魏集镇	60	75	30	56	8	34	125	26
梁集镇	93	30	90	17	20	38	68	189
庆安镇	90	85	75	84		52	24	266

18-2 续表 5 （2008 年）

乡镇名称	生活用燃气普及率（%）	有线电视入户率（%）	绿化覆盖率（%）	排水管道覆盖率（%）	污水处理率（%）	人均住房面积（平方米）	人均年生活用电量（度）	互联网上网用户（户）
新沂市								
新安镇	98	92	62	90	94	52	280	7 950
瓦窑镇	87	97	15	70	75	30	105	174
港头镇	85	95	95	85		60	120	256
唐店镇	96	98	65	65	72	35	215	580
合沟镇	40	95	25	80	10	40	112	560
草桥镇	100	100	100	100	100	55	96	86
窑湾镇	98	99	11	79	21	36	200	500
棋盘镇	73	90	71	53		27	156	390
新店镇	80	100	18			30	150	120
邵店镇	95	98	35	75	11	36	105	120
北沟镇	90	90	30	10		45	380	316
时集镇	80	100	35	100		45	200	480
高流镇	86	97	10	96	98	35	188	590
阿湖镇	90	100				25	125	400
双唐镇	70	90	20	60	30	20	200	200
马陵山镇	97	99	25	93		50	200	800
邳州市								
运河镇	93	92	38	90	95	33	212	16 200
邳城镇	65	60	30	70		26	190	480
官湖镇	95	95	25	90	90	40	150	4 396
四户镇	54	52	38	75		30	68	156
宿羊山镇	100	100	30	100	20	26	134	138
八义集镇	65	50	35	77		51	72	200
土山镇		100	53	95	55	40	76	295
碾庄镇	18	46	38	69		36	120	98
港上镇	61	94	60	100	100	96	140	247
邹庄镇	99	100	40	90	70	50	70	2 050
占城镇		64	20	20		35	32	80
新河镇	75	90	55	80		35	400	312
八路镇	99	100	39	97		35	192	1 104
炮车镇	15	15	97	89		28	65	155
铁富镇	66	50	30	53		31	53	626
岔河镇	90	100	60	60	50	28	120	100
戴圩镇	60	92	21	100		31	446	358
陈楼镇	85	95	35	25		29	100	60
邢楼镇	90	98	47	100	95	36	19	
戴庄镇	50	85	30	80	80	32	160	280
车辐山镇	20	30	50	70		60	20	120
燕子埠镇	60	80	60			35	210	127
赵墩镇	33	27	30			36	95	78
议堂镇	99	100	21	91		37	132	125

18–3　分镇主要经济指标排序(2008 年)

行政区域面积

排序	乡镇名称	绝对量（公顷）
1	新沂市新店镇	23 007
2	新沂市棋盘镇	16 735
3	睢宁县姚集镇	16 700
4	铜山县张集镇	14 800
5	睢宁县邱集镇	14 079
6	铜山县房村镇	13 600
7	沛县安国镇	13 329
8	铜山县徐庄镇	13 259
9	铜山县单集镇	13 210
10	睢宁县王集镇	13 152
11	睢宁县魏集镇	12 938
12	铜山县大许镇	12 900
13	睢宁县岚山镇	12 835
14	丰县王沟镇	12 621
15	新沂市阿湖镇	12 545
16	沛县鹿楼镇	12 540
17	睢宁县官山镇	12 528
18	邳州市铁富镇	12 444
19	铜山县伊庄镇	12 255
20	丰县宋楼镇	12 214
21	新沂市高流镇	12 190
22	丰县首羡镇	12 176
23	新沂市时集镇	12 119
24	邳州市碾庄镇	12 100
25	邳州市赵墩镇	12 000
26	丰县范楼镇	11 610
27	新沂市窑湾镇	11 597
28	睢宁县庆安镇	11 571
29	丰县华山镇	11 300
30	沛县张庄镇	11 200
30	睢宁县古邳镇	11 200
32	睢宁县桃园镇	10 900
33	邳州市运河镇	10 806
34	睢宁县睢城镇	10 760
35	沛县张寨镇	10 634
36	新沂市马陵山镇	10 600
37	铜山县柳泉镇	10 520
38	贾汪区汴塘镇	10 500

排序	乡镇名称	绝对量（公顷）
39	丰县欢口镇	10 500
40	丰县师寨镇	10 450
41	新沂市草桥镇	10 025
42	睢宁县梁集镇	9 889
43	邳州市宿羊山镇	9 797
44	邳州市邢楼镇	9 650
45	沛县敬安镇	9 600
46	睢宁县双沟镇	9 527
47	邳州市车辐山镇	9 500
48	贾汪区塔山镇	9 468
49	睢宁县凌城镇	9 365
50	铜山县汉王镇	9 300
51	邳州市八义集镇	9 112
52	丰县赵庄镇	9 100
53	邳州市邳城镇	9 028
54	沛县栖山镇	8 951
55	邳州市官湖镇	8 880
56	丰县梁寨镇	8 680
57	丰县顺河镇	8 648
58	铜山县柳新镇	8 500
59	铜山县茅村镇	8 396
60	贾汪区青山泉镇	8 366
61	铜山县刘集镇	8 360
62	铜山县黄集镇	8 340
63	新沂市唐店镇	8 260
64	沛县河口镇	8 257
65	铜山县棠张镇	8 250
66	丰县大沙河镇	8 150
67	邳州市四户镇	8 100
68	贾汪区贾汪镇	7 956
69	铜山县大庙镇	7 900
69	沛县朱寨镇	7 900
71	新沂市新安镇	7 856
72	新沂市港头镇	7 818
73	丰县常店镇	7 727
74	邳州市燕子埠镇	7 700
75	铜山县大彭镇	7 600
76	贾汪区江庄镇	7 496

排序	乡镇名称	绝对量（公顷）
77	铜山县何桥镇	7 400
78	邳州市戴庄镇	7 373
79	邳州市邹庄镇	7 366
80	铜山县三堡镇	7 200
81	邳州市岔河镇	7 030
82	铜山县马坡镇	6 900
83	新沂市双唐镇	6 866
84	铜山县郑集镇	6 800
85	邳州市炮车镇	6 730
86	邳州市八路镇	6 695
87	贾汪区紫庄镇	6 668
88	铜山县利国镇	6 650
89	贾汪区大吴镇	6 620
90	丰县孙楼镇	6 608
91	邳州市港上镇	6 400
92	邳州市土山镇	6 380
93	睢宁县李集镇	6 368
94	睢宁县高作镇	6 227
95	丰县凤城镇	6 197
96	新沂市瓦窑镇	6 172
96	新沂市合沟镇	6 172
98	邳州市戴圩镇	6 150
99	邳州市新河镇	6 013
100	新沂市邵店镇	5 845
101	邳州市议堂镇	5 760
102	沛县大屯镇	5 540
103	邳州市陈楼镇	5 347
104	沛县龙固镇	5 302
105	沛县魏庙镇	5 200
106	沛县沛城镇	5 100
107	铜山县铜山镇	5 000
108	沛县五段镇	4 700
109	沛县胡寨镇	4 594
110	铜山县大黄山镇	4 300
111	沛县杨屯镇	4 100
112	睢宁县沙集镇	4 000
112	邳州市占城镇	4 000
114	新沂市北沟镇	3 400

18-3 续表 1

地区生产总值

排序	乡镇名称	绝对量（万元）	排序	乡镇名称	绝对量（万元）	排序	乡镇名称	绝对量（万元）
1	铜山县铜山镇	525 449	39	邳州市邢楼镇	82 000	77	丰县范楼镇	51 050
2	邳州市运河镇	443 182	40	邳州市港上镇	78 623	78	新沂市合沟镇	50 322
3	睢宁县睢城镇	363 291	41	新沂市马陵山镇	77 678	79	丰县顺河镇	49 105
4	邳州市官湖镇	351 131	42	沛县栖山镇	76 430	80	铜山县伊庄镇	49 010
5	邳州市八义集镇	301 875	43	丰县欢口镇	75 994	81	沛县五段镇	48 739
6	铜山县柳新镇	280 586	44	新沂市草桥镇	72 851	82	铜山县大黄山镇	48 154
7	铜山县利国镇	260 350	45	邳州市铁富镇	72 792	83	邳州市车辐山镇	48 109
8	沛县沛城镇	246 879	46	铜山县单集镇	72 777	84	丰县大沙河镇	47 925
9	铜山县茅村镇	218 647	47	铜山县何桥镇	72 000	85	丰县赵庄镇	47 380
10	贾汪区大吴镇	207 820	48	邳州市戴庄镇	71 400	86	睢宁县双沟镇	46 750
11	新沂市新安镇	187 999	49	铜山县徐庄镇	71 170	87	贾汪区贾汪镇	46 649
12	铜山县三堡镇	174 782	50	铜山县马坡镇	71 020	88	睢宁县桃园镇	46 283
13	铜山县棠张镇	163 000	51	丰县华山镇	70 985	89	睢宁县古邳镇	46 024
14	贾汪区青山泉镇	161 637	52	铜山县郑集镇	70 751	90	新沂市港头镇	45 800
15	邳州市宿羊山镇	161 000	53	邳州市戴圩镇	70 000	91	丰县梁寨镇	44 890
16	沛县大屯镇	155 581	54	铜山县黄集镇	69 200	92	贾汪区汴塘镇	44 783
17	邳州市陈楼镇	152 246	55	丰县王沟镇	68 120	93	新沂市阿湖镇	44 530
18	睢宁县高作镇	147 263	56	丰县宋楼镇	68 075	94	睢宁县庆安镇	44 039
19	铜山县张集镇	141 830	57	邳州市土山镇	66 210	95	邳州市议堂镇	44 000
20	邳州市邹庄镇	138 000	58	邳州市新河镇	64 856	96	新沂市瓦窑镇	41 470
21	沛县安国镇	130 616	59	邳州市赵墩镇	64 385	97	新沂市双唐镇	40 329
22	沛县张庄镇	129 532	60	新沂市棋盘镇	64 000	98	新沂市唐店镇	40 255
23	邳州市碾庄镇	120 689	61	贾汪区紫庄镇	63 027	99	睢宁县沙集镇	40 253
24	邳州市八路镇	119 788	62	邳州市邳城镇	62 426	100	沛县胡寨镇	39 900
25	铜山县大彭镇	117 000	63	沛县朱寨镇	61 004	101	睢宁县凌城镇	39 664
26	沛县龙固镇	114 875	64	沛县魏庙镇	60 189	102	睢宁县李集镇	39 543
27	铜山县刘集镇	108 980	65	贾汪区塔山镇	60 155	103	丰县孙楼镇	39 179
28	邳州市占城镇	107 392	66	新沂市新店镇	60 038	104	沛县鹿楼镇	38 438
29	丰县凤城镇	105 873	67	贾汪区江庄镇	59 691	105	睢宁县官山镇	38 431
30	沛县敬安镇	100 322	68	丰县师寨镇	58 203	106	睢宁县岚山镇	36 147
31	沛县杨屯镇	99 860	69	丰县首羡镇	57 369	107	睢宁县邱集镇	34 724
32	铜山县大庙镇	93 612	70	新沂市窑湾镇	56 573	108	睢宁县魏集镇	34 504
33	沛县河口镇	89 626	71	新沂市高流镇	55 020	109	邳州市炮车镇	33 592
34	铜山县大许镇	85 600	72	邳州市四户镇	54 958	110	睢宁县姚集镇	33 371
35	铜山县柳泉镇	85 593	73	睢宁县王集镇	54 664	111	新沂市北沟镇	31 413
36	沛县张寨镇	85 045	74	邳州市岔河镇	54 058	112	新沂市邵店镇	25 416
37	铜山县房村镇	84 200	75	丰县常店镇	53 529	113	新沂市时集镇	25 200
38	铜山县汉王镇	82 173	76	睢宁县梁集镇	52 220	114	邳州市燕子埠镇	7 310

18-3 续表 2

财政总收入

排序	乡镇名称	绝对量（万元）	排序	乡镇名称	绝对量（万元）	排序	乡镇名称	绝对量（万元）
1	铜山县铜山镇	58 581	39	睢宁县桃园镇	4 090	77	新沂市窑湾镇	2 210
2	丰县凤城镇	44 219	40	沛县安国镇	4 015	78	邳州市戴庄镇	2 200
3	邳州市运河镇	33 390	41	丰县孙楼镇	3 987	79	邳州市炮车镇	2 180
4	铜山县利国镇	22 550	42	沛县五段镇	3 949	80	贾汪区贾汪镇	2 106
5	邳州市官湖镇	22 495	43	邳州市岔河镇	3 892	81	睢宁县官山镇	2 095
6	沛县大屯镇	22 341	44	睢宁县梁集镇	3 892	82	睢宁县邱集镇	2 087
7	铜山县柳新镇	19 646	45	新沂市瓦窑镇	3 868	83	邳州市占城镇	2 050
8	沛县沛城镇	18 128	46	丰县首羡镇	3 857	84	邳州市土山镇	2 025
9	沛县龙固镇	15 760	47	邳州市四户镇	3 839	85	铜山县汉王镇	1 997
10	贾汪区青山泉镇	15 490	48	新沂市草桥镇	3 830	86	铜山县茅村镇	1 986
11	铜山县大黄山镇	14 594	49	丰县华山镇	3 787	87	新沂市棋盘镇	1 970
12	铜山县大庙镇	14 262	50	丰县常店镇	3 665	88	铜山县马坡镇	1 961
13	新沂市新安镇	12 768	51	睢宁县李集镇	3 658	89	睢宁县岚山镇	1 953
14	邳州市八路镇	11 506	52	邳州市邢楼镇	3 500	90	沛县栖山镇	1 911
15	贾汪区大吴镇	11 358	53	睢宁县姚集镇	3 461	91	贾汪区塔山镇	1 906
16	睢宁县睢城镇	10 047	54	邳州市港上镇	3 250	92	睢宁县王集镇	1 874
17	沛县敬安镇	7 583	55	邳州市宿羊山镇	3 220	93	新沂市邵店镇	1 814
18	邳州市碾庄镇	7 335	56	铜山县棠张镇	3 209	94	沛县河口镇	1 803
19	铜山县三堡镇	6 865	57	丰县赵庄镇	3 204	95	新沂市双唐镇	1 777
20	沛县杨屯镇	6 842	58	睢宁县凌城镇	3 148	96	新沂市港头镇	1 772
21	沛县张庄镇	6 582	59	邳州市八义集镇	3 127	97	新沂市马陵山镇	1 752
22	邳州市陈楼镇	6 580	60	丰县范楼镇	3 024	98	新沂市阿湖镇	1 734
23	丰县欢口镇	6 021	61	沛县魏庙镇	3 020	98	沛县胡寨镇	1 734
24	沛县朱寨镇	5 594	62	铜山县刘集镇	2 984	100	铜山县郑集镇	1 722
25	铜山县张集镇	5 270	63	丰县大沙河镇	2 966	101	新沂市北沟镇	1 684
26	丰县宋楼镇	5 252	64	睢宁县庆安镇	2 840	102	铜山县大许镇	1 642
27	邳州市新河镇	5 066	65	邳州市邳城镇	2 800	103	铜山县单集镇	1 593
28	铜山县柳泉镇	4 888	66	丰县顺河镇	2 710	104	铜山县徐庄镇	1 548
29	丰县王沟镇	4 493	67	邳州市铁富镇	2 669	105	新沂市合沟镇	1 543
30	贾汪区江庄镇	4 430	68	铜山县大彭镇	2 630	106	邳州市燕子埠镇	1 502
31	丰县师寨镇	4 423	69	睢宁县魏集镇	2 610	107	沛县张寨镇	1 485
32	丰县梁寨镇	4 380	70	新沂市高流镇	2 548	108	新沂市时集镇	1 318
33	邳州市议堂镇	4 300	71	睢宁县古邳镇	2 479	109	贾汪区紫庄镇	1 124
34	邳州市戴圩镇	4 299	72	铜山县黄集镇	2 397	110	铜山县伊庄镇	1 054
35	睢宁县高作镇	4 247	73	睢宁县双沟镇	2 392	111	铜山县何桥镇	871
36	邳州市赵墩镇	4 200	74	睢宁县沙集镇	2 353	112	铜山县房村镇	779
37	沛县鹿楼镇	4 156	75	邳州市车辐山镇	2 300	113	新沂市新店镇	593
38	邳州市邹庄镇	4 100	76	新沂市唐店镇	2 258	114	贾汪区汴塘镇	555

18-3　续表 3

固定资产投资完成额

排序	乡镇名称	绝对量（万元）	排序	乡镇名称	绝对量（万元）	排序	乡镇名称	绝对量（万元）
1	铜山县铜山镇	723 281	39	铜山县伊庄镇	58 550	77	邳州市岔河镇	27 600
2	邳州市运河镇	532 900	40	新沂市草桥镇	57 965	78	睢宁县双沟镇	26 360
3	丰县凤城镇	271 390	41	新沂市马陵山镇	57 510	79	沛县魏庙镇	26 358
4	铜山县利国镇	270 781	42	沛县龙固镇	57 486	80	睢宁县凌城镇	25 600
5	铜山县茅村镇	236 000	43	沛县朱寨镇	55 150	81	丰县孙楼镇	24 680
6	铜山县张集镇	220 000	44	铜山县刘集镇	55 067	82	新沂市窑湾镇	23 284
7	邳州市官湖镇	200 500	45	新沂市双唐镇	55 000	83	睢宁县古邳镇	23 275
8	铜山县三堡镇	187 101	46	邳州市邢楼镇	52 000	84	睢宁县官山镇	21 425
9	邳州市议堂镇	186 600	47	新沂市唐店镇	49 000	85	新沂市高流镇	20 725
10	新沂市新安镇	178 700	48	邳州市铁富镇	46 126	86	铜山县柳泉镇	20 350
11	邳州市戴庄镇	173 050	49	邳州市土山镇	45 720	87	邳州市邳城镇	20 000
12	铜山县柳新镇	168 000	50	铜山县马坡镇	45 268	88	睢宁县桃园镇	19 730
13	铜山县棠张镇	165 000	51	邳州市赵墩镇	45 005	89	新沂市邵店镇	19 466
14	贾汪区大吴镇	150 389	52	沛县杨屯镇	45 000	90	邳州市燕子埠镇	18 500
15	铜山县郑集镇	140 000	52	沛县安国镇	45 000	91	睢宁县岚山镇	18 027
16	贾汪区青山泉镇	137 000	54	铜山县单集镇	42 310	92	新沂市时集镇	18 000
17	邳州市八义集镇	132 000	55	沛县栖山镇	42 000	93	贾汪区汴塘镇	17 377
18	邳州市陈楼镇	131 000	56	睢宁县庆安镇	40 887	94	丰县欢口镇	16 550
19	邳州市八路镇	130 010	57	沛县张寨镇	40 600	95	丰县首羡镇	16 200
20	铜山县徐庄镇	124 900	58	沛县敬安镇	40 000	96	邳州市占城镇	15 420
21	铜山县大彭镇	123 000	59	新沂市新店镇	38 757	97	睢宁县姚集镇	14 100
22	邳州市戴圩镇	112 000	60	铜山县何桥镇	38 000	98	丰县王沟镇	13 400
23	沛县大屯镇	110 000	61	邳州市邹庄镇	36 911	99	丰县师寨镇	13 000
24	铜山县汉王镇	105 000	62	睢宁县李集镇	36 750	99	丰县华山镇	13 000
25	沛县沛城镇	104 606	63	新沂市瓦窑镇	35 140	101	丰县宋楼镇	12 100
26	邳州市新河镇	98 420	64	睢宁县魏集镇	35 000	102	丰县梁寨镇	11 230
27	邳州市碾庄镇	91 548	65	新沂市港头镇	33 000	103	丰县赵庄镇	10 379
28	铜山县大庙镇	88 661	66	睢宁县王集镇	31 415	104	丰县范楼镇	10 360
29	新沂市阿湖镇	85 000	67	新沂市北沟镇	31 200	105	丰县顺河镇	10 150
30	铜山县大黄山镇	78 873	68	睢宁县高作镇	31 040	106	铜山县房村镇	9 740
31	睢宁县睢城镇	71 511	69	贾汪区贾汪镇	31 000	107	邳州市港上镇	9 600
32	铜山县大许镇	70 870	70	贾汪区紫庄镇	30 000	108	沛县五段镇	9 557
33	沛县张庄镇	68 430	70	贾汪区塔山镇	30 000	109	丰县大沙河镇	9 287
34	邳州市四户镇	66 998	72	新沂市棋盘镇	29 740	110	新沂市合沟镇	9 124
35	铜山县黄集镇	65 200	73	丰县常店镇	29 417	111	邳州市车辐山镇	8 000
36	邳州市宿羊山镇	65 000	74	睢宁县邱集镇	28 950	112	沛县鹿楼镇	5 923
37	睢宁县梁集镇	61 356	75	睢宁县沙集镇	28 800	113	邳州市炮车镇	4 796
38	贾汪区江庄镇	60 735	76	沛县胡寨镇	28 600	114	沛县河口镇	4 500

18-3 续表4

年末金融机构各项存款余额

排序	乡镇名称	绝对量（万元）	排序	乡镇名称	绝对量（万元）	排序	乡镇名称	绝对量（万元）
1	邳州市运河镇	254 637	39	睢宁县凌城镇	23 515	77	铜山县单集镇	12 340
2	铜山县铜山镇	188 500	40	沛县敬安镇	22 410	78	丰县师寨镇	12 000
3	睢宁县睢城镇	123 750	41	丰县王沟镇	22 306	79	沛县五段镇	11 474
4	贾汪区大吴镇	115 189	42	邳州市八路镇	22 083	80	睢宁县沙集镇	10 950
5	沛县沛城镇	92 816	43	新沂市新店镇	21 750	81	睢宁县魏集镇	10 350
6	铜山县大庙镇	79 380	44	沛县河口镇	21 700	81	新沂市阿湖镇	10 350
7	沛县大屯镇	70 111	45	沛县张庄镇	21 489	83	新沂市棋盘镇	10 300
8	铜山县大黄山镇	58 726	46	新沂市窑湾镇	20 780	84	邳州市宿羊山镇	10 100
9	贾汪区青山泉镇	56 711	47	睢宁县高作镇	20 641	84	邳州市港上镇	10 100
10	邳州市官湖镇	55 170	48	邳州市赵墩镇	20 500	86	贾汪区汴塘镇	10 000
11	铜山县三堡镇	53 609	49	邳州市铁富镇	20 312	86	邳州市戴庄镇	10 000
12	丰县欢口镇	47 033	50	睢宁县庆安镇	19 895	88	邳州市岔河镇	9 986
13	铜山县茅村镇	44 652	51	丰县凤城镇	19 880	89	新沂市高流镇	9 784
14	睢宁县王集镇	42 237	52	铜山县张集镇	19 860	90	丰县梁寨镇	9 750
15	睢宁县李集镇	39 978	53	睢宁县官山镇	19 593	91	沛县魏庙镇	9 530
16	沛县龙固镇	39 862	54	睢宁县岚山镇	18 930	92	丰县范楼镇	9 340
17	铜山县汉王镇	37 276	55	邳州市四户镇	18 648	93	邳州市陈楼镇	9 000
18	睢宁县双沟镇	36 851	56	铜山县柳泉镇	18 578	93	邳州市邢楼镇	9 000
19	沛县张寨镇	36 075	57	铜山县何桥镇	18 100	95	邳州市议堂镇	8 367
20	邳州市土山镇	35 317	58	睢宁县梁集镇	17 106	96	沛县鹿楼镇	8 211
21	铜山县利国镇	33 410	59	新沂市马陵山镇	16 971	97	邳州市新河镇	7 942
22	铜山县柳新镇	31 221	60	铜山县房村镇	16 356	98	铜山县伊庄镇	7 800
23	贾汪区紫庄镇	31 082	61	贾汪区贾汪镇	15 965	99	新沂市唐店镇	7 566
24	铜山县刘集镇	29 915	62	丰县华山镇	15 900	100	新沂市北沟镇	7 085
25	丰县赵庄镇	29 886	63	沛县栖山镇	15 800	101	铜山县马坡镇	7 045
26	睢宁县古邳镇	29 645	64	丰县常店镇	15 762	102	新沂市时集镇	6 900
27	铜山县大许镇	29 480	65	丰县顺河镇	15 650	103	沛县胡寨镇	6 300
28	新沂市新安镇	29 019	66	沛县安国镇	15 623	104	新沂市邵店镇	5 965
29	睢宁县邱集镇	28 580	67	铜山县郑集镇	15 420	105	邳州市车辐山镇	5 900
30	铜山县大彭镇	28 000	68	邳州市邹庄镇	15 321	106	新沂市合沟镇	5 750
30	铜山县棠张镇	28 000	69	丰县大沙河镇	15 220	107	邳州市炮车镇	5 610
30	睢宁县姚集镇	28 000	69	邳州市八义集镇	15 200	108	新沂市瓦窑镇	5 577
33	沛县朱寨镇	25 897	71	新沂市草桥镇	15 000	109	新沂市双唐镇	5 500
34	邳州市碾庄镇	25 852	72	铜山县黄集镇	14 000	110	邳州市戴圩镇	5 106
35	睢宁县桃园镇	25 220	73	邳州市邳城镇	13 812	111	丰县孙楼镇	4 750
36	贾汪区塔山镇	24 905	74	铜山县徐庄镇	13 435	112	贾汪区江庄镇	3 682
37	沛县杨屯镇	24 515	75	新沂市港头镇	13 261	113	邳州市占城镇	2 160
38	丰县首羡镇	23 687	76	丰县宋楼镇	12 730	114	邳州市燕子埠镇	1 500

18-3　续表 5

农民人均纯收入

排序	乡镇名称	绝对量（元）	排序	乡镇名称	绝对量（元）	排序	乡镇名称	绝对量（元）
1	铜山县利国镇	10 202	39	沛县安国镇	6 702	77	新沂市高流镇	5 985
2	铜山县三堡镇	9 600	40	新沂市北沟镇	6 700	78	邳州市宿羊山镇	5 909
3	铜山县柳新镇	9 180	41	邳州市碾庄镇	6 666	79	丰县华山镇	5 866
4	铜山县铜山镇	8 622	42	沛县张庄镇	6 663	80	邳州市邳城镇	5 832
5	铜山县张集镇	8 581	43	邳州市占城镇	6 650	81	铜山县单集镇	5 757
6	邳州市运河镇	8 545	44	沛县朱寨镇	6 645	82	新沂市邵店镇	5 752
7	铜山县棠张镇	8 500	45	沛县河口镇	6 641	83	丰县孙楼镇	5 701
8	贾汪区大吴镇	8 465	46	邳州市四户镇	6 614	84	丰县首羡镇	5 655
9	邳州市官湖镇	8 386	47	沛县杨屯镇	6 603	85	丰县宋楼镇	5 614
10	贾汪区青山泉镇	8 373	48	沛县魏庙镇	6 587	86	睢宁县王集镇	5 596
11	铜山县大庙镇	8 246	49	铜山县茅村镇	6 562	87	睢宁县桃园镇	5 592
12	铜山县大彭镇	8 000	50	沛县栖山镇	6 559	88	睢宁县双沟镇	5 563
13	邳州市港上镇	7 846	51	丰县欢口镇	6 540	89	丰县梁寨镇	5 552
14	新沂市新安镇	7 765	52	铜山县黄集镇	6 530	90	睢宁县沙集镇	5 502
15	丰县凤城镇	7 639	52	铜山县徐庄镇	6 530	91	贾汪区贾汪镇	5 498
16	邳州市新河镇	7 600	54	邳州市赵墩镇	6 505	92	睢宁县魏集镇	5 474
17	铜山县大黄山镇	7 569	55	沛县敬安镇	6 487	93	睢宁县邱集镇	5 472
18	邳州市铁富镇	7 436	56	贾汪区紫庄镇	6 478	94	睢宁县庆安镇	5 456
19	邳州市戴圩镇	7 380	57	沛县张寨镇	6 475	95	睢宁县凌城镇	5 414
20	邳州市八路镇	7 200	58	邳州市八义集镇	6 433	96	新沂市阿湖镇	5 384
21	沛县大屯镇	7 198	59	铜山县大许镇	6 420	97	睢宁县梁集镇	5 369
22	铜山县郑集镇	7 188	60	睢宁县李集镇	6 374	98	新沂市双唐镇	5 268
23	邳州市陈楼镇	7 173	61	邳州市炮车镇	6 358	99	丰县常店镇	5 239
24	邳州市土山镇	7 125	62	贾汪区塔山镇	6 332	100	睢宁县姚集镇	5 188
25	邳州市邹庄镇	7 123	63	沛县胡寨镇	6 306	101	沛县鹿楼镇	5 182
26	铜山县刘集镇	7 122	64	邳州市岔河镇	6 262	102	睢宁县官山镇	5 102
27	邳州市议堂镇	7 100	65	铜山县何桥镇	6 236	103	睢宁县古邳镇	5 081
28	铜山县汉王镇	7 098	66	丰县范楼镇	6 230	104	丰县王沟镇	5 078
29	铜山县马坡镇	7 084	66	邳州市燕子埠镇	6 230	105	新沂市港头镇	5 023
30	沛县沛城镇	7 056	68	新沂市草桥镇	6 227	106	睢宁县岚山镇	5 002
31	新沂市合沟镇	7 021	69	新沂市瓦窑镇	6 223	107	丰县赵庄镇	4 992
32	铜山县柳泉镇	6 860	70	铜山县房村镇	6 204	108	贾汪区汴塘镇	4 972
33	睢宁县高作镇	6 848	71	铜山县伊庄镇	6 200	109	新沂市唐店镇	4 923
34	沛县五段镇	6 838	72	贾汪区江庄镇	6 144	110	新沂市新店镇	4 900
35	沛县龙固镇	6 806	73	新沂市窑湾镇	6 030	111	丰县师寨镇	4 877
36	邳州市邢楼镇	6 800	74	邳州市车辐山镇	6 028	112	新沂市时集镇	4 870
37	睢宁县睢城镇	6 755	75	丰县大沙河镇	6 012	113	丰县顺河镇	4 580
38	新沂市马陵山镇	6 708	76	邳州市戴庄镇	5 992	114	新沂市棋盘镇	4 015

附录一、徐州市六十年主要经济指标（1949-2008年）

MAJOR ECONOMIC INDICATORS OF XUZHOU IN PAST 60 YEARS

年 末 总 人 口

（年底数） 单位：万人

年 份	全 市	市 区	丰 县	沛 县	铜山县	睢宁县	新沂市	邳州市
1949	372.61	29.94	49.55	47.94	81.49	59.06	40.89	63.74
1950	378.74	27.08	50.32	49.19	83.37	60.98	42.18	65.62
1951	378.33	22.46	51.09	50.46	84.46	62.12	43.78	63.96
1952	390.60	22.21	51.86	52.08	86.23	64.24	44.43	69.55
1953	420.95	27.24	53.10	53.16	107.24	65.39	45.22	69.60
1954	420.10	33.98	54.37	54.64	91.30	67.21	46.20	72.40
1955	427.92	34.36	55.25	55.56	91.47	69.23	47.62	74.43
1956	440.15	37.41	56.34	57.15	93.67	70.07	48.69	76.82
1957	450.86	38.66	57.57	57.84	96.40	71.64	49.90	78.85
1958	464.03	44.94	58.84	58.70	99.44	72.58	50.23	79.30
1959	457.59	45.84	57.82	58.28	95.88	71.95	48.67	79.15
1960	449.27	47.81	55.99	52.79	95.39	70.07	47.79	79.43
1961	452.43	46.13	56.72	53.92	97.56	69.37	48.47	80.26
1962	463.94	45.35	57.91	56.53	100.99	71.04	49.15	82.97
1963	479.39	51.64	59.55	58.45	98.62	73.67	51.29	86.17
1964	479.54	50.82	59.22	57.43	100.43	73.12	52.05	86.47
1965	490.87	51.73	60.43	58.84	102.98	74.93	53.46	88.50
1966	505.35	52.18	62.45	61.00	106.19	77.25	55.23	91.05
1967	518.08	52.75	63.55	63.44	108.73	78.70	57.09	93.82
1968	535.14	54.18	65.82	65.98	112.61	81.17	58.96	96.42
1969	550.09	55.18	67.00	67.29	116.60	83.58	61.10	99.34
1970	565.88	53.86	70.82	69.99	120.25	85.75	63.14	102.07
1971	579.55	55.64	72.61	72.09	122.87	87.66	64.72	103.96
1972	589.07	56.58	74.05	73.37	124.74	89.01	66.01	105.31
1973	598.55	58.03	75.03	74.56	126.89	90.17	67.16	106.71
1974	606.45	59.08	75.83	75.71	128.72	91.06	67.97	108.08
1975	616.98	61.24	77.00	77.06	130.84	91.96	68.88	110.00
1976	627.33	63.33	78.14	78.34	132.76	93.09	69.78	111.89
1977	636.14	64.56	79.34	79.75	134.45	93.97	70.82	113.25
1978	645.41	67.07	80.53	81.07	135.85	95.06	71.53	114.30
1979	652.47	70.59	81.10	82.03	136.27	95.71	71.85	114.92
1980	659.86	72.85	81.78	83.46	137.36	96.22	72.38	115.81
1981	672.02	74.96	83.00	85.64	139.90	97.56	73.38	117.58
1982	684.45	77.29	84.21	87.43	142.58	98.95	74.48	119.51
1983	692.94	79.28	84.94	88.88	143.99	99.74	75.22	120.89
1984	700.04	80.64	85.50	88.59	145.73	100.48	76.31	122.79
1985	707.56	82.48	86.13	89.66	146.90	101.07	77.25	124.07
1986	715.41	84.08	86.68	90.93	147.97	101.96	78.28	125.51
1987	725.88	85.57	87.62	92.20	150.68	102.96	79.38	127.47
1988	743.78	87.20	89.08	96.18	154.90	104.84	80.69	130.89
1989	761.81	89.27	90.78	99.28	160.13	107.03	82.36	132.96
1990	807.14	90.66	95.78	105.36	170.35	114.40	88.37	142.22
1991	820.17	91.86	97.61	107.16	172.16	117.23	89.44	144.71
1992	826.74	93.65	98.51	108.15	172.38	118.26	89.74	146.06
1993	833.94	95.17	99.39	109.29	173.29	119.15	90.33	147.32
1994	843.21	142.84	100.67	111.84	128.56	120.09	90.62	148.59
1995	851.15	145.14	101.51	112.66	129.90	121.21	91.13	149.60
1996	859.43	147.34	102.14	113.32	130.30	122.12	94.10	150.11
1997	867.16	149.34	104.28	113.62	131.34	123.08	95.05	150.45
1998	875.78	151.87	105.57	115.16	132.77	124.25	96.15	150.02
1999	877.53	152.41	106.04	115.79	133.00	122.96	94.59	152.74
2000	896.44	160.61	109.38	118.13	128.34	128.06	96.34	155.59
2001	901.86	162.54	109.74	118.48	128.90	128.71	97.22	156.25
2002	904.44	164.55	109.80	118.92	128.94	129.09	96.58	156.56
2003	908.66	167.33	109.51	119.50	128.80	129.93	95.55	158.04
2004	916.85	167.42	110.24	120.34	129.19	131.76	96.48	161.43
2005	925.31	179.87	111.03	120.48	119.60	132.89	97.47	163.96
2006	934.73	181.61	112.11	121.74	120.72	134.04	99.06	165.46
2007	940.95	182.93	113.30	123.59	120.47	132.89	99.11	168.66
2008	946.86	184.40	114.03	123.80	122.11	132.51	100.31	169.70

非 农 业 人 口

（年底数）　　单位：万人

年 份	全 市	市 区	丰 县	沛 县	铜山县	睢宁县	新沂市	邳州市
1949	31.72	25.64	0.69	0.70	1.92	1.00	0.89	0.88
1950	29.29	23.19	0.70	0.76	1.98	1.09	1.11	0.46
1951	26.17	19.23	0.72	0.83	2.02	1.11	1.38	0.88
1952	27.98	19.02	0.72	0.41	2.11	2.38	1.51	1.83
1953	32.72	23.33	0.74	0.93	1.27	3.57	1.54	1.34
1954	38.57	28.86	0.76	0.96	1.31	3.57	1.12	1.99
1955	39.58	28.85	0.77	1.08	0.84	3.58	1.67	2.79
1956	44.02	31.41	1.30	1.43	2.51	3.38	2.26	1.73
1957	49.24	35.66	1.61	1.25	2.24	1.95	2.35	4.18
1958	60.87	40.53	2.90	3.39	5.01	2.77	2.25	4.02
1959	68.12	41.73	4.07	5.47	7.43	3.53	2.06	3.83
1960	62.27	40.50	2.83	2.57	7.13	1.63	3.24	4.37
1961	58.97	38.80	2.11	1.48	8.88	2.02	3.04	2.64
1962	53.38	36.89	1.46	1.17	7.77	1.42	2.65	2.02
1963	53.68	42.81	1.54	1.33	1.92	1.60	2.48	2.00
1964	55.12	43.69	1.56	1.44	1.86	1.94	2.49	2.14
1965	56.57	44.41	1.62	1.37	2.12	2.12	2.71	2.22
1966	57.03	44.59	1.66	1.38	2.15	2.15	2.80	2.30
1967	56.83	44.99	1.68	1.07	2.17	1.59	2.97	2.36
1968	58.89	46.06	1.69	1.19	3.06	1.60	2.98	2.31
1969	59.27	46.65	1.62	1.57	2.03	2.24	2.87	2.29
1970	57.55	45.04	1.73	1.58	2.17	2.01	2.75	2.27
1971	60.49	46.51	1.86	2.14	2.39	2.27	2.81	2.51
1972	60.95	47.11	1.81	2.52	2.08	1.88	2.95	2.60
1973	66.66	48.53	2.21	3.39	3.17	2.51	3.56	3.29
1974	65.29	49.18	1.93	3.30	2.60	2.18	3.09	3.01
1975	67.43	50.92	1.97	3.65	2.55	2.20	3.08	3.06
1976	69.95	52.52	2.01	4.07	2.87	2.31	3.08	3.09
1977	71.34	53.39	2.06	4.24	3.00	2.33	3.15	3.17
1978	74.51	55.99	2.19	4.32	3.05	2.45	3.21	3.30
1979	80.34	60.82	2.33	4.56	2.91	2.63	3.40	3.69
1980	83.64	62.93	2.46	5.07	3.10	2.77	3.53	3.78
1981	86.88	64.78	2.61	5.65	3.18	2.95	3.69	4.02
1982	90.11	66.81	2.81	6.01	3.21	3.21	3.82	4.24
1983	93.05	68.59	2.96	6.84	3.03	3.29	4.00	4.34
1984	96.06	69.91	3.21	7.20	3.27	3.53	4.30	4.64
1985	101.90	72.17	3.85	8.27	3.69	3.94	4.76	5.22
1986	104.98	73.84	4.04	8.81	4.09	4.06	5.01	5.13
1987	109.35	75.25	4.49	9.40	5.25	4.37	5.12	5.46
1988	121.85	77.32	5.47	10.72	9.12	5.94	5.81	7.47
1989	132.16	79.35	6.10	12.05	11.78	7.05	7.26	8.57
1990	138.26	80.57	6.50	12.78	13.48	7.55	7.81	9.57
1991	144.48	81.86	6.87	14.33	15.18	7.84	8.33	10.07
1992	149.84	84.01	7.23	14.74	16.44	8.07	8.68	10.67
1993	155.61	85.53	7.61	15.28	18.12	8.51	9.35	11.21
1994	160.06	93.71	7.90	16.11	11.93	8.79	9.72	11.90
1995	168.62	96.48	8.39	16.77	13.81	9.47	10.45	13.24
1996	176.54	100.21	8.92	17.44	14.58	9.82	11.25	14.32
1997	182.43	102.22	9.46	18.05	15.40	10.15	11.84	15.31
1998	188.42	104.47	9.95	19.05	15.73	10.55	12.75	15.92
1999	193.17	105.51	10.29	19.84	16.12	10.92	13.35	17.14
2000	231.11	109.10	15.36	21.25	16.66	16.50	18.39	33.85
2001	240.71	112.05	16.12	21.21	17.98	17.04	20.95	35.36
2002	250.30	121.08	16.32	21.50	18.09	17.41	20.66	35.24
2003	284.50	135.44	18.97	32.41	27.71	16.64	19.75	33.58
2004	302.54	138.66	22.09	32.78	28.19	20.90	20.13	39.81
2005	315.85	149.65	22.63	33.00	25.04	22.98	20.33	42.24
2006	320.76	153.73	22.64	33.05	24.80	23.09	20.93	42.54
2007	323.46	156.03	23.10	29.50	29.41	22.90	19.41	43.06
2008	336.65	157.98	33.29	30.16	30.30	22.25	19.42	43.25

人口出生率

单位:‰

年份	全市	市区	丰县	沛县	铜山县	睢宁县	新沂市	邳州市
1949	24.95							
1950	36.36	29.90						
1951	25.66	29.60						
1952	33.65	36.87						
1953	35.45	39.74						
1954	37.01	39.11	35.24	35.88	38.29	36.00	33.09	39.32
1955	35.57	42.83	30.74	31.83	35.07	35.33	34.46	39.85
1956	35.48	41.05	26.53	24.28	39.65	30.58	46.70	40.00
1957	31.19	36.84	26.71	32.51	28.11	28.72	30.78	35.51
1958	23.63	37.92	22.51	15.28	23.40	18.50	20.43	25.04
1959	16.72	23.22	12.27	17.31	13.32	18.54	12.28	17.61
1960	26.24	22.24	7.49	9.85	16.87	11.37	14.97	17.86
1961	20.10	20.54	15.91	15.78	21.30	17.64	20.41	22.53
1962	35.89	39.70	31.53	38.82	38.16	31.72	35.38	35.97
1963	38.66	47.20	35.70	35.30	38.30	39.50	37.20	38.30
1964	27.56	31.40	30.30	26.50	27.40	24.70	30.80	24.50
1965	37.48	25.10	36.80	38.90	39.50	40.80	39.60	37.50
1966	38.04	20.66	40.51	42.32	38.38	41.58	41.25	38.21
1967	36.35	16.59	39.84	40.98	34.99	39.76	40.96	37.97
1968	37.57	26.14	40.04	40.38	40.68	40.56	41.53	31.83
1969	35.06	28.98	33.19	40.08	36.10	33.73	39.44	33.49
1970	33.26	25.90	33.80	38.50	34.10	31.40	36.40	28.40
1971	29.16	19.34	29.47	30.52	31.01	31.90	32.95	26.35
1972	24.70	15.96	27.29	23.68	24.07	28.99	29.77	21.49
1973	21.10	13.46	21.55	20.43	22.33	20.95	25.88	21.11
1974	19.11	12.96	19.00	19.24	21.30	17.76	21.24	19.65
1975	20.50	17.02	21.90	20.70	22.22	17.18	20.52	21.90
1976	19.67	14.92	20.21	20.31	21.56	17.65	20.06	20.67
1977	18.14	12.66	20.79	20.65	17.45	17.91	20.37	17.25
1978	16.03	10.92	18.96	19.40	15.94	15.36	16.94	14.67
1979	13.15	13.17	13.03	15.91	13.58	12.35	12.34	11.93
1980	19.19	16.13	17.51	25.44	22.86	17.35	15.19	17.48
1981	18.03	18.29	16.88	19.30	21.51	14.19	18.08	16.79
1982	17.60	17.53	15.41	17.87	20.46	14.64	17.58	18.05
1983	14.29	13.50	13.44	12.81	16.46	12.05	14.46	15.63
1984	14.10	11.90	12.52	16.54	14.42	11.71	15.99	15.28
1985	12.17	11.78	11.79	11.50	12.50	9.99	14.91	12.86
1986	13.64	14.42	13.25	13.34	13.48	11.14	16.98	13.72
1987	15.40	16.59	15.89	15.08	16.52	12.02	16.30	15.33
1988	23.04	15.39	19.13	44.33	25.48	13.18	19.01	22.87
1989	22.58	14.21	21.83	31.63	31.69	15.49	19.22	18.90
1990	20.09	8.52	19.77	23.92	28.08	17.19	18.90	18.50
1991	19.23	8.92	21.24	19.90	18.31	26.21	16.72	20.93
1992	12.37	8.77	13.20	13.29	12.22	14.08	11.52	12.77
1993	11.99	9.41	13.78	15.92	12.37	10.76	10.08	11.26
1994	13.51	10.94	16.73	22.94	14.20	10.78	9.26	10.96
1995	9.82	8.31	12.67	10.68	10.75	9.90	8.29	8.75
1996	9.52	8.09	10.64	9.28	8.88	10.85	12.57	7.92
1997	11.57	9.73	23.83	8.28	13.83	10.74	9.03	7.77
1998	10.48	9.80	13.64	9.60	13.54	8.88	8.23	9.67
1999	8.20	8.04	9.49	7.73	8.32	7.49	8.00	8.44
2000	18.91	15.15	35.54	24.04	13.86	18.66	13.15	15.28
2001	7.72	6.92	7.74	8.17	7.85	6.96	8.10	8.47
2002	7.74	7.09	7.31	7.17	8.72	7.04	6.65	9.59
2003	9.46	6.91	6.45	8.92	8.85	13.76	6.91	13.18
2004	14.53	7.91	15.74	11.69	9.18	19.10	15.70	22.63
2005	13.60	9.68	13.07	9.23	14.50	14.01	15.32	19.52
2006	14.93	10.83	15.24	15.58	14.68	15.03	16.50	17.92
2007	20.29	13.14	20.13	21.01	18.86	14.67	22.31	32.02
2008	18.08	13.07	17.09	18.93	20.62	13.85	21.24	23.21

人口死亡率

单位:‰

年 份	全 市	市 区	丰 县	沛 县	铜山县	睢宁县	新沂市	邳州市
1954	12.69	8.09	13.24	11.73	12.66	15.29	10.98	13.83
1955	12.72	12.82	13.10	12.16	14.45	12.37	11.99	11.30
1956	12.46	9.65	10.44	8.22	16.13	12.33	16.57	11.43
1957	9.13	7.62	10.62	10.65	9.11	7.76	6.74	10.71
1958	11.08	10.72	9.71	9.07	15.61	9.61	8.49	12.81
1959	18.29	14.11	20.46	15.67	31.31	12.04	17.68	17.24
1960	21.96	8.03	13.05	12.32	14.57	15.73	11.74	9.85
1961	9.08	8.18	9.22	7.40	8.16	11.64	9.22	8.00
1962	7.56	6.61	8.37	7.32	7.25	9.73	7.59	6.19
1963	7.02	5.40	8.20	7.80	6.90	7.20	6.80	6.80
1964	11.02	6.70	9.30	11.40	11.80	12.70	10.60	12.10
1965	9.13	5.50	9.30	10.50	8.90	9.70	10.10	9.30
1966	7.92	5.11	8.62	9.34	7.44	8.19	8.44	8.15
1967	8.93	4.32	10.33	8.75	10.58	10.38	9.58	7.17
1968	7.75	4.24	10.31	8.43	6.50	9.91	8.92	6.44
1969	6.79	5.44	8.46	7.53	5.79	7.02	6.77	6.93
1970	6.72	5.90	6.00	7.20	6.80	6.50	6.60	6.70
1971	8.06	5.49	7.66	8.43	8.58	7.29	9.16	8.37
1972	6.93	5.52	7.31	7.53	7.00	7.28	7.32	6.37
1973	5.98	4.42	6.76	6.69	6.03	5.74	6.75	5.44
1974	6.08	4.68	6.43	6.19	6.14	6.42	6.70	5.78
1975	5.93	4.69	6.64	6.00	6.14	6.37	6.16	5.29
1976	6.02	4.95	6.73	6.06	6.18	6.47	6.34	5.34
1977	5.88	5.02	6.32	5.92	5.98	6.20	6.14	5.51
1978	5.51	4.56	5.52	5.10	5.59	5.86	6.12	5.56
1979	5.36	4.54	5.48	4.78	5.42	5.75	5.98	5.41
1980	6.79	4.74	5.98	7.63	7.62	7.74	6.54	6.41
1981	5.46	4.71	5.12	5.20	6.51	5.14	6.22	4.91
1982	4.85	4.54	4.70	4.74	4.80	5.10	5.08	4.93
1983	4.79	4.21	4.89	5.09	4.87	4.89	5.08	4.50
1984	5.04	4.16	5.43	5.53	5.19	5.40	5.01	4.53
1985	4.82	4.20	5.17	4.69	5.21	4.79	4.95	4.55
1986	4.70	3.91	5.17	4.60	5.01	4.51	5.05	4.55
1987	4.66	4.09	5.13	4.35	5.14	4.53	4.94	4.27
1988	4.80	4.17	5.36	4.41	5.29	4.38	5.21	4.64
1989	4.52	4.13	5.35	4.23	4.67	4.21	4.84	4.29
1990	4.57	3.92	4.63	4.22	5.00	4.68	5.20	4.23
1991	4.97	4.40	4.17	4.48	5.31	5.51	5.12	5.27
1992	5.16	4.26	5.04	4.64	5.62	5.41	5.16	5.43
1993	5.12	4.50	4.85	4.50	5.44	5.56	5.29	5.32
1994	5.00	3.44	5.30	4.80	5.76	5.34	5.20	5.41
1995	4.66	3.92	4.84	4.26	4.78	4.88	4.87	5.12
1996	4.91	4.06	4.82	4.38	5.92	5.18	4.32	5.46
1997	4.66	3.77	4.57	3.86	6.02	5.19	4.10	4.93
1998	4.74	5.49	4.55	3.43	5.50	5.06	4.71	4.20
1999	3.94	3.82	3.80	2.93	5.46	4.27	3.82	3.40
2000	5.02	5.21	5.39	5.21	6.36	4.28	4.09	4.10
2001	3.24	2.70	3.37	3.88	3.71	2.93	3.11	3.15
2002	3.74	3.33	3.80	2.90	4.09	2.86	5.97	3.88
2003	3.78	3.34	3.60	3.45	5.88	3.70	2.24	3.89
2004	4.69	4.00	5.56	4.85	4.86	4.56	4.57	4.72
2005	2.47	3.10	2.49	3.31	2.67	1.79	1.41	2.19
2006	3.68	2.97	4.42	2.94	4.02	2.63	1.82	6.32
2007	14.27	8.61	8.31	6.95	21.56	21.58	20.94	14.78
2008	11.32	5.15	10.08	17.27	8.69	16.01	9.74	13.65

人口自然增长率

单位:‰

年 份	全 市	市 区	丰 县	沛 县	铜山县	睢宁县	新沂市	邳州市
1954	24.32	31.02	22.00	24.15	25.63	20.71	22.11	25.49
1955	22.85	30.01	17.64	19.67	20.62	22.96	22.47	28.55
1956	23.02	31.40	16.09	16.06	23.52	18.25	30.13	28.57
1957	22.06	29.22	16.09	21.86	19.00	20.96	24.04	24.80
1958	12.55	27.20	12.80	6.21	7.79	8.89	11.94	12.23
1959	-1.57	9.11	-8.19	1.64	-17.99	6.50	-5.40	0.37
1960	4.28	14.21	-5.56	-2.47	2.30	-4.36	3.23	8.01
1961	11.02	12.36	6.69	8.38	13.14	6.00	11.19	14.53
1962	28.33	33.09	23.16	31.50	30.91	21.99	27.79	29.78
1963	31.64	41.80	27.50	27.50	31.40	32.30	30.40	31.50
1964	16.54	24.70	21.00	15.10	15.60	12.00	20.20	12.40
1965	28.35	19.60	27.50	28.40	30.60	31.10	29.50	28.20
1966	30.12	15.55	31.89	32.98	30.94	33.39	32.81	30.06
1967	27.42	12.27	29.51	32.23	24.41	29.38	31.38	30.80
1968	29.82	21.90	29.73	31.95	34.18	30.65	32.61	25.39
1969	28.27	23.54	24.73	32.55	30.31	26.71	32.67	26.56
1970	26.54	20.00	27.80	31.30	27.30	24.90	29.80	21.70
1971	21.10	13.85	21.81	22.09	22.43	24.61	23.79	17.98
1972	17.77	10.44	19.98	16.15	17.70	21.71	22.45	15.12
1973	15.12	9.04	14.79	13.74	16.20	15.21	19.13	15.67
1974	13.03	8.28	12.57	13.05	15.16	11.34	14.54	13.87
1975	14.57	12.33	15.26	14.70	16.08	10.81	14.36	16.61
1976	13.65	9.97	13.48	14.25	15.38	11.18	13.72	15.33
1977	12.26	7.64	14.47	14.73	11.47	11.71	14.23	11.74
1978	10.52	6.36	13.44	14.30	10.35	9.50	10.82	9.11
1979	7.79	8.63	7.55	11.13	8.16	6.60	6.36	6.52
1980	12.40	11.39	11.53	17.81	15.24	9.61	8.65	11.07
1981	12.57	13.59	11.76	14.10	15.00	9.05	11.86	11.88
1982	12.75	12.99	10.71	13.13	15.66	9.54	12.50	13.12
1983	9.50	9.29	8.55	7.72	11.59	7.16	9.38	11.13
1984	9.06	7.74	7.09	11.01	9.23	6.31	10.98	10.75
1985	7.35	7.58	6.62	6.81	7.29	5.20	9.96	8.31
1986	8.94	10.51	8.08	8.74	8.47	6.63	11.93	9.17
1987	10.74	12.50	10.76	10.73	11.38	7.49	11.36	11.06
1988	18.24	11.22	13.77	39.92	20.19	8.80	13.80	18.23
1989	18.06	10.08	16.48	27.40	27.02	11.28	14.38	14.61
1990	15.52	4.60	15.14	19.70	23.08	12.51	13.70	14.27
1991	14.26	4.52	17.07	15.42	13.00	20.70	11.60	15.66
1992	7.21	4.51	8.16	8.65	6.60	8.67	6.36	7.34
1993	6.87	4.91	8.93	11.42	6.93	5.20	4.79	5.94
1994	8.51	7.50	11.43	18.14	8.44	5.44	4.06	5.55
1995	5.16	4.39	7.83	6.42	5.97	5.02	3.42	3.63
1996	4.61	4.03	5.82	4.90	2.96	5.67	8.25	2.46
1997	6.91	5.96	19.26	4.42	7.81	5.55	4.93	2.84
1998	5.74	4.31	9.09	6.17	8.04	3.82	3.52	5.47
1999	4.26	4.22	5.69	4.80	2.86	3.22	4.18	5.04
2000	13.89	9.94	30.15	18.83	7.50	14.38	9.06	11.18
2001	4.48	4.22	4.37	4.29	4.14	4.03	4.99	5.32
2002	4.07	3.76	3.51	4.27	4.63	4.18	0.68	5.71
2003	5.68	3.57	2.85	5.47	2.97	10.06	4.67	9.29
2004	9.84	3.91	10.18	6.84	4.32	14.54	11.13	17.91
2005	11.13	6.58	10.58	5.92	11.83	12.22	13.91	17.33
2006	11.25	7.86	10.82	12.64	10.66	12.40	14.68	11.60
2007	6.02	4.53	11.82	14.06	-2.70	-6.91	1.37	17.24
2008	6.76	7.92	7.01	1.66	11.93	-2.16	11.50	9.56

年末从业人员

（年底数）　　单位:万人

年 份	全 市	市 区	丰 县	沛 县	铜山县	睢宁县	新沂市	邳州市
1978	283.64	43.76	34.29	32.05	57.76	40.84	29.23	45.71
1979	282.72	46.66	31.55	31.76	57.82	40.14	29.59	45.20
1980	292.22	47.26	32.83	34.16	59.44	41.92	30.15	46.46
1981	302.62	49.16	34.33	36.01	61.67	43.22	30.45	47.78
1982	314.75	51.19	35.75	38.04	62.54	44.42	32.74	50.07
1983	322.66	53.74	36.00	39.20	64.85	44.83	32.37	51.67
1984	337.62	55.88	38.19	41.00	68.50	46.10	34.02	53.93
1985	349.04	58.14	39.44	41.72	70.57	48.16	34.37	56.64
1986	357.72	58.95	39.98	43.20	72.07	49.64	36.18	57.70
1987	367.36	59.82	41.69	43.83	72.48	52.21	37.06	60.27
1988	381.43	61.42	43.18	46.23	75.02	53.25	38.46	63.87
1989	390.31	61.35	44.02	47.28	77.43	54.45	40.58	65.20
1990	408.50	62.50	46.85	49.73	80.08	57.42	42.66	69.25
1991	419.35	63.48	47.98	50.97	81.50	59.21	42.76	73.44
1992	421.81	63.35	48.65	51.39	82.72	58.40	43.12	74.17
1993	423.40	63.95	49.49	49.25	81.91	60.03	43.78	74.98
1994	423.45	80.20	50.34	49.81	61.46	59.55	46.18	75.89
1995	425.43	82.89	50.75	48.46	58.56	60.95	47.23	76.59
1996	428.26	82.21	51.22	49.64	58.67	61.28	47.74	77.50
1997	432.88	82.85	51.60	51.42	59.47	61.14	48.41	77.99
1998	421.09	74.39	50.93	51.45	58.22	61.28	47.10	77.72
1999	418.65	71.29	51.69	50.24	58.01	62.73	45.86	78.83
2000	417.66	72.16	52.03	55.75	55.60	63.62	44.79	73.71
2001	415.78	72.81	54.01	55.21	54.10	61.92	44.68	73.05
2002	391.81	63.22	54.02	52.73	52.44	57.15	41.37	70.88
2003	382.03	62.74	53.77	51.74	50.23	52.69	39.82	71.03
2004	395.50	71.37	53.43	51.85	52.51	52.91	42.30	71.13
2005	452.20	91.10	58.09	56.39	52.48	66.72	48.65	78.77
2006	467.90	99.74	58.74	57.52	54.37	68.38	48.67	80.73
2007	477.21	96.42	58.97	58.55	59.13	71.12	50.47	82.55
2008	486.05	99.17	59.71	57.01	62.28	72.85	50.10	84.93

地区生产总值

（当年价格）　　　　单位：亿元

年　份	全　市	市　区	丰　县	沛　县	铜山县	睢宁县	新沂市	邳州市
1949	1.73	0.30	0.17	0.19	0.22	0.30	0.20	0.35
1952	2.30	0.48	0.22	0.26	0.31	0.35	0.28	0.40
1957	3.69	1.40	0.31	0.28	0.42	0.52	0.35	0.41
1962	4.58	1.79	0.35	0.37	0.55	0.45	0.41	0.64
1965	5.67	2.00	0.56	0.56	0.84	0.40	0.49	0.81
1970	8.69	3.41	0.76	0.82	1.12	0.78	0.81	1.00
1975	12.69	5.06	0.99	1.17	1.87	1.19	1.04	1.39
1978	21.39	7.70	1.72	2.04	3.18	2.12	2.21	2.42
1979	24.87	9.29	1.99	2.24	4.08	2.21	2.24	2.82
1980	28.62	11.41	2.32	2.54	4.18	2.69	2.38	3.11
1981	30.37	11.56	2.42	2.80	4.83	2.91	2.62	3.23
1982	35.41	13.26	3.04	3.39	5.76	3.41	2.82	3.73
1983	42.26	15.90	3.53	3.78	6.96	3.61	3.55	4.93
1984	49.68	17.88	4.14	4.85	7.95	4.90	4.27	5.69
1985	55.57	20.14	3.87	5.88	8.89	5.30	5.02	6.46
1986	63.04	22.62	4.48	6.36	10.20	5.58	5.80	7.99
1987	71.99	26.17	4.86	7.11	12.35	5.70	6.85	8.94
1988	84.63	29.00	5.37	8.96	15.29	6.26	8.46	11.29
1989	99.26	39.39	7.06	8.59	15.13	6.88	10.17	12.04
1990	112.84	46.54	7.51	9.37	16.37	8.49	11.00	13.55
1991	130.05	52.71	9.28	13.18	18.29	9.46	12.43	14.70
1992	162.15	69.15	9.77	15.56	16.38	11.45	14.45	17.10
1993	220.57	101.07	12.42	20.07	21.79	15.28	18.85	20.75
1994	314.76	140.75	14.61	25.42	32.37	22.07	28.50	29.79
1995	403.46	175.65	16.36	32.33	45.67	29.53	32.51	34.59
1996	488.04	209.93	17.13	35.81	50.37	32.59	36.50	38.94
1997	504.23	226.83	17.91	38.88	55.55	30.29	39.51	44.48
1998	536.76	244.33	19.47	43.86	60.70	32.69	43.30	50.71
1999	577.09	257.81	22.78	49.23	64.65	34.31	44.53	55.96
2000	616.30	290.33	26.28	55.86	70.91	36.61	38.91	62.68
2001	681.49	322.50	30.40	64.65	77.75	41.35	43.65	69.05
2002	749.34	359.33	34.91	74.80	86.21	47.03	47.96	76.46
2003	852.26	426.00	40.50	87.36	99.00	53.20	54.24	88.07
2004	1 031.12	538.39	48.89	104.75	117.39	55.69	64.55	102.26
2005	1 212.15	636.88	57.80	124.10	138.27	62.24	77.80	124.14
2006	1 428.80	747.88	67.94	147.60	168.66	72.10	91.01	149.96
2007	1 679.56	897.60	79.85	173.37	206.00	84.50	106.30	176.42
2008	2 007.36	1 039.17	100.02	208.01	250.50	108.12	128.41	218.85

第一产业增加值

（当年价格）

单位:亿元

年 份	全 市	市 区	丰 县	沛 县	铜山县	睢宁县	新沂市	邳州市
1949	1.34	0.01	0.16	0.18	0.20	0.28	0.17	0.33
1952	1.64	0.02	0.20	0.23	0.28	0.31	0.23	0.36
1957	1.72	0.03	0.19	0.20	0.28	0.43	0.27	0.31
1962	2.06	0.03	0.23	0.27	0.39	0.35	0.29	0.51
1965	2.69	0.03	0.43	0.42	0.66	0.24	0.34	0.57
1970	3.98	0.64	0.56	0.62	0.83	0.55	0.62	0.74
1975	5.35	0.11	0.69	0.76	1.37	0.77	0.66	1.00
1978	9.40	0.15	1.22	1.36	2.14	1.42	1.36	1.75
1979	10.71	0.15	1.44	1.44	2.86	1.45	1.34	2.02
1980	11.30	0.14	1.66	1.57	2.57	1.74	1.39	2.24
1981	12.58	0.19	1.70	1.65	3.16	1.93	1.57	2.38
1982	14.50	0.27	2.16	1.99	3.45	2.33	1.65	2.66
1983	16.91	0.33	2.40	2.25	3.87	2.45	2.21	3.40
1984	20.35	0.26	2.82	2.83	4.43	3.44	2.60	3.98
1985	22.16	0.39	2.52	3.55	4.95	3.71	2.99	4.04
1986	24.61	0.35	3.01	3.61	5.67	3.41	3.30	5.25
1987	27.26	0.36	3.18	4.00	6.56	3.30	4.10	5.76
1988	30.28	0.54	3.13	4.87	7.00	3.26	4.27	7.20
1989	34.79	2.69	4.23	4.42	7.34	3.57	4.98	7.57
1990	38.69	2.89	4.40	5.15	7.75	4.51	5.10	8.89
1991	43.68	3.47	5.60	5.65	8.71	4.87	6.14	9.53
1992	46.80	3.51	5.00	5.69	6.82	5.91	6.58	9.88
1993	55.86	4.35	6.52	7.12	7.89	6.76	7.90	10.86
1994	79.71	4.82	6.93	10.61	11.56	9.92	10.85	16.11
1995	100.67	6.51	7.43	13.11	14.17	12.87	13.31	17.69
1996	115.67	7.38	8.06	14.67	15.02	14.80	14.81	18.35
1997	107.93	6.62	8.44	16.11	16.26	14.54	14.87	19.43
1998	112.45	6.92	8.47	17.75	16.93	14.58	15.63	20.53
1999	113.58	6.56	9.55	18.01	15.90	14.35	16.86	21.32
2000	118.57	6.65	10.79	18.37	17.26	14.67	13.85	22.87
2001	126.03	6.96	11.99	19.99	18.28	15.54	14.67	22.95
2002	134.05	7.40	13.06	21.20	19.57	16.30	15.91	24.48
2003	134.68	7.40	13.85	22.36	20.07	16.74	16.35	27.30
2004	161.59	8.07	17.10	24.40	22.08	19.50	18.70	31.32
2005	169.96	11.22	18.80	28.20	23.40	20.53	20.87	36.21
2006	180.82	10.13	20.63	30.61	25.23	21.28	22.32	39.70
2007	192.65	14.04	22.32	33.50	26.50	22.59	23.80	41.59
2008	210.02	14.54	25.28	37.55	28.30	27.56	25.01	44.12

第二产业增加值

（当年价格）　　单位：亿元

年　份	全　市	市　区	丰　县	沛　县	铜山县	睢宁县	新沂市	邳州市
1949	0.13	0.12	…	…	…	…	…	…
1952	0.27	0.24	0.01	0.01	0.00	0.01	0.01	…
1957	1.15	1.00	0.03	0.03	0.03	0.02	0.01	0.03
1962	1.42	1.21	0.03	0.03	0.04	0.03	0.03	0.04
1965	1.90	1.45	0.06	0.06	0.06	0.08	0.06	0.13
1970	3.39	2.73	0.11	0.10	0.14	0.12	0.07	0.12
1975	5.42	4.21	0.14	0.27	0.26	0.23	0.17	0.15
1978	8.95	6.36	0.28	0.44	0.67	0.39	0.43	0.38
1979	10.60	7.65	0.31	0.51	0.77	0.42	0.48	0.47
1980	12.99	9.29	0.35	0.63	1.09	0.58	0.57	0.47
1981	13.20	9.23	0.38	0.77	1.14	0.62	0.61	0.45
1982	15.26	10.28	0.46	0.94	1.70	0.65	0.70	0.52
1983	17.74	12.05	0.47	1.09	2.01	0.63	0.79	0.69
1984	20.56	13.92	0.54	1.33	2.27	0.74	1.05	0.71
1985	23.76	15.53	0.63	1.63	2.94	0.80	1.23	1.11
1986	25.96	16.77	0.68	1.89	3.05	1.27	1.26	1.04
1987	29.69	18.52	0.84	2.17	3.69	1.52	1.53	1.41
1988	36.42	19.76	1.15	3.09	5.74	1.96	2.78	2.05
1989	40.22	24.35	1.36	2.69	4.57	2.08	2.96	2.21
1990	44.91	28.66	1.38	2.46	4.88	2.14	3.33	2.05
1991	50.11	30.25	1.54	4.90	5.51	2.31	3.52	2.08
1992	70.29	42.37	2.40	6.35	5.22	2.69	4.09	4.05
1993	103.70	63.68	2.94	7.21	7.56	4.96	6.49	5.09
1994	148.21	87.23	4.13	9.06	12.92	7.35	10.72	6.39
1995	184.14	102.37	4.54	12.51	20.02	9.68	10.28	8.04
1996	223.21	115.59	4.57	14.18	21.96	10.09	11.53	10.12
1997	233.84	126.36	4.67	14.29	24.27	7.75	13.18	12.77
1998	247.95	139.53	5.62	15.99	26.94	9.09	13.84	16.21
1999	270.02	140.63	6.87	18.83	29.48	9.82	14.48	18.17
2000	283.56	156.16	8.16	22.64	32.14	10.59	12.73	20.66
2001	314.38	170.25	9.54	26.41	35.16	12.57	14.90	24.27
2002	351.14	191.10	11.36	31.73	39.37	15.42	16.41	27.30
2003	419.83	234.37	14.40	38.27	48.25	19.29	19.91	32.33
2004	511.64	305.21	16.45	45.04	59.27	19.32	24.57	37.79
2005	613.92	366.69	20.74	54.31	72.77	22.01	31.05	48.50
2006	741.36	434.79	25.77	68.01	91.24	27.64	38.26	62.56
2007	881.96	521.95	31.64	81.00	114.31	34.11	46.35	77.50
2008	1 061.78	604.24	41.92	98.94	141.80	44.04	58.52	99.67

第三产业增加值

（当年价格）

单位:亿元

年 份	全 市	市 区	丰 县	沛 县	铜山县	睢宁县	新沂市	邳州市
1949	0.26	0.17	0.01	0.01	0.01	0.01	0.03	0.02
1952	0.39	0.21	0.01	0.02	0.03	0.02	0.05	0.04
1957	0.82	0.37	0.09	0.05	0.11	0.07	0.07	0.06
1962	1.10	0.55	0.09	0.07	0.13	0.08	0.09	0.10
1965	1.08	0.52	0.07	0.08	0.12	0.08	0.10	0.10
1970	1.32	0.61	0.09	0.11	0.15	0.11	0.12	0.13
1975	1.92	0.74	0.16	0.14	0.24	0.19	0.21	0.23
1978	3.04	1.19	0.21	0.24	0.38	0.31	0.42	0.29
1979	3.55	1.49	0.23	0.29	0.45	0.34	0.42	0.33
1980	4.34	1.98	0.31	0.34	0.52	0.37	0.42	0.40
1981	4.60	2.14	0.35	0.38	0.53	0.36	0.44	0.40
1982	5.66	2.72	0.42	0.47	0.61	0.43	0.47	0.55
1983	7.61	3.52	0.65	0.44	1.08	0.53	0.55	0.84
1984	8.77	3.70	0.78	0.68	1.26	0.72	0.62	1.00
1985	9.65	4.22	0.72	0.70	1.00	0.79	0.80	1.31
1986	12.48	5.50	0.79	0.87	1.48	0.90	1.24	1.70
1987	15.04	7.29	0.83	0.94	2.11	0.88	1.22	1.77
1988	17.93	8.70	1.09	1.00	2.56	1.04	1.41	2.04
1989	24.25	12.36	1.47	1.48	3.22	1.23	2.23	2.26
1990	29.24	14.98	1.72	1.77	3.73	1.84	2.57	2.61
1991	36.26	18.99	2.14	2.64	4.07	2.28	2.77	3.09
1992	45.06	23.27	2.37	3.52	4.34	2.85	3.78	3.17
1993	61.01	33.04	2.96	5.74	6.34	3.56	4.46	4.80
1994	86.83	48.70	3.54	5.75	7.89	4.80	6.93	7.29
1995	118.64	66.77	4.40	6.71	11.48	6.98	8.92	8.86
1996	149.16	86.96	4.49	6.96	13.39	7.70	10.16	10.47
1997	162.45	93.85	4.80	8.48	15.02	8.00	11.46	12.28
1998	176.37	97.88	5.39	10.12	16.83	9.02	13.83	13.97
1999	193.49	110.62	6.37	12.39	19.27	10.14	13.19	16.47
2000	214.16	127.53	7.34	14.85	21.51	11.35	12.33	19.15
2001	241.08	145.30	8.87	18.26	24.31	13.24	14.08	21.83
2002	264.15	160.82	10.48	21.87	27.27	15.31	15.64	24.68
2003	297.75	184.23	12.25	26.73	30.68	17.17	17.98	28.44
2004	357.89	225.11	15.34	35.31	36.04	16.87	21.28	33.15
2005	428.27	258.96	18.26	41.59	42.10	19.70	25.88	39.43
2006	506.62	302.96	21.54	48.98	52.19	23.18	30.43	47.70
2007	604.95	361.61	25.89	58.87	65.19	27.80	36.15	57.33
2008	735.56	420.39	32.82	71.52	80.40	36.52	44.88	75.06

人均地区生产总值

（当年价格）

单位:元

年 份	全 市	市 区	丰 县	沛 县	铜山县	睢宁县	新沂市	邳州市
1949	46	100	35	39	26	50	49	55
1952	60	215	43	51	36	55	65	60
1957	83	367	55	49	44	73	72	52
1962	100	392	61	67	55	65	84	79
1965	117	391	94	95	83	55	93	92
1970	156	625	110	120	95	92	130	99
1975	207	841	129	153	144	130	151	127
1978	334	1 169	215	254	236	224	310	213
1979	383	1 347	246	274	300	232	313	246
1980	436	1 588	284	307	305	280	330	269
1981	456	1 564	294	332	348	300	359	277
1982	522	1 742	363	292	408	347	381	315
1983	468	2 031	417	429	486	364	474	410
1984	713	2 236	486	546	549	490	562	367
1985	790	2 469	451	660	607	526	653	524
1986	886	2 717	518	700	692	550	746	641
1987	999	3 086	557	777	827	557	872	707
1988	1 152	3 357	608	951	1 001	603	1 058	874
1989	1 319	3 036	785	879	1 304	649	1 248	913
1990	1 438	3 486	805	916	1 345	767	1 289	985
1991	1 598	3 864	960	1 241	1 450	817	1 398	1 025
1992	1 969	5 005	997	1 445	1 878	973	1 612	1 234
1993	2 656	7 217	1 250	1 846	1 938	1 287	2 094	1 415
1994	3 754	9 922	1 451	2 299	2 863	1 845	3 150	2 013
1995	4 762	12 199	1 611	2 880	4 004	2 447	3 577	2 320
1996	5 706	14 356	1 677	3 169	4 387	2 679	3 941	2 598
1997	5 841	15 291	1 718	3 427	4 819	2 471	4 177	2 960
1998	6 159	16 224	1 845	3 834	5 221	2 647	4 515	3 375
1999	6 583	16 945	2 149	4 263	5 529	2 776	4 718	3 691
2000	6 948	18 551	2 403	4 776	6 044	2 917	4 075	4 066
2001	7 579	19 959	2 770	5 465	6 592	3 221	4 511	4 429
2002	8 297	21 970	3 179	6 302	7 292	3 648	4 949	4 888
2003	9 401	25 672	3 698	7 328	8 378	4 108	5 646	5 774
2004	11 596	28 544	4 811	8 991	10 368	4 130	6 723	6 892
2005	13 697	31 755	5 776	10 797	12 364	4 704	8 438	8 416
2006	1 6 256	39 936	6 626	12 765	15 050	6 106	9 675	10 050
2007	19 221	46 924	7 861	15 217	18 675	7 243	11 460	11 986
2008	23 069	53 171	9 985	18 437	22 933	9 391	14 016	14 922

注:2004 年以前按户籍人口计算,2004 年及以后按常住人口计算(下同)。

地区生产总值指数

（按可比价格计算，以 1978 年为 100）

年 份	全 市	市 区	丰 县	沛 县	铜山县	睢宁县	新沂市	邳州市
1978	100	100	100	100	100	100	100	100
1979	106.0	119.4	99.0	95.5	110.3	90.8	89.5	99.9
1980	121.3	145.1	114.1	107.5	113.7	109.2	93.8	108.5
1981	127.0	146.9	117.5	117.6	128.3	115.8	101.1	110.1
1982	145.5	169.5	140.8	138.1	150.4	129.6	105.9	122.6
1983	172.7	204.3	161.0	151.6	181.0	134.8	129.7	159.3
1984	197.5	228.6	181.9	188.0	200.2	174.3	151.6	175.9
1985	207.6	244.4	158.6	210.8	209.6	173.2	165.0	189.4
1986	224.3	264.7	170.4	219.0	226.2	178.9	180.5	215.1
1987	240.6	289.4	171.9	228.4	256.3	173.1	195.7	224.0
1988	251.0	286.3	167.7	254.6	289.7	169.6	221.8	241.7
1989	263.4	334.9	199.1	221.2	249.8	169.8	240.8	238.1
1990	291.3	391.6	202.1	224.3	261.3	195.9	254.7	248.8
1991	334.7	456.6	241.7	304.8	283.8	212.9	277.1	269.7
1992	407.0	591.3	245.3	347.5	359.3	249.7	312.3	308.0
1993	459.1	667.0	274.5	376.0	395.6	283.9	360.7	363.7
1994	537.1	779.1	326.4	418.9	447.0	343.5	445.8	432.1
1995	625.2	867.9	378.0	517.8	596.3	401.6	465.9	523.7
1996	722.7	979.9	408.6	577.3	647.6	425.6	515.3	573.5
1997	810.1	1 078.9	455.6	665.6	736.3	435.9	563.7	543.1
1998	908.9	1 173.8	506.2	752.1	832.8	471.6	635.3	608.8
1999	1 000.7	1 270.1	569.5	843.1	934.4	509.3	688.7	679.4
2000	1 100.8	1 432.7	632.1	936.7	1 047.5	547.0	739.7	754.8
2001	1 221.9	1 580.3	704.8	1 041.6	1 153.3	618.1	828.5	841.6
2002	1 361.2	1 776.3	787.3	1 172.8	1 287.1	685.5	927.1	943.4
2003	1 531.4	2 064.1	866.0	1 322.9	1 455.7	760.9	1 043.0	1 069.8
2004	1 745.8	2 435.6	976.0	1 504.1	1 669.7	858.3	1 185.9	1 227.1
2005	1 995.4	2 813.2	1 107.8	1 729.7	1 928.5	974.2	1 361.4	1 422.2
2006	2 296.8	3 251.5	1 275.1	2 006.5	2 250.6	1 120.3	1 575.1	1 659.7
2007	2 648.4	3 765.6	1 469.9	2 321.0	2 604.9	1 290.7	1 816.0	1 920.2
2008	3 006.0	4 266.4	1 678.6	2 664.5	2 993.0	1 474.0	2 077.5	2 204.4

第一产业增加值指数

（按可比价格计算，以 1978 年为 100）

年 份	全 市	市 区	丰 县	沛 县	铜山县	睢宁县	新沂市	邳州市
1978	100	100	100	100	100	100	100	100
1979	92.1	79.8	95.3	85.6	108.0	82.6	79.8	93.5
1980	96.3	76.4	108.9	92.5	96.0	97.9	81.9	102.1
1981	104.3	101.1	108.1	94.7	115.2	105.9	89.9	105.9
1982	112.8	131.6	129.3	106.9	117.9	119.9	88.7	110.8
1983	126.8	156.8	138.4	116.8	127.6	121.5	114.5	136.5
1984	144.7	116.8	153.8	139.3	138.3	161.8	127.8	151.8
1985	142.9	162.4	124.9	158.5	140.3	158.5	133.5	139.5
1986	146.3	131.8	137.3	148.4	148.2	134.2	135.9	167.6
1987	146.2	124.6	131.0	148.4	154.5	117.1	152.3	165.5
1988	132.2	150.9	105.1	147.2	134.2	94.3	129.1	168.5
1989	145.3	716.1	135.6	127.9	134.7	98.6	143.8	169.5
1990	149.0	711.7	130.2	137.2	131.1	114.9	135.9	183.6
1991	165.8	911.7	162.1	147.4	144.1	121.6	152.3	193.0
1992	176.2	859.7	141.8	148.0	170.3	147.5	170.7	199.6
1993	184.5	1 097.8	163.9	151.1	177.8	147.2	179.1	191.2
1994	200.2	999.0	172.1	174.5	178.5	184.0	195.9	213.2
1995	229.0	1 273.7	193.4	205.9	213.7	182.3	227.0	240.3
1996	248.0	1 348.8	203.5	236.0	218.4	199.6	243.3	257.1
1997	282.2	1 583.5	230.6	250.6	241.8	219.6	247.7	277.7
1998	306.8	1 721.3	249.3	270.9	253.6	221.8	372.2	302.4
1999	325.8	1 772.9	269.7	287.4	265.5	218.3	403.5	330.5
2000	341.4	1 804.8	289.6	305.8	289.1	230.5	411.2	356.9
2001	363.6	1 913.1	312.8	325.4	305.6	235.4	432.6	380.9
2002	386.5	2 012.6	335.6	347.5	326.7	239.8	455.9	406.4
2003	379.5	1 934.1	335.9	363.9	348.3	255.2	470.5	428.7
2004	417.5	2 282.2	352.7	390.4	382.4	286.3	525.1	476.7
2005	434.1	2 257.1	374.6	420.1	405.3	318.7	562.4	505.0
2006	463.7	2 056.2	396.7	445.7	419.9	328.9	600.6	532.1
2007	487.6	2 118.8	419.3	469.3	431.1	347.0	636.0	558.7
2008	513.0	2 226.9	442.8	488.1	438.0	369.2	655.1	583.8

第二产业增加值指数

（按可比价格计算，以 1978 年为 100）

年　份	全　市	市　区	丰　县	沛　县	铜山县	睢宁县	新沂市	邳州市
1978	100	100	100	100	100	100	100	100
1979	117.4	119.5	107.9	113.5	113.2	106.7	110.4	120.2
1980	143.7	144.9	121.8	141.0	161.2	147.9	131.5	122.7
1981	146.7	144.5	132.9	173.4	169.7	158.8	141.1	116.2
1982	171.8	163.3	162.0	212.9	255.6	167.7	164.0	138.0
1983	202.1	193.3	169.4	250.8	306.8	166.2	187.6	184.5
1984	232.9	222.3	193.3	302.5	343.5	193.9	246.9	187.0
1985	258.6	238.3	216.6	357.2	427.4	200.7	255.3	280.1
1986	276.6	251.9	229.5	406.3	434.7	309.4	280.1	258.8
1987	305.0	267.9	273.9	451.2	507.2	359.1	328.1	339.8
1988	347.5	265.6	346.5	594.9	731.9	430.3	532.4	458.5
1989	345.5	294.5	370.7	465.4	524.6	412.8	530.5	445.7
1990	384.7	345.8	375.6	424.3	559.1	424.0	595.5	411.3
1991	422.8	358.9	405.3	816.4	611.7	446.0	609.2	486.6
1992	566.1	479.5	608.8	1 021.3	890.6	500.0	680.5	828.7
1993	730.3	625.3	656.9	1 033.6	1 068.7	789.5	969.0	1 272.1
1994	867.6	704.7	1 087.8	1 034.6	1 396.8	978.2	1 352.7	1 658.8
1995	996.0	741.3	1 293.4	1 348.1	2 061.7	1 375.3	1 205.3	2 206.2
1996	1 181.3	813.9	1 433.1	1 434.4	2 298.8	1 412.4	1 370.4	2 473.2
1997	1 319.5	904.2	1 586.4	1 715.5	2 687.3	1 610.1	1 578.7	2 856.5
1998	1 497.6	1 010.9	1 814.8	1 998.6	3 133.4	1 883.8	1 806.0	3 299.3
1999	1 653.4	1 064.5	2 136.0	2 340.3	3 568.9	2 035.1	1 952.3	3 734.8
2000	1 827.0	1 185.9	2 464.9	2 656.3	4 050.7	2 370.9	2 135.8	4 179.3
2001	2 048.1	1 279.4	2 849.4	3 044.1	4 597.5	2 565.3	2 550.1	4 931.5
2002	2 320.5	1 472.5	3 296.8	3 570.7	5 084.8	2 839.8	2 993.8	5 853.7
2003	2 719.6	1 750.8	3 916.6	4 138.4	5 822.1	3 200.4	3 622.5	7 030.3
2004	3 135.7	1 988.9	4 668.6	4 850.2	6 887.5	3 526.9	4 234.7	8 612.1
2005	3 606.1	2 337.0	5 691.0	5 718.4	8 258.1	4 214.6	5 191.7	10 765.2
2006	4 215.5	2 731.7	7 028.3	6 907.9	9 901.5	5 264.1	6 359.8	13 445.7
2007	4 948.5	3 175.0	8 539.4	8 317.1	11 753.1	6 338.0	7 561.8	16 336.5
2008	5 641.8	3 603.6	10 085.0	9 797.5	13 950.9	7 491.5	8 960.7	19 505.8

第三产业增加值指数

（按可比价格计算，以 1978 年为 100）

年 份	全 市	市 区	丰 县	沛 县	铜山县	睢宁县	新沂市	邳州市
1978	100	100	100	100	100	100	100	100
1979	115.4	123.6	108.3	117.9	118.4	108.1	99.3	112.2
1980	133.0	154.7	134.5	129.8	129.4	112.6	93.5	128.8
1981	139.2	165.2	151.1	143.7	129.0	107.4	96.6	127.7
1982	169.7	207.4	179.2	176.2	148.0	126.8	102.3	173.8
1983	228.0	268.9	281.1	165.4	261.0	156.1	119.6	264.4
1984	256.5	276.0	329.4	251.4	297.4	207.3	131.6	307.5
1985	257.8	286.8	276.6	235.7	216.2	206.3	174.6	372.5
1986	311.3	349.6	283.4	272.3	298.9	220.9	223.2	446.8
1987	343.2	423.8	272.9	269.1	389.2	197.3	201.0	426.9
1988	334.5	413.3	291.7	233.2	387.1	189.4	204.7	400.6
1989	387.4	502.8	338.4	297.1	416.2	192.1	258.8	380.8
1990	456.7	595.9	387.2	346.4	472.3	282.4	291.6	430.6
1991	581.4	833.7	455.0	462.1	495.9	337.8	324.6	477.1
1992	707.6	1 079.6	456.4	561.5	610.0	387.5	373.0	472.8
1993	679.3	909.0	474.7	754.7	638.7	380.5	383.4	647.3
1994	832.8	1 163.5	521.7	924.5	687.2	414.0	486.2	774.8
1995	1 012.7	1 432.3	618.2	1 125.1	853.5	495.1	566.9	898.8
1996	1 171.7	1 713.0	684.3	1 307.4	961.0	520.8	629.8	977.9
1997	1 311.1	1 846.6	747.2	1 481.3	1 040.8	552.1	822.1	1 103.1
1998	1 463.2	1 913.1	838.3	1 675.4	1 177.1	622.5	937.2	1 243.2
1999	1 632.9	2 180.9	947.3	1 886.4	1 363.1	699.8	1027.2	1 397.3
2000	1 828.8	2 529.8	1 050.5	2 139.2	1 559.4	797.8	1142.2	1 579.0
2001	2 044.6	2 820.7	1 176.6	2 385.2	1 793.3	909.5	1279.3	1 793.7
2002	2 277.7	3 147.9	1 333.0	2 669.1	1 981.6	964.9	1443.1	2 028.7
2003	2 576.1	3 585.5	1 494.3	3 080.1	2 223.4	1 135.7	1626.3	2 316.8
2004	2 929.0	4 105.4	1 700.5	3 514.4	2 483.5	1 306.1	1821.5	2 578.5
2005	3 453.3	4 667.8	1 924.9	4 083.8	2 831.1	1 436.7	2058.3	2 975.6
2006	3 995.5	5 357.7	2 299.1	4 761.7	3 352.1	1 669.0	2362.9	3 487.4
2007	4 635.4	6 196.4	2 601.4	5 509.2	3 919.3	1 969.4	2783.5	4 076.8
2008	5 354.1	7 070.1	3 038.4	6 423.7	4 471.9	2 280.6	3253.9	4 741.3

人均地区生产总值指数

（按可比价格计算，以 1978 年为 100）

年 份	全 市	市 区	丰 县	沛 县	铜山县	睢宁县	新沂市	邳州市
1978	100	100	100	100	100	100	100	100
1979	105.3	114.0	97.9	94.2	110.1	89.9	88.8	99.2
1980	119.2	132.9	112.0	104.4	113.1	107.5	92.6	107.1
1981	122.9	130.8	113.9	111.8	126.6	112.9	98.8	107.3
1982	138.4	146.6	134.6	128.3	147.6	124.7	102.0	117.6
1983	161.6	171.8	152.2	138.3	178.4	128.2	123.3	150.8
1984	182.8	188.2	170.6	170.4	198.0	164.6	142.5	164.2
1985	190.2	197.2	147.8	190.1	207.5	162.4	152.9	174.6
1986	203.2	209.2	157.6	195.1	224.5	166.6	165.2	196.2
1987	215.3	224.5	157.7	200.6	253.1	159.7	176.7	201.5
1988	220.2	218.2	151.7	217.3	283.1	154.3	197.2	212.9
1989	225.6	249.8	177.0	182.0	242.3	151.4	210.2	205.3
1990	239.4	286.5	173.2	176.3	249.1	167.2	212.4	205.7
1991	265.3	329.2	199.9	230.8	273.8	173.6	222.0	213.7
1992	318.6	419.7	200.0	259.7	357.2	200.5	248.3	240.9
1993	356.7	465.0	221.7	278.0	394.3	226.1	285.3	281.8
1994	399.3	341.8	280.4	297.1	511.9	261.8	335.2	328.1
1995	460.1	417.1	346.4	369.9	696.4	303.5	357.5	384.0
1996	524.2	455.0	358.7	403.6	643.3	318.7	369.2	418.4
1997	582.2	493.7	402.1	449.2	732.2	293.9	391.3	464.8
1998	646.8	529.2	420.6	491.9	825.0	314.4	424.2	520.2
1999	707.9	566.8	454.7	548.0	928.6	330.2	448.6	574.3
2000	769.6	621.5	513.8	608.8	1 065.3	347.0	471.3	625.4
2001	842.7	664.0	579.6	679.4	1 171.7	383.2	521.5	693.5
2002	934.6	737.4	665.4	765.0	1 284.1	434.1	580.4	777.4
2003	1 047.2	844.3	775.2	859.1	1 456.3	488.7	662.2	873.8
2004	1 185.4	987.0	897.2	971.0	1 668.1	506.3	788.7	990.9
2005	1 360.9	1 072.9	1 018.3	1 112.1	1 999.8	559.6	918.8	1 127.6
2006	1 577.3	1 208.0	1 186.9	1 287.9	2 329.9	642.6	1 093.3	1 441.1
2007	1 829.6	1 369.0	1 381.1	1 464.8	2 595.5	753.1	1 294.5	1 644.3
2008	2 085.3	1 518.1	1 599.3	1 699.6	3 011.6	871.4	1 499.3	1 907.9

乡村从业人员

（年底数） 单位：万人

年份	全市	市区	丰县	沛县	铜山县	睢宁县	新沂市	邳州市
1978	223.52	4.56	31.57	28.59	53.32	37.54	26.12	41.82
1979	220.59	4.52	28.79	28.81	53.80	36.82	26.36	41.49
1980	226.72	7.43	29.84	30.36	54.86	38.00	23.54	42.69
1981	237.93	8.24	31.02	31.92	56.85	39.21	26.81	43.88
1982	246.94	7.35	32.43	33.96	57.51	40.53	29.10	46.06
1983	249.92	6.00	32.68	35.14	59.81	40.80	28.80	46.69
1984	259.87	5.12	34.55	36.52	62.98	41.99	29.83	48.88
1985	271.99	8.11	35.64	37.14	65.18	43.77	30.17	51.98
1986	276.16	5.54	36.24	38.13	66.51	45.04	31.78	52.92
1987	287.93	14.66	37.79	33.80	66.81	47.24	32.55	55.08
1988	296.89	9.08	38.89	40.73	69.18	47.95	33.66	57.40
1989	305.40	9.26	39.65	41.91	71.51	49.20	34.74	59.13
1990	321.78	9.16	42.07	44.64	73.94	52.15	36.78	63.04
1991	330.48	8.53	43.02	45.51	75.04	53.64	37.79	66.95
1992	332.24	8.65	43.76	45.65	75.87	52.78	37.90	67.63
1993	332.80	10.60	44.26	42.89	74.71	54.73	37.63	67.98
1994	333.41	27.98	44.96	43.42	54.86	53.90	39.66	68.63
1995	330.58	27.98	45.19	41.80	51.46	55.18	39.96	69.01
1996	331.03	27.27	45.85	42.33	51.00	55.11	40.03	69.44
1997	333.00	20.37	46.43	44.21	51.93	57.54	41.46	71.06
1998	332.36	19.44	46.62	44.34	51.13	58.26	41.51	71.06
1999	332.51	27.12	46.48	42.43	50.41	56.71	39.35	70.01
2000	335.71	30.56	46.59	47.84	48.33	57.68	38.16	66.55
2001	339.15	35.16	49.04	47.79	47.62	56.29	37.61	65.64
2002	336.84	22.26	49.90	48.73	48.73	59.33	38.33	69.56
2003	336.96	22.46	50.87	49.61	46.87	60.18	38.31	68.66
2004	346.60	23.16	51.50	50.24	50.37	61.48	39.55	70.30
2005	348.00	28.19	53.24	49.99	45.83	61.64	40.36	68.75
2006	352.75	30.25	53.48	50.40	46.73	62.76	40.37	68.76
2007	354.55	29.40	51.38	49.74	49.91	63.96	40.40	69.76
2008	354.38	29.68	51.53	47.26	51.46	64.38	40.36	69.71

耕 地 面 积

（年底数）

单位：千公顷

年份	全市	市区	丰县	沛县	铜山县	睢宁县	新沂市	邳州市
1949	836.89	7.11	113.74	94.15	206.00	145.22	106.67	164.00
1952	859.85	8.06	113.74	97.49	206.67	145.22	128.00	160.67
1957	834.76	9.24	110.95	97.11	200.67	132.79	126.67	157.33
1962	701.87	8.08	97.95	91.06	168.00	112.12	91.33	133.33
1965	678.81	6.38	89.21	87.63	164.00	110.26	95.33	126.00
1970	672.84	5.94	91.75	87.03	170.00	106.12	90.00	122.00
1975	651.79	5.41	89.99	84.67	162.00	104.39	85.33	120.00
1978	642.93	5.06	89.29	83.81	159.38	103.04	84.12	118.23
1979	640.61	4.87	89.07	83.64	158.77	102.47	84.04	117.75
1980	637.80	4.72	88.30	83.03	157.90	102.43	83.76	117.66
1981	635.89	4.55	87.80	82.87	157.07	102.27	83.73	117.60
1982	634.57	4.45	87.76	82.73	156.29	102.22	83.55	117.57
1983	633.74	4.41	88.00	82.67	156.00	102.00	83.33	117.33
1984	632.69	4.25	88.03	82.46	155.15	102.08	83.49	117.23
1985	630.46	4.01	88.01	81.19	154.73	102.03	83.48	117.01
1986	626.84	3.92	88.01	81.12	151.88	102.03	83.35	116.53
1987	625.33	3.74	87.93	80.86	151.32	101.95	83.21	116.32
1988	623.13	3.68	87.81	80.77	150.63	101.91	82.54	115.79
1989	621.90	3.66	87.63	80.73	149.94	101.89	82.32	115.73
1990	619.58	3.66	87.61	80.62	148.89	101.82	82.15	114.83
1991	617.73	3.42	87.51	80.45	148.33	101.25	82.10	114.67
1992	613.77	3.27	86.01	80.38	147.53	100.79	81.63	114.16
1993	611.15	3.23	86.00	80.20	146.79	100.52	81.55	112.86
1994	608.12	32.82	85.85	79.97	115.52	100.09	81.42	112.45
1995	604.63	32.86	85.85	77.97	115.38	99.62	81.07	111.88
1996	602.65	32.38	85.68	77.91	115.15	99.62	80.47	111.44
1997	615.40	41.02	76.65	77.44	117.47	100.79	79.37	122.66
1998	616.07	40.89	76.60	77.03	117.40	100.67	80.65	122.83
1999	615.52	40.92	76.64	77.05	117.66	100.63	80.14	122.48
2000	611.77	39.29	76.70	77.22	115.99	100.63	80.57	121.37
2001	609.69	39.10	76.25	77.13	116.05	100.10	79.90	121.16
2002	609.51	38.79	76.41	76.93	116.31	100.05	79.85	121.17
2003	609.00	50.51	76.10	76.72	113.19	100.08	79.70	112.70
2004	606.65	53.54	76.09	76.56	108.97	100.08	79.57	111.84
2005	599.64	46.65	76.28	76.44	109.43	100.08	79.37	111.39
2006	596.21	44.40	75.34	75.92	109.31	99.84	79.02	112.38
2007	594.78	43.55	75.51	75.80	109.37	99.76	79.00	111.79
2008	590.99	43.82	75.72	75.48	106.52	100.01	78.76	110.68

农林牧渔业总产值

（现价）　　　　单位:亿元

年 份	全 市	市 区	丰 县	沛 县	铜山县	睢宁县	新沂市	邳州市
1978	12.91	0.19	1.58	1.84	3.18	1.84	1.83	2.45
1979	15.07	0.20	2.07	1.97	4.22	1.89	1.86	2.85
1980	15.91	0.24	2.32	2.19	3.80	2.36	1.86	3.15
1981	17.13	0.26	2.42	2.48	3.80	2.64	2.12	3.42
1982	20.75	0.34	2.98	2.77	4.78	3.39	2.64	3.85
1983	24.59	0.36	3.54	3.32	6.10	3.59	3.33	4.36
1984	29.51	0.38	4.34	4.07	6.63	4.80	3.74	5.53
1985	31.84	0.80	4.15	4.26	7.52	4.94	4.18	5.99
1986	37.11	0.57	4.52	5.60	8.52	5.14	5.09	7.66
1987	41.39	0.61	5.26	6.26	9.44	5.16	6.34	8.31
1988	53.55	0.83	6.44	7.33	14.60	5.49	7.84	11.03
1989	56.56	0.96	6.93	7.38	14.77	6.66	8.79	11.06
1990	64.85	1.24	7.82	9.17	16.34	8.05	9.42	12.80
1991	70.26	1.23	9.18	9.37	17.59	8.93	10.46	13.51
1992	77.03	1.30	9.15	9.14	20.97	10.20	11.99	14.28
1993	98.71	1.54	13.11	12.20	25.73	13.59	15.42	17.12
1994	151.78	9.53	18.09	19.73	32.03	21.76	21.35	29.29
1995	190.93	11.26	23.98	24.78	39.99	26.91	25.60	38.41
1996	227.10	13.82	28.04	32.48	45.46	31.80	29.38	46.12
1997	210.13	11.75	25.68	33.40	38.42	29.65	28.53	42.70
1998	216.65	11.34	26.69	34.84	40.11	28.25	30.36	45.07
1999	218.19	11.66	27.97	35.46	38.12	27.86	31.22	45.91
2000	225.80	11.26	30.06	36.35	40.03	27.34	32.13	48.63
2001	239.13	11.18	32.09	38.16	43.15	28.93	33.97	51.65
2002	254.05	10.52	34.25	40.55	46.03	31.43	36.02	55.25
2003	262.00	21.06	36.68	42.24	40.56	32.50	30.89	58.06
2004	307.33	31.71	41.50	48.34	47.86	39.90	38.08	59.94
2005	333.07	44.47	35.54	56.62	46.49	38.97	41.45	69.54
2006	355.22	42.20	39.59	59.41	50.13	41.36	44.64	77.90
2007	383.24	42.14	43.71	65.18	54.14	44.28	50.76	83.03
2008	420.65	49.69	53.09	67.39	59.98	51.93	50.33	88.24

粮 食 产 量

单位:万吨

年 份	全 市	市 区	丰 县	沛 县	铜山县	睢宁县	新沂市	邳州市
1949	74.66	0.85	9.29	9.13	21.54	9.45	6.70	17.70
1950	80.64	0.91	13.00	13.03	24.00	8.96	7.04	13.70
1951	84.95	0.98	13.01	10.19	26.09	10.45	10.04	14.19
1952	97.42	1.10	13.71	14.67	28.85	10.69	12.67	15.73
1953	97.59	1.23	14.80	13.18	27.21	12.91	11.16	17.10
1954	103.65	1.56	13.71	12.91	28.60	11.98	13.49	21.40
1955	116.22	1.52	15.60	16.87	31.93	15.11	13.29	21.90
1956	103.47	1.61	14.98	14.58	26.96	12.86	12.04	20.44
1957	84.23	1.99	9.71	8.64	23.37	14.33	11.70	14.49
1958	84.81	1.48	9.64	8.77	20.43	15.30	10.19	19.00
1959	90.91	1.38	11.13	11.41	21.64	14.70	10.93	19.72
1960	90.86	1.14	10.78	10.42	21.40	15.08	13.02	19.02
1961	86.66	0.90	10.30	10.35	19.30	13.69	13.00	19.12
1962	76.21	0.78	9.59	7.98	16.47	11.18	12.40	17.81
1963	45.81	0.99	6.55	4.60	9.68	5.62	8.32	9.42
1964	98.75	1.44	10.94	11.26	23.74	13.97	15.28	22.12
1965	90.95	1.13	13.44	13.12	22.64	10.17	12.79	17.66
1966	114.39	1.82	15.77	16.42	26.94	14.32	14.76	24.36
1967	105.58	1.70	14.02	14.95	24.45	14.10	13.40	22.96
1968	101.64	1.82	12.49	14.25	23.45	13.67	14.50	21.46
1969	103.74	1.78	13.75	15.12	24.52	14.53	13.94	20.10
1970	124.85	2.14	16.04	18.53	30.18	17.47	15.93	24.56
1971	130.00	2.22	17.18	19.55	30.98	17.51	17.22	25.34
1972	146.56	2.63	18.76	21.76	35.98	21.68	19.03	26.72
1973	173.62	2.88	22.28	24.17	43.47	25.12	23.31	32.39
1974	151.43	2.67	19.61	22.89	39.19	21.87	20.80	24.40
1975	174.66	2.55	22.32	24.79	42.05	27.51	24.89	30.55
1976	179.82	2.53	21.76	25.26	43.16	28.49	25.92	32.70
1977	172.56	1.85	22.55	25.98	43.39	25.38	24.06	29.35
1978	206.15	1.77	24.82	29.08	51.50	30.57	31.47	36.94
1979	235.53	2.32	28.59	33.87	60.73	32.04	36.84	41.14
1980	249.94	2.09	30.81	32.71	63.44	37.69	38.98	44.22
1981	275.10	1.79	31.30	35.49	69.80	45.39	41.40	49.93
1982	293.46	1.62	35.09	36.30	68.95	52.62	45.55	53.33
1983	367.85	1.96	42.13	49.79	95.67	57.79	55.16	65.35
1984	405.71	2.76	49.19	56.51	103.18	64.08	58.77	71.22
1985	379.70	1.72	49.41	48.94	94.84	62.97	54.68	67.14
1986	410.34	1.89	51.27	55.30	105.80	66.17	57.32	72.59
1987	403.42	1.86	45.11	54.20	100.12	68.25	58.89	74.99
1988	370.10	1.63	38.92	52.38	94.04	59.29	52.50	71.34
1989	404.40	1.88	43.55	55.97	104.71	68.58	54.27	75.44
1990	399.00	1.96	43.72	55.69	107.60	67.29	51.54	71.20
1991	411.83	2.03	48.70	55.82	108.48	66.88	55.30	74.62
1992	418.87	2.02	46.11	55.63	111.70	68.27	55.47	79.67
1993	407.30	2.01	50.15	59.30	105.65	60.79	54.54	74.86
1994	378.99	24.55	46.64	52.62	72.63	61.02	50.61	70.92
1995	406.13	25.60	51.24	58.58	76.75	63.66	54.20	76.10
1996	423.01	26.28	52.24	62.25	79.94	69.76	54.29	78.25
1997	436.51	26.56	53.44	62.50	82.56	73.80	56.55	81.10
1998	386.00	26.62	44.19	51.91	75.87	64.62	49.79	73.00
1999	418.96	25.24	54.93	56.89	81.88	73.62	50.74	75.66
2000	319.50	19.44	40.34	45.60	56.63	53.92	39.00	64.57
2001	309.43	18.20	38.25	44.43	54.17	51.53	37.55	65.30
2002	297.55	17.83	38.06	45.22	48.88	49.49	37.69	60.38
2003	210.44	14.87	23.83	36.22	33.28	39.70	25.74	36.80
2004	319.02	21.60	43.17	47.35	51.32	58.48	35.07	62.03
2005	314.13	21.43	38.08	48.19	55.30	53.68	36.80	60.65
2006	357.87	33.74	42.77	48.03	61.58	65.47	41.98	64.30
2007	374.74	46.42	40.03	46.29	65.43	61.34	49.12	66.11
2008	389.34	30.70	43.91	51.76	65.43	74.67	52.94	69.93

注:2006 年数据根据农普资料进行了调整。

全部工业总产值

（现价）　　单位:亿元

年 份	全 市	市 区	丰 县	沛 县	铜山县	睢宁县	新沂市	邳州市
1978	22.90	15.79	0.70	1.00	2.00	1.12	1.29	1.00
1979	25.50	17.41	0.80	1.30	2.10	1.17	1.52	1.20
1980	31.40	21.44	0.90	1.30	2.70	1.51	2.15	1.40
1981	33.90	22.26	1.00	1.80	3.00	1.79	2.35	1.70
1982	37.60	24.08	1.50	2.00	3.80	1.85	2.67	1.70
1983	41.10	25.77	1.70	2.40	4.70	1.91	2.72	1.90
1984	48.60	29.81	2.00	3.00	5.40	2.31	3.28	2.80
1985	60.10	36.88	2.40	3.90	6.90	2.98	3.84	3.20
1986	69.00	41.31	2.50	4.90	8.30	3.79	4.40	3.80
1987	81.40	47.18	3.20	4.40	11.20	4.30	5.82	5.30
1988	112.80	57.78	5.10	9.20	16.80	6.40	8.92	8.60
1989	138.10	73.70	6.30	8.70	20.90	8.46	10.34	9.70
1990	152.60	80.30	7.90	9.60	22.40	8.80	11.70	11.90
1991	169.50	84.50	8.90	15.00	26.80	9.57	13.13	11.60
1992	156.04	109.13	11.30	13.60	39.00	12.30	17.27	16.70
1993	218.90	153.84	12.17	22.80	67.50	21.80	27.29	26.80
1994	303.87	258.02	14.94	34.50	77.90	35.34	36.20	45.70
1995	358.52	287.04	16.09	45.00	119.10	40.28	41.80	59.80
1996	428.57	364.36	16.55	74.05	178.30	61.55	50.09	88.10
1997	445.85	283.71	4.85	32.90	79.80	14.49	14.50	15.61
1998	407.41	256.65	5.73	18.46	87.94	6.65	16.04	15.94
1999	425.07	259.81	6.22	19.34	97.48	8.14	17.81	16.27
2000	466.44	291.04	7.11	20.20	103.20	5.90	20.23	18.76
2001	514.36	309.32	7.60	23.85	120.00	8.37	23.64	21.57
2002	600.45	355.60	9.02	27.12	139.06	13.44	28.22	27.99
2003	726.13	469.79	13.04	30.98	125.47	18.85	32.82	35.18
2004	924.02	556.18	19.55	46.50	170.82	27.01	40.13	63.83
2005	1 228.27	724.01	30.42	67.34	203.90	40.99	65.10	96.51
2006	1 632.55	906.89	39.34	98.91	303.18	53.59	90.38	140.26
2007	2 143.57	1 093.95	56.60	150.83	439.93	69.58	124.10	208.58
2008	2 846.68	1 360.16	75.22	208.63	634.72	86.84	172.31	308.79

注:1998 年以前为全部企业口径,1998-2006 年为产品销售收入达 500 万元及以上的非国有企业及全部国有企业口径,2007 年为产品销售收入达 500 万元及以上全部企业口径。

全部工业总产值指数

（上年 =100）

年 份	全 市	市 区	丰 县	沛 县	铜山县	睢宁县	新沂市	邳州市
1978	120.50		127.00	105.00	100.00	129.30	100.00	100.00
1979	114.70	117.20	109.10	110.00	114.50	106.70	117.80	120.00
1980	120.14	116.30	133.36	118.18	116.42	124.93	141.40	131.20
1981	107.47	105.50	124.95	123.08	107.50	120.03	109.30	104.70
1982	109.72	109.67	105.01	106.25	116.33	108.31	113.60	109.10
1983	109.42	108.31	114.30	111.76	115.96	103.87	101.90	116.70
1984	112.49	111.18	112.51	131.58	110.35	118.50	120.60	114.30
1985	118.35	116.17	122.20	136.00	126.58	125.04	117.10	125.00
1986	108.53	104.94	106.07	117.65	114.81	119.99	114.60	117.50
1987	116.23	108.25	131.43	132.50	133.32	122.91	132.20	138.30
1988	119.36	109.10	134.77	137.74	141.13	118.66	153.30	133.80
1989	109.43	106.18	120.97	113.70	108.01	118.56	115.90	113.80
1990	109.13	102.82	109.34	118.07	118.52	113.27	113.20	120.20
1991	108.67	108.54	108.53	112.24	113.39	105.31	112.20	97.50
1992	126.08	115.83	124.72	124.55	152.75	126.26	131.50	141.40
1993	139.63	117.35	123.43	162.04	167.79	172.81	158.00	156.10
1994	147.48	153.59	187.59	149.10	113.06	155.09	132.60	166.40
1995	112.54	106.76	100.39	116.01	137.77	105.97	115.50	119.20
1996	131.76	119.82	148.45	157.81	141.62	138.31	119.80	134.60
1997	104.03		118.90	145.10	110.06	65.30	92.40	74.00
1998	91.38		118.10	130.20	111.15	113.90	112.60	100.30
1999	104.33		108.60	120.80	108.43	126.40	114.20	126.70
2000	109.73		114.30	118.00	108.26	111.50	118.80	123.40
2001	110.27		106.90	115.90	106.40	121.00	115.70	119.80
2002	116.74		118.70	113.80	105.78	131.40	70.80	124.80
2003	120.93		144.60	122.70	103.00	80.80	115.90	131.20
2004	127.25		149.90	130.50	115.00	68.60	110.70	167.10
2005	132.93		155.60	140.50	105.00	107.70	162.20	151.20
2006	132.91		129.30	126.00	120.18	133.30	138.80	145.30
2007	131.30		143.90	125.10	109.30	170.10	137.30	148.70
2008	133.40	132.40	137.20	140.10	137.90	128.20	137.70	137.90

产 品 销 售 收 入

单位:亿元

年 份	全 市	市 区	丰 县	沛 县	铜山县	睢宁县	新沂市	邳州市
1978	15.62	12.62	0.61	0.55	0.69	0.40	0.38	0.36
1979	19.23	15.50	0.55	0.47	0.82	0.61	0.51	0.76
1980	23.51	18.18	0.73	0.59	1.34	0.94	0.79	0.94
1981	24.53	19.00	0.76	0.76	1.10	0.97	0.81	1.13
1982	29.28	22.00	0.90	0.76	2.13	1.22	1.12	1.15
1983	32.59	24.56	0.99	0.84	2.34	1.35	1.23	1.27
1984	36.51	27.64	1.04	1.04	2.48	1.38	1.40	1.52
1985	44.29	33.42	1.21	1.29	2.97	1.67	1.77	1.96
1986	50.19	37.36	1.30	1.56	3.43	1.96	2.25	2.33
1987	58.69	42.67	1.74	1.97	4.32	2.45	2.89	2.65
1988	76.86	52.90	2.50	2.76	6.59	3.38	4.64	4.08
1989	89.61	60.67	3.17	3.26	8.12	4.23	5.23	4.93
1990	90.41	61.85	3.01	3.13	8.28	3.48	5.31	5.36
1991	103.05	71.70	3.07	3.67	9.11	3.96	5.59	5.95
1992	131.50	90.15	4.08	4.76	12.79	4.71	7.16	7.86
1993	189.67	128.57	5.49	5.49	19.47	7.38	10.81	12.45
1994	225.25	142.67	7.44	10.13	22.89	11.04	14.43	16.66
1995	334.43	196.77	12.36	16.74	46.37	15.52	19.56	27.11
1996	355.50	182.30	16.01	21.64	62.62	20.21	23.60	29.11
1997	382.14	201.48	19.62	27.99	74.03	11.99	28.52	18.51
1998	347.81	201.86	13.79	15.15	83.78	6.10	13.57	13.56
1999	370.98	207.01	15.52	16.36	94.26	6.81	15.20	15.83
2000	407.64	230.49	16.06	17.68	102.08	7.45	17.03	16.86
2001	460.67	261.04	17.36	19.37	114.18	8.82	20.23	19.67
2002	540.76	312.04	13.02	22.17	131.27	12.69	23.92	25.65
2003	670.84	419.12	20.08	28.51	120.99	18.12	28.80	35.22
2004	902.32	560.46	21.78	43.15	150.26	25.79	41.20	59.68
2005	1 205.78	715.50	28.86	65.96	196.17	39.78	63.80	95.71
2006	1 586.71	883.66	36.53	94.64	292.74	53.71	88.93	136.50
2007	2 098.24	1 096.14	49.44	144.50	418.89	66.13	121.67	201.47
2008	2 776.46	1 326.48	69.76	202.51	617.38	83.97	170.58	305.78

工 业 利 税 总 额

单位:亿元

年 份	全 市	市 区	丰 县	沛 县	铜山县	睢宁县	新沂市	邳州市
1978	4.20	3.61	0.07	0.08	0.13	0.11	0.12	0.09
1979	4.98	4.33	0.08	0.08	0.16	0.12	0.12	0.10
1980	4.20	3.28	0.11	0.08	0.28	0.17	0.13	0.15
1981	3.97	2.97	0.12	0.09	0.31	0.19	0.16	0.13
1982	2.86	1.81	0.11	0.11	0.39	0.17	0.15	0.13
1983	4.68	3.57	0.12	0.11	0.37	0.18	0.19	0.15
1984	8.31	6.85	0.14	0.19	0.41	0.23	0.24	0.25
1985	6.42	5.06	0.13	0.16	0.41	0.23	0.22	0.22
1986	6.17	4.86	0.09	0.17	0.32	0.23	0.24	0.25
1987	6.99	5.38	0.17	0.22	0.37	0.26	0.35	0.25
1988	9.38	6.91	0.24	0.32	0.64	0.37	0.57	0.33
1989	11.15	8.62	0.28	0.36	0.71	0.31	0.55	0.32
1990	7.02	5.32	0.23	0.22	0.24	0.17	0.54	0.31
1991	7.71	5.64	0.19	0.34	0.48	0.22	0.46	0.39
1992	10.65	7.55	0.30	0.41	0.93	0.29	0.63	0.54
1993	15.18	11.11	0.25	0.25	1.50	0.36	0.86	0.86
1994	23.18	16.12	0.59	0.82	2.24	0.66	1.34	1.41
1995	29.37	17.65	0.82	1.40	5.50	0.82	1.48	1.69
1996	29.99	17.75	1.14	1.39	5.45	1.12	1.17	1.97
1997	32.11	20.62	1.28	1.73	5.97	0.02	1.35	1.14
1998	29.56	19.78	0.67	1.00	6.72	−0.04	0.28	1.15
1999	31.72	21.42	0.71	0.88	7.23	0.12	0.35	1.01
2000	37.95	26.31	0.73	1.04	7.64	0.53	0.45	1.26
2001	44.94	31.13	0.77	1.28	9.09	0.68	0.65	1.34
2002	60.17	42.32	0.53	1.55	12.12	1.03	0.76	1.86
2003	80.37	61.84	0.83	2.08	10.32	1.37	1.60	2.32
2004	117.97	92.52	1.34	1.98	13.95	2.14	2.51	3.53
2005	150.69	113.33	1.81	3.31	19.41	3.03	3.87	5.93
2006	203.29	140.87	2.74	6.35	32.91	3.99	6.61	9.82
2007	281.06	187.65	3.99	7.97	50.53	4.66	10.14	16.11
2008	451.54	237.12	6.46	26.65	97.64	12.58	15.85	55.25

建筑业总产值

单位:亿元

年份	全市	市区	丰县	沛县	铜山县	睢宁县	新沂市	邳州市
1979	0.28						0.28	
1980	0.21						0.21	
1981	1.83			0.79	0.80		0.24	
1982	1.85			0.76	0.75		0.34	
1983	1.88			0.65	0.64		0.59	
1984	3.27		0.66	1.02	1.01		0.58	
1985	4.24		0.83	1.05	1.09	0.68	0.59	
1986	4.86		1.01	1.16	1.16	0.77	0.77	
1987	5.86		1.31	1.38	1.36	0.89	0.93	
1988	7.32		1.52	1.48	1.49	1.14	1.68	
1989	7.69		0.88	1.96	1.95	1.28	1.63	
1990	8.46		0.76	2.24	2.24	1.46	1.76	
1991	11.92	2.50	1.03	2.48	2.47	1.58	1.86	
1992	14.39	2.11	1.57	3.30	3.31	2.19	1.90	
1993	21.42	1.87	2.48	5.50	5.70	2.76	3.11	
1994	38.25	7.68	3.57	8.50	8.60	5.60	4.30	
1995	56.78	16.09	5.63	9.50	11.24	7.22	7.10	
1996	66.01	21.53	6.17	10.60	12.65	8.10	6.96	
1997	74.02	33.64	5.07	11.80	13.51	2.07	7.93	
1998	92.27	47.05	5.83	12.89	12.79	4.49	9.22	
1999	79.53	30.67	6.57	13.71	13.72	4.60	10.26	
2000	115.80	52.99	7.52	14.59	16.35	4.91	11.06	8.38
2001	149.24	79.34	8.55	16.27	16.31	5.11	11.69	11.97
2002	113.90	52.62	10.34	10.77	17.85	5.12	5.45	11.75
2003	127.88	50.91	14.37	13.33	23.95	7.14	5.91	12.27
2004	143.69	52.78	16.12	15.25	31.24	5.96	9.46	12.88
2005	189.56	81.62	19.84	16.35	42.68	6.69	8.85	13.53
2006	255.95	92.74	32.59	32.04	63.59	6.66	13.96	14.36
2007	310.26	116.19	32.44	42.04	84.18	5.57	12.77	17.06
2008	351.24	161.27	30.71	37.05	73.40	11.03	15.52	22.26

全社会固定资产投资

单位:万元

年 份	全 市	市 区	丰 县	沛 县	铜山县	睢宁县	新沂市	邳州市
1949	257	150				24	83	
1952	936	689		8		123	116	
1957	7 009	5 173	313	95	397	332	132	567
1962	3 903	3 222	41	85	126	56	113	260
1965	3 175	961	52	177	136	440	272	1 137
1970	9 193	7 138	244	185	475	146	368	637
1975	12 323	9 612	224	444	574	448	455	566
1978	32 052	27 988	846	381	932	257	721	927
1979	39 965	34 622	830	575	1 394	468	1 040	1 036
1980	46 737	40 763	654	795	1 817	1 054	810	844
1981	31 140	26 990	456	552	1 226	577	726	613
1982	45 100	38 339	811	956	2 377	637	846	1 134
1983	61 776	54 607	640	1 255	2 114	538	1 137	1 485
1984	72 575	64 757	572	2 036	1 871	863	946	1 530
1985	81 993	69 413	1 016	1 917	4 021	1 034	1 609	2 983
1986	186 435	112 349	5 058	8 509	30 918	6 564	16 901	6 136
1987	223 523	125 045	6 794	9 879	26 961	8 976	18 966	26 902
1988	203 704	103 188	8 435	11 978	31 727	10 496	23 567	14 313
1989	211 255	92 572	6 587	11 901	35 441	8 836	24 988	30 930
1990	244 092	127 433	9 373	12 345	38 817	10 194	30 595	15 335
1991	300 167	152 566	14 560	16 841	52 059	11 899	34 845	17 397
1992	448 089	242 469	19 873	19 901	71 959	15 199	36 754	41 934
1993	513 891	211 539	30 578	30 026	94 013	45 751	46 133	55 851
1994	772 145	327 400	46 867	42 717	141 040	62 722	66 874	84 525
1995	1 036 080	439 160	63 137	79 776	190 435	82 607	92 935	88 830
1996	1 365 558	602 825	80 677	94 540	238 234	91 157	94 616	163 509
1997	1 521 073	788 928	86 698	113 573	239 240	84 216	91 756	116 662
1998	1 882 611	1 118 597	96 895	112 588	211 505	76 037	129 451	137 538
1999	2 202 118	1 310 427	109 440	144 693	214 600	102 185	155 269	165 504
2000	2 521 865	1 571 856	125 324	159 146	229 307	110 264	129 970	195 998
2001	2 878 503	1 766 623	142 671	175 018	260 666	132 805	173 082	227 638
2002	3 231 237	1 924 886	172 107	208 096	295 093	175 419	197 020	258 616
2003	3 830 289	2 015 898	247 625	310 271	395 956	240 029	236 778	383 732
2004	4 452 726	1 823 304	323 756	480 920	537 958	301 340	461 986	523 462
2005	6 013 112	2 492 496	310 470	607 311	717 791	325 584	608 550	950 910
2006	7 529 941	3 046 135	413 310	750 129	1 050 982	402 385	785 000	1 082 000
2007	9 607 018	3 734 054	505 000	1 001 518	1 469 954	508 178	922 500	1 465 814
2008	12 506 684	5 414 351	516 480	1 138 254	1 819 519	617 000	1 184 300	1 816 780

房地产开发投资

单位:万元

年 份	全 市	市 区	丰 县	沛 县	铜山县	睢宁县	新沂市	邳州市
1990	12 214	8 796	45	104	1 912	370	513	474
1991	15 069	10 927	57	198	2 420	102	882	483
1992	16 071	9 941	65	220	4 560	426	547	312
1993	28 360	19 765	98	357	5 630	674	776	1 060
1994	34 135	24 956	127	150	6 783	290	500	1 329
1995	60 655	42 452	300	450	13 440	770	1 437	1 806
1996	80 642	61 829	410	2 080	12 012	928	2 248	1 135
1997	115 393	81 891	650	6 700	19 517	780	5 070	785
1998	185 631	148 966	800	4 560	23 701	624	6 280	700
1999	238 071	192 975	2 100	12 110	21 375	2 200	4 000	3 311
2000	280 490	232 655	2 217	6 934	25 612	500	4 800	7 772
2001	313 352	235 772	2 510	21 439	29 546	6 610	5 100	12 375
2002	250 089	135 024	2 589	19 950	52 788	14 200	6 306	19 232
2003	300 958	179 216	2 710	20 644	46 916	15 541	13 180	22 751
2004	309 135	125 410	7 250	27 600	67 369	7 450	50 800	23 256
2005	625 738	372 991	18 170	34 830	103 404	9 663	55 880	30 800
2006	707 983	462 266	32 145	36 568	90 800	12 004	30 700	43 500
2007	1 001 097	469 499	57 207	62 750	168 600	38 941	130 200	73 900
2008	1 308 123	741 589	79 029	83 496	110 772	29 237	125 500	138 500

社会消费品零售总额

单位:万元

年　份	全　市	市　区	丰　县	沛　县	铜山县	睢宁县	新沂市	邳州市
1949	9 756	6 521	185	718	388	326	816	802
1950	9 829	6 000	363	788	391	430	1 024	833
1951	11 298	6 489	504	872	570	567	1 215	1 081
1952	11 421	5 531	576	1 014	758	749	1 338	1 455
1953	14 653	6 866	711	1 253	1 101	1 277	1 393	2 052
1954	17 027	7 069	1 043	1 520	1 812	1 705	1 582	2 296
1955	17 726	7 158	1 080	1 575	2 172	1 723	1 560	2 458
1956	20 588	8 838	1 401	1 984	2 530	1 632	1 637	2 566
1957	22 284	9 574	1 559	1 492	2 806	2 422	1 856	2 575
1958	27 548	11 415	2 169	2 186	3 699	2 432	2 040	3 607
1959	29 556	12 132	2 006	2 643	4 298	3 689	2 095	2 693
1960	30 834	14 847	1 775	2 525	4 273	2 513	2 268	2 633
1961	27 053	14 455	1 687	1 915	2 735	2 213	2 048	2 000
1962	28 486	14 124	1 973	1 786	2 866	2 431	2 514	2 792
1963	27 417	12 451	1 781	2 042	2 998	2 598	2 619	2 928
1964	30 409	12 706	2 343	2 558	3 629	3 129	2 510	3 534
1965	29 808	12 426	2 236	2 404	3 404	2 904	2 990	3 444
1966	31 926	12 689	2 177	3 029	3 859	3 290	3 294	3 588
1967	32 572	13 501	2 655	3 035	3 853	3 591	2 988	2 949
1968	29 009	12 218	2 565	2 545	2 407	3 329	2 998	2 947
1969	27 698	11 009	1 635	2 307	2 971	3 848	3 071	2 857
1970	34 332	13 706	2 738	3 485	2 457	4 345	3 480	4 121
1971	37 680	14 864	2 960	3 586	4 523	3 768	3 705	4 274
1972	44 253	17 376	3 630	3 722	5 317	4 958	4 006	5 244
1973	46 476	19 153	3 251	4 082	6 297	4 704	3 953	5 036
1974	49 988	20 058	3 664	4 505	7 042	4 739	5 021	4 959
1975	57 492	23 318	4 473	5 021	8 372	5 242	5 103	5 963
1976	63 288	26 048	4 599	5 629	8 913	6 000	5 455	6 644
1977	69 863	28 081	5 213	6 294	9 744	7 464	5 896	7 171
1978	77 058	31 480	5 581	6 587	11 569	7 448	6 594	7 799
1979	92 351	37 555	6 981	8 136	12 704	9 037	7 842	10 096
1980	109 523	46 069	8 962	9 357	13 144	10 741	8 968	12 282
1981	123 791	52 831	10 167	10 934	14 478	11 616	10 625	13 140
1982	138 439	59 336	11 883	12 036	16 486	12 343	12 169	14 186
1983	150 638	63 751	12 191	13 541	18 637	13 945	13 490	15 083
1984	176 386	76 175	14 000	16 071	21 802	16 575	14 216	17 547
1985	233 620	104 829	18 465	19 762	27 613	21 199	18 869	22 883
1986	266 086	117 965	20 579	22 168	32 365	23 307	22 833	26 869
1987	304 226	135 320	23 555	26 658	37 441	25 849	25 821	29 582
1988	370 405	169 583	28 620	31 213	43 827	30 628	30 630	35 904
1989	410 589	198 822	31 599	33 343	44 445	31 893	31 650	38 837
1990	422 271	211 156	32 267	32 521	42 464	31 685	32 118	40 060
1991	458 294	236 824	32 403	34 096	49 490	31 180	32 383	41 918
1992	511 243	274 203	34 881	35 409	53 118	32 751	34 459	46 422
1993	657 693	361 783	41 004	50 429	67 999	38 870	42 663	54 945
1994	879 531	520 845	54 011	61 581	64 651	51 600	58 291	68 552
1995	1 150 671	677 103	74 978	85 502	85 414	63 669	77 231	86 774
1996	1 379 729	799 102	91 807	104 356	110 087	72 042	90 872	111 463
1997	1 526 381	866 994	105 186	119 155	129 757	77 511	102 264	125 514
1998	1 606 304	909 671	115 033	128 715	135 971	76 110	110 139	130 665
1999	1 714 930	959 836	123 018	137 866	151 757	78 839	119 568	144 046
2000	1 852 142	1 019 913	134 526	156 215	164 494	82 276	131 226	163 492
2001	2 020 066	1 081 720	153 120	173 339	182 109	93 115	147 012	189 651
2002	2 239 285	1 168 357	173 596	191 614	200 440	127 452	163 521	214 305
2003	2 354 214	1 252 978	168 067	185 347	191 502	140 192	178 210	237 918
2004	3 424 611	1 848 439	190 284	347 448	281 052	233 373	228 244	295 771
2005	3 960 400	2 144 371	218 489	401 302	322 648	268 379	262 708	342 503
2006	4 600 776	2 492 194	253 188	465 918	374 434	310 894	304 810	399 337
2007	5 430 057	2 965 333	294 141	545 168	438 068	362 246	355 990	469 111
2008	6 802 333	3 714 802	363 073	686 054	553 335	446 405	440 631	598 034

进出口总额

单位:万美元

年 份	全 市	市 区	丰 县	沛 县	铜山县	睢宁县	新沂市	邳州市
1988	787	787						
1989	1 081	1 081						
1990	1 015	971		8		6	30	
1991	2 063	2 025		10		8	20	
1992	3 586	3 531	34	13		8		
1993	6 391	5 867	85	14	338	10	54	23
1994	16 425	15 931	42	23	31	11	65	322
1995	24 696	23 450	27	300	249	28	331	311
1996	34 669	30 428	197	762	1 375	45	901	961
1997	34 290	26 502	653	1 150	3 683	231	1 365	706
1998	22 030	13 677	965	1 276	3 667	87	1 625	733
1999	30 033	22 987	370	2 803	2 490	89	620	674
2000	32 896	26 770	431	479	2 260	194	1 898	864
2001	35 951	28 949	317	220	2 945	267	2 060	1 193
2002	45 376	35 068	341	285	4 098	530	2 066	2 988
2003	74 484	59 759	637	395	5 129	560	3 286	4 718
2004	90 945	66 175	1 078	648	6 710	789	5 362	10 183
2005	112 621	80 065	1 474	1 172	6 240	3 207	5 640	14 823
2006	185 315	132 626	2 820	1 789	6 733	6 819	9 105	25 423
2007	249 690	174 794	3 200	2 726	10 892	10 968	11 948	35 162
2008	345 394	257 994	4 035	3 975	13 642	8 499	17 029	40 221

出口总额

单位:万美元

年 份	全 市	市 区	丰 县	沛 县	铜山县	睢宁县	新沂市	邳州市
1988	567	567						
1989	773	773						
1990	599	555		8		6	30	
1991	1 069	1 031		10		8	20	
1992	2 143	2 088	34	13		8		
1993	2 222	1 698	85	14	338	10	54	23
1994	7 427	6 933	42	23	31	11	65	322
1995	14 724	13 568	27	300	249	28	241	311
1996	22 904	18 694	197	762	1 375	45	870	961
1997	24 688	17 956	653	1 150	2 697	231	1 295	706
1998	14 632	6 900	965	1 276	3 099	67	1 592	733
1999	15 013	9 228	370	2 803	1 448	55	435	674
2000	18 715	13 589	431	479	1 743	180	1 429	864
2001	17 769	12 626	317	211	2 310	162	950	1 193
2002	23 790	15 255	341	285	3 268	224	1 429	2 988
2003	29 658	17 343	637	395	3 911	402	2 252	4 718
2004	54 849	33 845	910	648	5 411	321	3 531	10 183
2005	75 196	48 525	1 305	595	4 852	1 067	4 107	14 745
2006	125 262	84 741	2 299	1 298	5 084	1 837	4 680	25 323
2007	165 769	108 901	3 061	2 685	8 599	1 718	6 952	33 854
2008	224 471	154 691	3 796	3 542	10 484	1 393	13 060	37 504

实际利用外资

单位:万美元

年 份	全 市	市 区	丰 县	沛 县	铜山县	睢宁县	新沂市	邳州市
1985	55	55						
1986	618	618						
1987	214	214						
1988	434	434						
1989	2 191	2 191						
1990	1 324	1 227		58				10
1991	1 225	875		61	19		143	
1992	2 378	2 037	531	62	154	29	44	52
1993	4 161	3 214		142		127	528	150
1994	6 898	4 881	112	330	552	47	711	265
1995	10 432	6 563	23	316	1 734	659	1 067	70
1996	17 284	12 310	520	878	1 544	604	608	820
1997	19 020	16 380	42	632	878	253	717	118
1998	22 816	19 204	426	759	1 294	91	762	280
1999	20 184	17 194	377	821	1 624	10	143	15
2000	20 790	6 544	3 477	5 240	3 448	1 164	453	464
2001	21 840	13 714	1 843	1 345	2 360	881	913	784
2002	25 023	13 511	1 518	1 840	2 458	1 242	1 828	2 586
2003	34 095	17 314	2 129	3 110	3 817	1 750	1 945	4 030
2004	30 399	14 739	701	2 037	3 254	1 998	2 859	4 811
2005	26 057	15 153	453	793	3 709	1 698	914	3 337
2006	24 433	13 423	669	1 813	3 006	385	1 197	3 940
2007	44 291	31 788	119	955	4 279	1 310	1 930	3 910
2008	58 251	43 830	482	2 394	6 073	1 134	1 326	3 012

外商直接投资

单位:万美元

年 份	全 市	市 区	丰 县	沛 县	铜山县	睢宁县	新沂市	邳州市
1987	40	40						
1988	127	127						
1989	371	371						
1990	110	110						
1991	247	247						
1992	800	800						
1993	3 728	3 728						
1994	5 661	5 661						
1995	10 432	5 855	23	316	1 734	659	1 775	70
1996	14 052	8 085	520	878	1 544	604	1 601	820
1997	8 929	6 254	77	632	878	253	717	118
1998	22 816	19 191	439	759	1 294	91	762	280
1999	20 184	17 018	550	824	1 624	10	143	15
2000	20 790	6 544	3 477	5 240	3 448	1 164	453	464
2001	21 840	13 793	1 764	1 345	2 360	881	913	784
2002	25 023	13 547	1 518	1 840	2 458	1 242	1 832	2 586
2003	34 095	17 314	2 129	3 110	3 817	1 750	1 945	4 030
2004	30 399	14 739	701	2 037	3 254	1 998	2 859	4 811
2005	26 057	15 153	453	793	3 709	1 698	914	3 337
2006	24 433	13 423	669	1 813	3 006	385	1 197	3 940
2007	44 291	31 788	119	955	4 279	1 310	1 930	3 910
2008	58 251	43 830	482	2 394	6 073	1 134	1 326	3 012

财 政 收 入

单位:万元

年 份	全 市	市 区	丰 县	沛 县	铜山县	睢宁县	新沂市	邳州市
1952	2 770	660	203	315	715	211	368	298
1953	2 952	644	329	381	706	227	279	386
1954	3 440	676	388	407	794	301	342	532
1955	3 663	690	435	482	822	331	340	563
1956	3 892	1 083	482	452	661	322	346	546
1957	6 476	3 327	407	439	1 044	360	328	571
1958	14 232	10 885	469	547	491	693	353	794
1959	16 889	12 121	972	771	383	937	615	1 090
1960	16 907	11 494	1 053	903	529	1 051	762	1 115
1961	9 357	5 953	517	457	519	610	540	761
1962	7 564	4 730	426	400	333	463	547	665
1963	6 958	4 634	290	262	589	298	470	415
1964	8 696	5 835	274	382	782	388	489	546
1965	8 638	5 327	499	560	784	343	530	595
1966	10 595	6 435	812	767	937	441	541	662
1967	9 398	4 740	859	989	934	829	446	601
1968	6 303	2 779	512	693	746	578	491	504
1969	2 560	20	89	746	409	639	277	380
1970	15 069	10 772	601	795	585	1 057	463	796
1971	16 272	11 488	721	845	1 017	767	584	850
1972	18 627	13 765	1 197	776	897	756	449	787
1973	23 168	16 461	903	1 119	1 216	1 375	863	1 231
1974	16 475	10 610	732	1 040	992	1 337	811	953
1975	19 456	12 721	876	1 169	1 175	1 440	919	1 156
1976	20 480	13 557	678	1 139	1 433	1 554	1 059	1 060
1977	27 168	18 875	1 080	1 389	1 694	1 625	1 228	1 277
1978	32 674	22 950	1 326	1 612	1 831	1 839	1 491	1 625
1979	32 484	24 081	962	1 417	1 611	1 538	1 377	1 498
1980	35 715	26 814	1 003	1 322	1 818	1 604	1 546	1 608
1981	38 273	28 497	1 014	1 400	2 251	1 879	1 617	1 615
1982	43 114	30 670	1 341	1 751	3 609	1 820	1 800	2 123
1983	43 887	30 492	1 441	2 008	4 025	2 029	1 736	2 156
1984	47 454	32 250	1 503	2 132	4 841	2 285	1 954	2 489
1985	57 538	39 448	1 852	2 829	5 401	2 692	2 375	2 941
1986	65 741	45 284	2 195	2 944	6 336	2 960	2 622	3 400
1987	71 134	48 746	2 509	3 517	6 316	3 275	3 045	3 726
1988	82 796	55 880	2 853	4 465	7 737	3 778	3 819	4 264
1989	95 384	65 610	2 483	4 552	11 609	3 769	3 434	3 927
1990	102 326	70 338	2 831	5 227	12 021	3 879	3 721	4 309
1991	103 467	70 215	3 004	5 928	12 122	3 672	4 151	4 375
1992	109 670	73 690	3 570	6 579	12 551	3 886	4 431	4 963
1993	147 114	95 765	5 331	9 350	16 627	5 212	7 367	7 462
1994	197 489	128 227	7 851	13 335	18 225	7 574	10 702	11 575
1995	253 020	160 606	12 054	18 003	23 454	11 252	12 468	15 183
1996	302 406	188 189	14 308	21 534	30 026	14 002	15 125	19 222
1997	351 388	221 624	15 559	26 208	34 911	14 259	16 772	22 055
1998	395 108	254 176	16 586	28 004	38 507	15 360	18 204	24 271
1999	436 074	282 311	17 620	30 039	43 062	16 906	19 410	26 726
2000	476 168	311 151	17 886	33 018	48 118	16 330	20 605	29 060
2001	525 924	338 498	18 508	36 320	55 685	18 008	24 463	34 442
2002	655 566	438 281	19 662	44 582	62 452	21 137	27 284	42 168
2003	828 226	559 422	25 318	50 609	76 398	26 139	33 342	56 998
2004	1 102 216	768 436	27 724	63 601	92 668	29 502	40 227	80 058
2005	1 452 629	1 034 482	35 221	85 008	116 500	35 016	50 576	95 826
2006	1 808 512	1 228 750	49 318	120 271	156 800	47 073	75 278	131 022
2007	2 967 121	2 050 304	77 665	170 175	251 800	71 381	122 781	223 015
2008	3 596 905	2 327 811	121 492	231 338	330 066	104 091	178 041	304 066

注:财政收入及财政支出均含基金收入。

财 政 支 出

单位:万元

年 份	全 市	市 区	丰 县	沛 县	铜山县	睢宁县	新沂市	邳州市
1952	1 324	752	81	101	164	56	60	110
1953	1 568	685	137	117	205	163	123	138
1954	1 664	740	148	134	232	112	130	168
1955	1 764	695	162	152	239	193	146	177
1956	3 074	1 153	297	216	455	254	280	419
1957	4 202	1 573	369	351	597	548	292	472
1958	10 557	4 928	868	896	923	909	762	1 271
1959	18 876	14 972	750	723	361	708	636	726
1960	4 951	836	627	601	823	766	610	688
1961	3 921	656	467	486	708	548	443	613
1962	3 339	687	383	362	587	452	361	507
1963	4 501	887	499	517	793	630	429	746
1964	6 980	1 097	783	845	1 272	1 158	633	1 192
1965	4 686	1 121	564	552	691	664	514	580
1966	5 434	1 378	525	470	937	893	493	738
1967	4 856	1 088	472	493	934	746	491	632
1968	3 783	893	381	387	746	544	361	471
1969	4 250	1 550	358	374	409	566	410	583
1970	6 026	2 293	642	581	585	696	511	718
1971	9 367	3 297	718	1079	1 017	1 665	679	912
1972	12 431	5 468	885	867	1 653	1 353	838	1 367
1973	10 783	4 426	1 001	816	1 413	1 000	944	1 183
1974	7 848	2 288	694	739	1 112	1 040	791	1 184
1975	9 608	3 610	759	809	1 125	1 128	863	1 314
1976	10 206	3 731	844	925	1 388	1 058	961	1 299
1977	11 351	4 340	953	1 035	1 612	1 148	1 009	1 254
1978	17 690	7 887	1 590	1 314	2 088	1 680	1 447	1 684
1979	18 707	6 877	2 018	1 675	2 529	1 840	1 531	2 237
1980	17 982	6 714	1 667	1 709	2 315	1 973	1 479	2 125
1981	17 563	6 339	1 693	1 724	2 174	1 951	1 522	2 160
1982	21 655	7 981	1 896	2 182	3 082	2 127	2 016	2 371
1983	25 921	9 779	2 429	2 554	3 416	2 629	2 256	2 858
1984	30 779	12 009	2 840	3 802	3 706	2 738	2 531	3 153
1985	33 704	13 366	2 742	3 950	4 536	2 940	2 682	3 488
1986	45 505	19 051	3 653	5 073	5 628	4 067	3 538	4 495
1987	49 005	20 550	4 290	5 118	6 212	4 199	3 975	4 661
1988	58 865	23 409	5 181	6 501	7 952	5 170	5 187	5 465
1989	74 502	30 589	5 924	7 687	10 851	6 605	6 168	6 678
1990	85 640	34 593	6 896	8 989	13 543	7 252	6 811	7 556
1991	98 117	41 538	7 614	9 556	15 276	7 886	7 771	8 476
1992	95 599	37 513	7 586	9 506	15 621	8 056	8 303	9 014
1993	122 174	50 567	10 265	13 261	16 591	10 324	10 355	10 811
1994	143 559	62 329	12 891	13 324	16 611	12 675	11 454	14 275
1995	180 186	78 225	16 217	18 621	20 332	16 013	14 375	16 403
1996	213 530	85 349	20 248	21 725	27 532	19 392	17 820	21 464
1997	250 673	103 183	24 032	25 682	32 493	21 162	19 223	24 898
1998	283 443	119 325	26 456	27 162	35 526	23 762	21 683	29 529
1999	311 862	130 573	26 651	29 588	39 390	26 580	24 986	34 094
2000	345 246	153 038	29 667	31 180	40 284	26 386	28 064	36 627
2001	400 797	172 809	35 393	36 889	44 391	33 568	34 858	42 889
2002	520 174	258 477	37 866	45 020	50 338	39 808	39 122	49 543
2003	624 582	301 885	45 639	53 456	62 569	46 134	48 682	66 217
2004	717 332	318 329	55 325	67 373	78 394	54 676	58 307	84 928
2005	1 050 786	511 441	72 979	88 488	107 780	77 545	79 123	113 430
2006	1 270 099	576 615	91 672	116 118	145 418	96 865	99 903	143 508
2007	2 228 465	1 154 074	134 600	183 227	229 113	138 446	142 269	246 736
2008	2 908 406	1 389 523	197 065	231 580	314 914	191 717	228 987	354 620

一般预算收入

单位:万元

年份	全市	市区	丰县	沛县	铜山县	睢宁县	新沂市	邳州市
1997	160 000	70 758	10 157	14 544	21 806	10 715	10 484	21 536
1998	191 471	91 683	11 754	17 052	23 267	11 547	12 432	23 736
1999	211 039	102 115	12 455	18 005	25 908	13 162	12 926	26 468
2000	224 519	113 159	12 014	18 500	28 872	10 319	13 600	28 055
2001	268 486	133 180	14 171	22 199	35 997	14 266	16 700	31 973
2002	285 653	156 411	13 812	24 720	34 445	15 354	16 099	24 812
2003	339 267	187 626	16 084	28 560	40 640	17 445	18 223	30 689
2004	427 088	250 764	15 378	32 700	50 391	17 073	20 889	39 893
2005	552 216	357 602	17 466	40 000	53 646	17 275	21 067	45 160
2006	710 318	434 665	24 362	60 192	73 800	24 608	33 384	59 307
2007	1 003 791	606 137	34 948	82 488	102 280	34 312	52 141	91 485
2008	1 258 505	711 740	52 680	108 094	133 000	52 158	70 104	130 729

一般预算支出

单位:万元

年份	全市	市区	丰县	沛县	铜山县	睢宁县	新沂市	邳州市
1997	240 000	98 199	22 110	24 413	3 135	20 951	18 722	24 470
1998	281 423	120 426	24 335	27 134	35 414	23 762	21 359	28 993
1999	307 962	129 307	24 518	29 588	39 390	26 580	24 986	33 593
2000	345 246	160 970	27 203	29 664	40 033	24 326	27 834	35 216
2001	400 797	175 700	34 103	36 834	44 098	33 411	34 244	42 407
2002	472 955	218 663	36 213	43 451	49 416	38 640	38 084	48 488
2003	552 229	248 201	42 171	50 636	59 101	43 639	44 985	63 496
2004	669 813	308 542	50 971	63 294	70 052	50 970	52 644	73 340
2005	881 967	409 898	69 400	82 056	84 854	70 254	70 306	95 199
2006	1 073 117	476 798	83 366	108 573	118 294	87 368	81 690	117 028
2007	1474 369	623 922	115 608	168 273	162 830	117 449	113 104	173 183
2008	1 990 464	842 950	157 929	203 316	224 738	167 227	157 278	237 026

金融机构各项存款余额

（年底数） 单位:万元

年份	全市	市区	丰县	沛县	铜山县	睢宁县	新沂市	邳州市
1978	60 759	45 019	1 837	3 136	5 345		2 316	3 106
1979	28 597	11 793	2 399	3 284	4 902		3 120	3 100
1980	123 807	100 870	2 875	4 200	9 832		4 069	1 961
1981	86 748	44 213	5 022	6 940	14 116	4 877	5 027	6 553
1982	96 635	47 298	5 088	7 023	20 008	4 838	6 008	6 372
1983	121 321	59 799	6 797	10 208	22 421	6 141	7 317	8 638
1984	160 671	77 453	8 901	14 301	29 211	8 842	8 902	13 061
1985	176 808	94 563	9 533	15 979	27 026	8 953	7 778	12 976
1986	251 158	131 915	14 755	23 518	36 338	13 134	13 392	18 106
1987	367 499	217 669	21 314	31 463	42 162	15 096	16 638	23 157
1988	495 318	219 746	33 930	50 916	101 302	26 576	24 604	38 244
1989	559 847	257 604	41 592	54 235	101 385	30 909	28 825	45 297
1990	724 345	356 859	45 540	72 942	130 105	30 578	37 086	51 235
1991	891 658	425 565	58 389	91 595	163 671	43 924	44 799	63 715
1992	1 064 281	508 880	68 038	109 118	191 854	56 667	53 151	76 573
1993	1 360 184	670 666	82 111	138 413	235 212	69 903	65 805	98 074
1994	1 758 108	944 480	101 203	177 476	227 397	89 463	84 266	133 823
1995	2 329 318	1282 165	126 259	228 300	299 449	108 597	114 259	170 289
1996	2 950 050	1 624 215	160 051	282 481	397 126	129 704	144 377	212 096
1997	3 484 093	1 905 377	184 294	334 381	466 258	155 819	172 473	265 491
1998	3 768 104	2 053 563	202 842	375 402	479 798	176 429	189 829	290 241
1999	4 135 005	2 349 069	214 309	399 968	447 114	195 967	200 851	327 727
2000	4 614 682	3 124 162	234 947	435 149		232 361	211 738	376 325
2001	5 297 006	3 581 695	267 706	515 503		277 154	238 487	416 461
2002	6 180 183	4 195 444	313 444	591 085		328 267	286 770	465 173
2003	7 277 202	4 254 019	342 292	650 666	782 659	376 152	339 602	531 812
2004	8 414 573	4 768 459	381 379	766 597	1 005 189	450 926	401 685	640 338
2005	10 108 940	5 806 876	464 517	894 761	1 227 538	541 638	459 154	714 456
2006	11 937 168	6 865 004	579 389	1 022 218	1 448 235	648 257	542 146	831 919
2007	14 038 244	8 170 216	685 879	1 160 059	1 673 637	748 577	634 831	965 045
2008	17 191 438	10 066 026	818 346	1 449 307	2 102 891	874 589	762 853	1 117 426

金融机构各项贷款余额

（年底数）

单位：万元

年 份	全 市	市 区	丰 县	沛 县	铜山县	睢宁县	新沂市	邳州市
1978	105 787	73 384	5 797	5 147	7 531		6 539	7 389
1979	47 821	17 239	6 557	6 056	507		9 046	8 416
1980	108 921	64 142	8 608	8 320	11 041		11 117	5 693
1981	137 656	62 784	10 657	10 164	14 552	14 950	12 047	12 502
1982	156 417	71 216	11 838	11 047	18 971	16 873	12 806	13 666
1983	193 450	87 887	14 961	14 973	23 631	18 659	15 731	17 608
1984	266 637	119 256	22 800	20 272	33 537	26 554	20 597	23 621
1985	311 936	162 538	23 955	21 811	30 849	26 556	21 967	24 260
1986	391 209	223 965	23 619	25 493	34 318	30 139	25 202	28 473
1987	496 401	290 223	30 051	34 615	43 078	35 710	27 659	35 065
1988	596 632	320 346	40 078	42 129	72 414	42 454	33 682	45 529
1989	671 512	413 739	42 760	48 419	30 092	45 644	39 567	51 291
1990	804 071	433 478	54 344	60 156	97 147	48 158	47 492	63 296
1991	963 003	492 026	68 054	75 465	122 990	65 786	60 662	78 020
1992	1 089 149	565 390	71 953	87 955	137 975	72 499	70 518	82 859
1993	1 346 993	735 634	83 172	104 424	165 564	81 590	82 763	93 846
1994	1 618 177	899 760	101 478	123 824	172 538	101 536	99 263	119 778
1995	2 046 385	1 155 867	122 433	156 109	229 780	119 301	116 298	146 597
1996	2 388 715	1 323 614	139 456	199 805	288 921	127 800	144 036	165 083
1997	3 005 351	1 672 573	162 500	270 044	340 406	154 744	194 145	210 939
1998	3 226 763	1 752 920	177 176	290 329	389 318	174 750	214 116	228 154
1999	3 341 758	1 885 371	185 233	300 287	356 499	169 663	211 732	232 973
2000	3 249 902	2 230 387	172 863	290 188		143 036	192 087	221 341
2001	3 742 657	2 536 851	186 201	302 386		158 528	200 594	358 097
2002	3 982 506	2 678 214	186 511	317 655		175 184	208 252	416 690
2003	4 614 147	2 598 658	196 355	378 965	541 456	193 408	243 692	461 613
2004	4 751 280	2 640 115	180 528	372 238	586 723	201 152	269 633	500 891
2005	4 911 786	2 758 306	190 997	344 037	630 614	217 166	275 663	495 003
2006	5 650 749	3 133 756	245 075	357 974	721 496	271 389	353 228	567 831
2007	6 842 230	4 015 157	238 736	347 166	873 131	312 390	435 818	619 833
2008	7 965 786	4 749 346	289 367	346 410	990 968	369 949	539 993	679 753

居民储蓄存款

（年底数）　　单位：万元

年份	全市	市区	丰县	沛县	铜山县	睢宁县	新沂市	邳州市
1951	102	90	3	1	2	1	2	3
1952	270	206	10	7	3	13	10	21
1953	303	256	9	6	8	4	11	9
1954	457	299	16	16	40	21	37	28
1955	587	403	18	17	52	18	51	28
1956	807	509	92	31	45	34	59	37
1957	968	647	40	36	57	50	88	50
1958	1 325	755	165	63	93	71	112	66
1959	1 752	935	165	94	159	130	143	126
1960	2 385	949	303	133	283	280	230	207
1961	2 465	1 146	180	115	408	217	219	180
1962	1 222	686	82	43	117	104	133	57
1963	1 097	726	56	34	70	39	116	56
1964	1 526	952	68	60	148	68	153	77
1965	1 974	1 157	81	77	315	79	178	87
1966	2 413	1 301	179	191	289	120	217	116
1967	2 351	1 331	156	144	259	134	205	122
1968	2 397	1 392	177	147	156	144	237	144
1969	2 478	1 361	146	151	313	122	232	153
1970	2 442	1 449	148	117	286	114	190	138
1971	2 772	1 698	180	132	294	112	201	155
1972	3 312	1 973	235	216	331	155	230	172
1973	4 074	2 270	282	248	475	263	304	232
1974	4 484	2 533	287	255	552	245	343	269
1975	4 839	2 694	328	280	597	311	324	305
1976	5 283	2 951	332	313	652	305	387	343
1977	6 629	3 403	452	458	950	379	465	522
1978	8 921	4 299	586	624	1 507	539	632	734
1979	13 499	6 018	1 336	898	2 432	777	1 101	937
1980	20 596	8 868	1 615	1 810	3 539	1 512	1 649	1 603
1981	27 635	11 249	2 382	2 559	4 856	2 133	2 130	2 326
1982	36 462	14 836	2 958	3 404	7 008	2 539	2 681	3 036
1983	52 715	19 645	4 103	5 190	12 165	3 434	3 964	4 214
1984	74 664	26 601	6 131	7 736	17 268	5 428	4 794	6 706
1985	97 867	37 810	8 368	10 594	21 242	6 057	5 823	7 973
1986	140 701	51 139	12 708	16 225	30 893	8 861	8 585	12 290
1987	191 242	69 314	16 501	23 200	41 731	11 992	11 733	16 771
1988	246 993	88 630	21 174	32 136	52 867	15 390	14 500	22 296
1989	327 806	125 709	25 950	41 532	70 538	19 006	18 521	26 550
1990	446 418	174 611	34 202	56 573	94 683	25 825	25 157	35 367
1991	555 370	213 526	43 926	72 169	117 328	32 366	31 235	44 820
1992	668 470	258 326	49 950	86 495	139 644	41 025	37 116	55 914
1993	857 542	319 747	66 718	113 260	178 720	55 765	47 034	76 298
1994	1 110 985	477 133	80 922	142 420	167 956	76 328	63 093	103 133
1995	1 400 566	578 274	99 477	184 149	223 857	90 917	87 749	136 143
1996	1 828 200	811 756	123 305	232 008	275 204	107 658	108 385	169 884
1997	2 163 437	970 956	147 178	278 504	313 763	126 611	125 355	201 070
1998	2 438 696	1 110 556	165 461	314 558	344 175	147 203	136 191	220 552
1999	2 692 128	1 297 842	177 192	347 884	322 766	161 323	140 484	244 637
2000	3 058 002	1 860 652	198 535	374 997		190 522	159 261	274 035
2001	3 576 909	2 202 744	229 579	416 814		227 229	186 972	313 571
2002	4 167 882	2 592 650	264 249	474 533		268 767	222 142	345 541
2003	4 822 259	2 364 019	289 921	535 110	660 774	308 658	261 334	402 443
2004	5 563 129	2 667 028	330 664	611 413	778 962	372 365	310 294	492 403
2005	6 506 064	3 100 411	395 565	710 275	896 873	457 046	362 101	583 793
2006	7 228 920	3 347 397	479 684	786 261	1 030 057	532 538	404 096	648 887
2007	7 886 337	3 488 669	544 418	863 847	1 197 030	592 255	463 567	736 551
2008	9 745 131	4 323 844	659 610	1 065 308	1 526 967	719 016	559 798	890 588

全社会客运量

单位:万人

年 份	全 市	市 区	丰 县	沛 县	铜山县	睢宁县	新沂市	邳州市
1952	291	291						
1957	658	658						
1962	999	999						
1965	1 083	1 074						9
1970	1 389	1 377						12
1975	1 857	1 836						21
1978	2 030	1 543	48	28	192	18	103	98
1979	2 305	1 767	53	30	216	19	114	106
1980	2 724	2 130	58	31	241	19	127	118
1981	2 958	2 312	60	30	281	21	132	122
1982	3 174	2 456	74	32	338	22	135	117
1983	3 133	2 356	84	37	375	24	146	111
1984	3 358	2 490	102	50	417	25	159	115
1985	3 590	2 709	121	57	399	43	157	104
1986	3 570	2 669	135	32	422	54	156	102
1987	3 602	2 586	146	34	467	90	175	104
1988	3 790	2 414	162	49	596	238	187	144
1989	3 471	2 208	173	50	579	267	109	85
1990	3 156	1 901	181	76	575	258	102	63
1991	2 962	1 744	182	68	518	264	126	60
1992	3 766	2 466	193	105	636	76	145	145
1993	4 288	3 015	202	155	478	63	182	193
1994	4 652	3 072	213	215	596	128	167	261
1995	6 071	3 863	317	309	754	202	288	338
1996	8 396	5 485	210	462	1 029	333	392	485
1997	7 552	4 941	200	393	982	279	339	418
1998	6 863	4 409	214	423	917	236	301	363
1999	6 647	4 138	253	418	800	253	337	448
2000	7 255	4 794	280	396	476	281	384	644
2001	7 411	4 542	308	406	794	370	311	680
2002	7 544	3 989	351	407	1 365	331	356	745
2003	7 056	3 088	368	496	1 366	510	451	777
2004	7 391	3 614	384	408	1 202	486	473	824
2005	8 099	3 363	387	611	1 825	450	518	945
2006	8 688	3 194	452	617	1 889	771	611	1 154
2007	10 007	4 508	622	800	1 356	734	695	1 292
2008	21 787	10 698	1 438	1 848	2 670	1 232	1 438	2 463

全社会货运量

单位:万吨

年 份	全 市	市 区	丰 县	沛 县	铜山县	睢宁县	新沂市	邳州市
1949	24	8		3		1	8	4
1952	161	141	1	4		1	10	4
1957	345	278	14	9	16	5	15	8
1962	490	391	17	9	16	9	26	22
1965	583	474	4	11	15	7	42	30
1970	540	415	4	18	17	6	37	43
1975	724	557	7	23	15	15	41	66
1978	2 608	963	32	31	1 180	48	255	99
1979	3 154	1 441	39	29	1 252	51	248	94
1980	3 252	1 478	76	29	1 256	58	270	85
1981	3 026	1 390	74	25	1 171	51	237	78
1982	3 230	1 487	84	26	1 238	51	266	78
1983	3 605	1 764	85	23	1 295	48	300	90
1984	5 428	2 285	139	338	1 665	243	474	284
1985	6 280	2 755	103	250	1 875	390	554	353
1986	7 866	2 211	129	98	3 679	260	443	1 046
1987	6 962	2 702	147	754	1 844	301	762	452
1988	7 022	2 926	148	459	2 164	265	602	458
1989	6 394	2 498	216	268	2 252	294	427	439
1990	6 073	1 116	237	463	3 070	248	493	446
1991	6 189	2 220	157	377	2 307	201	620	307
1992	11 069	3 421	216	828	3 770	618	1 108	1 108
1993	8 832	3 177	238	570	2 692	283	723	1 149
1994	10 350	3 374	250	891	2 917	459	1 034	1 425
1995	10 859	3 309	250	1559	2 432	501	1 104	1 704
1996	8 792	2 380	297	814	2 565	430	906	1 400
1997	7 851	2 495	302	644	2 288	291	713	1 118
1998	8 573	3 295	266	669	2 337	302	690	1 014
1999	8 884	3 307	381	750	2 300	305	675	1 166
2000	9 669	4 155	390	580	2 218	307	678	1 341
2001	9 785	3 955	438	794	2 108	449	553	1 488
2002	9 907	4 167	484	370	2 216	416	687	1 567
2003	10 066	3 640	508	382	2 128	1 238	516	1 654
2004	11 348	3 132	609	1 205	2 140	1 318	974	1 970
2005	14 022	5 472	618	1 680	1 639	1 358	1 054	2 201
2006	16 459	7 156	1 096	1 730	1 756	864	1 266	2 591
2007	18 480	8 653	1 123	1 759	1 511	1 180	1 348	2 906
2008	23 852	13 402	1 472	1 390	1 994	1 378	1 720	2 496

公 路 客 运 量

单位:万人

年 份	全 市	市 区	丰 县	沛 县	铜山县	睢宁县	新沂市	邳州市
1952	10	10						
1957	54	54						
1962	205	205						
1965	324	324						
1970	618	618						
1975	859	859						
1978	1 394	1 145	48	8	52	18	25	98
1979	1 634	1 335	53	9	82	19	30	106
1980	2 012	1 668	58	9	110	19	30	118
1981	2 217	1 823	60	10	148	21	33	122
1982	2 368	1 907	74	10	203	22	35	117
1983	2 274	1 772	84	11	237	24	35	111
1984	2 415	1 857	102	13	266	25	37	115
1985	2 617	1 992	121	13	304	43	40	104
1986	2 600	1 915	135	12	341	54	41	102
1987	2 528	1 775	146	13	356	90	44	104
1988	2 624	1 530	162	15	483	238	52	144
1989	2 486	1 445	173	22	486	267	8	85
1990	2 356	1 272	181	57	509	258	16	63
1991	2 153	1 099	182	48	461	264	39	60
1992	2 920	1 878	193	86	579	76	54	54
1993	3 435	2 396	202	138	433	63	89	114
1994	3 811	2 417	213	194	559	128	127	173
1995	5 216	3 161	317	279	719	202	200	338
1996	7 691	4 885	210	447	1 002	333	329	485
1997	6 786	4 291	200	377	945	279	276	418
1998	6 048	3 719	214	410	873	236	233	363
1999	5 812	3 384	253	418	800	253	256	448
2000	6 443	4 056	280	396	476	281	310	644
2001	6 610	4 256	308	406	463	364	238	575
2002	6 632	3 781	351	407	881	331	271	610
2003	6 292	2 700	368	496	1 112	496	386	734
2004	6 601	3 632	384	408	922	330	323	602
2005	7 202	3 335	387	611	1 174	450	432	813
2006	7 712	3 172	452	617	1 234	771	463	1 003
2007	8 892	3 891	622	800	1 156	734	622	1 067
2008	20 529	9 440	1 438	1 848	2 670	1 232	1 438	2 463

公 路 货 运 量

单位:万吨

年 份	全 市	市 区	丰 县	沛 县	铜山县	睢宁县	新沂市	邳州市
1949	17	1	0	3	0	1	8	4
1952	141	121	1	4	0	1	10	4
1957	296	229	14	9	16	5	15	8
1962	410	335	17	6	16	7	18	11
1965	467	402	4	6	13	4	25	13
1970	418	334	4	12	16	4	30	18
1975	563	455	7	19	12	11	38	21
1978	652	458	26	19	19	41	61	28
1979	681	479	30	16	18	43	64	31
1980	724	488	55	18	18	50	69	26
1981	703	467	55	16	24	45	64	32
1982	825	554	60	17	57	46	65	26
1983	894	602	60	15	74	44	74	25
1984	2 314	856	100	330	376	235	245	172
1985	2 643	924	81	223	594	279	309	233
1986	4 264	468	98	79	2 393	249	143	834
1987	2 966	965	115	226	781	289	411	179
1988	2 996	1 209	115	257	680	222	298	215
1989	2 673	809	180	174	693	208	195	414
1990	2 115	397	198	209	737	206	184	184
1991	2 789	896	123	295	737	180	379	179
1992	7 289	1 766	186	732	2 234	609	931	831
1993	4 475	1 333	201	492	1 043	279	458	669
1994	6 760	1 711	217	792	1 718	454	762	1 106
1995	6 717	1 663	218	785	1 746	449	757	1 099
1996	5 184	1 303	186	601	1 346	344	565	839
1997	4 396	948	284	503	1 212	285	470	694
1998	4 608	918	243	556	1 369	299	490	733
1999	4 367	452	319	360	1 624	300	462	850
2000	4 788	178	323	260	2 211	301	529	986
2001	4 906	1 734	357	280	1 393	363	298	481
2002	4 920	1 342	409	550	851	416	450	902
2003	5 052	912	508	657	1 058	556	454	907
2004	5 225	1 167	609	560	925	857	430	677
2005	6 114	1 049	618	690	1 005	1 203	721	828
2006	7 494	1 572	1 096	705	1 274	824	974	1 049
2007	8 678	1 996	1 123	781	1 475	960	1 128	1 215
2008	11 508	2 992	1 151	1 036	1 956	1 266	1 496	1 611

邮电业务总量

单位:万元

年 份	全 市	市 区	丰 县	沛 县	铜山县	睢宁县	新沂市	邳州市
1949	54	33	1	1	8	3	5	3
1952	87	49	2	3	12	6	8	7
1957	175	81	15	11	20	16	17	15
1962	380	169	27	30	42	36	41	35
1965	360	155	29	26	39	32	38	41
1970	406	172	34	29	43	40	48	40
1975	591	246	44	55	61	57	65	63
1978	486	91	53	66	72	65	67	72
1979	534	113	56	74	70	70	78	73
1980	584	120	63	79	80	76	84	82
1981	929	411	68	88	89	82	97	94
1982	983	447	69	92	95	82	101	97
1983	1 062	489	74	100	107	87	106	99
1984	1 205	582	81	113	107	98	110	114
1985	1 399	688	93	130	122	112	126	128
1986	1 598	816	97	148	128	119	148	142
1987	1 867	1 003	108	165	128	138	162	163
1988	2 362	1 288	131	199	153	176	199	216
1989	2 667	1 511	139	213	172	193	217	222
1990	6 161	3 760	325	483	206	430	477	480
1991	8 139	4 948	386	529	593	544	543	596
1992	11 388	6 919	511	763	774	752	840	829
1993	16 801	10 224	722	1 207	1 154	1 008	1 259	1 227
1994	25 802	15 776	1 356	1 750	1 398	1 598	1 834	2 090
1995	38 751	22 288	2 200	2 594	2 335	2 575	3 405	3 354
1996	53 673	31 151	2 994	3 779	3 735	3 464	4 087	4 463
1997	71 833	39 750	4 520	5 628	4 880	5 169	5 614	6 272
1998	96 046	59 608	5 851	6 986	1 084	6 756	7 227	8 534
1999	124 485	80 057	6 981	9 140	1 164	8 144	8 275	10 724
2000	177 263	108 945	10 487	14 645	1 638	10 763	13 269	17 517
2001	233 439	168 592	10 308	12 875	2 010	11 297	11 784	16 573
2002	181 031	113 951	10 742	13 486	2 488	11 767	11 986	16 611
2003	197 631	112 259	12 905	15 924	9 207	13 946	14 313	19 077
2004	265 828	214 950	6 234	8 340	11 043	7 227	7 245	10 789
2005	362 590	309 720	7 235	9 905	5 233	8 630	9 111	12 756
2006	399 575	322 022	10 181	13 059	14 502	11 904	11 399	16 508
2007	458 172	231 907	26 922	37 403	45 696	33 023	33 868	49 353
2008	516 173	254 513	30 719	38 781	58 462	37 780	39 634	56 284

各类专业技术人员数

（年底数）

单位:人

年　份	全　市	市　区	丰　县	沛　县	铜山县	睢宁县	新沂市	邳州市
1978	30 900	17 300	2 400	2 100	3 200	1 600	1 800	2 500
1979	34 300	19 200	2 700	2 400	3 500	1 800	2 000	2 700
1980	38 100	21 200	2 900	2 700	3 900	2 100	2 300	3 000
1981	42 200	23 400	3 200	3 000	4 300	2 400	2 600	3 300
1982	46 900	26 100	3 600	3 300	4 700	2 700	2 900	3 600
1983	52 000	29 000	3 900	3 800	5 200	3 000	3 200	3 900
1984	57 700	32 200	4 300	4 200	5 700	3 400	3 600	4 300
1985	60 726	33 126	4 400	4 400	6 500	4 100	3 100	5 100
1986	73 124	43 724	4 500	4 900	6 800	4 400	3 800	5 000
1987	78 658	44 958	5 500	5 100	7 700	5 200	4 500	5 700
1988	95 045	56 145	6 500	6 300	7 900	6 300	5 300	6 600
1989	118 743	69 843	7 800	8 100	9 300	8 700	6 600	8 400
1990	125 300	74 300	8 200	8 200	9 800	9 100	6 800	8 900
1991	133 877	77 677	9 700	9 400	10 800	9 200	7 200	9 900
1992	138 783	81 683	10 000	9 300	11 800	9 800	7 700	8 500
1993	148 360	85 160	10 100	10 400	12 900	10 400	8 600	10 800
1994	156 602	93 302	10 100	11 600	11 200	10 400	8 800	11 200
1995	184 010	105 810	11 800	15 000	15 700	12 900	10 000	12 800
1996	201 216	113 116	14 000	15 600	17 000	14 300	14 300	12 900
1997	207 657	106 657	15 300	18 100	17 600	16 500	15 800	17 700
1998	216 220	106 820	15 800	20 000	18 300	17 900	16 900	20 500
1999	223 796	110 596	16 200	20 500	18 700	18 100	17 400	22 300
2000	228 441	109 041	16 700	21 600	19 500	18 600	19 100	23 900
2001	226 876	106 876	16 700	20 600	19 300	18 800	18 900	25 700
2002	214 707	97 007	17 100	20 400	18 600	17 600	19 400	24 600
2003	210 056	95 056	16 300	20 500	18 700	18 000	17 700	23 800
2004	232 886	115 886	14 000	28 700	18 800	18 000	16 500	21 000
2005	217 572	97 172	15 100	19 200	21 300	17 900	20 900	26 000
2006	265 268	111 168	18 300	33 000	25 900	18 300	25 700	32 900
2007	265 856	111 256	18 400	33 100	25 900	18 400	25 800	33 000
2008	248 283	92 560	22 680	25 132	22 460	25 998	33 909	25 544

小学在校学生数

单位:万人

年 份	全 市	市 区	丰 县	沛 县	铜山县	睢宁县	新沂市	邳州市
1949	14.31	3.71	1.37	2.51	2.88	2.05	1.10	0.69
1950	16.08	3.55	1.89	2.87	3.60	2.18	1.34	0.65
1951	19.66	4.25	2.20	3.59	4.59	2.78	1.34	0.91
1952	27.25	4.80	3.26	4.69	5.75	4.96	1.70	2.09
1953	33.78	5.16	4.24	4.57	7.58	4.98	3.16	4.09
1954	35.85	5.56	4.77	4.70	7.88	5.11	2.92	4.91
1955	37.72	6.08	4.90	4.72	8.59	5.39	3.18	4.86
1956	43.25	7.01	5.66	5.44	8.78	6.84	3.99	5.53
1957	40.85	7.03	5.71	4.91	8.31	5.92	3.46	5.51
1958	55.87	8.31	7.49	7.02	12.26	8.11	3.62	9.06
1959	56.91	8.52	7.81	7.09	12.06	7.97	4.99	8.47
1960	59.13	5.92	8.18	7.03	13.36	8.87	5.94	9.83
1961	48.67	5.87	6.79	6.68	10.24	7.13	4.60	7.36
1962	44.14	6.45	5.76	5.79	8.82	6.02	3.94	7.36
1963	37.16	6.88	4.86	4.20	7.30	5.38	3.21	5.33
1964	52.75	8.19	7.31	6.34	13.86	9.83	4.10	3.12
1965	67.94	9.00	8.59	9.21	13.84	9.89	6.47	10.94
1966	69.71	9.76	8.21	10.22	14.73	7.98	6.85	11.96
1967	65.97	9.76	7.48	10.22	14.73	7.98	6.85	8.95
1968	66.65	9.76	8.01	10.22	14.73	7.98	7.30	8.65
1969	64.21	9.76	8.40	10.22	13.25	7.13	6.66	8.79
1970	61.87	9.36	7.44	7.76	13.50	9.17	4.98	9.66
1971	76.01	8.57	10.88	9.58	15.77	10.47	7.38	13.36
1972	81.78	8.86	10.24	10.22	16.42	12.29	8.97	14.78
1973	89.42	8.82	10.56	11.30	19.74	12.86	10.36	15.78
1974	97.22	9.10	11.94	12.18	20.59	15.12	10.43	17.86
1975	103.54	9.01	13.13	13.36	21.73	15.59	11.78	18.94
1976	102.93	7.77	12.98	13.68	21.70	15.78	12.45	18.57
1977	97.28	7.71	8.54	13.51	21.55	15.27	12.67	18.03
1978	95.62	8.11	8.85	13.91	21.36	14.47	12.32	16.60
1979	98.81	8.10	9.72	13.61	21.67	14.57	12.34	18.80
1980	96.94	7.97	9.99	12.86	22.34	14.11	12.50	17.17
1981	95.27	7.73	12.75	12.67	21.26	12.96	11.61	16.29
1982	91.28	7.67	12.09	12.15	20.58	12.59	10.68	15.52
1983	91.98	7.65	11.97	11.82	19.96	13.21	10.55	16.82
1984	90.41	7.94	11.67	11.59	19.65	12.45	10.27	16.84
1985	88.01	7.62	11.29	11.14	19.63	12.23	9.72	16.38
1986	85.69	7.71	10.92	10.82	18.67	12.15	9.32	16.10
1987	83.44	7.63	10.57	11.18	17.41	11.84	9.28	15.53
1988	81.65	7.75	10.38	11.48	16.93	11.50	9.10	14.51
1989	81.92	7.97	10.55	11.75	16.84	11.30	9.21	14.30
1990	84.77	8.04	10.40	12.66	16.87	12.19	9.58	15.03
1991	89.90	8.14	11.35	14.01	17.80	13.15	10.00	15.45
1992	93.66	8.18	11.56	14.31	18.73	13.78	10.59	16.51
1993	97.07	8.49	11.76	14.34	19.56	13.90	11.41	17.61
1994	103.31	14.58	12.30	14.79	15.04	15.05	12.46	19.09
1995	110.34	15.29	12.73	15.32	15.94	16.43	13.51	21.12
1996	118.08	15.99	13.24	15.94	16.51	17.50	14.72	24.18
1997	127.42	17.07	13.86	16.69	17.46	19.13	15.79	27.42
1998	130.99	16.98	14.38	17.41	17.98	20.29	16.00	27.95
1999	129.32	16.55	14.56	17.96	17.77	20.33	14.86	27.29
2000	126.06	16.72	14.69	17.82	18.29	20.17	13.32	25.05
2001	119.84	15.64	14.90	17.68	17.16	19.32	12.89	22.25
2002	109.43	14.13	14.55	16.46	15.51	17.96	11.43	19.39
2003	96.28	12.86	13.53	14.73	13.37	16.04	9.60	16.15
2004	83.06	13.22	12.24	12.70	11.01	13.95	6.47	13.47
2005	72.24	11.68	10.83	10.59	8.09	12.27	7.00	11.78
2006	64.62	10.98	9.63	8.73	6.89	10.97	6.21	11.21
2007	58.75	10.75	8.32	7.42	5.90	9.88	5.78	10.70
2008	53.72	10.22	7.11	6.78	5.36	8.62	4.96	10.68

普通中学在校学生数

单位:万人

年 份	全 市	市 区	丰 县	沛 县	铜山县	睢宁县	新沂市	邳州市
1949	0.67	0.53	0.02	0.04		0.05	0.01	0.02
1950	0.73	0.56	0.03	0.04		0.06	0.02	0.02
1951	0.87	0.67	0.04	0.06		0.06	0.03	0.01
1952	1.31	0.95	0.05	0.07	0.01	0.14	0.05	0.04
1953	1.62	1.09	0.07	0.09	0.06	0.16	0.06	0.09
1954	1.95	1.19	0.12	0.12	0.13	0.18	0.10	0.11
1955	2.27	1.32	0.17	0.13	0.18	0.20	0.15	0.12
1956	3.03	1.58	0.26	0.21	0.30	0.28	0.21	0.19
1957	3.73	1.78	0.37	0.31	0.48	0.28	0.25	0.26
1958	5.57	2.11	0.62	0.51	0.78	0.50	0.60	0.45
1959	6.41	1.89	0.74	0.65	1.15	0.65	0.68	0.65
1960	7.06	1.70	0.83	0.71	1.31	0.86	0.77	0.88
1961	6.61	1.64	0.77	0.67	1.23	0.85	0.66	0.79
1962	5.91	1.67	0.69	0.59	1.03	0.70	0.56	0.67
1963	5.09	1.79	0.51	0.44	0.80	0.56	0.42	0.57
1964	5.54	1.91	0.55	0.49	0.91	0.59	0.47	0.62
1965	6.00	2.09	0.60	0.51	1.00	0.62	0.52	0.66
1966	6.20	2.32	0.57	0.52	1.00	0.62	0.51	0.66
1967	6.07	2.32	0.50	0.51	1.00	0.62	0.51	0.61
1968	6.08	2.32	0.34	0.52	1.00	0.62	0.61	0.67
1969	6.66	2.32	0.18	0.52	1.00	0.73	0.72	1.19
1970	17.50	4.67	1.70	2.62	4.83	1.23	0.92	1.53
1971	20.68	4.65	2.28	3.16	4.49	2.54	1.45	2.11
1972	18.81	5.12	1.83	2.28	3.37	2.23	1.26	2.72
1973	17.70	5.01	1.80	2.05	3.02	2.04	1.40	2.38
1974	19.85	5.24	2.18	2.29	3.41	2.31	1.59	2.83
1975	22.48	5.25	2.49	2.60	4.18	2.65	1.91	3.40
1976	33.51	6.70	4.19	4.06	6.45	4.02	2.83	5.26
1977	46.35	6.86	9.93	5.30	7.94	5.51	3.93	6.88
1978	45.98	7.19	9.57	5.64	7.31	5.54	4.21	6.52
1979	40.80	6.23	8.45	5.28	6.34	5.00	4.02	5.48
1980	36.28	5.72	7.69	4.32	5.74	4.61	3.80	4.40
1981	29.83	5.28	4.28	4.18	5.45	3.88	3.16	3.60
1982	28.99	5.62	4.05	3.75	5.45	3.52	3.09	3.51
1983	29.10	5.52	3.73	3.61	5.71	3.39	3.13	4.01
1984	29.23	4.98	3.71	3.65	6.18	3.57	3.06	4.08
1985	31.10	4.59	4.00	3.88	6.77	3.95	3.47	4.44
1986	32.89	4.47	4.16	4.16	6.98	4.24	3.57	5.31
1987	32.73	4.67	4.16	4.28	6.90	4.11	3.43	5.18
1988	31.44	4.20	3.94	4.32	6.73	3.84	3.31	5.10
1989	31.76	4.20	3.90	4.50	6.96	3.82	3.23	5.15
1990	31.38	4.20	3.69	4.15	7.45	3.72	3.02	5.15
1991	30.96	4.06	3.20	3.79	7.71	3.48	3.22	5.50
1992	31.35	3.91	3.31	3.89	7.74	3.61	3.38	5.51
1993	32.74	4.13	3.41	4.20	7.89	3.76	3.51	5.84
1994	37.47	6.86	4.06	5.49	6.56	4.20	3.57	6.73
1995	42.47	7.56	4.72	6.30	7.29	4.85	3.95	7.80
1996	46.32	7.99	5.28	7.05	8.18	5.66	4.49	7.67
1997	48.12	8.19	5.84	7.00	8.76	6.10	5.15	7.08
1998	51.25	8.15	6.25	7.22	9.53	6.73	5.70	7.67
1999	54.34	8.67	6.65	7.65	9.04	7.23	6.14	8.96
2000	58.43	10.46	7.14	8.06	8.21	7.82	5.89	10.85
2001	63.85	10.73	7.59	8.51	8.21	8.94	7.72	12.15
2002	71.86	11.66	8.20	9.45	9.53	10.24	8.84	13.94
2003	80.23	12.22	8.83	10.69	11.30	11.62	9.71	15.86
2004	83.19	11.97	9.42	11.49	11.92	12.62	9.97	15.80
2005	81.51	12.58	9.69	11.78	10.26	12.54	9.48	15.18
2006	77.79	11.01	10.17	11.34	10.29	12.21	8.83	13.94
2007	73.34	10.52	10.47	10.63	9.60	11.55	7.93	12.64
2008	67.05	9.58	10.12	9.93	8.28	10.95	6.93	11.27

卫 生 机 构 数

单位:个

年 份	全 市	市 区	丰 县	沛 县	铜山县	睢宁县	新沂市	邳州市
1949	37	6			1	5	5	20
1950	55	17		1	1	5	10	21
1951	63	24		1	2	5	10	21
1952	126	74	1	3	5	9	11	23
1953	162	79	5	4	12	14	15	33
1954	157	76	5	4	14	14	13	31
1955	170	87	5	5	14	15	13	31
1956	199	97	9	11	14	15	15	38
1957	246	148	9	9	14	13	15	38
1958	208	97	13	9	14	12	25	38
1959	244	129	19	10	12	11	25	38
1960	267	162	15	5	10	11	25	39
1961	352	227	22	12	16	11	25	39
1962	331	223	8	12	16	8	25	39
1963	365	248	11	11	16	11	29	39
1964	385	264	10	8	16	11	37	39
1965	397	270	14	7	16	14	37	39
1966	376	253	24	5	7	11	37	39
1967	369	246	24	5	7	11	37	39
1968	350	227	24	5	7	11	37	39
1969	376	241	24	5	7	11	49	39
1970	386	247	37	5	7	13	38	39
1971	470	308	49	5	9	13	46	40
1972	471	312	43	3	12	13	47	41
1973	500	336	46	5	12	14	46	41
1974	512	341	46	5	10	14	48	48
1975	552	349	47	6	44	14	51	41
1976	585	378	47	6	46	13	54	41
1977	617	380	49	28	46	17	56	41
1978	652	418	50	28	46	15	51	44
1979	683	447	50	28	46	15	51	46
1980	858	462	51	57	98	58	62	70
1981	952	513	59	66	102	69	67	76
1982	969	524	64	66	105	69	65	76
1983	1 004	551	64	71	96	71	77	74
1984	1 027	573	67	70	96	72	76	73
1985	1 053	587	71	70	101	74	77	73
1986	1 030	583	74	70	96	73	62	72
1987	1 024	579	74	70	92	74	62	73
1988	1 023	575	74	70	102	66	63	73
1989	1 042	571	74	79	102	70	69	77
1990	1 058	582	74	79	111	70	65	77
1991	1 088	572	74	79	149	72	65	77
1992	1 049	548	74	77	132	72	68	78
1993	1 051	494	82	109	144	72	68	82
1994	1 051	516	82	109	123	71	68	82
1995	1 052	517	82	109	123	71	68	82
1996	1 052	519	82	109	123	69	67	83
1997	1 053	519	82	109	123	69	67	84
1998	1 261	642	94	169	136	67	67	86
1999	954	549	86	69	61	56	47	86
2000	993	527	85	80	72	68	50	111
2001	1 071	629	91	89	65	56	40	101
2002	1 047	617	85	102	73	30	46	94
2003	1 120	608	152	125	71	22	51	91
2004	1 344	641	192	217	66	29	50	149
2005	1 384	699	192	192	63	29	60	149
2006	1 327	672	159	192	64	29	62	149
2007	1 483	714	154	188	63	28	187	149
2008	1 116	658	144	67	63	27	61	96

医院、卫生院数

（年底数）

单位:个

年份	全市	市区	丰县	沛县	铜山县	睢宁县	新沂市	邳州市
1982	231	28	26	29	46	33	29	40
1983	232	27	26	29	47	33	30	40
1984	233	29	26	29	47	33	29	40
1985	237	30	26	29	48	34	30	40
1986	236	29	26	29	48	34	30	40
1987	234	27	27	29	48	34	29	40
1988	228	27	27	29	48	29	28	40
1989	229	28	27	29	48	29	28	40
1990	228	27	27	29	48	29	28	40
1991	228	27	27	29	48	29	28	40
1992	228	35	27	29	40	29	28	40
1993	228	35	27	29	40	29	28	40
1994	231	45	27	29	32	29	29	40
1995	231	45	27	29	32	29	29	40
1996	231	45	27	29	32	29	28	41
1997	232	44	27	29	32	29	29	42
1998	233	45	27	29	32	29	29	42
1999	275	90	27	28	30	29	29	42
2000	274	88	27	28	31	29	29	42
2001	211	26	27	28	31	29	29	41
2002	226	80	27	28	31	3	29	28
2003	229	83	27	28	31	3	29	28
2004	232	86	27	28	31	3	29	28
2005	230	90	27	28	25	3	29	28
2006	227	84	27	28	28	3	29	28
2007	238	96	27	28	29	3	29	26
2008	251	84	26	33	29	19	30	30

卫生技术人员数

（年底数）　　单位：人

年份	全市	市区	丰县	沛县	铜山县	睢宁县	新沂市	邳州市
1949	426	326						100
1950	600	400						200
1951	700	500						200
1952	1 150	950						200
1953	1 600	1 100				100		400
1954	1 800	1 200				100		500
1955	2 200	1 300			200	100	100	500
1956	2 600	1 400	100		400	100	100	500
1957	3 446	1 746	400		500	100	100	600
1958	4 300	2 000	400	100	700	200	200	700
1959	4 900	2 700	200	200	600	200	200	800
1960	4 900	2 800	100	100	500	300	200	900
1961	5 400	3 000	200	200	600	200	200	1 000
1962	4 572	2 172	200	200	400	300	200	1 100
1963	6 600	3 500	200	100	1 000	300	300	1 200
1964	6 800	3 300	300	200	1 100	300	300	1 300
1965	5 519	1 819	300	200	1 100	300	400	1 400
1966	7 000	3 500	300	200	1 000	200	400	1 400
1967	7 100	3 600	300	200	1 000	200	400	1 400
1968	7 100	3 600	300	200	1 000	200	400	1 400
1969	7 500	3 700	300	200	1 000	500	400	1 400
1970	7 376	3 076	400	500	1 200	400	400	1 400
1971	8 500	4 200	400	500	1 100	500	400	1 400
1972	9 000	4 700	400	600	1 100	300	500	1 400
1973	10 400	5 200	700	900	1 100	400	600	1 500
1974	10 900	5 300	800	1 000	1 200	300	700	1 600
1975	11 290	5 590	700	1 000	1 200	400	800	1 600
1976	12 500	6 600	800	900	1 200	400	900	1 700
1977	15 200	7 200	1 100	1 200	1 400	1 400	1 200	1 700
1978	15 690	7 990	1 100	1 200	1 400	1 400	1 200	1 400
1979	16 477	8 377	1 000	1 300	1 400	1 400	1 200	1 800
1980	17 095	9 195	1 000	1 300	1 300	1 400	1 300	1 600
1981	17 696	9 996	1 000	1 300	1 500	1 400	1 300	1 200
1982	18 539	10 439	1 100	1 300	1 500	1 400	1 300	1 500
1983	19 267	11 167	1 100	1 300	1 500	1 400	1 400	1 400
1984	19 694	11 294	1 100	1 300	1 700	1 400	1 400	1 500
1985	20 602	11 702	1 200	1 400	1 900	1 400	1 400	1 600
1986	21 295	11 995	1 200	1 500	2 000	1 400	1 500	1 700
1987	21 337	12 037	1 200	1 500	2 000	1 500	1 400	1 700
1988	22 381	12 381	1 400	1 600	2 300	1 500	1 400	1 800
1989	23 615	13 015	1 400	1 800	2 400	1 600	1 600	1 800
1990	24 427	13 327	1 500	1 900	2 600	1 700	1 600	1 800
1991	25 818	13 718	1 600	2 100	2 900	1 800	1 700	2 000
1992	26 825	13 925	1 700	2 100	3 100	1 900	1 800	2 300
1993	27 895	13 395	1 800	3 300	3 200	1 900	1 900	2 400
1994	28 928	14 228	1 800	3 500	2 600	1 900	2 000	2 900
1995	29 380	14 180	1 900	3 600	2 700	1 900	2 000	3 100
1996	29 771	14 171	1 900	3 700	2 700	1 900	2 000	3 400
1997	31 125	14 425	1 900	3 800	2 800	2 100	2 100	4 000
1998	31 188	14 288	1 900	3 900	2 800	2 100	2 200	4 000
1999	30 394	13 294	1 900	3 800	2 800	2 100	2 200	4 300
2000	30 481	13 181	1 900	3 700	2 800	2 000	2 200	4 700
2001	30 275	12 875	2 000	3 700	2 700	2 000	2 200	4 800
2002	29 282	12 482	1 800	3 500	2 700	1 900	2 100	4 800
2003	28 030	11 830	1 900	3 300	2 800	1 900	1 600	4 700
2004	28 297	11 697	2 000	3 400	2 700	1 900	1 800	4 800
2005	28 284	12 184	1 800	3 100	2 600	1 900	2 100	4 600
2006	28 922	12 322	1 900	3 200	2 700	1 900	2 200	4 700
2007	29 668	12 976	2 033	3 262	2 522	1 901	2 220	4 754
2008	30 396	13 559	2 150	3 168	2 503	2 037	2 270	4 709

医 生 数

（年底数） 单位：人

年 份	全 市	市 区	丰 县	沛 县	铜山县	睢宁县	新沂市	邳州市
1949	220	181			4	9	4	22
1950	266	220		7	6	7	5	21
1951	356	270	19	9	24	10	6	18
1952	482	320	22	19	58	15	14	34
1953	656	380	27	33	103	28	16	69
1954	729	401	36	55	118	27	19	73
1955	773	410	40	67	119	26	22	89
1956	885	415	89	68	121	42	38	112
1957	1 220	661	126	83	124	47	41	138
1958	1 431	598	383	101	78	49	54	168
1959	1 472	671	158	166	70	60	65	282
1960	1 528	797	95	128	56	99	68	285
1961	1 980	861	233	175	243	89	81	298
1962	2 147	981	158	176	270	119	119	324
1963	2 365	1 158	158	183	380	150	113	223
1964	2 711	1 258	160	192	596	142	140	223
1965	2 813	1 326	179	203	616	150	120	219
1966	2 783	1 221	180	219	577	149	183	254
1967	2 796	1 237	189	221	577	140	180	252
1968	2 852	1 279	189	238	577	138	180	251
1969	2 868	1 292	189	240	577	142	178	250
1970	2 767	1 293	78	241	572	140	190	253
1971	2 715	1 334	105	259	384	135	202	296
1972	2 725	1 288	93	271	409	125	215	324
1973	3 322	1 553	145	436	461	130	225	372
1974	3 220	1 587	134	443	344	134	231	347
1975	3 476	1 744	165	458	347	150	245	367
1976	3 772	1 964	151	480	355	165	267	390
1977	4 576	2 290	234	503	405	352	328	464
1978	4 857	2 457	221	520	405	404	389	461
1979	4 982	2 525	224	530	480	362	401	460
1980	5 765	3 263	222	533	486	401	462	398
1981	6 542	3 718	434	534	566	405	518	367
1982	7 203	4 060	498	536	538	528	565	478
1983	7 635	4 586	489	535	504	512	582	427
1984	7 671	4 570	501	555	536	518	574	417
1985	7 881	4 639	512	577	594	523	545	491
1986	8 097	4 713	527	542	738	572	549	456
1987	8 023	4 562	552	576	703	578	531	521
1988	8 804	4 914	646	634	839	615	591	565
1989	9 598	5 293	645	771	912	600	683	694
1990	9 888	5 512	671	818	968	488	687	744
1991	10 298	5 584	696	798	1 060	662	708	790
1992	10 216	3 328	715	790	3 161	700	716	806
1993	10 488	5 736	725	1 160	657	700	793	717
1994	10 891	5 968	740	1 230	571	700	898	784
1995	11 204	6 029	772	1 352	605	700	929	817
1996	11 525	6 092	761	1 457	593	800	936	886
1997	12 025	6 220	896	1 456	542	900	967	1 044
1998	11 756	6 010	932	1 428	544	900	960	982
1999	11 349	5 729	971	1 450	652	900	684	963
2000	11 622	5 724	946	1 460	633	900	798	1 161
2001	11 635	5 722	987	1 460	675	900	800	1 091
2002	11 396	5 448	1 013	1 450	662	800	941	1 082
2003	10 692	5 076	866	1 430	692	800	758	1 070
2004	10 480	4 813	854	1 422	673	800	883	1 035
2005	10 494	4 769	759	1 420	690	800	965	1 091
2006	10 532	4 602	925	1 438	666	800	1 032	1 069
2007	11 137	4 572	1 023	1 450	963	900	1 032	1 197
2008	11 557	5 392	1 032	1 304	1 010	716	888	1 215

医院、卫生院床位数

（年底数） 单位：张

年 份	全 市	市 区	丰 县	沛 县	铜山县	睢宁县	新沂市	邳州市
1949	202	162					20	20
1950	550	480				30	20	20
1951	693	568			30	50	25	20
1952	894	722	18	20	30	52	32	20
1953	1 040	850	18	30	13	52	37	40
1954	1 125	909	25	30	13	68	40	40
1955	1 380	1 109	30	30	13	73	40	85
1956	1 523	1 028	40	60	13	61	70	251
1957	2 014	1 278	30	60	49	105	70	422
1958	4 064	3 009	82	140	98	105	136	494
1959	4 334	2 772	232	120	201	260	247	502
1960	4 643	2 658	227	375	280	250	234	619
1961	6 414	4 454	250	415	320	302	282	391
1962	5 935	3 995	196	310	360	297	345	432
1963	6 035	4 211	165	182	287	304	395	491
1964	5 719	3 944	185	309	280	306	432	263
1965	5 842	3 824	401	278	262	292	533	252
1966	6 249	4 120	401	215	245	370	660	238
1967	6 429	4 173	401	215	264	385	660	331
1968	5 747	3 491	401	190	259	385	660	361
1969	5 979	3 602	401	190	289	375	680	442
1970	7 254	4 383	401	190	325	740	713	502
1971	7 896	4 150	480	230	883	707	664	782
1972	7 192	3 837	452	244	918	437	638	666
1973	7 789	4 108	495	250	948	517	671	800
1974	7 743	3 872	475	350	1 056	481	682	827
1975	9 509	5 153	536	490	1 175	499	802	854
1976	9 232	5 198	572	613	876	506	797	670
1977	10 461	5 360	617	720	1 232	517	968	1 047
1978	11 325	5 039	637	1 000	1 495	1 130	1 040	984
1979	11 971	5 409	597	1 100	1 516	1 153	1 090	1 106
1980	12 299	5 800	609	1 100	1 505	1 184	1 055	1 046
1981	13 392	6 655	756	1 100	1 535	1 225	1 098	1 023
1982	13 644	6 825	801	1 100	1 500	1 300	1 096	1 022
1983	12 167	5 499	797	1 100	1 500	1 300	1 091	880
1984	13 133	6 298	822	1 100	1 500	1 300	1 125	988
1985	13 269	6 532	822	1 000	1 600	1 100	1 215	1 000
1986	13 653	6 700	820	1 200	1 600	1 100	1 235	998
1987	13 845	7 033	860	1 100	1 600	1 100	1 135	1 017
1988	14 390	7 293	1 000	1 100	1 700	1 100	1 180	1 017
1989	14 483	7 413	950	1 100	1 700	1 100	1 200	1 020
1990	14 660	7 519	980	1 100	1 700	1 100	1 255	1 006
1991	15 059	7 678	1 020	1 200	1 700	1 200	1 255	1 006
1992	15 490	7 809	1 100	1 300	1 800	1 200	1 156	1 125
1993	15 813	7 609	1 000	1 700	1 800	1 200	1 183	1 321
1994	15 686	7 993	1 077	1 700	1 500	1 100	1 116	1 253
1995	15 647	7 820	1 025	1 700	1 500	1 100	1 200	1 302
1996	15 814	7 971	1 027	1 700	1 500	1 200	1 216	1 200
1997	15 751	8 171	1 045	1 700	1 400	1 100	1 135	1 200
1998	15 703	7 850	1 050	1 700	1 500	1 200	1 140	1 263
1999	17 368	9 171	1 045	2 000	1 400	1 100	1 152	1 500
2000	17 091	8 753	966	2 000	1 400	1 100	1 272	1 600
2001	16 964	8 698	966	2 000	1 400	1 100	1 300	1 500
2002	18 210	10 063	966	1 900	1 400	1 200	1 238	1 443
2003	17 961	9 871	976	1 900	1 300	1 200	1 214	1 500
2004	18 252	10 025	1 070	1 900	1 400	1 200	1 198	1 459
2005	19 287	10 861	1 067	2 000	1 400	1 200	1 300	1 459
2006	19 749	10 978	1 097	2 100	1 500	1 200	1 365	1 509
2007	20 238	10 896	1 142	2 329	1 371	1 200	1 500	1 800
2008	23 248	12 985	1 520	2 487	1 631	1 270	1 441	1 914

职 工 平 均 工 资

单位:元

年 份	全 市	市 区	丰 县	沛 县	铜山县	睢宁县	新沂市	邳州市
1952	503	529	225	230	260	258	335	262
1953	483	548	263	234	306	315	393	311
1954	486	556	276	264	308	305	365	341
1955	490	556	278	302	338	335	419	339
1956	569	623	510	444	478	433	504	411
1957	573	619	373	435	550	381	550	397
1958	420	433	409	387	393	388	378	364
1959	461	483	417	445	404	385	385	363
1960	499	515	432	423	422	384	367	437
1961	497	530	434	414	421	390	370	370
1962	548	590	441	442	450	436	433	443
1963	615	670	449	476	478	463	412	480
1964	649	632	502	487	506	504	441	509
1965	599	594	497	487	497	502	448	497
1966	600	664	479	438	458	482	466	475
1967	600	677	479	356	436	501	438	458
1968	583	655	484	336	428	502	438	445
1969	584	661	486	364	412	478	437	455
1970	553	547	457	349	401	438	444	419
1971	486	565	366	366	361	336	450	371
1972	510	574	403	389	395	393	459	417
1973	514	577	429	361	393	412	440	432
1974	521	581	441	384	412	415	463	447
1975	509	580	416	368	370	382	442	406
1976	518	577	411	369	407	419	447	415
1977	512	554	461	386	447	463	446	458
1978	554	605	403	381	442	364	472	471
1979	605	647	503	454	464	451	496	501
1980	715	768	584	547	598	551	564	565
1981	720	770	609	548	581	541	571	587
1982	755	807	640	596	608	578	621	625
1983	780	841	635	606	616	576	641	634
1984	1 105	1 175	870	902	936	786	971	861
1985	1 231	1 220	943	1 101	960	914	995	941
1986	1 403	1 400	1 106	1 072	1 134	1 079	1 106	1 124
1987	1 463	1 511	1 164	1 141	1 160	1 132	1 217	1 174
1988	1 798	1 800	1 541	1 487	1 416	1 355	1 517	1 590
1989	1 965	2 189	1 558	1 520	1 568	1 551	1 549	1 480
1990	2 179	2 708	1 691	1 647	1 751	1 700	1 787	1 653
1991	2 379	2 715	1 725	1 837	1 838	1 742	1 928	1 777
1992	2 753	3 151	2 159	2 118	1 961	2 042	2 243	2 047
1993	3 355	3 914	2 676	2 328	2 339	2 328	2 638	2 506
1994	4 524	5 186	3 422	3 081	3 464	3 203	3 841	3 755
1995	5 537	6 381	4 071	3 890	4 442	3 964	4 580	3 964
1996	6 279	7 208	4 789	4 411	5 379	4 416	5 151	5 035
1997	6 521	7 533	4 719	5 111	5 997	4 193	5 024	4 832
1998	7 717	8 999	5 625	6 108	6 678	5 148	5 974	5 972
1999	8 447	9 911	6 264	6 687	7 260	5 476	6 533	6 382
2000	9 339	11 144	6 669	7 234	7 862	5 693	7 047	7 002
2001	10 501	12 837	7 200	7 765	8 441	5 868	7 519	7 560
2002	11 887	14 929	7 568	8 202	9 012	7 331	7 998	8 085
2003	13 551	17 518	8 254	8 838	9 708	8 242	8 313	8 659
2004	15 809	20 898	9 455	9 950	10 938	8 987	9 525	9 485
2005	18 849	24 838	11 220	11 950	13 235	10 658	11 659	11 625
2006	21 896	29 191	12 530	13 688	15 604	11 984	13 423	13 412
2007	23 711	30 652	14 406	16 128	18 725	13 825	15 855	15 746
2008	26 824	33 982	17 389	18 688	21 845	17 136	18 483	18 722

农村居民人均纯收入

单位:元

年 份	全 市	市 区	丰 县	沛 县	铜山县	睢宁县	新沂市	邳州市
1978	112		84	131	120	54	72	55
1979	126		121	149	176	56	77	64
1980	173		117	170	205	74	163	76
1981	231		129	193	268	109	199	92
1982	292		144	215	342	164	282	123
1983	338		307	373	377	325	308	257
1984	418		419	425	478	379	424	345
1985	389		422	428	412	316	356	345
1986	454		412	451	522	378	426	427
1987	489		454	498	567	369	443	476
1988	580		462	578	646	460	535	576
1989	642		491	682	785	448	624	639
1990	661		504	613	832	519	610	648
1991	728		595	739	873	559	729	783
1992	790		669	758	982	638	760	815
1993	900		777	919	1 142	761	890	893
1994	1 304		1 067	1 170	1 451	1 022	1 291	1 259
1995	1 800		1 545	1 751	2 038	1 513	1 764	1 706
1996	2 390		2 162	2 362	2 770	2 121	2 301	2 360
1997	2 746		2 561	2 852	3 202	2 427	2 643	2 604
1998	2 980		2 807	3 109	3 428	2 551	2 857	2 847
1999	3 126		3 003	3 241	3 590	2 661	3 016	3 001
2000	3 230		3 129	3 365	3 748	2 664	2 814	3 121
2001	3 391		3 034	3 544	3 943	2 850	2 959	3 295
2002	3 477		3 479	3 735	3 780	3 050	3 123	3 475
2003	3 605		3 611	3 880	3 930	3 163	3 231	3 613
2004	4 003		4 027	4 325	4 402	3 465	3 613	4 004
2005	4 443		4 026	4 550	4 920	3 845	4 025	4 477
2006	4 896		4 537	5 143	5 591	4 314	4 516	5 088
2007	5 534		5 104	5 831	6 340	4 849	5 076	5 770
2008	6 240		5 724	6 593	7 167	5 452	5 698	6 526

农村居民人均生活消费支出

单位:元

年 份	全 市	市 区	丰 县	沛 县	铜山县	睢宁县	新沂市	邳州市
1978			71		109		65	
1979			85		148		71	
1980	140		116		160		148	
1981	190		175		221		177	
1982	224		211		239		225	
1983	250		253	210	272	247	289	223
1984	300		294	272	311	278	350	247
1985	328		363	343	353	269	347	285
1986	385		398	362	390	334	424	353
1987	435		418	415	443	370	400	448
1988	482		500	511	544	386	450	447
1989	578		585	611	622	423	590	598
1990	536		565	510	575	425	537	550
1991	625		663	622	536	497	530	603
1992	591		526	579	582	546	512	684
1993	642		594	955	690	499	606	679
1994	836		864	938	927	891	1 039	992
1995	1 137		917	1 227	1 040	1 073	1 361	1 192
1996	1 559		1 455	1 699	1 610	1 325	1 344	1 467
1997	1 631		1 605	1 714	1 943	1 555	1 393	1 311
1998	1 503		1 586	1 576	1 258	1 466	1 538	1 227
1999	1 542		1 685	1 603	1 459	1 286	1 496	1 258
2000	1 621		1 468	1 741	1 384	1 429	1 358	1 583
2001	1 612		1 596	1 913	1 582	1 395	1 453	1 381
2002	1 739		1 912	2 296	1 674	1 588	1 552	1 311
2003	1 869		1 933	2 510	1 881	1 648	1 915	1 361
2004	2 028		2 230	2 110	2 200	1 861	1 862	1 257
2005	2 840		3 082	3 282	2 961	2 567	2 501	2 630
2006	3 220		3 118	3 666	3 515	2 932	3 145	3 027
2007	3 807		3 461	4 695	4 311	3 432	3 565	3 528
2008	4 319		4 085	5 318	4 807	3 746	3 756	4 218

附录二、小康社会进程监测(2004-2008年)

PROCESS INVESTIGATION OF WELL-OFF SOCIETY

2008年徐州市全面建设小康社会进程测算表

指标名称	代码	单位	目标值	2008年实现值	2007年实现值	比上年增减值	年均应完成进度		时序进度情况	
							按省定时间	按自定时间	省定时间	市定时间
一、经济发展										
1.人均地区生产总值	1	元	≥24 000	23 069	19 221	3 847	478	1 195	√	√
2.二、三产业增加值占GDP比重	2	%	≥92	89.5	88.5	1.0	0.3	0.9	√	√
3.城市化水平	3	%	55	47.2	45.8	1.4	0.9	2.3	√	△
4.城镇登记失业率	4	%	<5	2.7	2.8	-0.1	—	—	√	√
二、生活水平										
5.居民收入										
(1)城镇居民人均可支配收入	5	元	≥16 000	13 205	11 418	1 787	458	1 145	√	√
(2)农村居民人均纯收入	6	元	≥8 000	6 240	5 534	706	247	617	√	√
6.居民住房										
(1)城镇人均住房建筑面积	7	M^2	30	32.1	31.5	0.6	—	—	√	√
(2)农村人均钢筋、砖木结构住房面积	8	M^2	40	35.0	33.8	1.2	0.6	1.6	√	△
7.居民出行										
(1)农村行政村通灰黑公路(或航道)比重	9	%	100	100.0	100.0	0.0	—	—	√	√
(2)城镇人均拥有道路面积	10	M^2	12	15.7	15.1	0.6	—	—	√	√
8.居民信息化普及程度										
(1)百户家庭电话拥有量	11	部	200	238.1	224.3	13.8	—	—	√	√
(2)百户家庭电脑拥有量	12	台	40	29.7	23.3	6.4	1.7	4.2	√	√
9.居民文教娱乐服务支出占家庭消费支出比重	13	%	18	13.8	14.4	-0.6	0.4	0.9	△	△
10.恩格尔系数	14	%	<40	38.6	38.2	0.3	—	—	√	√
三、社会发展										
11.R&D经费支出占GDP比重	15	%	≥1.5	1.22	1.12	0.10	0.04	0.10	√	√
12.高中阶段教育毛入学率	16	%	≥90	82.9	70.1	12.9	2.0	5.0	√	√
13.卫生服务体系健全率	17	%	≥90	98.5	97.0	1.6	—	—	√	√
14.社会保障										
(1)城镇劳动保障三大保险各自覆盖面	18	%	≥95	94.2	93.1	1.1	0.2	0.5	√	√
#城镇基本养老保险		%	≥95	95.7	95.3	0.4	—	—	√	√
城镇失业保险		%	≥95	97.3	98.0	-0.7	—	—	√	√
城镇基本医疗保险		%	≥95	89.7	86.1	3.6	0.9	2.2	√	√
(2)新型农村合作医疗覆盖面	19	%	≥85	97.6	95.0	2.6	—	—	√	√
15.人民群众对社会治安的满意率	20	%	90	99.0	97.6	1.4	—	—	√	√
16.城乡村(居)民依法自治										
(1)城镇社区居委会依法自治达标率	21	%	90	93.4	92.7	0.7	—	—	√	√
(2)农村村委会依法自治达标率	22	%	95	96.4	95.8	0.6	—	—	√	√
四、生态环境										
17.绿化水平									√	√
(1)城市绿化覆盖率	23	%	40	39.4	38.2	1.2	0.2	0.5	√	√
(2)森林覆盖率	24	%	20	27.6	26.6	1.0	—	—	√	√
18.环境质量综合指数	25	分	80	79.7	79.6	0.1	0.0	0.1	√	√

注:1、表中“—”表示该指标上年总体已达到目标值;“√”表示当年达到时序进度,总体达标视同当年达到时序进度;“△”表示未达到时序进度。

2、徐州市省定与市自定实现目标时间分别为2017年和2011年。

3、本表中2007、2008年城镇居民人均可支配收入、城镇人均住房建筑面积、百户家庭电话拥有量、百户家庭电脑拥有量、居民文教娱乐服务支出占家庭消费支出比重、城镇人均拥有道路面积、恩格尔系数计算口径由市区调整为全市(含县、区)城镇住户。

2007年徐州市全面建设小康社会进程测算表

指标名称	代码	单位	目标值	2007年实现值	2006年实现值	比上年增减值	年均应完成进度		时序进度情况	
							按省定时间	按自定时间	省定时间	市定时间
一、经济发展										
1.人均地区生产总值	1	元	≥24 000	19 221	16 256	2 965	704	1 549	√	√
2.二、三产业增加值占GDP比重	2	%	≥92	88.5	87.3	1.2	0.4	0.9	√	√
3.城市化水平	3	%	55	45.8	44.8	1.0	0.9	2.0	√	△
4.城镇登记失业率	4	%	<5	2.8	3.0	-0.2	—	—	√	√
二、生活水平										
5.居民收入										
(1)城镇居民人均可支配收入	5	元	≥16 000	14 875	12 836	2 039	288	633	√	√
(2)农村居民人均纯收入	6	元	≥8 000	5 534	4 896	638	282	621	√	√
6.居民住房										
(1)城镇人均住房建筑面积	7	M^2	30	26.2	25.8	0.4	0.4	0.8	√	△
(2)农村人均钢筋、砖木结构住房面积	8	M^2	40	33.8	32.1	1.7	0.7	1.6	√	√
7.居民出行										
(1)农村行政村通灰黑公路(或航道)比重	9	%	100	100.0	100.0	0.0	—	—	√	√
(2)城镇人均拥有道路面积	10	M^2	12	12.9	12.7	0.2	—	—	√	√
8.居民信息化普及程度										
(1)百户家庭电话拥有量	11	部	200	234.1	212.1	22.0	—	—	√	√
(2)百户家庭电脑拥有量	12	台	40	28.8	23.9	4.9	1.5	3.2	√	√
9.居民文教娱乐服务支出占家庭消费支出比重	13	%	18	14.7	14.4	0.3	0.3	0.7	√	△
10.恩格尔系数	14	%	<40	37.1	37.8	-0.7	—	—	√	√
三、社会发展										
11.R&D经费支出占GDP比重	15	%	≥1.5	1.12	0.97	0.15	0.05	0.11	√	√
12.高中阶段教育毛入学率	16	%	≥90	70.1	56.1	14.0	3.1	6.8	√	√
13.卫生服务体系健全率	17	%	≥90	97.0	86.0	11.0	0.4	0.8	√	√
14.社会保障										
(1)城镇劳动保障三大保险各自覆盖面	18	%	≥95	93.1	91.8	1.3	0.3	0.6	√	√
#城镇基本养老保险		%	≥95	95.3	95.1	0.2	—	—	√	√
城镇失业保险		%	≥95	98.0	98.0	0.0	—	—	√	√
城镇基本医疗保险		%	≥95	86.1	82.4	3.7	1.1	2.5	√	√
(2)新型农村合作医疗覆盖面	19	%	≥85	95.0	91.5	3.5	—	—	√	√
15.人民群众对社会治安的满意率	20	%	90	97.6	96.9	0.7	—	—	√	√
16.城乡村(居)民依法自治										
(1)城镇社区居委会依法自治达标率	21	%	90	92.7	91.1	1.6	—	—	√	√
(2)农村村委会依法自治达标率	22	%	95	95.8	95.0	0.8	—	—	√	√
四、生态环境										
17.绿化水平									√	√
(1)城市绿化覆盖率	23	%	40	38.2	37.9	0.3	0.2	0.4	√	△
(2)森林覆盖率	24	%	20	26.6	25.5	1.1	—	—	√	√
18.环境质量综合指数	25	分	80	79.6	79.2	0.4	0.1	0.2	√	√

注:1、表中"—"表示该指标上年总体已达到目标值;"√"表示当年达到时序进度,总体达标视同当年达到时序进度;"△"表示未达到时序进度。
2、徐州市省定与市自定实现目标时间分别为2017年和2011年。

2006年徐州市全面建设小康社会进程测算表

指标名称	代码	单位	目标值	2006年实现值	2005年实现值	比上年增减值	年均应完成进度		时序进度情况	
							按省定时间	按自定时间	省定时间	市定时间
一、经济发展										
1.人均地区生产总值	1	元	≥24 000	16 256	13 697	2 559	859	1 717	√	√
2.二、三产业增加值占GDP比重	2	%	≥92	87.3	86.0	1.4	0.5	1.0	√	√
3.城市化水平	3	%	55	44.8	43.4	1.5	1.0	1.9	√	△
4.城镇登记失业率	4	%	<5	3.0	3.4	-0.4	—	—	√	√
二、生活水平										
5.居民收入										
(1)城镇居民人均可支配收入	5	元	≥16 000	12 836	11 185	1 651	401	802	√	√
(2)农村居民人均纯收入	6	元	≥8 000	4 896	4 443	453	296	593	√	△
6.居民住房										
(1)城镇人均住房建筑面积	7	M²	30	25.8	24.8	1.0	0.4	0.9	√	√
(2)农村人均钢筋、砖木结构住房面积	8	M²	40	32.1	28.8	3.3	0.9	1.9	√	√
7.居民出行										
(1)农村行政村通灰黑公路(或航道)比重	9	%	100	100.0	100.0	0.0	—	—	√	√
(2)城镇人均拥有道路面积	10	M²	12	12.7	10.9	1.8	0.1	0.2	√	√
8.居民信息化普及程度										
(1)百户家庭电话拥有量	11	部	200	212.1	182.9	29.2	1.4	2.9	√	√
(2)百户家庭电脑拥有量	12	台	40	23.9	19.7	4.2	1.7	3.4	√	√
9.居民文教娱乐服务支出占家庭消费支出比重	13	%	18	14.4	16.6	-2.2	0.1	0.2	△	△
10.恩格尔系数	14	%	<40	37.8	38.6	-0.8	—	—	√	√
三、社会发展										
11.R&D经费支出占GDP比重	15	%	≥1.5	0.97	1.00	-0.03	0.04	0.08	△	△
12.高中阶段教育毛入学率	16	%	≥90	56.1	51.6	4.5	3.2	6.4	√	△
13.卫生服务体系健全率	17	%	≥90	86.0	78.4	7.6	1.0	1.9	√	√
14.社会保障										
(1)城镇劳动保障三大保险各自覆盖面	18	%	≥95	91.8	91.8	0.0	0.3	0.5	△	△
#城镇基本养老保险		%	≥95	95.1	98.0	-2.9	—	—	√	√
城镇失业保险		%	≥95	98.0	99.0	-1.0	—	—	√	√
城镇基本医疗保险		%	≥95	82.4	78.4	4.0	1.4	2.8	√	√
(2)新型农村合作医疗覆盖面	19	%	≥85	91.5	82.4	9.1	0.2	0.4	√	√
15.人民群众对社会治安的满意率	20	%	90	96.9	96.6	0.3	—	—	√	√
16.城乡村(居)民依法自治										
(1)城镇社区居委会依法自治达标率	21	%	90	91.1	91.0	0.1	—	—	√	√
(2)农村村委会依法自治达标率	22	%	95	95.0	95.0	0.0	—	—	√	√
四、生态环境										
17.绿化水平										
(1)城市绿化覆盖率	23	%	40	37.9	36.3	1.6	0.3	0.6	√	√
(2)森林覆盖率	24	%	20	25.5	24.9	0.6	—	—	√	√
18.环境质量综合指数	25	分	80	79.2	68.8	10.4	0.9	1.9	√	√

注:1、表中"—"表示该指标上年总体已达到目标值;"√"表示当年达到时序进度,总体达标视同当年达到时序进度;"△"表示未达到时序进度。

2、徐州市省定与市自定实现目标时间分别为2017年和2011年。

2005年徐州市全面建设小康社会进程测算表

指标名称	代码	单位	目标值	2005年实现值	2004年实现值	比上年增减值	年均应完成进度		时序进度情况	
							按省定时间	按自定时间	省定时间	自定时间
一、经济发展										
1.人均地区生产总值	1	元	≥24 000	13 697	11 596	2 101	954	1240	√	√
2.二、三产业增加值占GDP比重	2	%	≥92	86.0	84.6	1.4	0.6	0.7	√	√
3.城市化水平	3	%	55	43.4	42.0	1.4	1.0	1.3	√	√
4.城镇登记失业率	4	%	<5	3.4	4.0	-0.6	—	—	√	√
二、生活水平										
5.居民收入										
(1)城镇居民人均可支配收入	5	元	≥16 000	11 185	9 840	1 346	474	616	√	√
(2)农村居民人均纯收入	6	元	≥8 000	4 443	4 003	440	307	400	√	√
6.居民住房										
(1)城镇人均住房建筑面积	7	M²	30	24.8	21.4	3.4	0.7	0.9	√	√
(2)农村人均钢筋、砖木结构住房面积	8	M²	40	28.8	27.8	1.0	0.9	1.2	√	√
7.居民出行										
(1)农村行政村通灰黑公路(或航道)比重	9	%	100	100.0	100.0	0.0	—	—	√	√
(2)城镇人均拥有道路面积	10	M²	12	10.9	11.4	-0.5	0.04	0.1	△	△
8.居民信息化普及程度										
(1)百户家庭电话拥有量	11	部	200	182.9	150.6	32.3	3.8	4.9	√	√
(2)百户家庭电脑拥有量	12	台	40	19.7	14.8	4.9	1.9	2.5	√	√
9.居民文教娱乐服务支出占家庭消费支出比重	13	%	18	16.6	15.2	1.4	0.2	0.3	√	√
10.恩格尔系数	14	%	<40	38.6	41.1	-2.6	-0.1	-0.1	√	√
三、社会发展										
11.R&D经费支出占GDP比重	15	%	≥1.5	1.00	0.83	0.17	0.05	0.07	√	√
12.高中阶段教育毛入学率	16	%	≥90	51.6	47.9	3.7	3.2	4.2	√	△
13.卫生服务体系健全率	17	%	≥90	78.4	66.8	11.6	1.8	2.3	√	√
14.社会保障										
(1)城镇劳动保障三大保险各自覆盖面	18	%	≥95	91.8	87.4	4.4	0.6	0.8	√	√
#城镇基本养老保险		%	≥95	98.0	95.8	2.2	—	—	√	√
城镇失业保险		%	≥95	99.0	94.9	4.1	0.01	0.01	√	√
城镇基本医疗保险		%	≥95	78.4	71.6	6.8	1.8	2.3	√	√
(2)新型农村合作医疗覆盖面	19	%	≥85	82.4	64.9	17.6	1.5	2.0	√	√
15.人民群众对社会治安的满意率	20	%	90	96.6	90.1	6.5	—	—	√	√
16.城乡村(居)民依法自治										
(1)城镇社区居委会依法自治达标率	21	%	90	91.0	90.0	1.0	—	—	√	√
(2)农村村委会依法自治达标率	22	%	95	95.0	95.0	0.0	—	—	√	√
四、生态环境										
17.绿化水平										
(1)城市绿化覆盖率	23	%	40	36.3	33.4	2.9	0.5	0.7	√	√
(2)森林覆盖率	24	%	20	24.9	24.1	0.9	—	—	√	√
18.环境质量综合指数	25	分	80	68.8	64.4	4.4	1.2	1.6	√	√

注:1.表中"—"表示该指标上年总体已达到目标值;"√"表示当年达到时序进度,总体达标视同当年达到时序进度;"△"表示未达到时序进度。
2.徐州市省定与市自定实现目标时间分别为2017年和2014年。

2004年徐州市全面建设小康社会进程测算表

指标名称	代码	单位	目标值	2004年实现值	2003年实现值	比上年增减值	年均应完成进度		时序进度情况	
							按省定时间	按自定时间	省定时间	自定时间
一、经济发展										
1.人均地区生产总值	1	元	≥24 000	11 596	9 992	1 604	1 001	1 273	√	√
2.二、三产业增加值占GDP比重	2	%	≥92	84.6	85.1	-0.6	0.5	0.6	△	△
3.城市化水平	3	%	55	42.0	40.4	1.5	1.0	1.3	√	√
4.城镇登记失业率	4	%	<5	4.0	4.3	-0.3	—	—	√	√
二、生活水平										
5.居民收入										
(1)城镇居民人均可支配收入	5	元	≥16 000	9 840	8 954	885	503	641	√	√
(2)农村居民人均纯收入	6	元	≥8 000	4 003	3 605	398	314	400	√	△
6.居民住房										
(1)城镇人均住房建筑面积	7	M^2	30	21.4	20.3	1.1	0.7	0.9	√	√
(2)农村人均钢筋、砖木结构住房面积	8	M^2	40	27.8	26.6	1.2	1.0	1.2	√	√
7.居民出行										
(1)农村行政村通灰黑公路(或航道)比重	9	%	100	100.0	100.0	0.0	—	—	√	√
(2)城镇人均拥有道路面积	10	M^2	12	11.4	11.0	0.4	0.1	0.1	√	√
8.居民信息化普及程度										
(1)百户家庭电话拥有量	11	部	200	150.6	126.0	24.6	5.3	6.7	√	√
(2)百户家庭电脑拥有量	12	台	40	14.8	11.6	3.2	2.0	2.6	√	√
9.居民文教娱乐服务支出占家庭消费支出比重	13	%	18	15.2	16.3	-1.1	0.1	0.2	△	△
10.恩格尔系数	14	%	<40	41.1	38.3	2.8	—	—	△	△
三、社会发展										
11.R&D经费支出占GDP比重	15	%	≥1.5	0.83	0.68	0.15	0.06	0.07	√	√
12.高中阶段教育毛入学率	16	%	≥90	47.9	45.8	2.2	3.2	4.0	△	△
13.卫生服务体系健全率	17	%	≥90	66.8	62.7	4.1	1.9	2.5	√	√
14.社会保障										
(1)城镇劳动保障三大保险各自覆盖面	18	%	≥95	87.4	83.3	4.1	0.8	1.1	√	√
#城镇基本养老保险		%	≥95	95.8	94.9	0.9	0.0	0.0	√	√
城镇失业保险		%	≥95	94.9	86.2	8.7	0.6	0.8	√	√
城镇基本医疗保险		%	≥95	71.6	68.9	2.7	1.9	2.4	√	√
(2)新型农村合作医疗覆盖面	19	%	≥85	64.9	19.6	45.3	4.7	5.9	√	√
15.人民群众对社会治安的满意率	20	%	90	90.1	95.5	-5.5	—	—	√	√
16.城乡村(居)民依法自治										
(1)城镇社区居委会依法自治达标率	21	%	90	90.0	89.0	1.0	0.1	0.1	√	√
(2)农村村委会依法自治达标率	22	%	95	95.0	95.0	0.0	—	—	√	√
四、生态环境										
17.绿化水平										
(1)城市绿化覆盖率	23	%	40	33.4	29.5	3.9	0.7	1.0	√	√
(2)森林覆盖率	24	%	20	24.1	19.7	4.4	0.0	0.0	√	√
18.环境质量综合指数	25	分	80	64.4	55.5	8.9	1.8	2.2	√	√

注:1.表中"—"表示该指标上年总体已达到目标值;"√"表示当年达到时序进度,总体达标视同当年达到时序进度;"△"表示未达到时序进度。

2.徐州市省定与市自定实现目标时间分别为2017年和2014年。

指标解释及计算方法

人均地区生产总值:国内生产总值(GDP)是指一个国家(或地区)所有常住单位在一定时期内生产活动的最终成果。对于地区,GDP中文名称为"地区生产总值"。人均地区生产总值是指一定时期内按平均常住人口计算的地区生产总值。资料来源:统计部门,计算公式为:

人均地区生产总值=地区生产总值/年平均常住人口

二、三产业增加值占GDP的比重:指第二产业、第三产业实现的增加值之和在全部地区生产总值中所占的比重。

我国的三次产业划分是:

第一产业:农业(即农林牧渔业)。

第二产业:工业(包括采矿业、制造业、电力燃气及水的生产和供应业)、建筑业。

第三产业:除第一、第二产业以外的其他各行业。

资料来源:统计部门,计算公式为:

二、三产业增加值占GDP的比重=(第二产业增加值+第三产业增加值)/地区生产总值(GDP)×100%

城市化水平:指一个地区城镇人口占该地区总人口的比重。资料来源:统计部门,计算公式为:

城市化水平=年末城镇人口/年末总人口×100%

城镇登记失业率:指期末城镇登记失业人数占期末城镇从业人员总数与城镇登记失业人数之和的比重。城镇登记失业人员:指非农业人口,在劳动年龄(16周岁至退休年龄)内,有劳动能力、无业而要求就业、并在当地就业服务机构进行求职登记的人员。但不包括:(1)正在就读的学生和等待就学的人员;(2)已经达到国家规定的退休年龄或虽未达到国家规定的退休年龄但已经办理了退休(含离休)、退职手续的人员;(3)其他不符合失业定义的人员。期末城镇从业人员总数:指辖区内城镇劳动年龄人口中处于就业状态的人员总数。包括离开本单位仍保留劳动关系的职工,不包括聘用的离退休人员、港澳台及外籍人员和使用的农村劳动力。资料来源:劳动和社会保障部门,计算公式为:

年末城镇登记失业率=年末城镇登记失业人数/(年末城镇从业人员总数+年末城镇登记失业人数)×100%

城镇居民人均可支配收入:指调查户按人平均计算的可用于最终消费支出和其它非义务性支出以及储蓄的总和,即居民家庭可以用来自由支配的收入。它是家庭总收入扣除交纳的所得税、个人交纳的社会保障费以及调查户的记帐补贴后的收入。资料来源:统计部门,计算公式为:

可支配收入=家庭总收入-交纳个人所得税-个人交纳社会保障支出-记帐补贴

农村居民人均纯收入:指农村居民按人平均计算的总收入扣除从事生产和非生产经营费用支出、缴纳税款和上交承包集体任务金额以后,归农民所有的收入。资料来源:统计部门,计算公式为:

纯收入=家庭总收入-从事生产和非生产经营费用支出-缴纳税款-上交承包集体任务金额

城镇住房建筑面积:指城镇居民家庭现有住房的总建筑面积。现住房计算总建筑面积时以房屋产权证或租赁证为准,无建筑面积的可按使用面积乘以1.33计算得出。资料来源:统计部门。

农村钢筋、砖木结构住房面积:指农村居民按人平均的钢筋混凝土结构和砖木结构住房的室内面积。房屋面积从内墙线算起,不包括房屋结构(如墙、柱)占用的面积,多层建筑按各层面积总和计算。钢筋混凝土结构是指房屋的梁、柱、承重墙等主要部分是用钢筋混凝土建造的。砖木结构是指梁、柱、承重墙等主要部分是用砖、石和木料建造的。资料来源:统计部门。

城镇人均拥有道路面积:指按城镇人口计算平均每人拥有的道路面积。道路面积:指城市(县城)路面面积和与道路相通的广场、桥梁、隧道、人行道面积。人行道面积按道路两侧面积相加计算,包括步行街和广场,不含人车混行的道路。资料来源:建设部门。

农村行政村通达灰黑公路(或航道)比重:指农村通达灰黑公路(或航道)的行政村个数占行政村总数的比重;农村村通公路:指由乡(镇)通达行政村的公路。农村灰黑公路:指路基4.5米、路面3.5米宽以上的公路(包含等级公路和等外公路)。资料来源:交通部门。

百户家庭电话拥有量:指每百户家庭平均拥有固定电话(电信、网通、铁通等)、移动市话(小灵通、万信通等)和移动电话(移动、联通等)。以单独使用的号码计算数量,一个号码统计为1户,不包括房间内部联接的分机(子机)。资料来源:统计部门,计算公式为:

百户家庭电话拥有量=城镇百户家庭电话拥有量×城市化水平+农村百户家庭电话拥有量×(1-城市化水平)

百户家庭电脑拥有量:指每百户家庭平均拥有的由显示器、中央处理器、键盘输入设备、存贮器等主要部件组成的家用电子计算机,包括台式计算机和便携式计算机。不包括学习机、掌上电脑。资料来源:统计部门,计算公式为:

百户家庭电脑拥有量=城镇百户家庭电脑拥有量×城市化水平+农村百户家庭电脑拥有量×(1-城市化水平)

居民文教娱乐服务支出占家庭消费支出的比重:指居民用于文化、教育、娱乐方面的服务性支出占生活消费支出的比重。

居民文教娱乐服务支出:是指调查户用于教育和文化娱

乐方面的支出，包括商品和非商品支出的总和。家庭消费支出：指调查户用于家庭日常生活的全部支出，包括食品、衣着、家庭设备用品及服务、医疗保健、交通和通讯、娱乐教育文化服务、居住、杂项商品和服务等八大类。资料来源：统计部门，计算公式为：

居民文教娱乐服务支出占家庭消费支出的比重 = 城镇居民文教娱乐服务支出占家庭消费支出的比重 × 城市化水平 + 农村居民文教娱乐服务支出占家庭消费支出的比重 ×（1– 城市化水平）

恩格尔系数：指居民用于食品消费的支出占生活消费支出的比重。食品支出是指居民用于主食、副食、其他食品以及在外饮食的支出总和。资料来源：统计部门，计算公式为：

恩格尔系数 =（城镇食品支出 / 消费性支出 × 100%）× 城市化水平 +（农村食品支出 / 生活消费支出 × 100%）×（1– 城市化水平）

R&D 经费支出占 GDP 的比重：指用于研究与试验发展（R＆D）活动的经费占地区生产总值（GDP）的比重。研究与试验发展（R&D）活动指在科学技术领域，为增加知识总量、以及运用这些知识去创造新的应用而进行的系统的创造性的活动，包括基础研究、应用研究、试验发展三类活动。（注：为避免重复计算，指标中 R&D 经费支出指 R&D 经费内部支出）

统计范围是各级各部门（县及县以上）所属国有独立核算的科学研究与技术开发机构；科技情报与文献机构；全日制普通高校、国防科技工业系统的科学研究与技术开发机构及科技情报与文献机构、大中型工业企业、综合技术服务机构。小型工业企业可用 2004 年经济普查数据替代；建筑企业可用 2005 年科技滚动调查数据替代；交通运输仓储及邮电通信企业、农业及地质水利企事业单位、医疗卫生机构、软件开发等企事业单位可用 2000 年科技清查数据替代。资料来源：统计部门。

高中阶段教育毛入学率：指高中阶段在校生人数占 15 – 17 岁学龄人口的比重。资料来源：教育部门的普通高中、职业高中、中等职业学校在校生及劳动和社会保障部门的技工学校在校生，以及统计部门的适龄人口。县级小康用“初中毕业生升学率”指标来代替，由教育部门提供。

卫生服务体系健全率：包括县乡村卫生服务网络健全率、卫生服务人员资格合格率、社区卫生普及率三项指标。按各占 1 / 3 的权重加权计算。资料来源：卫生部门，计算公式为：

卫生服务体系健全率 = 县乡村卫生服务网络健全率 ×（1 / 3）+ 卫生服务人员资格合格率 ×（1 / 3）+ 社区卫生普及率 ×（1 / 3）

县乡村卫生服务网络健全率：指医疗卫生机构数占应建设总数的百分比。医疗卫生机构包括区域内县（市、区）政府举办的县疾病预防控制中心、县综合医院、县中医院、县妇幼保健院（所）、县传染病分院或病区、县急救医疗站以及县卫生监督所；建制乡（镇）政府举办、其人员、业务、经费等划归县卫生行政部门按职责管理的卫生院；行政村设卫生室。

卫生服务人员资格合格率：指区域内县（市、区）、乡（镇）医疗卫生机构中的医疗卫生技术人员取得规定执业证书依法执业的人数占医疗卫生技术人员总数的百分比。规定执业证书指：县（市、区）、乡（镇）医疗卫生机构的卫生技术人员必须具备执业助理医师及以上执业资格，护理、助产岗位上的人员必须具备护士执业资格，其它卫生技术岗位上的人员要具备初级及以上专业技术资格；乡村医生要取得乡村医生执业证书。

社区卫生服务普及率：指城市社区卫生服务普及率与农村社区卫生服务普及率两项指标按各占 1 / 2 加权计算。城市社区卫生服务普及率是指省辖市城区街道已建社区卫生服务中心数占行政街道数的百分比；农村社区卫生服务普及率是指县（市）建制乡（镇）及行政村已建社区卫生服务中心（站）数占建制乡（镇）及行政村总数的百分比。

城镇劳动保障三大保险各自覆盖面：即城镇企业职工基本养老保险覆盖面、城镇职工基本医疗保险覆盖面、城镇失业保险覆盖面，指三大保险各自参保人数占应参保总人数的比重。资料来源：劳动和社会保障部门。

城镇企业职工基本养老保险覆盖范围：国有和国有控股企业、外商投资企业（包括外国企业驻江苏机构）、城镇集体企业、城镇私营企业和其他城镇企业及其职工，实行企业化管理的事业单位及其职工，国家机关、事业单位、社会团体聘用的职工；民办非企业单位及其职工，城镇个体工商户及其雇工。

城镇职工基本医疗保险覆盖范围：国有和国有控股企业、外商投资企业（包括外国企业驻江苏机构）、城镇集体企业、城镇私营企业和其他城镇企业及其职工，国家机关及其工作人员，事业单位及其职工，社会团体及其专职人员，民办非企业单位及其职工，城镇个体工商户及其雇工。

城镇失业保险覆盖范围：国有和国有控股企业、外商投资企业（包括外国企业驻江苏机构）、城镇集体企业、城镇私营企业和其他城镇企业及其职工，事业单位及其职工，社会团体及其专职人员，国家机关及其聘用的职工，民办非企业单位及其职工，有雇工的城镇个体工商户及其雇工。

新型农村合作医疗覆盖面：指参加新型农村合作医疗人数占农村总人口的比重。新型农村合作医疗制度：指由政府组织、引导、支持，农民自愿参加，个人、集体和政府多方筹资，以大病统筹为主的农民互助共济制度。资料来源：卫生部门。

人民群众对社会治安的满意率：反映社会治安的综合状况，体现“平安江苏”建设的要求；既反映公众安全感的高低，也反映人民群众对政府和社会治安综合治理各个部门工作绩效的评价，通过专业部门问卷调查取得。

问卷调查中，当问及“你对当前社会治安的评价”时，回答分“很好、较好、一般、较差、很差”等五个等级。其中回答“很好、较好、一般”的人数之和占问卷调查总人数的比重即为人民群众对社会治安的满意率。

资料来源：省统计局、省政法委综治办（县级数据）

城镇社区居委会依法自治达标率：指根据苏民基（2002）2 号文件要求，达到四民主（即民主选举、民主决策、民主管理、民主监督）、三自我（即自我管理、自我教育、自我服务）要求的居委会所占的比重。资料来源:民政部门。

农村村委会依法自治达标率:指根据苏民基(1999)14 号文件要求,达到四民主(即民主选举、民主决策、民主管理、民主监督)、三自我(即自我管理、自我教育、自我服务)村委会所占的比重。资料来源:民政部门。

城市绿化覆盖率: 指城市建成区绿化覆盖面积占城市建成区面积的比重。绿化覆盖面积指统计区域内的乔木、灌木、草坪等所有植被的垂直投影面积。包括公共绿地、居住区绿地、单位附属绿地、防护绿地、生产绿地、道路绿地、风景林地等的绿化种植覆盖面积、屋顶绿化覆盖面积以及零散树木的覆盖面积。资料来源:建设部门,计算公式为:

绿化覆盖率 = 建成区绿化覆盖面积 / 建成区面积 × 100%

森林覆盖率:指有林地面积、国家特别规定灌木林地面积及四旁树占地面积之和占土地面积的比重,以百分数表示。资料来源:林业部门。计算公式为:

森林覆盖率 =(有林地面积 + 灌木林地面积 + 四旁树占地面积)/ 土地总面积 × 100%

环境质量综合指数:包括全年环境空气良好天数达标率、城市水域功能区水质达标率、集中式饮用水水源水质达标率和城市环境噪声达标区覆盖率。计算公式为:

环境质量综合指数 = 环境空气质量良好天数百分率 × 30+ 集中式饮用水源地水质达标率 × 20+ 水域功能区水质达标率 × 40+ 城市环境噪声达标区覆盖率 × 10

(1)全年环境空气良好天数达标率:指省辖城市及所辖县(市)城区全年空气质量良好以上天数(即空气污染指数 API 小于或等于 100 的天数)占总天数比例的平均值。计算公式为:

环境空气质量良好天数百分率 =($\sum^{n}$(全年空气污染指数 API 小于或等于 100 的天数 / 全年总天数)/ n)× 100%

式中 n 为市和县(市)数(未建空气自动站的县(市)暂不参加统计)。

(2)城市水域功能区水质达标率:指全市所有水域功能区断面全年监测结果均值按相应水域功能目标评价达标的断面数占总断面数的比例。计算公式为:

水域功能区水质达标率 = 各地表水环境功能区断面中全年水质达标的断面数 / 各地表水环境功能区断面总数 × 100%

(3)集中式饮用水水源水质达标率:指省辖城市市区和所辖县(市)城区从集中式饮用水源地取得的水量中,其地表水水源水质达到《地表水环境质量标准》(GB3838-2002)Ⅲ类标准的水量占取水总量的百分比。计算公式为:

集中式饮用水源地水质达标率 = 各饮用水源地取水水质达标量之和 / 各饮用水源地取水量之和 × 100%

各饮用水源地取水水质达标量按照达标项次占监测总项次的百分比乘以取水总量计算,每月达标项次的监测项目基数按 26 项计算。

(4)城市环境噪声达标区覆盖率:城市环境噪声达标区覆盖率指全市(含所辖县、市)环境噪声达标区面积之和占全市建成区面积之和的比率。计算公式为:

环境噪声达标区覆盖率 =($\sum^{n}$(环境噪声达标区面积)/ $\sum^{n}$(建成区面积))× 100%。

式中 n 为市和县(市)数。

附录三、江苏省市、县主要经济指标(2008年)

MAJOR ECONOMIC INDICATORS OF CITIES AND COUNTIES OF JIANGSU

江苏省市、县主要经济指标

（2008 年）

市(县)名称	土地面积(平方公里)	年末总人口(万人)	当年出生人口(人)	当年死亡人口(人)	年末总户数(万户)	从业人员(万人)			
							第一产业	第二产业	第三产业
南京市	**6 582**	**624.46**	**50 335**	**34 781**	**200.88**	**380.37**	**45.84**	**153.24**	**181.29**
溧水县	1 067	41.05	3 368	2 095	13.91	25.67	4.48	14.84	6.35
高淳县	792	42.17	3 892	3 102	14.19	26.11	6.21	12.61	7.29
无锡市	**4 788**	**464.20**	**32 651**	**32 674**	**153.82**	**350.02**	**25.66**	**199.48**	**124.88**
江阴市	988	120.00	8 578	7 995	36.51	83.72	6.99	47.98	28.75
宜兴市	2 177	106.78	6 606	8 386	37.92	67.06	12.63	33.66	20.77
徐州市	**11 258**	**946.86**	**93 416**	**106 845**	**277.76**	**486.05**	**163.19**	**168.99**	**153.87**
丰　县	1 446	114.03	8 847	11 460	31.92	59.71	34.28	14.20	11.23
沛　县	1 349	123.80	11 650	21 359	38.12	57.01	19.02	20.27	17.72
铜山县	1 877	122.11	12 075	10 544	37.82	62.28	24.66	20.28	17.35
睢宁县	1 767	132.51	8 794	21 234	34.78	72.85	28.85	24.52	19.49
新沂市	1 571	100.31	9 318	9 707	32.53	50.10	18.89	17.77	13.45
邳州市	2 088	169.70	29 692	23 079	45.44	84.93	26.81	32.23	25.89
常州市	**4 385**	**358.74**	**25 273**	**24 734**	**123.40**	**290.77**	**29.70**	**163.10**	**97.97**
溧阳市	1 536	77.83	6 170	5 344	26.37	49.96	9.46	25.79	14.71
金坛市	976	55.04	2 960	4 531	21.31	37.87	6.22	21.94	9.71
苏州市	**8 488**	**629.75**	**47 772**	**41 743**	**209.65**	**517.56**	**32.10**	**303.86**	**181.60**
常熟市	1 094	106.50	6 471	8 111	33.82	85.82	5.30	54.81	25.71
张家港市	772	89.84	5 785	6 104	34.11	70.98	5.38	42.79	22.81
昆山市	865	69.04	6 098	3 967	22.95	71.99	2.83	44.80	24.36
吴江市	1 093	79.53	5 499	5 891	25.45	59.94	3.90	36.77	19.27
太仓市	620	46.63	2 655	3 686	14.91	37.32	4.56	23.48	9.28
南通市	**8 001**	**763.72**	**45 825**	**58 063**	**280.74**	**454.90**	**90.46**	**200.97**	**163.48**
海安县	1 108	93.81	4 472	6 837	33.99	54.27	9.79	26.23	18.24
如东县	1 733	105.67	5 268	8 414	37.82	62.70	11.56	28.74	22.40
启东市	1 208	111.41	7 533	8 703	45.86	72.64	18.99	28.03	25.61
如皋市	1 492	140.92	9 757	10 396	45.23	77.15	18.08	32.44	26.63
通州市	1 166	124.27	7 022	10 749	48.48	72.94	14.39	34.02	24.52
海门市	939	100.12	5 771	7 399	38.24	63.20	14.24	28.01	20.94
连云港市	**7 500**	**488.25**	**56 906**	**31 697**	**138.66**	**276.10**	**92.81**	**82.58**	**100.71**
赣榆县	1 427	109.95	13 570	9 402	33.99	54.20	19.18	21.66	13.36
东海县	2 037	111.79	13 670	7 215	28.96	59.94	25.86	17.82	16.26
灌云县	1 853	110.35	12 912	7 331	29.62	50.69	22.92	13.27	14.50
灌南县	1 027	75.28	8 049	4 379	21.03	37.41	18.39	7.93	11.09

续表 1　　(2008 年)

市(县)名　称	土地面积(平方公里)	年末总人口(万人)	当　年出生人口(人)	当　年死亡人口(人)	年　末总户数(万户)	从业人员(万人)	第一产业	第二产业	第三产业
淮安市	**10 072**	**536.91**	**68 139**	**33 034**	**161.19**	**313.04**	**97.10**	**94.50**	**121.45**
涟水县	1 670	107.93	16 926	6 813	27.65	61.78	23.77	12.88	25.13
洪泽县	1 394	38.81	2 494	1 711	12.44	25.75	7.05	11.83	6.87
盱眙县	2 493	75.84	6 083	4 154	22.97	45.68	12.88	11.49	21.32
金湖县	1 344	36.40	2 099	2 508	13.20	22.03	6.64	7.25	8.14
盐城市	**16 972**	**811.71**	**87 707**	**49 682**	**278.32**	**336.11**	**123.80**	**101.03**	**111.29**
响水县	1 461	60.76	6 982	3 432	17.63	23.03	8.15	6.53	8.35
滨海县	1 915	115.72	19 864	6 455	35.21	43.21	17.95	8.40	16.86
阜宁县	1 439	109.13	15 313	5 424	35.54	41.41	16.27	11.34	13.79
射阳县	2 855	96.64	9 859	5 240	32.92	39.82	15.21	10.71	13.89
建湖县	1 160	80.55	7 495	4 233	30.48	34.26	10.55	13.54	10.13
东台市	3 221	114.60	7 039	8 919	41.57	52.50	22.87	16.06	13.58
大丰市	3 059	72.45	4 655	5 388	28.76	36.12	12.59	11.46	12.08
扬州市	**6 634**	**459.79**	**34 843**	**29 367**	**155.35**	**273.40**	**42.75**	**136.47**	**94.18**
宝应县	1 461	91.97	7 360	4 937	30.16	53.50	12.81	25.89	14.80
仪征市	857	56.80	4 054	2 503	19.68	34.78	4.90	18.99	10.89
高邮市	1 962	82.40	6 010	5 879	27.03	48.06	9.73	24.54	13.78
江都市	1 330	106.84	6 988	8 138	37.86	57.20	9.89	28.31	19.00
镇江市	**3 847**	**268.77**	**20 028**	**22 335**	**100.07**	**165.39**	**31.91**	**84.36**	**49.12**
丹阳市	1 047	80.65	6 247	7 553	28.80	52.44	10.67	29.71	12.06
扬中市	331	27.49	1 526	2 186	11.01	18.27	3.02	11.02	4.23
句容市	1 387	57.82	4 355	6 606	21.50	32.61	9.91	14.58	8.12
泰州市	**5 797**	**500.89**	**38 993**	**28 989**	**171.47**	**281.09**	**66.78**	**117.41**	**96.90**
兴化市	2 394	154.43	15 680	7 532	53.52	71.90	28.28	20.63	22.98
靖江市	665	66.55	3 661	4 394	22.18	39.03	6.94	18.09	14.00
泰兴市	1 172	119.70	7 653	7 065	40.08	65.84	16.43	26.56	22.86
姜堰市	927	79.56	5 636	4 667	27.61	44.56	8.83	22.26	13.47
宿迁市	**8 555**	**534.58**	**73 030**	**41 300**	**148.60**	**309.88**	**103.14**	**112.16**	**94.58**
沭阳县	2 298	176.82	23 907	14 625	49.00	108.63	34.12	39.51	35.01
泗阳县	1 418	98.64	16 759	5 526	26.86	54.75	17.05	22.50	15.20
泗洪县	2 731	101.12	13 777	11 147	29.84	51.86	26.55	13.25	12.07

续表 2　　（2008 年）

市(县)名称	年末单位从业人员（万人）	#国有单位	城镇集体单位	港澳台商投资单位	外商投资单位	在岗职工人数（万人）	私营企业从业人员（万人）	个体从业人员（万人）	年末城镇登记失业人员数（万人）
南京市	**104.13**	**46.06**	**4.72**	**7.38**	**13.49**	**98.99**	**118.87**	**39.80**	**6.46**
溧水县	3.40	1.31	0.13	1.06	0.44	3.23	7.37	1.78	0.25
高淳县	2.26	1.36	0.10			2.08	9.52	1.33	0.16
无锡市	**67.81**	**16.67**	**1.80**	**6.71**	**20.59**	**57.33**	**139.73**	**25.36**	**5.05**
江阴市	12.73	3.53	0.40	2.80	0.91	12.14	37.88	7.04	0.57
宜兴市	6.31	2.90	0.31	0.30	0.57	5.89	27.70	4.15	0.39
徐州市	**61.12**	**41.48**	**3.64**	**1.77**	**0.86**	**58.34**	**68.94**	**28.39**	**3.37**
丰　县	4.02	2.78	0.40	0.13	0.02	3.67	3.51	1.42	0.18
沛　县	4.45	3.55	0.54			4.07	6.79	2.62	0.29
铜山县	5.71	3.15	0.34		0.01	5.63	6.82	1.97	0.23
睢宁县	4.02	2.77	0.35	0.48	0.03	3.84	5.18	2.42	0.19
新沂市	5.08	2.44	0.33	0.16	0.25	4.97	10.98	1.99	0.46
邳州市	6.03	3.92	0.47	0.32	0.34	5.85	10.18	2.72	0.29
常州市	**37.04**	**13.66**	**1.46**	**3.14**	**4.37**	**35.92**	**106.91**	**23.80**	**3.28**
溧阳市	5.26	2.29	0.12	0.18	0.53	5.15	13.41	4.05	0.40
金坛市	5.07	1.48	0.26	0.41	1.05	5.02	14.33	3.00	0.28
苏州市	**121.13**	**21.64**	**2.85**	**17.68**	**55.26**	**118.08**	**228.83**	**50.32**	**4.79**
常熟市	11.09	2.91	0.59	1.63	1.94	10.92	41.15	9.65	0.41
张家港市	12.70	3.14	0.49	1.02	1.54	12.45	37.14	6.45	0.40
昆山市	18.10	2.72	0.51	4.22	9.42	17.34	32.81	7.25	0.62
吴江市	9.22	2.26	0.33	0.66	4.57	9.03	23.80	4.05	0.27
太仓市	11.94	1.88	0.22	1.75	6.47	11.60	13.90	2.85	0.17
南通市	**60.56**	**19.79**	**2.87**	**6.95**	**12.86**	**57.55**	**166.77**	**35.88**	**3.72**
海安县	6.85	1.95	0.23	0.58	0.62	6.76	21.99	4.73	0.49
如东县	6.37	2.48	0.27	1.25	0.83	6.23	19.48	3.35	0.41
启东市	6.00	1.91	0.51	0.95	0.86	5.85	20.24	3.37	0.41
如皋市	6.34	2.36	0.19	1.00	1.43	6.23	30.84	5.22	0.48
通州市	7.02	2.19	0.58	0.95	2.05	6.91	30.69	7.41	0.37
海门市	6.45	2.36	0.29	0.88	1.79	6.23	23.69	4.85	0.32
连云港市	**32.52**	**15.93**	**2.41**	**1.56**	**3.06**	**29.86**	**31.44**	**11.76**	**1.77**
赣榆县	3.78	2.68	0.26	0.24	0.15	3.46	5.92	2.42	0.21
东海县	3.92	2.40	0.12	0.33	0.39	3.70	3.52	1.42	0.23
灌云县	4.48	2.98	0.58	0.13	0.28	4.35	3.98	2.54	0.18
灌南县	3.28	1.50	0.39	0.14	0.08	3.18	3.52	1.30	0.15

续表 3 （2008 年）

市(县)名称	年末单位从业人员（万人）	#国有单位	城镇集体单位	港澳台商投资单位	外商投资单位	在岗职工人数（万人）	私营企业从业人员（万人）	个体从业人员（万人）	年末城镇登记失业人员数（万人）
淮安市	**38.17**	**17.49**	**2.43**	**3.63**	**2.13**	**36.48**	**56.75**	**23.08**	**2.26**
涟水县	4.69	2.32	0.39	0.88	0.14	4.68	6.20	2.95	0.27
洪泽县	3.30	0.99	0.32	0.30	0.14	3.24	5.26	1.37	0.21
盱眙县	4.32	2.38	0.56	0.32	0.11	4.09	8.31	2.37	0.29
金湖县	2.84	1.40	0.18	0.18	0.23	2.80	5.23	2.36	0.19
盐城市	**50.34**	**24.61**	**1.90**	**3.21**	**3.67**	**47.63**	**90.07**	**37.26**	**2.57**
响水县	3.03	2.19	0.24	0.15	0.11	3.01	5.86	2.21	0.13
滨海县	3.37	2.18	0.11	0.01	0.00	3.22	5.32	2.18	0.14
阜宁县	4.94	1.90	0.09	0.17	0.54	4.84	9.80	3.92	0.21
射阳县	6.29	3.17	0.22	0.52	0.11	6.11	5.36	3.31	0.27
建湖县	5.34	1.97	0.41	0.25	0.02	5.01	12.41	3.64	0.24
东台市	6.31	2.94	0.32	0.26	0.62	5.96	14.56	4.61	0.31
大丰市	5.49	2.17	0.16	0.67	1.00	5.20	11.62	3.68	0.28
扬州市	**37.20**	**17.39**	**3.07**	**2.46**	**3.27**	**35.88**	**73.45**	**18.84**	**2.69**
宝应县	6.34	2.20	0.75	0.13	0.59	5.90	8.42	2.88	0.30
仪征市	5.49	2.36	0.21	0.32	0.89	5.41	11.87	2.45	0.40
高邮市	4.70	1.89	1.12	0.69	0.36	4.60	12.45	2.42	0.36
江都市	5.79	2.50	0.78	0.73	0.26	5.46	15.07	3.75	0.43
镇江市	**36.24**	**14.65**	**2.19**	**3.88**	**4.79**	**34.57**	**42.53**	**13.79**	**1.67**
丹阳市	7.90	3.56	0.44	1.55	1.18	7.62	14.70	5.68	0.45
扬中市	3.87	1.11	0.44	0.08	0.14	3.76	5.30	1.16	0.08
句容市	4.99	2.10	0.36	1.20	0.50	4.79	5.58	2.10	0.26
泰州市	**34.89**	**14.79**	**4.18**	**1.67**	**3.68**	**31.68**	**60.03**	**23.27**	**2.15**
兴化市	5.20	2.77	0.53	0.30	0.64	4.91	10.11	7.19	0.42
靖江市	6.39	2.31	0.61	0.43	1.12	5.92	12.88	3.12	0.34
泰兴市	6.46	2.66	1.03	0.20	0.32	5.84	12.01	4.70	0.44
姜堰市	5.09	1.94	0.25	0.27	0.97	4.70	10.26	2.77	0.41
宿迁市	**19.82**	**12.51**	**0.50**	**0.11**		**19.34**	**47.48**	**11.50**	**1.30**
沭阳县	6.05	3.25	0.40	0.11		6.04	14.38	3.21	0.30
泗阳县	3.15	2.16	0.05			3.07	8.89	2.53	0.26
泗洪县	4.27	3.13	0.04			4.26	6.23	1.78	0.26

续表 4 （2008 年）

市(县)名称	地区生产总值(亿元)	第一产业	第二产业	#工业	第三产业	地区生产总值指数(上年=100)	第一产业	第二产业	#工业	第三产业
南京市	**3 775.00**	**93.00**	**1 795.00**	**1 555.00**	**1 887.00**	**112.1**	**101.3**	**109.6**	**109.9**	**115.3**
溧水县	159.63	13.43	99.90	83.50	46.30	114.4	103.0	117.0	116.6	112.9
高淳县	168.21	15.09	97.50	81.00	55.62	112.4	101.6	113.8	117.4	113.8
无锡市	**4 419.50**	**63.50**	**2 546.07**	**2 398.40**	**1 809.93**	**112.4**	**103.8**	**111.7**	**112.1**	**113.8**
江阴市	1 530.00	21.60	942.65	916.63	565.75	114.9	104.7	114.7	114.9	115.7
宜兴市	600.02	21.52	350.49	330.48	228.01	113.3	103.7	112.7	113.0	115.4
徐州市	**2 007.36**	**210.02**	**1 061.78**	**910.04**	**735.56**	**113.5**	**105.2**	**114.0**	**115.0**	**115.5**
丰　县	100.02	25.28	41.92	30.95	32.82	114.2	105.6	118.1	118.4	116.8
沛　县	208.01	37.55	98.94	81.87	71.52	114.8	104.0	117.8	119.0	116.6
铜山县	250.50	28.30	141.80	123.27	80.40	114.9	101.6	118.7	119.7	114.1
睢宁县	108.12	27.56	44.04	35.84	36.52	114.2	106.4	118.2	118.4	115.8
新沂市	128.41	25.01	58.52	50.15	44.88	114.4	103.0	118.5	118.8	116.9
邳州市	218.85	44.12	99.67	78.96	75.06	114.9	104.5	119.4	119.7	116.3
常州市	**2 202.23**	**68.32**	**1 297.51**	**1 191.03**	**836.40**	**112.4**	**103.8**	**112.1**	**112.6**	**113.7**
溧阳市	320.00	19.80	186.70	165.70	113.51	113.7	107.6	114.3	116.8	113.8
金坛市	263.00	16.70	145.00	125.00	101.30	112.5	101.8	111.9	113.2	115.4
苏州市	**6 701.29**	**108.86**	**4 155.54**	**3 924.11**	**2 436.89**	**112.5**	**102.4**	**111.6**	**112.1**	**115.0**
常熟市	1 150.03	19.03	660.42	640.69	470.58	114.0	100.5	112.9	113.1	116.3
张家港市	1 250.31	14.66	783.06	759.95	452.59	114.5	101.5	113.7	113.8	116.5
昆山市	1 500.26	12.37	978.81	945.31	509.08	115.0	102.2	114.1	114.6	117.2
吴江市	750.10	18.34	469.21	455.13	262.55	114.5	109.1	113.7	115.2	116.4
太仓市	528.02	18.23	314.99	288.90	194.80	114.6	106.6	113.7	114.1	116.9
南通市	**2 510.13**	**199.18**	**1 430.93**	**1 201.12**	**880.02**	**113.3**	**104.1**	**113.7**	**115.1**	**115.0**
海安县	264.60	29.10	145.12	119.17	90.38	114.9	104.2	117.1	119.2	115.7
如东县	263.40	34.09	141.31	110.83	88.00	113.4	103.5	115.0	117.3	115.4
启东市	327.00	41.62	174.92	139.92	110.46	114.0	104.0	115.5	118.2	115.5
如皋市	280.00	31.01	157.19	131.40	91.80	114.8	104.1	116.8	119.2	115.5
通州市	391.00	30.35	231.00	197.50	129.65	114.6	104.4	115.5	117.1	115.6
海门市	376.10	27.87	227.43	193.93	120.80	114.0	104.3	114.3	115.9	115.6
连云港市	**750.10**	**122.78**	**355.06**	**281.29**	**272.26**	**113.1**	**105.8**	**114.5**	**116.3**	**114.9**
赣榆县	140.71	27.17	66.79	55.50	46.75	115.0	105.6	116.2	115.5	120.2
东海县	124.75	28.30	54.28	44.68	42.17	115.2	105.8	118.0	118.5	118.7
灌云县	96.72	29.49	42.37	31.35	24.86	115.2	106.0	119.5	117.4	118.5
灌南县	79.25	16.75	40.13	32.63	22.37	115.5	106.0	119.1	118.4	118.8

续表 5　　（2008 年）

市(县)名　称	地区生产总　值(亿元)	第一产业	第二产业	#工业	第三产业	地区生产总值指数(上年=100)	第一产业	第二产业	#工业	第三产业
淮安市	**915.83**	**142.01**	**453.25**	**381.75**	**320.57**	**113.4**	**105.0**	**115.0**	**117.3**	**115.6**
涟水县	110.49	32.34	46.95	37.08	31.20	113.5	107.4	117.5	118.2	115.2
洪泽县	72.51	13.67	33.79	27.94	25.05	114.0	101.7	118.5	119.0	116.7
盱眙县	110.43	21.91	55.91	45.81	32.61	113.8	104.0	117.2	116.8	116.7
金湖县	67.74	12.80	31.06	27.26	23.88	114.0	104.0	118.4	119.5	115.2
盐城市	**1 603.26**	**275.26**	**778.40**	**670.45**	**549.60**	**113.2**	**104.3**	**115.8**	**117.6**	**114.4**
响水县	80.09	17.25	41.15	36.95	21.69	116.2	104.0	120.8	121.9	116.1
滨海县	130.85	28.90	59.54	51.00	42.41	121.3	108.3	128.8	132.1	121.2
阜宁县	139.09	27.87	68.56	52.85	42.68	113.5	103.4	117.6	119.1	114.4
射阳县	172.23	42.01	73.25	68.42	57.97	113.5	106.3	117.5	118.2	114.3
建湖县	168.64	26.00	83.98	75.08	58.66	109.4	105.0	111.9	112.2	108.0
东台市	267.11	49.69	127.37	114.70	90.05	114.6	104.0	118.0	118.1	116.3
大丰市	207.36	41.33	95.73	82.23	70.30	114.5	104.5	118.1	117.7	116.3
扬州市	**1 573.29**	**117.47**	**897.71**	**795.88**	**558.11**	**113.4**	**105.0**	**113.8**	**114.8**	**114.5**
宝应县	167.83	30.89	85.54	69.68	51.40	113.8	105.3	116.1	117.6	115.5
仪征市	200.64	10.52	129.97	116.11	60.15	113.9	104.6	114.0	115.1	115.4
高邮市	182.45	33.30	93.37	78.87	55.78	113.9	106.4	115.8	117.7	115.2
江都市	336.10	26.56	205.74	177.60	103.80	114.3	105.3	114.9	116.9	115.4
镇江市	**1 408.14**	**51.08**	**843.40**	**774.67**	**513.66**	**112.8**	**105.1**	**112.3**	**113.2**	**114.5**
丹阳市	425.45	19.88	253.12	240.93	152.45	113.4	108.3	113.6	114.0	114.0
扬中市	172.80	5.33	103.48	97.45	63.99	113.4	107.2	113.8	114.4	113.4
句容市	180.20	14.00	106.63	99.51	59.57	112.8	104.1	112.7	112.9	115.4
泰州市	**1 394.38**	**109.26**	**808.63**	**704.71**	**476.49**	**113.5**	**104.5**	**114.0**	**116.0**	**115.3**
兴化市	268.61	44.55	132.18	112.49	91.88	114.0	104.8	116.7	119.2	115.9
靖江市	291.11	10.76	175.97	160.73	104.38	116.8	104.6	118.5	120.4	115.8
泰兴市	290.17	25.82	166.60	139.73	97.75	113.5	104.7	114.1	116.8	115.1
姜堰市	218.15	18.12	123.42	103.32	76.61	114.3	104.7	115.3	117.0	115.2
宿迁市	**655.06**	**133.62**	**305.34**	**241.11**	**216.10**	**113.3**	**106.0**	**116.4**	**116.8**	**114.2**
沭阳县	181.51	45.32	80.01	70.16	56.18	114.9	108.2	118.3	121.1	116.0
泗阳县	124.73	29.21	56.67	45.66	38.85	114.5	104.5	118.5	119.1	117.1
泗洪县	118.20	32.50	45.80	39.70	39.90	114.6	106.0	117.9	118.3	118.6

续表 6　　（2008 年）

市(县)名　称	乡村从业人　员（万人）	年末耕地总资源（万公顷）	农林牧渔业总产值（亿元）（现价）	农作物总播种面积（万公顷）	#粮食作物	粮　食总产量（万吨）	油料产量（吨）	棉花产量（吨）	肉　类总产量（万吨）	水产品产　量（万吨）
南京市	**121.95**	**24.21**	**194.01**	**34.99**	**16.74**	**114.43**	**133 405**	**4 327**	**13.21**	**20.14**
溧水县	17.48	4.35	27.95	6.21	3.45	23.54	25 207	798	2.18	2.63
高淳县	22.35	3.65	32.67	5.45	2.61	18.99	29 676	468	1.70	3.96
无锡市	**140.91**	**13.95**	**124.47**	**17.61**	**12.13**	**79.94**	**16 959**		**11.60**	**12.36**
江阴市	45.95	3.56	41.91	4.34	2.98	20.05	1 949		4.73	2.31
宜兴市	43.32	6.61	44.07	8.73	6.53	41.94	13 187		3.59	7.82
徐州市	**354.38**	**59.06**	**420.65**	**101.01**	**66.68**	**389.34**	**106 974**	**41 732**	**58.85**	**16.65**
丰　县	51.53	7.57	53.09	13.31	8.14	43.91	6 181	16 812	5.61	0.38
沛　县	47.26	7.55	67.39	13.35	8.13	51.76	3 571	4 466	14.19	1.80
铜山县	51.46	10.65	59.98	16.11	11.00	65.43	7 284	8 130	7.30	4.11
睢宁县	64.38	10.00	51.93	17.31	13.63	74.67	19 531	2 507	7.22	2.21
新沂市	40.36	7.88	50.33	13.25	9.07	52.94	54 000		7.80	3.79
邳州市	69.71	11.07	88.24	20.80	11.19	69.93	14 696	8 621	13.36	3.08
常州市	**127.59**	**17.77**	**124.80**	**23.35**	**16.04**	**113.35**	**52 575**	**484**	**12.06**	**15.05**
溧阳市	30.63	6.42	35.72	9.55	6.57	49.41	38 703	406	2.07	4.56
金坛市	20.92	3.92	33.05	5.66	3.97	27.09	9 556	78	2.92	4.49
苏州市	**205.94**	**23.11**	**199.55**	**27.24**	**16.24**	**113.22**	**42 571**	**2 525**	**15.38**	**28.88**
常熟市	43.87	5.69	35.83	7.66	4.26	30.15	12 944	1 561	2.14	4.06
张家港市	33.10	3.48	26.98	5.88	4.35	28.09	5 977	358	1.57	1.77
昆山市	22.60	1.89	25.51	2.86	1.84	12.68	3 178	42	1.03	5.07
吴江市	32.40	3.76	34.57	3.62	1.71	13.86	9 970		1.75	7.93
太仓市	16.61	3.41	32.80	4.93	3.07	21.03	7 286	564	6.82	3.98
南通市	**336.53**	**46.85**	**371.46**	**85.20**	**53.59**	**319.12**	**380 659**	**67 562**	**44.00**	**74.24**
海安县	40.53	5.50	60.19	10.33	8.02	61.91	17 234	704	9.37	2.56
如东县	49.87	10.94	74.42	17.25	13.04	86.20	50 492	21 462	8.69	24.33
启东市	58.67	6.90	77.72	15.21	7.70	25.56	87 369	21 748	5.11	31.99
如皋市	62.83	8.16	54.68	15.07	10.79	65.54	36 341	477	9.78	2.21
通州市	59.24	7.95	48.14	13.87	8.08	51.17	86 414	9 996	6.28	5.02
海门市	50.31	6.02	47.57	10.91	4.33	18.71	88 507	13 111	3.84	7.69
连云港市	**171.76**	**36.91**	**230.54**	**57.01**	**47.27**	**320.12**	**107 778**	**7 253**	**20.49**	**56.41**
赣榆县	41.01	6.76	64.79	10.16	7.47	48.35	64 438	753	4.76	35.09
东海县	45.48	12.92	53.27	18.16	14.90	97.37	39 888	80	5.35	4.57
灌云县	39.68	10.09	54.49	13.83	11.93	83.27	1 100	5 130	5.36	3.57
灌南县	30.91	5.92	31.37	9.72	8.49	59.49	2 248	299	2.95	2.65

续表 7　　　　（2008 年）

市（县）名称	乡村从业人员（万人）	年末耕地总资源（千公顷）	农林牧渔业总产值（亿元）	农作物总播种面积（千公顷）		粮食总产量（万吨）	油料产量（万吨）	棉花产量（吨）	肉类总产量（万吨）	水产品产量（万吨）
					# 粮食作物					
淮安市	**213.05**	**48.77**	**280.97**	**76.21**	**63.42**	**424.74**	**104 887**	**672**	**26.23**	**24.07**
涟水县	49.38	10.30	64.64	16.14	13.05	84.91	33 021	166	5.62	1.89
洪泽县	18.08	3.78	30.55	6.41	5.40	38.15	3 986		1.88	4.86
盱眙县	32.72	11.30	45.80	15.95	13.07	87.20	32 786	126	4.75	5.18
金湖县	14.07	4.95	24.74	7.68	6.93	46.65	8 095	365	1.22	4.82
盐城市	**290.87**	**78.14**	**658.25**	**140.74**	**89.08**	**603.03**	**336 042**	**183 559**	**63.23**	**94.05**
响水县	20.66	6.11	42.10	10.65	6.89	46.19	26 123	14 351	3.41	4.72
滨海县	40.42	9.61	61.79	16.85	11.39	78.09	56 532	7 214	8.10	7.50
阜宁县	36.65	8.78	64.22	14.81	12.32	85.62	19 014	1 285	14.06	5.54
射阳县	34.21	13.71	108.73	20.66	12.99	87.57	38 643	55 818	6.01	15.63
建湖县	29.46	6.49	55.62	10.82	9.21	68.27	14 806	3 723	5.02	8.05
东台市	46.96	12.59	122.80	25.18	13.51	84.45	90 377	20 932	9.82	14.81
大丰市	31.16	10.46	107.96	23.77	10.31	63.98	62 465	53 289	7.73	13.33
扬州市	**166.90**	**30.40**	**230.70**	**48.48**	**39.53**	**269.42**	**79 533**	**6 024**	**16.44**	**36.12**
宝应县	40.19	7.68	60.16	12.63	10.84	78.05	13 971	111	3.44	13.93
仪征市	20.14	4.91	20.65	6.34	5.08	29.33	12 414	139	2.14	0.55
高邮市	32.19	7.65	63.15	13.34	11.01	76.91	20 259	4 575	3.67	14.77
江都市	38.24	6.80	50.62	10.59	8.41	57.60	23 891	697	4.17	4.00
镇江市	**97.52**	**17.15**	**92.09**	**23.90**	**17.59**	**112.42**	**66 874**	**1 725**	**6.55**	**8.23**
丹阳市	34.99	5.41	35.31	8.53	7.09	45.63	11 584	35	2.34	3.54
扬中市	11.83	1.06	9.01	1.94	1.52	10.39	1 451		0.38	0.62
句容市	24.33	6.66	25.72	7.75	4.82	30.55	39 139	1 616	1.35	2.19
泰州市	**204.57**	**31.67**	**203.23**	**55.30**	**41.89**	**300.62**	**119 375**	**21 184**	**21.18**	**24.07**
兴化市	59.93	12.98	85.80	22.27	17.59	127.11	37 126	18 356	4.16	18.21
靖江市	25.79	2.93	19.91	5.42	4.57	32.28	5 224		2.74	0.78
泰兴市	54.51	7.37	46.41	13.55	9.81	69.95	42 460		6.76	1.46
姜堰市	34.81	6.36	33.18	10.96	7.78	56.61	29 630	2 740	4.83	2.53
宿迁市	**225.33**	**43.84**	**253.38**	**68.94**	**56.80**	**352.46**	**45 500**	**1 918**	**24.01**	**24.48**
沭阳县	84.32	14.19	83.08	24.12	18.17	116.29	18 686	95	9.41	1.77
泗阳县	38.88	7.01	51.10	10.78	8.56	53.33	13 554	67	3.78	6.45
泗洪县	38.98	13.32	58.85	18.42	16.41	93.91	21 684	1 305	5.05	7.90

续表 8　　（2008 年）

市(县)名　称	规模以上工业企业单位数(个)	工　业总产值(当年价)(亿元)	内资企业	港澳台商投资企业	外商投资企业	主营业务收　入(亿元)	利润总额(亿元)	利税总额(亿元)	建筑企业单位数(个)	建筑业总产值(亿元)
南京市	**2 194**	**6 472.23**	**3 966.93**	**674.99**	**1 830.31**	**6 466.85**	**125.51**	**371.74**	**1 449**	**1 138.02**
溧水县	267	284.72	209.64	40.42	34.66	268.98	13.31	25.53	62	67.26
高淳县	143	228.06	199.38	9.29	19.39	231.46	10.35	18.36	111	107.13
无锡市	**5 564**	**10 281.67**	**6 263.52**	**1 412.64**	**2 605.51**	**9 988.63**	**527.74**	**765.83**	**559**	**344.22**
江阴市	1 249	4 011.65	2 991.90	706.20	313.55	3 893.02	226.97	323.00	122	55.50
宜兴市	949	1 437.85	1 177.71	62.12	198.02	1 358.76	67.43	113.55	156	103.73
徐州市	**2 289**	**2 846.68**	**2 460.96**	**202.40**	**183.31**	**2 776.46**	**215.66**	**451.54**	**376**	**351.24**
丰　县	186	75.22	66.06	4.40	4.76	69.76	3.18	6.46	25	30.71
沛　县	358	208.63	197.28	9.42	1.93	202.51	14.05	26.65	40	37.05
铜山县	422	634.72	590.77	12.00	31.95	617.38	52.95	97.64	40	73.40
睢宁县	138	86.84	63.48	21.18	2.19	83.97	6.82	12.58	11	11.03
新沂市	194	172.31	140.22	7.40	24.70	170.58	7.93	15.85	28	15.52
邳州市	416	308.79	268.57	18.41	21.81	305.78	22.49	55.25	24	22.26
常州市	**4 954**	**5 166.49**	**3 414.45**	**764.11**	**987.93**	**5 057.29**	**220.07**	**368.79**	**544**	**507.84**
溧阳市	403	628.87	428.16	28.68	172.03	600.89	27.51	54.56	80	166.34
金坛市	493	438.27	222.65	87.51	128.10	416.49	29.99	46.28	36	60.58
苏州市	**9 959**	**18 630.13**	**6 133.59**	**2 824.95**	**9 671.59**	**18 379.42**	**895.64**	**1 330.14**	**1 368**	**906.28**
常熟市	1 686	2 290.71	1 321.55	372.59	596.57	2 229.51	96.01	146.26	150	92.28
张家港市	1 111	3 153.78	2 454.60	157.92	541.26	3 163.52	161.94	252.86	116	69.40
昆山市	1 684	4 554.86	249.48	865.64	3 439.75	4 510.13	266.04	342.66	184	130.44
吴江市	1 835	2 178.47	793.18	577.22	808.08	2 104.91	75.49	121.26	93	64.39
太仓市	1 100	996.44	441.98	143.78	410.68	971.81	42.36	75.40	71	35.21
南通市	**5 844**	**5 162.42**	**3 216.10**	**601.76**	**1 344.57**	**5 089.20**	**303.61**	**470.49**	**893**	**1 838.15**
海安县	696	569.86	433.34	85.29	51.23	569.66	27.75	42.35	96	260.53
如东县	705	530.81	358.17	90.54	82.10	521.08	27.31	42.28	70	138.76
启东市	685	550.21	364.89	85.20	100.13	541.25	38.94	58.37	83	214.67
如皋市	859	605.08	534.84	30.00	40.23	603.98	30.08	50.01	89	253.14
通州市	1 032	900.13	570.43	84.61	245.10	890.98	59.61	92.20	149	382.38
海门市	679	800.03	450.41	133.27	216.35	790.79	60.90	98.35	129	359.46
连云港市	**1 262**	**973.98**	**619.49**	**84.03**	**270.46**	**954.12**	**81.13**	**130.80**	**286**	**213.09**
赣榆县	265	124.90	109.31	3.07	12.52	124.39	7.93	13.94	36	66.58
东海县	236	106.90	63.48	36.03	7.39	104.57	6.19	8.43	22	26.33
灌云县	211	88.59	78.05	4.28	6.26	88.41	6.50	10.77	23	19.39
灌南县	192	103.77	99.74	2.40	1.63	100.41	2.86	9.23	23	21.06

续表 9　　　　（2008 年）

市(县)名称	规模以上工业企业单位数（个）	工业总产值（当年价）（亿元）	内资企业	港澳台商投资企业	外商投资企业	主营业务收入（亿元）	利润总额（亿元）	利税总额（亿元）	建筑企业单位数（个）	建筑业总产值（亿元）
淮安市	**1 116**	**1 254.88**	**1 057.18**	**85.46**	**112.25**	**1 123.18**	**57.27**	**134.63**	**616**	**386.49**
涟水县	107	140.51	127.92	12.17	0.42	140.23	3.17	7.72	21	57.83
洪泽县	111	109.66	82.77	12.37	14.52	110.09	7.51	11.93	50	25.32
盱眙县	166	111.00	104.44	5.06	1.50	105.25	2.94	6.00	24	23.28
金湖县	182	105.11	89.09	4.17	11.85	101.60	4.34	7.18	14	22.64
盐城市	**2 910**	**2 515.04**	**2 013.12**	**131.28**	**370.63**	**2 384.82**	**87.50**	**186.98**	**574**	**464.84**
响水县	159	166.80	106.94	5.63	54.23	157.07	10.00	14.80	31	19.39
滨海县	194	167.26	159.41	6.43	1.42	163.85	8.85	16.73	35	32.93
阜宁县	263	214.68	183.66	6.26	24.75	210.88	6.77	14.56	59	104.37
射阳县	246	252.39	216.36	26.64	9.39	216.24	5.58	13.13	36	16.18
建湖县	330	295.35	272.33	10.01	13.02	269.76	12.25	23.37	60	61.30
东台市	574	358.76	311.70	20.28	26.77	348.44	15.47	32.20	44	33.46
大丰市	431	247.99	191.86	26.22	29.91	240.91	9.28	18.23	55	23.78
扬州市	**3 023**	**3 517.56**	**2 596.79**	**576.54**	**344.23**	**3 333.71**	**142.00**	**270.97**	**940**	**1 033.15**
宝应县	351	307.32	259.47	13.22	34.62	292.64	9.03	16.89	51	127.57
仪征市	392	530.43	259.41	215.84	55.18	478.61	–2.51	9.09	126	132.82
高邮市	514	345.10	283.53	53.24	8.34	328.68	9.42	19.57	134	153.24
江都市	712	864.06	794.40	41.33	28.33	817.85	37.18	63.19	202	322.00
镇江市	**2 504**	**2 780.32**	**1 784.74**	**402.69**	**592.88**	**2 590.34**	**121.29**	**210.16**	**349**	**195.32**
丹阳市	1 005	843.67	679.08	107.10	57.49	791.26	27.92	51.72	63	29.64
扬中市	404	336.93	276.35	27.12	33.46	316.54	16.50	30.99	27	11.07
句容市	355	376.97	223.96	121.62	31.40	361.66	10.00	24.25	53	22.86
泰州市	**2 849**	**2 949.82**	**2 131.18**	**312.49**	**506.15**	**2 794.88**	**152.01**	**287.50**	**600**	**954.06**
兴化市	587	388.07	327.89	24.78	35.40	378.95	19.04	34.06	95	109.42
靖江市	553	675.78	294.75	146.55	234.48	632.73	53.46	80.82	107	128.38
泰兴市	581	533.01	411.23	43.16	78.62	501.17	23.44	27.46	107	204.19
姜堰市	540	441.02	365.68	23.61	51.73	408.51	25.33	39.13	109	246.96
宿迁市	**1 347**	**581.82**	**540.77**	**11.49**	**29.55**	**569.22**	**29.71**	**51.37**	**240**	**175.31**
沭阳县	404	157.14	149.85	2.83	4.46	154.96	7.25	12.37	48	28.77
泗阳县	302	108.30	105.99	0.84	1.47	105.07	4.48	6.20	29	20.08
泗洪县	195	76.41	75.64	0.38	0.39	75.42	2.22	7.24	36	26.24

续表 10　　　　(2008 年)

市(县)名称	社会消费品零售总额(亿元)	#市	县	#批发和零售业	住宿和餐饮业	进出口总额(海关数)(亿美元)	#出口总额	新签项目(合同)个数(个)	合同外资金额(亿美元)	实际到帐外资(商务部口径)(亿美元)
南京市	**1 651.82**	**1 539.65**	**60.77**	**1 434.79**	**195.08**	**405.92**	**235.97**	**268**	**44.60**	**23.72**
溧水县	49.24		25.59	40.20	7.04	3.94	3.70	13	1.82	0.75
高淳县	56.69	0.03	28.91	46.62	7.80	1.85	1.70	20	0.65	0.16
无锡市	**1 391.48**	**1 173.03**	**218.45**	**1 219.37**	**138.51**	**560.28**	**357.85**	**282**	**47.60**	**31.67**
江阴市	293.34	181.97	111.36	254.03	32.57	135.49	87.91	61	11.87	6.28
宜兴市	210.12	103.03	107.09	175.75	30.72	24.43	19.99	43	5.99	4.55
徐州市	**680.23**	**429.05**	**80.25**	**570.08**	**104.71**	**34.54**	**22.45**	**122**	**17.26**	**5.83**
丰　县	36.31		18.65	31.90	4.30	0.40	0.38	8	0.83	0.05
沛　县	68.61		39.43	51.45	16.96	0.40	0.35	13	1.36	0.24
铜山县	55.33			43.42	11.87	1.36	1.05	21	1.59	0.61
睢宁县	44.64		22.17	39.97	4.45	0.85	0.14	10	0.87	0.11
新沂市	44.06	26.61		38.12	5.91	1.70	1.31	5	1.81	0.13
邳州市	59.80	31.28		46.23	13.51	4.02	3.75	5	1.21	0.30
常州市	**758.16**	**694.47**	**63.70**	**659.06**	**90.65**	**176.29**	**132.44**	**245**	**34.10**	**20.40**
溧阳市	106.44	72.99	33.45	90.12	13.51	5.95	5.49	35	6.09	2.61
金坛市	82.06	51.82	30.25	70.45	10.84	12.61	10.45	38	5.51	2.61
苏州市	**1 551.45**	**1 166.51**	**384.93**	**1 332.62**	**218.21**	**2 285.26**	**1 317.23**	**1 462**	**163.90**	**81.33**
常熟市	263.68	143.71	119.97	236.03	27.58	129.35	86.58	95	16.03	8.52
张家港市	167.15	83.11	84.03	143.00	24.00	217.35	102.80	154	18.09	5.97
昆山市	201.87	125.52	76.35	164.92	36.92	613.50	386.64	351	30.99	16.03
吴江市	125.05	62.97	62.08	110.78	13.93	163.34	88.94	136	18.77	8.52
太仓市	81.95	39.44	42.50	67.25	14.70	72.14	38.83	110	13.91	7.35
南通市	**915.10**	**444.58**	**74.29**	**815.69**	**96.93**	**166.88**	**117.52**	**416**	**55.55**	**29.37**
海安县	96.38		38.04	87.27	8.83	8.08	7.29	68	7.41	3.76
如东县	107.51		36.25	93.95	13.22	8.42	7.42	74	9.92	2.38
启东市	122.89	56.57		108.06	14.60	14.55	11.79	32	6.49	3.83
如皋市	123.73	53.93		112.26	11.14	13.25	8.22	43	9.88	6.47
通州市	129.42	68.78		113.51	15.53	16.45	14.60	42	2.94	2.58
海门市	126.81	56.94		112.29	14.37	8.96	7.14	71	6.96	2.98
连云港市	**310.44**	**125.13**	**102.58**	**272.66**	**37.79**	**44.49**	**22.92**	**147**	**18.14**	**9.35**
赣榆县	59.50		33.31	52.60	6.90	0.85	0.73	16	1.46	1.41
东海县	54.97		32.11	47.94	7.02	1.39	1.23	16	1.79	1.38
灌云县	43.98		21.35	39.67	4.31	1.37	1.24	11	1.56	1.50
灌南县	26.86		15.80	23.63	3.24	0.59	0.54	11	1.58	1.33

续表 11 （2008 年）

市(县)名称	社会消费品零售总额(亿元)	#市	县	#批发和零售业	住宿和餐饮业	进出口总额(海关数)(亿美元)	#出口总额	新签项目(合同)个数(个)	合同外资金额(亿美元)	实际到帐外资(商务部口径)(亿美元)
淮安市	**335.90**	**213.64**	**72.59**	**286.08**	**45.66**	**17.81**	**11.94**	**142**	**11.45**	**4.55**
涟水县	31.81		18.75	25.31	6.28	0.86	0.68	5	0.89	0.52
洪泽县	30.12		19.66	25.81	4.02	0.25	0.24	7	0.81	0.39
盱眙县	32.14		17.81	26.23	4.89	0.46	0.41	26	0.92	0.50
金湖县	28.20		16.37	23.85	3.95	1.26	1.19	14	0.81	0.41
盐城市	**542.78**	**242.09**	**128.68**	**470.54**	**71.15**	**28.30**	**21.06**	**458**	**30.94**	**9.44**
响水县	20.64		11.08	18.38	2.25	2.19	1.57	28	1.84	0.37
滨海县	37.52		22.40	32.21	4.79	0.95	0.87	35	1.64	0.47
阜宁县	47.10		24.48	42.51	4.58	1.08	0.90	44	3.09	0.87
射阳县	57.84		36.35	52.89	4.95	0.95	0.83	26	2.70	0.82
建湖县	55.53		34.38	45.86	9.66	1.49	1.32	25	2.57	0.67
东台市	86.48	42.47		75.03	11.37	3.01	2.72	79	4.42	1.74
大丰市	57.31	26.50		51.82	5.46	3.15	2.92	109	5.14	1.84
扬州市	**521.30**	**381.47**	**39.77**	**441.02**	**74.58**	**61.80**	**45.67**	**321**	**50.07**	**17.20**
宝应县	57.04		39.77	48.11	6.60	3.53	2.69	23	3.00	0.80
仪征市	59.22	41.73		47.80	10.53	5.82	3.39	94	6.88	3.53
高邮市	57.39	30.18		46.27	10.67	3.10	2.64	22	3.02	1.01
江都市	96.89	58.80		82.32	13.55	9.25	7.74	43	7.53	2.51
镇江市	**410.21**	**342.44**	**67.77**	**357.44**	**50.10**	**74.61**	**42.52**	**146**	**23.34**	**12.02**
丹阳市	110.79	69.96	40.82	91.81	16.31	15.82	13.50	36	5.53	2.01
扬中市	49.34	33.57	15.77	42.09	7.25	5.66	2.26	8	1.70	1.35
句容市	51.24	40.06	11.18	46.00	5.24	3.65	2.78	23	2.73	2.54
泰州市	**395.60**	**286.88**	**108.72**	**328.03**	**65.25**	**63.42**	**48.87**	**139**	**18.60**	**10.50**
兴化市	59.23	28.48	30.75	50.29	8.38	3.37	2.08	26	1.16	0.62
靖江市	68.71	47.39	21.32	54.67	13.88	21.39	18.63	17	4.67	2.77
泰兴市	83.95	55.81	28.15	69.46	14.41	11.00	6.80	23	3.54	1.76
姜堰市	68.19	39.69	28.50	60.33	7.42	6.14	5.32	29	1.90	1.22
宿迁市	**196.80**	**74.84**	**69.30**	**164.57**	**32.12**	**4.76**	**4.31**	**58**	**2.13**	**0.95**
沭阳县	56.94		34.44	48.07	8.85	0.70	0.67	8	0.46	0.14
泗阳县	33.10		15.93	27.49	5.59	0.60	0.57	10	0.25	0.22
泗洪县	31.49		18.50	28.10	3.34	0.39	0.35	2	0.19	0.17

续表 12 （2008 年）

市(县)名称	城镇固定资产投资(亿元)	#房地产开发投资	商品房销售面积(万平方米)	#住宅	一般预算收入(亿元)	#税收收入	一般预算支出(亿元)	年末金融机构各项存款余额(亿元)	#居民储蓄存款	年末金融机构各项贷款余额(亿元)
南京市	**1 736.48**	**508.17**	**699.34**	**655.25**	**386.56**	**330.57**	**404.67**	**8 392.88**	**2 505.33**	**7 171.70**
溧水县	66.17	7.27	30.92	28.30	10.02	7.33	13.91	85.50	49.69	46.69
高淳县	29.17	8.58	25.04	21.20	9.02	7.59	12.61	74.18	48.88	47.17
无锡市	**1 370.38**	**449.72**	**537.35**	**456.96**	**365.43**	**308.45**	**338.98**	**5 321.81**	**2 255.89**	**3 725.07**
江阴市	183.00	77.78	143.48	128.38	102.19	79.83	89.82	1 214.58	469.62	965.59
宜兴市	121.87	38.02	67.98	51.95	38.12	34.15	35.00	625.13	359.37	442.25
徐州市	**1 015.04**	**130.81**	**294.27**	**267.92**	**125.85**	**100.20**	**199.05**	**1 719.14**	**974.51**	**796.58**
丰　县	40.17	7.90	38.66	36.65	5.27	4.09	15.79	81.83	65.96	28.94
沛　县	91.35	8.35	50.07	45.53	10.81	8.87	20.33	144.93	106.53	34.64
铜山县	135.05	11.08	30.84	28.63	13.30	10.64	22.47	210.29	152.70	99.10
睢宁县	45.38	2.92	14.66	14.39	5.22	4.22	16.72	87.46	71.90	36.99
新沂市	82.13	12.55	18.55	18.55	7.01	5.28	15.73	76.29	55.98	54.00
邳州市	102.38	13.85	17.19	17.19	13.07	9.07	23.70	111.74	89.06	67.98
常州市	**951.41**	**308.92**	**504.49**	**425.53**	**185.19**	**160.72**	**186.68**	**2 819.42**	**1 431.20**	**1 851.69**
溧阳市	93.07	16.85	46.08	42.32	19.62	17.29	21.85	281.79	185.53	181.86
金坛市	103.64	20.21	65.40	49.39	12.78	10.56	13.74	188.72	127.51	119.09
苏州市	**1 937.79**	**718.08**	**1 007.36**	**830.26**	**668.91**	**587.08**	**622.37**	**8 340.79**	**3 337.32**	**6 301.81**
常熟市	211.89	74.73	113.01	86.54	70.15	56.51	64.37	1 082.26	554.57	684.03
张家港市	183.10	51.55	75.46	62.16	103.98	77.52	94.23	1 070.21	439.36	755.33
昆山市	286.09	120.13	277.28	226.74	115.69	106.51	96.90	1 138.70	414.87	809.49
吴江市	212.40	79.10	82.52	65.30	60.16	53.36	53.09	791.31	364.82	616.16
太仓市	189.73	39.24	51.73	35.87	50.18	39.56	47.14	450.90	204.22	384.41
南通市	**840.00**	**172.68**	**419.35**	**376.62**	**159.59**	**135.43**	**196.22**	**2 966.13**	**1 875.19**	**1 728.22**
海安县	107.68	15.68	42.12	37.90	12.57	10.49	18.56	297.10	216.49	176.28
如东县	63.91	9.34	18.82	17.12	12.12	10.03	22.49	248.76	186.20	114.05
启东市	85.03	15.03	39.10	35.09	16.22	14.26	19.86	315.49	252.82	156.63
如皋市	85.83	13.09	27.59	22.65	16.43	14.43	27.12	297.54	220.06	136.80
通州市	93.58	10.32	40.29	35.14	16.58	14.64	22.11	371.31	279.89	190.15
海门市	87.02	15.44	37.12	32.69	16.51	13.86	19.60	329.52	253.21	156.69
连云港市	**568.17**	**95.12**	**298.00**	**250.70**	**66.21**	**53.38**	**106.43**	**796.84**	**395.56**	**490.49**
赣榆县	79.74	13.58	59.92	56.40	8.02	6.13	18.79	87.71	61.85	46.70
东海县	55.46	8.45	36.57	33.57	7.50	5.63	17.24	86.32	59.86	40.08
灌云县	86.59	9.10	22.07	15.75	7.01	4.88	14.06	79.31	48.83	28.87
灌南县	85.51	8.35	40.51	30.80	7.48	5.31	15.46	43.20	30.57	16.49

续表 13　　　　　　　　　　　　（2008 年）

市(县)名　称	城镇固定资产投资（亿元）	# 房地产开发投资	商品房销售面积(万平方米)	# 住宅	一般预算收　入（亿元）	# 税收收入	一般预算支　出（亿元）	年末金融机构各项存款余额（亿元）	# 居民储蓄存款	年末金融机构各项贷款余额（亿元）
淮安市	**518.20**	**138.40**	**263.94**	**237.00**	**71.36**	**52.34**	**114.29**	**694.53**	**400.71**	**451.74**
涟水县	54.29	11.45	31.52	29.82	5.07	3.68	13.34	74.07	49.94	32.51
洪泽县	36.97	6.61	11.16	7.06	4.31	3.72	9.11	44.83	27.63	29.96
盱眙县	79.45	17.88	24.26	23.16	5.91	4.34	12.46	69.32	41.63	34.86
金湖县	32.42	8.51	20.02	17.19	4.00	3.65	8.13	54.62	36.62	30.36
盐城市	**649.45**	**109.02**	**286.91**	**249.46**	**90.30**	**69.78**	**153.65**	**1 302.10**	**863.63**	**717.06**
响水县	45.75	5.35	18.87	17.09	4.80	3.58	9.25	51.27	35.20	27.20
滨海县	48.35	7.54	37.12	28.91	6.40	4.95	14.74	76.63	54.74	38.17
阜宁县	52.32	7.70	36.61	33.73	6.69	5.34	16.27	102.80	80.01	39.60
射阳县	41.93	4.49	12.75	12.05	7.67	4.78	15.37	105.63	84.10	55.67
建湖县	52.68	7.90	19.77	15.36	8.94	6.81	15.66	122.60	93.21	64.41
东台市	72.21	10.92	18.13	14.41	13.08	9.45	20.72	222.44	168.58	92.84
大丰市	71.72	9.32	20.55	20.13	10.02	7.36	17.71	148.16	105.30	69.24
扬州市	**613.85**	**137.66**	**304.38**	**266.32**	**104.83**	**76.07**	**126.46**	**1 551.91**	**899.10**	**889.40**
宝应县	52.64	15.07	42.69	39.14	7.98	5.64	15.32	123.10	92.35	58.75
仪征市	77.90	8.50	22.62	20.92	12.52	7.85	13.50	167.05	96.44	101.90
高邮市	67.85	9.92	36.49	29.66	8.43	7.13	15.10	151.39	112.02	60.18
江都市	113.92	22.26	69.16	59.45	15.87	12.07	19.42	327.58	233.72	148.52
镇江市	**456.22**	**97.03**	**214.06**	**192.17**	**85.66**	**70.17**	**96.57**	**1 262.71**	**686.71**	**920.98**
丹阳市	64.69	14.04	41.30	34.78	20.00	16.42	20.90	332.38	200.83	262.85
扬中市	29.55	6.07	24.07	22.20	9.54	8.09	10.51	162.54	103.92	105.99
句容市	35.15	12.11	40.08	34.91	9.50	7.90	13.92	129.56	81.67	70.67
泰州市	**437.66**	**111.78**	**302.87**	**261.81**	**101.08**	**81.75**	**125.44**	**1 402.12**	**824.87**	**792.89**
兴化市	37.81	13.70	43.13	34.28	12.50	10.64	23.68	211.36	157.54	122.81
靖江市	84.36	17.43	48.76	45.12	20.84	16.69	18.85	305.70	165.21	139.75
泰兴市	59.48	10.62	54.15	48.95	15.89	11.81	22.62	219.07	160.37	105.25
姜堰市	40.11	13.86	53.46	48.23	13.24	10.81	17.52	214.90	152.70	125.80
宿迁市	**341.99**	**87.07**	**354.55**	**315.32**	**46.52**	**35.81**	**98.62**	**447.47**	**271.16**	**323.09**
沭阳县	98.72	25.26	136.41	118.52	12.52	9.05	24.98	120.28	81.84	71.21
泗阳县	63.21	13.61	67.87	61.84	6.12	4.42	16.54	78.39	53.88	48.95
泗洪县	43.93	13.32	43.48	39.36	6.71	5.11	17.74	77.03	49.37	52.50

续表 14　　（2008 年）

市(县)名称	公路里程(公里)	#高速公路	公路客运量(万人)	公路货运量(万吨)	民用汽车拥有量(万辆)	#私人汽车拥有量	全年用电量(亿千瓦时)	#工业用电	城乡居民生活用电
南京市	**10 164**	**398**	**46 658**	**13 784**	**54.24**	**38.50**	**310.79**	**207.70**	**41.62**
溧水县	1 442	90	808	697	1.59	1.22	8.19	6.07	1.17
高淳县	1 341	1	800	603	1.01	0.71	4.90	2.81	1.12
无锡市	**7 446**	**240**	**23 046**	**9 930**	**49.94**	**31.79**	**466.69**	**393.45**	**34.65**
江阴市	2 199	64	4 425	2 611	11.88	7.87	183.36	167.47	8.23
宜兴市	2 324	78	4 102	1 361	7.45	4.90	68.18	57.14	5.85
徐州市	**15 402**	**350**	**20 529**	**11 508**	**21.12**	**15.63**	**189.22**	**149.91**	**20.06**
丰　县	1 597		1 438	1 151	1.43	1.10	5.78	2.75	2.02
沛　县	2 177		1 848	1 036	1.63	1.19	19.25	15.88	1.91
铜山县	2 430	146	2 670	1 956	3.00	2.48	23.01	18.83	2.20
睢宁县	2 251	59	1 232	1 266	1.84	1.51	10.53	7.52	1.90
新沂市	2 733	83	1 438	1 496	1.36	1.02	19.95	17.09	1.67
邳州市	2 830	39	2 463	1 611	2.38	1.83	13.93	9.37	2.51
常州市	**7 185**	**221**	**21 109**	**9 982**	**29.06**	**19.36**	**237.33**	**192.09**	**21.38**
溧阳市	1 911	55	3 993	1 578	2.97	1.96	37.76	32.51	2.77
金坛市	1 629	63	2 744	981	1.97	1.22	21.96	17.70	2.21
苏州市	**12 346**	**491**	**45 386**	**10 863**	**82.67**	**61.75**	**848.42**	**718.32**	**56.63**
常熟市	2 985	53	5 437	1 093	11.15	8.47	98.05	82.70	7.52
张家港市	1 440	19	4 573	1 964	9.43	7.39	201.85	189.70	6.01
昆山市	1 953	87	7 609	1 204	11.36	7.78	131.95	111.71	9.33
吴江市	2 300	86	3 903	725	7.13	5.86	129.56	115.88	6.20
太仓市	1 153	48	2 548	1 099	5.29	4.05	60.25	52.77	3.27
南通市	**14 989**	**241**	**12 570**	**10 825**	**26.33**	**18.66**	**203.55**	**156.19**	**25.47**
海安县	2 099	18	950	1 266	2.00	1.40	22.40	17.53	2.70
如东县	2 308		595	998	2.17	1.56	22.69	17.53	2.90
启东市	2 593	23	1 299	578	3.29	2.68	14.87	9.64	2.98
如皋市	2 818	63	853	1 651	3.14	2.40	26.03	19.66	4.04
通州市	2 341	64	698	965	3.46	2.52	25.65	19.96	3.79
海门市	2 180	37	821	737	3.07	2.40	20.87	15.50	2.87
连云港市	**10 920**	**286**	**14 681**	**8 514**	**13.55**	**9.50**	**57.92**	**36.37**	**10.77**
赣榆县	2 532	52	1 525	1 806	1.33	0.95	9.30	5.64	1.95
东海县	2 802	43	1 472	1 570	1.64	1.10	10.93	7.71	1.89
灌云县	2 516	88	1 286	1 060	1.10	0.82	5.63	2.99	1.69
灌南县	1 699	26	925	815	0.75	0.55	5.95	3.99	1.19

续表 15 （2008 年）

市(县)名 称	公路里程（公里）	# 高速公路	公 路 客运量（万人）	公 路 货运量（万吨）	民用汽车拥 有 量（万辆）	# 私人汽车拥 有 量	全 年 用电量（亿千瓦时）	# 工业用电	城乡居民生活用电
淮安市	**11 064**	**380**	**4 859**	**2 981**	**11.47**	**7.66**	**89.70**	**68.47**	**11.97**
涟水县	2 128	39			1.57	1.15	7.34	4.87	1.63
洪泽县	1 146	34			0.64	0.36	10.29	8.86	0.88
盱眙县	2 448	103			1.14	0.79	7.59	4.81	1.49
金湖县	1 106				0.59	0.32	5.51	3.76	1.01
盐城市	**17 571**	**324**	**9 176**	**4 877**	**15.24**	**10.48**	**118.39**	**84.71**	**19.81**
响水县	1 631	27	509	270	0.84	0.58	10.21	8.27	1.28
滨海县	1 989	27	1 220	648	2.03	1.38	8.80	5.64	1.96
阜宁县	1 654		791	420	1.31	1.03	14.30	11.01	2.12
射阳县	2 418	58	850	452	1.41	1.13	10.56	6.77	2.34
建湖县	1 482	27	641	341	1.06	0.76	9.57	6.49	2.04
东台市	3 083	35	1 099	584	1.83	1.29	19.86	15.37	2.76
大丰市	2 992	39	930	494	1.54	1.15	17.15	13.09	2.76
扬州市	**9 907**	**241**	**10 400**	**6 209**	**15.09**	**10.40**	**116.99**	**85.49**	**16.60**
宝应县	2 081	40	1 191	409	1.39	1.01	9.34	5.80	2.19
仪征市	1 494	30	1 253	600	1.54	0.99	17.30	14.10	1.94
高邮市	2 437	44	1 277	855	1.53	1.09	12.85	8.97	2.33
江都市	2 108	64	1 994	1 235	2.91	2.05	18.88	13.41	3.32
镇江市	**6 475**	**153**	**10 092**	**6 568**	**12.86**	**8.48**	**137.69**	**112.48**	**12.63**
丹阳市	1 991	34	2 149	1 496	3.65	2.56	42.77	36.01	3.61
扬中市	958		1 016	399	1.49	1.07	7.58	5.30	1.33
句容市	2 074	52	1 296	987	1.36	0.95	13.13	9.87	1.79
泰州市	**7 954**	**200**	**6 775**	**2 937**	**13.13**	**8.91**	**145.57**	**117.64**	**15.09**
兴化市	2 293	53	1 082	605	2.42	1.83	35.49	30.21	3.12
靖江市	1 128	24	880	529	2.66	1.62	27.74	22.66	2.87
泰兴市	1 957	71	2 465	698	2.65	1.72	27.73	21.93	3.53
姜堰市	1 875	40	860	512	2.42	1.65	22.05	18.01	2.38
宿迁市	**10 050**	**207**	**4 405**	**3 061**	**8.37**	**6.16**	**45.60**	**29.41**	**9.05**
沭阳县	3 295	56	1 159	984	2.43	1.90	11.97	7.58	2.77
泗阳县	1 509	25	641	424	1.31	1.03	6.44	3.69	1.66
泗洪县	2 295	67	1 208	463	1.28	0.87	6.91	3.64	1.81

续表 16　　（2008 年）

市(县)名　称	邮电业务总量（亿元）	邮政业务收入（亿元）	电信业务收　入（亿元）	本地电话用　户（万户）	住宅电话年末用户（万户）	移动电话年末用户（万户）	国际互联网用　户（万户）	各类保险保费收入（亿元）	赔款和给付（亿元）
南京市	**104.60**	**7.27**	**80.90**	**319.01**	**203.11**	**655.09**	**110.74**	**127.17**	**31.89**
溧水县	2.72	0.20	1.75	13.31	10.88	22.30	1.84		
高淳县	2.36	0.15	1.50	12.73	10.54	20.05	1.64		
无锡市	**81.67**	**6.12**	**72.13**	**270.32**	**134.80**	**592.06**	**95.80**	**94.72**	**39.99**
江阴市	19.67	1.30	17.73	62.60	32.47	147.67	21.71	21.96	10.85
宜兴市	12.63	0.95	10.79	50.16	28.59	91.53	14.81	14.40	7.73
徐州市	**51.62**	**3.47**	**28.57**	**238.88**	**142.35**	**368.80**	**48.80**	**51.69**	**15.49**
丰　县	3.07	0.47	1.74	22.06	13.20	26.23	2.14	3.44	0.38
沛　县	3.88	0.40	2.33	23.06	15.56	45.82	2.58	4.28	0.42
铜山县	5.85	0.46	2.88	24.10	15.29	35.82	2.61	2.28	0.61
睢宁县	3.78	0.40	2.20	27.04	15.65	27.54	2.50	2.91	0.42
新沂市	3.96	0.36	2.26	23.74	13.59	39.80	2.98	2.35	0.47
邳州市	5.63	0.52	3.14	31.21	19.29	54.75	3.60	4.52	0.72
常州市	**50.52**	**4.36**	**44.78**	**198.16**	**94.54**	**348.31**	**58.26**	**61.65**	**22.78**
溧阳市	5.77	0.56	5.05	30.56	18.47	42.98	6.51	4.94	2.40
金坛市	4.65	0.54	4.01	28.53	13.91	34.14	5.72	4.56	2.10
苏州市	**150.02**	**10.72**	**135.80**	**501.05**	**203.66**	**1 031.15**	**152.81**	**125.96**	**55.44**
常熟市	18.19	1.54	15.86	77.13	29.56	126.68	20.05	17.12	8.10
张家港市	15.90	1.16	14.20	67.13	25.30	106.49	17.55	15.62	7.06
昆山市	26.83	1.45	24.95	77.73	27.68	183.72	22.73	11.97	6.20
吴江市	17.76	0.97	16.14	58.84	24.50	123.69	16.68	12.13	5.86
太仓市	8.96	0.71	7.94	33.36	13.58	58.09	9.21	7.35	3.24
南通市	**55.49**	**6.04**	**45.15**	**295.04**	**188.88**	**381.49**	**48.60**	**71.96**	**20.62**
海安县	5.94	0.79	4.46	38.29	24.48	38.34	5.38	9.23	2.84
如东县	5.94	0.78	4.46	35.66	24.81	41.48	4.78	7.73	2.54
启东市	6.56	0.73	5.17	40.87	29.27	44.84	4.91	5.51	2.30
如皋市	8.10	0.92	6.40	44.62	30.90	55.49	5.73	7.20	2.22
通州市	7.53	0.80	5.95	44.77	30.10	51.62	5.96	7.05	2.40
海门市	6.44	0.73	5.16	36.98	26.01	44.89	5.64	7.22	2.54
连云港市	**22.03**	**2.04**	**19.99**	**137.21**	**90.11**	**181.61**	**25.88**	**21.61**	**4.22**
赣榆县	4.29	0.34	3.46	27.13	21.69	34.67	3.82		
东海县	4.25	0.42	3.38	26.63	20.59	33.26	3.90		
灌云县	3.31	0.32	2.54	21.41	16.84	25.94	2.70		
灌南县	2.46	0.24	1.93	15.80	12.05	18.86	2.42		

续表 17 （2008 年）

市(县)名称	邮电业务总量(亿元)	邮政业务收入(亿元)	电信业务收入(亿元)	本地电话用户(万户)	住宅电话年末用户(万户)	移动电话年末用户(万户)	国际互联网用户(万户)	各类保险保费收入(亿元)	赔款和给付(亿元)
淮安市	**19.23**	**1.68**	**16.64**	**133.24**	**84.52**	**133.81**	**21.93**	**20.44**	**8.90**
涟水县	2.38	0.24	1.95	22.24	16.75	14.70	1.95	1.55	0.60
洪泽县	1.48	0.14	1.26	8.77	5.47	10.60	1.40	1.02	0.61
盱眙县	1.99	0.15	1.69	16.63	11.61	13.45	1.93	0.97	0.65
金湖县	1.71	0.13	1.46	10.65	6.65	11.99	1.99	1.31	0.23
盐城市	**20.46**	**3.54**	**19.67**	**248.85**	**148.49**	**304.77**	**28.70**	**44.59**	**13.89**
响水县	1.09	0.23	1.41	14.78	8.96	22.40	1.64	1.33	
滨海县	1.59	0.26	1.18	24.81	16.66	26.70	2.08	2.26	
阜宁县	1.89	0.36	2.64	25.95	16.88	26.00	2.23	3.32	
射阳县	1.90	0.31	1.46	30.69	19.22	26.54	3.04	4.34	
建湖县	1.85	0.26	2.80	25.91	14.55	33.39	2.62	4.14	
东台市	2.97	0.54	3.77	41.48	25.85	36.77	4.29	5.87	
大丰市	2.20	0.32	1.46	31.83	18.18	35.50	3.50	4.32	
扬州市	**33.21**	**3.89**	**27.04**	**191.36**	**110.23**	**237.22**	**39.93**	**43.65**	**14.05**
宝应县	3.93	0.46	3.12	27.49	18.42	22.96	3.82	4.44	
仪征市	3.84	0.41	3.07	24.95	15.40	28.80	3.92	4.24	
高邮市	4.36	0.58	3.40	26.60	18.67	24.64	4.58	4.71	
江都市	7.35	0.91	5.71	46.46	27.03	55.31	7.54	10.12	
镇江市	**28.77**	**2.43**	**19.20**	**143.11**	**71.35**	**186.27**	**33.92**	**32.85**	**9.25**
丹阳市	7.56	0.71	5.54	38.01	23.14	53.78	8.82	9.47	2.79
扬中市	3.47	0.33	2.41	19.65	8.28	22.20	4.16	4.07	1.33
句容市	3.67	0.27	2.58	20.31	12.95	26.66	3.21	3.69	0.99
泰州市	**55.63**	**3.16**	**24.69**	**176.89**	**111.61**	**230.27**	**34.42**	**40.24**	**12.30**
兴化市	12.02	0.68	4.95	39.50	29.15	47.78	5.65	5.26	1.50
靖江市	10.52	0.55	4.56	29.21	16.39	40.29	6.57	7.62	2.40
泰兴市	11.47	0.69	5.35	44.78	29.47	47.71	6.64	8.59	2.45
姜堰市	9.02	0.50	3.86	30.54	21.52	37.06	4.94	6.18	2.12
宿迁市	**16.15**	**1.55**	**6.83**	**116.52**	**83.46**	**138.61**	**13.90**	**12.85**	**3.71**
沭阳县	4.77	0.61	2.07	32.61	24.62	39.67	3.59	3.08	0.81
泗阳县	2.36	0.24	0.98	15.35	11.59	23.26	1.72	2.22	0.57
泗洪县	2.66	0.15	1.40	22.17	16.76	25.18	2.54	1.74	0.53

续表 18 （2008 年）

市(县)名 称	城市维护建设资金支 出(亿元)	供水总量(万吨)	#居民家庭用水量	煤气(人工煤气、天然气)供气总量(万立方米)	#家庭用量	液化石油气供气总量(万吨)	#家庭用量	建成区绿地面积(公顷)	公共汽(电)车运营车辆数(辆)	出 租汽车数(辆)
南京市	**160.76**	**105 130**	**21 150**	**1 580 508**	**11 321**	**13.34**	**7.69**	**76 317**	**2 791**	**10 151**
溧水县	0.16	1 770	548			0.51	0.43	1 107	53	189
高淳县	0.36	1 770	589			0.35	0.31	554	56	245
无锡市	**93.15**	**36 043**	**14 451**	**28 360**	**28 360**	**7.48**	**4.60**	**15 747**	**3 109**	**4 040**
江阴市	13.05	6 935	1 608	28 340	568	3.48	2.99	2 037	444	418
宜兴市	13.40	3 703	2 079	16 064	566	3.45	2.80	3 353	280	453
徐州市	**17.05**	**16 155**	**4 673**	**6 383**	**4 138**	**3.22**	**2.68**	**9 242**	**1 790**	**3 594**
丰 县	0.83	1 337	686			0.45	0.44	430	196	302
沛 县	2.85	2 204	1 094			1.45	0.70	1 320	169	720
铜山县	0.43	1 658	530	497	380	0.46	0.40	1 112		
睢宁县	0.37	1 467	840			1.02	0.91	310	180	605
新沂市	1.12	2 370	228	13	10	0.84	0.65	1 114	331	318
邳州市	0.77	2 450	1 180	7	2	1.25	0.78	1 393	168	471
常州市	**26.82**	**29 138**	**8 280**	**31 298**	**4 151**	**2.67**	**1.84**	**6 468**	**1 788**	**2 142**
溧阳市	0.94	2 413	1 160	2 972	189	0.73	0.51	993	384	301
金坛市	2.92	1 879	476	972	231	0.25	0.19	899	299	279
苏州市	**117.42**	**42 522**	**16 983**	**49 362**	**10 087**	**13.01**	**2.85**	**12 475**	**2 791**	**3 203**
常熟市	10.96	24 583	3 118	16 870	465	2.90	1.94	5 475	297	609
张家港市	15.65	14 210	3 102	19 601	297	4.18	2.60	2 428	391	477
昆山市	24.14	13 356	2 855	24 232	2 734	2.53	1.73	1 790	846	890
吴江市	13.71	19 328	2 076	3 275	223	0.82	0.64	6 843	263	293
太仓市	8.25	6 316	1 259	5 901	310	4.02	1.10	1 011	92	378
南通市	**30.59**	**16 500**	**6 864**	**4 889**	**3 224**	**2.90**	**2.13**	**3 150**	**693**	**1 277**
海安县	2.70	1 507	640	311	63	1.17	0.99	535	196	344
如东县	2.29	1 447	613			1.17	0.94	591	77	210
启东市	4.52	1 843	647	495	215	0.00	0.00	503	111	405
如皋市	1.25	1 964	887			0.51	0.41	450	89	380
通州市	1.04	2 162	838			0.17	0.12	425	31	193
海门市	6.56	2 000	739			0.58	0.52	665	58	268
连云港市	**29.36**	**9 036**	**2 634**	**4 825**	**980**	**0.89**	**0.89**	**3 443**	**509**	**2 154**
赣榆县	7.32	846	381	39	33	0.24	0.23	665	52	103
东海县	1.83	805	388	94	19	1.22	0.40	677	91	162
灌云县	4.35	1 008	361	23	7	0.42	0.30	657	108	100
灌南县	1.97	1 310	400	11	8	0.23	0.15	526	26	164

注：本页指标市级单位数据统计范围均为市区口径(下页同)。

续表 19 （2008 年）

市(县)名称	城市维护建设资金支出（亿元）	供水总量（万吨）	#居民家庭用水量	煤气(人工煤气、天然气)供气总量（万立方米）	#家庭用量	液化石油气供气总量（万吨）	#家庭用量	建成区绿地面积（公顷）	公共汽(电)车运营车辆数（辆）	出租汽车数（辆）
淮安市	**17.14**	**7 509**	**2 930**	**3 516**	**660**	**2.49**	**2.14**	**3 672**	**861**	**903**
涟水县	2.02	908	544			0.50	0.47	590	50	184
洪泽县	1.89	906	357			0.45	0.39	348	68	162
盱眙县	2.65	1 338	443	76	40	0.65	0.58	988	80	517
金湖县	2.20	883	410			0.52	0.42	528	19	147
盐城市	**4.76**	**4 174**	**2 547**	**2 993**	**820**	**1.49**	**1.38**	**2 716**	**397**	**910**
响水县	0.11	570	208			0.26	0.20	546	50	172
滨海县	0.05	1 073	360			0.65	0.45	677	42	298
阜宁县	0.21	1 401	581			0.60	0.57	842	42	200
射阳县	0.06	1 504	522	66	62	0.35	0.31	576	60	300
建湖县	0.05	1 575	890	60	54	0.88	0.88	574	39	260
东台市	0.20	1 861	715	94	82	0.50	0.40	1 034	50	357
大丰市	0.32	1 114	390	256	80	0.82	0.67	496	51	166
扬州市	**19.98**	**10 593**	**2 806**	**2 852**	**1 154**	**2.23**	**1.69**	**3 055**	**826**	**1 842**
宝应县	2.00	2 091	696	141	120	0.90	0.53	1 032	47	364
仪征市	2.01	4 684	80			1.00	0.80	1 339	72	601
高邮市	1.34	1 733	573	390	228	1.35	1.01	618	44	325
江都市	1.77	2 589	917			1.50	0.81	1 092	205	623
镇江市	**6.63**	**15 625**	**3 737**	**14 922**	**2 772**	**3.13**	**1.73**	**6 097**	**908**	**1 254**
丹阳市	4.67	4 654	696	1 306	294	0.85	0.76	1 067	142	497
扬中市	1.10	900	484	664	101	0.35	0.01	415	97	233
句容市	1.20	1 592	446			1.43	0.95	616	87	287
泰州市	**8.17**	**4 695**	**1 441**			**2.04**	**1.82**	**2 121**	**273**	**739**
兴化市	2.55	1 372	620	222	71	0.61	0.57	883	95	420
靖江市	2.83	3 375	1 581	127	33	1.27	1.14	1 385	136	1 006
泰兴市	3.63	2 376	883	2 156	134	1.50	1.10	747	88	665
姜堰市	2.23	1 447	604	495	200	0.61	0.51	701	82	473
宿迁市	**3.51**	**2 695**	**1 008**	**320**	**24**	**0.79**	**0.74**	**6 581**	**389**	**713**
沭阳县	2.42	1 651	828	320	68	0.70	0.65	3 223	200	659
泗阳县	2.18	1 205	735	24	22	0.73	0.72	3 292	120	390
泗洪县	1.08	1 086	685	15	15	0.53	0.46	4 309	73	530

续表 20　　　　　　　　　　　　　　　　(2008 年)

市(县)名称	工业废水排放量(万吨)	工业废水排放达标率(%)	工业烟尘排放量(吨)	工业烟尘排放达标率(%)	工业固体废物产生量(万吨)	工业固体废物综合利用率(%)	三废综合利用产品产值(亿元)	环境污染治理本年投资总额(亿元)
南京市	**32 739**	**95.3**	**31 210**	**96.8**	**1 348**	**92.2**	**22.01**	**113.20**
溧水县	1 980	93.1	1 798	92.1	13	99.6	0.32	
高淳县	2 993	98.7	849	98.8	23	100.0	0.12	
无锡市	**21 462**	**98.1**	**11 588**	**98.0**	**222**	**94.5**	**10.32**	
江阴市	17 850	99.0	20 160	100.0	617	100.0	5.68	
宜兴市	3 966	98.4	12 739	100.0	140	100.0	1.10	2.24
徐州市	**4 133**	**100.0**	**7 964**	**92.8**	**255**	**96.4**	**2.49**	**2.07**
丰　县	179	96.7	921	99.0	16	100.0	0.11	
沛　县	532	93.1	971	99.0	272	100.0	0.21	0.17
铜山县	2 030	99.1	6 445	99.0	398	100.0	11.00	0.27
睢宁县	378	98.0	353	59.0	2	100.0	0.20	
新沂市	1 489	99.0	3 545	98.0	70	95.0	1.02	0.25
邳州市	359	97.0	2 063	100.0	104	100.0	0.48	
常州市	**27 847**	**99.0**	**18 880**	**100.0**	**253**	**98.4**	**4.38**	**14.58**
溧阳市	2 500	99.8	1 838	100.0	20	99.7	23.32	0.58
金坛市	2 253	100.0	4 674	100.0	27	99.3	0.28	0.63
苏州市	**15 891**	**99.4**	**7 403**	**99.9**	**261**	**89.5**	**8.20**	**83.76**
常熟市	8 237	100.0	7 717	97.5	261	99.1	1.59	28.04
张家港市	10 911	100.0	12 850	100.0	827	99.5	50.24	17.76
昆山市	7 848	100.0	2 611	100.0	64	85.2	5.58	31.09
吴江市	10 565	99.9	7 677	100.0	101	100.0	4.89	23.41
太仓市	4 642	100.0	4 495	100.0	261	98.6	1.54	13.48
南通市	**6 873**	**100.0**	**20 374**	**100.0**	**246**	**98.4**	**5.15**	**27.47**
海安县	1 467	100.0	2 899	100.0	13	99.2	0.26	4.78
如东县	2 567	100.0	3 083	100.0	16	98.2	0.04	8.17
启东市	1 191	100.0	3 288	100.0	15	97.8	0.82	9.64
如皋市	1 638	100.0	1 833	100.0	17	99.8	0.66	5.02
通州市	1 246	100.0	3 018	100.0	15	100.0	0.18	11.91
海门市	1 193	99.6	3 369	100.0	15	97.0	0.60	11.71
连云港市	**1 372**	**98.6**	**9 612**	**99.2**	**229**	**90.6**	**0.89**	**11.82**
赣榆县	603	97.8	275	99.3	19	100.0	0.01	1.19
东海县	468	97.9	515	98.8	7	100.0	0.24	3.79
灌云县	593	97.8	304	99.3	3	99.5	0.11	6.71
灌南县	134	97.8	351	99.4	2	94.8		1.98

注:本页指标市级单位数据统计范围均为市区口径(下页同)。

续表 21 （2008 年）

市(县)名　称	工业废水排放量（万吨）	工业废水排放达标率（%）	工业烟尘排放量（吨）	工业烟尘排放达标率（%）	工业固体废物产生量（万吨）	工业固体废物综合利用率（%）	三废综合利用产品产值（亿元）	环境污染治理本年投资总额（亿元）
淮安市	**3 697**	**100.0**	**15 210**	**100.0**	**322**	**99.8**	**14.88**	
涟水县	523	100.0	1 288	100.0	7	99.9	0.18	0.52
洪泽县	2 869	100.0	1 616	100.0	17	99.9	0.31	1.35
盱眙县	1 584	100.0	2 257	100.0	7	99.8	0.01	0.00
金湖县	840	100.0	191	100.0	1	98.2	0.06	0.95
盐城市	**1 540**	**93.0**	**2 526**	**92.9**	**83**	**92.5**	**0.75**	**2.79**
响水县	450	97.0	1 744	99.0	5	100.0	0.01	1.01
滨海县	506	97.0	3	100.0	10	100.0	0.01	1.37
阜宁县	1 206	100.0	834	100.0	14	100.0	0.39	1.47
射阳县	781	80.0	4 318	100.0	50	91.9	0.56	1.60
建湖县	699	100.0	213	100.0	7	97.8	0.69	0.63
东台市	1 992	95.0	2 297	99.5	22	99.8	17.48	1.79
大丰市	1 478	99.0	1 986	99.8	16	99.8	0.35	2.06
扬州市	**3 741**	**98.0**	**5 208**	**93.9**	**219**	**99.0**	**0.89**	**21.47**
宝应县	1 091	96.2	389	95.8	11	100.0	0.01	3.45
仪征市	2 125	100.0	5 489	100.0	53	90.6	0.51	4.06
高邮市	1 471	99.7	360	100.0	7	99.2	0.07	3.74
江都市	1 212	99.9	1 859	100.0	11	92.9	0.03	7.00
镇江市	**5 442**	**93.6**	**12 339**	**99.1**	**444**	**90.0**	**3.28**	**30.25**
丹阳市	1 723	100.0	1 178	100.0	36	99.2	2.46	
扬中市	205	90.2	550	99.7	6	98.4	0.52	
句容市	1 910	82.5	404	98.6	17	99.6	0.01	
泰州市	**1 664**	**94.1**	**9 070**	**97.0**	**132**	**99.9**	**0.72**	**4.88**
兴化市	2 457	99.4	1 189	89.6	29	100.0	0.53	2.63
靖江市	2 076	90.3	1 570	99.0	22	96.5	0.31	0.60
泰兴市	7 738	99.6	2 894	99.9	55	99.5	1.83	2.22
姜堰市	1 744	100.0	3 437	100.0	9	99.3	0.12	0.66
宿迁市	**1 291**	**96.9**	**2 604**	**85.0**	**11**	**99.5**	**1.27**	**2.28**
沭阳县	498	84.4	2 231	94.3	33	100.0	0.02	0.52
泗阳县	997	85.3	909	82.5	9	100.0	0.43	0.21
泗洪县	1 855	96.2	2 090	99.1	12	100.0	0.04	0.09

续表 22 （2008 年）

市(县)名称	普通中学			小学			幼儿园		初中毕业生升学率（%）
	学校个数（个）	在校学生数（万人）	专任教师数（人）	学校个数（个）	在校学生数（万人）	专任教师数（人）	个数（个）	在园幼儿数（万人）	
南京市	**221**	**27.27**	**22 167**	**355**	**28.56**	**19 027**	**443**	**12.78**	**99.09**
溧水县	18	2.39	1 639	26	1.90	1 284	22	0.86	95.78
高淳县	15	2.21	1 455	32	1.94	1 463	20	0.84	95.99
无锡市	**184**	**24.86**	**20 061**	**229**	**30.88**	**17 938**	**208**	**12.83**	**99.50**
江阴市	40	7.16	5 989	39	8.49	4 815	47	3.53	97.18
宜兴市	50	5.95	4 600	79	6.42	3 711	34	2.10	97.02
徐州市	**357**	**67.05**	**39 514**	**899**	**53.72**	**36 999**	**525**	**23.64**	**95.11**
丰　县	46	10.12	4 703	110	7.11	4 581	67	2.60	95.02
沛　县	51	9.93	5 129	120	6.78	5 481	34	2.75	95.17
铜山县	44	8.28	5 919	118	5.36	4 191	46	3.58	95.29
睢宁县	51	10.95	5 675	142	8.62	5 760	61	2.26	94.27
新沂市	39	6.93	4 716	96	4.96	3 566	86	2.63	94.33
邳州市	53	11.27	6 758	160	10.68	6 729	93	5.17	94.01
常州市	**168**	**20.60**	**13 908**	**221**	**22.42**	**11 812**	**192**	**8.31**	**99.40**
溧阳市	41	4.58	2 954	45	4.06	2 460	34	1.69	98.77
金坛市	25	3.04	2 371	30	2.73	1 821	32	0.97	98.78
苏州市	**261**	**30.09**	**24 868**	**337**	**36.38**	**21 969**	**389**	**17.49**	**99.50**
常熟市	40	4.83	3 506	67	6.36	3 615	52	2.81	99.45
张家港市	37	4.14	3 389	41	5.24	2 980	36	2.52	99.51
昆山市	31	3.47	2 747	45	4.56	2 411	55	2.47	99.53
吴江市	35	4.29	3 427	36	4.19	2 931	36	2.08	99.29
太仓市	21	2.13	1 678	28	3.00	1 716	34	1.13	99.41
南通市	**288**	**39.67**	**26 263**	**424**	**34.36**	**19 809**	**387**	**13.91**	**98.80**
海安县	37	4.77	3 335	58	3.81	2 434	48	1.69	98.86
如东县	43	5.37	3 546	64	4.44	3 051	38	1.54	98.01
启东市	39	5.27	3 596	61	4.43	2 439	62	1.87	98.30
如皋市	50	7.81	4 991	91	6.14	2 935	59	2.81	98.12
通州市	47	6.40	3 864	58	5.51	3 169	61	2.13	99.97
海门市	41	5.28	3 870	46	4.79	2 985	43	1.72	98.68
连云港市	**200**	**35.65**	**20 758**	**494**	**33.46**	**21 059**	**420**	**16.10**	**95.51**
赣榆县	44	9.35	5 184	104	7.60	5 392	61	3.28	95.11
东海县	49	9.03	5 281	106	7.06	4 667	112	4.00	95.05
灌云县	40	7.66	3 800	139	7.97	4 200	115	4.08	94.87
灌南县	34	4.69	2 754	76	5.26	3 063	44	2.40	95.03

续表23 （2008年）

市(县)名称	普通中学			小学			幼儿园		初中毕业生升学率（%）
	学校个数（个）	在校学生数（万人）	专任教师数（人）	学校个数（个）	在校学生数（万人）	专任教师数（人）	个数（个）	在园幼儿数（万人）	
淮安市	**211**	**34.11**	**20 063**	**469**	**32.30**	**20 179**	**266**	**13.25**	**99.20**
涟水县	43	7.34	3 783	117	7.11	4 073	63	2.20	95.17
洪泽县	16	1.93	1 369	15	1.97	1 436	22	1.04	96.07
盱眙县	30	5.26	3 301	62	4.81	2 791	33	1.81	95.26
金湖县	11	1.82	1 169	34	1.57	1 287	28	0.67	99.12
盐城市	**312**	**39.09**	**29 782**	**616**	**36.77**	**25 992**	**337**	**19.41**	**96.74**
响水县	23	2.85	2 162	57	3.16	2 715	14	1.72	96.39
滨海县	33	5.56	3 800	103	4.87	3 524	22	2.67	95.10
阜宁县	48	4.87	4 270	107	4.80	3 700	90	2.83	94.87
射阳县	44	4.73	3 323	71	4.43	3 342	37	2.08	96.38
建湖县	30	3.81	3 355	67	3.62	2 697	35	2.06	97.71
东台市	46	5.38	3 864	45	4.40	2 324	31	2.24	96.91
大丰市	28	3.29	2 743	37	3.24	2 349	37	1.36	99.39
扬州市	**186**	**24.69**	**17 390**	**279**	**23.42**	**13 508**	**267**	**11.32**	**98.90**
宝应县	27	5.19	3 636	58	4.38	2 580	41	2.12	97.22
仪征市	26	3.18	2 307	37	2.62	1 725	35	1.27	95.61
高邮市	35	4.53	2 773	71	4.07	2 223	54	2.08	95.90
江都市	44	4.86	3 541	65	5.22	2 909	46	2.76	97.25
镇江市	**116**	**14.23**	**10 199**	**145**	**13.46**	**8 279**	**179**	**5.73**	**99.38**
丹阳市	41	4.91	3 415	49	4.57	2 644	45	1.88	98.83
扬中市	13	1.52	1 291	11	1.34	993	18	0.58	98.85
句容市	17	2.97	1 844	34	2.40	1 401	30	1.03	98.37
泰州市	**227**	**28.47**	**20 650**	**216**	**23.52**	**15 840**	**188**	**10.40**	**98.41**
兴化市	68	7.77	5 289	22	6.22	5 112	48	2.50	95.05
靖江市	29	3.59	3 027	51	3.25	2 208	27	1.45	98.83
泰兴市	55	8.16	5 577	69	6.15	3 539	26	2.67	97.49
姜堰市	37	4.50	2 995	40	3.69	2 247	34	1.87	98.32
宿迁市	**219**	**42.37**	**20 941**	**549**	**38.82**	**22 306**	**441**	**12.60**	**96.88**
沭阳县	80	16.21	7 071	187	12.65	7 547	136	4.00	95.85
泗阳县	31	7.10	4 138	74	6.85	4 056	55	3.08	98.17
泗洪县	45	7.30	3 846	112	7.67	4 268	108	2.39	96.68

续表 24

（2008 年）

市(县)名称	各类专业技术人员数（万人）	# 中级技术职称以上人员	专利申请受理量（件）	专利申请授权量（件）	# 发明	有线电视入户率（%）	公共图书馆（个）	公共图书馆图书总藏量（千册、件）
南京市	**71.23**	**21.75**	**11 692**	**4 816**	**1 497**	**87.6**	**18**	**12 526**
溧水县	0.69	0.33	359	30	7	67.0	2	300
高淳县	0.50	0.29	326	77	27	69.0	1	138
无锡市	**47.21**	**12.18**	**10 899**	**5 028**	**426**	**95.0**	**9**	**2 771**
江阴市	12.65	2.94	2 409	1 039	125	93.0	1	586
宜兴市	8.77	2.50	1 100	448	44	83.0	1	302
徐州市	**24.83**	**10.20**	**6 839**	**1 742**	**103**	**53.2**	**7**	**1 626**
丰　县	2.27	1.09	780	112	5	65.2	1	101
沛　县	2.51	1.26	1 410	330	6	46.6	1	207
铜山县	2.25	1.08	1 594	192	13	48.9	1	160
睢宁县	2.60	1.17	268	55	2	39.7	1	103
新沂市	3.39	1.47	938	100	2	66.0	1	119
邳州市	2.55	0.94	257	109	4	41.3	1	118
常州市	**27.54**	**9.18**	**9 146**	**2 536**	**235**	**79.2**	**4**	**1 947**
溧阳市	4.86	1.70	1 339	134	16	66.8	1	210
金坛市	3.63	1.14	967	267	15	66.8	1	151
苏州市	**68.16**	**17.40**	**48 558**	**18 270**	**645**	**99.8**	**10**	**6 109**
常熟市	10.02	2.53	8 390	2 298	69	91.4	1	1 475
张家港市	8.60	2.23	7 310	3 190	20	89.2	1	589
昆山市	17.98	2.52	9 025	3 006	151	128.0	1	550
吴江市	8.94	1.43	12 203	5 183	39	95.9	1	970
太仓市	4.94	1.32	3 419	1 459	18	111.0	1	296
南通市	**31.53**	**11.01**	**14 106**	**4 102**	**122**	**68.9**	**10**	**2 611**
海安县	4.28	1.19	2 942	454	3	79.0	1	290
如东县	3.85	1.01	1 033	178	18	91.0	1	163
启东市	4.35	1.20	1 616	503	18	39.0	1	211
如皋市	2.77	1.22	2 357	658	12	62.0	1	188
通州市	4.78	1.46	1 654	488	11	51.0	1	278
海门市	3.77	1.11	1 900	932	10	66.0	1	441
连云港市	**18.53**	**6.79**	**1 453**	**342**	**54**	**60.0**	**7**	**1 457**
赣榆县	1.60	0.81	269	73	1	60.0	1	179
东海县	1.37	0.62	246	24		69.0	1	433
灌云县	1.23	0.53	149	12		39.0	1	68
灌南县	0.86	0.40	33	26	1	64.0	1	90

续表 25

（2008 年）

市(县)名称	各类专业技术人员数（万人）	# 中级技术职称以上人员	专利申请受理量（件）	专利申请授权量（件）	# 发明	有线电视入户率（%）	公共图书馆（个）	公共图书馆图书总藏量（千册、件）
淮安市	**6.83**	**3.54**	**2 727**	**445**	**67**	**43.0**	**7**	**1 086**
涟水县	1.27	0.49	425	46	1	27.0	1	97
洪泽县	0.49	0.31	355	50	4	36.0	1	113
盱眙县	0.94	0.40	430	77	32	56.0	1	70
金湖县	0.54	0.38	315	42		70.0	1	100
盐城市	**20.48**	**6.70**	**3 948**	**1 223**	**45**	**58.4**	**9**	**1 672**
响水县	1.15	0.42	85	13	5	53.7	1	69
滨海县	1.29	0.81	335	101		47.6	1	94
阜宁县	1.30	0.41	329	68	1	51.8	1	98
射阳县	3.47	0.78	349	130	7	57.8	1	155
建湖县	1.99	0.44	494	112	2	54.8	1	154
东台市	3.51	0.92	653	143	9	63.1	1	226
大丰市	2.20	1.94	458	198	4	68.1	1	190
扬州市	**18.69**	**7.34**	**6 124**	**2 003**	**907**	**88.6**	**7**	**2 073**
宝应县	2.48	0.90	841	328	115	80.2	1	115
仪征市	2.70	1.06	960	326	147	73.6	1	264
高邮市	2.89	1.09	884	246	91	84.4	1	149
江都市	3.82	1.51	1 141	294	221	93.1	1	263
镇江市	**15.04**	**5.16**	**7 339**	**2 581**	**137**	**66.5**	**7**	**1 707**
丹阳市	2.90	0.75	2 032	594	11	82.0	1	231
扬中市	1.51	0.47	1 287	462	20	60.9	1	236
句容市	1.81	0.50	923	385	9	65.6	1	102
泰州市	**23.59**	**5.79**	**4 677**	**1 522**	**62**	**66.1**	**6**	**1 276**
兴化市	4.46	1.02	573	95	8	55.1	1	169
靖江市	3.65	0.85	981	339	7	78.1	1	260
泰兴市	5.90	1.33	879	372	11	63.1	1	168
姜堰市	4.09	0.88	925	276	17	81.8	1	159
宿迁市	**12.72**	**3.09**	**483**	**185**	**6**	**27.5**	**6**	**724**
沭阳县	5.49	0.82	111	52	1	34.0	1	62
泗阳县	1.78	0.58	116	21	1	24.0	1	370
泗洪县	1.75	0.62	37	24	1	23.0	1	71

续表 26 （2008 年）

市(县)名称	卫生机构数(个)	#医院	卫生机构床位数(张)	#医院	卫生技术人员(人)	#执业(助理)医师	注册护士
南京市	**1 770**	**165**	**27 768**	**22 865**	**42 337**	**16 060**	**16 254**
溧水县	44	5	916	660	1 175	451	366
高淳县	51	14	1 154	924	1 355	483	480
无锡市	**1 813**	**65**	**23 882**	**15 286**	**26 274**	**11 317**	**9 416**
江阴市	248	9	4 717	2 381	5 587	2 366	2 068
宜兴市	432	9	3 179	1 516	3 876	1 825	1 195
徐州市	**1 116**	**108**	**24 430**	**17 614**	**30 396**	**11 557**	**9 985**
丰　县	144	2	1 539	785	2 150	1 032	614
沛　县	67	6	2 487	1 258	3 168	1 304	1 025
铜山县	63	6	1 641	666	2 503	1 010	706
睢宁县	27	3	1 270	450	2 037	716	510
新沂市	61	8	1 461	788	2 270	888	748
邳州市	96	6	1 914	1 115	4 709	1 215	1 067
常州市	**549**	**32**	**15 113**	**9 281**	**17 926**	**7 091**	**6 472**
溧阳市	262	12	2 101	1 357	3 110	1 213	906
金坛市	190	4	1 525	864	2 415	932	682
苏州市	**1 447**	**135**	**33 631**	**26 459**	**40 336**	**16 070**	**14 181**
常熟市	357	16	4 078	2 478	5 135	2 179	1 804
张家港市	415	34	4 805	4 700	5 292	2 159	1 710
昆山市	346	21	3 835	3 040	5 528	2 239	1 963
吴江市	275	7	4 136	3 033	4 492	1 514	1 181
太仓市	164	7	2 470	1 576	2 671	1 108	875
南通市	**1 784**	**55**	**24 223**	**12 865**	**28 010**	**12 516**	**8 851**
海安县	170	5	2 820	1 322	2 928	1 368	805
如东县	209	4	2 389	845	3 019	1 379	829
启东市	186	8	2 309	982	2 939	1 506	769
如皋市	305	3	2 834	746	3 338	1 687	813
通州市	194	4	3 382	1 030	3 124	1 389	858
海门市	209	6	3 060	1 138	3 265	1 503	932
连云港市	**800**	**58**	**11 345**	**7 743**	**13 369**	**5 465**	**4 818**
赣榆县	84	9	1 911	1 101	2 082	874	639
东海县	102	6	1 302	757	1 982	844	671
灌云县	119	9	1 473	946	1 788	793	589
灌南县	73	5	1 246	615	1 395	521	470

续表 27　　（2008 年）

市(县)名 称	卫生机构数(个)	#医院	卫生机构床位数(张)	#医院	卫生技术人员(人)	#执业(助理)医师	注册护士
淮安市	**600**	**47**	**11 617**	**8 042**	**14 491**	**5 805**	**5 039**
涟水县	71	6	1 427	810	1 934	783	575
洪泽县	45	3	551	310	892	389	294
盱眙县	67	5	1 230	630	1 570	656	520
金湖县	45	2	566	372	859	365	294
盐城市	**735**	**111**	**17 013**	**11 234**	**20 142**	**9 008**	**6 347**
响水县	57	9	1 198	884	1 200	524	484
滨海县	55	16	1 336	958	1 993	889	541
阜宁县	38	7	1 277	752	1 904	875	541
射阳县	86	9	1 676	1 069	1 945	912	551
建湖县	96	5	1 806	940	1 717	770	524
东台市	112	20	2 752	1 472	2 820	1 284	847
大丰市	91	18	1 667	1 134	2 130	1 003	644
扬州市	**1 018**	**53**	**14 017**	**9 061**	**17 704**	**7 355**	**6 097**
宝应县	161	17	1 608	1 049	2 865	927	624
仪征市	106	5	1 632	1 126	2 534	835	728
高邮市	84	2	1 562	610	3 102	963	645
江都市	213	5	2 912	1 423	4 446	1 522	1 060
镇江市	**535**	**29**	**8 644**	**5 940**	**12 130**	**5 044**	**4 307**
丹阳市	228	4	2 033	953	3 570	1 097	984
扬中市	102	2	600	480	1 483	606	425
句容市	184	6	1 119	507	2 391	708	622
泰州市	**616**	**41**	**13 100**	**7 037**	**17 018**	**7 829**	**5 237**
兴化市	103	5	2 750	1 133	3 135	1 415	907
靖江市	108	3	2 110	966	3 084	1 417	933
泰兴市	131	3	2 638	1 005	3 705	1 826	985
姜堰市	129	17	2 369	1 458	2 834	1 358	870
宿迁市	**668**	**194**	**10 627**	**10 578**	**11 664**	**4 776**	**2 899**
沭阳县	142	55	2 899	2 869	2 665	1 206	715
泗阳县	134	39	1 703	1 703	2 556	925	513
泗洪县	132	39	2 204	2 185	2 447	963	599

续表 28　　　　（2008 年）

市(县)名称	城镇居民人均可支配收入(元)	城镇居民人均消费性支出(元)	#食品	人均住房建筑面积(平方米)	农民居民人均纯收入(元)	农民人均生活消费支出(元)	#食品	农民人均住房面积(平方米)	居民消费价格指数(上年=100)
南京市	**23 123**	**15 133**	**5 534**	**26.90**	**8 951**	**7 033**	**2 673**	**47.07**	**106.2**
溧水县					8 661	7 041	2 599	53.38	
高淳县					8 982	6 824	2 717	47.72	
无锡市	**23 605**	**13 563**	**5 393**	**31.64**	**11 280**	**7 943**	**2 828**	**57.67**	**105.1**
江阴市					11 975	7 131	2 779	66.93	
宜兴市					10 191	7 388	2 878	44.42	
徐州市	**16 955**	**10 717**	**4 036**	**25.51**	**6 240**	**4 319**	**1 692**	**35.14**	**104.9**
丰　县					5 724	4 085	1 654	34.18	
沛　县					6 593	5 318	1 831	35.48	
铜山县					7 167	4 807	1 725	36.50	
睢宁县					5 452	3 746	1 736	35.88	
新沂市					5 698	3 756	1 436	29.70	
邳州市					6 526	4 218	1 693	36.23	
常州市	**21 592**	**14 967**	**5 056**	**32.55**	**10 171**	**8 128**	**3 068**	**58.73**	**105.2**
溧阳市					9 151	8 309	3 318	44.09	
金坛市					9 484	7 438	2 977	46.48	
苏州市	**23 867**	**15 183**	**5 973**	**31.90**	**11 785**	**8 443**	**2 988**	**66.99**	**105.3**
常熟市					11 804	8 929	3 141	73.03	
张家港市					11 785	8 984	3 025	70.08	
昆山市					11 934	9 369	3 157	70.70	
吴江市					11 732	7 576	2 727	54.54	
太仓市					11 795	7 198	2 541	73.00	
南通市	**18 903**	**11 613**	**4 560**	**31.87**	**7 811**	**5 653**	**2 172**	**52.48**	**104.8**
海安县					7 510	5 728	2 126	51.51	
如东县					7 210	5 558	2 142	57.96	
启东市					8 376	5 743	2 246	52.79	
如皋市					6 695	4 428	1 709	47.78	
通州市					8 363	6 440	2 428	56.29	
海门市					9 008	6 358	2 512	48.92	
连云港市	**15 255**	**10 598**	**4 088**	**33.10**	**5 454**	**3 746**	**1 580**	**31.80**	**104.8**
赣榆县					5 894	3 582	1 752	30.61	
东海县					5 652	4 249	1 606	32.50	
灌云县					5 031	3 017	1 312	25.43	
灌南县					4 804	3 855	1 466	32.10	

续表 29　　（2008 年）

市(县)名称	城镇居民人均可支配收入（元）	城镇居民人均消费性支出（元）	#食品	人均住房建筑面积（平方米）	农民居民人均纯收入（元）	农民人均生活消费支出（元）	#食品	农民人均住房面积（平方米）	居民消费价格指数（上年=100）
淮安市	**14 007**	**9 058**	**3 581**	**33.00**	**5 657**	**3 787**	**1 613**	**32.71**	**104.8**
涟水县					5 193	4 016	1 622	29.68	
洪泽县					6 197	3 492	1 517	34.23	
盱眙县					5 774	3 535	1 423	35.29	
金湖县					6 109	4 964	2 346	37.96	
盐城市	**15 862**	**9 174**	**3 800**	**30.02**	**6 867**	**4 274**	**1 768**	**36.88**	**104.9**
响水县					5 690	3 622	1 716	26.04	
滨海县					6 044	4 248	2 100	25.61	
阜宁县					6 122	3 786	1 690	34.15	
射阳县					6 869	4 008	1 612	31.71	
建湖县					6 835	4 081	1 691	35.66	
东台市					7 916	4 173	1 424	52.92	
大丰市					7 901	5 781	2 039	47.52	
扬州市	**17 398**	**11 562**	**4 469**	**37.70**	**7 450**	**5 509**	**2 176**	**41.45**	**104.8**
宝应县					6 881	4 756	1 906	40.71	
仪征市					7 177	5 611	2 231	46.93	
高邮市					6 941	5 351	2 123	40.06	
江都市					7 937	5 276	2 056	40.81	
镇江市	**19 044**	**12 217**	**4 931**	**34.20**	**8 703**	**6 580**	**2 585**	**47.92**	**105.0**
丹阳市					9 070	7 400	2 888	52.00	
扬中市					10 100	6 524	2 537	57.06	
句容市					8 003	5 610	2 244	40.96	
泰州市	**17 198**	**10 984**	**3 921**	**30.00**	**7 338**	**5 075**	**1 925**	**45.69**	**105.0**
兴化市					6 995	4 191	1 633	39.12	
靖江市					8 072	6 997	2 579	60.52	
泰兴市					7 355	4 829	1 974	50.14	
姜堰市					7 171	5 292	1 873	38.42	
宿迁市	**10 959**	**7 305**	**2 912**	**35.73**	**5 406**	**3 573**	**1 632**	**28.84**	**104.5**
沭阳县					5 449	3 632	1 670	27.89	
泗阳县					5 417	3 611	1 834	27.76	
泗洪县					5 295	3 115	1 321	30.29	

续表 30　　（2008 年）

市(县)名称	在岗职工平均工资(元)	城镇企业职工基本养老保险参保人数(万人)	城镇职工基本医疗保险参保人数(万人)	城镇失业保险参保人数(万人)	社会福利收养性单位数(个)	社会福利收养性单位床位数(张)	社区服务设施数(个)
南京市	**39 876**	**179.41**	**229.53**	**170.82**	**214**	**20 809**	**1 950**
溧水县	28 359	5.68	6.99	5.13	9	1 120	76
高淳县	30 659	3.61	4.70	2.62	11	2 351	44
无锡市	**38 843**	**191.99**	**214.01**	**137.28**	**132**	**15 904**	**8 066**
江阴市	38 766	35.65	47.08	22.47	27	3 933	709
宜兴市	33 149	24.43	32.82	21.06	26	4 228	1 529
徐州市	**26 824**	**77.01**	**73.40**	**69.89**	**267**	**29 666**	**1 770**
丰　县	17 330	3.95	4.65	3.68	29	3 147	18
沛　县	18 760	4.11	3.95	6.62	45	4 262	295
铜山县	21 883	4.43	4.04	4.30	80	4 980	14
睢宁县	16 781	4.13	3.79	4.27	24	4 440	19
新沂市	18 533	4.38	5.59	4.99	24	4 091	253
邳州市	18 830	6.05	5.61	6.22	34	5 469	310
常州市	**34 834**	**95.26**	**112.85**	**71.09**	**104**	**13 494**	**567**
溧阳市	27 613	12.40	13.65	8.87	16	2 976	95
金坛市	28 169	8.66	10.00	7.29	18	2 010	156
苏州市	**36 090**	**284.98**	**330.94**	**232.50**	**149**	**19 650**	**4 003**
常熟市	33 420	33.01	41.60	29.01	25	3 120	653
张家港市	33 538	31.06	37.53	27.24	18	2 526	763
昆山市	33 735	70.55	68.53	46.64	14	2 040	668
吴江市	35 440	35.68	40.59	30.84	17	3 370	969
太仓市	34 716	24.63	27.52	17.91	11	1 740	379
南通市	**30 856**	**96.22**	**126.09**	**71.91**	**168**	**20 702**	**1 918**
海安县	28 564	10.49	14.93	7.11	29	4 645	410
如东县	27 402	9.97	14.15	6.97	39	2 810	58
启东市	26 680	8.89	12.70	7.11	9	2 017	40
如皋市	26 895	10.00	14.50	7.30	22	2 668	204
通州市	29 013	10.19	13.06	7.91	32	3 630	76
海门市	30 797	9.47	12.09	7.70	24	3 230	198
连云港市	**26 596**	**34.95**	**48.62**	**38.99**	**134**	**10 226**	**473**
赣榆县	21 730	3.24	4.90	4.21	20	2 168	33
东海县	21 592	3.41	3.92	4.54	39	3 302	67
灌云县	20 497	3.15	3.80	5.49	20	2 020	16
灌南县	20 603	2.87	3.05	4.69	16	1 349	14

续表 31 （2008 年）

市(县)名 称	在岗职工平均工资（元）	城镇企业职工基本养老保险参保人数（万人）	城镇职工基本医疗保险参保人数（万人）	城镇失业保险参保人数（万人）	社会福利收养性单位数（个）	社会福利收养性单位床位数（张）	社区服务设施数（个）
淮安市	**23 993**	**45.82**	**55.81**	**43.11**	**148**	**11 645**	**284**
涟水县	18 979	4.70	5.55	4.94	32	2 239	109
洪泽县	22 574	3.97	3.65	3.50	13	981	26
盱眙县	21 190	4.32	6.70	3.70	22	1 647	14
金湖县	21 439	3.91	4.92	3.50	11	978	7
盐城市	**22 380**	**69.28**	**102.93**	**56.57**	**164**	**21 033**	**1 502**
响水县	18 224	3.54	6.10	3.50	13	1 021	
滨海县	18 945	5.53	7.78	3.76	15	2 445	
阜宁县	18 920	6.34	8.44	5.45	21	5 959	
射阳县	19 183	6.32	11.20	7.17	19	1 398	
建湖县	19 993	6.99	6.82	5.76	15	2 335	714
东台市	22 958	9.71	13.79	7.00	28	3 315	329
大丰市	22 408	7.63	10.20	5.66	18	1 302	440
扬州市	**27 323**	**65.95**	**84.08**	**52.74**	**105**	**13 646**	**807**
宝应县	20 286	6.87	8.45	4.98	16	3 320	31
仪征市	26 195	10.64	12.77	8.20	14	2 036	19
高邮市	24 504	7.91	8.19	4.80	28	2 673	272
江都市	25 005	10.33	11.17	5.70	18	1 866	233
镇江市	**30 958**	**59.96**	**69.90**	**42.08**	**68**	**7 569**	**2 589**
丹阳市	27 602	15.81	13.99	7.56	18	2 361	455
扬中市	27 097	5.58	7.42	3.90	7	706	280
句容市	25 500	5.51	6.65	4.54	11	268	574
泰州市	**25 737**	**58.07**	**90.75**	**40.00**	**263**	**16 550**	**292**
兴化市	22 894	8.40	17.51	4.81	175	7 463	22
靖江市	26 438	12.36	17.41	9.23	20	2 263	45
泰兴市	23 956	11.75	17.54	8.30	24	3 397	10
姜堰市	23 101	11.30	16.32	5.86	25	2 204	67
宿迁市	**19 988**	**22.10**	**29.59**	**25.31**	**116**	**11 192**	**208**
沭阳县	18 237	4.47	7.27	5.91	38	3 130	24
泗阳县	16 081	4.04	5.66	4.38	19	2 095	56
泗洪县	17 881	4.20	5.15	5.27	24	2 159	51

附录四、淮海经济区二十四市主要经济指标（2008年）

MAJOR ECONOMIC INDICATORS OF 24 CITIES OF HUAIHAI ECONOMIC ZONE

淮海经济区二十四市主要经济指标

（2008 年）

地　区	地区生产总值		第一产业	第二产业	#工　业	第三产业	人均地区生产总值	地区生产总值中三次产业比重
	绝对量（亿元）	增长（%）	绝对量（亿元）				绝对量（元）	（%）
江苏省								
徐州市	2 007.36	13.5	210.02	1 061.78	910.04	735.56	23 069	10.5:52.9:36.6
连云港市	750.10	13.1	122.78	355.06	281.29	272.26	16 808	16.4:47.3:36.3
淮安市	915.83	13.4	142.01	453.25	381.75	320.57	18 921	15.5:49.5:35.0
盐城市	1 603.26	13.2	275.26	778.40	670.45	549.60	21 233	17.2:48.5:34.3
宿迁市	655.06	13.3	133.62	305.34	241.11	216.10	13 709	20.4:46.6:33.0
山东省								
菏泽市	821.79	15.6	195.51	415.15	355.54	211.13	10 051	23.8:50.5:25.7
枣庄市	1 092.83	13.1	96.09	686.16	630.99	310.58	29 800	8.8:62.8:28.4
济宁市	2 122.16	13.1	256.81	1 183.49	1 100.88	681.86	26 721	12.1:55.8:32.1
泰安市	1 513.30	13.4	161.10	839.30	752.20	512.90	27 794	10.6:55.5:33.9
日照市	773.14	15.1	82.74	419.73	370.36	270.67	28 300	10.7:54.3:35.0
莱芜市	455.79	12.3	27.98	308.99	291.52	118.82	35 845	6.1:67.8:26.1
临沂市	1 958.20	13.2	235.90	1 001.70	880.01	720.60	19 949	12.0:51.2:36.8
德州市	1 400.91	13.0	169.73	783.41	711.04	447.77	25 606	12.1:55.9:32.0
安徽省								
亳州市	404.22	11.8	119.05	122.57	95.97	162.60	7 918	29.5:30.3:40.2
淮南市	453.60	15.4	39.41	277.17	247.17	137.04	18 884	8.7:61.1:30.2
蚌埠市	486.39	11.0	100.09	192.69	164.29	193.60	13 632	20.6:39.6:39.8
淮北市	349.10	14.4	34.70	209.10	191.79	105.30	17 029	9.9:59.9:30.2
阜阳市	541.30	12.0	165.60	180.70	150.20	195.00	6 475	30.6:33.4:36.0
宿州市	511.10	14.1	153.40	169.16	151.76	188.54	8 982	30.0:33.1:36.9
滁州市	520.10	11.3	123.30	222.90	196.40	173.80	11 670	23.7:42.9:33.4
河南省								
周口市	984.10	12.3	298.21	420.90	375.60	265.00	9 946	30.3:42.8:26.9
商丘市	930.00	12.0	254.00	416.00	360.50	260.00	11 256	27.3:44.7:28.0
开封市	689.37	13.1	153.66	312.45	288.13	223.26	14 713	22.3:45.3:32.4
信阳市	866.79	12.2	222.29	358.44	297.44	286.07	13 015	25.6:41.4:33.0

续表 1　　（2008 年）

地　区	农林牧渔业总产值（现价）		粮食总产量	油料总产量	棉花总产量	肉类总产量	水产品产量
	绝对量（亿元）	增长（%）	绝对量（万吨）	绝对量（万吨）	绝对量（万吨）	绝对量（万吨）	绝对量（万吨）
江苏省							
徐州市	420.65	9.8	389.34	10.70	4.17	58.85	16.65
连云港市	230.54	7.1	320.12	10.78	0.73	20.49	56.41
淮安市	280.97	16.0	424.74	10.49	0.07	26.23	24.07
盐城市	658.25	9.4	603.03	33.60	18.36	63.23	94.05
宿迁市	253.38	5.6	352.46	4.55	0.19	24.01	24.48
山东省							
菏泽市	352.84	7.4	505.02	32.40	28.90	52.45	12.44
枣庄市	183.38	2.0	180.03	11.68	0.37	21.03	4.27
济宁市	505.50	4.7	416.90	28.40	16.60	65.30	30.40
泰安市	283.80	4.6	290.70	19.90	1.20	34.80	6.90
日照市	141.64	4.4	106.35	23.78	0.13	14.31	46.47
莱芜市	55.39	15.7	27.38	1.77	0.10	5.60	0.33
临沂市	433.42	5.3	432.40	79.50	1.25	64.80	11.60
德州市	380.56	4.8	572.48	2.21	25.06	52.02	7.28
安徽省							
亳州市	211.00	19.6	414.92	8.26	3.46	24.73	3.79
淮南市			134.10	1.50	0.20	7.50	6.00
蚌埠市	163.96	8.0	253.40	28.80	3.20	24.70	9.10
淮北市	58.10	8.0	115.70	1.21	0.74	7.20	2.37
阜阳市	314.53	20.7	502.90	10.00	2.00	50.90	7.90
宿州市	153.40	5.2	365.40	22.70	3.90	41.30	3.30
滁州市			412.30	23.80	1.00	31.00	25.20
河南省							
周口市	519.32	5.8	706.36	32.99	18.73	60.79	
商丘市	450.00	5.7	585.71	36.89	12.77	48.20	7.11
开封市	282.57	5.6	248.48	39.77	7.65	33.55	3.48
信阳市	380.68	6.1	561.21	65.13	0.99	51.75	20.76

续表 2　　　　（2008 年）

地　区	规模以上工业企业个数	规模以上工业增加值		规模以上工业主营业务收入		规模以上工业利税合计		规模以上工业利润总额	
	（个）	绝对量（亿元）	增长（%）	绝对量（亿元）	增长（%）	绝对量（亿元）	增长（%）	绝对量（亿元）	增长（%）
江苏省									
徐州市	2 289	812.61	18.6	2 776.46	34.2	451.54	38.6	215.66	48.3
连云港市	1 262	271.04	18.1	954.12	38.0	130.80	52.4	81.13	47.9
淮安市	1 116	324.21	18.3	1 123.18	31.2	134.63	23.0	57.27	22.1
盐城市	2 910	572.89	18.1	2 384.82	36.0	186.98	34.2	87.50	27.0
宿迁市	1 347	149.72	23.2	569.22	32.8	51.37	32.6	29.71	32.5
山东省									
菏泽市	1 481	352.39	25.7	1 355.54	41.4	128.51	48.5	71.04	43.5
枣庄市	1 506	594.65	16.3	2 204.33	32.3	266.13	23.3	153.11	26.2
济宁市	3 213	1 047.70	17.6	3 124.50	35.0	417.80	31.1	269.30	34.6
泰安市	1 631	800.60	16.8	2 543.40	30.6	308.60	35.4	178.50	35.8
日照市	870	369.57	28.2	1 512.41	53.6	149.53	27.4	105.01	26.5
莱芜市	362	304.19	12.0	1 306.94	31.8	89.88	-9.3	38.34	-21.1
临沂市	3 105	884.20	16.5	3 127.86	31.5	260.59	22.0	168.56	22.4
德州市	2 957	695.08	16.1	2 740.50	31.2	308.59	15.0	166.07	11.0
安徽省									
亳州市	288	66.73	25.1	158.79	23.5	17.47	48.2	8.33	80.0
淮南市	305	241.67	26.6	563.70	56.5	74.90	59.8	27.30	39.8
蚌埠市	457	138.44	15.5	398.93	29.3	46.70	23.3	14.65	64.8
淮北市	438	184.30	20.0	484.33	42.5	58.96	71.9	17.59	144.0
阜阳市	392	126.30	23.5	361.20	28.2	59.30	43.5	32.80	56.7
宿州市	546	116.01	35.7	327.49	61.3	13.25	55.9	4.20	117.9
滁州市	805	166.20	19.5	515.90	29.0	42.70	8.0	18.20	-2.9
河南省									
周口市	752	232.70	21.5	753.80	34.7			98.30	20.1
商丘市	530	258.80	20.0	943.80	46.4	112.60	43.9	74.61	22.7
开封市	968	191.37	20.9	813.54	51.2	122.21	45.3	84.80	45.9
信阳市	804	192.12	23.7	632.09	42.3	57.00	22.3	31.00	19.3

续表 3　　（2008 年）

地区	规模以上固定资产投资		# 城镇固定资产投资		规模以上工业投资		房地产开发投资	
	绝对量（亿元）	增长（%）	绝对量（亿元）	增长（%）	绝对量（亿元）	增长（%）	绝对量（亿元）	增长（%）
江苏省								
徐州市	1 161.75	33.2	1 015.04	31.9	660.90	30.6	130.81	30.7
连云港市	692.50	36.5	568.17	38.7	447.22	37.6	95.12	19.8
淮安市	563.25	31.8	518.20	31.2	270.73	19.2	138.40	35.5
盐城市	915.99	33.0	650.00	38.3	610.00	40.3	109.02	17.8
宿迁市	400.31	34.8	341.99	33.5	248.71	74.7	87.07	23.9
山东省								
菏泽市	380.63	18.3			222.93	13.2	44.60	20.8
枣庄市	462.36	25.9	284.80	31.2	462.36	25.9	38.90	11.9
济宁市	796.80	25.2	605.40	27.8	430.90	17.5	69.10	20.5
泰安市	803.00	25.8	627.00	27.3	477.90	15.2	43.10	26.9
日照市	518.43	26.4	411.14	27.8			54.08	24.3
莱芜市	207.46	25.5	191.68	19.4	207.46	25.5	12.84	-5.2
临沂市	897.50	26.1	704.30		429.60	27.2	119.00	77.4
德州市	732.89	26.0	608.74	28.1			63.80	32.7
安徽省								
亳州市	115.58	26.4	115.58	26.4	52.42	30.6	13.37	74.6
淮南市	225.70	10.8	171.20	7.3	147.70	0.2	37.00	19.5
蚌埠市	253.16	28.1	217.20	26.4			40.55	20.7
淮北市	204.69	35.4	174.40	3.5	142.60	23.2	22.40	27.5
阜阳市	188.90	17.6	126.00	10.9	188.92	17.6	56.67	41.8
宿州市	210.60	65.9	142.24	65.5	84.65	49.6	31.04	44.5
滁州市	346.00	46.1	315.33	54.7	194.70	33.3	46.14	57.3
河南省								
周口市	375.60	34.2	375.60	34.2	185.45	47.5	61.75	81.3
商丘市	425.10	32.0	425.15	32.0	221.13	25.0	54.41	104.3
开封市	303.07	37.6	231.63	41.2	171.17	57.1	21.60	43.8
信阳市	533.44	31.3	533.14	31.3	138.87	59.7	86.73	55.3

续表 4 （2008 年）

地 区	社会消费品零售总额		进出口总额		进 口		出 口		实际利用外资	
	绝对量（亿元）	增长（%）	绝对量（亿美元）	增长（%）	绝对量（亿美元）	增长（%）	绝对量（亿美元）	增长（%）	绝对量（亿美元）	增长（%）
江苏省										
徐州市	680.23	25.3	34.54	38.4	12.09	44.1	22.45	35.5	5.83	31.6
连云港市	310.44	24.6	44.49	36.8	21.59	56.4	22.90	24.1	9.35	26.8
淮安市	335.90	24.7	17.81	23.0	5.88	11.3	11.94	29.7	4.55	37.1
盐城市	542.78	25.1	28.30	21.2	7.24	–21.0	21.06	48.4	9.44	16.4
宿迁市	196.80	23.9	4.76	54.7	0.45	44.9	4.31	55.8	0.95	29.0
山东省										
菏泽市	404.85	23.5	9.94	16.6	1.56	21.5	8.37	15.8	1.08	4.1
枣庄市	297.60	22.9	6.69	4.1	1.51	48.5	5.18	–4.2	1.77	89.8
济宁市	728.30	23.2	32.68	23.7	14.03	52.7	18.65	8.2	3.88	22.9
泰安市	466.80	23.4	15.10	12.1	5.90	19.1	9.20	8.0	11.74	19.6
日照市	212.36	23.3	92.68	60.9	67.42	77.7	25.25	28.6	5.13	180.1
莱芜市	135.60	21.2	27.63	67.6	13.97	222.3	13.66	12.4	1.45	10.8
临沂市	816.90	23.6	39.90	27.0	13.60	51.6	26.30	17.1	3.03	–27.8
德州市	476.29	23.0	15.48	48.6	3.29	101.8	12.19	38.7	1.64	15.2
安徽省										
亳州市	160.60	22.4	1.11	57.0	0.21	18.9	0.90	69.4	0.86	40.2
淮南市	133.90	22.8	1.36	47.1	1.05	92.2	0.31	18.4	1.04	–48.2
蚌埠市	191.55	22.6	3.94	23.2	0.37	–6.7	3.58	27.3	2.32	15.1
淮北市	89.22	22.7	1.09	50.0	0.07	–53.6	1.03	75.5	1.03	62.3
阜阳市	237.60	23.3	1.83	16.4	0.43	25.9	1.40	13.8	0.80	27.5
宿州市	141.48	23.1	0.86	54.9	0.15	59.4	0.71	53.9	0.78	61.6
滁州市	154.40	22.3	7.03	47.9	1.21	26.6	5.82	53.2	1.14	–41.0
河南省										
周口市	344.10	23.3	4.09	68.4	2.86	102.8	1.23	20.9	1.06	45.4
商丘市	287.85	22.9	1.21	18.1	0.41	–1.7	0.80	32.4	0.74	8.7
开封市	258.55	23.6	1.83	58.0	0.43	82.0	1.39	52.0	0.65	25.0
信阳市	312.42	23.0	2.68	80.6	2.12	20.8	0.56	6.5	0.78	30.0

续表 5　　（2008 年）

地　区	地方财政一般预算收入		地方财政一般预算支出		金融机构存款余额		#城乡居民储蓄存款余额		金融机构贷款余额	
	绝对量（亿元）	增长（%）	绝对量（亿元）	增长（%）	绝对量（亿元）	增长（%）	绝对量（亿元）	增长（%）	绝对量（亿元）	增长（%）
江苏省										
徐州市	125.85	25.4	199.05	35.0	1 719.14	22.5	974.51	23.6	796.58	22.8
连云港市	66.20	35.7	96.20	28.8	821.30	27.7	398.40	25.2	558.50	17.7
淮安市	71.36	38.8	114.29	36.6	694.53	17.7	400.71	25.8	451.74	14.0
盐城市	90.30	38.0	151.10	28.9	1 311.10	21.5	866.70	23.7	730.00	14.9
宿迁市	46.52	41.3	98.62	35.2	447.47	25.8	271.16	25.0	323.09	25.6
山东省										
菏泽市	50.48	19.9	115.43	20.8	704.17	23.5	531.18	24.4	483.92	20.1
枣庄市	52.73	16.6	79.91	17.3	620.97	27.6	374.72	29.7	412.18	23.5
济宁市	119.50	18.0	174.70	22.2	1 460.30	24.9	888.20	26.1	864.60	17.5
泰安市	76.40	19.0	111.60	6.7	980.43	19.9	627.27	24.9	607.80	15.0
日照市	36.33	25.4	57.08	23.1	620.59	15.8	322.90	28.0	574.53	8.6
莱芜市	30.25	16.0	39.38	14.0	444.81	21.8	216.41	25.7	350.14	13.3
临沂市	80.20	16.7	152.40	19.9	1 407.80	21.8	997.20	28.2	1 041.50	15.6
德州市	47.10	12.1	95.74	24.3	884.43	22.0	610.24	27.5	677.01	13.6
安徽省										
亳州市	12.69	28.1	60.10	41.8	345.91	22.1	265.77	21.3	146.83	4.8
淮南市	29.90	28.4	51.00	32.1	559.15	24.0	325.80	21.9	380.40	7.5
蚌埠市	27.50	21.6	73.45	34.1	482.40	17.6	290.79	19.3	296.91	8.9
淮北市	18.50	18.4	41.20	36.8	376.20	25.1	214.60	24.7	176.00	16.5
阜阳市	22.60	32.9	100.30	36.8	727.00	20.0	558.40	23.1	309.20	13.1
宿州市	15.31	28.7	71.73	41.1	475.20	25.6	345.70	21.5	199.27	6.5
滁州市	28.64	29.1	81.03	35.5	470.20	24.9	303.60	27.0	274.80	16.6
河南省										
周口市	25.50	29.7	129.30	28.9	663.65	18.9	564.90	19.8	395.20	-13.3
商丘市	31.60	18.1	117.90	27.1	602.73	19.9	472.86	21.9	410.00	12.3
开封市	26.13	28.6	74.46	28.4	442.69	15.2	345.08	17.8	244.57	10.4
信阳市	24.99	22.9	119.52	29.0	728.17	19.6	571.31	21.7	353.63	15.9

续表 6　　（2008 年）

地　区	全社会货物运输量		全社会旅客运输量		邮电业务总量		年末本地电话用户	年末移动电话用户
	绝对量（万吨）	增长（%）	绝对量（万人）	增长（%）	绝对量（亿元）	增长（%）	绝对量（万户）	绝对量（万户）
江苏省								
徐州市	23 852		21 787		51.62	12.7	238.88	368.80
连云港市	9 793	18.4	14 698	63.2	22.03	22.1	137.21	181.61
淮安市	5 260	11.1	4 859	13.4	19.23	6.5	133.24	133.81
盐城市	10 786	9.7	9 176	10.1	20.46	-32.6	248.80	304.77
宿迁市	3 577	12.6	4 405	11.1	16.15	16.4	116.52	138.61
山东省								
菏泽市	5 139	22.4	6 075	17.4	36.66	4.3	132.00	354.40
枣庄市	6 907	10.9	6 265	2.7	47.13	-11.4	67.35	211.73
济宁市	16 000	11.1	5 631	9.6	27.50	8.8	152.43	332.89
泰安市	8 539	23.5	5 655	15.4	23.20	13.2	119.30	258.80
日照市	10 045	13.3	4 685	4.3	17.77	11.2	65.48	150.67
莱芜市	4 645	23.1	1 484	1.1	6.33	12.9	34.28	75.30
临沂市	14 900	23.2	7 183	9.0	46.10	46.9	184.20	491.70
德州市	8 827	41.0	7 714	10.0	25.24	17.5	117.19	243.20
安徽省								
亳州市	2 331	9.4	3 284	9.7	28.74	31.8	83.19	105.27
淮南市	6 428	83.1	2 486	1.9	10.01	1.8	55.70	86.00
蚌埠市	2 467	-22.7	579	9.3	15.75	0.1	70.00	101.00
淮北市	4 464	11.3	4 210	11.3	10.50	30.9	42.50	94.10
阜阳市	4 054	11.3	6 543	9.6	20.40	12.7	129.70	156.40
宿州市	6 217	15.1	7 358	4.0	32.70	24.2	101.96	133.79
滁州市					31.05	22.3	93.78	95.94
河南省								
周口市	6 181	9.2	8 539	10.1				
商丘市	4 684	14.5	6 265	10.8	70.12	25.5	65.53	
开封市	6 793	29.2	6 882	20.6	40.50	8.8	76.90	190.51
信阳市	6 509	20.8	10 441	25.2	49.39	32.3	108.55	186.55

注：2008 年徐州市客、货运量统计口径发生变化，与往年不可比。

续表 7　　(2008 年)

地　区	年末人口数(户籍)	人口出生率	人口自然增长率	各级各类学校数	各级各类学校在校学生数	卫　生机构数	卫生技术人 员 数	卫生机构床 位 数
	绝对量(万人)	增长(‰)	增长(‰)	绝对量(所)	绝对量(万人)	绝对量(个)	绝对量(人)	绝对量(张)
江苏省								
徐州市	946.86	18.08	6.76	1 308	147.39	1 116	30 396	24 430
连云港市	488.25	12.89	5.20	730	80.66	800	13 369	11 345
淮安市	536.91	12.70	6.60	744	83.33	600	14 491	11 617
盐城市	811.70	10.82	4.69	1 326	112.98	735	20 142	17 013
宿迁市	534.58	13.61	5.88	802	96.76	668	11 664	10 627
山东省								
菏泽市	925.69		11.90	2 203	154.12	468	27 652	24 590
枣庄市	383.24	10.09	4.80	1 466	59.65	170	12 491	11 047
济宁市	822.75	12.52	6.89	2 927	131.34	1 161	29 036	25 145
泰安市	554.70	10.14	3.27	887	73.30	761	21406	16 952
日照市	284.54	9.99	3.24	626	42.56	390	9 156	3 726
莱芜市	125.96	8.14	1.16	270	17.72	1 208	7 851	4 468
临沂市	1 034.47	10.40	4.94	3 475	150.90	416	26 500	29 600
德州市	564.19	12.60	3.70	1 235	78.31	184	17 200	13 253
安徽省								
亳州市	588.78	17.20	8.60	2 022	99.89	144	8 002	7 531
淮南市	240.90	12.32	7.44	739	46.70	464	9 578	8 366
蚌埠市	358.31	13.80	8.59	1 293	66.53	377	14 743	10 578
淮北市	215.80	11.02	6.66	595	42.81	388	10 325	9 082
阜阳市	987.80	16.00	7.70	3 178	168.80	379	1 600	15 000
宿州市	626.06	14.20	8.80	1 820	103.44	382	14 292	8 437
滁州市	447.37	10.23	5.14	1 204	65.98	423	10 800	10 068
河南省								
周口市	1 086.00	10.43	4.44	4 640	237.98	1 135	23 474	18 430
商丘市	828.36	10.04	4.84	3 306	199.27	179	18 082	14 228
开封市	484.06	10.26	4.64	2 935	118.25	458	16 126	13 892
信阳市	802.81	11.42	5.29	2 939	164.90	604	15 204	12 187

注：各级各类学校为普通高等学校、中专专业学校、普通中学、职业高中、技工学校、小学。

续表 8

（2008 年）

地　区	城镇在岗职工平均工资		城镇居民人均可支配收入		农民人均纯收入		居民消费价格总指数(以上年为 100)	商品零售价格指数(以上年为 100)
	绝对量（元）	增长（%）	绝对量（元）	增长（%）	绝对量（元）	增长（%）		
江苏省								
徐州市	26 824	13.1	16 955	14.0	6 240	12.8	104.9	105.3
连云港市	26 596	23.8	15 255	15.1	5 454	13.0	104.8	104.6
淮安市	23 993	20.9	14 007	15.2	5 657	12.9	104.8	106.4
盐城市	22 380	18.7	15 862	14.5	6 867	12.7	104.9	105.7
宿迁市	19 988	18.6	10 959	15.7	5 406	13.0	104.5	105.1
山东省								
菏泽市	16 803	12.5	11 581	14.5	4 584	13.9	104.1	104.6
枣庄市			14 320	13.8	5 723	10.9	104.8	105.0
济宁市	27 983	17.8	15 617	12.4	5 965	13.2	105.3	104.0
泰安市	21 843	19.8	16 095	16.5	6 046	13.9	104.9	104.9
日照市	24 990	24.9	14 409	10.7	6 038	13.5	104.8	104.5
莱芜市	28 533	10.1	17 224	15.5	6 646	12.4	105.6	104.8
临沂市	24 100	19.6	14 998	17.0	5 383	14.0	104.4	104.8
德州市	18 142	15.0	14 545	17.4	5 659	13.5	104.1	105.0
安徽省								
亳州市	20 154	17.8	12 759	13.0	3 585	19.5	105.0	105.0
淮南市	37 543	19.7	13 003	8.3	4 440	20.1	105.0	
蚌埠市	22 487	13.7	12 705	11.1	4 299	18.9	106.6	106.4
淮北市	30 445	20.2	12 851	10.4	4 136	22.6	106.2	106.3
阜阳市	20 352	15.7	11 727	8.0	3 187	20.0	106.0	
宿州市	22 408	23.0	11 899	12.7	3 671	19.5	105.7	106.1
滁州市	21 488	21.0	12 255	12.4	4 543	18.9	105.4	105.2
河南省								
周口市	16 723	31.1	10 406	16.2	3 605	15.4	106.9	108.5
商丘市			11 751	15.6	3 750	15.5	107.0	107.0
开封市	17 737	22.9	12 002	15.3	4 355	15.7	107.5	107.5
信阳市	18 409	21.8	11 024	16.3	4 272	14.3	105.7	106.1

附录五、企业选介（2008年）

INTRODUCTION OF ENTERPRISES

2008年徐州市工业企业前五十家

（按主营业务收入排序）

序号	企业名称	序号	企业名称
1	徐州工程机械集团有限公司	26	淮海中联水泥有限公司
2	徐州矿务集团有限公司	27	徐州中天棉业集团有限公司
3	维维集团	28	徐州丰源铝业有限公司
4	江苏中烟工业公司徐州卷烟厂	29	徐州牛头山钢铁有限公司
5	大屯煤电(集团)有限公司	30	徐洲金虹钢铁集团第三轧钢厂
6	圣戈班(徐州)管道有限公司	31	徐州万邦生化制药有限公司
7	江苏中能硅业科技发展有限公司	32	徐州美驰车桥有限公司
8	徐州华润电力有限公司	33	江苏正宇机电有限公司
9	江苏恒盛化肥集团有限公司	34	徐州中联水泥有限公司
10	江苏徐塘发电有限责任公司	35	徐州恩华药业集团有限公司
11	江苏星丰金属资源有限公司	36	江苏蓝丰生物化工股份有限公司
12	徐州发电有限公司	37	睢宁县宁峰钢铁有限公司
13	江苏阚山发电有限公司	38	江苏彭城集团有限公司
14	江苏胜阳木业集团有限公司	39	徐州观茂焦化有限公司
15	新沂中纺油脂有限公司	40	徐州海天石化有限公司
16	华润天能(徐州)煤电有限公司	41	徐州徐轮橡胶有限公司
17	新沂市良晨工贸有限公司	42	徐州盛宝实业有限公司
18	徐州市春兴胜科合金有限公司	43	徐州市福林钢铁制品有限公司
19	徐州东南钢铁工业有限公司	44	徐州铁矿集团
20	铜山县兴达冶炼铸造有限公司	45	江苏金浦北方氯碱化工有限公司
21	徐州苏源银龙电力电缆有限公司	46	江苏上电贾汪发电有限公司
22	徐州环宇焦化有限公司	47	江苏天宝汽车电子有限公司
23	徐州宗申摩托车有限公司	48	徐州荣阳钢铁有限公司
24	徐州艾德太阳能光电产品有限公司	49	徐州天虹时代纺织有限公司
25	徐州华鑫发电有限公司	50	徐州铁合金厂

2008年徐州市高新技术产业前五十家

（按主营业务收入排序）

序号	企业名称	序号	企业名称
1	江苏中能硅业科技发展有限公司	26	徐州重型机械厂钢结构件分厂
2	徐州苏源银龙电力电缆有限公司	27	徐州天永化工有限公司
3	徐州万邦生化制药有限公司	28	新沂市嘉泰化工有限公司
4	徐州恩华药业集团有限公司	29	铜山县汇源铜材厂
5	江苏蓝丰生物化工股份有限公司	30	徐州东亚电器有限公司
6	徐州海天石化有限公司	31	江苏侨昌诺恩农化有限公司
7	徐州盛宝实业有限公司	32	徐州华盛钙化物有限公司
8	江苏金浦北方氯碱化工有限公司	33	新沂电化厂
9	江苏天宝汽车电子有限公司	34	沛县东方化工厂
10	徐州华星电缆有限公司	35	徐州通鑫工程机械厂
11	新沂市利民化工有限公司	36	江苏省沛县灭火剂厂
12	徐州市建平化工有限公司	37	凯南麦特(徐州)有限公司
13	徐州云意电气发展有限公司	38	睢宁县惠利隆塑业有限公司
14	徐州龙田合成材料有限公司	39	徐州力福特随车起重机有限公司
15	徐州天地重型机械制造有限公司	40	徐州市恒源电器有限公司
16	徐州三原电力测控技术有限公司	41	徐州鹏达基桩工程机械研究所
17	徐州新电高科有限公司	42	徐州海丰电线电缆有限公司
18	徐州天成氯碱有限公司	43	徐州三源机电设备制造有限公司
19	徐州市精英电器技术有限公司	44	徐州市力士曼液压机械有限公司
20	徐州万通漆业有限公司	45	徐州同一工程机械科技有限公司
21	铜山县黄集绝缘材料厂	46	徐州环海中意机电实业有限公司
22	徐州煤矿机械厂	47	徐州华冠石油化工有限公司
23	江苏新河农用化工有限公司	48	徐州华远燃烧控制工程有限公司
24	徐州金属熔剂厂	49	徐州云龙区新光潜水线福利厂
25	铜山县宏达精细化工厂	50	江苏康宝制药有限公司

2008年徐州市贸易零售企业前五十家

（按销售额排序）

序号	单 位 名 称	序号	单 位 名 称
1	徐州工程机械集团进出口有限公司	26	徐州华苏电力燃料有限公司
2	江苏省烟草公司徐州分公司	27	徐州中收农机汽车销售有限公司
3	徐州医药股份有限公司	28	徐州百鑫商业有限责任公司
4	徐州金鹰国际实业有限公司	29	徐州市天正车业有限公司
5	徐州中央百货大楼股份有限公司	30	徐州市友谊商场
6	徐州苏宁电器有限公司	31	徐州糖烟酒副食品有限公司
7	中油销售江苏有限公司徐州分公司	32	徐州润东汽车贸易有限公司
8	江苏润东医药有限公司	33	徐州润东洲际汽车销售服务有限公司
9	徐州市海荧汽车销售维修有限公司	34	徐州润东之风汽车销售服务有限公司
10	徐州华美商厦有限公司	35	徐州新世纪农业装备有限公司
11	徐州悦家商业有限公司	36	徐州新一佳超市有限公司
12	徐州恒运汽车销售服务有限公司	37	徐州市徐祥煤炭销售有限公司
13	徐州金茂汽车贸易有限公司	38	铜山县天大燃料有限公司
14	徐州市同德汽车贸易有限公司	39	江苏盐业集团徐州有限公司
15	徐州沪彭奥通汽车销售服务有限公司	40	徐州宏图三胞科技发展有限公司
16	江苏中汇贸易发展有限公司	41	徐州天丰商贸有限公司
17	徐州润东汇通汽车销售服务有限公司	42	燕京啤酒(曲阜三孔)有限责任公司徐州分公
18	徐州(北方)宗申三轮摩托车销售有限公司	43	徐州市万吉商贸发展有限公司
19	徐州路神汽车贸易有限公司	44	徐州铁路煤炭运销总公司
20	徐州市东辰汽车销售服务有限公司	45	徐州广济连锁药店有限公司
21	邳州力源电力燃料有限公司	46	徐州北方汽车销售有限公司
22	徐州晋徐煤炭销售有限责任公司	47	徐州市板维废品收购有限公司
23	徐州常柴农机销售有限公司	48	徐州国际经济技术合作有限公司
24	徐州鹏润国美电器有限公司	49	邳州市工贸大厦
25	徐州市京鹏煤炭销售有限公司	50	新沂市苏果超市

2008年徐州市建筑企业前三十强

（按总产值排序）

序号	单位名称	序号	单位名称
1	江苏中阳建设集团有限公司	16	徐州市水利工程建设有限公司
2	中煤第五建设公司	17	沛县防腐保温工程总公司
3	江苏长安建设集团有限公司	18	徐州市九鼎建筑工程有限公司
4	江苏汉中建设集团有限公司	19	江苏中盛建设集团有限公司
5	徐州市政建设工程有限责任公司	20	徐州市广达铁路工程有限公司
6	江苏华美工程建设集团有限公司	21	江苏盛业建设工程有限公司
7	睢宁县建筑安装总公司	22	徐州贝德铭建筑安装工程有限公司
8	徐州市贾汪建筑工程总公司	23	徐州东大钢结构建筑有限公司
9	徐州市公路工程总公司	24	沛县设备安装总公司
10	江苏汉邦建设有限公司	25	江苏圣邦建筑工程有限公司
11	徐州送变电有限公司	26	江苏中昊建设工程有限公司
12	徐州冠宇供用电工程有限公司	27	徐州市集慧建筑有限公司
13	江苏苏润建设集团有限公司	28	徐州市海洋建筑装饰工程有限公司
14	徐州运成建设(集团)有限公司	29	江苏荣邦建设有限公司
15	江苏昱诚建设有限公司	30	恒久集团有限公司

中国统计出版社最新图书简目

（仅供参考，以最后出书为准）

统计资料

中国统计年鉴 -2009
2009 中国发展报告
长江和珠江三角洲及港澳特别行政区统计年鉴 -2009
中国劳动统计年鉴 -2009
中国建筑业统计年鉴 -2009
中国商品交易市场统计年鉴 -2009
中国民政统计年鉴 -2009
中国建制镇统计资料 -2009
中国高技术产业统计年鉴 -2009
全国农产品成本收益资料汇编 -2009
中国县（市）社会经济调查年鉴 -2009
中国国内生产总值核算历史资料（1952–2004）
中国统计摘要 -2009
大中型批发零售和住宿餐饮企业统计年鉴 -2009
中国第三产业统计年鉴 -2009
中国社会统计年鉴 -2009
中国人口和就业统计年鉴 -2009
中国房地产统计年鉴 -2009
中国贸易外经统计年鉴 -2009
中国农村统计年鉴 -2009
中国教育经费统计年鉴 -2008
中国科学技术协会统计年鉴 -2009
中国棉花年鉴 -2007/2008
中国农村住户调查年鉴 -2009（中、英文）
中国季度国内生产总值核算历史资料（1992–2005）
2005 年中国 1%人口抽样调查系列资料
国际统计年鉴 -2009
中国区域经济统计年鉴 -2009
中国城市统计年鉴 -2008
中国工业经济统计年鉴 -2009
中国能源统计年鉴 -2009
中国基本单位统计年鉴 -2009
中国农产品价格调查年鉴 -2009
中国农村贫困监测报告 -2009
工业企业科技活动资料 -2009
中国城市（镇）生活与价格年鉴 -2009
中国农村全面建设小康监测报告 -2009
中国零售和餐饮业连锁企业统计年鉴 -2009
第二次全国残疾人抽样调查资料系列

2009 年省级综合统计年鉴系列

北京　天津　河北　山西　内蒙古　河南　湖北　湖南　广东　广西　新疆　新疆生产建设兵团　辽宁　吉林
黑龙江　上海　江苏　海南　重庆　四川　贵州　云南　浙江　安徽　福建　江西　山东　西藏　陕西　甘肃
青海　宁夏

2009 年市（县）级综合统计年鉴系列

石家庄　唐山　邯郸　太原　大同　包头　沈阳　大连　长春　吉林市　苏州　无锡　常州　徐州　南通　金华
嘉兴　衢州　安庆　福州　济南　青岛　潍坊　东营　郑州　东莞　惠州　深圳　桂林　南宁　乌鲁木齐　吐鲁番
长治　阳泉　晋城　朔州　晋中　四平　延吉　哈尔滨　齐齐哈尔　盐城　镇江　江阴　丹阳　杭州
福州经济技术开发区　洛阳　三门峡　南阳　武汉　宜昌　柳州　来宾　河池　海口　成都　运城　忻州　临汾
呼和浩特　黑龙江垦区　上海浦东新区　宁波　绍兴　台州　舟山　温州　厦门经济特区　南昌　上饶　十堰
荆州　黄冈　长沙　广州　贵阳　昆明　西安　庆阳　银川

“十一五”规划教材

非参数统计　医学统计学　多元统计分析　经济计量学教程　统计数据处理概论　企业经营管理统计
统计学：从数据到结论　概率论与数理统计　统计学　应用时间序列分析　质量管理统计方法
社会统计学　市场调查与预测　国民经济核算教程（国民经济统计学）　现代金融投资统计分析
统计指数理论及应用　多元统计分析实验　统计学原理（非统计专业使用）
概率论与数理统计（经济、管理类专业使用）

重点图书

新中国六十年　挑大学选专业 2010—高考志愿填报指南　挑大学选专业 2010—考研择校指南

QINGDAOPIJIU(XUZHOU)

青岛啤酒（徐州）彭城有限公司

PENGCHENGYOUXIANGONGSI

青岛啤酒（徐州）彭城有限公司是青岛啤酒股份有限公司在徐设立的全资子公司。公司位于徐州经济开发区杨山路28号，离京福、连徐高速公路出口和规划中的京沪高铁仅2–3公里，交通十分便利。

公司自2000年成立以来，依托青岛啤酒驰名品牌，引进青啤先进的工艺技术和管理模式，成为青啤公司各项先进管理模式推进的试点企业。公司系列产品深受广大消费者的青睐，占有了徐州市区的绝大部分市场，成为淮海经济区的强势啤酒品牌。同时，公司率先在徐州通过了国际权威认证机构挪威船级社（DNV）质量管理体系和环境管理体系的认证，先后获得青啤公司质量优胜杯、徐州市知名商标、江苏省著名商标、徐州市“十强大中型企业、江苏省名牌产品”等殊荣。

公司总体规划40万千升/年，现生产能力为20万千升/年，作为青啤公司新一轮扩张的首个项目，2007年1月10日桩基开工开始，历时一年时间全部竣工，2007年12月17日，糖化正式进行投料，用的是从青岛啤酒集团总部采集来的珍贵“百年酵母”，2008年元月13日，首批产品顺利下线，元月27日，青岛优质啤酒正式下线并上市，各项质量指标均达到标准，从市场反馈来看，山水彭城、青岛啤酒等系列品牌深受广大消费者好评和喜爱。

彭城公司啤酒一期项目总投资24000万元，占地263亩， 2008年销售收入预算3亿元，实现利税3500万元。

公司主要特点包括如下几个方面：

1、工业旅游，建设花园式工厂。彭城公司此项工业旅游项目在整个淮海经济区尚属首家，开展工业旅游不仅能够创造旅游收入，而且有助于树立良好的形象品牌，让游客领略青岛啤酒企业文化，打造亮丽的徐州“城市名片”。

2、节能降耗，发展循环经济。公司将采取沼气回收手段，用来做饭、照明，使用二次蒸汽回收技术，实现设备、管道冲洗以及包装杀菌，水回收收集再利用等功能，通过这些措施实现能源的循环利用，不断降低生产成本，提高公司的综合竞争力，打造节能环保、环境友好的和谐工厂。

3、设备一流，采用青啤先进工艺。建成后的20万千升啤酒项目使用大批科技含量高、自动化程度领先的一流进口啤酒生产设备，同时引进青岛啤酒整套先进工艺技术，生产全过程实行自动化控制和微机联网全程监控，有效地保证产品质量的稳定，实现在徐州地区生产青岛啤酒。

4、强化环保，打造绿色生态企业。彭城公司将进一步加大环保设施、厂区绿化和环境整治工作的工作力度，坚持按照绿化、美化、亮化、净化要求，规划和管理企业。污水处理采取好氧厌氧结合技术，分解有机物，改善水质，确保达到国家规定标准。

公司2–3年发展规划：

新厂建设从彭城公司20万千升新厂的顺利运营标志着彭城公司在巩固淮海地区龙头地位，向华东市场全面扩张战略上迈出了重要一步，意味着青岛啤酒的资本增值、市场扩大、品牌强化的宏远目标逐步成为现实。这不仅是彭城品牌做强做大战略发展的需要，也是彭城啤酒辉煌创业路上的一个里程碑。

随着城乡人们生活水平的不断提高，啤酒人均消费量不断增长，地区消费以至少10%自然增长量递增，这必将带动彭城啤酒的新一轮大发展。

我们现在要做的是：保质保量支持市场，逐步整合彭城品牌，提升品牌价值和结构，以“优质青岛啤酒”、“山水啤酒”为主要产品，打造又一个“青岛啤酒生产基地”，不断提高产品盈利能力，为企业实现可持续发展打下坚实的基础。

为配合青岛啤酒整体发展战略，根据市场发展情况，在不远的将来会进行第二期20万千升/年扩建项目，届时彭城公司将具备40万千升/年生产能力,成为淮海经济区最大的啤酒工厂;届时将为徐州经济的腾飞做出更卓越的贡献！

徐州市统计局

XUZHOU STATISTICAL BUREAU

徐州市统计局 局长 蔡成缓

2008-2009年，徐州统计系统在省局和市委、市政府的正确领导下，以科学发展观为统领，坚持依法统计，着力创新工作方式，加大统计资源整合力度，努力构建确保数据质量的新机制，切实增强统计服务决策、服务民生的能力，积极为振兴徐州老工业基地建言献策,充分发挥了统计的信息、咨询、监督功能，获得各级领导和社会各界的肯定和好评，连续多次被评为全省统计系统先进集体。

一、整合资源，优化架构，在机构体制改革上取得新突破

2008年，在全国统计系统体制改革的浪潮下，徐州统计系统着眼统计和谐发展大局，构建了“两局、一队、一中心”的统计平台，即徐州市统计局、江苏省统计局徐州调查局、国家统计局徐州调查队和徐州市普查调查中心，以“资源整合、方便工作”为指导思想交叉分工、合署办公，实现了相互服务、优势互补、信息共享的运作模式，形成了“四位一体”、“四轮驱动”的统计新格局，被全省业内誉为“徐州模式”。尤其是徐州市普查调查中心的整合成立，其职能是组织各类大型普查和社情民意调查，进一步拓宽了统计服务领域，是市局转变服务理念，更加关注民生调查的践行平台。2009年，徐州市所辖155个镇、办事处全面实现五级联网，统计平台更加完善。

二、组织严密，落实有力，第二次经济普查工作取得阶段性成果

徐州市第二次经济普查自2008年9月全面启动以来，在市委、市政府的正确领导下，在各成员单位的大力支持下，严格执行国家和省普查方案，按照全省的统一部署和工作要求，计划周密、组织严谨、措施得力、行动及时、推进有力、进展有序，顺利完成了宣传、试点、清查、登记、录入、规范化审核以及国家、省、市、县四级督查检查等阶段。目前，数据资料已上报国家普查办，并顺利通过国家经济普查数据质量抽查验收。

三、当好参谋，服务发展，统计服务科学发展能力进一步提升

1.全面反映科学发展成果。编辑出版了《2008年统计年鉴》、《数据看徐州三十年巨变》、《统计要览》、《统计月报》等书籍资料，撰写了“改革开放30年徐州经济社会发展成就回顾”系列分析报告，编印了市“两会”统计服务专刊，按季召开经济形势新闻发布会，全面、及时反映全市经济社会发展成果。

全市统计工作会议

学习实践活动推进会

领导班子学习科学发展观

赴常州考察学习CATI电话调查系统

普查员入户登记

2.大力服务科学发展决策。抓住经济社会生活中的热点、难点、焦点问题，努力打造统计分析精品，市一级全年撰写统计分析603篇，各县（市）区撰写统计分析388篇，得到市主要领导重要批示的有18篇，突出统计信息报送的针对性、时效性，为各级党政领导决策提供了全方位、深层次的参考依据。

3.强化统计评价职能。全年组织开展了20多项民意测评工作，全面参与了有关社会经济发展评价工作，完成2008年全市及县级全面建设小康社会进程监测报告，与相关部门联合发布2008年节能减排考核监测报告，对全市各地的科学发展实践起到了积极引导作用。

4.加强经济预警动态监测。2008年下半年以来，为应对国际金融危机，全市统计系统迅速启动应急机制，加强对经济运行以及中央和省、市扩大内需政策措施实施效果的动态监测，健全了月度经济形势分析制度，加强了统计信息专报报送频率，密切关注和反映工业、投资、房地产和消费等领域经济运行动向，及时向党委、政府报送了反映全市经济社会运行情况的重要信息。

经济普查万人签名活动

四、加强制度建设，推进统计规范化，统计工作不断开拓创新

1.全面推行在地统计，市政府下发了《关于改革统计管理制度实行“在地统计”的通知》，成立了以李荣启常务副市长为组长的在地统计工作推进领导小组。各县（市）区（包括徐州经济开发区）、市局各专业处室正在按照《通知》要求和市统计局总体实施细则分专业稳步推进。

2.加强对部门统计工作的管理和指导，市政府下发了《关于进一步加强和规范部门统计工作的意见》及《徐州市部门统计工作考核评价办法》，建立了部门统计联席会议制度，进一步健全和完善部门统计制度，全力推动部门统计向全行业统计转变。

3.加强信息化平台建设，积极探索推进统一的统计数据采集软件平台建设，逐步实现通过网络直接向国家统计局和省、市、县统计机构报送统计资料。

放眼未来，徐州统计人将继续抓住机遇，乘势而上，将改革的效应不断延伸和拓展，将统计服务推向更高更优的新局面。

《统计法》颁布25周年庆

各类统计产品

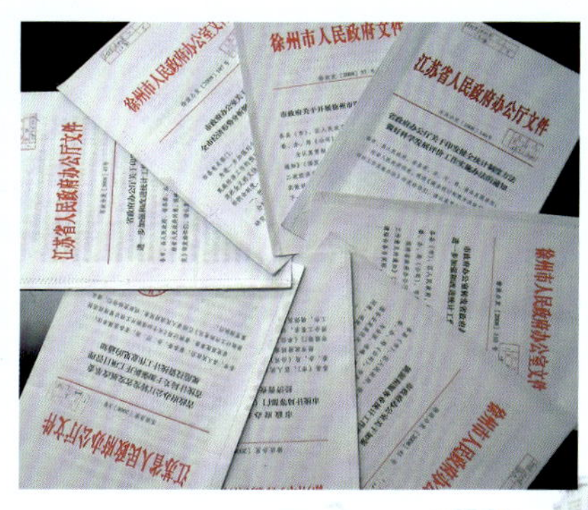

政府加强统计工作相关文件

经济普查车站宣传栏

华润天能徐州煤电有限公司是华润电力控股有限公司旗下的全资子公司，其前身为具有38年煤炭开采历史的江苏天能集团公司。企业总资产27.77亿元，为中国100家最大煤炭采选企业之一、部级质量标准化公司、全国首批国家质量标准化单位，国家大型二档企业。

华润天能徐州煤电有限公司现有10对生产矿井，全资、控股及参股电厂5座，拥有2000余名煤炭专业技术人员和一支具有复杂调剂地下煤炭开采能力的高素质的专业团队，其中轻型放顶煤开采工艺被专家称为目前同等条件下“国际最先进的开采工艺”。

2008年，华润天能徐州煤电有限公司在进入华润电力控股有限公司的第一年里，激情融入，追求卓越，创下了净利润2亿多元，ROE高达50%的骄人业绩，华润天能徐州煤电有限公司将秉承华润集团先进的经营管理理念，以建设专业化煤炭公司为定位，大力实施“走出去”战略，以科学的管理机制、完善的市场运作体系，站在新起点，实现新跨越。

朱秀社总经理

控股公司副总裁、公司董事长杜华东先生、控股公司总经理朱秀社同志一行到公司龙固煤矿进行节日慰问并检查工作

华润电力控股总裁王帅廷等领导来我公司节日慰问

公司所属热电厂